輝きの人間世紀へ

御書とその心

池田大作

聖教新聞社

発刊にあたって

待望の『輝きの人間世紀へ――御書とその心――』が完成した。

創価学会はこれまで、日蓮大聖人の仏法を基調《きちょう》とした平和・文化・教育の運動を推進し、世界の百八十を超《こ》える国々に、平和と人道《じんどう》のネットワークを広げてきた。新世紀に入ってもなお、混迷《こんめい》の度を深めゆく現代にあって、私たちの人間主義の思潮《しちょう》、平和への粘《ねば》り強《づよ》い運動への期待は、時とともにますます高まっている。

池田名誉会長は、一九六〇年（昭和三十五年）に創価学会第三代会長に就任して以来、この運動の先頭に立ってきた。世界の知性との対話は、延べ千五百回にのぼり、対談集は三十冊を数える。海外諸言語への翻訳《ほんやく》も進んでいる。世界中の知性と良識が、名誉会長の人格、業績に共感し賞讃《しょうさん》を寄せているのは、周知の通りである。その著作は、大学・研究機関などのテキストに用いられたり、研究対象とされている。また、世界の大学・学術機関から受けた名誉学位の称号は、百三十を超えるに至っている。

こうした活動の源泉となっているものこそ、日蓮大聖人の「御書」である。迫害《はくがい》に次ぐ迫害のご生涯の中で大聖人は、実に四百編以上の遺文《いぶん》・書状を書き残された。創価学会は、大聖人の精神がことごとく収《おさ》められた遺文・書状を「御書」として五十年前に発刊。つねに研鑽《けんさん》を怠《おこた》らず、大聖人のご真《しん》意《い》にかなった正しい仏法実践の在り方を確認してきた。

池田名誉会長のスピーチ・指導の内容は多岐《たき》にわたっているが、つねに日蓮仏法の真髄《しんずい》である「御書」を引用し、「生命尊厳《そんげん》」と「ヒューマニズム」の哲学を、今に生き生きと蘇《よみがえ》らせている。

本書は、一九八六年（昭和六十一年）八月から二〇〇〇年（平成十二年）十二月までの各種スピーチで引用された御書の一節と指導のポイントを分類し、収録した。

「第一章　信心の基本」「第二章　広布の実践」「第三章　人生の指針」「第四章　仏法と社会」で構成し、八百を超《こ》える御金言が収《おさ》められ、縦横に活用しやすく編集されている。本書が、妙法流布の指《し》南書《なんしょ》となり、人生や日々の生活の糧《かて》となりゆくことは間違いないと確信する。

さらに、時代の闇《やみ》を払《はら》い、二十一世紀を「輝きの人間世紀」へとするための指針集ともいえよう。また、創価学会の思想・哲学を知りたいと願っている方々にとっても、格好《かっこう》の一書となるであろう。

最後に、編集・刊行に当たった、「関西哲人の会」（長谷川健、山口実雄、須磨伸一、山田伸之、岩間伸一、渡部顕一郎、矢野信、山本和夫、石黒雄一）の皆さまの、ご尽力《じんりょく》、ご協力に、心より謝意《しゃい》を表したい。

平成十五年二月十一日

目次

第三章　人生の指針

第四章　仏法と社会

凡例

一、本書は、池田名誉会長が、一九八六年八月から二〇〇〇年十二月までに行《おこな》ったスピーチの中から、日蓮大聖人の御書を引用した指導のポイントを、著者の了解を得て、選び、収録した。

一、引用された御文は、通解とし、「新編日蓮大聖人御書全集」（創価学会版）の頁数を、（　ページ）と記した。また、御書名については、略称も用いている。

一、法華経の引用については、「妙法蓮華経並開結」（創価学会版）に基《もと》づき、（法華経　ページ）と記した。

一、編集にあたって、若干、加筆・訂正を施した。また、文脈の理解のために、（　）内に説明を記した個所がある。

一、各項目の末尾に、スピーチの年月日を記した。

一、主な出典書籍名は次のように表記した。

六巻抄　六巻抄（聖教新聞社版）

文段集　日寛上人文段集（聖教新聞社版）

富要　富士宗学要集（創価学会版）

第一章　信心の基本

信仰の在り方

〈不動の信心〉

鎌倉《かまくら》の日妙聖人母娘《にちみょうしょうにんおやこ》に送《おく》られた御書の一節《いっせつ》を拝《はい》したい。ご存《ぞん》じのように日妙聖人は、幼《おさな》い娘《むすめ》の乙御前《おとごぜん》を連《つ》れて、はるばる鎌倉から佐渡《さど》まで日蓮大聖人をお訪《たず》ねした婦人である。大聖人は、この婦人の純真《じゅんしん》な信心を「日妙聖人」とまで呼《よ》ばれ、称《たた》えられている。大聖人は、日妙聖人母娘に対し、こう仰《おお》せになっている。

「この日蓮を、日本国の上一人《かみいちにん》より下万民《しもばんみん》にいたるまで一人《ひとり》も残《のこ》らずすべての人々が害《がい》しようとしたが、今までこうして無事《ぶじ》に生きていられることは、日蓮は一人であっても信心の『心』が強いゆえに、諸天《しょてん》が守護《しゅご》されたのだと思ってください」（一二二〇ページ）と。

「一人であっても、信心の『心』が強いゆえに」——。ここに、一切《いっさい》の苦難《くなん》を乗《の》り越《こ》え、広布《こうふ》と人生を勝利に導《みちび》いていく要諦《ようてい》がある。たとえ日本国中から命《いのち》をねらわれ、あるいは誹謗《ひぼう》・中傷《ちゅうしょう》されることがあっても、妙法《みょうほう》をたもつ「一人」の強き信心の「心」さえあれば、必《かなら》ず打ち勝つことができる。このことを大聖人は、もったいなくもご自身のお姿《すがた》をとおして示《しめ》してくださった。門下《もんか》である婦人とその娘に〝私の姿を見て確信《かくしん》していきなさい〟と、あえて諭《さと》すように教《おし》えられているわけである。

——一九八八・六・一二

＊

（池上兄弟《いけがみきょうだい》に対して）「今度《こんど》（この難《なん》を）耐《た》え忍《しの》びぬいて、妙法《みょうほう》のお力《ちから》をためしてごらんなさい。日蓮もまた強く諸天善神《しょてんぜんじん》に申し上げましょう。いよいよ恐《おそ》れる心根《こころね》や姿《すがた》があってはならない」（一〇八四ページ）。

「たとえば日蓮が平左衛門尉《へいのさえもんのじょう》のところで、堂々《どうどう》と振《ふ》る舞《ま》い、述《の》べたように、少しも恐れる心があってはならない」（同）

親《おや》に責《せ》められ、師《し》である日蓮大聖人の悪口《あっこう》をされ、兄弟もどんなにか苦しく、悔《くや》しい思いをしていたことか。その心をくみとられたうえで、大聖人は、いささかも恐れぬ心で、大聖人の弟子《でし》らしく、大確信《だいかくしん》をもち、忍耐強《にんたいづよ》く戦《たたか》いなさい、応戦《おうせん》していきなさい、と仰《おお》せである。

また、大聖人は**「日蓮の弟子等は、臆病《おくびょう》であってはならない」**（一二八二㌻）ともご指南《しなん》されている。

グチも嘆《なげ》きも恐れもない、晴《は》れやかな、強気《つよき》の信心、勇気《ゆうき》の一念《いちねん》。そこにこそ、妙法の偉大《いだい》な功力《くりき》は涌現《ゆげん》する。強くなければ、真《しん》の功徳《くどく》は味《あじ》わえない。私も、あらゆる障害《しょうがい》に一歩《いっぽ》も退《ひ》かず、正法《しょうほう》を守《まも》り、学会を守った。ゆえに御本尊から、偉大なる功徳を頂戴《ちょうだい》した。ありがたいかぎりである。

――一九八九・五・一六

＊

法難《ほうなん》を受けながら、けなげに信心を貫《つらぬ》いていた母と娘《むすめ》――乙御前《おとごぜん》とその母・日妙聖人《にちみょうしょうにん》に対し、日蓮大聖人は次のように仰《おお》せになっている。

「いよいよ、強盛《ごうじょう》の信心をしていきなさい。氷《こおり》は水から出たものであるが、水よりも冷《つめ》たい。青の色は藍《あい》という植物《しょくぶつ》から出るが、色を重《かさ》ねると藍よりも青い色となる。同じ法華経ではあっても、信心の志《こころざし》を強く重ねれば、他人よりも色も優《すぐ》れ、功徳《くどく》も大きいであろう」（一二二一㌻）と。

「強盛な信心」があるかないか。功徳も幸福も、一切《いっさい》がそれで決《き》まるのだ、との仰せである。「同じ法華経」――同じ御本尊であっても、問題《もんだい》はこちらの「信心」がどうかである。「妙法《みょうほう》への信心」に功徳が備《そな》わっているのである。「信心」がなければ何《なん》の功徳もない。学会は最《もっと》も強盛な「信心の団体」であるゆえに、心を合わせて進む時、大功徳がある。

――一九九二・一・一二

＊

「修利槃特《すりはんどく》は三年かかっても、十四文字《もじ》すら暗唱《あんしょう》できなかったけれども、仏《ほとけ》になった。提婆達多《だいばだった》は、

六万蔵《ぞう》（という膨大《ぼうだい》な経典《きょうてん》）を暗記《あんき》したけれども、無間地獄《むけんじごく》に堕《お》ちた。このことは、ひとえに末法《まっぽう》の今の世《よ》のことを表《あらわ》しているのである。決《けつ》して他人のことと思ってはなりません」（一四七二ページ）

信仰者《しんこうしゃ》としての偉《えら》さは、どこにあるか。経歴《けいれき》や肩書《かたがき》、才覚《さいかく》などでは決して判断《はんだん》できない。皆の礎《いしずえ》となって、仏子《ぶっし》のために黙々《もくもく》と頑張《がんば》っている——その「信心」と「人間性」を見のがしてはならない。その人こそ、だれよりも尊《とうと》き「成仏《じょうぶつ》の人」である。仏になる方々《かたがた》である。

——一九九四・六・一一

*

日蓮大聖人のお手紙《てがみ》は、どこを拝《はい》しても「励《はげ》まし」また「励まし」である。ある御書では、婦人の門下《もんか》（四条金吾《しじょうきんご》の妻《つま》である日眼女《にちげんにょ》）を、こう励ましておられる。

「一切《いっさい》の人が憎《にく》むならば憎めばよい。釈迦仏《しゃかぶつ》・多《た》宝仏《ほうぶつ》・十方《じっぽう》（全宇宙《ぜんうちゅう》）の諸仏《しょぶつ》をはじめとして大梵天《だいぼんてん》王《のう》・帝釈天《たいしゃくてん》、また日天《にってん》・月天《がってん》等にさえ、かわいい人だと思われたならば、何が苦しいことがあろうか。法華経（御本尊）にさえほめていただけるならば、何が苦しいことがあろうか」（一一三五ページ）と。

濁《にご》りきった悪世《あくせ》末法《まっぽう》である。その真《ま》っただ中で広《こう》宣流布《せんるふ》を進めゆくことが、どれほどたいへんか。大聖人は、だれよりも、わかってくださっている。

「状況《じょうきょう》がよいのは不思議《ふしぎ》、悪《わる》いのは当然《とうぜん》であり、決《き》まったこと」（一一九〇ページ）である。だからこそ、何があっても動《どう》じることもなければ嘆《なげ》くこともない。平然《へいぜん》と胸《むね》を張《は》って生きよ！　無量《むりょう》の仏《ほとけ》が味方《みかた》である。梵天・帝釈も、ほめたたえている。日天・月天も見守《みまも》っている。大きな大きな心で、楽しく前進《ぜんしん》していけばよい！　大聖人は、そう激励《げきれい》してくださっている。

——一九九六・一二・五

*

「王《おう》」については、さまざまな意義《いぎ》が含《ふく》まれているが、日蓮大聖人は次のようにも仰《おお》せである。

「『王』という字は『三』の字を横《よこ》に書いて、『一』

の字を縦《たて》に書く。横の『三』の字は『天《てん》』・『地《ち》』・『人《じん》』をさし、縦の『一』の字は『王』を意味《いみ》する。須弥山《しゅみせん》が、大地を貫《つらぬ》きとおして傾《かたむ》かないように、『天』・『地』・『人』を貫いて、少しも傾かない存在《そんざい》を『王』と名《な》づけたのである」（一四二二㌻）と。

この意味からいって、何があっても揺《ゆ》れたり、傾いたりしない——これが「王者《おうじゃ》」の資格《しかく》である。信仰《しんこう》王者とは、いかなる迫害《はくがい》、苦難《くなん》にもたじろがない、非難《ひなん》や誹謗《ひぼう》にも揺れ動かない人をいうのである。

——一九八九・三・四

＊

「法眼《ほうげん》」「仏眼《ぶつげん》」は、「信心」の二字に含《ふく》まれる。**「肉眼《にくげん》・天眼《てんげん》・慧眼《えげん》・法眼・仏眼の五眼《ごげん》を、御本尊を信受《しんじゅ》する者は自然《しぜん》のうちに具《そな》えることができる」**（一一四四㌻）と、日蓮大聖人は断言《だんげん》しておられる。この仰《おお》せのとおり、御本尊を受持《じゅじ》し、信行《しんぎょう》学《がく》の実践《じっせん》を地道《じみち》に貫《つらぬ》きとおした人は、信心が深《ふか》まるにつれて、自然のうちに「因果《いんが》の理法《りほう》」が見えてくるものだ。「この問題《もんだい》の本質《ほんしつ》は、こうだな」「これは偽《いつわ》りの姿《すがた》だな」等々、人生や社会のあらゆる問題の本質、実像《じつぞう》を、見透《みす》かすように正しく把握《はあく》できるようになる。

たとえば、滋養《じよう》を得《え》た木が自然に大木《たいぼく》に育《そだ》っていくのと同じように、正しい「法」にのっとっていけば、その人の振《ふ》る舞《ま》いは、みずからが意識《いしき》せずとも、知《し》らずしらずのうちに「法眼」「仏眼」の見方《みかた》にかなったものになる。いわば「信心の眼《まなこ》」こそが、凡夫《ぼんぷ》における「仏眼」となるのである。ゆえに、何があっても「信心」で一切《いっさい》を受けとめていくという姿勢《しせい》が大切である。この一点から自身の人生、生活を築《きず》いていかなければ勝利はありえない。

——一九八九・一〇・一五

＊

「権力《けんりょく》（鎌倉幕府《かまくらばくふ》）が支配《しはい》する地に生《う》まれあわせた以上は、身は幕府の命《めい》に従《したが》えられているようであるかもしれない。しかし、心は決《けっ》して従えられな

い」（二八七㌻）

これは、日蓮大聖人が三度目の国主諫暁《こくしゅかんぎょう》の折《おり》、時の幕府の実力者《じつりょくしゃ》・平左衛門尉《へいのさえもんのじょう》と会《あ》われ、直接《ちょくせつ》、諫《いさ》められたお言葉である。大聖人は、どんなに世間《せけん》から悪口《あっこう》をあびせられ、権力者《けんりょくしゃ》から圧迫《あっぱく》されようとも、微動《びどう》だにされなかった。道理《どうり》のうえから、厳然《げんぜん》と正邪《せいじゃ》を言いきり、戦《たたか》われた。

何ものにも左右《さゆう》されない、何ものにも侵《おか》されないのが信仰者《しんこうしゃ》の魂《たましい》である。その〝魂の自由〟を、わが胸中《きょうちゅう》に燦然《さんぜん》と輝《かがや》かせていく。自身の幸福のための〝真実《しんじつ》の自由〟を堂々《どうどう》と宣言《せんげん》していく――。これが大聖人の仏法の精神《せいしん》である。また、学会の行き方である。

――一九九〇・九・一八

*

長き法戦《ほうせん》の途上《とじょう》には、さまざまな行き詰《づ》まりや失敗《しっぱい》もあるかもしれない。正法《しょうほう》の道を踏《ふ》みはずす愚《おろ》かな徒輩《とはい》が現《あらわ》れることもある。しかし御書に**「前車《ぜんしゃ》が覆《くつがえ》ったのは、後車《こうしゃ》のいましめなのである」**（一〇八三㌻）とあるごとく、どんな困苦《こんく》や一時的《いちじてき》な後退《こうたい》も、すべてをたくましく、新《あら》たな前進《ぜんしん》への糧《かて》とし、未来《みらい》への財産《ざいさん》としていけるのが妙法《みょうほう》である。ゆえに失敗や挫折《ざせつ》を恐《おそ》れる必要《ひつよう》はない。要《よう》するに、〝根本《こんぽん》軌道《きどう》〟さえ厳《げん》として固《かた》めていけば、多少《たしょう》の試行錯誤《しこうさくご》はあっても、決《けっ》して勝利への前進がやむことはないのである。

――一九八九・四・一九

*

「本物《ほんもの》の信心」とは何か。当然《とうぜん》、さまざまな次元《じげん》から論《ろん》ずることができるが、ここでは、牧口先生がつねづね言われていた一点を述《の》べておきたい。それは、日蓮大聖人の本物の門下《もんか》であるかどうか。大聖人の御聖訓《ごせいくん》どおりの行動であるかどうかという点である。

大聖人は「開目抄《かいもくしょう》」で**「愚人《ぐにん》にほめられることが第一の恥《はじ》である」**（二三七㌻）と仰《おお》せである。牧口先生は、この御文《ごもん》を敷衍《ふえん》されて「愚人に憎《にく》まれたるは第一の光栄《こうえい》なり」と言われていた。

つまり〝愚人にほめられたい、名声《めいせい》を得《え》たいと、世間的《せけんてき》な名誉《めいよ》を求《もと》めているようでは、本物ではない。むしろ、仏法のことで愚人から憎まれ、非難《ひなん》を受けることは、最高の光栄なのである。その人こそ「本物の信心」の人である〟と教《おし》えられたのである。

これを受けて戸田先生は、草創《そうそう》の青年部に与《あた》えられた「青年訓」で「愚人にほむらるるは、智者《ちしゃ》の恥辱《ちじょく》なり。大聖《たいせい》にほむらるるは、一生の名誉なり」と、呼《よ》びかけられたわけである。世間の風評《ふうひょう》や、いわれなき非難に負《ま》けてはならない。むしろ、信心ゆえの非難、中傷《ちゅうしょう》こそ、わが人生の栄誉《えいよ》との気概《きがい》で、悠々《ゆうゆう》と進みぬいていただきたい。そこに本物の信仰《しんこう》者《しゃ》としての生き方がある。

――一九八九・一一・一二

〈本因妙の姿勢〉

「これから後も、いかなることがあろうとも、少しも信心がたゆんではならない。いよいよ強く謗法《ほうぼう》を責《せ》めていきなさい。たとえ命《いのち》に及《およ》ぶことがあっても、少しもひるんではならない」（一〇九〇㌻）

「いよいよ」の心に、日蓮大聖人の本因妙《ほんいんみょう》の仏法の魂《たましい》がある。この「いよいよ」の心意気《こころいき》で、「無上《むじょう》の幸福」の大道《だいどう》をまっすぐに進んでいっていただきたい。

――一九九二・一二・二三

*

日蓮大聖人は繰《く》り返《かえ》し、「いよいよ」と仰《おお》せである。**「いよいよ信心に励《はげ》んで、法華経の功徳《くどく》を得《え》られるがよい」**（一四四八㌻）と。功徳は自《みずか》ら〝勝ち得る〟ものである。だれかに与《あた》えてもらうものではない。

また**「いよいよ、信心を強くして、今世《こんぜ》で仏《ほとけ》になりたまえ」**（一一八四㌻）と。死んだから仏になるのではない。生きている間《あいだ》に仏になれずして、死んだだけで仏になれるわけがない。要《よう》するに、戦《たたか》わなければ、仏になれない。戦わなければ、魔は打ち破《やぶ》れない。戦わなければ、功徳は出ない。

――一九九九・七・三

〈心こそ大切〉

信心の世界では、〝誠実《せいじつ》〟と〝信義《しんぎ》〟の心の人こそ、妙法《みょうほう》のリズムにつつまれ、功徳《くどく》も早く、いや増《ま》していくものである。日蓮大聖人も**「心こそ大切なれ」**（一一九二㌻）と仰《おお》せのごとく、信心では「心」「一念《いちねん》」の姿勢《しせい》がもっとも大事《だいじ》となる。

功徳が出る、出ない、ということも、また、生命力が豊《ゆた》かになる、ならない、そして宿命《しゅくめい》が打開《だかい》できる、できないということも、だれのせいでもない。すべては、自分自身の「心」いかんであり、「一念」の姿勢によることを忘《わす》れてはならない。

——一九八八・一・九

＊

日蓮大聖人は**「心こそ大切なれ」**（一一九二㌻）と仰《おお》せである。信心の「心」がダイヤ（金剛《こんごう》）の人は、ダイヤのごとく崩《くず》れざる幸福の王者《おうじゃ》である。永《えい》遠《えん》の勝利者である。その人の住《す》む所、行く所、すべて〝宮殿《きゅうでん》〟であり、〝王宮《おうきゅう》〟となる。全宇宙《ぜんうちゅう》を悠然《ゆうぜん》と見渡《みわた》すような境涯《きょうがい》である。

反対に、外見《がいけん》がどんなに立派《りっぱ》であっても、「心」が腐敗《ふはい》している人もいる。信心の「ダイヤの一念《いちねん》」を磨《みが》くことである。原石《げんせき》も磨かねば輝《かがや》かない。「磨く」とは、題目《だいもく》をあげることである。

——一九九二・二・二

＊

恩師《おんし》戸田先生は、妙法《みょうほう》、妙法といっても、詮《せん》ずるところは「人」である、「法」は見えない、人と法は切り離《はな》せない、一体《いったい》であると、よく言われていた。「正しき法」は、具体的《ぐたいてき》には「正しき信心の人」にこそ脈打《みゃくう》っていく。日蓮大聖人は**「ただ心こそ大切なれ」**（一一九二㌻）と仰《おお》せである。

いくら御本尊が正しくても、邪信《じゃしん》であったり、狂《きょう》信《しん》・盲信《もうしん》であったり、また、妙法を持《たも》ち、最《もっと》も広宣《こうせん》流布《るふ》に尽《つ》くしているわれわれを、迫害《はくがい》するような聖《せい》職者《しょくしゃ》や背信者《はいしんしゃ》には、絶対《ぜったい》に功徳《くどく》はない。御書に照《て》らし、経文《きょうもん》に照らして、厳然《げんぜん》たる因果《いんが》の報《むく》いを受けることは明《あき》らかである。
身近《みぢか》な例《れい》でいえば、いくら立派《りっぱ》な車があっても、運転《うんてん》する人が酒《さけ》に酔《よ》っていたり、技術《ぎじゅつ》が未熟《みじゅく》であったり、心が狂《くる》っていたりすれば大事故《だいじこ》につながる。同乗《どうじょう》した人間もまた、まきぞえになる。ゆえに大切なのは、「心」である。日蓮大聖人のご遺命《ゆいめい》である広宣流布に向《む》かいゆく「信心」である。

――一九九二・六・二七

＊

「大きな闇《やみ》を日輪《にちりん》は破《やぶ》る。女性《じょせい》の心は（悩《なや》みが絶《た》えず）大きな闇のようである。法華経は日輪のようなものである」（一二一四㌻）
真《ま》っ暗《くら》の闇夜《やみよ》も、ひとたび太陽《たいよう》が昇《のぼ》れば晴《は》れわたる。妙法《みょうほう》を唱《とな》え、妙法の信心を燃《も》やせば、いかなる心の闇も消《き》え去《さ》る。ゆえに、胸中《きょうちゅう》に「信心の太陽」を昇らせることである。人生は信心の「心」で決《き》まる。幸福もその「心」ひとつで決まる。

――一九九四・五・二四

＊

私どもは正しき御本尊を持《たも》った。自行化他《じぎょうけた》の正しき実践《じっせん》も学《まな》んだ。そしてさらに、大切なものは何か。それは信心の「心」である。その心を律《りっ》するための要《かなめ》ともなる指針《ししん》が、**「みずからの心の師《し》とはなっても、みずからの心を師としてはならない」**（一〇八八㌻）の御文《ごもん》である。
多くの人々をリードしていく幹部の皆さまは、まずみずからの心を正しくリードしていかなければならない。

――一九八八・三・四

＊

「身は随《したが》えられているようであるが、心まで随えられはしない」（二八七㌻）
たとえ、やむなく束縛《そくばく》の身となったとしても、心までは絶対《ぜったい》に従《したが》わない。屈《くつ》しはしない。これが、真《しん》実《じつ》の「自由」の精神《せいしん》である。人間の魂《たましい》の強さである。

——一九九〇・三・九

*

御書には、説《と》かれている。

人に生《う》まれて、国王《こくおう》や大臣《だいじん》などの身となって、これほどの楽しみはないと思っても、それは、仏法の眼《まなこ》から見れば**「夢《ゆめ》の中の栄《さか》えであり、永続性《えいぞくせい》のないはかない、幻《まぼろし》のような楽しみにすぎない」**（三八六ページ）と。少しも偉大《いだい》ではない、と。

真実《しんじつ》の幸福とは何か。この根本課題《こんぽんかだい》は「三世永《さんぜえい》遠《えん》」という次元《じげん》から考《かんが》えなければ、絶対《ぜったい》に解《と》けない。ゆえに、日蓮大聖人は、四条金吾《しじょうきんご》に**「蔵《くら》に蓄《たくわ》えた財宝《ざいほう》よりも、身の財《たから》（健康《けんこう》を基本《きほん》に身につけた技《ぎ》能《のう》、資格《しかく》など）がすぐれている。その身の財よりも、心の財が第一の財なのである。この手紙《てがみ》をご覧《らん》になってから以後《いご》は、心の財を積《つ》んでいきなさい」**（一一七三ページ）と仰《おお》せなのである。

どんなに有名になろうと、権力《けんりょく》をほしいままにしようと、また巨万《きょまん》の富《とみ》を蓄えようとも、それだけでは、いちばん大切な「心の財」は積めない。積めないゆえに、時とともに福運《ふくうん》を消《け》していく。

結論《けつろん》して言えば、学会活動こそが、最高の「心の財」を積む行動なのである。その意味で、学会員の皆さまは、毎日毎日、三世にわたって消《き》えない福徳《ふくとく》の貯蓄《ちょちく》をしているようなものである。「心の財」の大長者《だいちょうじゃ》——その人こそ、人間としての帝王《ていおう》である。真《しん》の仏法者である。

——一九九四・八・六

*

「蔵《くら》の財《たから》よりも、身の財のほうがすぐれている。身の財よりも、心の財が第一である」（一一七三ページ）

「蔵の財」——どんなにお金《かね》があっても幸《しあわ》せとは限《かぎ》らない。財産《ざいさん》を得《え》るために、また金銭欲《きんせんよく》にとらわれて、人間らしい生き方を忘《わす》れ、転落《てんらく》していく人も多い。それでは、蔵の財を持《も》っていても、人生は敗《はい》北《ぼく》である。「身の財」——たとえば、勲章《くんしょう》をもらった、博士《はかせ》になった、社会的に地位《ちい》を得た。それらも、ひとつの価値《かち》ではあろう。しかし、こうした外《がい》面《めん》の〝宝〟で身を飾《かざ》っても、心が空虚《くうきょ》であれば貧《まず》しき人生であり、不幸である。また健康《けんこう》という「身の財」は、言うまでもなく幸福の要件《ようけん》であるが、それを生かせるかどうかも「心」で決《き》まる。

日蓮大聖人は「心の財が第一である」と仰《おお》せである。そして最高にして永遠《えいえん》の「心の財」を無量《むりょう》に積《つ》みゆくのが信心なのである。

――一九九三・九・九

＊

何より信心の世界こそ、まっすぐで正直《しょうじき》な、心と心との世界である。

日蓮大聖人は、遠《とお》く佐渡《さど》まで、幼《おさな》い娘《むすめ》を連《つ》れて訪《たず》ねてきた婦人の門下《もんか》・日妙聖人《にちみょうしょうにん》の信心をたたえられ、こう仰《おお》せである。

「法華経は、『正直に方便《ほうべん》を捨《す》て』『皆これ真実《しんじつ》』『質直《しちじき》にして意柔軟《こころにゅうなん》に（心がまっすぐで穏《おだ》やかである）**』『柔和《にゅうわ》で質直なる者**（穏やかで、まっすぐな人）**』等といって、正直であることは、あたかも弓《ゆみ》の絃《つる》を張《は》ったようであり、墨縄《すみなわ》**（直線《ちょくせん》を引《ひ》くための道具《どうぐ》）**をうったように、まっすぐな心の人が信ずる御経《おんきょう》が法華経である」**（一二一七㌻）

法華経を真《しん》に信じる人は、清《きよ》き心の人である。心に濁《にご》りもなく、策《さく》も迷《まよ》いもない。人がどうあれ、世《せ》間《けん》がどうあれ、わが生命の最極《さいごく》の大法《だいほう》にのっとって、どこまでもまっすぐに、正しき人生道を自分らしく貫《つらぬ》いていくのみである。私どもの信心の世界は、いつも、晴《は》れわたる青空《あおぞら》のごとき心の世界なのである。

――一九九〇・七・一四

＊

日蓮大聖人は**「蔵《くら》の財《たから》」**（一一七三㌻）、**「身の財」**（同）、**「心の財」**（同）という三つの〝人生の宝〟を示《しめ》されている。

財産《ざいさん》はいうまでもなく「蔵の財」である。若《わか》さ、容姿《ようし》、健康《けんこう》や能力《のうりょく》などの力《ちから》、地位《ちい》・身分《みぶん》や名声《めいせい》は

「身の財」である。いずれも人生と生活上の価値《かち》であり、それらを求《もと》めることは一面《いちめん》、当然《とうぜん》のことともいえるかもしれない。しかし問題《もんだい》は、それらがはたして人生の真実《しんじつ》の〝宝〟であり、永遠《えいえん》の〝糧《かて》〟であるかどうかである。

具体例《ぐたいれい》をあげるまでもない。財産があるために、ねらわれたり、殺《ころ》されたりする人もいる。美《うつく》しいために妬《ねた》まれ、またおとしいれられる女性《じょせい》も少なくない。名声や力があるがゆえに心おごり、人生をあやまる人、地位が高いために、権力《けんりょく》の魔性《ましょう》に心破《やぶ》られてしまう人等々、私どももよく目にするところである。こうしたなかには、何ひとつ永遠に続《つづ》く〝宝〟はない。

とすれば、「蔵の財」「身の財」は、決《けっ》して真実の幸福をあたえてくれる〝人生の糧〟とはいえない。少なくとも、それらのみでは、人は本当の満足《まんぞく》の人生を生きることはできない。

人は何《なん》で生きるか。大聖人は**「心の財が第一である」**(同)と端的《たんてき》に教《おし》えてくださっている。

この「心の財」とは「信心」である。「信心」こそ人生の永遠の〝宝〟であり〝糧〟である。「信心」には、無量《むりょう》の功徳《くどく》、無辺《むへん》の福運《ふくうん》が含《ふく》まれている。国《こく》土《ど》をも変革《へんかく》しゆく宇宙大《うちゅうだい》の力用《りきゆう》が秘《ひ》められている。つきぬ歓喜《かんき》と、絶大《ぜつだい》なる智慧《ちえ》と慈悲《じひ》との源泉《げんせん》であり、「蔵の財」「身の財」をもすべて永遠の幸福へと生かしきっていけるのである。

——一九八八・二・一九

大聖人のお振る舞い

「去年《きよねん》、今年《ことし》の疫病《えきびょう》の流行《りゅうこう》のありさまを見ては、佐渡《さど》の皆さんはどうなられたであろうかと心配《しんぱい》であったので、法華経(御本尊)に、ねんごろに祈《いの》っていた。しかし、いまだ気《き》がかりであったところに、七月二十七日の申《さる》の時(午後四時ごろ)、阿仏房《あぶつぼう》が身《み》延《のぶ》の私のもとに来られたのを見て、『尼御前《あまごぜん》(千日《せんにち》尼《あま》)はどうか、国府入道殿《こうにゅうどうどの》はどうか』と、まず尋《たず》ねた。阿仏房が『千日尼は病気《びょうき》にもかかわらず元気である。国府入道は同道《どうどう》して参《まい》ったが、早稲《わせ》の刈《か》り入れ

が近《ちか》づき、手伝《てつだ》う子どももないので、やむなく途中《とちゅう》から帰《かえ》られた』と語《かた》られるのを聞いた時には、盲目《もうもく》の者の眼《め》が開《ひら》き、亡《な》くなられた父母《ふぼ》が閻魔宮《えんまぐう》から訪《おとず》れてきた夢《ゆめ》を見て、夢の中で喜《よろこ》んでいるような気持ちであった」（一三一四㌻）

「尼御前はどうですか、国府入道殿はどうですか」と、阿仏房の顔《かお》を見たとたんに、ご自分から真《ま》っ先《さき》に、門下《もんか》の安否《あんぴ》を問《と》われる日蓮大聖人。まさに人間性そのもののお振《ふ》る舞《ま》いであられる。信徒《しんと》へのあふれんばかりの真情《しんじょう》が、ドラマのごとく伝《つた》わってくる。胸《むね》に轟《とどろ》いてくる。

打ち続《つづ》く疫病に、門下は大丈夫《だいじょうぶ》か、あの人は、この人は、どうしているか——大聖人は信徒の現実の生活をつねに心配され、現実の幸福をつねに祈ってくださっていた。

「現実」を離《はな》れて仏法はない。ただの理屈《りくつ》でもない。観念《かんねん》でもない。「人間性」を離れて仏法はない。権威《けんい》でもない。格好《かっこう》でもない。ゆえに、現実に一人の信徒を大切にすることもできないで、仏法者の資《し》格《かく》はないであろう。

——一九九一・五・二五

＊

日蓮大聖人は、大難《だいなん》（「竜《たつ》の口《くち》の法難《ほうなん》」など）のさなか、諸天善神《しょてんぜんじん》の加護《かご》が厳然《げんぜん》と現《あらわ》れたことを示《しめ》されている。

「三光天子《さんこうてんし》の中で、月天子《がってんし》は光《ひか》り物《もの》となって現れて竜の口の頸《くび》の座《ざ》で日蓮を助《たす》け、明星天子《みょうじょうてんし》は四、五日前に下《くだ》ってきて日蓮に見参《けんざん》した」（一一一四㌻）

別《べつ》の御書にも、「竜の口では、江《え》の島《しま》の方から光り物（月天子）が出現し、私を斬首《ざんしゅ》しようとした太《た》刀取《ちと》りも、目がくらみ、倒《たお》れ伏《ふ》して斬《き》ることができなかった。（中略）また依智《えち》の本間重連邸《ほんましげつらてい》では大星《たいせい》（明星天子）が梅《うめ》の木に下り、武士《ぶし》たちは地面《じめん》にひれ伏したり、家の後《うし》ろへ逃《に》げ去《さ》るありさまであった」（九一四㌻）——等と述《の》べられている。そして、「今、日天子《にってんし》だけが残《のこ》っている。必《かなら》ず守護《しゅご》があるにちがいないと、たのもしいかぎりである。たのもしいかぎりである」（一一一四㌻）と。月天（月）、明星天（星の代表《だいひょう》）がすでに現れた。あとは日天（太《たい》陽《よう》）だけである。現れることは間違《まちが》いない――。
　むしろ大聖人は、日天子がどのように法華経の行《ぎょう》者《じゃ》を守護するか、悠然《ゆうぜん》と試《こころ》みておられるようにさえ拝《はい》される。まさに大確信《だいかくしん》のお心であられる。宇宙大《うちゅうだい》というべき、壮大《そうだい》なご境界《きょうがい》であられた。
　門下《もんか》である私どもも、太陽と語《かた》らい、星々を友とするような、ロマンある人生を歩《あゆ》んでいきたい。そうした大いなる境涯《きょうがい》を開《ひら》くための信仰《しんこう》なのである。

――一九九一・一〇・一〇

*

「世間《せけん》には五十歳《さい》、六十歳と、親子《おやこ》でともに白髪《しらが》になるまで一緒《いっしょ》に生きていかれる人もいる。それなのに〝私は若《わか》い身で親に早く別《わか》れ、いろいろと教《おし》えてもらうこともできなかった〟と思われているあなた（南条時光《なんじょうときみつ》）のご心中《しんちゅう》を推《お》し量《はか》ると、私は涙《なみだ》を抑《おさ》えることができない」（一五〇九㌻）

　まことにありがたい御本仏のお言葉である。この御文《ごもん》の行間《ぎょうかん》から〝私をお父《とう》さんとも思っていきなさい〟との大聖人の慈愛《じあい》のお心が、私の胸《むね》に迫《せま》ってならない。時光《ときみつ》にとって、日蓮大聖人はいうまでもなく、仏法の厳《げん》たる師《し》であられた。とともに、限《かぎ》りなくあたたかな慈父《じふ》の存在《そんざい》でもあられたにちがいない。

――一九八八・六・二一

*

　日蓮大聖人は（夫《おっと》を亡《な》くした妙一尼《みょういちあま》に対して）**「幼《おさな》い子どもたちの世話《せわ》も、私がしよう」**（一二五四㌻）とまで、深《ふか》き慈愛《じあい》をそそがれている。この、限《かぎ》りなき優《やさ》しさ、あたたかな人間性にこそ、大慈《だいじ》大悲《だいひ》の大聖人の仏法は脈動《みゃくどう》している。いわゆる権威《けんい》のかけらすら見られない。すばらしいことである。

――一九九〇・四・二九

*

　日蓮大聖人は、佐渡《さど》から夫《おっと》を身延《みのぶ》へ参詣《さんけい》させながら、自分は行けなかった国府尼御前《こうあまごぜん》の気持ちを察《さっ》せられ、次のように仰《おお》せである。

「日蓮を恋《こい》しく思われるならば、つねに朝《あさ》に出る日、夕《ゆう》べに出る月を拝《おが》まれるがよい。日蓮はいつであっても、日月に影《かげ》を浮《う》かべる身である。また、後《ご》生《しょう》には霊山浄土《りょうぜんじょうど》へ行って、そこでお会《あ》いしよう」（一三二五㌻）

「私は太陽《たいよう》や月にも影を浮かべる身である。どんなに遠《とお》く離《はな》れていても、あなたとの間《あいだ》には何のへだたりもない」（同）と。

そして、「死んだ後にも、霊山でお会いしよう」（同）とまで仰せくださっている。

大聖人をお慕《した》い申し上げる門下《もんか》への慈愛《じあい》あふれるお言葉。そのお心に、私どもは感動《かんどう》する。また、現在の私どもにとっても、御本尊を信じて題目《だいもく》を唱《とな》える人には、必《かなら》ずや御本仏日蓮大聖人の御生命との感《かん》応《のう》があるとのお教《おし》えと拝《はい》したい。

——一九九二・二・二七

*

日蓮大聖人は、身延《みのぶ》から遠《とお》く離《はな》れた佐渡《さど》の老夫《ろうふ》婦《ふ》、国府入道夫妻《こうにゅうどうふさい》に、励《はげ》ましの手紙《てがみ》を送《おく》っておられる。子どものいなかった夫妻に、こう仰《おお》せである。
「日蓮はまた、本来《ほんらい》、あなた方の子どもである。ただ、日本国の人々を助《たす》けようと思って、（佐渡ではなく）しばらく国の中央《ちゅうおう》にいるのである」（一三二三㌻）
「蒙古国《もうここく》が、日本に侵入《しんにゅう》したときには、こちらへ避難《ひなん》しておいでなさい。また、ご子息《しそく》もおられない人であるから、年をとられた末《すえ》には、こちらへ移《うつ》ってくるよう、お考《かんが》えなさい」（同）
命《いのち》におよぶ迫害《はくがい》が続《つづ》くなか、大聖人は、厳《げん》としてそびえ立っておられた。そして、動乱《どうらん》の世《よ》を生きゆく老《お》いたる庶民《しょみん》を、わが父と思い、わが母と思い、抱《だ》きかかえておられた。この強さと、この優《やさ》しさに、人間性の精髄《せいずい》がある。

——一九九七・二・一

*

「申し上げたいことは多々《たた》あるが、このほど風邪《かぜ》をひいてしまい、苦しいので、これで筆《ふで》をとめておく」（一四三八ページ）

このお手紙《てがみ》（「新池殿御消息《にいけどのごしょうそく》」）は、『御書全集《ぜんしゅう》』で四ページにわたる長文《ちょうぶん》となっているが、じつは、日蓮大聖人ご自身が、風邪で苦しまれているお体《からだ》をおしてお認《したた》めくださったのである。御年《おんとし》五十八歳《さい》であられた。

当時《とうじ》は、熱原法難《あつはらほうなん》も激《はげ》しさを増《ま》していた。そうしたなかで、大聖人は門下《もんか》の一人一人を励《はげ》ましに励ましておられたのである。風邪をひかれたこの五月に記《しる》された御抄《ごしょう》は、現存《げんぞん》するものだけでも、新池殿ばかりではない。夫《おっと》を亡《な》くした窪尼御前《くぼのあまごぜん》、農繁期《のうはんき》のさなか「たけのこ」をお届《とど》けした西山入道《にしやまにゅうどう》、法門《ほうもん》の質《しつ》問《もん》をしてきた富木殿《ときどの》、また還俗《げんぞく》をしたいと言っている門下へのお手紙がある。

かつて戸田先生は、この御文《ごもん》を講義《こうぎ》され、次のように言われていた。「大聖人様は、カゼをひいておられたらしい。カゼをひかれて身が苦しいから、ここで疲《つか》れたからやめておくと。やめておくといっても、こんなに書かれた。私なら二行《ぎょう》ほど書いて止めておくところである」と。

御本仏が、苦しいとまで言われていることを思えば、相当《そうとう》の高熱《こうねつ》であられたのかもしれない。そのなかで、これほどの長文の手紙をしたためられている。まさに全魂《ぜんこん》をこめられての門下に対する激励《げきれい》であり、思うだけでも胸《むね》の熱《あつ》くなる御本仏の大慈大悲《だいじだいひ》のお心であられる。

――一九八九・三・四

*

「あらゆる人々の種々《しゅじゅ》さまざまな苦しみは、すべて日蓮ただ一人の苦しみでもある」（七五八ページ）

御本仏の大慈大悲《だいじだいひ》に、〝差別《さべつ》〟や〝境界〟などない、平和と安穏《あんのん》の楽土《らくど》を実現するため、日蓮大聖人は、全人類《ぜんじんるい》の苦悩《くのう》のことごとくを一身《いっしん》に受けようと仰《おお》せである。あたかも中天《ちゅうてん》に輝《かがや》く太陽《たいよう》のように、慈《じ》悲《ひ》の光であまねく大地を照《て》らしていく――それが大聖人の仏法なのである。

その大聖人のお心を拝《はい》して、慈《いつく》しみの光で人々を大きくつつみ、育《はぐく》みゆく慈愛《じあい》の人こそ、仏法者の姿《すがた》といえよう。

——一九九〇・一二・三

＊

日蓮大聖人はつねに、いかなる国の人であろうと、「一切衆生《いっさいしゅじょう》を救《すく》う」という大慈悲《だいじひ》を抱《いだ》いておられたのである。鎌倉幕府《かまくらばくふ》が非道《ひどう》にも、蒙古《もうこ》の使者《ししゃ》五人を斬首《ざんしゅ》したことを、大聖人は痛烈《つうれつ》に諫《いさ》められた。使者の中には、モンゴル人のほか、高麗《こうらい》（韓国《かんこく》の当《とう》時《じ》の国名《こくめい》）の人、中国《ちゅうごく》の人、トルコの人も含《ふく》まれていた。

大聖人は仰《おお》せである。「『大いなる高名《こうみょう》をめざす者は、小さな恥辱《ちじょく》など相手《あいて》にしない』と言われる。（日蓮は）南無妙法蓮華経の七字を日本国に弘《ひろ》め、震旦《しんたん》（中国）や高麗にまでも及《およ》ぼそうという大願《だいがん》を抱いている。その願《ねが》いが、かなう前兆《ぜんちょう》であろうか。大蒙古国からの国書《こくしょ》がたびたびあって、この国の人々、皆の大いなる嘆《なげ》きとなっている。日蓮はまた、以前《いぜん》から、このことを予測《よそく》していた。『世界第一の高名』である」（九〇一ページ）と。

大聖人は、全世界を、この地球《ちきゅう》を、大宇宙《だいうちゅう》から見おろすような大境界《だいきょうがい》であられた。そして全人類《ぜんじんるい》に妙法《みょうほう》という「幸福への秘法《ひほう》」を教《おし》えてあげたいとの大慈大悲であられた。小さな島国《しまぐに》の、小さな争《あらそ》いなど眼中《がんちゅう》になかったと拝《はい》される。

——一九九八・五・二〇

＊

「あなた（池上宗長《いけがみむねなが》）の御事《おんこと》については、心の内《うち》に感《かん》じ思うことがある。この法門《ほうもん》が経《きょう》のごとく弘《ひろ》まっていくならば、（あなたに）お喜《よろこ》びを申し上げよう」（一一〇〇ページ）

大法弘通《だいほうぐつう》のために、難《なん》と戦《たたか》い、苦労《くろう》を重《かさ》ね、一生懸命《いっしょうけんめい》に尽《つ》くしてきた仏子《ぶっし》のことを、日蓮大聖人は最大に尊重《そんちょう》されている。「あなたのことを心に深《ふか》く留《とど》めていますよ」——。忘《わす》れませんよ、と。

これが門下《もんか》に対する大聖人のお心であられた。そして、正法《しょうほう》が拡大《かくだい》しゆく喜びを、だれよりも苦労した信徒《しんと》と分《わ》かち合《あ》おうとされている。なんと深い御本仏の大慈悲《だいじひ》であろうか。

いわんや、今日、創価学会が「全世界」を舞台《ぶたい》に進めている「広宣流布《こうせんるふ》」の壮大《そうだい》な広がり——その「正法興隆《こうりゅう》」の姿《すがた》を、御本仏日蓮大聖人はどれほど喜ばれ、ご賞讃《しょうさん》くださっていることであろうか。もしかりに、仏子である学会員の尊《とうと》い功労《こうろう》を、いささかでも軽《かろ》んずるようなことがあるとすれば、それは大聖人のお心への重大《じゅうだい》な違背《いはい》であると断《だん》じておきたい。

——一九九一・八・三一

*

日蓮大聖人は文永《ぶんえい》二年（一二六五年）、南条時光《なんじょうときみつ》の父・兵衛七郎《ひょうえのしちろう》が亡《な》くなったとき、はるばる上野郷《うえのごう》の南条邸《てい》を弔問《ちょうもん》されている。

「春の祝御書《いわいごしょ》」では**「故《こ》南条兵衛七郎殿は（中略）まだ齢《よわい》が盛《さか》んであるのに亡くなってしまったことから、その別《わか》れを悲《かな》しく思ったので、わざわざ鎌倉《かまくら》からうち下《くだ》って、お墓《はか》を見させていただいたのである」**（一五一〇㌻）と後年《こうねん》、述懐《じゅっかい》されている。私はこの御抄《ごしょう》を拝《はい》するたびに、大聖人の大慈大悲《だいじだいひ》に心を熱《あつ》くする。

ところで大聖人が南条邸を訪問《ほうもん》されたとき、時光はわずか七歳《さい》であったという。その幼《おさな》い心に、一信《いちしん》徒《と》の死に対しても、御自《おんみずか》ら墓参《ぼさん》に足《あし》を運《はこ》ばれた大聖人の大慈悲のお姿《すがた》は、深《ふか》くきざみこまれたにちがいない。その折《おり》の大聖人との出会《であ》いが、時光の将来《しょうらい》を決定《けってい》づけ、富士方面《ふじほうめん》の弘教《ぐきょう》、熱原法難《あつはらほうなん》での同志《どうし》の外護《げご》、さらには、日興上人《にっこうしょうにん》の大石寺《たいせきじ》開創《かいそう》に尽力《じんりょく》するなど、大信徒として活躍《かつやく》する淵源《えんげん》となったと私はみたい。

——一九八八・三・四

*

日蓮大聖人は、身延《みのぶ》に馳《は》せ参《さん》じた四条金吾《しじょうきんご》の帰途《きと》を心配《しんぱい》されたご心情《しんじょう》を、次のように仰《おお》せである。

「このたび、あなたが身延から帰《かえ》る道中《どうちゅう》のことは、魂《たましい》をなくすほど心配していた。無事《ぶじ》、鎌倉《かまくら》に帰られたことを、私はどんなに喜《よろこ》んだか。あまりに心配

だったので、鎌倉から身延に来る人ごとに、あなたのことを尋《たず》ねたところ、ある人は箱根《はこね》の湯本《ゆもと》であなたと行き会《あ》われたと言い、ある人は小田原《おだわら》の国府津《こうづ》で、と。そしてある人が、鎌倉であなたと会ったと言いましたので、ようやく安心《あんしん》したのである」（一一八五㌻）と。

〝魂をなくすほど心配していた〟――大聖人は、ご自身のもとを訪《たず》ねた門下《もんか》に対し、その行き帰りが無事故《むじこ》であるよう、これほどまでに心を砕《くだ》いておられた。「仏子《ぶっし》」である信徒《しんと》の安全《あんぜん》を、だれよりも深《ふか》く願《ねが》われ、何よりも優先《ゆうせん》されたのである。

こうした御本仏の大慈大悲《だいじだいひ》を拝《はい》するならば、尊《とうと》い仏子である皆さまを、最大に守《まも》り、大切にしていくことこそ、仏法者のあるべき行動、振《ふ》る舞《ま》いであると知《し》るべきであろう。

かりに〝行き帰りのことは関知《かんち》しない。責任《せきにん》をもたない〟というような冷酷《れいこく》な態度《たいど》があるならば、それは御本仏のお心に反《はん》するといえよう。

――一九九一・五・二五

＊

本来《ほんらい》、聖職者《せいしょくしゃ》とは、人々と「ともに苦しみ」「ともに生き」「ともに進む」ものなのである。これは仏法の精神《せいしん》でもある。大乗《だいじょう》仏教の菩薩《ぼさつ》は、人々が成仏《じょうぶつ》するまでは自分の成仏を後回《あとまわ》しにしても、人を救《すく》うことを誓《ちか》う。自分だけが仏《ほとけ》であり、自分だけが偉《えら》いとし、皆を見くだすのは仏法の心に反《はん》する。

「ともに苦しみ」「ともに喜《よろこ》ぶ」――この「和合《わごう》」のなかに仏法は脈動《みゃくどう》する。

日蓮大聖人は、在家《ざいけ》の四条金吾《しじょうきんご》に**「あなたが地獄《じごく》に入られたら、私も同じく地獄に行こう」**（一一七三㌻）とまで言われた。また、ある婦人の門下《もんか》には、**「ともに飢《う》え死《じ》にしよう」**（一二二二㌻）とさえ、大慈悲《だいじひ》をそそいでおられる。

SGI（創価学会インタナショナル）は、こうした大聖人の大慈大悲を仰《あお》ぎながら、仏法の根本《こんぽん》精神のままに「人間の連帯《れんたい》」を広げてきた。この一点だけを見ても、SGIこそ大聖人の仏法を正しく実践《じっせん》していることは明《あき》らかである。ゆえに真《しん》の功《く》徳《どく》もある。

——一九九一・九・二七

＊

「もし、あなた（南条兵衛七郎《なんじようひようえのしちろう》）が私より先に亡《な》くなられたならば、梵天《ぼんてん》・帝釈《たいしやく》・四《し》大天王《だいてんのう》・閻魔《えんま》大《だい》王《おう》等にも『日本第一の法華経の行者《ぎようじや》・日蓮房《にちれんぼう》の弟子《でし》である』と名《な》のりをあげなさい。よもや粗略《そりやく》な扱《あつか》いはされないであろう」（一四九八㌻）

日蓮大聖人は、南条時光《ときみつ》の父・兵衛七郎の死期《しき》が間近《まぢか》いことを察知《さつち》されていたにちがいない。ゆえに、お手紙《てがみ》の末尾《まつび》に、このような激励《げきれい》を記《しる》されたのではなかろうか。

〝大聖人門下《もんか》であれば、何も恐《おそ》れることはない。あらゆる諸天《しよてん》が厳然《げんぜん》と守《まも》ることはまちがいない〟——なんと心強《こころづよ》い励《はげ》ましであろう。この大確信《だいかくしん》のお言葉に、兵衛七郎も、どれほど喜《よろこ》び、安心《あんしん》したであろうか。ありがたき御本仏の大慈悲《だいじひ》である。

——一九八八・六・一九

日蓮大聖人は、つねに門下《もんか》に対し、嘆《なげ》くことなく、悲壮《ひそう》になることなく、悠々《ゆうゆう》と生きぬくよう示《しめ》され、励《はげ》まされた。

竜《たつ》の口《くち》の刑場《けいじよう》に向《む》かう途中《とちゆう》、悲嘆《ひたん》する四条金吾《しじようきんご》に、**「しょうがない殿《との》だなあ。これほどの喜《よろこ》びを、笑《わら》いなさい」**（九一三㌻）と仰《おお》せになったことは、あまりにも有名である。金吾への限《かぎ》りない情愛《じようあい》が拝《はい》されるとともに、「笑いなさい」とのすばらしき大《だい》境界《きようがい》が仰《あお》がれる。

——一九九一・一・六

＊

弘安《こうあん》三年（一二八〇年）の十二月十六日、日蓮大聖人は、四条金吾《しじようきんご》の夫人《ふじん》・日眼女《にちげんによ》に、こう述《の》べられている。

「椎地四郎殿《しいじしろうどの》が報告《ほうこく》してくれたが、（夫《おつと》の四条金吾殿が）主君《しゆくん》の前で法門《ほうもん》を論《ろん》じられたとうかがい、こ

のうえなく、すがすがしく思っている。そのごほうびとして、大事《だいじ》な法門を一つ書き送《おく》ろう」（一一九五ページ）と。

大聖人は、金吾が主君の前で法門を語《かた》ったこと、すなわち折伏《しゃくぶく》をしたことを、〝すがすがしい〟とたいへんにお喜《よろこ》びになっている。

広宣流布《こうせんるふ》への行動は、すがすがしい。仏法の話を一言《ひとこと》でも語ったあとは、心がさわやかになる。反対に、みずからの欲望《よくぼう》のままに生きる人生は、あまりにも虚《むな》しい。悔《く》いも残《のこ》る。

また大聖人は、門下《もんか》の活躍《かつやく》をたたえ、〝ごほうびをさし上げよう〟と。御本仏のあたたかいぬくもりが伝《つた》わってくる――。その他の御書を拝《はい》しても、大聖人は、門下のちょっとした報告をも、ひとつも見《み》逃《のが》されない。すべてを的確《てきかく》に把握《はあく》し、すぐさま激励《げきれい》の手を打たれている。

総《そう》じて、真《しん》の仏法の指導者《しどうしゃ》は、社会、宇宙《うちゅう》の回転《かいてん》を観《かん》じ、ギアをかみ合《あ》わせながら、緻密《ちみつ》な大コンピューターのごとく、〝時《とき》〟に応《おう》じ、〝機《き》〟に応じた手を打っていく。「一葉落《いちようお》ちて天下《てんか》の秋《あき》を知《し》る」といわれるが、大聖人は、この報告から、門下の〝勢《いきお》い〟を感《かん》じられたと拝される。

――一九九一・一二・一五

＊

日蓮大聖人は、下総《しもうさ》（現在の千葉県《ちばけん》・茨城県《いばらきけん》の一《いち》部《ぶ》）の信徒《しんと》、大田乗明《おおたじょうみょう》を**「乗明聖人《しょうにん》」**（一〇一二ページ）とたたえられた。別《べつ》の折《おり》には**「あなた（大田乗明）が、ご自分の生命よりも法華経を大事《だいじ》と思われていることは、不思議《ふしぎ》の中の不思議である」**（一〇一五ページ）と賞讃《しょうさん》されている。そういう不惜《ふしゃく》の信心の人であった。

さらに大聖人は、佐渡《さど》の阿仏房《あぶつぼう》を**「阿仏上人《しょうにん》」**（一三〇四ページ）と呼《よ》ばれた。阿仏房は、佐渡で大聖人を支《ささ》えた門下《もんか》である。また高齢《こうれい》にもかかわらず、佐渡から身延《みのぶ》を何度《なんど》も訪《おとず》れている。その求道《きゅうどう》の姿《すがた》は、今の「多宝会《たほうかい》」の方々《かたがた》と重《かさ》なる。

また、光日房《こうにちぼう》（光日尼《あま》）という婦人門下には**「光日上人」**（九三四ページ）と。このほか**「浄蓮上人《じょうれんしょうにん》」**（浄蓮房）（一四三四ページ）、駿河国興津《するがのくにおきつ》の信徒《しんと》である。また**「妙密《みょうみつ》上人」**（一二四一ページ）、鎌倉在住《かまくらざいじゅう》の信徒である。そして南条時光《なんじょうときみつ》は**「上野《うえの》賢人《けんじん》」**（一五六一ページ）と。

これらは、いずれも、社会的には無名《むめい》の在家《ざいけ》の信徒である。難《なん》と戦《たたか》った人々である。こういう人々にこそ、大聖人は「聖人」「上人」「賢人」の名《な》を贈《おく》られた。無名の在家の信徒——皆さま方である。われわれのことである。

御本仏が一信徒を、これほどまでに尊《とうと》び賞讃されている。なんとすばらしいことか。これが日蓮仏法である。ここに本当の釈尊《しゃくそん》の精神《せいしん》もある。

広宣流布《こうせんるふ》に生きぬく私どもの戦いを、大聖人は必《かなら》ずご照覧《しょうらん》くださっている。三世十方《さんぜじっぽう》の仏菩薩《ぶつぼさつ》が絶対《ぜったい》に守《まも》ってくださっている。

——一九九六・九・二六

*

日蓮大聖人は、同志《どうし》を大切にする献身《けんしん》の行動を決《けっ》して見逃《みのが》されなかった。

ある年の弥生《やよい》三月、一人の女性門下《じょせいもんか》が、はるばる身延《みのぶ》の山中《さんちゅう》におられる大聖人をお訪《たず》ねした。この同志の婦人を、池上兄弟《いけがみきょうだい》の弟・宗長夫妻《むねながふさい》は、大切な馬《うま》に乗《の》せて送《おく》り出してあげた。そのことを大聖人は、こうたたえておられる。

「このたびは、この尼御前《あまごぜん》を（大聖人のもとへ来るにあたって）大事《だいじ》なお馬に乗せてくださったとうかがった。並大抵《なみたいてい》ではない真心《まごころ》だと思われる。これは殿《との》（宗長）のお心であることは言うまでもないが、むしろ夫人《ふじん》のお心遣《こころづか》いであろうか」（一〇九四ページ）

大聖人は夫妻の清《きよ》らかな心をこのように愛《め》でておられる。なかんずく、陰《かげ》で支《ささ》える夫人の信心を讃嘆《さんたん》されている。

——一九九三・三・七

*

日蓮大聖人はご自身のことを**「片田舎《かたいなか》に生《う》まれ、そのうえ身分《みぶん》は賤《いや》しい」**（二〇〇ページ）と仰《おお》せである。

釈尊《しゃくそん》は王宮《おうきゅう》に生《う》まれた。それに対し、大聖人は、中央《ちゅうおう》から遠《とお》く離《はな》れた片田舎に生まれ、身分も低《ひく》い身の上であるとおっしゃっている。また、こうも仰せである。

「日蓮は、中央の都《みやこ》の者でもない。地方《ちほう》の将軍《しょうぐん》などの有力者《ゆうりょくしゃ》の子息《しそく》でもない。都から遠く離れた国の庶民《しょみん》の子である」（一三三二㌻）

日蓮大聖人は、末法《まっぽう》の御本仏であられる。釈尊、三世《さんぜ》十方《じっぽう》の仏《ぶつ》・菩薩《ぼさつ》をも引《ひ》き従《したが》えていく身であられる。にもかかわらず、大聖人は、安房《あわ》（今の千葉県《ちばけん》）の一庶民としてお生まれになったことを、誇《ほこ》り高く宣言《せんげん》なされているのである。

なんと偉大《いだい》な、尊《とうと》きご宣言であろうか。ここに人間性の真髄《しんずい》がある。「どこの家に生まれた」とか「位《くらい》がどうだ」とか、そんなことは幻《まぼろし》である。「一《いっ》個《こ》の人間としてどうか」、それだけが大事《だいじ》なのである。地位《ちい》でも財産《ざいさん》でも学歴《がくれき》でもない。

――一九九八・一・八

*

「日蓮には若《わか》い時から現世《げんせ》についての祈《いの》りはない。ただ仏《ほとけ》になろうと思うだけである。けれども、あなた（四条金吾《しじょうきんご》）のことはいつも法華経、釈尊《しゃくそん》、日天《にってん》にお願《ねが》いしている。それはあなたが法華経の命《いのち》を継《つ》ぐ人だと思っているからである」（一一六九㌻）

これはもちろん、御本仏の深《ふか》い祈りについて示《しめ》された御文《ごもん》である。もとより、凡夫《ぼんぷ》に現実生活のさまざまな祈りがあるのは、当然《とうぜん》であるかもしれない。

それはそれとして、私どもは信心の根本《こんぽん》の姿勢《しせい》として〝ただ仏になろうと思うだけである〟との日蓮大聖人のお心を深く拝《はい》してまいりたい。大聖人は、人生の真実《しんじつ》の目的《もくてき》を教《おし》えてくださっているのである。

そして大聖人は、ご自身の現世の栄《さか》えは祈らないが、仏法の「命を継ぐ人」すなわち広宣流布《こうせんるふ》に邁進《まいしん》する門下《もんか》のことを、いつもいつも祈っていると述《の》べられている。まことに御本仏の大慈《だいじ》大悲《だいひ》が拝されてならない。

次元《じげん》は異《こと》なるが、私どももまた、同じ祈りの姿勢でありたい。祈りは即《そく》行動となる。みずからが、率《そっ》先《せん》して歩《ある》き、語《かた》り、法を弘《ひろ》めゆくのはもちろんとして、弘教《ぐきょう》を行《おこな》っている人、広布《こうふ》の活動に励《はげ》む友を、どこまでも守《まも》り、大切にしていくのが、仏法のリーダーの最大の責務《せきむ》である。この尊《とうと》い仏子《ぶっし》なくして、正法《しょうほう》を厳護《げんご》し、広宣流布を進めることはできないからである。

――一九九〇・五・二三

*

日蓮大聖人は、苦難《くなん》のなかに亡《な》くなった、勇敢《ゆうかん》な門下《もんか》（妙一尼《みょういちあま》の夫《おっと》）をしのばれて、こう述《の》べられている。

「ご主人《しゅじん》は『法華経が広まるにつれて、この御房《ごぼう》（大聖人）はいろいろと素晴《すば》らしいことがあって、立派《りっぱ》に敬《うやま》われる立場《たちば》になられるにちがいない』と期《き》待《たい》されていたことであろう。ところが、（大聖人は）はかなくも佐渡《さど》に流《なが》されてしまった。『これは、どうしたことか、いったい法華経や諸天善神《しょてんぜんじん》である十《じゅう》羅刹女《らせつにょ》の守護《しゅご》は、どうしたのか』と思われたであろう。せめて今まで生きておられたなら、日蓮が佐渡から赦免《しゃめん》になった時、どれほど喜《よろこ》ばれたことであろう」（一二五三ページ）

他の御書からもうかがえるように、多くの門下は、大聖人が「大師号《だいしごう》」（朝廷《ちょうてい》から高僧《こうそう》に与《あた》えられる尊称《そんしょう》）などを受けるような、赫々《かっかく》たる栄誉《えいよ》の立場になられると期待していた面《めん》があったようだ。ところが実際《じっさい》には、難《なん》また難の連続《れんぞく》である。日本中からの悪口《あっこう》と嘲笑《ちょうしょう》、圧迫《あっぱく》が息《いき》つぐひまもなく襲《おそ》ってくる。自分も偉《えら》くなれると思った目算《もくさん》がはずれて、退《たい》転《てん》・反逆《はんぎゃく》の徒《と》となる者も現《あらわ》れる。彼らは権力者《けんりょくしゃ》の手《て》先《さき》となって、かつての師匠《ししょう》と同志《どうし》をいじめるために暗躍《あんやく》する。

そうしたなか、妙一尼の夫は最後まで信念《しんねん》に忠実《ちゅうじつ》であり、誠実《せいじつ》であった。それだけに、どんなにか大聖人の凱旋《がいせん》のお姿《すがた》を夢見《ゆめみ》ていたことであろう。また、裏切《うらぎ》りの徒の卑《いや》しい心根《こころね》を、どんなにか、悔《くや》しく思っていたことであろう。

大聖人は、そうした門下の心を、すべてくみとっておられた。一切《いっさい》を知《し》っておられた。そのうえで、いささかも悪《あく》と妥協《だきょう》することなく、あえて大難《だいなん》のなかへと進まれたのである。

ゆえに、亡くなった妙一尼の夫が、大聖人の佐渡からのご帰還《きかん》という、当時《とうじ》だれも思いもよらなかった事実を知ったなら、どんなに喜んだろうか、うれしかったろうか、と仰《おお》せなのである。

苦労《くろう》してついてきた門下に、ご自身の勝利の姿を見せたい、だれよりも喜んでもらいたい——そうした大聖人のお心が強く伝《つた》わってくる。

——一九九〇・四・二九

＊

「日蓮を助《たす》けようと志《こころざ》す人は多少《たしょう》いるが、あるいは志《こころざし》が薄《うす》かったり、あるいは志は厚《あつ》いようでも、行動が心にともなわないというようにさまざまであるが、あなた（四条金吾《しじょうきんご》）はその一分《いちぶん》にあたっている。日蓮を助けようとする志が人にすぐれておられるばかりか、日蓮がわずかの身命《しんみょう》を、ここまで支《ささ》えることができたのも、あなたのおかげである。このことは、天《てん》も必《かなら》ず知《し》っておられるし、地もご存《ぞん》じであろう。もし、あなたが、どのような災難《さいなん》にでもあわれたならば、それはひとえに日蓮の命《いのち》を、天が断《た》とうとするのも同然《どうぜん》である」（一一四九ページ）

日蓮大聖人の御生命をお守《まも》りし支えてきた四条金吾である。ゆえに四条金吾が、災難にあえば、大聖人の御生命をお守りすることができなくなる。つまり、金吾の身に何か起《お》きることは、天が大聖人のお命を断とうとするのと同じことである、と仰《おお》せなのである。諸天《しょてん》が大聖人のお命を断つことなど絶対《ぜったい》にありえない。それがありえないことをとおして、四条金吾が災難に負《ま》けるようなことはないことを教《おし》えられている。

当時《とうじ》、金吾は、いわれのない讒言《ざんげん》のために、主君《しゅくん》から領地替《りょうちが》えを命《めい》じられるという、たいへんな苦境《くきょう》に直面《ちょくめん》していた。その四条金吾に対して、大聖人は、かけがえのない大切なあなた（金吾）に競《きそ》い起こっている災難は、絶対に克服《こくふく》できないわけはない。あなたが諸天に守られないわけがない、とご断《だん》言《げん》なされているわけである。それは、四条金吾の苦《く》悩《のう》を、ご自身の苦悩とまでお考《かんが》えになられた、まさに師弟一体《していいったい》のお心からの、ありがたい大慈大悲《だいじだいひ》であられる。

——一九九一・二・五

＊

日蓮大聖人は、佐渡《さど》の地に着《つ》かれた折《おり》のご感想《かんそう》を、次のように簡潔《かんけつ》に記《しる》されている。

「北国《きたぐに》のことなので、冬はとくに風が激《はげ》しく、雪《ゆき》は深《ふか》い」（一〇五二㌻）と。

また、身延《みのぶ》の地においても、冬の寒《さむ》さはあまりに厳《きび》しかった。

「庵室《あんしつ》の高さは七尺《しゃく》（約二・一メートル）なのに、雪は一丈《じょう》（約三メートル）も積《つ》もり、四方《しほう》は氷《こおり》を壁《かべ》とし、軒《のき》のつららは、道場《どうじょう》を荘厳《そうごん》する装飾具《そうしょくぐ》・瓔珞《ようらく》の玉《たま》を連《つら》ねたようである。室内《しつない》には、雪をお米《こめ》のように積んである。もとより人もこないところであるうえに、雪が深くて道はふさがり、訪問《ほうもん》する人もない」（一〇七八㌻）と。

御本仏御自《おんみずか》らがそうした大苦境《だいくきょう》の真《ま》っただ中で、大法《だいほう》を説《と》き、残《のこ》してくださった。困難《こんなん》な環境《かんきょう》にあっても、一切《いっさい》を乗《の》り越《こ》え堂々《どうどう》と広布《こうふ》に邁進《まいしん》しゆくところに、大聖人門下《もんか》の誉《ほま》れがある。仏子《ぶっし》である皆さま方が苦労《くろう》を厭《いと》わず、地道《じみち》に、けなげに戦《たたか》っておられる姿《すがた》を、大聖人は必《かなら》ずやご照覧《しょうらん》くださっていることを、強く確信《かくしん》したい。

仏法の世界には、一切、無意味なことはない。もっともたいへんなところで苦労した人に、もっとも功徳《くどく》が薫《かお》る。もっとも地味《じみ》な陰《かげ》の努力《どりょく》に徹《てっ》した人に、もっとも栄光《えいこう》が輝《かがや》く。これが「冥《みょう》の照覧」である。

――一九八九・六・一三

＊

「とくに五月のころなので、お米《こめ》も乏《とぼ》しかったことであろう。にもかかわらず、あなた方夫妻《ふさい》は、日蓮を内々《ないない》に養《やしな》ってくださった。お二人は、日蓮の父《ふ》母《ぼ》が伊豆《いず》の伊東《いとう》の川奈《かわな》というところに、生《う》まれ変《か》わられたのであろうか」（一四四五㌻）

旧暦《きゅうれき》の五月といえば、ちょうど田植《たう》えの季節《きせつ》である。ましてや船守弥三郎《ふなもりやさぶろう》は農夫《のうふ》ではなく漁師《りょうし》であった。伊豆地方《ちほう》は、地形的《ちけいてき》に田畑《たはた》も少なく、日蓮大聖人にめしあがっていただくお米を準備《じゅんび》するのに、ずいぶん苦労《くろう》したにちがいない。そのために、弥三郎はふだんより多く漁《りょう》に出かけ、妻《つま》もお米の工面《くめん》にあちこち駆《か》けまわったのではあるまいか。

大聖人は、弥三郎夫妻のそうした人知《ひとし》れぬ苦労を、すべてご存《ぞん》じであられた。ゆえに〝五月なので、お米も乏しかったでしょう。その一番、お米がないときに、お世話《せわ》になってしまいました〟と、夫妻の労《ろう》を、心からねぎらわれたのである。庶民《しょみん》の「真心《まごころ》」を、だれよりも敏感《びんかん》に、また心こまやかにくみとられ、最大の「真心」で応《こた》えられた。この一《ひと》言《こと》が、夫妻の心に、どれほどしみわたったことか。

――一九八八・五・二二

御本尊

「一念三千《いちねんさんぜん》を知《し》らない者に対しては、仏《ほとけ》は大慈悲《だいじひ》を起《お》こされ、妙法蓮華経の五字（御本尊）**に、この一念三千の珠《たま》をつつみ、末法《まっぽう》の幼稚《ようち》な凡夫《ぼんぷ》の首にかけさせられるのである」**（二五四㌻）

御本尊は、御本仏の大慈悲によって、万年《まんねん》の民衆《みんしゅう》に与《あた》えられたのである。一部《いちぶ》の特権階級《とっけんかいきゅう》の専有物《せんゆうぶつ》でもなければ、僧侶《そうりょ》が独占《どくせん》すべきものでもない。御本尊は「一閻浮提総与《いちえんぶだいそうよ》」の御本尊であられる。全世界の民衆に与えると明示《めいじ》されている。

――一九九二・二・二七

＊

日蓮大聖人の御本尊は「観心《かんじん》の本尊」であられる。「観心」とは**「自分自身の心を観《かん》じて、自己《じこ》の生命に具足《ぐそく》している十法界《じっぽうかい》を見る」**（二四〇㌻）義《ぎ》である。この御文《ごもん》について、日寛上人《にちかんしょうにん》は「『我が己《こ》心《しん》を観ず』とは、即《すなわ》ち本尊を信ずる義なり」（文段集）と釈《しゃく》されている。無二《むに》の「信心」によってこそ、「観心の本尊」の無限《むげん》の功力《くりき》を身に受けることができるのである。

――一九九一・一・一五

＊

戸田先生は、御本尊を「幸福製造機《せいぞうき》」に譬《たと》えられたが、強盛《ごうじょう》な「信心」によってのみ、御本尊の広大《こうだい》無辺《むへん》の大功力《だいくりき》も現《あらわ》れるのである。この一点に、大聖人の仏法の真髄《しんずい》がある。

日寛上人《にちかんしょうにん》は、「こういう法門《ほうもん》は、前代未聞《ぜんだいみもん》であり、だれが信じられようか」（文段集）と問《と》いを設《もう》けられたあと、大聖人の血脈抄《けつみゃくしょう》である「本因妙抄《ほんいんみょうしょう》」の次の一節《いっせつ》を引《ひ》かれ、答《こた》えとされている。

すなわち**「観行理観《かんぎょうりかん》の一念三千《いちねんさんぜん》（天台大師《てんだいだいし》の「理《り》の一念三千」）を開《ひら》いて、名字事行《みょうじじぎょう》の一念三千（大聖人の「事《じ》の一念三千」）を顕《あらわ》す。天台大師の深意《しんい》、釈尊《しゃくそん》の慈悲《じひ》、上行菩薩《じょうぎょうぼさつ》が伝《つた》えた秘曲《ひきょく》とはこれである」**（八七二ページ）と。

つまり、たいへんな修行《しゅぎょう》と能力《のうりょく》を必要《ひつよう》とする天台大師の仏法を開いて、大聖人は、「信心」の二字におさまる「事の一念三千」の御本尊を顕された。このことこそ、天台大師が知《し》っていて、しかも説《と》かなかった「深意」であり、末法《まっぽう》の衆生《しゅじょう》への釈尊の「慈悲」である。そして、上行菩薩（日蓮大聖人はその再誕《さいたん》）が伝える大切な「秘伝《ひでん》」である――こう、教《おし》えられているのである。「観心《かんじん》の本尊」の深義《じんぎ》もここにある。

――一九九三・九・七

＊

“魂《たましい》の顔《かお》”を美《うつく》しく磨《みが》く――そのためには、顔を鏡《かがみ》に映《うつ》してととのえるように、生命を映す明鏡《めいきょう》を持《も》たねばならない。それが「観心《かんじん》」の「御本尊」である。

少しむずかしいが、「観心本尊抄」には、「観心」について、**「明鏡に向《む》かう時、初《はじ》めて自分の眼《め》・耳《みみ》・鼻《はな》・舌《した》・身《み》、意《こころ》（心）を見ることができる」**（二四〇ページ）と仰《おお》せである。

それと同じく「観心」とは、自分の「心」（生命）に「十界《じっかい》」を、なかんずく「仏界《ぶっかい》」を観《み》ていくことである。そのために、大聖人が人類《じんるい》に与《あた》えられたのが「観心」の「御本尊」である。

日寛上人《にちかんしょうにん》は「正《まさ》しく本尊を以《もっ》て明鏡に譬《たと》うるなり」（文段集）――この御文《ごもん》はまさに、御本尊を明鏡にたとえている――と述《の》べられている。

「御義口伝《おんぎくでん》」には**「妙法蓮華経の五字、すなわち御本尊は、宇宙《うちゅう》の一切《いっさい》の現象《げんしょう》を映しだし、欠《か》けるものがない」**（七二四ページ）と。

御本尊こそ、宇宙全体《ぜんたい》をありのままに映しだす明鏡中の明鏡であられる。この御本尊を拝《はい》する時、わが生命の本来《ほんらい》の姿《すがた》（実相《じっそう》）を観、仏界を涌現《ゆげん》できる。

――一九九〇・二・二七

＊

南無妙法蓮華経の題目《だいもく》には、宇宙《うちゅう》の森羅万象《しんらばんしょう》がすべて含《ふく》まれている。**「起《き》とは法性《ほっしょう》（妙法蓮華経）が生《しょう》起《き》することであり、滅《めつ》とは法性が滅することである」**（一三三七ページ）といわれるように、一切《いっさい》の現象《げんしょう》は妙法《みょうほう》の表《あらわ》れである。

御本尊には、変転《へんてん》する大宇宙（諸法《しょほう》）の実相《じっそう》、ありのままの姿《すがた》が完璧《かんぺき》に示《しめ》されている。この宇宙の実相とは、私ども小宇宙の場合もまったく同じである。これらは御書に仰《おお》せのとおりである。また御本尊は「人法一箇《にんぽういっか》」であられ、御本仏のご境界《きょうがい》を示されたものであることは言うまでもない。

この意味で、日蓮大聖人の御本尊こそ、文字《もじ》どおり、全人類《ぜんじんるい》が「尊敬《そんけい》」すべき宇宙の「根本《こんぽん》」であり、真実《しんじつ》の「本尊」であられる。

――一九九〇・二・二〇

＊

法華経の従地涌出品《じゅうちゆじゅっぽん》には、地涌《じゆ》の菩薩《ぼさつ》に、仏《ほとけ》と同じく「三十二相《そう》」ありと説《と》かれる。「是《こ》の諸《もろもろ》の菩薩は、身は皆《み》な金色《こんじき》にして、三十二相・無量《むりょう》の光明《こうみょう》あり」（法華経四五二ページ）と。

この経文《きょうもん》には甚深《じんじん》の意義《いぎ》があると拝《はい》される。

「新池御書《にいけごしょ》」には**「南無妙法蓮華経と、他の事にとらわれることなく唱《とな》える人は、自然《しぜん》に三十二相・八十種好《しゅこう》が備《そな》わり、法華経に『我《わ》がごとく等《ひと》しくして異《こと》なること無《な》からしめん』と説かれるように、釈《しゃく》尊《そん》のような仏に、やすやすとなる」**（一四四三ページ）と仰《おお》せである。

いくら信心し、仏道修行《ぶつどうしゅぎょう》しても、とうてい仏にはなれない、などと言う者があったとしたら、大聖人の門下《もんか》ではないという文証《もんしょう》である。

また、それは道理《どうり》にも反《はん》する。一切衆生《いっさいしゅじょう》を成仏《じょうぶつ》させるために御本仏がご出現になり、あれほどの大難《だいなん》を忍《しの》んで御本尊を建立《こんりゅう》してくださったのである。御本尊を拝して成仏できないとなったら、大聖人のご法戦《ほうせん》が無意味とさえなろう。断《だん》じて、そんなことはないはずである。

ともあれ**「法華経（御本尊）を持《たも》つ者は、必《かなら》ず全員が仏である。仏をそしれば罪《つみ》を得《え》る」**（一三八二ジペー）とのご指南《しなん》を、だれ人《びと》も深《ふか》く銘記《めいき》せねばならない。

――一九九〇・七・二一

＊

「この御本尊は、まったくほかに求《もと》めてはならない。ただ、われら衆生《しゅじょう》が、法華経（御本尊）を信受《しんじゅ》し、南無妙法蓮華経と唱《とな》える胸中《きょうちゅう》の肉団《にくだん》にいらっしゃるのである。これを『九識心王真如《くしきしんのうしんにょ》の都《みやこ》』と言う」（一二四四ジペー）

日蓮大聖人は、私ども正法受持《しょうほうじゅじ》の衆生の胸中にこそ「最極《さいごく》の都」があると断言《だんげん》しておられる。

また**「この御本尊は、ただ信心の二字に収《おさ》まっている」**（同）と。御本尊への「無二《むに》の信心」に、仏《ぶつ》界《かい》がある。七宝《しっぽう》で荘厳《そうごん》された仏《ほとけ》の世界があり、福無《ふくむ》量《りょう》の〝真如の都〟がある。この御本仏の仰《おお》せを確《かく》信《しん》すれば、何ものも恐《おそ》れることはない。堂々《どうどう》たる王《おう》者《じゃ》の喜《よろこ》びがわいてくる。

わが生命に永遠《えいえん》に崩《くず》れざる「歓喜《かんき》の都」を築《きず》きながら、わが国土《こくど》もまた、「平和の都」「安穏《あんのん》の都」へと輝《かがや》かせていくことの、なんとうれしいことか。まさに、幸《さち》の「王者」の人生である。この最高の人生を、信心の「大王《だいおう》」のごとく、「女王《じょおう》」のごとく、どこまでも堂々と、どこまでも闊達《かったつ》に歩《あゆ》んでいただきたい。

――一九九一・二・一二

勤行・唱題

「たとえばカゴの中の鳥が鳴《な》けば、空《そら》を飛《と》ぶ鳥が

呼《よ》ばれて集《あつ》まるようなものである。空を飛ぶ鳥が集まれば、カゴの中の鳥も出ようとするようなものである。口に妙法《みょうほう》を呼びたてまつれば、わが身の仏性《ぶっしょう》も呼ばれて必《かなら》ず顕《あらわ》れるのである」（五五七㌻）

「わが身の仏性」を顕すことが目的《もくてき》である。根本《こんぽん》である。そのためにこそ妙法を唱《とな》える。また「空とぶ鳥」――すなわち仏《ぶつ》・菩《ぼ》薩《さつ》等の仏性との感応《かんのう》が大《だい》事《じ》になってくる。主体《しゅたい》はどこまでも自分自身なのである。

――一九九二・一・一二

*

日蓮大聖人の門下《もんか》に、富《と》木常忍《きじょうにん》という信徒《しんと》がいた。大聖人が彼に送《おく》られた書《しょ》の中に、末法《まっぽう》の正しい修行《しゅぎょう》を述《の》べられた「四《し》信五品抄《しんごほんしょう》」がある。その中で、大聖人は、末法の修行は、**「信の一字《いちじ》を究極《きゅうきょく》とする」**（三三九㌻）と教《おし》えられている。

大聖人の仏法の肝要《かんよう》は、形式《けいしき》ではない。「心」である。「信心」が根本《こんぽん》である。そして御本尊を信じて、「唱題《しょうだい》」する修行に、すべての修行が含《ふく》まれていると、大聖人は仰《おお》せである。そのたとえとして、わかりやすく次のように述べられている。

「日本という二文字《もじ》に、日本六十六カ国の人、動《どう》物《ぶつ》、財宝《ざいほう》のすべてを収《おさ》めつくしており、一つも残《のこ》すものがない」（三四一㌻）と。

同様《どうよう》に、「南無妙法蓮華経」という題目《だいもく》に、法華経の一切《いっさい》が含まれているから、唱題行が、そのまま成仏《じょうぶつ》の直道《じきどう》となる。それ以外の、形式にとらわれた修行は、枝葉《しよう》の修行であり、かえって信心を邪魔《じゃま》するものになってしまう。

――一九九二・七・二

*

だれでも、疲《つか》れがたまることがある。体調《たいちょう》が悪《わる》いときもある。生身《なまみ》の体《からだ》であれば、当然《とうぜん》である。そのようなとき、勤行《ごんぎょう》はどうしたらよいか。唱題《しょうだい》は、どう考《かんが》えればよいのか――。

結論《けつろん》から申し上げれば、大聖人は**「場合に応《おう》じて、唱題だけでもよいし、ご宝前《ほうぜん》でやらなくてもよい」**（一二〇三㌻）と仰《おお》せになっている。これは、門下《もんか》の大学三郎《だいがくさぶろう》の夫人《ふじん》が、「月水《がっすい》」（月経《げっけい》）のときには、どうすればよいか、を尋《たず》ねたことへのご返事《へんじ》である。

古来《こらい》、日本には「月水」を不浄《ふじょう》とする観念《かんねん》が根強《ねづよ》かった。質問《しつもん》した夫人も、このようなときに経典《きょうてん》を読誦《どくじゅ》してよいかどうか、悩《なや》んでいたようである。

それに答《こた》えられた大聖人は、「月水」は、まったく忌《い》み嫌《きら》うべきものではなく、大切な、生理的働《せいりてきはたら》きであることを強調《きょうちょう》された。当時《とうじ》としては、きわめて合理的《ごうりてき》な考え方であられた。そして体調の悪い**「長患《ながわずら》いのようなもの」**（一二〇二ページ）であるとされ、こうした場合の、実践《じっせん》のあり方を教《おし》えられたのである。

現代では「不浄」等は、まったく問題《もんだい》にならない。むしろ、この御書での大聖人のお言葉は、広い意味で、体が本調子《ほんちょうし》でないときに勤行はどうすればよいかという課題《かだい》に、明快《めいかい》な解答《かいとう》を与《あた》えてくださっていると拝《はい》される。すなわち勤行も、種々《しゅじゅ》の条件《じょうけん》を考慮《こうりょ》して、柔軟《じゅうなん》に実践していくべきであるとの原則《げんそく》を示《しめ》してくださっている。

――一九九三・五・四

＊

「日蓮の門下《もんか》は、妙法《みょうほう》を正しく信受《しんじゅ》するゆえにこの御本尊の宝塔《ほうとう》の中へ必《かなら》ず入ることができる」（一二四四ページ）

自身の宝塔を開《ひら》く、それは同時《どうじ》に、依正不二《えしょうふに》で、御本尊という根本《こんぽん》の「宝塔」の中に入ることになる。〝宝の塔〟に住《す》む、自在《じざい》の境涯《きょうがい》である。

ゆえに勤行《ごんぎょう》は、壮麗《そうれい》な〝宝の塔〟に向《む》かって、天馬《てんば》、名馬《めいば》、駿馬《しゅんめ》にまたがり進むように、生命の勢《いきお》いと張《は》りのあるものであっていただきたい。

別《べつ》の譬《たと》えでいえば、ジェット機《き》が、またロケットが大空《おおぞら》へと飛《と》びゆくように、法性《ほっしょう》の大空へ、幸福の青空《あおぞら》へ、勤行・唱題《しょうだい》のエンジンで、生命力豊《ゆた》かに、また軌道《きどう》正しく、飛翔《ひしょう》していくのである。

――一九九一・六・二五

＊

「自我偈《じがげ》」の功徳《くどく》について、日蓮大聖人は「**全宇《ぜんう》宙《ちゅう》の諸仏《しょぶつ》は、自我偈を師《し》として、仏《ほとけ》に成《な》られたのである。したがって自我偈は、世界の人の父母《ふぼ》のようなものである**」（一〇五〇㌻）と述《の》べられている。

また、法華経のなかでも「自我偈」がもっとも肝要《かんよう》であることを明《あ》かされている。

「御義口伝《おんぎくでん》」には、「**『自我得仏来《じがとくぶつらい》』の『自』とは始《はじ》まりであり、『速成就仏身《そくじょうじゅぶっしん》』の『身』は終《お》わりである。すなわち自我偈は始めから終わりまで『自身』のことを明かしている**」（七五九㌻）と仰《おお》せである。

大聖人は「自我偈」を、久遠元初《くおんがんじょ》の自受用身《じじゅゆうしん》であられるご自身の生命を説《と》いたものとして読《よ》まれたと拝《はい》される。また、総《そう》じては大聖人に連《つら》なる私どもにとっても、「自我偈」の内容《ないよう》は、すべて「自身」の生命についての教《おし》えなのである。仏法とは、「自身」の外にあるものではない。どこか遠《とお》くに存在《そんざい》するものを説いたのでもない。

――一九九一・五・三

*

日蓮大聖人は、勤行《ごんぎょう》・唱題《しょうだい》によって、私どもは、毎日、いながらにして、大宇宙《だいうちゅう》を旅行《りょこう》するような大《だい》境涯《きょうがい》を得《え》るという意味のことを、教《おし》えてくださっている。

たとえば「**日蓮の出家《しゅっけ》・在家《ざいけ》の門下《もんか》となる人は、一歩《いっぽ》も動くことなく、法華経の会座《えざ》がもたれたインドの霊鷲山《りょうじゅせん》に行き、宇宙にもともとある寂光土《じゃっこうど》（仏《ほとけ》の世界）へ、毎日、昼夜《ちゅうや》に往復《おうふく》されることは、うれしいとも何《なん》とも言いつくせない**」（一三四三㌻）と。

御本尊を拝《はい》すれば、わが小宇宙の扉《とびら》は、その場《ば》、その時に、大宇宙へと全開《ぜんかい》し、全宇宙を見おろすような悠々《ゆうゆう》たる大幸福感を味《あじ》わうことができる。大《だい》充実感《じゅうじつかん》と、大歓喜《だいかんき》、一切《いっさい》を掌《てのひら》に収《おさ》めたような大確《だいかく》信《しん》を実感《じっかん》することができる。宇宙につつまれていた小宇宙が、宇宙をつつみかえしていく。

――一九九〇・二・二〇

*

唱題《しょうだい》の声《こえ》は、よく白馬《はくば》のいななきにたとえられる。白馬の鳴《な》き声を聞いた王《おう》が、どのように、色心《しきしん》（身体《しんたい》と心）の威光勢力《いこうせいりょく》を増《ま》していったか――御書には次のように述《の》べられている。

「輪陀王《りんだおう》という大王《だいおう》は、この声（白馬の鳴く声）を聞かれて、色つやは太陽《たいよう》のように輝《かがや》き、肌《はだ》は月のように鮮《あざ》やかに、力《ちから》は大力《だいりき》の那羅延《ならえん》のように強く、知《ち》謀《ぼう》、知恵《ちえ》は梵天王《ぼんてんのう》のように豊《ゆた》かになった」（一四二四㌻）

那羅延というのは、諸天《しょてん》の一つで、堅固力士《けんごりきし》、金《こん》剛《ごう》力士などともいう大力の持《も》ち主《ぬし》である。一説《いっせつ》では、大きな象《ぞう》の七十倍《ばい》もの大力を有《ゆう》するとされる。

このように、題目《だいもく》の声には大きな功徳《くどく》があると、大聖人は仰《おお》せである。真剣《しんけん》に唱《とな》えゆく福徳《ふくとく》は、計《はか》り知《し》れない。体《からだ》も心も頭脳《ずのう》も、その秘《ひ》めた力を限《かぎ》りなく発揮《はっき》しはじめるのである。

端座《たんざ》し合掌《がっしょう》して勤行《ごんぎょう》・唱題することは、あらゆる意味で、大宇宙《だいうちゅう》の法則《ほうそく》にのっとった、もっとも荘厳《そうごん》にして意義《いぎ》ある儀式《ぎしき》である。小宇宙である私どもの色心も、根本《こんぽん》のリズムに合致《がっち》していく。日々、若々《わかわか》しい生命となっていく。これが「健康《けんこう》」「長寿《ちょうじゅ》」の第一の基本《きほん》である。

――一九九〇・九・二八

＊

日蓮大聖人は、題目《だいもく》の深《ふか》い意義《いぎ》がわからなくても、題目の功徳《くどく》を、そのまま身に顕《あらわ》していくことができる、と教《おし》えてくださっている。

それは、あたかも**「子どもが母のお乳《ちち》をすうのに、その味《あじ》（中身《なかみ》）を知《し》らなくても、自然《しぜん》に、その身に利益《りやく》を得《え》る（成長《せいちょう》していく）」**（三四一㌻）のと同じである、と。

生《う》まれたばかりの赤ちゃんのように、法門《ほうもん》を理解《りかい》していなくても、題目を疑《うたが》わずに唱《とな》えていけば、自然と、題目の偉大《いだい》な力《ちから》を身につけていくことができる。大聖人の仏法は、〝民衆《みんしゅう》〟に開《ひら》かれた〝民衆のための仏法〟なのである。

また**「妙法蓮華経の五字は、たんなる経文《きょうもん》ではない。その意義でもない。ただ法華経全体《ぜんたい》の心である」**（三四二㌻）ともおっしゃっているのである。

私たちの唱える題目は、法華経の心であり、根本《こんぽん》的《てき》には大聖人の魂《たましい》そのものなのである。したがって、その意味がわからなくても、御本尊を信じて題目を唱えるとき、大聖人の魂にふれていくことができる。わが身に、南無妙法蓮華経の大聖人の御生命を涌現《ゆげん》させていくことができる。なんとありがたいことか。

——一九九二・七・二

*

「題目《だいもく》を唱《とな》え奉《たてまつ》る音声《おんじょう》は、十方《じっぽう》（東西南北《とうざいなんぼく》の四方《しほう》と東南・東北・西南・西北の四維《しい》と上下《じょうげ》の二方）の世界に届《とど》かない所はない。われわれの小さな声《こえ》でも、題目という大音《だいおん》に入《い》れて唱え奉るゆえに、大宇宙《だいうちゅう》の中で到達《とうたつ》しないところはない。たとえば小さな音《おと》でも、ほら貝《がい》に入れて吹《ふ》く時、遠《とお》くまで響《ひび》くようなものである。また手の音はわずかでも、鼓《つづみ》を打てば遠くまで響くようなものである。一念三千《いちねんさんぜん》の大事《だいじ》の法《ほう》門《もん》とはこれである」（八〇八ページ）

妙法《みょうほう》は、大宇宙にとどろきわたる「希望《きぼう》の音声」である。「勇気《ゆうき》の音声」である。人々の心を善《ぜん》の方《ほう》向《こう》へ変《か》え、喜《よろこ》びでつつんでいく「智慧《ちえ》の大音声」である。生命の大音楽《だいおんがく》であり、大シンフォニー（交響曲《こうきょうきょく》）ともいえるであろう。

題目の大音によって、三世間《さんせけん》の五陰《ごおん》、衆生《しゅじょう》、国土《こくど》のすべてが変わる。全宇宙の諸天善神《しょてんぜんじん》、十方の仏《ぶつ》・菩薩《ぼさつ》につながり、勝利の方向へ動かしていく。これが一念三千の法門である。

ゆえに、題目の大音声にかなうものは何もない。何も心配《しんぱい》もなければ、恐《おそ》れる必要《ひつよう》もない。題目にまさる力《ちから》は何もないのである。この大確信《だいかくしん》で進んできたゆえに、学会の今日の大発展《だいはってん》がある。

——一九九五・一一・二三

*

「唱題《しょうだい》」の力《ちから》について、日蓮大聖人はこう明言《めいげん》されている。

「この題目《だいもく》の五字は、われわれ衆生《しゅじょう》のために、三《さん》途《ず》の河《かわ》（死後《しご》に渡《わた》るとされる）では船《ふね》となり、紅蓮《ぐれん》地獄《じごく》（酷寒《こっかん》の苦しみで皮膚《ひふ》が紅《くれない》の蓮華《れんげ》のように裂《さ》ける

とされる）では寒《さむ》さを除《のぞ》き、焦熱《しょうねつ》地獄では涼風《すずかぜ》となり、越《こ》えゆく死出《しで》の山では蓮華の台《だい》（乗物《のりもの》）となり、のどが渇《かわ》く時には水となり、飢《う》えた時には食料《しょくりょう》となり、着《き》る物《もの》がない時には衣類《いるい》となり、場合に応《おう》じて妻《つま》となり、子どもとなり、助《たす》けてくれる眷属《けんぞく》となり、家となる。このように無窮《むきゅう》（きわまることのない）の応用《おうよう》の力を施《ほどこ》して、一切《いっさい》衆生に利《り》益《やく》を与《あた》えられるのである」（八二二ページ）

妙法《みょうほう》の功力《くりき》は無窮である。そして、妙法を正しく持《たも》った人生もまた、無窮となる。無限《むげん》に開《ひら》けていくし、窮《きゅう》すること、行き詰《づ》まることがない。――これが、大聖人のご断言《だんげん》であられる。

学会もまた、この仰《おお》せのとおり、行き詰まることなく進んできた。いかなる困難《こんなん》のカベも打ち破《やぶ》ってきた。あらゆる障害《しょうがい》と戦《たたか》いながら、「正法興隆《しょうほうこうりゅう》」の大道《だいどう》を、開きに開きぬいてきた。私たちが正しき信心の心で、渾身《こんしん》の力で築《きず》いてきた学会の大勝《たいしょう》の歴《れき》史《し》。それ自体《じたい》が、妙法の〝無窮の力〟の誉《ほま》れある一《いち》大証明《だいしょうめい》であると、私たちは信じる。

ゆえに私どもは、この道を進む。どこまでも進む。ただ大聖人のお心のままに。その「無二《むに》の信心」に、人生は年《とし》ごとに開けていく。とともに、私どもの周囲《しゅうい》には、裕福《ゆうふく》にして満足《まんぞく》の、うるわしき幸《さち》の仲間《なかま》の世界が、幾重《いくえ》にも広がっていく。また、すでにそうなっていると、私は思う。

――一九九一・四・二五

*

日蓮大聖人は、門下《もんか》から、「聖人《しょうにん》」の唱《とな》えられる題目《だいもく》と、われらが唱える題目と、功徳《くどく》はどのように違《ちが》うのでしょうかと問《と》われて、**「決《けっ》して、一方《いっぽう》が勝《まさ》り、一方が劣《おと》っているということはない」**（一三八一ページ）と断言《だんげん》しておられる。

さらに、**「というのは、愚者《ぐしゃ》が持《も》っている黄金《こがね》も智者《ちしゃ》が持っている黄金も、また愚者がともした火も智者がともした火も、そこに差別《さべつ》はないのと同じである」**（同）と、わかりやすくその理由《りゆう》を教《おし》えてくださっている。

たとえば、総理《そうり》大臣《だいじん》が持っている一万円札《さつ》と、私ども庶民《しょみん》が使《つか》う一万円札と、価値《かち》は平等《びょうどう》である。何《なん》の違いもない。題目の功徳も、「十四誹謗《ひぼう》」（一三八二㌻）のないかぎり、まったく同じであると仰《おお》せである。

――一九九一・二・六

＊

「一度、妙法蓮華経と唱《とな》えれば、一切《いっさい》の仏《ほとけ》・一切の法・一切の菩薩《ぼさつ》・一切の声聞《しょうもん》・一切の梵天《ぼんてん》・帝釈《たいしゃく》・閻魔《えんま》法王《ほうおう》・日月《にちがつ》・衆星《しゅうせい》・天神《てんじん》・地神《ちじん》および地獄《じごく》・餓鬼《がき》・畜生《ちくしょう》・修羅《しゅら》・人《にん》・天界《てんかい》の一切衆生《しゅじょう》の心中《しんちゅう》の仏性《ぶっしょう》を、ただ一声《ひとこえ》に呼《よ》び顕《あらわ》したてまつるのであって、その功徳《くどく》は無量無辺《むりょうむへん》である」（五五七㌻）

この前後《ぜんご》も含《ふく》め、〝唱題《しょうだい》の根本義《こんぽんぎ》〟を明《あ》かされた重要《じゅうよう》な御文《ごもん》と拝《はい》される。

「一度」「ただ一声」と仰《おお》せである。ただ一度でも、「南無妙法蓮華経」と題目《だいもく》を唱えるならば、その功徳の大きさは「無量無辺」である、と。

また日蓮大聖人は、仏が唱える題目と、私ども凡《ぼん》夫《ぶ》が唱える題目との間《あいだ》に、何《なん》の差別《さべつ》も設《もう》けておられない。どこまでも「平等《びょうどう》」である。差《さ》があるとすれば、立場《たちば》の差ではなく、「信心」の差なのである。大事《だいじ》なのは、どこまでも「信心」であり「実践《じっせん》」である。

――一九九二・一・一二

＊

「南無妙法蓮華経は師子《しし》が吼《ほ》えるようなものである」（一一二四㌻）

題目《だいもく》を唱《とな》える人は、何ものも恐《おそ》れない。われらは何ものも恐れる必要《ひつよう》がない。何があっても晴《は》ればれと、希望《きぼう》に満《み》ちみちて進んでいける。これほど幸《しあわ》せな人生はない。

――一九九七・一二・九

＊

題目《だいもく》の力《ちから》はすごい。無限《むげん》である。妙法《みょうほう》は宇宙《うちゅう》の根《こん》本《ぽん》の法であり、題目は生命の根源《こんげん》のリズムである。広布《こうふ》をめざし、題目を朗々《ろうろう》と唱《とな》えゆくところ、生命の威光勢力《いこうせいりょく》は無量《むりょう》に高まり、無辺《むへん》に広がっていく。

「御義口伝《おんぎくでん》」には、法華経・五百弟子受記品《ごひゃくでしじゅきほん》の「貧人《びんにん》は此《こ》の珠《たま》を見て　其《そ》の心は大《おお》いに歓喜《かんき》し」（法華経三四一ページ）の文《もん》について、こう説《と》かれている。

「この経文《きょうもん》は、『貧人』すなわち妙法を信じていない一切衆生《いっさいしゅじょう》が、『此の珠』すなわち題目、御本尊を受持《じゅじ》した結果《けっか》、はじめてわが生命が本来《ほんらい》、仏《ほとけ》であると自覚《じかく》する、これを大歓喜と名《な》づけるのである。すなわち南無妙法蓮華経と唱えることは、歓喜のなかの大歓喜である」（七八八ページ）と。

他の喜《よろこ》びは浅《あさ》く、また、たちまちのうちに消《き》え去《さ》る。妙法を唱え、わが身に仏の生命を涌現《ゆげん》していくとき、いのちの奥底《おうてい》からの歓喜に五体《ごたい》は躍動《やくどう》する。これこそ、崩《くず》れざる真実《しんじつ》の幸福感である。

——一九九〇・一・一八

祈り

日蓮大聖人は、「願《ねが》いのかなう信心」について、わかりやすく教《おし》えられている。

「水が澄《す》めば月が映《うつ》り、風が吹《ふ》けば木が揺《ゆ》れるように、皆の心は水のようなものである。信心が弱いのは、水が濁《にご》っているようなものである。信心がすがすがしいのは、水が澄んでいるようなものである。木は道理《どうり》のようなものである。風が（その木を）揺り動かすのは、経文《きょうもん》を読《よ》むようなものと思っていかれることである」（一二六二ページ）と。

水が澄めば映ると仰《おお》せの「月」とは、仏界《ぶっかい》の智慧《ちえ》と力《ちから》とも拝《はい》されようか。

日寛上人《にちかんしょうにん》は「我等《われら》この本尊を信受《しんじゅ》し、南無妙法蓮華経と唱《とな》え奉《たてまつ》れば、我《わ》が身即《すなわ》ち一念三千《いちねんさんぜん》の本尊、蓮祖聖人《れんそしょうにん》（＝日蓮大聖人）なり」（文段集）と明《あ》かされている。わが胸中《きょうちゅう》の「本尊」を輝《かがや》かせ、わが身の中の「大聖人」の境界《きょうがい》を顕《あらわ》すための、御本尊であり、信心なのである。また、「経文を読む」と表現《ひょうげん》されている仏法の実践《じっせん》とは、勤行《ごんぎょう》・唱題《しょうだい》であり、広くいえば、自行化他《じぎょうけた》にわたる広布《こうふ》の「行動」も含《ふく》まれると拝される。

真剣《しんけん》な祈《いの》りと行動の「風」を起《お》こした時、「道理」の木を揺るがして、すべてを勝利の方向《ほうこう》へ、幸福の方向へ、願いどおりの方向へと転換《てんかん》していける。不《ふ》可能《かのう》に思えることをも可能にできるのである。「風」を起こすことである。「木」を揺るがすことである。

――一九九三・五・一六

*

「祈《いの》りが叶《かな》わないというのは、ちょうど弓《ゆみ》が強いのに絃《つる》が弱く、太刀《たち》や剣《けん》があっても使《つか》う人が臆病《おくびょう》であるようなものである。決《けつ》して法華経（御本尊）の失《とが》ではない」（一一三八ページ）

どうか、このお言葉のごとく、信心の弓を満々《まんまん》と引《ひ》きしぼって、具体的《ぐたいてき》な祈りを一つ一つ成就《じょうじゅ》させていただきたい。また、勇気《ゆうき》の利剣《りけん》、知恵《ちえ》の太刀をもって、一切《いっさい》の障魔《しょうま》を断《た》ち切っていただきたい。そして、難攻不落《なんこうふらく》の広布《こうふ》の城《しろ》を皆の力《ちから》で守《まも》りぬいていただきたい。

――一九九一・二・一二

*

「経王御前《きょうおうごぜん》には、禍《わざわい》も転《てん》じて、幸《さいわ》いとなるであろう。心してご信心を奮《ふる》い起《お》こし、この御本尊に祈念《きねん》しなさい。いかなる事《こと》も成就《じょうじゅ》しないわけがない」

（一一二四ページ）

大事《だいじ》なことは、「まず祈《いの》る」ことである。祈った瞬間《しゅんかん》から回転《かいてん》が始《はじ》まる。闇《やみ》が深《ふか》ければ深いほど、暁《あかつき》は近《ちか》い。祈りきった瞬間から、胸中《きょうちゅう》に太陽《たいよう》が昇《のぼ》る。祈りこそが、希望の太陽である。悩《なや》みを感《かん》じるごとに、祈り、打開《だかい》し、境涯《きょうがい》を開《ひら》いていく。これが、日蓮仏法の「煩悩即菩提《ぼんのうそくぼだい》」（七一〇ページ）の軌道《きどう》である。

いわんや、リーダーとして、友のために悩む、広《こう》布《ふ》のために悩む、人を救《すく》うために悩む――それ自体《じたい》が、偉大《いだい》な責任感《せきにんかん》の表《あらわ》れであり、菩薩《ぼさつ》の振《ふ》る舞《ま》いである。地涌《じゆ》の菩薩に打ち勝てない苦難《くなん》など、あるわけがない。ゆえに、何があろうと、高らかに妙法《みょうほう》を唱《とな》えながら、一歩《いっぽ》、また一歩と勝ちぬいていただきたい。

――一九九六・六・一五

*

白鳥《はくちょう》を見て白馬《はくば》がいななき、白馬のいななきを聞くと威光勢力《いこうせいりょく》を増《ま》すという輪陀王《りんだおう》の故事《こじ》がある。日蓮大聖人は、この故事を引《ひ》かれて、次のように教《おし》えられている。

「白馬がいななくのは、われらが唱《とな》える南無妙法蓮華経の声《こえ》である。この唱題《しょうだい》の声を聞かれた梵天《ぼんてん》、帝釈《たいしゃく》、日月《にちがつ》、四天《してん》等が、どうして色つやを増し、輝《かがや》きを強くされないはずがあろうか。どうしてわれらを守護《しゅご》されないはずがあろうかと、強く強く思われるがよい」（一〇六五㌻）

朗々《ろうろう》たる唱題の声のあるところ、必《かなら》ずや梵天・帝釈をはじめ、すべての諸天善神《しょてんぜんじん》の守護はある。それを強く強く確信《かくしん》していきなさい、との仰《おお》せである。つまり、強盛《ごうじょう》なる信心さえあれば、絶対《ぜったい》に諸天の加《か》護《ご》はあり、一切《いっさい》の道は開《ひら》かれていくのである。

――一九九〇・一・一八

*

「たとえ、大地を的《まと》にして外《はず》れることがあっても、大空《おおぞら》をつないで結《むす》ぶ者があっても、また潮《しお》の満《み》ちたり干《ひ》いたりすることがなくなっても、太陽《たいよう》が西《にし》から出るようなことがあったとしても、法華経の行者《ぎょうじゃ》の祈《いの》りがかなわないことは絶対《ぜったい》にない」（一三五一㌻）

つまり、妙法《みょうほう》の「祈り」は絶対にかなう、とのご断言《だんげん》である。

妙法の功徳《くどく》には、祈りがただちに利益《りやく》となってあらわれる「顕益《けんやく》」と、最初《さいしょ》ははっきりと目には見えないがしだいに福運《ふくうん》を積《つ》み、大利益となってあらわれる「冥益《みょうやく》」がある。たとえ祈りがただちにかなわないように思える場合があっても、必《かなら》ず、「冥益」によって、願《ねが》いはかなっていくのである。

――一九八九・一・二九

*

「一人の心であっても、二つの心があれば、その心が争《あらそ》って、何事《なにごと》も成就《じょうじゅ》することはない。（これに対して）たとえ百人や千人であっても〝一つの心〟であれば、必《かなら》ず物事《ものごと》を成就できる」（一四六三㌻）

心の定《さだ》まらない「二心《にしん》」「三心」であっては、結局《けっきょく》、何もできない。あちらを見、こちらを見、いつも迷《まよ》いながら生きるよりも、自分の決《き》めた正義《せいぎ》の道を、まっすぐに進みたい。そして、いよいよ「真金《しんきん》の信念《しんねん》」を輝《かがや》かせ、「金剛《こんごう》の団結《だんけつ》」を輝かせて、社会を照《て》らしてまいりたい。

――一九九三・一一・三〇

＊

「これほどの不思議《ふしぎ》はない。まさに『陰徳《いんとく》あれば陽報《ようほう》あり』とは、このことである」（一一八〇ページ）、**「ひとえに、あなたの法華経**（御本尊）**へのご信心が深《ふか》いからである」**（同）

「深き信心」が大事《だいじ》である。「深き祈《いの》り」こそ勝利の力《ちから》である。目に見えない祈り、陰《かげ》の真剣《しんけん》な行動。その「陰徳」に徹《てっ》した時に、必《かなら》ず「陽報」が現《あらわ》れる。これが信心であり、妙法《みょうほう》である。

――一九九六・四・二三

師弟

「師子《しし》」の本義《ほんぎ》について、日蓮大聖人は**「『師子』とは『師』は師匠《ししょう》、『子』は弟子《でし》である」**（七七一ページ）と仰《おお》せである。

大聖人の教《おし》えを誤《あやま》りなく実践《じっせん》し、師匠と弟子が一体《いったい》となって妙法広布《みょうほうこうふ》に進んでいく。これが「師子」の道である。仏法の根本《こんぽん》は「師弟《してい》」である。「師弟の道」を貫《つらぬ》くことである。「根源《こんげん》の師」であられる大聖人に直結《ちょっけつ》しながら、これからも、戸田先生との「師弟の道」を生きぬくのが、私の一生である。

――一九九三・一・一七

＊

「師弟《してい》の心が相違《そうい》するならば、何事《なにごと》も成《な》し遂《と》げることはできない」（九〇〇ページ）

栄《さか》えゆく組織《そしき》、勝ちゆく組織となるか。それとも、滅《ほろ》びゆく組織、敗《やぶ》れる組織となってしまうか。その根本的《こんぽんてき》な要因《よういん》は、結論《けつろん》すれば、指導者《しどうしゃ》自身に、「師弟」という生命の求心力《きゅうしんりょく》が、みなぎっているかどうかである。

指導者の立場《たちば》につく人は、正しい師匠《ししょう》を持《も》ち、たえず向上《こうじょう》しゆく努力《どりょく》なくしては、真《しん》に輝《かがや》かない。伸《の》びない。本当の力《ちから》は出ない。結局《けっきょく》、自分中心《ちゅうしん》に迷走《めいそう》したり、油断《ゆだん》したり、傲慢《ごうまん》になって、大勢《おおぜい》の人を迷《まよ》わせてしまう。

真の師匠から真剣《しんけん》に学《まな》び続《つづ》ける人生は、停滞《ていたい》しない。行き詰《づ》まらない。そこには、人格《じんかく》の真価《しんか》が光《ひか》る。限《かぎ》りない前進《ぜんしん》の息吹《いぶき》がある。成長《せいちょう》の鼓動《こどう》が満《み》ち満ちていく。だからこそ、大勢の人々を牽引《けんいん》していける。

そしてまた、指導者に、核融合《かくゆうごう》のごとく、「師弟不二《ふに》」という生命の無限《むげん》のエネルギーが燃《も》え上《あ》がっているかどうかである。

——二〇〇〇・七・二六

*

日蓮大聖人の時も、増上慢《ぞうじょうまん》の弟子《でし》がいた。〝大聖人が大難《だいなん》に遭《あ》うのは、大聖人のやり方がおかしいせいだ〟と非難《ひなん》する門下《もんか》がいたのである。

罪《つみ》なくして大難に遭うことこそ「法華経の行者《ぎょうじゃ》の証明《しょうめい》」であることが、わからなかったのである。

そういう人間は〝他宗《たしゅう》の謗法《ほうぼう》の人間よりも、もっと長く、地獄《じごく》で苦しむことになる。かわいそうなことだ〟と大聖人は仰《おお》せである。すなわち、**「日蓮を教《おし》えさとして、自分の方が賢《かしこ》いなどと思っている。このような悪人《あくにん》等が、念仏者《ねんぶつしゃ》よりも長く阿鼻《あび》地獄《じごく》に堕《お》ちることは、不便《ふびん》としかいいようがない」**（九六〇ジ《ペー》）と。

「師弟《してい》」の道を壊《こわ》す罪は、それほど重い。日顕宗《にっけんしゅう》も、そうである。大聖人、日興上人《にっこうしょうにん》をはじめ、代々《だいだい》の先師《せんし》を完全《かんぜん》に無視《むし》している。ただ自分中心《ちゅうしん》である。「師弟の道」を破壊《はかい》した宗門《しゅうもん》に、もはや仏法はない。日蓮大聖人の「大怨敵《だいおんてき》」になってしまった。

——一九九八・二・三

*

「如来《にょらい》（釈尊《しゃくそん》）は未来《みらい》のことをお考《かんが》えになって、滅後《めつご》の正法《しょうほう》一千年、像法《ぞうほう》一千年、末法万年《まっぽうまんねん》の間《あいだ》に、仏法を弘《ひろ》めゆく人々と、その経々《きょうぎょう》とを、いちいちに割《わ》りあてられたのである」（三四六㌻）

仏法においては、その誕生《たんじょう》の時点《じてん》ですでに、はるか末法万年までの「法」の展開《てんかい》と「人《にん》」の継承《けいしょう》が展《てん》望《ぼう》されている。

たしかに人類《じんるい》社会には、学問《がくもん》や芸術《げいじゅつ》といった、時代や国を超《こ》えて受け継《つ》がれ、発展《はってん》していく〝遺産《いさん》〟もある。だが、人類史のなかで、師《し》から弟子《でし》へと伝《つた》えられていく仏法流伝《るでん》の劇《げき》ほど、長遠《ちょうおん》なる未来を志《し》向《こう》した悠久《ゆうきゅう》な〝リレー〟はない。

——一九八八・三・二一

*

釈尊《しゃくそん》が入滅《にゅうめつ》をまえにしたときのことを述《の》べられた御文《ごもん》である。

「そうした嘆《なげ》きのなかにあっても、その場《ば》に集《あつま》った人々は、『法華経の敵《てき》の舌《した》を切るべきである』『法華経の敵とは一座《いちざ》に連《つら》なるべきではない』などと大《おお》声《ごえ》で言いたてた。迦葉童子《かしょうどうじ》菩薩《ぼさつ》は『法華経の敵の国には霜《しも》や雹《ひょう》となって責《せ》めましょう』と誓《ちか》った。そのときに仏《ほとけ》は、わざわざ起《お》きて喜《よろこ》ばれ、『善《よ》きかな善きかな』とほめられた」（一三五一㌻）

釈尊は、八年にわたり法華経を説《と》いたあと、みずからの入滅を予言《よげん》する。その報《ほう》はまたたくまに広がり、人々の心は大きく動揺《どうよう》し、悲《かな》しみに染《そ》まった。そうしたなかにあって門下《もんか》は、ますます「法華経の敵」に対する闘争心《とうそうしん》を燃《も》やし、果敢《かかん》な法戦《ほうせん》を誓った。釈尊は、その決意《けつい》を聞き、ことのほか喜んだという。

御文は続《つづ》く。

「この姿《すがた》に諸菩薩は、仏の心を推《お》し量《はか》って〝法華経の敵を討《う》とうと申し上げれば、釈尊は喜ばれて、少しでも長生《ながい》きしてくださるだろう〟と思い、一人一人、誓いを立てた」（同）

なんという美《うつく》しき師弟《してい》の姿であろうか。一日でも長く師に生きていただきたい。わずかでも喜んでいただきたい。そのためには、どのような正法《しょうほう》の敵対《てきたい》

者《しゃ》とも、勇気《ゆうき》をもって戦《たたか》っていきましょう――そうした弟子《でし》たちの健気《けなげ》な心づかいが、痛《いた》いように伝《つた》わってくる。また、「師弟」という、もっとも崇高《すうこう》にしてうるわしい人間の絆《きずな》を、ここに見る思いがする。

――一九八八・四・二七

*

いちばん、たいへんな時に、何を決意《けつい》し、どう行動したか。これで人生は決《き》まる。ここに人間の真価《しんか》があり、偉《えら》さがある。思えば、四条金吾《しじょうきんご》は、あの「竜《たつ》の口《くち》の法難《ほうなん》」の時、「どこまでも日蓮大聖人とともに！」と勇敢《ゆうかん》に戦《たたか》った。〝永劫《えいごう》に大聖人と離《はな》れない〟――この決意、この境涯《きょうがい》が「師弟《してい》」の道である。信心の究極《きゅうきょく》である。

まことに有名な御書であるが、いま一度、拝《はい》したい。

「返《かえ》す返《がえ》す今も忘《わす》れないことは、頸《くび》を切られようとした時、殿《との》（四条金吾）が私の供《とも》をして馬《うま》の口に取《と》りつき、泣《な》き悲《かな》しまれたことである。これを、いかなる世《よ》に忘れることがあろうか。

たとえ殿の罪《つみ》が深《ふか》くて地獄《じごく》に堕《お》ちられたとしても、その時は、日蓮に『仏《ほとけ》になれ』と釈迦仏《しゃかぶつ》がどんなに誘《さそ》われようとも、従《したが》うことはない。あなたと同じく、私も地獄に入ろう。日蓮と殿とが、ともに地獄に入るならば、釈迦仏も法華経も地獄にこそおられるに違《ちが》いない。それは、闇《やみ》の中に月が入るようなものであり、湯《ゆ》に水を入《い》れるようなものであり、氷《こおり》に火をたくようなものであり、太陽《たいよう》に闇を投《な》げつけるようなものであろう（それと同じように地獄であっても寂光土《じゃっこうど》となるであろう）」（一一七三㌻）

権威《けんい》でもない。利害《りがい》でもない。あまりにもあたたかな「人間性の精髄《せいずい》」のお言葉である。

――一九九六・五・三

*

弟子《でし》が師《し》に、身口意《しんくい》の三業《さんごう》をもって仕《つか》え、信伏随従《しんぷくずいじゅう》していく。この姿《すがた》を「常随給仕《じょうずいきゅうじ》」（常《つね》に師に随《したが》って給仕していくこと）と言い、令法久住《りょうぼうくじゅう》（正法《しょうほう》を久《ひさ》しく後世《こうせい》に任《じゅう》せしめること）のための重要《じゅうよう》な仏道修行《ぶつどうしゅぎょう》である。

日蓮大聖人は、多くの弟子のなかで、常随給仕第一の日興上人《にっこうしょうにん》に法を付嘱《ふぞく》された。日興上人の信伏随従のお姿を、「百六箇抄《ひゃくろっかしょう》」には、こう記《しる》されている。

「弘長元年《こうちょう》からの伊豆《いず》への配流《はいる》の時も、文永八年《ぶんえい》からの佐渡流罪《さどるざい》の時も、そのほかの諸所《しょしょ》の大難《だいなん》の折《おり》にも、先陣《せんじん》を駆《か》けて、影《かげ》が形《かたち》にしたがうように、日蓮に随従してきた。だれが、この事実を疑《うたが》うであろうか」（八六九㌻）

難《なん》があればあるほど、先陣を駆けて、師のために走り、仕えきっていかれた日興上人。その「信伏随従」の戦《たたか》いを、大聖人はどれほど喜《よろこ》ばれたであろうか。その他の五老僧《ごろうそう》は、真《しん》の信伏随従ではなかった。ゆえに大聖人ご入滅後《にゅうめつご》に、その本性《ほんしょう》を現《あらわ》し、堕《お》ちていった。ここに重大《じゅうだい》な歴史《れきし》の教訓《きょうくん》がある。

——一九八九・一〇・一五

*

日蓮大聖人は、阿難尊者《あなんそんじゃ》らが中心《ちゅうしん》となった第一回の仏典結集《ぶってんけつじゅう》の模様《もよう》を、「諸法実相抄《しょほうじっそうしょう》」に次のように記《しる》されている。

「釈尊《しゃくそん》の弟子《でし》の千人の阿羅漢《あらかん》は、釈尊のことを思い出して涙《なみだ》を流《なが》し、涙を流しながら文殊師利菩薩《もんじゅしりぼさつ》が『妙法蓮華経』と唱《とな》えられると、千人の中の阿難尊者は泣《な》きながら『如是我聞《にょぜがもん》（是《かく》の如《ごと》きを、我聞《われき》き）』（このように、私は聞いた）と答《こた》えられたのである。他の九百九十人は、泣く涙を硯《すずり》の水として、また『如是我聞』の上に『妙法蓮華経』と書きつけたのである」（一三六〇㌻）

なんと胸打《むねう》つ光景《こうけい》、感動《かんどう》に満《み》ちた描写《びょうしゃ》であることか。まさに仏典結集は、釈尊の大慈悲《だいじひ》に対する無上《むじょう》の感動につつまれて、弟子たちが、師の教《おし》えを正しく伝《つた》え持《たも》とうとした、すばらしい師弟《してい》のドラマであった。

「如是我聞」——〝このように、私は聞いた！〟との阿難の言葉からは、師・釈尊への尽《つ》きせぬ報恩《ほうおん》の思いと、仏法を正しく流布《るふ》することへの赤誠《せきせい》の熱《ねつ》情《じょう》が響《ひび》きわたってくる。この弟子の全生命を震《ふる》わせての叫《さけ》び、大感情《だいかんじょう》の言動《げんどう》があればこそ、仏法は時を超《こ》え、国を越《こ》え、流れ通《かよ》ってきたのである。

――一九九〇・三・一八

＊

「教《おし》える人」（師《し》）に従《したが》わなければ「道」を迷《まよ》ってしまう。それは、根本的《こんぽんてき》には「教えられる人」（弟《で》子《し》）の責任《せきにん》なのである。日蓮大聖人も「撰時抄《せんじしょう》」で仰《おお》せである。

「ある人が道を作《つく》る。その道に迷う者がいる。それは道を作った人の罪《つみ》となるであろうか（否《いな》、それは迷う者の罪である）」（二五七ページ）と。

大切なのは「幸福」という目的地《もくてきち》に到達《とうたつ》することである。「幸福の都《みやこ》」に着《つ》くことである。そのためには、師が教えたとおりに「道」を歩《あゆ》みとおすことである。

――一九九三・五・九

＊

私は、五十三年前の八月、戸田先生の弟子《でし》となった。入信《にゅうしん》して間《ま》もなく、「如説修行抄《にょせつしゅぎょうしょう》」を拝《はい》した。その一節《いっせつ》に、こう仰《おお》せである。

「真実《しんじつ》の法華経を、仏《ほとけ》の説《せつ》の通《とお》りに修行していく行者《ぎょうじゃ》の弟子檀那《だんな》となる以上、三類《さんるい》の敵人《てきじん》が出現することは決定的《けっていてき》である。それゆえに『法華経を聞いた日から、覚悟《かくご》を決《き》めなさい。滅後末法《めつごまっぽう》には（在世《ざいせ》以上に）三類の敵人が甚《はなは》だしく現《あらわ》れる』と、かねがね言ってきたのである」（五〇一ページ）

戸田先生の不二《ふに》の弟子として、私は誓願《せいがん》した。「難《なん》は、私一人に受けさせてください。そして、師《し》匠《しょう》・戸田先生を守《まも》り、全学会員を守らせてください」と。そして、この五十三年間、その通りに、祈《いの》りきり、戦《たたか》い抜《ぬ》いてきた。

御聖訓《ごせいくん》どおりの「三類の強敵《ごうてき》」と、これだけの激《はげ》しい戦闘《せんとう》を続《つづ》けながら、だれ一人として犠牲《ぎせい》にすることなく、百六十三カ国・地域《ちいき》にわたる「世界広宣《こうせん》流布《るふ》の道」を開《ひら》いてきたことは、私の最高の誉《ほま》れである。

――二〇〇〇・八・一一

＊

「師弟《してい》」こそ日蓮仏法の精髄《せいずい》である。学会精神《せいしん》の根幹《こんかん》である。有名な「華果成就御書《けかじょうじゅごしょ》」にいわく。

「よき弟子《でし》をもつときには、師弟はともに仏果《ぶっか》（成仏《じょうぶつ》）にいたり、悪《わる》い弟子をたくわえてしまえば、師弟はともに地獄《じごく》に堕《お》ちる。師弟の心が相違《そうい》するならば、何事《なにごと》も成《な》し遂《と》げることはできない」（九〇〇ページ）。要《よう》するに、師弟といっても、〝弟子がどうか〟で決《き》まる。牧口先生の栄光《えいこう》は、戸田先生という偉大《いだい》な弟子をもったことである。

戸田先生は言われた。

「思えば、私が二十歳《はたち》のときに、四十九歳《さい》の（牧口）先生と師弟の関係《かんけい》が結《むす》ばれたのであります。当《とう》時《じ》、私が理事長《りじちょう》をつとめてより、影《かげ》の形《かたち》のごとくお供《とも》し、牢獄《ろうごく》にもお供したのであります。『私は若《わか》い。老人《ろうじん》の先生を一日も早く（牢から）お帰《かえ》ししたい』と思っていた（昭和《しょうわ》二十年の）一月八日に、（前年の）十一月の牧口先生の死をお聞きした。そのとき、〝だれが先生を殺《ころ》したんだ！〟と叫《さけ》び、絶対《ぜったい》に折伏《しゃくぶく》して、南無妙法蓮華経のために命《いのち》を捨《す》てようと決心《けっしん》したのであります。で、命を捨てようとしたものに、なんで他の悪口《あっこう》、難《なん》が恐《おそ》ろしいことがあろうか」と。

私も同じである。私をおとしいれようとする作《つく》り話《ばなし》など、なんとも思わない。全部《ぜんぶ》、嘘《うそ》なのである。この道は、生死《しょうじ》を超《こ》えた峻厳《しゅんげん》なる「弟子の道」である。真実《しんじつ》の「仏法の道」である。「創価《そうか》の道」である。不惜身命《ふしゃくしんみょう》の決心がなければ、まことの弟子の道は貫《つらぬ》けない。

あの「三・一六」の荘厳《そうごん》なる後継《こうけい》の儀式《ぎしき》より、今年は四十年――。牧口先生、戸田先生の願業《がんぎょう》は、第三代の私が一切《いっさい》、成就《じょうじゅ》した。一身《いっしん》に迫害《はくがい》を受けながら、私は戦《たたか》いぬいた。私は勝った。私の「誇《ほこ》り」は高い。そして、これから先《さき》の未来《みらい》は青年に託《たく》す以外ない。わが青年部よ、あとは若き諸君《しょくん》である！

――一九九八・一・一七

＊

兄・提婆《だいば》の違背《いはい》の姿《すがた》に対して、弟の阿難《あなん》は愚直《ぐちょく》なまでに師《し》・釈尊《しゃくそん》につき従《したが》っていった。日蓮大聖人は次のように仰《おお》せである。

「南無《なむ》という字は、敬《うやま》う心をあらわし、また随順《ずいじゅん》する心をあらわす。ゆえに、阿難尊者《そんじゃ》は一切経《いっさいきょう》の初《はじ》めに、如是我聞《にょぜがもん》（このように私は仏《ほとけ》より聞いた）と書いたうえに、南無等と記《しる》されたのである」（一四二一ジペー）と。

正しき「師」と「法」を、どこまでも「敬う心」そして「随《したが》う心」——まさに、このもっとも崇高《すうこう》なる信仰《しんこう》の心をもって、阿難はわが人生を生ききった。これこそ真実《しんじつ》の仏法者の生き方であったし、われわれもまた、そのような崇高な信仰者としての生涯《しょうがい》でありたいと思う。

——一九八八・六・一七

一念

「法華経（御本尊）を信ずる人は、幸《さいわ》いを万里《ばんり》の外から集《あつ》めることであろう」（一四九二ジペー）

御本尊を信じ、広宣流布《こうせんるふ》の勝利へ走りぬく——その強盛《ごうじょう》な「一念《いちねん》」は、「一念三千《さんぜん》」であるゆえに、全宇宙《ぜんうちゅう》へと広がり、「幸福」を「万里の外」から集めるのである。全宇宙が、私どもの幸福のために動いてくれるのである。これほどすばらしい人生はない。

——一九九二・一二・二七

*

御書には、華厳経《けごんきょう》を引《ひ》いて仰《おお》せである。

「心は、すぐれた画家《がか》が自在《じざい》に種々《しゅじゅ》の姿《すがた》を描《えが》くように、世《よ》の中のあらゆる現象《げんしょう》を造《つく》りだしていく」（五六四ジペー）、**「心の外に別《べつ》の法はない（すべての現象は心の産物《さんぶつ》である）」**（同）と。

日蓮大聖人のお手紙《てがみ》を拝《はい》するとき、つねに相手《あいて》に応《おう》じた〝たとえ〟を引かれ、〝文証《もんしょう》〟を引かれて、何《なん》とか「心」を変《か》えよう、「一念《いちねん》」を強めよう、「確《かく》信《しん》」と「自信」をあたえようとされている。つねに「希望《きぼう》」と「励《はげ》まし」を太陽《たいよう》のように送《おく》っておられる。「心」が変われば「一切《いっさい》」が変わることを熟知《じゅくち》されていたからであろう。

――一九九三・三・九

＊

四条金吾《しじょうきんご》は、主君《しゅくん》の信用《しんよう》を勝ち取《と》り、所領《しょりょう》も三倍《ばい》になるという勝利の実証《じっしょう》を示《しめ》した。その金吾に対しても、日蓮大聖人は、こう仰《おお》せである。**「仏道《ぶつどう》を求《もと》める心を、いよいよ強固《きょうこ》にして、この人生で仏《ほとけ》におなりなさい」**（一一八四㌻）と。

心で決《き》まる。**「心こそ大切」**（一一九二㌻）である。成仏《じょうぶつ》すなわち絶対《ぜったい》の幸福境涯《きょうがい》は、ただ「信心」の強さで決まる。ゆえに「心」を揺《ゆ》らさないことである。妬《ねた》みや臆病《おくびょう》に侵《おか》されないことである。強く、広々《ひろびろ》とした信心の「心」――そこに「幸福」はある。〝もの〟にあるのでも、財産《ざいさん》や地位《ちい》にあるのでもない。「心」は見えない。しかし、「一念《いちねん》」は全世界、全宇宙《ぜんうちゅう》に通《つう》じている。「一念」が豊《ゆた》かであれば、自身も、周囲《しゅうい》も、国土《こくど》も、すべて豊かになっていく。

もちろん、生きているかぎり、心配《しんぱい》ごとや悩《なや》みはある。それは太陽《たいよう》の前に雲《くも》がかかるようなものである。表面《ひょうめん》はどうであろうと、雨《あめ》の日にも、風の日にも、太陽は厳然《げんぜん》と昇《のぼ》る。胸中《きょうちゅう》に「信心」の太陽が輝《かがや》くかぎり、「幸福」も輝く。

――一九九四・八・二六

＊

日蓮大聖人は、病床《びょうしょう》にある南条時光《なんじょうときみつ》の父に対して、あたたかく励《はげ》まされたあと、次のように厳《きび》しくご指導《しどう》されている。

「一度は念仏《ねんぶつ》を唱《とな》え、また一度は法華経を唱えるというように〝二つの心〟があってはならない。もし二心《にしん》があって世間《せけん》の風聞《ふうぶん》を恐《おそ》れるようなことさえもあるならば、たとえ、あなたが臨終《りんじゅう》のさいに、日蓮の弟子《でし》ですと名《な》のられても、決《けっ》して梵天《ぼんてん》・帝釈《たいしゃく》天などは、用《もち》いられない。すなわち成仏《じょうぶつ》はできないだろう。そのときになって、恨《うら》みに思ってはならない」（一四九八㌻）

時光の父・南条兵衛七郎《ひょうえのしちろう》は、幕府《ばくふ》の御家人《ごけにん》（将《しょう》軍譜代《ぐんふだい》の家臣《かしん》）であり、地頭《じとう》でもあった。いわゆる世間体《せけんてい》というものを強く意識《いしき》せざるをえない――そうした立場《たちば》にあって、時光の父は、ひとたびは大聖人に帰依《きえ》したものの、念仏を完全《かんぜん》に捨《す》て去《さ》ることができなかった一面《いちめん》があったにちがいない。大聖人の法門《ほうもん》が正しいことはわかっている。しかし周囲《しゅうい》の人々に、たとえば上司《じょうし》や親戚《しんせき》などから責《せ》められると、キッパリと言いきれない。そうした社会のしがらみに、ついつい流《なが》されてしまう。そうした状況《じょうきょう》であったかもしれない。

それを鋭《するど》く見ぬいておられた大聖人は、彼の立場は十分《じゅうぶん》にご存《ぞん》じであられたが〝信心に二心があってはいけない〟〝社会的立場や世間の風評《ふうひょう》に「心」をまどわせてはならない〟〝それでは絶対《ぜったい》に成仏できませんよ〟と厳しく戒《いまし》められた。そして〝信心の一《いち》念《ねん》を決定《けつじょう》しなさい〟と、時光の父の胸奥深《きょうおうふか》くに、全《ぜん》魂《こん》こめて呼《よ》びかけられたのである。

――一九八八・六・一九

＊

妙法《みょうほう》の絶大《ぜつだい》な功徳《くどく》を受けられるかどうかは、自分自身の「一念《いちねん》」の姿勢《しせい》で決《き》まる。成長《せいちょう》するのもしないのも、功徳を受けるのも受けないのも、すべて信心の「**一心《いっしん》の妙用《みょうゆう》**」（七一七㌻）であることを忘《わす》れてはならない。

「道理《どうり》・証文《しょうもん》と比《くら》べても現証《げんしょう》に勝《すぐ》れるものはない」（一四六八㌻）と日蓮大聖人は仰《おお》せである。まじめな信仰《しんこう》を力強《ちからづよ》く続《つづ》けていった人は皆、長い目で見るとき、厳然《げんぜん》と幸福を享受《きょうじゅ》している。反対に、策《さく》の心と傲慢《ごうまん》と要領《ようりょう》だけで組織《そしき》のなかを泳《およ》いでいるような人は、やがて人々から見放《みはな》されていく。また清浄《せいじょう》な信心の世界から去《さ》っていかざるをえないであろう。

――一九八七・一〇・二〇

＊

日蓮大聖人はご自身が幾多《いくた》の大難《だいなん》を乗《の》り越《こ》えることができた理由《りゆう》について、次のように仰《おお》せである。

「いまだ難にあうまえから、こういうことは必《かなら》ずあると知《し》っていたので、今さら何があろうとも、他

人を恨《うら》みに思う心をもつべきでないと思ってきた。その覚悟《かくご》の心が自然《しぜん》のうちに祈《いの》りとなったのであろうか。これまでの諸難《しょなん》を生きのびてこられた」（一四六ページ）

いかなる理不尽《りふじん》な圧迫《あっぱく》が続《つづ》いても、そんな嵐《あらし》は、むしろ当然《とうぜん》であり、覚悟のうえではないか。今さら、何も嘆《なげ》かないし、恨まないと。そうした決定《けつじょう》の一念《いちねん》によって、諸天《しょてん》が守《まも》りに守ったとの仰せと拝《はい》される。

私ども門下《もんか》も、この大聖人のご確信《かくしん》を深《ふか》く拝さねばならない。一念の差《さ》は微妙《びみょう》である。ある意味でタッチの差である。疑《うたが》いや迷《まよ》いの、弱き濁《にご》りのある信心であってはならない。それでは諸天が感応《かんのう》しないからだ。

反対に、強き信仰《しんこう》の人は、外《そと》がいかに嵐であっても、胸中《きょうちゅう》は雲《くも》ひとつない大空《おおぞら》のように晴《は》れやかである。あたかも外が豪雨《ごうう》であっても、堅固《けんご》な家であれば、中は一家団欒《いっかだんらん》の花園《はなぞの》でいられるように。そのすっきりとした不動《ふどう》の一念が諸天に通《つう》じていく。

——一九八八・一〇・一二

*

「十方《じっぽう》の浄土《じょうど》（清《きよ》らかな国土《こくど》）の依報《えほう》（環境《かんきょう》）と正《しょう》報《ほう》（主体《しゅたい》）との、功徳《くどく》で飾《かざ》られ彩《いろど》られた姿《すがた》は、わが心の中に収《おさ》まって、瞬時《しゅんじ》も離《はな》れることがない」（五六一ページ）

この御文《ごもん》は、全宇宙《ぜんうちゅう》の一切《いっさい》の功徳が、つねに自身の中にある——という広大無《こうだいむ》辺《へん》の仏《ほとけ》の境界《きょうがい》を示《しめ》された一節《いっせつ》である。御本尊を持《たも》つ私どもの実践《じっせん》においても、自分自身が、つねに限《かぎ》りない福徳《ふくとく》につつまれ、無上《むじょう》の幸福境涯《きょうがい》を開《ひら》いていくことができる。

国土も環境も、私どもをつつむ一切のものが、妙《みょう》法《ほう》の功徳の表《あらわ》れである。万物《ばんぶつ》をはぐくみ赫々《かっかく》と昇《のぼ》りゆく太陽《たいよう》も、きらめく星々も、風のそよめきも、小《お》川《がわ》のせせらぎも、すべてが妙法の功徳となる。そして、こうした宇宙に遍満《へんまん》する功徳を、瞬時も離れることなく、自身の「一念《いちねん》」に収めていけるのが妙法であり、信心なのである。

——一九九〇・九・一八

＊

戸田先生が「この御書だけは命《いのち》に刻《きざ》んでおきなさい。学会の闘士《とうし》になるためには、この御書は忘《わす》れてはならない」と言われ、教《おし》えてくださった御聖訓《ごせいくん》がある。

それは、「御義口伝《おんぎくでん》」の一節《いっせつ》、**「億劫《おくごう》（きわめて長遠《ちょうおん》の間《あいだ》）にわたって尽《つ》くすべき辛労《しんろう》を、わが一念《いちねん》に尽くして広宣流布《こうせんるふ》に戦《たたか》っていくならば、もともと自分の身に備《そな》わっている無作三身《むささんじん》の仏《ほとけ》の生命が、瞬間《しゅんかん》瞬間に起《お》こってくる」**（七九〇ジー）であった。

本当に広宣流布に徹《てっ》すれば、信心に徹すれば、人生の真髄《しんずい》の生き方に徹すれば、自然《しぜん》のうちに仏の境界《きょうがい》が薫発《くんぱつ》される、という意味である。

——一九九七・四・一五

＊

御書には**「もしわが心の外に法があると思うならば、まったく妙法《みょうほう》ではない」**（三八三ジー）と。また**「説己心中所行法門《せっこしんちゅうしょぎょうほうもん》（己心《こしん》の中に行《ぎょう》ずる所の法門を説《と》く）」**（二三九ジー）とある。

「法」と言っても、決《けっ》して遠《とお》くにあるわけではない。わが一念《いちねん》こそ、「一念三千《さんぜん》」——生命の三千の広がりを包含《ほうがん》した、妙法の当体《とうたい》なのである。

人がいかなる人生を歩《あゆ》んでいくのか。すべては自身の「一念」の中にある。その意味で、わが胸中《きょうちゅう》の「妙法」を涌現《ゆげん》しつつ歩む人生こそ、最高に尊《とうと》い。決定《けつじょう》した信心の一念に貫《つらぬ》かれた人の幸福は計《はか》り知《し》れない。

——一九九〇・九・五

＊

私どもは誉《ほま》れある〝御本仏の門下《もんか》〟である。何かあればあるほど、無限《むげん》の力《ちから》がわいてくる。そのたびに無限の福徳《ふくとく》が備《そな》わってくる。

ゆえに、一切《いっさい》を心ではね返《かえ》し、いよいよ「大信力《だいしんりき》」を出《い》だし、いよいよ「大強信《だいごうしん》」を奮《ふる》い起《お》こして、いつも朗《ほが》らかに、いつも強く、晴《は》ればれと、一日一日を生きぬいていただきたい。そうすれば魔《ま》というものは必《かなら》ず退散《たいさん》していくものである。その一念《いちねん》に〝愉快《ゆかい》な人生〟が壮大《そうだい》に開《ひら》けてくる。戦《たたか》う信心に〝三世《さんぜ》の勝利〟は万朶《ばんだ》と花開《はなひら》く。

「最後には必ず楽しくなる」（一五六五ページ）との仰《おお》せを、私どもは誇《ほこ》らかに、大歓喜《だいかんき》をもって拝《はい》し、確《かく》信《しん》してまいりたい。

——一九九一・三・二七

智慧・慈悲

「自他共《じたとも》に『智慧《ちえ》』と『慈悲《じひ》』があるのを『喜《き》』というのである」（七六一ページ）

「知恵《ちえ》」もある。「慈悲」もある。それが人間革命《かくめい》である。知恵があっても無慈悲であれば、冷《つめ》たい邪《じゃ》智《ち》になってしまう。慈悲があっても知恵がなければ、人々を救《すく》うことはできない。かえって誤《あやま》った方《ほう》向《こう》に進ませる場合すらあろう。自分の幸福もつかめない。知恵と慈悲を兼《か》ね備《そな》える。時とともに、いよいよ、この二つが深《ふか》まっていく。この「人間革命」という、無上《むじょう》の喜《よろこ》びと向上《こうじょう》の道を、「自他共に」進んでいくのが、私どもの人生なのである。

——一九九三・二・五

＊

「信心」ほど偉大《いだい》なものはない。これが一切《いっさい》の結《けつ》論《ろん》である。日蓮大聖人は仰《おお》せである。

「（完全《かんぜん》な器《うつわ》、水を漏《も》らさぬ堤防《ていぼう》のように）信心の心に欠《か》けるところがなければ、一切の人を平等《びょうどう》に利益《りやく》する仏《ほとけ》の広大《こうだい》な智慧《ちえ》の水は、決《けっ》して乾《かわ》くことがない」（一〇七二ページ）と。

仏の智慧は、あらゆる人々を、平等に絶対《ぜったい》の幸福へと導《みちび》く智慧である。その智慧の水を、わが生命の宝器《ほうき》に満々《まんまん》とたたえていくために必要《ひつよう》なのは、ただ「信心」なのである。「信心」の器が壊《こわ》れていたり、汚《よご》れていたり、閉《と》じていたり、不純物《ふじゅんぶつ》がまじっていたり——それでは清《きよ》らかな「智水《ちすい》」は得《え》られない。ゆえに信心なき日顕《にっけん》に、仏の智水などあるわけがない。あるのは、ただ仏法を利用《りよう》し、信徒《しんと》を食《く》いものにしようという魔性《ましょう》だけである。

「信心」は、わが創価学会にある。ゆえに御本仏の平等大慧《だいえ》の「智水」は乾くことなく、私どもをうるおしてくださる。ゆえに学会は行き詰《づ》まらない。無限《むげん》に広布《こうふ》の道を、無限に幸福の道を、無限に人類《じんるい》の希望《きぼう》の緑野《りょくや》を広げていけるのである。

——一九九三・一二・一

*

「諸仏《しょぶつ》の智慧《ちえ》の水は測《はか》ることができないゆえに『無量《むりょう》』という」（一〇五五ページ）と、御書には釈《しゃく》を引いて仰《おお》せである。

無量の智慧で現実の世界を潤《うるお》し、幸福を広げ、平和をつくり、蘇生《そせい》させていく。これが日蓮大聖人の仏法である。仏法は「道理《どうり》」なのである。そして、この「智慧」の源泉《げんせん》が「信心」である。

——一九九五・三・二六

*

「信解品《しんげほん》の題号《だいごう》のうち『信』はお金《かね》に譬《たと》えられる。『解（知恵《ちえ》）』はそのお金で買《か》う宝のようである」（七二五ページ）

身近《みぢか》な譬えでいえば、一ドルの「信」では一ドルの「知恵」しか得《え》られない。一万《まん》ドル、百万ドル分《ぶん》の「信」を起《お》こせば、それだけ大きな「知恵」を、力《ちから》を得ることになる。無限《むげん》の「確信《かくしん》」には、無限の「知恵」がわく。ゆえに皆さまは「確信」の人であっていただきたい。その人には行き詰《づ》まりがないからである。そして賢明《けんめい》なる「知恵」の人として、わが使命《しめい》の人生を悔《く》いなく、最高に晴《は》れやかに、最高に楽しく飾《かざ》っていただきたい。

——一九九〇・二・一五

*

「四徳《しとく》のうちの四つめに、劣《おと》った者に慈悲《じひ》をもてとあるのは、自分より弱い人には、わが子のように思ってすべてをいとおしみ、慈悲をそそぐべきであるということである」（一五二七ページ）

「劣った人」とは、人間に優劣《ゆうれつ》をつける意味ではなく、社会的な立場《たちば》や、肉体的《にくたいてき》・精神的《せいしんてき》な条件《じょうけん》で、自分より力《ちから》の弱い人ということであろう。

幼《おさな》いわが子に対しては、親《おや》は全力《ぜんりょく》で守《まも》り、苦しみから救《すく》い、楽しみを与《あた》えようとする。それが「慈悲の一分《いちぶん》」である。しかし、他人に対しても、わが子と同じように思いやることは、簡単《かんたん》ではない。

弱者《じゃくしゃ》の人権《じんけん》を守り、幸福になる権利《けんり》を実現するどころか、弱者をいじめ、切り捨《す》てようとする社会であり、世界である。こうした「慈悲の欠如《けつじょ》」こそ、現代人の根本的《こんぽんてき》な欠陥《けっかん》といえる。ゆえに、仏法の慈悲の精神を世界に弘《ひろ》めるしかない。

——一九九三・一二・二五

*

「人々に慈悲《じひ》がないから、諸天善神《しょてんぜんじん》もこの国を守《まも》らない」（一五五二㌻）

時代は〝慈悲〟の心を失《うしな》い、だんだんと〝冷酷《れいこく》さ〟を増《ま》しているように思える。経済的《けいざいてき》な繁栄《はんえい》の水面下《すいめんか》で、さまざまな問題《もんだい》が深刻化《しんこくか》している。また世界的にみても、人類《じんるい》と文明《ぶんめい》に忍《しの》び寄《よ》る危機《きき》を痛感《つうかん》するのは、私一人ではない。こうしたなかにあって、「慈悲の行動」に徹《てっ》し、最高の妙法《みょうほう》を人々に教《おし》えゆく私どもの存在《そんざい》と使命《しめい》が、どれほど大切であり、偉大《いだい》であるか——。御書に示《しめ》されているように、慈悲の行動によって、国や社会を守護《しゅご》しゆく諸天善神の働《はたら》きに力《ちから》を与《あた》えていくことができるからである。

——一九八九・七・二七

*

嫉妬《しっと》の反対は何《なん》であろうか？　ある意味で、それは慈悲《じひ》ではないかと思う。

仏法では、**「慈悲を観《かん》じて嫉妬を治療《ちりょう》する」**（三九一㌻）と説《と》く。釈尊《しゃくそん》時代、「慈悲観」という修行《しゅぎょう》によって、嫉妬、また瞋恚《しんに》（いかり）を静《しず》めようとしたのである（「減劫御書《げんこうごしょ》」には**「瞋恚を慈悲観によって治療する」**〈一四六六㌻〉と、嫉妬と瞋恚を相通《あいつう》ずるものとして扱《あつか》われている）。

瞋恚は、いうまでもなく、貪瞋癡《とんじんち》（むさぼり、いかり、おろか）の三毒《さんどく》の一つであり、地獄界《じごくかい》の顕《あらわ》れである。「慈悲」を観ずることによって、初《はじ》めて嫉妬という〝地獄界の炎《ほのお》〟を消《け》し静めることができるとしたのである。

もちろん今、末法《まっぽう》において、そうした修行は必要《ひつよう》ないし、そんなことを教《おし》えても、火に油《あぶら》を注《そそ》ぐように逆効果《ぎゃくこうか》であると、大聖人は仰《おお》せである。末法においては、御本尊こそ大慈大悲の御本仏の生命の当体《とうたい》であられる。ゆえに、御本尊を持《たも》ち、妙法広宣流布《みょうほうこうせんるふ》へ、自行化他《じぎょうけた》の行動をしている私どもは、いわば「慈悲の修行」をしているといってよい。「慈悲観」も、その実践《じっせん》のなかに自然《しぜん》に含《ふく》まれているのである。

――一九九〇・八・一二

生涯不退

「法華経は、初《はじ》めは信じるようであっても、最後まで信心を貫《つらぬ》きとおすことはむずかしい。たとえば、水が風によって動き、花の色が露《つゆ》によって移《うつ》ろうようなものである。それにもかかわらず、あなたは、どうして今日まで信心を持《たも》ち続《つづ》けてこられたのであろうか。これはひとえに、前世《ぜんせ》において積《つ》まれた功徳《くどく》の上に、釈迦仏《しゃかぶつ》があなたを守《まも》られているからであろうか。たのもしいことである。たのもしいことである」（一三九五㌻）

（松野殿女房《まつのどのにょうぼう》が）さまざまな困難《こんなん》のなかで、信心を貫きとおすことができたのは、前世からの功徳と仏《ほとけ》の加護《かご》のゆえであろうか、と仰《おお》せなのである。

同じように、これほどの難《なん》のなかでも、広布《こうふ》への不《ふ》退《たい》の信心を貫いている学会員――これこそ、仏法の眼《まなこ》から見れば、前世からの大功徳につつまれた、不思議《ふしぎ》なる使命《しめい》の人であると確信《かくしん》する。深《ふか》い意味があるのである。

この学会員を、三世十方《さんぜじっぽう》の仏・菩薩《ぼさつ》、梵天《ぼんてん》・帝《たい》釈《しゃく》はじめ諸天善神《しょてんぜんじん》は守りに守る。何よりも、御本仏が守ってくださる。ゆえに、いかなる難にも、私ども仏子《ぶっし》の城《しろ》は崩《くず》されない。権威《けんい》と権力《けんりょく》の魔軍《まぐん》が、いかに攻《せ》め寄《よ》せようと、破《やぶ》られない。そして、わが創価学会は、そうした宿縁深き《しゅくえんぶか》仏子の集《つど》いである。その不思議さ、使命の深さ――学会がまさに仏意《ぶっい》仏《ぶっ》勅《ちょく》の団体であることを、深く確信していただきたい。

――一九九二・一・二六

*

本来《ほんらい》、戒《かい》とは〝授《さず》けられる〟ものというよりも、自身の決意《けつい》で主体的《しゅたいてき》に〝持《たも》つ〟ことに眼目《がんもく》がある。発心《ほっしん》を持続《じぞく》することが、戒を持つことになるのである。日蓮大聖人は、苦難《くなん》のなかにあった四条金吾《しじょうきんご》に対して、**「(御本尊を)受けることはやさしいが、持つことはむずかしい。したがって、成仏《じょうぶつ》は持ち続《つづ》けることにある」**(一一三六㌻)と、信仰《しんこう》の要諦《ようてい》を教《おし》えられている。

妙法実践《みょうほうじっせん》の途上《とじょう》には、必《かなら》ず、さまざまな障魔《しょうま》や難《なん》が競《きそ》い起《お》こる。発心して、信仰を始《はじ》めることはやさしいが、その決意を、生涯《しょうがい》にわたって貫《つらぬ》きとおすことはむずかしいものである。たとえ、授戒《じゅかい》の儀式《ぎしき》を受けていても、苦難に負《ま》けて退転《たいてん》してしまえば、功《く》徳《どく》がないどころか、かえって不幸になっていく。

成仏の境界《きょうがい》を開《ひら》くには、何があろうとも不退転《ふたいてん》の信心を貫く以外にはない。決意を持続し、正しい実践を貫くところに、信仰の実証《じっしょう》が必ず現《あらわ》れるのである。つまり、末法《まっぽう》における戒とは、妙法を持ちゆく強き「信心」の一念《いちねん》の中にある。いわば「信心即持《そくじ》戒《かい》」であり、信仰の持続こそ「持戒」なのである。反対に、信心なき化儀《けぎ》・形式《けいしき》には、なんの益《えき》もない。

――一九九一・一二・二三

*

聖寿《せいじゅ》五十八歳《さい》の折《おり》、日蓮大聖人は次のように認《したた》められている。

「去《さ》る建長《けんちょう》五年四月二十八日の立宗以来《りっしゅういらい》、今日の弘安《こうあん》二年十一月にいたる二十七年間、退転《たいてん》なく、一年一年、より強盛《ごうじょう》に妙法《みょうほう》を弘通《ぐつう》してきたことは、月が一夜《いちや》一夜、満月《まんげつ》に近《ちか》づいていくごとく、潮《しお》がしだいに満《み》ちていくごとくであった」(一三三二㌻)と。

また、そのように題目《だいもく》を唱《とな》える人が増《ふ》えてきたと仰《おお》せである。

若《わか》い時代は、はつらつと成長《せいちょう》していても、年齢《ねんれい》を重《かさ》ねるにつれ、〝日々前進《ぜんしん》〟の気概《きがい》を失《うしな》い、何事《なにごと》もおっくうになっていく。これこそ、まさに〝老化《ろうか》現《げん》象《しょう》〟である。進歩《しんぽ》なき人生には、若さもなければ、喜《よろこ》びもない。停滞《ていたい》と不満《ふまん》が残《のこ》るのみである。

どうか、皆さま方は皓々《こうこう》と輝《かがや》きを増《ま》しゆく月のごとく、また刻々《こっこく》と漲《みなぎ》りゆく海原《うなばら》の潮のごとく、一日一日、そして一年一年、限《かぎ》りなく上昇《じょうしょう》していける人生であってほしい。その向上《こうじょう》の軌道《きどう》を生涯《しょうがい》、進むための信心であることを忘《わす》れてはならない。

――一九八八・五・三

*

「信伏随従《しんぷくずいじゅう》」の文《もん》について述《の》べておきたい。

この経文《きょうもん》は法華経の「常不軽菩薩品《じょうふきょうぼさつほん》第二十」にある。不軽菩薩を迫害《はくがい》した慢心《まんしん》の僧尼《そうに》男女《だんじょ》らが、やがて心を改《あらた》め、不軽菩薩に「信伏随従」した。すなわち「信じ伏《ふ》し随《したが》い従《したが》った」ことをさしている。この経文について「御義口伝《おんぎくでん》」には、こう説《と》かれている。

「『信』とは『疑《うたが》い無《な》きを信という』とあるとおり、法華経に対して疑いがないということである。『伏』とは法華経に帰依《きえ》し、伏《ふく》することである。『随』とは心を法華経に移《うつ》すことである。『従』とは体《からだ》をこの経《きょう》に移すことである。詮《せん》ずるところ、今、日蓮とその門下《もんか》の南無妙法蓮華経と唱《とな》え奉《たてまつ》る行者《ぎょうじゃ》は、末法《まっぽう》の不軽菩薩である」（七六五㌻）

すなわち、末法における法華経とは、三大秘法《さんだいひほう》の御本尊である。「信伏随従」とは、御本尊を信じ、御本尊に帰命《きみょう》し、御本尊に心も身体もささげきっていく。心でも信じきり、体でも自行化他《じぎょうけた》の広布《こうふ》の実《じっ》践《せん》に生ききっていくことである。

御本尊に広布の誓願《せいがん》を立てて唱題《しょうだい》し、何があろうと不退転《ふたいてん》の行動を貫《つらぬ》いていく。妙法《みょうほう》に信伏随従しきっていく。そこに「成仏《じょうぶつ》」への根本《こんぽん》の因《いん》がある。

――一九八九・一〇・一五

*

「（夫《おっと》の留守《るす》の間《あいだ》）頼《たよ》りになる召使《めしつか》いもいないのに、このように乱《みだ》れた世《よ》に、この殿《との》（夫・四条金吾《しじょうきんご》）を佐渡《さど》まで遣《つか》わされたあなた（日眼女《にちげんにょ》）の真心《まごころ》は、大地よりも厚《あつ》い。地神《ちじん》（大地の神《かみ》）も必《かなら》ず知《し》っていることであろう。また、その真心は大空《おおぞら》よりも高い。梵天《ぼんてん》・帝釈《たいしゃく》も必ず知っておられることであろう」

（一一一五ページ）

打ち続《つづ》く大難《だいなん》をものともせず、正々堂々《せいせいどうどう》と、男らしく「信念《しんねん》の道」を歩《あゆ》み、佐渡までも日蓮大聖人を訪《たず》ねていった四条金吾。その陰《かげ》には、こうした家族《かぞく》の支《ささ》えがあった。

そのだれも知らない、だれもほめてくれない〝陰の戦《たたか》い〟を、大聖人だけは、あますところなくご照覧《しょうらん》くださっていた。〝お会《あ》いできなくても、全《ぜん》部《ぶ》、わかっていますよ。金吾がここに来《こ》られたのは、あなたのおかげですよ〟――と。

〝ちゃんと見てくださっている方《かた》がいる〟〝私を信じてくださっている方がいる〟。大聖人のご慈愛《じあい》を全身《ぜんしん》で受けとめながら、金吾の一家《いっか》は、難を一つ、また一つと乗《の》り越《こ》えていった。そして、苦難《くなん》の山を越えゆくたびに、境涯《きょうがい》をいちだんと大きく開《ひら》き、大《だい》福運《ふくうん》につつまれていった。

何があっても、変《か》わらない。何があっても、揺《ゆ》るがない。ひとたび決《き》めた「この道」を貫《つらぬ》いていく。走りぬいていく。その人こそ、またその家族こそ、心美《こころうつく》しき「盤石王《ばんじゃくおう》」である。

――一九九一・九・一五

＊

「真実《しんじつ》」を知《し》るためには、多面的《ためんてき》に「事実」を多く知ることも、その一つの前提《ぜんてい》となろう。なかでも、その人物《じんぶつ》が、「最悪《さいあく》の事態《じたい》のなかで、何をなしたか」を見極《みきわ》めることが肝要《かんよう》であろう。

「よくなることは不思議《ふしぎ》であり、悪《わる》くなって当然《とうぜん》であると思いなさい」（一一九〇ページ）と日蓮大聖人は仰《おお》せである。

人物の真価《しんか》は窮地《きゅうち》にあってこそ、明《あき》らかとなる。その意味で私は、戸田先生を、あらゆる面《めん》で、つぶさに見てきた。先生の「真実」を、魂《たましい》の奥底《おうてい》に刻《きざ》んできた。

――一九九一・一〇・一六

*

「（釈尊《しゃくそん》とともに修行《しゅぎょう》していた人々は、皆、途中《とちゅう》で去《さ》ってしまったが）釈尊はただ一人残《のこ》られたからこそ、仏《ほとけ》になられたといえよう」（一二八一㌻）

広宣流布《こうせんるふ》の前進《ぜんしん》という次元《じげん》においても、この原理《げんり》は同様《どうよう》である。山を登《のぼ》るには苦労《くろう》がある。高山《こうざん》を登るには、より大きな労苦《ろうく》がある。しかし、登りきった時は、低《ひく》いところの人よりも、広々《ひろびろ》とした、雄大《ゆうだい》な境涯《きょうがい》を味《あじ》わうことができる。皆さまは、たとえ何があろうと、ひとたび決《き》めた仏道《ぶつどう》修行の道を最後の最後まで、一人になっても貫《つらぬ》きとおす、勇気《ゆうき》の人であっていただきたい。その本物《ほんもの》の一人さえいれば、そこから、広宣流布の炎《ほのお》は、いくらでも燃《も》え広がっていくからである。

――一九九〇・二・一五

*

信心の世界は心の世界であり、幸《こう》・不幸を決定《けってい》する根本《こんぽん》にかかわるものである。ゆえに心に空白《くうはく》やスキをつくってはならない。そのために、絶《た》えざる精《しょう》進《じん》を忘《わす》れてはならない。

「御義口伝《おんぎくでん》」には**「南無妙法蓮華経と唱《とな》えていくこと自体《じたい》が精進行である」**（七九〇㌻）と述《の》べられている。

また、日寛上人《にちかんしょうにん》は「依義判文抄《えぎはんもんしょう》」で「勇猛精進《ゆうみょうしょうじん》」とは題目《だいもく》である、とされ、まじり気《け》のないことが「精」、絶え間《ま》のないことが「進」である、と示《しめ》されている（六巻抄）。すなわち、自行化他《じぎょうけた》にわたる題目を根本に、純一《じゅんいつ》に、間断《かんだん》なく前へ進め、との言《げん》である。

心に空白があれば、いつしか魔《ま》が入り込《こ》み、悪《あく》に染《そ》められてしまう。しかし、「勇猛精進」の人には、魔も入り込むスキがないし、悪縁《あくえん》に紛動《ふんどう》されることもない。

――一九九〇・四・一二

*

「いよいよ信心を励《はげ》んでいきなさい。仏法の道理《どうり》を人に語《かた》ろうとする者を、男女僧尼《だんじょそうに》が必《かなら》ず憎《にく》むであろう。憎むなら憎むがよい。法華経・釈迦仏《しゃかぶつ》・天《てん》台《だい》・妙楽《みょうらく》・伝教《でんぎょう》・章安《しょうあん》等の金言《きんげん》に身を任《まか》すべきである。如説修行《にょせつしゅぎょう》の人とはこういう人をいうのである。法華経の見宝塔品《けんほうとうほん》には『濁悪恐怖《じょくあくくふ》の世《よ》において、よくわずかの間《あいだ》でも説《と》く』等とある。これは悪世末法《あくせまっぽう》の時、三毒強盛《さんどくごうじょう》（貪《むさぼ》り・瞋《いか》り・癡《おろ》かの心が強く盛《さか》んなこと）の悪人《あくにん》たちが集《あつ》まっている時に、正法《しょうほう》をわずかの間でも信じ持《たも》つ者を、天人《てんにん》が供養《くよう》するであろうという経文《きょうもん》である」（一三〇八ページ）

正しき道を歩《あゆ》むには、「強く」なければ歩めない。日蓮大聖人は、老境《ろうきょう》にあった千日尼《せんにちあま》に対しても、何があろうとも、信心に停滞《ていたい》があってはならない、「いよいよ」信心に励んでいきなさい、と教《おし》えられている。

信心に休みはない。「一生成仏《いっしょうじょうぶつ》」の「真如《しんにょ》の都《みやこ》」に到達《とうたつ》するまで、不断《ふだん》に信心の歩みを貫《つらぬ》いていく。心なき批判《ひはん》を受けようと、宿命《しゅくめい》の嵐《あらし》があろうと、決《けっ》して負《ま》けない。一歩《いっぽ》、また一歩と進んでいく。その勇気《ゆうき》ある不退《ふたい》の前進《ぜんしん》を続《つづ》けてこそ、三世十方《さんぜじっぽう》の仏菩薩《ぶつぼさつ》、諸天善神《しょてんぜんじん》にも守《まも》られ、境涯《きょうがい》を大きく開《ひら》いていくことができる。永遠《えいえん》なる〝勝利〟の栄冠《えいかん》を得《え》ることができるのである。

——一九九〇・五・三

*

「聖人《しょうにん》は言う。人の心は、水が器《うつわ》の形《かたち》にしたがって変《か》わるようなものであり、物《もの》の性質《せいしつ》は水に映《うつ》った月が波によって動くのに似《に》ている。ゆえに、あなたは今のところは信ずるといっても、後日《ごじつ》になって必《かなら》ず心を翻《ひるがえ》すであろう。しかし、魔《ま》が来ても鬼《おに》が来ても、決《けっ》して心を乱《みだ》してはいけない」（五〇〇ページ）

まことに人間の心というものは移《うつ》ろいやすい。今は信心を貫《つらぬ》きとおすと決意《けつい》していても、それはいつ変わるかわからない。しかし、その弱い自分の心と戦《たたか》い、最後の最後まで信心の心を翻さないで、妙法《みょうほう》に生きぬいたとき「成仏《じょうぶつ》」がある。永遠《えいえん》に崩《くず》れない幸福境涯《きょうがい》を開《ひら》き、永遠の勝利者となっていくにちがいない。だからこそ、過去《かこ》でも、未来《みらい》でもない、今《こん》世《ぜ》の、ただ今の信心こそが大事《だいじ》なのである。またそのために私どもの信心の組織《そしき》がある。

――一九八九・七・一四

*

「釈尊《しゃくそん》の因行《いんぎょう》（成仏《じょうぶつ》の因となる菩薩《ぼさつ》の修行《しゅぎょう》）と果徳《かとく》（因行の結果《けっか》、成仏することによってそなわる徳）の二法は、ことごとく妙法蓮華経の五字（御本尊）に具《ぐ》足《そく》している。われらがこの五字を受持《じゅじ》すれば、自然《しぜん》に彼《か》の因果《いんが》の功徳《くどく》を譲《ゆず》り与《あた》えられるのである」（二四六ページ）

日蓮大聖人は、御本尊を信受《しんじゅ》することそれ自体《じたい》によって、功徳を得《え》て成仏できること――すなわち、「受持即観心《じゅじそくかんじん》」を明《あ》かされているのである。

末法《まっぽう》は、御本尊を受持して、生涯《しょうがい》、不退《ふたい》に信行《しんぎょう》を貫《つらぬ》いていくことが戒《かい》を持《たも》つことになるのであり、それを「受持即持戒《じかい》」というのである。

日興上人《にっこうしょうにん》も、相伝書《そうでんしょ》である「三大秘法口訣《さんだいひほうくけつ》」の裏《うら》書《が》きに、「受持即受戒《じゅかい》なり、経《きょう》に云《いわ》く是《これ》を持戒と名《なづ》く」（富要一巻）と記《しる》されている。

したがって、末法における「受戒」とは、御本尊を「受持」することであり、それ以外に特別《とくべつ》な〝儀《ぎ》式《しき》〟を行《おこな》わなければならない、ということはないのである。

――一九九一・一二・二三

*

「たとえ、山谷にこもっておられても、ご病気《びょうき》も治《なお》って、状況《じょうきょう》もよければ、身命《しんみょう》を捨《す》てて妙法《みょうほう》を弘《ぐ》通《つう》していかれるべきである」（一三五七ページ）

これは最蓮房《さいれんぼう》が、山の中にこもりたいとの希望《きぼう》を日蓮大聖人に申《もう》し上《あ》げたことに対するご返事《へんじ》である。現実社会から離《はな》れて山にこもろうとしたことは、今でいえば第一線からの〝引退《いんたい》〟や〝隠居《いんきょ》〟にも通《つう》ずるといえよう。一説《いっせつ》によれば、最蓮房は五十代から六十歳前後《さいぜんご》とも推測《すいそく》され、当時《とうじ》としては高齢《こうれい》期《き》を迎《むか》えていた。

大聖人はまず、最蓮房が病身《びょうしん》であることを深《ふか》く思いやられている。また災厄《さいやく》の続《つづ》く社会でありながら、国主《こくしゅ》にいかに諫暁《かんぎょう》しても聞き入《い》れられない状況では、大聖人ご自身でさえ、こもっていようと思うことがある、と率直《そっちょく》に語《かた》られてもいる。しかし、そのうえで大聖人は〝大法《だいほう》弘通の歩《あゆ》みは決《けっ》して止めてはならない。自分らしく法戦《ほうせん》に打って出よ〟と、厳《げん》愛《あい》のご指導《しどう》をされているのである。

私どもの広布《こうふ》の前進《ぜんしん》にあっても、年配者《ねんぱいしゃ》をはじめ、さまざまな個人的《こじんてき》状況を尊重《そんちょう》することは当然《とうぜん》である。しかしそのうえで、皆さま方は〝生涯《しょうがい》、広布の最前線《さいぜんせん》に勇《いさ》んで躍《おど》り出よう〟との姿勢《しせい》をどこまでも貫《つらぬ》く〝妙法の勇者《ゆうしゃ》〟であっていただきたい。

——一九九〇・四・一二

＊

大乗《だいじょう》の菩《ぼ》薩戒《さつかい》を受ける場合に、「自《じ》誓受戒《せいじゅかい》」すなわち〝自《みずか》ら誓《ちか》って戒を受ける〟といって、仏前《ぶつぜん》で自ら誓って戒を受けた例《れい》がある。日蓮大聖人は「**誓いは絶対《ぜったい》に破《やぶ》らない**」（一三三二ジペー）と仰《おお》せである。みずから誓った願《ねが》いは、決《けっ》して破ってはならないのである。

大聖人は、信心の要諦《ようてい》を、「**（御本尊を）受けることはやさしく、持《たも》ち続《つづ》けることはむずかしい。そして、成仏《じょうぶつ》は持ち続けることにある**」（一一三六ジペー）と教《おし》えられている。

大切なのは「不退《ふたい》の信心」である。「信心の持続《じぞく》」こそ、真《しん》の「持戒《じかい》」といえよう。その意味で「信心即《そく》持戒」であり、私どもこそ、大聖人の仏法の本義《ほんぎ》に適《かな》った「受戒」と「持戒」を実践《じっせん》しているのである。

——一九九三・九・一六

＊

四条金吾《しじょうきんご》の大きな悩《なや》みの一つに、兄弟《きょうだい》の問題《もんだい》があった。弘安《こうあん》元年（一二七八年）の御書には「**あなたは兄弟にも捨《す》てられ、同僚《どうりょう》にも敵視《てきし》され、江間《えま》家《け》の子弟《してい》にもいじめられ、日本国中の人にも憎《にく》まれておられる**」（一一八四ジペー）と仰《おお》せである。

金吾の壮年時代は、正法《しょうほう》の信仰《しんこう》ゆえに、迫害《はくがい》の連《れん》続《ぞく》であった。絶《た》えず「四面楚歌《しめんそか》」のような状態《じょうたい》にあった。兄弟すらも味方《みかた》ではなかった。もとより、難《なん》は覚悟《かくご》のうえである。法華経に厳《げん》として説《と》かれるごとく、日蓮大聖人が繰《く》り返《かえ》し教《おし》えられているように、妙法《みょうほう》を実践《じっせん》すれば、難は絶対《ぜったい》に避《さ》けられない。金吾の一身《いっしん》に雨《あめ》、嵐《あらし》と攻撃《こうげき》が降《ふ》りそそいだこと自《じ》体《たい》、大聖人のまことの門下《もんか》である証《あかし》であった。

迫害があればあるほど、金吾は〝負《ま》けじ魂《だましい》〟を燃《も》やした。「不惜身命《ふしゃくしんみょう》」こそ信仰の真髄《しんずい》である。命《いのち》をも惜《お》しまぬ者が、悪口《あっこう》や圧迫《あっぱく》など、何を恐《おそ》れよう。暴風《ぼうふう》は、崇高《すうこう》なる信心の炎《ほのお》を、いやまして大きくかきたてるだけである。

――一九八八・六・一二

求道

文永《ぶんえい》九年（一二七二年）、ご流罪《るざい》の地・佐渡《さど》におられた日蓮大聖人は、鎌倉《かまくら》で留守《るす》を守《まも》っていた日《にち》昭《しょう》をはじめとする門下《もんか》の長老《ちょうろう》たちにお手紙《てがみ》を送《おく》られる。「弁殿御消息《べんどのごしょうそく》」に、次のように仰《おお》せである。

「総《そう》じては、こちら（佐渡の大聖人のもと）から法《ほう》門《もん》を身につけてもどった人を頼《たよ》りとして、法門を聴聞《ちょうもん》するようにしなさい。互いに師弟《してい》となるであろう」（一二二四㌻）と。

日昭は、大聖人より一歳年長《さいねんちょう》であり、この時、五十二歳。もっとも先輩格《せんぱいかく》の門下であった。そうした日昭に対しても、大聖人は、大難《だいなん》の真《ま》っただ中にあられながらも、佐渡の地で重要《じゅうよう》な法門、未曽有《みぞう》の深《じん》義《ぎ》を説《と》かれていたゆえに、その大聖人より直接《ちょくせつ》のご指南《しなん》を受けた人々が、鎌倉にもどってきたならば、たとえ自分より後輩《こうはい》であっても、謙虚《けんきょ》に法門を学《まな》んでいきなさい。どこまでも求道《きゅうどう》の姿勢《しせい》を失《うしな》ってはならない、と仰せられている。

まことに道理《どうり》であり、重要なお言葉と思う。〝自分のほうが信心歴《しんじんれき》が古い〟〝役職《やくしょく》が違《ちが》う〟とか、〝立《た》場《ば》が上である〟といった考《かんが》えにおちいるならば、そこにはもはや、みずみずしい求道心はない。これは、今までの退転者《たいてんしゃ》や反逆者《はんぎゃくしゃ》に多く共通《きょうつう》した姿《すがた》でもあった。

「心」は、不思議《ふしぎ》である。また怖《こわ》いものである。

求道の一念《いちねん》を失うならば、それまでどんなに信心に励《はげ》み、功労《こうろう》があっても、どんどん〝後《おく》れ〟をとり、いつしか信心がわからなくなってしまう。その厳《きび》しき戒《いまし》めのご指南であるとも拝《はい》したい。

――一九八八・六・二一

＊

「この妙法蓮華経の大法《だいほう》を広宣流布《こうせんるふ》するためには、必《かなら》ず一切経《いっさいきょう》を手もとに置《お》いて準備《じゅんび》し、八宗《はっしゅう》（当《とう》時《じ》の仏教すべて）の教義書《きょうぎしょ》を学習《がくしゅう》しなければならない」（一〇三八ページ）

ここにいう「一切経」とか「八宗」とは、今でいえば、あらゆる学問《がくもん》であり、さまざまの思想《しそう》にあたる。御書の勉強《べんきょう》を中心《ちゅうしん》に、ありとあらゆる勉強をしていかなければ、広宣流布の大指導者《だいしどうしゃ》にはなれない。偏頗《へんぱ》な独《ひと》りよがりになっては、だれも納得《なっとく》しない。

――一九九七・五・二五

＊

「信心していても、その信心が薄《うす》い者は、無間地獄《むけんじごく》の苦しみをまぬかれない。それをまぬかれようと思えば、薬王菩薩《やくおうぼさつ》や楽法梵志《ぎょうぼうぼんじ》のように、ひじを焼《や》き皮《かわ》をはいで法を求《もと》めなさい。雪山童子《せっせんどうじ》や阿私仙人《あしせんにん》に仕《つか》えた国王《こくおう》のように、法のために我《わ》が身を投《な》げ捨《す》てなさい。

もしそれができなければ、五体《ごたい》を地に投げて全身《ぜんしん》に汗《あせ》を流《なが》しなさい。もしそれができなければ、珍《めずら》しい宝を仏前《ぶつぜん》に積《つ》みなさい。（中略）わが弟子《でし》等のなかにあっても信心の薄い者は、臨終《りんじゅう》の時に阿鼻地獄《あびじごく》の相《そう》を現《げん》じるであろう。その時に日蓮を恨《うら》んではならない」（五三七ページ）

信心しているからといって、安閑《あんかん》としていては、一生成仏《いっしょうじょうぶつ》の大道《だいどう》を進むことはできない。名《な》ばかりの信心では、真《しん》の功徳《くどく》はない。そればかりか、もっとも大切な「死」を大苦悩《だいくのう》のなかに迎《むか》えてしまう場合もある。それでは信心したかいがない。

ひとたび正法《しょうほう》に巡《めぐ》りあえた以上、悔《く》いなき求道《きゅうどう》の人生に徹《てっ》していく、そして信心の喜《よろこ》びにあふれ、勇《いさ》んで法を弘《ひろ》めゆくことこそ、正法を受持《じゅじ》しえた私どもの使命《しめい》であり、権利《けんり》である。

——一九九〇・五・二三

*

「どんなに社会的に身分《みぶん》の低《ひく》い者であっても、仏法のことについて、少しでも自分より優《すぐ》れ、智慧《ちえ》のある人に対しては、この経《きょう》（法華経）のいわれを問《と》い、求《もと》めていくべきである。しかし、末法悪世《まっぽうあくせ》の衆生《しゅじょう》は我慢《がまん》（慢の一種《いっしゅ》）をいだき、偏《かたよ》った考《かんが》えへの執着《しゅうちゃく》をもち、名聞名利《みょうもんみょうり》に執着して、『あのような人の弟子《でし》となるべきであろうか。もし、あのような人に、ものを習《なら》えば、人から軽蔑《けいべつ》されるであろう』と、つねに悪念《あくねん》を断《だん》ずることができず、ついには悪道《あくどう》に堕《お》ちると経文《きょうもん》には説《と》かれている」（一三八二ページ）

本来《ほんらい》、求道《きゅうどう》の心は、相手《あいて》の地位《ちい》を選《えら》ばない。大切なのは「法」であり、「人」の立場《たちば》ではないからだ。これが仏法の根本精神《こんぽんせいしん》である。だれ人《びと》も納得《なっとく》する人間性と民主《みんしゅ》のお言葉である。

——一九九一・二・一一

*

日蓮大聖人ご在世当時《ざいせとうじ》、佐渡《さど》の阿仏房《あぶつぼう》は、高齢《こうれい》にもかかわらず、身延《みのぶ》の大聖人のもとへ、三度も訪《おとず》れた。が、夫人《ふじん》の千日尼《せんにちあま》は、佐渡の地にあって、夫《おっと》の留守《るす》を守《まも》った。彼女自身、どれほど大聖人をお慕《した》いし、お目通《めどお》りを願《ねが》っていたことか——。そうした心を、大聖人は、すべてご存《ぞん》じであられたにちがいない。ある折《おり》、千日尼に対し、次のように激励《げきれい》されている。

「佐渡の国から、この国（身延）までは、山や海を隔《へだ》てて千里《り》に及《およ》ぶのに、女性《じょせい》の御身《おんみ》として、法華経を信仰《しんこう》していらっしゃるゆえに、年々に夫をお使《つか》いとしてお訪《たず》ねくださっている。必《かなら》ずや、法華経・釈迦《しゃか》・多宝《たほう》・十方《じっぽう》の諸仏《しょぶつ》が、あなた（千日尼）のお心を、よくご存じのことであろう。たとえば、天《てん》の月は四万由旬《ゆじゅん》（一由旬は、古代《こだい》インドの単位《たんい》で、当時《とうじ》の帝王《ていおう》が一日で行軍《こうぐん》する距離《きょり》をいう）も離《はな》れているが、その影《かげ》を大地の池に即座《そくざ》に浮《う》かべる。また、

中国《ちゅうごく》の雷門《らいもん》にあった太鼓《たいこ》は、千万里の遠《とお》くにあっても、打てば即座に聞こえたという。それと同じように、あなたは佐渡の国にいらっしゃるけれども、心はこの国に来ておられる。仏《ほとけ》になる道も、このようなものである」（一三一六㌻）

大聖人は、たとえ「身」は遠くにあろうと、その「志《こころざし》」は身延の大聖人にまでたしかに通《つう》じていると仰《おお》せになり、求道《きゅうどう》の「心」強き千日尼が、成仏《じょうぶつ》という無上《むじょう》の幸福道を歩《あゆ》みゆくことはまちがいないと励《はげ》まされている。妙法流布《みょうほうるふ》への純真《じゅんしん》な「志」が厚《あつ》ければ、いずこの地にあっても、またいかなる陰《かげ》の立《たち》場《ば》にあろうと、御本仏はすべてご照覧《しょうらん》なのである。

――一九八八・九・二二

功徳

「この御本尊は、ただ信心の二字に収《おさ》まっている」（一二四四㌻）と、日蓮大聖人は断言《だんげん》しておられる。

信心があれば、そこに御本尊が顕現《けんげん》される。信心なくば、どんなに御本尊を持《たも》っていても、功徳《くどく》はない。その「因果《いんが》」が御書には厳《きび》しく説《と》かれている。

唱題《しょうだい》を重《かさ》ねていくと、内《うち》なる仏性《ぶっしょう》が、どんどん輝《かがや》きわたっていく。わが生命に南無妙法蓮華経がしみわたっていく。自分自身が妙法《みょうほう》の当体《とうたい》であることを確信《かくしん》し、覚知《かくち》していける。

そうした境涯《きょうがい》を開《ひら》けば、生きていること自体《じたい》が楽しい。常楽《じょうらく》である。力《ちから》も出る。

“よし、広宣流布《こうせんるふ》に進もう！”“よし、人を救《すく》っていこう”“仕事でもっと実証《じっしょう》を示《しめ》そう”と、ぐんぐん生命力がわく。「無限《むげん》の希望《きぼう》」「無限の力」「無限の福徳《ふくとく》」「無限の知恵《ちえ》」が輝く人生を、永遠《えいえん》に歩《あゆ》んでいける。

――一九九二・二・二〇

＊

末法《まっぽう》においては、三大秘法《さんだいひほう》の御本尊を受持《じゅじ》しきっていく「信心」の実践《じっせん》が、「金剛宝器戒《こんごうほうきかい》」となる。

日蓮大聖人は、**「法華経本門《ほんもん》の肝心《かんじん》である、この妙法蓮華経は、過去《かこ》・現在・未来《みらい》すべての諸仏《しょぶつ》の、**

あらゆる修行《しゅぎょう》、あらゆる善行《ぜんぎょう》の功徳《くどく》を集《あつ》めて五字としたものである。この五字のなかに、どうしてあらゆる戒の功徳を納《おさ》めないことがあろうか」（一二八二㌻）と断言《だんげん》しておられる。

「小乗戒《しょうじょうかい》」「大乗戒」を修行したあらゆる功徳も、ことごとく御本尊に納まっている。ゆえに、この御本尊を受持することが、そのまま受戒《じゅかい》となり、持戒《じかい》となる。これが「受持即《そく》受戒」「受持即持戒」の法《ほう》理《り》である。

受持とは〝受け持《たも》つ〟ことである。〝受ける〟とは心に信じ納めることであり、「信受《しんじゅ》」である。〝持つ〟とは持続《じぞく》である。何があっても、妙法《みょうほう》をいささかも疑《うたが》うことなく、広宣流布《こうせんるふ》へ、人類《じんるい》の救済《きゅうさい》へと、自行化他《じぎょうけた》の実践を持続し、貫《つらぬ》いていく——そのなかに、しぜんのうちに「非《ひ》を防《ふせ》ぎ悪《あく》を止《とど》める」戒の働《はたら》きが最高に発揮《はっき》されていく。

そして、その鍛《きた》えと錬磨《れんま》のなかでわが生命は、何ものにもおびやかされず、破壊《はかい》されることのない「金剛宝器」として、光を放《はな》ってくる。その「宝器」のなかには、尊《とうと》き仏界《ぶっかい》の智慧《ちえ》と慈悲《じひ》と福徳《ふくとく》が、満々《まんまん》とたたえられ、また生き生きと脈動《みゃくどう》していく——。

——一九八八・三・二六

＊

「あらゆる修行《しゅぎょう》、善行《ぜんぎょう》を具《そな》えたこの妙戒《みょうかい》は、一度持《たも》てば、持った行者《ぎょうじゃ》が後に破《やぶ》ろうとしても破ることができないのである。これを金剛宝器戒《こんごうほうきかい》という」

（一二八二㌻）

「あらゆる修行、善行を具えたこの妙戒」とは、仏法の一切《いっさい》の功徳《くどく》を具足《ぐそく》した御本尊を受持《じゅじ》するという戒《かい》である。ひとたび、この「妙戒」を持ったならば、破ろうとしても永遠《えいえん》に破れない。ゆえに不壊《ふえ》の金剛宝器戒という。

信心していても、なかには退転《たいてん》していく人もいる。しかし、ひとたび生命に築《きず》かれた「金剛宝器戒」の厳《げん》たる力用《りきゆう》は、時間の長短《ちょうたん》はともあれ、いつか必《かなら》ず、その人をふたたび妙法《みょうほう》の軌道《きどう》へともどしていくのである。

——一九八八・三・二六

＊

「金剛宝器戒《こんごうほうきかい》」（一二八二㌻）について申し上げておきたい。

「戒」とは何か。これには**「防非止悪《ぼうひしあく》」**（七四四㌻）すなわち「非《ひ》を防《ふせ》ぎ悪《あく》を止《とど》める」意義《いぎ》がある。「非」とは非法《ひほう》であり、道に外《はず》れることである。「悪」とは悪果《あっか》であり、人間の苦悩《くのう》をさす。

わかりやすくいえば、「戒」とは、仏道修行《ぶつどうしゅぎょう》する人が、生命の正しき〝法〟の軌道《きどう》を外れないように防ぎ、苦しみがもたらされないように暴走《ぼうそう》をストップさせる、そのための、いわば〝防波堤《ぼうはてい》〟となる規《き》範《はん》である。そして「戒」を持《たも》つことによって、生命のなかにもしだいに「非」と「悪」への〝防波堤〟が築《きず》かれる。これによって修行者は正しき〝法〟にのっとった自分を築くことができる。これが「戒」の目的《もくてき》である。

また「戒」は、仏法を修行する者が必《かなら》ず修学《しゅうがく》しなければならないとされた「戒《かい》・定《じょう》・慧《え》」の三学《さんがく》の一つである。すなわち「戒律《かいりつ》」を持つことによって、生命の乱《みだ》れを防止《ぼうし》して、心を整《ととの》え（「禅定《ぜんじょう》」）、その澄《す》みきった清浄《せいじょう》な生命のなかから成仏《じょうぶつ》への「智慧《ちえ》」を生《しょう》じさせる。これが、三学を修《おさ》める根本《こんぽん》の目的である。

ゆえにめざすのは、あくまで自身の仏界《ぶっかい》を自覚《じかく》する「智慧」であり、「戒」はその手段《しゅだん》である。決《けっ》して「戒」そのものが目的ではない。末法《まっぽう》の現代においては、「以信代慧《いしんだいえ》」すなわち**「信を以《も》って慧《え》に代《か》う」**（三三九㌻）と説《と》かれているように、智慧の修行の代《か》わりに、ただ妙法《みょうほう》への「信心」に励《はげ》むことによって仏《ほとけ》の智慧を得《え》、仏界を涌現《ゆげん》することができる。ゆえに御本尊を信受《しんじゅ》し、持ちきっていく、それのみが末法の「戒」となる。これが「金剛宝器戒」である。

――一九八八・三・二六

＊

「妙法《みょうほう》」という、生命の尊極《そんごく》なる法則《ほうそく》にのっとり、その不動《ふどう》の立脚点《りっきゃくてん》に徹《てっ》していくのが私どもの信心である。そして「妙法」以上に、すばらしい力《ちから》と、可《か》能性《のうせい》を開《ひら》いてくれるものはない。

日蓮大聖人は妙法の絶大《ぜつだい》なる力用《りきゆう》を、次のようにも仰《おお》せである。

「（妙法の力、功徳《くどく》は）ヨコには全宇宙《ぜんうちゅう》へと限《かぎ》りなく広がる」「タテには三世《さんぜ》永遠《えいえん》にわたって『法性《ほっしょう》の淵底《えんてい》』（生命の最《もっと》も奥深《おくふか》い、尊極の境涯《きょうがい》）を極《きわ》めていくことができる」（五七一㌻）

私どもの「妙法広布《こうふ》」の大遠征《だいえんせい》は、日本一国などという小さな次元《じげん》にはとどまらない。世界へ、全地《ぜんち》球《きゅう》へ、さらにははるかな全宇宙をも包含《ほうがん》しゆく旅《たび》路《じ》である。また、今日より明日へ、そして尽未来際《じんみらいさい》へと、どこまでも広く深《ふか》く、永遠《えいえん》に、前進《ぜんしん》を続《つづ》けていけるのである。まさしく無辺《むへん》の仏法であり、壮大《そうだい》なる広布の遠征である。どうか〝壮大なる心〟で〝壮大なる人生〟を、そして〝壮大なる歴史《れきし》〟をもつくっていただきたい。　——一九八八・八・一九

＊

「（功徳《くどく》とは）悪《あく》を滅《めつ》することを功といい、善《ぜん》を生《しょう》ずることを徳というのである」（七六二㌻）

いくら「善を積《つ》もう」と思っても、それだけでは、善は積めない。悪を責《せ》めることによって、自分自身の生命の罪《つみ》も滅し、福徳《ふくとく》が生じる。これが「功徳」である。「悪」と戦《たたか》ってこそ「幸福」が生《う》まれるのである。　——一九九九・一〇・七

＊

「松《まつ》が高ければ、それをつたって伸《の》びる藤《ふじ》は長く、川の源《みなもと》が深《ふか》ければ、流《なが》れも長い」（九七五㌻）

ここでは「松」と「源」とは、持《たも》つところの〝法〟にたとえ、「藤」と「流れ」は、法を持つ〝人〟にたとえられている。すなわち、松（法）が高ければ、それをつたって伸びる藤（人）も高く伸びていく。川の源（法）が深ければ、その流れ（人）も長遠《ちょうおん》となる。南無妙法蓮華経というもっとも崇高《すうこう》にして甚《じん》深無量《じんむりょう》の「法」を持つ「人」も、福徳《ふくとく》を無限《むげん》に伸ばし、永遠《えいえん》の幸福を確立《かくりつ》できる。これが**「法が妙《みょう》であ**

るがゆえに、その法を持った人は貴《とうと》い」（一五七八㌻）の法理《ほうり》である。

——一九八七・一二・四

＊

「ある時は人間として生《う》まれて、諸《もろもろ》の国王《こくおう》、大《だい》臣《じん》、貴《き》族《ぞく》や、宮廷《きゅうてい》での昇殿《しょうでん》を許《ゆる》される高い身分《みぶん》などになって、『これほどの楽しみはない』と思い、わずかなものを得《え》て『満足《まんぞく》した』と思い、喜《よろこ》びあっている。このことを仏《ほとけ》は『夢《ゆめ》の中の栄《さか》え、幻《まぼろし》の楽しみである。ただ法華経を持《たも》ちたてまつり、すみやかに仏になりなさい』と説《と》いておられる」（三八六㌻）

仏法から見れば、ある時は〝動物《どうぶつ》〟に生まれ、ある時は〝木〟に生まれるかもしれない。せっかく人間に生まれたのに、世間的《せけんてき》な楽しみに溺《おぼ》れるのは愚《おろ》かである。その楽しみは幻にすぎない。

広宣流布《こうせんるふ》のために働《はたら》いている人は、そのための苦しみも、世間の楽しみの、何千倍《ばい》もの楽しみに変《か》わっていく。永遠性《えいえんせい》の喜びにつながっていく。

ただ法華経を持つ——妙法《みょうほう》を信じ唱《とな》えることである。その人は、正しい社会観、生命観、宇宙観《うちゅうかん》をもった、尊極《そんごく》の生命の当体《とうたい》になる。本当の幸福、本当の仏の境界《きょうがい》を、つかんでいけるのである。

——二〇〇〇・二・二七

＊

「法華経を供養《くよう》する人の功徳《くどく》は、十方《じっぽう》の仏《ぶつ》、菩薩《ぼさつ》を供養する功徳と同じである。十方の諸仏《しょぶつ》は妙《みょう》の一字から生《う》まれたからである」（一三一六㌻）

「法華経」とは、いうまでもなく末法今時《まっぽうこんじ》においては、三大秘法《さんだいひほう》の御本尊である。この御本尊こそ、三世《さんぜ》十方の諸仏の根本《こんぽん》・眼目《がんもく》であり、宇宙《うちゅう》を貫《つらぬ》く根《こん》源《げん》の法の当体《とうたい》なのである。

ゆえに、御本尊に勤行《ごんぎょう》・唱題《しょうだい》し、広布《こうふ》の活動に邁《まい》進《しん》していくならば、まさに無量《むりょう》の福徳《ふくとく》が輝《かがや》き、薫《かお》っていく。

私どもの日々の実践《じっせん》の舞台《ぶたい》は、決《けっ》して大きいものではないかもしれない。だが、信行学《しんぎょうがく》の真摯《しんし》な実践の功徳は、全宇宙へと通《つう》じ、三世に崩《くず》れぬ絶大《ぜつだい》な福徳となっていくことはまちがいない。

——一九八九・一・六

＊

日蓮大聖人は、ご自身のおられるところは**「功徳《くどく》の集《あつ》まっている場所である」**（一一九四㌻）と仰《おお》せである。

すなわち、**「水があれば魚がすむ。林があれば鳥が来る。蓬莱山《ほうらいさん》（中国《ちゅうごく》の伝説《でんせつ》の山）には宝の石が多く、摩黎山《まりせん》（南《みなみ》インドの山）には、香木《こうぼく》が生《しょう》ずる。中国の麗水《れいすい》という川が流《なが》れる山には金《きん》がある。今この所も、同様《どうよう》である。仏菩薩《ぶつぼさつ》の住《す》まわれる『功徳の集まっている場所』である」**（同）と。

大聖人のご生命が脈打《みゃくう》つところ、そこは全宇宙《ぜんうちゅう》の功徳が充満《じゅうまん》する仏土《ぶつど》なのである。

今、大聖人の正法《しょうほう》を正しく行《ぎょう》じ、全世界に広宣流《こうせんる》布《ふ》しているのは、ただ創価学会だけである。学会以上に「法の供養《くよう》」「財《ざい》の供養」を重《かさ》ね続《つづ》けてきたところはない。その功徳は永遠《えいえん》である。御本仏直結《ちょっけつ》、御本仏直系《ちょっけい》の学会は、世界一、否《いな》、宇宙一の「功徳《くどく》聚《じゅ》の世界」なのである。

この学会に連《つら》なり、学会を守《まも》る功徳もまた、計《はか》り知《し》れない。どうか、これからも、この強い確信《かくしん》で、〝最高に楽しい人生〟を、仲良《なかよ》く生きぬいていただきたい。

——一九九二・九・二五

＊

「こうした功徳《くどく》は、まだほんのはじまりにすぎない。大果報《だいかほう》は、また後《あと》にくると思っていきなさい」（一一七八㌻）。なんと希望《きぼう》に満《み》ちた、ありがたいお言葉であろうか。

潔《いさぎよ》く信心を貫《つらぬ》きとおした福徳《ふくとく》は、あとになればなるほど無限《むげん》に広がっていく。反対に、退転《たいてん》の人生は、時がたてばたつほど、苦しみの境涯《きょうがい》となり、末《まつ》代《だい》にまで汚名《おめい》を残《のこ》す。これが日蓮大聖人の仏法の厳《げん》たる法理《ほうり》である。

——一九八八・六・一二

＊

幸福は万人《ばんにん》の願《ねが》いである。

日蓮大聖人は、お正月《しょうがつ》に門下《もんか》にあたえられたお手紙《てがみ》の中で、**「幸《さいわ》いは心から出て、自身を飾《かざ》る」**（一四九二㌻）、**「法華経を信ずる人は幸いを万里《ばんり》の外から集《あつ》めるだろう」**（同）と仰《おお》せである。

現実の生活には、さまざまな悩《なや》みがあるであろう。また、それが青春《せいしゅん》の本然《ほんねん》の姿《すがた》である。しかし、そのすべてを悠然《ゆうぜん》と開《ひら》き、朗《ほが》らかな成長《せいちょう》への発条《ばね》と転《てん》じながら、日々、月々、年々、これ以上ないという、満足《まんぞく》と価値《かち》ある人生を歩《あゆ》んでいけるのが、この「大法《だいほう》」なのである。

——一九八八・二・一四

*

「はるばるやってこられた道の遠《とお》さに、信心の志《こころざし》が表《あらわ》れるのであろうか」（一二二三㌻）

この御文《ごもん》は、佐渡《さど》まで日蓮大聖人をお訪《たず》ねした乙《おと》御前《ごぜん》の母の求道《きゅうどう》の信心を讃《たた》えられたものである。

信心のために〝行動〟したことは、すべて自分自身の功徳《くどく》、福運《ふくうん》となって輝《かがや》いていく。

妙法《みょうほう》の因果《いんが》は厳然《げんぜん》である。皆さま方は、広布《こうふ》のために〝働《はたら》き〟、法のため、悩《なや》める友のために〝行動〟しておられる。それらの〝行動〟〝働き〟は、すべて宿命転換《しゅくめいてんかん》に通《つう》じ、功徳となって自分自身に返《かえ》ってくることを確信《かくしん》されたい。

——一九八八・二・二七

*

「あなたは、日蓮の妙法流布《みょうほうるふ》の功徳《くどく》を助《たす》けた人である。（その福運《ふくうん》によって）悪人《あくにん》に破《やぶ》られることはないであろう」（一二四七㌻）

「法華経の行者《ぎょうじゃ》」という、正しき「人」を助けた人は、必《かなら》ず守《まも》られると仰《おお》せである。もちろん自分自身の宿業《しゅくごう》との戦《たたか》いはあるが、「広宣流布《こうせんるふ》」を助けた人は、悪人に破られない大功徳が身に備《そな》わる。

創価学会は、日蓮大聖人直結《ちょっけつ》の信心で、大聖人の御本尊を拝《はい》し、大聖人の正法《しょうほう》を世界に弘《ひろ》めている。その功徳は、計《はか》り知《し》れない。その学会を支《ささ》え、守る功徳も絶大《ぜつだい》である。

——一九九三・一・六

＊

「法華経はまた、これ（釈尊《しゃくそん》を信じること）にも増《ま》して信じ難《がた》い。経文《きょうもん》に『信じ難く、理《り》解《かい》し難い』とあるのはこのことである。また、仏《ほとけ》の在世《ざいせ》よりも、末法《まっぽう》は大難《だいなん》が重《かさ》なるのである。これに耐《た》えて実践《じっせん》する人は、一劫《いっこう》というきわめて長遠《ちょうおん》な期《き》間《かん》、仏を供《く》養《よう》する功徳《くどく》よりも勝《まさ》ると、法華経には説《と》かれている」（一二八一㌻）

苦難《くなん》のなかで、広宣流布《こうせんるふ》のために戦《たたか》う人の功徳がいかにすばらしいものか。この御文《ごもん》からも、拝《はい》されよう。

たび重なる難に臆《おく》し、去《さ》っていった人もいる。不《ふ》知恩《ちおん》にも、同志《どうし》を裏切《うらぎ》った者もいる。しかし皆さま方は、嵐《あらし》に身をさらしながらも、難事中《なんじちゅう》の難事である折伏《しゃくぶく》を貫《つらぬ》いてこられた。広宣流布のために、ただひたすら戦いぬいてこられた。

御書に照《て》らし、法華経に照らして、皆さま方の行動が、どれほど崇高《すうこう》であるか。どれほど功徳を積《つ》んでおられることか。皆さまこそ、大功徳の人であり、大福運《だいふくうん》の長者《ちょうじゃ》であると、強く確信《かくしん》していただきたい。

――一九九〇・一一・三〇

＊

「極楽《ごくらく》での百年の修行《しゅぎょう》の功徳《くどく》は、汚《けが》れた、この国《こく》土《ど》での一日の修行の功徳に及《およ》ばない」（三二九㌻）

苦労《くろう》のない安楽《あんらく》と安穏《あんのん》のなかで長く修行するよりも、三類《さんるい》の強敵《ごうてき》が充満《じゅうまん》するこの現実社会で、一日でも戦《たたか》うほうが功徳が大きいのである。

いわんや、何《なん》の修行もなく、朝《あさ》もゆっくり寝《ね》て、好《す》きなように食《た》べ、テレビを見、何の苦労もない。人のためには何もしない。そんな勝手気《かってき》ままなエゴの生き方は、幸福のように見えて、幻《まぼろし》にすぎない。内実《ないじつ》は空虚《くうきょ》である。お金《かね》がある。いい服《ふく》を着《き》ている。いい家に住《す》んでいる。――それらも、ただそれだけのことである。空《むな》しく、はかない。死んだら、何も持《も》っていけない。

それに対し、法のため、人のために行動した福徳《ふくとく》は、三世《さんぜ》永遠《えいえん》に自分のものである。全宇宙《ぜんうちゅう》の宝をわが生命にもつことができる。

――一九九四・一一・一二

＊

「一国の仏罰《ぶつばち》の厳《きび》しさをもって、われらの功徳《くどく》の大きさを推察《すいさつ》すれば、わが門下《もんか》の人々が『十の尊《そん》称《しょう》をもっておられる仏《ほとけ》を供養《くよう》するよりも、はるかに勝《まさ》る福徳《ふくとく》』を得《え》ることは疑《うたが》いない」（三四二㌻）

仏罰が大きいことを見て、妙法《みょうほう》の偉大《いだい》さを知《し》り、「仏敵《ぶってき》と戦《たたか》う功徳」の大きさを知らねばならない。

日蓮大聖人をいじめて、日本は大罰を受けた。牧口先生、戸田先生をいじめた日本は滅《ほろ》びた。

反対に、仏意仏勅《ぶついぶっちょく》の学会員の皆さまには、ますますの功徳が光《ひか》るであろう。ますますの福徳が必《かなら》ずや薫《かお》るであろう。大聖人が、そうお約束《やくそく》である。

――一九九八・八・二七

＊

日蓮大聖人は、障魔《しょうま》との戦《たたか》いの渦中《かちゅう》にあった池上《いけがみ》兄弟《きょうだい》に対し、次のように激励《げきれい》されている。

「今世《こんぜ》において正法《しょうほう》を行《ぎょう》ずる功徳《くどく》が強く盛《さか》んであるため、本来《ほんらい》であれば地獄《じごく》に堕《お》ちるべき未来《みらい》の大苦《だいく》を、今世のうちに招《まね》きよこして、今こうして少苦《しょうく》にあうのである」（一〇八三㌻）と。

正法護持《ごじ》の功徳、すなわち「護法《ごほう》の功徳力」によって、未来に大苦を受けるはずの重い宿業《しゅくごう》を転《てん》じ、現世《げんせ》に軽《かる》く受けていく。この「転重軽受《てんじゅうきょうじゅ》」の法理《ほうり》を、よくよく確信《かくしん》しきっていかなければならない。

また信心の深《ふか》さに応《おう》じて、ある程度《ていど》、そうした実相《じっそう》は感《かん》じとれるものである。

たとえば、かりに事故《じこ》にあっても、もっとひどい、他の多くの人をまきぞえにするような大事故を未然《みぜん》に、軽く受けたという場合もあるであろう。他にも同様《どうよう》のケースは数多《かずおお》くある。

――一九八八・四・二九

＊

日蓮大聖人は、佐渡《さど》の門下《もんか》の方たちが元気であることを聞かれて、「不思議《ふしぎ》なことだ」と喜《よろこ》ばれた。

「いかにも不思議なことだ。ここ身延《みのぶ》でも鎌倉《かまくら》でも、日蓮門下はこの疫病《えきびょう》で死ぬものが少ない。疫病が広範囲《こうはんい》に広がり、同じ船《ふね》に乗《の》り合《あ》わせているようなものだから、だれも助《たす》かるとは思われないのに、難破《なんぱ》して助け船にあったのであろうか、また竜神《りゅうじん》の助けによって無事《ぶじ》に岸《きし》に着《つ》けたのであろうか、と不思議に思っている」（一三一四㌻）と。

門下の疫病の犠牲者《ぎせいしゃ》が少ない事実を示《しめ》され、護法《ごほう》の功徳《くどく》の偉大《いだい》さを教《おし》えてくださっている。

大きな事故《じこ》、災害《さいがい》において、学会員は不思議に多く助かっている。これは厳然《げんぜん》たる事実である。たとえ事故等にあった場合も、軽《かる》くすむことが多く、しかもみごとに変毒為薬《へんどくいやく》し、信仰《しんこう》の実証《じっしょう》を示している。わが学会が、仏子《ぶっし》の集《つど》いであることの一つの証明《しょうめい》であろう。

——一九九一・五・二五

*

日蓮大聖人は、御書のなかで、涅槃経《ねはんきょう》の文《もん》を引《ひ》かれて、**「悪象《あくぞう》のために殺《ころ》されても三悪道《さんあくどう》に堕《お》ちない」**（六五㌻）ことを、繰《く》り返《かえ》し教《おし》えてくださっている。

悪象に殺されるとは、現代的にいえば、不慮《ふりょ》の交通事故《つうじこ》にあうことなどに当《あ》たる。

仏法を行《ぎょう》じゆく、生命の絶対的《ぜったいてき》な「幸福の軌道《きどう》」は、そうした災難《さいなん》によっては、決《けっ》して破壊《はかい》されないのである。正法《しょうほう》を受持《じゅじ》した人は、何があろうと必《かなら》ず、**「転重軽受《てんじゅうきょうじゅ》（重《おも》きを転《てん》じて軽《かる》く受《う》く）」**（一〇〇〇㌻）の法理《ほうり》に則《のっと》り、また、断《だん》じて**「変毒為薬《へんどくいやく》（毒《どく》を変《へん》じて薬《くすり》と為《な》す）」**（一一八四㌻）していくことができる。

——二〇〇〇・二・二四

*

「（かたびらをご供養《くよう》したさじき女房《にょうぼう》に対して）この功徳《くどく》は、あなたの父母《ふぼ》、祖父母《そふぼ》、さらに限《かぎ》りない多くの衆生《しゅじょう》にも及《およ》ぼされていくことであろう。まして、あなたがいとおしいと思う最愛《さいあい》のご主人《しゅじん》に、功徳が及ぶことはいうまでもないと、思っていきなさ

い。思っていきなさい」（一二三一ページ）

これが法華経に供養する大功徳である。皆さまが弘教《ぐきょう》に励《はげ》む、広宣流布《こうせんるふ》へと進んでいく——その功徳がどれほどすごいか。父母、祖父母はもちろん、多くの人々にも厳然《げんぜん》と及んでいく。それを強く強く確《かく》信《しん》することである。

「確信」すれば、わが身はいよいよ無量《むりょう》の功徳につつまれていく。疑《うたが》ったり、文句《もんく》をいった分《ぶん》、せっかくの功徳を自分で壊《こわ》してしまう。**「心こそ大切」**（一一九二ページ）である。私たちは日蓮大聖人の仰《おお》せどおりの「心」で進みたい。その結果《けっか》は必《かなら》ず、この「一生」のうちに現《あらわ》れてくる。

——一九九三・五・二六

*

「功徳《くどく》は生々世々に失《うしな》われないし、また朽《く》ちないであろう」（九六八ページ）

生々世々に消えることなく、朽ちることのない大《だい》福運《ふくうん》を積《つ》んでいるのが、私どもの日々の仏道修行《ぶつどうしゅぎょう》なのである。その証《あかし》は必《かなら》ずや今世《こんぜ》に現《あらわ》れてくるにちがいない。

全宇宙《ぜんうちゅう》に通《つう》じ、また永遠《えいえん》に通じていく福徳《ふくとく》。あっという間《ま》に終《お》わってしまうこの人生にあって、自他《じた》ともに、その「金剛《こんごう》の幸《さち》」を得《え》ていく広布《こうふ》の活動以上に、尊《とうと》く、価値《かち》ある行動は絶対《ぜったい》にない。この大確《だいかく》信《しん》で、一日また一日、無辺《むへん》の功徳を積みゆく人生であっていただきたい。

——一九八九・三・二二

*

日蓮大聖人は、法華経を信ずる人の人生について、**「災《わざわ》いが来たとしても、それは変《へん》じて幸《さいわ》いとなるであろう」**（九七九ページ）と教《おし》えられている。

信心は万人《ばんにん》の〝幸福の秘術《ひじゅつ》〟である。本当に信心の「心」を鍛《きた》えれば、三世《さんぜ》永遠《えいえん》の勝利者となる。強《ごう》盛《じょう》な信心があれば、**「随縁真如《ずいえんしんにょ》の智《ち》」**（七〇八ページ）を発揮《はっき》し、すべての変化《へんか》を、勝利の方向《ほうこう》へ、希望《きぼう》の方向へ生かしきっていけるのである。

「法華経を信じる人は、幸いを万里《ばんり》の外から集《あつ》め

るであろう」（一四九二ページ）との功徳《くどく》の実証《じつしょう》を必《かなら》ず示《しめ》していける。

——一九九三・一・三一

＊

「遊楽《ゆうらく》とは、われわれの色法《しきほう》と心法《しんぽう》、依報《えほう》と正報《しょうほう》が、ともに一念三千《いちねんさんぜん》の当体《とうたい》であり、自受用身《じじゅゆうしん》（みずから広大《こうだい》な法の楽しみを受け用《もち》いる身）の仏《ほとけ》であるということではなかろうか。（したがって）法華経を持《たも》つ以外に遊楽はない」（一一四三ページ）

日蓮大聖人は、遊楽、つまり本当の幸福について、〝信心の功徳《くどく》にうるおう色心《しきしん》ともの幸福〟であり、しかも〝信心の功徳にうるおう依正《えしょう》ともの幸福〟であると教《おし》えられていると拝《はい》される。

「色心ともの幸福」とは、体《からだ》（色）は生き生きと働《はたら》き、心も充実《じゅうじつ》して生きる喜《よろこ》びを実感《じっかん》できることである。これこそ、本当の幸福といえよう。

「依正ともの幸福」とは、自他《じた》ともの幸《しあわ》せである。〝社会や環境《かんきょう》（依報）が悪《わる》くても、自分（正報）だけは幸福である〟ということはありえない。自分も幸せを感《かん》じ、一家《いっか》も、社会も幸せにしていこうというのが、仏法の目的《もくてき》である。

——一九九三・二・一三

＊

「日蓮門下《もんか》の、南無妙法蓮華経と唱《とな》える者は〝これ以上は無《な》いという『宝の聚《あつ》まり』を、求《もと》めることなく、自《おの》ずから得《え》た〟長者《ちょうじゃ》なのである」（八一九ページ）

ゆえに、この大法《だいほう》を持《たも》った皆さま方は、すでにどんな大富豪《だいふごう》よりも豊《ゆた》かな「生命の大長者」なのである。この世《よ》のいかなる富《とみ》も死後《しご》まで持《も》っていくことはできない。しかし「生命の大長者」は、宇宙大《うちゅうだい》の財宝《ざいほう》を自由に使《つか》いながら、永遠《えいえん》に「幸《さち》」の旅行《りょこう》をしていける。それが人生の勝利者の証《あかし》なのである。

福運《ふくうん》を積《つ》むために、労苦《ろうく》の仏道修行《ぶつどうしゅぎょう》はある。しかし福運は、ひとたび積まれると、あふれるように出てくるものである。それは、いったん宝の箱《はこ》を開《あ》けることができれば、そこから無量《むりょう》の宝物《たからもの》を取《と》り出《だ》せることにも似《に》ている。ゆえに、絶対《ぜったい》に退転《たいてん》してはならない。魔《ま》に負《ま》けてはならない。それは「仏種《ぶっしゅ》」という〝福徳《ふくとく》のなる木の種《たね》〟を失《うしな》い、自《みずか》ら破壊《はかい》することになるからである。

――一九九〇・二・一八

＊

「法華経（御本尊）を受持《じゅじ》するならば、八寒地獄《はっかんじごく》の水にもぬれることなく、また八熱地獄《はちねつ》の大火《たいか》にも焼《や》けることはないのである」（一五三六㌻）

ここでは、御本尊を受持した功徳《くどく》の偉大《いだい》さを述《の》べられ、いかなる地獄の苦しみにも侵《おか》されない、金剛《こんごう》不壊《ふえ》の境涯《きょうがい》を築《きず》いていけると仰《おお》せである。

人生には、思いもよらぬ逆風《ぎゃくふう》や烈風《れっぷう》がある。生死《しょうじ》の苦海《くかい》もある。しかし、信心強き人は、何ものにも破《やぶ》られない。ゆえに何ものをも恐《おそ》れる必要《ひつよう》はない。広布《こうふ》に生きる私どもは、この大確信《だいかくしん》に立ってみずからの使命《しめい》のままに前進《ぜんしん》していけばよいのである。何ものをも怖《お》じ恐れない不屈《ふくつ》の魂《たましい》――これこそ〝学会精神《せいしん》〟であり、信仰者《しんこうしゃ》の誉《ほま》れである。

――一九八八・一二・二五

成仏

日蓮大聖人は、**「千仏《せんぶつ》とは千如《せんにょ》の法門《ほうもん》である」**（七八〇㌻）と仰《おお》せである。つまり「千仏」の意義《いぎ》を、一念三千《いちねんさんぜん》の生命観のうえから「千如」として位置《いち》づけておられる。一念三千の法門のなかでも「千如」は、依正《えしょう》の二報《ほう》のうちの「正報《しょうほう》」にあたり、わが身の因果《いんが》の理法《りほう》と考《かんが》えられる。

ゆえに**「千仏来迎《らいごう》」**（同）とは、広布《こうふ》のために走りぬいた振《ふ》る舞《ま》いが、すべて善根《ぜんこん》となり、自身の成《じょう》仏《ぶつ》の因《いん》となって、現実に見事《みごと》な成仏の姿《すがた》を表《あらわ》すことができるという意義となる。

――一九八八・二・二八

＊

日蓮大聖人は、「御義口伝《おんぎくでん》」で、成仏《じょうぶつ》について**「成《じょう》とは開《ひら》くという意義《いぎ》である」**（七五三㌻）と仰《おお》せである。わが生命を最大限《さいだいげん》に開き、仏《ほとけ》と「開く」のが「成仏」であり、仏法の目的《もくてき》である。

また、開仏知見《かいぶつちけん》（一切衆生《いっさいしゅじょう》がもつ仏の智慧《ちえ》を開くこと）の「開《かい》」について**「開とは信心の別名《べつめい》である」**（七一六㌻）と。わが生命、わが仏界《ぶっかい》を「開く」には「信心」以外にない。

「信心」は、最《もっと》も〝開かれた心〟なのである。その開かれた生命の宝蔵《ほうぞう》から無量《むりょう》の福聚《ふくじゅ》（福徳《ふくとく》の集《あつ》まり）が涌《わ》き出る。

——一九九三・一・二八

*

日蓮大聖人の門下《もんか》に、病身《びょうしん》の夫《おっと》をかかえながらも、純真《じゅんしん》にして潔《いさぎよ》い信心を貫《つらぬ》いた婦人がいた。

「あなたの夫は、過去《かこ》の宿習《しゅくじゅう》があらわれたことで、この長く重い病気《びょうき》にかかられ、その病《やまい》によって、日夜《にちや》ひまなく仏道修行《ぶつどうしゅぎょう》に励《はげ》まれている。今生《こんじょう》につくりおかれた小罪《しょうざい》はすでに消《き》えたことであろう。謗法《ほうぼう》の大悪《だいあく》もまた、法華経に帰依《きえ》されたことにより、消え失《う》せるであろう。やがて霊山《りょうぜん》に参《まい》られたならば、太陽《たいよう》が出て十方《じっぽう》世界を見晴《みは》らすようにうれしく、〝早く死んでよかった〟と喜《よろこ》ばれることであろう」（一四八〇㌻）

〝早く死んでよかった〟といっても、もちろん早《はや》死《じ》にを勧《すす》めた御文《ごもん》ではない。この最高の法をたもち、行学《ぎょうがく》の実践《じっせん》に励んだ人は、今生にあって、あらゆる罪障《ざいしょう》を滅《めっ》していくことができる。

たとえ亡《な》くなったとしても、宇宙《うちゅう》の仏界《ぶっかい》と一体《いったい》になり、赫々《かっかく》たる太陽が全世界を照《て》らしだすような、悠々《ゆうゆう》たる歓喜《かんき》の境涯《きょうがい》を楽しんでいくことができる、とのご指南《しなん》である。仏法の生命観の深《ふか》さ、また生命の不可思議《ふかしぎ》さ、広大無辺《こうだいむへん》さが、私には強く感《かん》じられてならない。

——一九八八・六・七

*

「このようにありがたい法華経を、故《こ》七郎五郎殿《しちろうごろうどの》は信心されて仏《ほとけ》になられた。今日は四十九日になられるので、一切《いっさい》の諸仏《しょぶつ》が霊山浄土《りょうぜんじょうど》に集《あつ》まられて、ある仏は手のひらに座《すわ》らせ、ある仏は頭《あたま》をなで、ある

仏は抱《だ》き、ある仏は悦《よろこ》び、月が初《はじ》めて出たように、花が初めて咲《さ》いたように、どんなにか七郎五郎殿のことを愛《あい》されていることであろう」（一五七〇㌻）

この御文《ごもん》は、信心を貫《つらぬ》きとおして亡《な》くなった方の、死後《しご》の生命の境涯《きょうがい》を示《しめ》されている。生死《しょうじ》にわたって、仏界《ぶっかい》の生命につつまれ、所願満足《しょがんまんぞく》の幸福境涯に遊戯《ゆうげ》していけるのが妙法《みょうほう》である。

そして、ひとたび仏界の境地《きょうち》に入れば、生々世々、自由自在《じゆうじざい》に、自分の願《ねが》う所と願った境涯に、生《う》まれてくることができる。しかし、謗法《ほうぼう》の人、退転《たいてん》の人は、絶対《ぜったい》に仏界に入ることはできない。苦悩《くのう》の生命の連鎖《れんさ》を繰《く》り返《かえ》していかざるをえない。これが因果《いんが》の法則《ほうそく》である。

——一九八九・八・一〇

*

「仏界《ぶっかい》の空《そら》に自在《じざい》に飛《と》びゆく車を、大白牛車《だいびゃくごしゃ》というのである。私より後に来られる人々は、この車に乗《の》せられて霊山浄土《りょうぜんじょうど》へおいでになることであろう。そのときは日蓮も同じ車に乗って、必《かなら》ずお迎《むか》えに向《む》かおう」（一五八四㌻）

日蓮大聖人のお言葉だけは絶対《ぜったい》である。真実《しんじつ》である。信受《しんじゅ》すべきである。最高の宇宙《うちゅう》ロケットも比《くら》べものにならない。この大白牛車に乗って、自由自在《じゆうじざい》に、次の使命《しめい》の舞台《ぶたい》へと飛んでいく。

法華経に「生《しょう》ぜんと欲《ほっ》する所に自在」（法華経三六〇㌻）とあるように、自分が生《う》まれたいと思う場所に、生まれたい姿《すがた》で生ずるのである。地球《ちきゅう》とは限《かぎ》らない。知的《ちてき》生命の存在《そんざい》する星は、宇宙に数限《かずかぎ》りなくある。これは現代の天文学《てんもんがく》でも、多くの学者《がくしゃ》が推《すい》定《てい》していることである。

今世《こんぜ》で一生成仏《いっしょうじょうぶつ》すれば、その「仏《ほとけ》」の境涯《きょうがい》は永《えい》遠《えん》に続《つづ》く。「生死《しょうじ》」「生死」と、生々世々、生まれるたびに、健康《けんこう》で、裕福《ゆうふく》で、頭《あたま》もよく、最高の環境《かんきょう》に恵《めぐ》まれ、福運《ふくうん》に満《み》ちみちた人生となる。また、自分でなければならない使命をもち、使命にふさわしい姿で生まれてくる。それが永遠に続く。もう二度と壊《こわ》れない。

この「永遠の幸福」のために、今世で仏界を固《かた》めなさい、仏道修行《ぶつどうしゅぎょう》に励《はげ》みなさい、というのである。

私が勝手《かって》に言うのではない。大聖人が、そう言っておられるのである。

——一九九六・六・一五

*

「今、法華経寿量品《じゆりようほん》を持《たも》つ人は、十方《じっぽう》世界（全宇宙《ぜんうちゅう》）の諸仏《しょぶつ》の命《いのち》を継《つ》ぐ人である。諸仏も皆、法華経の自我偈《じがげ》によって自分が成仏《じょうぶつ》できたのであるから、その恩《おん》ある法華経を持つ人を捨《す》てられる仏《ほとけ》がいるだろうか。もし、この人を捨てられるならば、仏はかえって自分の身を捨てられることになるであろう」

（一〇五〇ページ）

十方の諸仏——仏法は、地球《ちきゆう》のみならず、宇宙の諸々《もろもろ》の世界に「生命」が存在《そんざい》し、「妙法《みようほう》」の実践《じっせん》があることを説《と》いている。宇宙の無数《むすう》の「仏」もすべて、妙法を師《し》として成仏したのである。そして、この「正法《しようほう》」を持つ私どもは、全宇宙の仏の命を継ぐものであるとの、御本仏のご断言《だんげん》であられる。これ以上、心強《こころづよ》いものはない。

強盛《ごうじよう》な「信心」によって、必《かなら》ず成仏の境界《きようがい》を得《え》ていけるのである。もちろん得道《とくどう》に「上品《じようほん》」「中品《ちゆうほん》」「下品《げほん》」の機根《きこん》が説かれるように、人によって早い、遅《おそ》いはあるであろう。しかし、正しき仏道修行《ぶつどうしゆぎよう》の道から退転《たいてん》さえしなければ、「一生《いっしょう》成仏」と仰《おお》せのように、全員が必ず一生のうちに「成仏」という絶対《ぜったい》的《てき》な幸福境涯《きようがい》を開《ひら》けることは間違《まちが》いない。私ども「仏子《ぶっし》」を捨てられるような仏はいない。おられるとすれば、「仏」みずからが、わが身を捨てるようなものだとの仰せである。——一九九一・五・三

*

千日尼《せんにちあま》は、夫《おっと》・阿仏房《あぶつぼう》に先立《さきだ》たれて一年あまり、亡《な》き夫の分《ぶん》までも懸命《けんめい》に信心に励《はげ》んでいた。また、同志《どうし》を励まし、面倒《めんどう》をよく見ていた。その千日尼に、日蓮大聖人は次のように仰《おお》せになっている。

「（法華経には、この経文《きようもん》を聞き、信ずる者には、一人として成仏《じようぶつ》しないものはない、と説《と》かれている）そのゆえに、亡くなった阿仏房の聖霊《しようりよう》は、今どこにおられるのであろうか、と人は疑《うたが》っても、法華経の

明鏡《めいきょう》をもってその影《かげ》を浮《う》かべてみると、霊鷲山《りょうじゅせん》の山の中、多《た》宝仏《ほうぶつ》の宝塔《ほうとう》の内《うち》に、（仏《ほとけ》と対面《たいめん》して）東向《ひがしむ》きに座《すわ》っておられる、と日蓮はみている」（一三一九㌻）

生命は三世《さんぜ》永遠《えいえん》である。しかし、凡夫《ぼんぷ》の目には、亡くなった人が死後《しご》、どこでどうなっているかはわからない。

大聖人は、法華経の文《もん》を鏡《かがみ》として見ると、信心を強盛《ごうじょう》に貫《つらぬ》いた阿仏房は、必《かなら》ず釈尊《しゃくそん》や多宝仏のおられる宝塔の中に入っている、と断言《だんげん》されている。

末法《まっぽう》において、宝塔とは、御本尊であられる。大聖人の信者《しんじゃ》として、広宣流布《こうせんるふ》のために生きぬいた人は、必ず成仏するとの仰せと拝《はい》される。

——一九九一・九・一七

＊

「三世《さんぜ》の諸仏《しょぶつ》も妙法蓮華経の五字によって仏《ほとけ》になられたのである。三世の諸仏の出世《しゅっせ》の本懐《ほんかい》であり、一切衆生《いっさいしゅじょう》が皆、成仏《じょうぶつ》する妙法《みょうほう》というのはこのことである」（五五七㌻）

何によって仏になれるか。「妙法蓮華経の五字」によってである。妙法を強く信じ、唱《とな》える「信心」によってである。僧侶《そうりょ》のおかげでもなければ、形式《けいしき》によってでもない。成仏とは、自分自身が獲得《かくとく》する境涯《きょうがい》であり、〝自分の宝〟にほかならない。絶対《ぜったい》に、他から〝与《あた》えられるもの〟ではない。

——一九九二・一・一二

＊

自身の境涯《きょうがい》が低《ひく》ければ、どんなにすばらしい世界が目の前にあろうとも、「見れども見えず」の不幸に陥《おちい》ってしまうのである。

「船守弥三郎許御書《ふなもりやさぶろうもとごしょ》」のなかで、**「迷《まよ》いと悟《さと》りによって違《ちが》いがあるのは、釈尊在世《しゃくそんざいせ》の人々が沙羅林《しゃらりん》を四通りに見たようなものである」**（一四四六㌻）と述《の》べられている。

迷いの眼《まなこ》には何が見えないのか。私どもが朝夕読《あさゆうどく》誦《じゅ》している寿量品《じゅりょうほん》の自我偈《じがげ》には「令顛倒衆生《りょうてんとうしゅじょう》　雖《すい》近而不見《ごんにふけん》」――顚倒の衆生をして 近《ちか》しと雖《いえど》も見ざらしむ――（法華経四九〇㌻）とある。すなわち、久遠《くおん》の本仏はつねにこの娑婆《しゃば》世界に住《じゅう》されている。しかし心が転倒《てんとう》した衆生には〝近くにいても見えない〟のであると。

　日蓮大聖人は同抄《どうしょう》でこの経文《きょうもん》を引《ひ》かれつつ、**「一《いち》念三千《ねんさんぜん》の仏《ほとけ》というのは法界《ほうかい》のすべてが成仏《じょうぶつ》するということなのである」**（一四四六㌻）、**「凡夫《ぼんぷ》即《そく》仏であり、仏即凡夫である。一念三千、我実《がじつ》成仏とはこのことである」**（同）とご教示《きょうじ》されている。

　すなわち、一念三千の法門《ほうもん》においては、仏について、十法界（十界《じっかい》）の衆生すべての成仏を説《と》く。仏はもちろん九界《きゅうかい》の凡夫もまた等《ひと》しく仏であり、凡夫即仏・仏即凡夫である。これが「一念三千の仏」であり、「我実成仏」の我とは十法界の衆生それぞれをさす。ゆえに凡夫もまた久遠以来《くおんいらい》、無始無終《むしむじゅう》の仏であることを示《しめ》されている。

　もちろん、これは別《べつ》しては、日蓮大聖人のご境界《きょうがい》をさす。そのうえで、総《そう》じては、大聖人門下《もんか》として、自行《じぎょう》そして化他《けた》に励《はげ》む私ども地涌《じゆ》の流《る》類《るい》のことである。

　わが生命は本来《ほんらい》「仏」なり――妙法《みょうほう》に照《て》らされて、この一点を確信《かくしん》しきることが、この大切な人生を無限《むげん》に、また自在《じざい》に開《ひら》いていくためのカギとなる。

――一九八七・一二・四

*

「日蓮の竜《たつ》の口《くち》における斬首《ざんしゅ》の難《なん》では、大覚世尊《だいかくせそん》（釈尊《しゃくそん》）が身代《みが》わりになられた。昔《むかし》と今（大聖人のご在世《ざいせ》）とまったく同じである。あなた方は、日蓮の檀那《だんな》である。どうして仏《ほとけ》になられないことがあろうか。必《かなら》ずなれる」（一二二一㌻）

「日蓮大聖人の檀那」であるかぎり、必ず成仏《じょうぶつ》するとのご断言《だんげん》であられる。私どもは、「日蓮大聖人の檀那」である。大聖人の仰《おお》せを根本《こんぽん》に、ご遺命《ゆいめい》である「広宣流布《こうせんるふ》」へと、だれよりも真剣《しんけん》に、日々、邁進《まいしん》している。

　その私どもを、御本仏が最大に讃嘆《さんたん》され、「仏になることは間違《まちが》いない」と、ご照覧《しょうらん》くださっていることを確信《かくしん》していただきたい。

――一九九一・八・九

＊

「日蓮の弟子《でし》檀那《だんな》となる人は、一歩《いっぽ》と歩《あゆ》まないうちに天竺《てんじく》（インド）の霊鷲山《りょうじゅせん》を見、本有《ほんぬ》の寂光土《じゃっこうど》へ昼夜《ちゅうや》のうちに往復《おうふく》されているのは、言いようがないほどうれしいことである」（一三四三㌻）

「天竺の霊鷲山を見」とは、仏界《ぶっかい》の境地《きょうち》にいることである。また「本有の寂光土へ昼夜のうちに往復」とは、つねに仏国土《ぶっこくど》に住《じゅう》していることを意味している。つまり、妙法《みょうほう》を受持《じゅじ》していることが即《そく》、仏界という、永遠《えいえん》なる〝最極《さいごく》の宮殿《きゅうでん》〟にいるのであり、〝一歩も行かずして〟自身の胸中《きょうちゅう》に崩《くず》れざる〝幸《さち》の宮殿〟をつくっているのである。

――一九八九・一・二一

＊

臨終《りんじゅう》に際《さい》し、私どもを守護《しゅご》するのは、諸天善神《しょてんぜんじん》のみではない。もったいなくも**「御本仏日蓮大聖人御《おん》自《みずか》ら迎《むか》えてくださる」**（一五五八㌻）と仰《おお》せである。さらに**「釈迦《しゃか》・多宝《たほう》・十方《じっぽう》の諸仏《しょぶつ》」**（五〇五㌻）、また**「一仏《ぶつ》二仏ではなく百仏二百仏でもなく千仏までも来迎《らいごう》し手を取《と》ってくださる」**（一三三七㌻）とまで仰せられている。

死を迎えた私たちを、一仏や二仏でなく、百仏や二百仏でもなく、なんと「千仏」が迎え、手を取ってくださるというのである。仏《ほとけ》の限《かぎ》りなき慈悲《じひ》の光につつまれた、荘厳《そうごん》なる臨終の儀式《ぎしき》であり、これほどありがたき人生の総仕上《そうしあ》げはないであろう。

――一九八八・二・二八

＊

「日蓮は幼少《ようしょう》のときから仏法を学《まな》んできたが、念《ねん》願《がん》したことは『人の寿命《じゅみょう》は無常《むじょう》である。出る息《いき》は入る息を待《ま》つことがない。風の前の露《つゆ》というのは単なる譬《たと》えではない。賢《かしこ》い者も愚《おろ》かな者も、老《お》いた者も

若《わか》い者も、いつどうなるかわからないのが世《よ》の常《つね》である。それゆえ、まず臨終《りんじゅう》のことを習《なら》って後に他のことを習おう』ということであった」（一四〇四㌻）

また、日寛上人《にちかんしょうにん》の「臨終用心抄《ようじんしょう》」にも、「臨終のさいの一念《いちねん》は、生きてきた生涯《しょうがい》の行為《こうい》の結果《けっか》として決《き》まるのであり、信心のつね日ごろの不断《ふだん》の心がけによる」（富要三巻）と記《しる》されている。

「臨終」こそは、まさに人生の集約点《しゅうやくてん》である。生きてきた人生のすべての総決算《そうけっさん》の時でもある。

皆さま方は、広布《こうふ》のため、法のため、人々のために、日々、懸命《けんめい》に活躍《かつやく》されている。ゆえに一生成《いっしょうじょう》仏《ぶつ》の軌道《きどう》に入っていることは絶対《ぜったい》にまちがいないと確信《かくしん》していただきたい。――一九八八・三・二四

＊

多くの人々が求《もと》めてやまない「幸福の宮殿《きゅうでん》」、永《えい》遠不滅《えんふめつ》の「幸福城」は、どこにあるのか。どうすれば自分のものとすることができるのか――。

日蓮大聖人は「御義口伝《おんぎくでん》」で、次のように仰《おお》せである。

「南無妙法蓮華経と唱《とな》えることは、自分自身の生命の宮殿に入ることである」（七八七㌻）と。

どのような人の生命にも、仏界《ぶっかい》という金剛不壊《こんごうふえ》の生命の境界《きょうがい》がある。それは、いわば、まばゆいばかりの無量《むりょう》の〝財宝《ざいほう》〟で飾《かざ》られた、永遠不滅の幸福の「宮殿」である。信心をし、題目《だいもく》を唱えることによって、その生命の宮殿に入っていくことができる。

つまり、自分自身の生命の宮殿を、燦然《さんぜん》と輝《かがや》かせていくことができると教《おし》えられているのである。

――一九九〇・八・一二

＊

「どの地も、永久《えいきゅう》のものではない。仏《ほとけ》になることこそ、〝ついのすみか〟（最終《さいしゅう》の住《す》まい）であると、心を決《き》めていきなさい」（一三二三㌻）

「ついのすみか」――最後にたどりつくべき安穏《あんのん》のわが家《や》、安住《あんじゅう》の地。それは、どこにあるのか。それは、ここにある。自分の中にある。自分が自分の

胸中《きょうちゅう》に開《ひら》く仏界《ぶっかい》こそ、永久の「安住の地」なのである。

環境《かんきょう》で決まるのではない。どんなすばらしい住まいに住んでいても、自分がわびしい心であれば、安穏とはいえない。喜《よろこ》びの人生とはいえない。また今はよくても、それが永久に続《つづ》くわけではない。自分自身の生命の中に、仏道修行《ぶつどうしゅぎょう》で築《きず》いた「安穏の宮《きゅう》殿《でん》」こそ、三世永遠《さんぜえいえん》である。

――一九九七・二・一

*

すべての人々の生命には、本来《ほんらい》「九識心王真如《くしきしんのうしんにょ》の都《みやこ》」という、尊極無比《そんごくむひ》のすばらしき世界がある。それは「宇宙即我《うちゅうそくわれ》」という次元《じげん》にまで広がりゆく、力強《ちからづよ》くも広大《こうだい》な大境界《だいきょうがい》である。

御本尊に南無《なむ》しゆくとき、このわが生命が即「九識心王真如の都」と現《あらわ》れることは、厳然《げんぜん》たる事実である。しかし、この大境界は、なかなか定着《ていちゃく》しない。それは、現実の日常《にちじょう》生活においては、「感覚《かんかく》・意識《いしき》」（六識《ろくしき》）、「自我《じが》意識」（第七識）という、自己《じこ》を狭《せま》く限定《げんてい》するワクがあるからである。しかし、だからこそ、**「心は九識心王真如の都にもち、修行《しゅぎょう》は六識においてしなさい」**（一五〇六㌻）と述《の》べられているように、六識の次元において信心の実践《じっせん》を貫《つらぬ》きとおしていくとき、まさに臨終《りんじゅう》にさいして、その狭《きょう》小《しょう》な自己限定のワクもいっさい打ち破《やぶ》り、あたかも雲《くも》をつきぬければ青空《あおぞら》が広がっているように、「九識心王真如の都」がそのまま現れる。そして、その「我即宇宙」「宇宙即我」という広大にして力強い、清浄《せいじょう》なる大境界が、自身の全生命そのものとなる。

「自分自身が本来そのままの姿《すがた》で仏《ほとけ》である、との悟《さと》りにかえって全宇宙を見れば、すべて常寂光土《じょうじゃっこうど》である」（四一一㌻）との御文《ごもん》のように、その生命は法界《ほうかい》すなわち全宇宙を寂光、仏界《ぶっかい》と感じて、自在《じざい》に遊戯《ゆうげ》していける境涯《きょうがい》となれるといってよい。

――一九八七・一〇・一一

*

「二つの巌窟《がんくつ》に行きついたところ、後《うし》ろには青山《せいざん》が高くそびえ立ち、松風《まつかぜ》は『常楽我浄《じょうらくがじょう》』を奏《かな》で、また前には、青く澄《す》んだ水がゆったりと岸《きし》に波打《なみう》ち、『常楽我浄』の四徳波羅蜜《しとくはらみつ》を響《ひび》かせている。深《ふか》き谷《たに》に一面《いちめん》に開《ひら》いた花も、中道実相《ちゅうどうじっそう》の色を顕《あらわ》し、広野《こうや》にほころぶ梅《うめ》も、一念三千《いちねんさんぜん》の薫《かお》りを添《そ》えている」（四七八ページ）

「聖愚問答抄《しょうぐもんどうしょう》」では「聖人《しょうにん》」と「愚人《ぐにん》」の対話《たいわ》という形《かたち》で、問答《もんどう》が進められ、法華経の最勝《さいしょう》たるゆえんが述《の》べられていく。ここは、真実《しんじつ》の成仏《じょうぶつ》の法を求《もと》め、さまよう「愚人」が、法華経を読誦《どくじゅ》する「聖人」の住処《すみか》にたどりつき、その国土《こくど》の様子がつづられたところである。後ろには風そよぐ青山。前方《ぜんぽう》には寄《よ》せ返《かえ》す波のつづみ。また、「中道実相の色」とは、花がその特質《とくしつ》を発揮《はっき》し咲《さ》ききった、生命本来《ほんらい》の鮮《あざ》やかな色彩《しきさい》を表《あらわ》していると拝《はい》せよう。この道場《どうじょう》（関西研修道場）の花々《はなばな》も、明《あか》るい光のなかで、幸《さち》を謳《うた》うかのように誇《ほこ》らしく咲き香《かお》っている。

妙法《みょうほう》は、私どもの生命を清《きよ》め、限《かぎ》りなく境涯《きょうがい》を深めゆく大法《だいほう》である。日蓮大聖人門下《もんか》として真剣《しんけん》に唱題《しょうだい》し、行学《ぎょうがく》の実践《じっせん》に真摯《しんし》に励《はげ》んでいくとき、御本尊の力用《りきゆう》により、「常楽我浄」という、生命の最高境涯を築《きず》き、満喫《まんきつ》することができる。松風や波の響きにも、妙法の歓喜《かんき》の鼓動《こどう》を感《かん》じる。また一輪《いちりん》の花の色にも、梅の香りにも、妙法の幸の色彩や馥郁《ふくいく》たる芳香《ほうこう》を楽しむ。

このように、森羅万象《しんらばんしょう》のことごとくが、妙《たえ》なる音《おん》楽《がく》となり、名画《めいが》となって、生命に感じきざまれていく。自然《しぜん》とも、また人間とも、自在《じざい》に対話《たいわ》し、魂《たましい》の交流《こうりゅう》を深めゆく清浄《せいじょう》なる生命——この、尊《とうと》く豊《ゆた》かな生命境涯を創《つく》るものこそ、仏法にほかならない。

——一九八八・三・二四

*

仏法の目的《もくてき》は、成仏《じょうぶつ》にある。現代的にいえば、絶《ぜっ》対的《たいてき》な幸福——いかなることがあっても壊《こわ》れない、負《ま》けない、崩《くず》れない、真実《しんじつ》の幸福境涯《きょうがい》を築《きず》くことである。

日蓮大聖人は**「すべての人間にとって、南無妙法**

蓮華経と唱《とな》える以外の遊楽《ゆうらく》、幸福はない」（一一四三ページ）と断言《だんげん》しておられる。

苦しみにつけ、喜《よろこ》びにつけ、何があっても御本尊に題目《だいもく》を唱えきっていく。その強き信心を貫《つらぬ》くかぎり、煩悩即菩提《ぼんのうそくぼだい》の法理《ほうり》で、必《かなら》ずや、これ以上ないという「所願満足《しょがんまんぞく》」の人生の軌道《きどう》となっていく。この、一切《いっさい》を喜びと満足に転《てん》じゆく大境涯の確立《かくりつ》にこそ、真実の幸福はある。堂々《どうどう》たる、楽しき、遊楽の人生がある。

――一九九〇・二・二七

＊

戸田先生は、「相対的《そうたいてき》幸福」に対して、「絶対的《ぜったいてき》幸福」を説《と》かれた。

人と比較《ひかく》してどうとか、また時とともに消《き》え去《さ》るような、はかない幻《まぼろし》の幸福ではない。どんな時でも、「生きていること自体《じたい》が楽しい」という境涯《きょうがい》を開《ひら》いていく――そのために信心するのだと教《おし》えられたのである。

そうなれば、（タイのことわざに）「真実《しんじつ》の幸福は人を歓喜《かんき》させ、知恵《ちえ》と慈悲《じひ》で満《み》たしていく」とあるように、最高の歓喜と知恵と慈悲がわいてくる。

御書には**「自他《じた》ともに『智慧《ちえ》』と『慈悲』があるのを『喜《き》』というのである」**（七六一ページ）と仰《おお》せである。

自分も人も「絶対的幸福」をつかんでいくための信心であり、広布の組織《そしき》なのである。

――一九九四・二・六

＊

「自受用身《じじゆゆうしん》」とはどういう意味か。

当然《とうぜん》、これは「仏《ほとけ》の身《み》（仏身《ぶっしん》）」についての言葉であり、さまざまな角度《かくど》から論《ろん》じられている。また「久遠元初《くおんがんじょ》の自受用身」といえば、御本仏日蓮大聖人の御事《おんこと》になり、甚深《じんじん》の意義《いぎ》が含《ふく》まれている。「御《おん》義口伝《ぎくでん》」には次のように説《と》かれている。

「自受用身《ほしいままにうけもちいるみ》とは一念三千《いちねんさんぜん》なのである」（七五九ページ）と。すなわち、ここでは自受用身を「ほしいままに受け用《もち》いる身」と読《よ》まれ、それは「一念三千」

の当体《とうたい》にほかならないと述《の》べられている。
ほしいまま——自由に、また自在《じざい》に、広大無辺《こうだいむへん》の「法楽《ほうらく》」を受け、用いながら、大宇宙《だいうちゅう》を永遠《えいえん》に遊戯《ゆうげ》しゆく仏の境界《きょうがい》である。つまり日蓮大聖人の御生命のことである。そして、この「自受用身」とは「一念三千」、すなわち事《じ》の一念三千の当体であられる「御本尊」のことである、と。

大聖人は**「南無妙法蓮華経と唱《とな》えたてまつる日蓮大聖人とその門下《もんか》こそ、この『一念三千即《そく》自受用身』である」**（同）と明《あ》かされている。御本尊を拝《はい》し、妙法広布《みょうほうこうふ》に生きゆく私ども門下もまた、総《そう》じては「ほしいままに受け用いる身」となっていくとのご断言《だんげん》である。

戸田先生は言われた。この信心を貫《つらぬ》けば、必《かなら》ず「生きることそれ自体《じたい》が楽しい」という絶対的《ぜったいてき》な幸福境涯《きょうがい》になっていく、と。「自受用身」とは、決《けっ》して遠《とお》いところにある観念的《かんねんてき》な話ではない。それどころか、ほかならぬ、この「自身」の生命についてのことである。

大聖人の仰《おお》せを拝して述べれば、自受用身の、初《はじ》めと終《お》わりの字をとれば「自身」となる。中の「受《じゅ》用《ゆう》」は自身の活動である。「受」は受動《じゅどう》、「用」は能《のう》動《どう》の振《ふ》る舞《ま》いとも拝される。

自身の一切《いっさい》の活動が、「ほしいまま」になっていく——それが「自受用身」の意義なのである。

——一九八九・一〇・二四

*

「秋の稲《いね》には、早稲《わせ》と中手《なかて》と晩稲《おくて》と、実《みの》りの時期《じき》が異《こと》なる三種《さんしゅ》の稲があっても、いずれも一年のうちに収穫《しゅうかく》できる。それと同じように、この仏法においても、衆生《しゅじょう》の機根《きこん》に上《じょう》・中《ちゅう》・下《げ》の違《ちが》いがあっても、皆、平等《びょうどう》にこの一生のうちに、諸仏如来《しょぶつにょらい》と一体不二《いったいふに》の仏《ほとけ》となることができると思い合わせていくべきである」（四一一ページ）

どんな人でも、皆、平等に一生のうちに最高の幸福境涯《きょうがい》を開《ひら》いていける——これが、日蓮大聖人の大仏法である。一生のうちには、喜《よろこ》びの日もあれば、悩《なや》みの日もある。天候《てんこう》だって、一年中、快晴《かいせい》というわけにはいかない。しかし「煩悩即菩提《ぼんのうそくぼだい》」の信心によって、一切《いっさい》を成仏《じょうぶつ》、すなわち絶対的《ぜったいてき》な幸福境涯への糧《かて》にしていくことができる。

今世《こんぜ》の信心の勝利は、即、三世《さんぜ》永遠《えいえん》の勝利に通《つう》じていく。ゆえに信心だけは貫《つらぬ》きっていくことである。作物《さくもつ》も、育《そだ》てきってこそ、すべての労苦《ろうく》が生きてくる。

――一九九一・一二・二六

*

「法華経に『もし法を聞く者があるならば、一人として成仏《じょうぶつ》しない者はいない』等と説《と》かれている。この経文《きょうもん》の心は、この経を持《たも》つ人は百人いれば百人とも、千人いれば千人とも、一人も欠《か》けず仏《ほとけ》に成《な》るということである」（一五八〇ページ）

法を聞くとは、法を受持《じゅじ》しきるということである。「御義口伝《おんぎくでん》」には『法華文句《ほっけもんぐ》』を引《ひ》かれて如是《にょぜ》我聞《がもん》の**「我聞とは能持《のうじ》の人である」**（七〇九ページ）と。能持の人は、全員が仏に成るのである。

百人いれば百人、千人いれば千人、全員が残《のこ》らず成仏できる――これが、御本仏の絶対《ぜったい》のお約束《やくそく》であられる。日蓮大聖人の仏法は、あらゆる人々に開《ひら》かれた「世界宗教《しゅうきょう》」である。

――一九九三・一〇・二二

*

「桜《さくら》は目の前がぱっと開《ひら》けるように明《あか》るく、心ひかれるすばらしいものであるが、木の中から咲《さ》き出る」（一四九二ページ）

こんなにも明るく、美《うつく》しく、匂《にお》やかな桜花《おうか》。しかし、それは暗《くら》い色の、ごつごつした木の中から出てくる。こんな木の中に、どうしてこれほどすばらしいものが備《そな》わっているのか、不思議《ふしぎ》であるが、事実は厳然《げんぜん》としている――。

これは、“仏《ほとけ》といっても、どこか遠《とお》くにおられるのではない。私たち凡夫《ぼんぷ》の心の中に、もともと仏の生命が備わっている”との法理《ほうり》を教《おし》えてくださった譬《たと》えである。「仏」とは、どこか遠くにあるものではない。ただ御本尊への「信心」にあるとの仰《おお》せである。私どもは、わが身の仏界《ぶっかい》を開きつつ、大勢《おおぜい》の人々の胸中《きょうちゅう》の〝仏の花〟をも開かせ、育《そだ》てている――まさに〝最高の人生〟である。

――一九九一・四・一〇

*

「（あなたが妙法《みょうほう》を信じる功徳《くどく》は）七代前の先祖《せんぞ》、七代先《さき》の子孫《しそん》にも及《およ》び、ひいては無量《むりょう》の先祖、子孫までが、思いがけず成仏《じょうぶつ》することができる」（一四三〇㌻）

皆さま方の信心によって、七代前の先祖まで、また七代先の子孫まで成仏させられる、また無量の先祖と子孫を仏《ほとけ》にできる、と約束《やくそく》されているのである。それほどすばらしい妙法である。それほど不思《ふし》議《ぎ》なる、大事《だいじ》な存在《そんざい》の皆さまなのである。最高に親《おや》孝行《こうこう》な方々《かたがた》でもある。がっちりと宇宙《うちゅう》の根本法則《こんぽんほうそく》にのっとった人であり、これ以上はないという「無上《むじょう》道《どう》」の人生である。それを確信《かくしん》していただきたい。

――一九九六・三・二〇

仏事

日蓮大聖人は、内房女房《うつぶさにょうぼう》のお父《とう》さんについて、**「亡《な》くなられた慈父尊霊《じふそんりょう》は、ご存命中《ぞんめいちゅう》に南無妙法蓮華経と唱《とな》えられたのだから即身成仏《そくしんじょうぶつ》の人である」**（一四二三㌻）と仰《おお》せになっている。

大聖人は、「慈父尊霊」――慈愛《じあい》あふれるお父さまの尊《とうと》い霊《れい》――と。このお言葉に、凡夫《ぼんぷ》である一信《いちしん》徒《と》を、御本仏がどれほど尊ばれ、大切にされたかが拝《はい》される。

この一点だけでも、信徒を見くだす傲慢《ごうまん》な僧侶《そうりょ》が、大聖人にまっこうから師敵対《してきたい》していることは明《めい》白《はく》である。

そして、大聖人は、故人《こじん》が生前《せいぜん》に題目《だいもく》を唱えていたのだから成仏の人であると、ご断言《だんげん》されている。

成仏は、どこまでも自身の正しき信心、正しき仏道《ぶつどう》修行《しゅぎょう》によって決《き》まるのである。もちろん、追善供《ついぜんく》養《よう》の意義《いぎ》からいえば、みずからが強盛《ごうじょう》に信心に励《はげ》むことによって、亡くなった方をも仏界《ぶっかい》に導《みちび》くことができる。

――一九九二・七・一五

*

「（ご供養《くよう》として）南条時光《なんじようときみつ》から送られた麦《むぎ》が、どうして法華経の文字《もじ》に変化《へんか》しないことがあろうか。この法華経の文字は、釈迦仏《しやかぶつ》となられ、そして時光の亡《な》き父上《ちちうえ》の左右《さゆう》の翼《つばさ》となって、霊山浄土《りようぜんじようど》へ飛《と》び、翔《かけ》ゆかれるであろう。さらに帰《かえ》ってきて、時光の身を覆《おお》い、大切に守《まも》ってくださるであろう」（一五五〇ページ）

なんという美《うつく》しいお言葉であろうか。そして深遠《しんえん》な生命論を教《おし》えてくださっている。信心の真心《まごころ》は、大宇宙《だいうちゆう》の仏界《ぶっかい》に連《つら》なり、まっすぐに亡き親族《しんぞく》のもとへも天翔《あまかけ》ていく。そしてふたたび自身のもとへ福徳《ふくとく》は帰ってくる。そうした交流《こうりゆう》と連動《れんどう》によって、自身も幸福になり、先祖《せんぞ》、一家《いっか》、さらに子孫《しそん》までも功徳《くどく》でつつんでいけるのである。

――一九九三・一〇・一五

*

日蓮大聖人は、成仏《じようぶつ》についてこう仰《おお》せである。

「なんとしても、このたびの人生では、この経《きよう》をよく信じて、臨終《りんじゆう》の時は千仏《せんぶつ》の迎《むか》えを受け、霊山《りようぜん》浄土《じようど》へすみやかに参《まい》り、みずから法楽《ほうらく》を受けるべきである。信心が弱くて成仏が延《の》びた時に、私を恨《うら》んではなりません」（一四四三ページ）

「成仏」を決《き》めるのは、あくまでも自分の「信心」である。僧侶《そうりよ》によって、葬儀《そうぎ》で成仏するのではない。葬儀は、「告別式《こくべつしき》」ともいうように、故人《こじん》との別《わか》れの儀式《ぎしき》である。

広布《こうふ》の同志《どうし》が真心《まごころ》から営《いとな》む、友人葬《ゆうじんそう》・同志葬《どうしそう》こそ、故人への最高の追善供養《ついぜんくよう》となろう。

日顕宗《にっけんしゆう》が、葬儀に僧侶を呼《よ》ぶのが「伝統《でんとう》の化儀《けぎ》」であり、そうでなければ成仏できない、などと言っているのは、御書に照《て》らして、まったくのデタラメなのである。権力《けんりよく》をかさに、民衆《みんしゆう》を威嚇《いかく》し、供養を巻《ま》き上《あ》げた、江戸《えど》時代の悪僧《あくそう》たちと同じ手口《てぐち》である。民衆が賢明《けんめい》になって、二度とだまされてはならない。謗法《ほうぼう》の僧侶が回向《えこう》すれば、故人は苦しみを増《ま》し、謗法に供養した家族《かぞく》は罰《ばち》を受けるだけである。

――一九九二・一二・一七

*

曾谷教信《そやきょうしん》は、亡《な》くなった父の追善《ついぜん》のため、毎朝《まいあさ》、自我偈《じがげ》（法華経寿量品《じゅりょうほん》）を読誦《どくじゅ》していた。日蓮大聖人は、このことをたたえられ、その意義《いぎ》をわかりやすく次のように仰《おお》せになっている。

「法蓮法師《ほうれんほっし》（曾谷殿）は毎朝、口から金色《きんいろ》の文字《もじ》を出しているのである。この（自我偈の）文字の数《かず》は五百十字である。一つ一つの文字は変《へん》じて太陽《たいよう》となり、太陽は変じて釈迦如来《しゃかにょらい》となり、大光明《だいこうみょう》を放《はな》って大地を突《つ》き通《とお》し、三悪道《さんあくどう》や無間地獄《むけんじごく》の世界をも照《て》らし、さらに、東西南北《とうざいなんぼく》を照らし、上に向《む》かっては非想非非想天《ひそうひひそうてん》（三界《さんがい》の最上部《さいじょうぶ》）へも昇《のぼ》り、いかなる所であっても、亡き聖霊《しょうりょう》（亡くなった父君《ちちぎみ》）のおられる所まで、たずねて行かれて、その聖霊に語《かた》られることであろう」（一〇五〇ページ）

自我偈は「金色の文字」であり、一つ一つの文字が太陽となり、仏《ほとけ》となり、大光明を放って、全宇宙《ぜんうちゅう》を照らす。題目《だいもく》の大光明は言うまでもない。亡くなった家族《かぞく》とも、いわば〝無線《むせん》〟のように生命が通《つう》じていく。ここに大聖人の仏法の偉大《いだい》さがある。題目の力《ちから》は絶大《ぜつだい》である。

――一九九四・三・二〇

*

「今、日蓮とその門下《もんか》が、亡《な》くなった聖霊《しょうりょう》を追善《ついぜん》する時、法華経を読誦《どくじゅ》し、南無妙法蓮華経と唱《とな》える時、題目《だいもく》の光は無間地獄《むけんじごく》にまで至《いた》って（聖霊を）即《そく》身成仏《しんじょうぶつ》させることができるのである」（七一二ページ）

日蓮大聖人直系《ちょっけい》の創価学会の仏子《ぶっし》、地涌《じゆ》の菩薩《ぼさつ》の朗々《ろうろう》たる唱題《しょうだい》こそ、最高の回向《えこう》であり、永遠《えいえん》にして根本的《こんぽんてき》な「平和への力《ちから》」となることは間違《まちが》いない。

――一九九四・八・一五

*

日蓮大聖人がお認《したた》めの御本尊は「仏《ほとけ》の眼目《がんもく》」（八四一ページ）そのものであられる。ゆえに、あとからあらためて「眼《まなこ》を開《ひら》く」必要《ひつよう》も、「魂《たましい》を入《い》れる」必要もない。

「日蓮が魂を墨《すみ》に染《そ》めながして、書き認めたのである」（一一二四ページ）

「一念三千《いちねんさんぜん》の法門《ほうもん》を振《ふ》りすすいで立てたのが、大《だい》曼荼羅《まんだら》である」（一三三九ページ）

このように仰《おお》せの御本尊であられ、御本仏日蓮大聖人の御生命の当体《とうたい》であられる。無限《むげん》の「仏力《ぶつりき》」「法力《ほうりき》」を具《そな》えておられる。

ゆえに、残《のこ》る大切なことは、形式《けいしき》ではなく、拝《はい》する者の「信力《しんりき》」「行力《ぎょうりき》」である。強く、正しき「信」と「行」の力《ちから》によって、御本尊の仏力、法力が発揮《はっき》されるのである。

「信力」も「行力」もない、謗法《ほうぼう》の僧侶《そうりょ》が、どんなに荘厳《そうごん》めかした儀式《ぎしき》をしたとしても、何《なん》の意味もない。そうした儀式は、まったく必要ないのである。むしろ、正法広宣流布《しょうほうこうせんるふ》に生きる私どもが朝晩《あさばん》、端座《たんざ》して、御本尊を拝することが、大聖人が教《おし》えられた「開眼《かいげん》」の本義《ほんぎ》にかなう実践《じっせん》となっている。

――一九九二・一二・二三

*

御書には、「開眼《かいげん》」「開眼供養《くよう》」の語《ご》は十七カ所《しょ》で用《もち》いられているが、そのほとんどは、「真言《しんごん》による開眼」を破折《はしゃく》され、「法華経による開眼」でなければならないことを教《おし》えられた御文《ごもん》である。

たとえば**「画像《えぞう》・木像《もくぞう》の仏《ほとけ》の開眼供養をすることは法華経・天台宗《てんだいしゅう》に限《かぎ》るのである。（中略）この画像・木像に魂魄《こんぱく》といって魂《たましい》を入《い》れることは、法華経の力《ちから》である。また天台大師《だいし》の悟《さと》りである。この法《ほう》門《もん》は、衆生《しゅじょう》についていえば『即身成仏《そくしんじょうぶつ》』といわれ、画像・木像についていえば『草木《そうもく》成仏』というのである」**（一一四四ページ）と。

木や草《くさ》を用いた木像・画像が仏としての生命をもつには、「草木成仏」を明《あ》かした法華経の一念三千《いちねんさんぜん》の法門による以外にない。日蓮大聖人は、真言という誤《あやま》った宗教《しゅうきょう》によって開眼した仏像《ぶつぞう》は、仏の働《はたら》きをするどころか、すべて**「無魂無眼《むこんむげん》」**（八九四㌻）となると。ひいては**「天魔《てんま》が入《い》り替《か》わって檀那《だんな》を滅《ほろ》ぼす仏像となってしまった」**（同）、**「鬼《おに》が入って人の命《いのち》を奪《うば》う」**（四六九㌻）、**「魔《ま》が入って人の功徳《くどく》を奪う」**（四七〇㌻）と仰《おお》せである。「正法《しょうほう》」によらない僧《そう》の開眼は、かえって悪鬼《あっき》、天魔を招《まね》き寄《よ》せると述《の》べられている。

御書においては、他に一カ所だけ、**「塔婆《とうば》の開眼供養」**（一三三九㌻）についてふれられている。これも法華経・一念三千の法によらなければ、草木成仏も、真《しん》の開眼もないことを教えられた御文である。

――一九九二・一二・二三

*

日蓮大聖人の御書には、「授戒《じゅかい》」「受戒《じゅかい》」――戒を授《さず》ける、戒を受《う》ける――という言葉は用《もち》いられているが、すべて仏教史上《しじょう》の過去《かこ》の例《れい》をあげられたものである。大聖人ご自身が「授戒」されたという記述《きじゅつ》は、一つもない。ただ、「最蓮房御返事《さいれんぼうごへんじ》」に、**「あなたに、去《さ》る二月のころから大事《だいじ》な法門《ほうもん》をお教《おし》えした。そのうえ、四月八日の夜半《やはん》、寅《とら》の時（午前四時前後）に妙法《みょうほう》の本円戒《ほんえんかい》をもって、受職灌頂《じゅしきかんじょう》してさしあげたのである」**（一三四二㌻）と。

これは、最蓮房に対して「授戒」されたことを述《の》べられていると拝《はい》される。「妙法の本円戒」とは、本門《ほんもん》の円頓戒《えんとんかい》のことで、妙法（御本尊）を持《たも》つことをいう。「受職灌頂」とは、菩薩《ぼさつ》が妙覚《みょうかく》の仏《ほとけ》になろうとする時に、仏がその菩薩の頂《いただき》（頭《あたま》）に智慧《ちえ》の水を注《そそ》ぐことをいったが、ここでは大聖人が、最蓮房に妙法蓮華経の五字を授けたことをさしていると拝される。

最蓮房は、天台宗《てんだいしゅう》の僧《そう》として比叡山《ひえいざん》で法華経迹《しゃく》門《もん》の戒を受けていたと考《かんが》えられ、独一本門《どくいちほんもん》の戒を大聖人から受け直《なお》したものであろう。つまり、これは出家《しゅっけ》に対する授戒であった。最蓮房自身が強く望《のぞ》んだものではないか、とも思われる。

つまり、大聖人のご在世《ざいせ》においては、出家の弟子《でし》に対してさえ、授戒されたという記録《きろく》は、最蓮房以外には残《のこ》っていないのである。まして、在家《ざいけ》の信徒《しんと》が授戒を受けたという記録は、まったくない。当時《とうじ》の慣習《かんしゅう》のうえからも、信徒への授戒はなかったと考えられている。

——一九九一・一二・二三

罰

平左衛門尉《へいのさえもんのじょう》は、日蓮大聖人の戒《いまし》めにも耳《みみ》をかたむけることはなかった。おごり高ぶる権力者《けんりょくしゃ》——。いくら立派《りっぱ》に見せ、立派なことを言っても、その本質《ほんしつ》は、民衆利用《みんしゅうりよう》である。魔性《ましょう》である。

大聖人は**「（法華経の行者《ぎょうじゃ》を軽蔑《けいべつ》し、卑《いや》しめる者は）初《はじ》めは何ごともないようであっても、最後には必《かなら》ず滅《ほろ》びる」**（一一九〇ページ）と断言《だんげん》された。

平左衛門尉は、まさにこの御聖訓《ごせいくん》のとおりになった。一族《いちぞく》もろとも滅亡《めつぼう》する無残《むざん》な末路《まつろ》を遂《と》げた。

因果《いんが》の理法《りほう》は厳然《げんぜん》である。その裁《さば》きからは、何人《なんびと》たりとも逃《のが》れることはできない。長く見ていけば、必ず結果《けっか》がでる。

——一九九三・一二・一六

*

退転《たいてん》・反逆《はんぎゃく》の者の末路《まつろ》の姿《すがた》はどうであるか。御書には、こう示《しめ》されている。**「我《わ》が一門《いちもん》のなかでも、信心を最後まで主張《しゅちょう》しとおされない人々は、かえって仏罰《ぶつばち》をこうむるのである。（そのときになって）日蓮を恨《うら》まれることがあってはならない。少輔房《しょうぼう》・能登房《のとぼう》等の姿をごらんなさい」**（一一六八ページ）との警告《けいこく》である。

少輔房・能登房が、具体的《ぐたいてき》に、どのような末路をたどったか、今ではわからない。しかし、ここに日蓮大聖人が、当時《とうじ》の人々には、〝その姿を見よ〟と明言《めいげん》されているように、歴然《れきぜん》たる現証《げんしょう》として、周知《しゅうち》のことであったにちがいない。仏法の賞罰《しょうばつ》は、まことに厳《きび》しい。たとえ、かりに世法《せほう》や正法《しょうほう》を欺《あざむ》き、その追及《ついきゅう》から逃《のが》れることができても、仏法律《ぶっぽうりつ》だけは、だれ人《びと》もごまかすことはできない。

——一九八八・五・二二

*

日蓮大聖人は、熱原法難《あつはらほうなん》の渦中《かちゅう》、陣頭指揮《じんとうしき》をとられる日興上人《にっこうしょうにん》等にこう仰《おお》せである。

「妙《みょう》の法門《ほうもん》が虚事《そらごと》（ウソ）でないならば、必《かなら》ずたちまちに賞罰《しょうばつ》があるであろう。伯耆房《ほうきぼう》（日興上人）等は、深《ふか》くこの旨《むね》を心得《こころえ》て、問注《もんちゅう》（弾圧《だんあつ》に抗議《こうぎ》する訴訟《そしょう》）を遂《と》げなさい。平左衛門尉《へいのさえもんのじょう》に対して『文永《ぶんえい》八年の迫害《はくがい》（竜《たつ》の口《くち》の法難）の時、聖人《しょうにん》（日蓮大聖人）の言われたことを忘《わす》れられたのか。そのための災《わざわ》いもいまだ畢《おわ》っていないのに、重《かさ》ねて十羅刹女《じゅうらせつにょ》の罰を招《まね》き取《と》ろうとするのか』と最後に申しつけなさい」（一四五五ページ）

事実、迫害の権力《けんりょく》をふるったこの平左衛門一族《いちぞく》は、のちに無残《むざん》な末路《まつろ》をたどっていく。仏法の賞罰はあまりにも厳《きび》しい。そして大聖人と日興上人が、どれほど熱原の農民門下《のうみんもんか》のために心を砕《くだ》かれ、戦《たたか》っておられたか。大法《だいほう》を守《まも》り、仏子《ぶっし》を守るため、強い敵《てき》に対しては徹底《てってい》して強く戦っていく。これが宗祖《しゅうそ》日蓮大聖人、第二祖日興上人の貫《つらぬ》かれたお振《ふ》る舞《ま》いである。

——一九九〇・一〇・一四

*

「仏法こそ主体《しゅたい》なのである。世間《せけん》はその影《かげ》である」（九九二ページ）

ゆえに、仏法上の罪《つみ》は、世間の罪よりも、はるかに大きい。そして、その現証《げんしょう》は世間の上に現《あらわ》れる。

「日蓮をたとえ用《もち》いたとしても、敬《うやま》い方が間違《まちが》っていれば国は滅《ほろ》ぶであろう」（九一九ページ）

日蓮大聖人を尊敬《そんけい》する格好《かっこう》を見せていても、大聖人のお心《こころ》に背《そむ》いていれば、国は滅ぶ。これは日顕宗《にっけんしゅう》の破折《はしゃく》の御文《ごもん》でもある。御本尊を拝《おが》んでいても、学会の幹部であっても、格好だけであるか、本物《ほんもの》であるか——これで分《わ》かれる。格好だけなら功徳《くどく》はない。これまでの反逆者《はんぎゃくしゃ》らがそうである。

「いわんや、敬うどころか数百人に憎《にく》ませて（襲《しゅう》撃《げき》させ）、二度まで流罪《るざい》した」（同）

ゆえに、国が滅びるのは当《あ》たり前である、と述《の》べられている。

——一九九五・二・四

＊

「この国が滅《ほろ》びることは間違《まちが》いないけれども、（かわいそうなので）しばらく、それを止めて、『国を救《すく》いたまえ』と日蓮がひかえていたからこそ、今までは安穏《あんのん》だったのである。しかし、迫害《はくがい》が限度《げんど》を超《こ》えたので罰《ばち》があたってしまったのである」（九一九ページ）

今も同じである。この方程式《ほうていしき》を私どもはかみしめなければならない。罰には総罰《そうばち》・別罰《べつばち》とあるが、社会全体《ぜんたい》が一度に受ける「総罰」の場合には、信心していても影響《えいきょう》を受けざるをえない。しかし、必《かなら》ず最後は成仏《じょうぶつ》するのが妙法《みょうほう》の大力用《だいりきゆう》なのである。

——一九九五・二・四

＊

「そもそも仏法というのは勝負《しょうぶ》を第一とし、王法《おうほう》（政治、社会）というのは賞罰《しょうばつ》を根本《こんぽん》とする。ゆえに仏《ほとけ》を世雄《せおう》と号《ごう》し、王《おう》を自在《じざい》と名《な》づける」（一一六五ページ）

賞罰にはランクがあり、相対的《そうたいてき》なものである。百点のうち十点とか六十点とか、〝より良《よ》い〟また〝より悪《わる》い〟と比較《ひかく》できるのが賞罰である。

これに対し、勝負とは絶対的《ぜったいてき》なものである。勝つか、負《ま》けるか。中間《ちゅうかん》はない——。

仏とは、この勝負に〝勝った人〟のことである。「世雄」とは、人間の世《よ》（世間《せけん》）にあって、最強《さいきょう》の勇者《ゆうしゃ》ということである。

このほか仏典《ぶってん》には、〝仏の別称《べっしょう》（別名《べつめい》）〟として、次のような表現《ひょうげん》が使《つか》われている。「戦勝《せんしょう》」「勝導師《しょうどうし》」「勝陣《しょうじん》」「勝他《しょうた》」「勝他幢《しょうたとう》」（幢《とう》とは、はたほこ、王将《おうしょう》である象徴《しょうちょう》）。また「健勝破陣《けんしょうはじん》」すなわち魔軍《まぐん》の陣《じん》を破《やぶ》り、勝つ健者《けんじゃ》、勇者。「十力降魔軍《じゅうりきごうまぐん》」すなわち十の力《ちから》で魔軍を降《くだ》し全滅《ぜんめつ》させる強者《きょうしゃ》——これが、仏なのである。すなわち、魔との勝負に「勝つリーダー」（勝導師）こそ仏だというのである。勝ってこそ仏法、勝ってこそ信心なのである。

——一九九〇・六・二六

謗法

「千杯《ばい》ものたくさんの漆《うるし》も、わずかカニの足《あし》一つ混《ま》じっただけで、性質《せいしつ》が変《か》わってしまう」（一〇五六㌻）

個人《こじん》においても、和合僧《わごうそう》の組織《そしき》にあっても、「信心」という一点では、いささかの〝濁《にご》り〟も許《ゆる》されない。わずかでも不純《ふじゅん》なものがまぎれ込《こ》めば、信仰《しんこう》の世界全体《ぜんたい》が侵《おか》され、変質《へんしつ》し、やがて堕落《だらく》してしまうからだ。不純なる悪《あく》と戦《たたか》い、信心の純度《じゅんど》を限《かぎ》りなく高めていく、そこに福徳《ふくとく》が限りなく増幅《ぞうふく》され、さらに広布《こうふ》の勢力《せいりょく》がますます拡大《かくだい》していく。

――一九八九・一〇・一

*

日蓮大聖人は、松野殿《まつのどの》が質問《しつもん》された**「聖人《しょうにん》が唱《とな》えられる題目《だいもく》と、私たちが唱える題目と、その功徳《くどく》に違《ちが》いがあるのでしょうか」**（一三八一㌻）との疑問《ぎもん》に対して、**「違いはない」**（同）とされたうえで、**「ただし、法華経の心にそむいて唱えれば違いが出てくる」**（一三八二㌻）と教《おし》えられている。

その「法華経の心にそむく」ことを、具体的《ぐたいてき》に述《の》べたのが十四誹謗《ひぼう》である。いいかえれば、十四誹謗がなければ、唱題《しょうだい》の功徳は同じであり、計《はか》り知《し》れないと述べられているのである。

「松野殿御返事《ごへんじ》」では、妙楽大師《みょうらくだいし》の『法華文句記《ほっけもんぐき》』の次の文を引《ひ》かれて、十四誹謗を明《あ》かされている。

「悪因《あくいん》には十四の謗法《ほうぼう》がある。一に憍慢《きょうまん》、二に懈《け》怠《たい》、三に計我《けいが》、四に浅識《せんしき》、五に著欲《ちゃくよく》、六に不解《ふげ》、七に不信《ふしん》、八に顰蹙《ひんしゅく》、九に疑惑《ぎわく》、十に誹謗、十一に軽善《きょうぜん》、十二に憎善《ぞうぜん》、十三に嫉善《しつぜん》、十四に恨善《こんぜん》である」（同）と。

この『法華文句記』の文は、「法華経譬喩品《ひゆほん》」の「若《も》し人《ひと》は信ぜずして　此《こ》の経《きょう》を毀謗《きぼう》せば　則《すなわ》ち一《いっ》切世間《さいせけん》の　仏種《ぶっしゅ》を断《だん》ぜん」（法華経一九八㌻）との有名な文を含《ふく》む一節《いっせつ》を釈《しゃく》したものである。法華経、すなわち「正法《しょうほう》」への誹謗と、「正法を信じ行《ぎょう》ずる者」

への誹謗が、ともに地獄《じごく》の因《いん》となることを明かしている。

――一九九〇・一二・三

*

必《かなら》ずや所願満足《しょがんまんぞく》の人生、永遠《えいえん》なる幸福境涯《きょうがい》を、自《し》然《ぜん》のうちに会得《えとく》していけるのが、妙法《みょうほう》の功徳《くどく》なのである。しかし、その功徳も、信心いかんにかかっている。

日蓮大聖人も**「どのように法華経を信じていても、謗法《ほうぼう》があれば必ず地獄《じごく》に堕《お》ちる。それは、千杯《ばい》の漆《うるし》にカニの足《あし》を一つ入《い》れて、漆をだめにしてしまうようなものである」**（一〇五六ページ）と仰《おお》せである。どんなに真剣《しんけん》に、まじめに信心しているようであっても、謗法があれば、すべての功徳を消《け》してしまう。それは、わずかの青酸《せいさん》カリでたちまち死んでしまうようなものである。

御書には、悪《あく》の因《いん》をつくるものとして、十四の誹《ひ》謗《ぼう》が挙《あ》げられているが、そのなかに「軽善《きょうぜん》」（一三八二ページ）、「憎善《ぞうぜん》」（同）、「嫉善《しつぜん》」（同）、「恨善《こんぜん》」（同）がある。信心している人を「軽《かろ》んじ」「憎《にく》み」「ねたみ」「恨《うら》む」ことが、それにあたる。

懸命《けんめい》に、これほど信心をしているのに、功徳が感《かん》じられないという場合が、あるかもしれない。そのときは、この四つの誹謗がないかどうかを、自分に問《と》うてみていただきたい。軽善、憎善、嫉善、恨善の人は、自分で自分の功徳を消してしまうからである。

もちろん、同志《どうし》に対しても、言うべきことをきちんと言っていくことは自由であるし、当然《とうぜん》、必要《ひつよう》なことである。しかし、相手《あいて》を思って厳《きび》しく言うことと、憎しみの心や恨みの言葉は同じではない。その点はよくよく見きわめていかねばならない。御本尊のもとに集《つど》い、広宣流布《こうせんるふ》に進んでいる私どもは、すべてが仏子《ぶっし》であり、〝妙法の家族《かぞく》〟である。

――一九九〇・二・二〇

*

「たとえ、法華経を法のとおり修行《しゅぎょう》したとしても、

法華経を実践《じっせん》する人を恥辱《ちじょく》する（恥《は》ずかしめ、侮辱《ぶじょく》する）者等、これらの人々（さまざまな法華経不信《ふしん》の謗法《ほうぼう》の者）を名指《なざ》しして、『その人は命《いのち》を終《お》えて必《かなら》ず阿鼻地獄《あびじごく》に堕《お》ちる』と（釈尊《しゃくそん》は）定《さだ》められたのである」（三五八ページ）

たとえ如説《にょせつ》修行したとしても、妙法《みょうほう》を行《ぎょう》じる者、広宣流布《こうせんるふ》に進む人を恥辱しバカにすれば、堕地獄《だじごく》であり、法華経誹謗《ひぼう》の者と同じである、との日蓮大聖人の仰《おお》せである。

法華経の行者《ぎょうじゃ》とは、いうまでもなく、別《べっ》しては大聖人であられる。そして総《そう》じて、私どもは大聖人の教《おし》えのままに生きぬいている。正法《しょうほう》を真剣《しんけん》に実践している。「広宣流布」に尽《つ》くしきっている。そうした学会員を傲慢《ごうまん》に見くだし、恥ずかしめ、バカにするような人は、どんな立派《りっぱ》そうに法を説《と》いたとしても、かりに、きちんと修行したとしても堕地獄は間《ま》違《ちが》いないとの厳誡《げんかい》である。

いわんや、「ろくろく仏道《ぶつどう》修行もせず、学会員を見くだす者は当然《とうぜん》、たいへんな仏罰《ぶつばち》を受ける」と、戸田先生はよくおっしゃっていた。私どもは、権威《けんい》、権力《けんりょく》を恐《おそ》れる必要《ひつよう》は、まったくない。大聖人が絶《ぜっ》対《たい》にご照覧《しょうらん》くださっている。また門下《もんか》であれば、だれ人《びと》にせよ、恐るべきは権威ではなく、大聖人の御《ご》聖訓《せいくん》に違《たが》うことであり、大聖人のお叱《しか》りであると、私どもは信ずる。

――一九九一・八・九

*

「法華経を経文《きょうもん》のとおりに持《たも》つ人々であっても、法華経の行者《ぎょうじゃ》を、あるいは貪《むさぼ》り・瞋《いか》り・癡《おろか》の煩悩《ぼんのう》によって、あるいは世間的《せけんてき》なことによって、あるいはさまざまな振《ふ》る舞《ま》いがよくないといって、憎《にく》む人がいる。このような人は法華経を信じていても、信ずる功徳《くどく》はない。かえって罰《ばち》を受けるのである」（一二四七ページ）

末法《まっぽう》の法華経の行者、すなわち日蓮大聖人を怨嫉《おんしつ》し、憎む罪《つみ》を述《の》べられている。総《そう》じて、いかに御本尊を持っていても、自分の感情《かんじょう》や、名聞名利《みょうもんみょうり》などから、正法《しょうほう》を正しく実践《じっせん》する者を憎んだ場合には、功徳がないばかりか、罰を受けるのである。現代でいえば、大聖人の仰《おお》せのままに信・行《ぎょう》・学《がく》に励《はげ》む学会員を怨嫉し、憎み、誹《ひ》謗《ぼう》する者が、この御文《ごもん》にあたる。

――一九九三・四・一一

*

平家《へいけ》は大謗法《だいほうぼう》の天台座主《てんだいざす》（法主《ほっす》）ら、誤《あやま》れる宗《しゅう》教《きょう》を頼《たの》みとして滅《ほろ》びた。それに対し、源頼朝《みなもとのよりとも》は、法華経を尊《とうと》んだゆえに、勝った。御書には、この原《げん》理《り》が説《と》き明《あ》かされている。

「（平家側《がわ》の安徳天皇《あんとくてんのう》は）天台の謗法の座主（第五十七世）の明雲《みょううん》らの真言師《しんごんし》たち数百人を味方《みかた》に取《と》り込《こ》んで、源頼朝を倒《たお》す祈禱《きとう》をさせた。そのため『還著《げんちゃく》於本人《おほんにん》（還《かえ》って本人に著《つ》きなん）』の経文《きょうもん》どおり、祈《いの》った座主の明雲みずからが木曽義仲《きそよしなか》に首を斬《き》られた。安徳天皇は西海《さいかい》に沈《しず》まれた」（二〇九五㌻）

どんなに祈っても、邪信《じゃしん》の祈りは叶《かな》わない。それどころか、正義《せいぎ》の側に敵対《てきたい》するほど、かえって自分を滅ぼす。この原理は広布《こうふ》の歴史《れきし》においても、厳然《げんぜん》と見られる。

――一九九三・八・一三

*

「信徒《しんと》の神社《じんじゃ》、仏閣《ぶっかく》への参詣《さんけい》を禁《きん》ずべきである。まして、僧侶《そうりょ》の身でありながら、見物《けんぶつ》してみようといって、謗法《ほうぼう》を犯《おか》して悪鬼《あっき》が乱入《らんにゅう》している寺《てら》や神社に行ってよいはずがない。そのような僧侶がいることは、返《かえ》す返《がえ》すも残念《ざんねん》なことである。これは、私が勝手《かって》に言っているのでは決《けっ》してない。経文《きょうもん》や御書などに説《と》かれているとおりに誡《いまし》めているのである」

（二六一七㌻）

創価学会が、この誡めのとおり、「謗法厳誡《ほうぼうげんかい》」を貫《つらぬ》いてきたことは、万人《ばんにん》が知っている事実である。牧口先生は、そのために獄死《ごくし》までなされた。一方《いっぽう》、日顕宗《にっけんしゅう》の謗法まみれの実態《じったい》は、次々と明《あき》らかにされているとおりである。また禅寺《ぜんでら》の墓地《ぼち》に、法主《ほっす》が自家《じか》の墓《はか》を立て、開眼法要《かいげんほうよう》までして、破折《はしゃく》もしないで、そのあと酒宴《しゅえん》――。それほど、信心が狂《くる》っているのである。

日亨上人《にちこうしょうにん》が「外面《がいめん》にのみ謗法厳誡を立て内部《ないぶ》には

謗法認容《にんよう》の非行《ひこう》あらんことは物怪《もっけ》（＝ばけもの）なり」（富要一巻）と言われているように、まさに妖《よう》怪《かい》なのである。

　戦後《せんご》しばらくたってからも、末寺《まつじ》はもとより、本《ほん》山《ざん》にいたるまで、神札《かみふだ》などの謗法があり、学会員によって謗法払《ばら》いがなされた。草創期《そうそうき》の方はよくご存《ぞん》じのとおりである。謗法払いも、学会が僧侶に教《おし》えたのである。学会が存在《そんざい》しなければ、日蓮大聖人、日興上人《にっこう》の正統《せいとう》は守《まも》り伝《つた》えられなかったのである。

――一九九二・一〇・二四

退転・反逆

メッキは本物《ほんもの》を嫌《きら》う。信念《しんねん》を曲《ま》げて生きている者は、信念を貫《つらぬ》いた勇者《ゆうしゃ》を恐《おそ》れ、煙《けむ》たがる。本物がいては、自分のウソがわかるからである。さもしい本《ほん》性《しょう》が露見《ろけん》するからである。ゆえに牢獄《ろうごく》でも不退転《ふたいてん》だった戸田先生を、軍部《ぐんぶ》の圧力《あつりょく》に屈《くつ》した一部《いちぶ》の人間は憎《にく》んだ。

　御書には「**曲がった木は、縄《なわ》で印《しるし》をつけ木を切るので、まっすぐな縄を憎み、偽《いつわ》っている人間は、正しき治政《ちせい》を心に合わないと思う**」（一四三七ページ）と仰《おお》せである。

――一九九一・四・一二

＊

　日蓮大聖人は「**悪《わる》い弟子《でし》を養《やしな》えば師弟《してい》ともに地獄《じごく》に堕《お》ちるといわれている**」（九〇〇ページ）と仰《おお》せである。この御金言《ごきんげん》に照《て》らせば、かえって悪い弟子がみずから去《さ》っていくことはご仏意《ぶつい》であるとも拝《はい》される。退転《たいてん》・反逆者《はんぎゃくしゃ》は、まさに師子身中《しししんちゅう》の虫であるし、去っていったほうが、将来《しょうらい》に禍根《かこん》を残《のこ》さないであろう。また、私どもの信心を深《ふか》め、広宣流布《こうせんるふ》のよりいっそうの発展《はってん》のための一つの過程《かてい》ともなる。

　いつの世《よ》でも反逆者たちは、もっともらしい言辞《げんじ》を弄《ろう》して、みずからの行為《こうい》を正当化《せいとうか》するものだ。しかし大聖人は、その本質《ほんしつ》を「**世間《せけん》の恐《おそ》ろしさ**」（一二二五ページ）と「**欲《よく》**」（同）、すなわち〝見栄《みえ》〟〝臆病《おくびょう》〟と〝私欲《しよく》〟である、と喝破《かっぱ》されている。この構図《こうず》は今も変《か》わらないし、その一点さえ鋭《するど》く見破《みやぶ》ってしまえば何《なん》でもない。広宣流布における必然《ひつぜん》の方程式《ほうていしき》であると達観《たつかん》していけばよいのである。

私を陥《おとしい》れようとする、いつもながらの同じようなパターンは、私は熟知《じゅくち》している。皆さま方もご存《ぞん》じのことと思う。だれが、どのような野心《やしん》と嫉妬《しっと》と欲望《よくぼう》をもって学会を攪乱《かくらん》し、私を悪者扱《わるものあつか》いにしようとしているかは、手にとるように全部《ぜんぶ》わかっている。ゆえに私はなんとも思っていない。

――一九八八・五・二二

*

この信心を破《やぶ》ることが、いかに恐《おそ》ろしいか。

提婆達多《だいばだった》は、破和合僧《はわごうそう》などの三逆罪《さんぎゃくざい》のために、生きながらにして**「大地が破れて地獄《じごく》に堕《お》ちた」**（一〇四一㌻）と説《と》かれている。大地が割《わ》れるという現《げん》証《しょう》が史実《しじつ》としてあったかどうかはともかく、提婆《だいば》の**「法性《ほっしょう》の大地」**（八三三㌻）が完全《かんぜん》に破れてしまったことはまちがいない。その象徴的表現《しょうちょうてきひょうげん》とも拝《はい》される。

また**「大地は厚《あつ》いけれども、不孝《ふこう》の者を大地の上にのせておくことはない」**（二七三㌻）という厳《きび》しき御文《ごもん》もある。まさしく提婆は、仏《ほとけ》という〝民衆《みんしゅう》の親《おや》〟への大不孝の者であった。

このように、破和合僧の徒《と》は、もはや妙法《みょうほう》の「大地」にとどまることはできない。生命の底知《そこし》れぬ奈《な》落《らく》へと墜落《ついらく》しつづけていくほかない。そのことが、あまりにもかわいそうであるゆえに、日蓮大聖人の仰《おお》せのままに、厳しく指導《しどう》せざるをえない。

――一九八八・七・一〇

*

日蓮大聖人は、三位房《さんみぼう》等の退転者《たいてんしゃ》に共通《きょうつう》する生命の本質《ほんしつ》を、次のように指摘《してき》されている。

「臆病《おくびょう》で、求道心《きゅうどうしん》がなく、欲《よく》が深《ふか》く、疑《うたが》い深《ぶか》い者たち」（一一九一㌻）と。

これは、自分を守《まも》るのに汲々《きゅうきゅう》として、広宣流布《こうせんるふ》しようとか、和合僧《わごうそう》を広げようとか、そういう思いはなく、貪欲《どんよく》で、猜疑心《さいぎしん》が強い人間のことである。これまでの、退転、反逆《はんぎゃく》の輩《やから》の言動《げんどう》を思い起《お》こしてみれば、だれしも、なるほどと納得《なっとく》できよう。また立場《たちば》や役職《やくしょく》が上であるほど、退転し、反逆した場合の影響《えいきょう》は大きいし、その罪《つみ》も、重く深い。

――一九九一・一〇・一七

＊

反逆者《はんぎゃくしゃ》らの〝狂《くる》い〟の根《ね》には、必《かなら》ず「自分は特別《とくべつ》だ」という思いがある。学歴《がくれき》や肩書《かたがき》、人脈《じんみゃく》、とりわけ生《う》まれにとらわれると、その執着《しゅうちゃく》と傲《おご》りが、いつか、ゆがんだかたちで噴出《ふんしゅつ》する。日蓮大聖人は「開目抄《かいもくしょう》」の中で、こうした退転者《たいてんしゃ》の心理《しんり》を提婆達多《だいばだった》の姿《すがた》をとおして示《しめ》しておられる。

「私は、斛飯王《こくぼんおう》（釈尊《しゃくそん》の父の兄弟《きょうだい》）の王子《おうじ》であり、阿難尊者《あなんそんじゃ》の兄で、釈尊の親類《しんるい》である。どんなに悪《わる》いことがあったとしても、こっそりと注意《ちゅうい》してくれるべきである」（二〇五ページ）

彼は、釈尊を妬《ねた》み、釈尊にとって代《か》わろうと野望《やぼう》を燃《も》やしていたといわれる。そうしたある日、とうとう、釈尊に大衆《たいしゅう》の面前《めんぜん》で厳《きび》しく叱《しか》られたのである。そのとき彼は、思った。〝自分は王の子どもだ。名家《めいけ》の出身《しゅっしん》だ。阿難尊者の兄でもある。釈尊の親族《しんぞく》ではないか。他の人ならともかく、私は特別のはずだ。それなのに、内密《ないみつ》に注意してくれればよいところを、皆の前で恥《はじ》をかかせた〟――と。釈尊に感謝《かんしゃ》するどころか、逆恨《さかうら》みし、反逆を心に誓《ちか》ったのである。結局《けっきょく》、「自分は特別のはずだ」という増上慢《ぞうじょうまん》であった。

これまで学会に大恩《だいおん》がありながら、反逆していった人間も、肩書や出身、学歴、立場《たちば》等にとらわれる慢心《まんしん》が必ずあった。ゆえに、叱られたり、自分のわがままが通用《つうよう》せず、自分の思いどおりにいかないと、それを「自分のせいだ」と自覚《じかく》できないで、「人が悪い」「学会が悪い」と逆恨みしてしまった。そこには、謙虚《けんきょ》に法を求《もと》める姿勢《しせい》も、師弟《してい》の精神《せいしん》も、まったくない。

――一九九二・一〇・二二

＊

「五老僧《ごろうそう》の立てた宗義《しゅうぎ》は、一つ一つ、すべて大聖人のご弘通《ぐつう》に相違《そうい》していること」（一六一七ページ）

「師敵対《してきたい》」が「五老僧」の本質《ほんしつ》であり、日顕宗《にっけんしゅう》は五老僧の末流《まつりゅう》である。現代では、三宝義《さんぼうぎ》の改変《かいへん》をはじめ「日顕宗の立義《りゅうぎ》は、一一《いちいち》に宗開両祖《しゅうかいりょうそ》のご弘通に違《い》する事《こと》」と断《だん》ずるべきであろう。しかも五老僧は、日興上人《にっこうしょうにん》の正義《せいぎ》を、かえって〝法門《ほうもん》の異類《いるい》を立てるもので、道を失《うしな》っている〟と非難《ひなん》した。みずから謗法《ほうぼう》に堕《だ》しながら、学会の正義を誹謗《ひぼう》している点も、五老僧とそっくりである。

――一九九二・一〇・二四

＊

「（日蓮大聖人から）仏法上の恩《おん》だけではなく、世《せ》間的《けんてき》な恩を受けた人でさえも、社会の人々の目を恐《おそ》れ、その人々の口から、とやかく言われまいとしてであろうか、自分の心では思っていないけれども、外見《がいけん》では日蓮を誹《そし》るそぶりをしている」（一〇五一ページ）と見ぬいておられる。

まことに大聖人は、人の心の微妙《びみょう》なヒダまで、ありありと洞察《どうさつ》しておられた。心では大聖人の偉大《いだい》さを感《かん》じている。迫害《はくがい》する世間のほうが間違《まちが》っていると思っている。にもかかわらず、世間の権威《けんい》を恐れ、厳《きび》しき目を恐れて、自分にまでは批判《ひはん》や悪口《わるくち》が及《およ》ばないようにと、卑怯《ひきょう》にも迎合《げいごう》してしまう。そして心ならずも、一緒《いっしょ》になって大聖人を悪《わる》く言っていると。想像《そうぞう》してわかりやすくいえば、たとえば、こんなふうでもあろうか。

「いやぁー、私たちもたいへんなんですよ。日蓮御坊《ごぼう》は、もう折伏一点張《しゃくぶくいってんば》りで、あれでは難《なん》が起《お》きるのは当《あ》たり前ですよ。世間の非難《ひなん》も、もっともです。他にもっといいやり方があると私たちも思うんですが……」等々。

このような臆病《おくびょう》な門下《もんか》の言動《げんどう》を、大聖人はすべて熟知《じゅくち》しておられたと拝《はい》される。利口《りこう》げに大聖人を批判しつつも、その本質《ほんしつ》は世間を恐れ、また心の底《そこ》では正義《せいぎ》の大聖人を恐れている――。いずれにしても、確《かく》たる信念《しんねん》に立てない臆病と傲慢《ごうまん》の生命であった。いな、彼らは傲慢であるゆえに、臆病であった。自身の小さな我《が》に執着《しゅうちゃく》し、名聞《みょうもん》や名利《みょうり》にとらわれるがゆえに、批判や攻撃《こうげき》が怖《こわ》かった。
反対に、大法《だいほう》に生き、殉《じゅん》じていこうという、晴《は》れやかな堂々《どうどう》たる信念のまえには、何ものも恐れるものはない。

——一九八八・四・一〇

＊

「大慢心《だいまんしん》の者は、いざという時に敵《てき》に従《したが》う」（二八七ページ）

これまでも悪侶《あくりょ》や反逆者《はんぎゃくしゃ》は、本来《ほんらい》、自分たちと主《しゅ》義主張《ぎしゅちょう》の反《はん》する勢力《せいりょく》とも手を結《むす》び、野合《やごう》して、正《しょう》法《ぼう》を迫害《はくがい》してきた。それまでの敵とも、簡単《かんたん》に〝同《どう》志《し》〟になってしまった。また、いよいよ追《お》いつめられると、これまで罵《ののし》ってきた相手《あいて》にも頭《あたま》を下《さ》げて、保身《ほしん》を図《はか》るのが、大慢の人の行動パターンである。

——一九九〇・一二・九

＊

慢心《まんしん》の、一つの特徴《とくちょう》は「嘘《うそ》」である。
日蓮大聖人は「御義口伝《おんぎくでん》」において**「自分の欠点《けってん》を隠《かく》し、徳《とく》を宣伝《せんでん》するのが増上慢《ぞうじょうまん》である」**（七一八ページ）という妙楽大師《みょうらくだいし》の言葉を引《ひ》いておられる。
自分の欠点を隠し、ありもしない自分の徳を宣伝するために、嘘をつき通《とお》すのである。「見栄《みえ》っぱり」であり、「偽善者《ぎぜんしゃ》」である。しかも、その嘘を恥《は》じないし、反省《はんせい》もしない。

——一九九九・一・二七

＊

増上慢《ぞうじょうまん》の本性《ほんしょう》は「臆病《おくびょう》」である。彼らは慢心《まんしん》しているゆえに、自分を大きく感《かん》じる。修羅《しゅら》の姿《すがた》は「身《しん》長《ちょう》八万四千由旬《ゆじゅん》、四大海《しだいかい》の水も膝《ひざ》を超《こ》えない」（六巻抄）とされる。しかし、修羅が、自分の実力《じつりょく》が及《およ》びもつかない偉大《いだい》な帝釈《たいしゃく》と戦《たたか》った時、とても敵《かな》わないので、池の蓮《はす》の穴《あな》に逃《に》げ込《こ》むほど小さな身となった。この「小さな身」が、修羅の正体《しょうたい》である。
日蓮大聖人は**「おごれる者は、強敵《きょうてき》にあうと必《かなら》ず恐《おそ》れる」**（九五七ページ）と仰《おお》せである。

増上慢の人間は、〝本物《ほんもの》〟である法華経の行者《ぎょうじゃ》が現《あらわ》れると、自分の本性が、あぶりだされてしまうことを怯《おび》える。聖者《せいじゃ》とか人格者《じんかくしゃ》とか信仰者《しんこうしゃ》という仮《か》面《めん》を、はぎとられてしまう恐怖《きょうふ》に、身ぶるいする。そこで、法華経の行者を逆恨《さかうら》みして、亡《な》き者にしようとするのである。

――一九九九・一・二七

*

「個人《こじん》のものではない法門《ほうもん》を、勝手《かって》に曲《ま》げて考《かんが》える人は、ひとえに天魔《てんま》がその身に入《い》り代《か》わって、他人を、自身とともに無間地獄《むけんじごく》に堕《お》としてしまうのである。愚《おろ》かなことだ。愚かなことだ」(九八九ページ)

御本仏日蓮大聖人の法門を、自《みずか》らの都合《つごう》のいいように曲解《きょっかい》するのは、天魔がその身に入っているのだ、と厳《きび》しく叱《しか》られている。自分だけ地獄に堕ちるのではなく、罪《つみ》もない人々をたぶらかして巻《ま》き込《こ》んで、ともどもに無間地獄の道を歩《あゆ》むのである。私どもは、鋭《するど》くその正体《しょうたい》を見破《みやぶ》らねばならない。

――一九九一・九・八

*

提婆《だいば》の心根《こころね》について、日蓮大聖人は次のように喝《かつ》破《ぱ》されている。

「提婆達多《だいばだった》は釈尊《しゃくそん》にくらべて、人に貴《とうと》ばれなかったので、どのようにしたら世間《せけん》の名誉《めいよ》が釈尊より勝《まさ》るようになるだろうかと、いろいろ思案《しあん》をめぐらした」(一〇四一ページ)と。

つまり、提婆の奥底《おうてい》の心は、釈尊への嫉妬《しっと》、いわゆる男のヤキモチであり、釈尊より優《すぐ》れたい、との世間的な名誉欲《よく》にすぎなかったといってよい。それは「信心の心」でも何《なん》でもない。信仰《しんこう》とはもっともかけ離《はな》れた低俗《ていぞく》な次元《じげん》の、あさましい心であった。

しかし、提婆は、だれよりも純粋《じゅんすい》な信仰者の姿《すがた》を偽装《ぎそう》しながら、次のように釈尊に申し出る。「もはや世尊《せそん》(釈尊)は年老《としお》いた。教団《きょうだん》は私(提婆)にまかせて、引退《いんたい》しなさい」と。もとより、釈尊は、この思い上がった提婆の要求《ようきゅう》を厳然《げんぜん》と拒絶《きょぜつ》する。その折《おり》、大衆《たいしゅう》の面前《めんぜん》で、釈尊から厳《きび》しく叱責《しっせき》された提婆は、反省《はんせい》するどころか、恨《うら》みと憎《にく》しみを激《はげ》しく燃《も》やし、公然《こうぜん》と反逆《はんぎゃく》を始《はじ》める。釈尊は、舎利弗《しゃりほつ》に命《めい》じて、これ以後《いご》、提婆の言動《げんどう》は、もはや教団とは無関《むかん》係《けい》であることを、広く告《つ》げ知《し》らせた。

――一九八八・六・一七

*

日蓮大聖人は、清澄寺《せいちょうじ》が東条景信《とうじょうかげのぶ》の魔手《ましゅ》から守《まも》られたことをとおして、清澄寺の人々に、こう訴《うった》えられている。

「清澄寺の大衆《たいしゅう》も、この大恩《だいおん》ある日蓮を信じようとしない人々は、どうして諸天《しょてん》に捨《す》てられないことがあろうか。こう言えば、愚《おろ》かな者は日蓮は自分のことを呪《のろ》っていると言うであろう。しかし、後生《ごしょう》に無間地獄《むけんじごく》に堕《お》ちるのがかわいそうなので、あえて厳《きび》しく言うのである」（八九四ページ）

宗門《しゅうもん》にあっても、学会にあっても、大恩を忘《わす》れ、この大聖人のお言葉どおり、退転《たいてん》し去《さ》った人間がいた。不知恩《ふちおん》の人々の未来《みらい》がいかに哀《あわ》れであるかは、仏法の原理《げんり》どおりである。私どもは、前車《ぜんしゃ》の轍《てつ》を絶《ぜっ》対《たい》に踏《ふ》んではならない。――一九九〇・一・一八

*

広宣流布《こうせんるふ》においては、日蓮大聖人を裏切《うらぎ》り、同志《どうし》を裏切った悪人《あくにん》を、徹底的《てっていてき》に追及《ついきゅう》しなければならない。日本的な「水に流《なが》す」とか「みそぎ」とかいう慣習《かんしゅう》は、一見《いっけん》、寛容《かんよう》のようであって、じつは、「悪《あく》への怒《いか》りがなく、けじめがない」だけである。「もう、この辺《へん》でいいだろう」は、精神《せいしん》の敗北《はいぼく》である。

日蓮大聖人も、日興上人《にっこうしょうにん》も、どんな小さな悪も許《ゆる》されなかった。仏法は「人情論《にんじょうろん》」ではない。「正義《せいぎ》の大闘争《だいとうそう》」である。

戸田先生も笑《わら》って言われていたが、大聖人の「口の悪《わる》さ」には、だれもかなわない。

世間《せけん》で尊敬《そんけい》されている、極楽寺良観《ごくらくじりょうかん》に対しても、**「蚊《か》のような、虻《あぶ》のような、蝦蟆《がま》のような法師《ほっし》である」**（一一六二ページ）とおおやけに言っておられた。

「釈尊《しゃくそん》も、同じように厳《きび》しく経文《きょうもん》で言っておられ

るのだから、それでよいのだ」（同）とも書いておられる。

日興上人も、「五老僧《ごろうそう》」とその一味《いちみ》を、最後まで許しておられない。「五人所破抄《ごにんしょはしょう》」を弟子《でし》に書かせたのは、身延離山《みのぶりざん》から数《かぞ》えて、なんと四十年目である。ご入滅《にゅうめつ》の直前《ちょくぜん》の「日興遺誡置文《ゆいかいおきぶみ》」でも、厳しく、**「五老僧たちの立てた宗義《しゅうぎ》は、ひとつひとつ、すべて師匠《ししょう》である日蓮大聖人のご化導《けどう》と違《ちが》っている」**（一六一七ページ）と破折《はしゃく》しておられる。

最後の最後まで、追撃《ついげき》の手をゆるめておられない。正義の勝利のためには、「徹底する」以外にない。「執念《しゅうねん》」以外にない。中途半端《ちゅうとはんぱ》は、敵《てき》を喜《よろこ》ばせるだけである。

――一九九九・二・三

*

「どんなに題目《だいもく》を唱《とな》えようとも、一度、日蓮に敵《てき》対《たい》した人々は、まず、必《かなら》ず無間地獄《むけんじごく》に堕《お》ちる。そこで無量劫《むりょうこう》という長い長い間《あいだ》、苦しみ続《つづ》け、その後に、また日蓮の弟子《でし》となって仏道修行《ぶつどうしゅぎょう》し、仏《ほとけ》に成《な》るであろう」（一一二三ページ）

どんなに信心しても、御本尊を拝《おが》んでも、日蓮大聖人に反逆《はんぎゃく》した人間は、必ず地獄に堕ちると仰《おお》せである。

日顕宗《にっけんしゅう》は大聖人の教《おし》えをまっこうから否定《ひてい》し、大聖人の仏法を私利私欲《しりしよく》で汚《けが》した。大聖人のご遺命《ゆいめい》である広宣流布《こうせんるふ》を進める和合僧団《わごうそうだん》・創価学会を破壊《はかい》しようとした。最大の「日蓮に敵対した人々」である。ゆえに日顕宗の唱題《しょうだい》には絶対《ぜったい》に功徳《くどく》はない。

大聖人は〝日蓮に師《し》敵対すれば地獄〟と言われたのであって、〝悪《わる》い法主《ほっす》を批判《ひはん》してはならない〟などとは、まったく言われていない。御書のどこにもない。

そのうえで、大聖人は、彼らは因果《いんが》の理法《りほう》によって無量劫の間、苦しむが、その後、また私が救《すく》ってあげようと言われている。大慈大悲《だいじだいひ》のお言葉である。今世《こんぜ》で謗法《ほうぼう》を反省《はんせい》し、正しき信心に立ち戻《もど》れば罪《つみ》が軽《かる》くなることは言うまでもない。日顕宗破折《はしゃく》の運動は、無量劫、地獄に堕とさないための、慈悲の行動なのである。

――一九九五・一・七

正体《しょうたい》でもあった。

——一九八九・九・一五

*

「自身の仏界《ぶっかい》を知《し》らないうちは、外の諸仏《しょぶつ》も姿《すがた》を顕《あらわ》さない」（六七㌻）

この御文《ごもん》は「十界互具《じっかいごぐ》」の意義《いぎ》を説《と》かれたものである。また、私どもの信心の一念《いちねん》についても重要《じゅうよう》な示唆《しさ》をあたえてくださっていると拝《はい》する。すなわち、己心《こしん》の「仏界」の光が強まれば強まるほど、他の人の「仏界」も確信《かくしん》できる。本来《ほんらい》、仏《ほとけ》であるという本源的《ほんげんてき》な尊敬《そんけい》の念《ねん》が起《お》こってくるのである。

反対に、権威《けんい》をカサに仏子《ぶっし》を見くだし、〝我尊《われとうと》し〟と威張《いば》っている人間は、それ自体《じたい》、己心の仏界を現《げん》じていない証拠《しょうこ》である。当然《とうぜん》、「自分を見つめる」力《ちから》もない。成長《せいちょう》も止まる。堕落《だらく》が始《はじ》まる。人からも信用《しんよう》されない。

そして表《おもて》には立派《りっぱ》そうに振《ふ》る舞《ま》いながら、なかには裏《うら》で学会を利用《りよう》しようと策動《さくどう》する者さえ出てくる。まことに〝偽《いつわ》りの精神《せいしん》生活〟である。それが、責任《せきにん》ある立場《たちば》にありながら退転《たいてん》し、反逆《はんぎゃく》した人間の

第二章　広布の実践

広宣流布

〈大願に生きる〉

法華経法師品《ほっしほん》第十には「大願《だいがん》を成就《じょうじゅ》して、衆生《しゅじょう》を愍《あわれ》むが故《ゆえ》に、此《こ》の人間に生《しょう》ず」（法華経三五六㌻）、「衆生を愍むが故に、悪世《あくせ》に生《う》まれて、広く此の経《きょう》を演《の》ぶ」（法華経三五七㌻）と説《と》かれている。つまり、過去世《かこせ》において大願を成就し、成仏《じょうぶつ》したとしても、みずから願《ねが》って娑婆《しゃば》世界に生まれ、正法《しょうほう》を弘《ひろ》め、悪世に苦しむ衆生を救《すく》いゆくところに、仏法の深《ふか》い精神《せいしん》がある。

日蓮大聖人は「御義口伝《おんぎくでん》」で、「**『大願』とは『法《ほっ》華弘通《けぐつう》』であり、哀《あわ》れむべき衆生とは『日本国の一《いっ》切《さい》衆生』である。そして『悪世に生まれ』る人とは『日蓮とその門下《もんか》である』**」（七三六㌻）と仰《おお》せくださっている。

大聖人門下として広布《こうふ》に邁進《まいしん》する私どもは、あえて願い求《もと》めて五濁《ごじょく》悪世に生まれ、それぞれ使命《しめい》の国《こく》土《ど》に躍《おど》り出てきた。ゆえに、今いる天地《てんち》こそ、全宇《ぜんう》宙《ちゅう》のなかでも、一人一人にとって、最高の使命の舞台《ぶたい》である。またそう自覚《じかく》したとき、生命は欣喜雀《きんきじゃく》躍《やく》し、最大の生きがいを燃《も》やすことができる。

——一九八九・一・六

*

日蓮大聖人は、この青年門下《もんか》（南条時光《なんじょうときみつ》）の勇敢《ゆうかん》な行動（熱原《あつはら》の法難《ほうなん》の際《さい》、迫害《はくがい》された同志《どうし》を自分の屋《や》敷《しき》にかくまうなど、わが身を危険《きけん》にさらして尊《とうと》い仏子《ぶっし》を守《まも》ろうとした）を、最大に讃嘆《さんたん》された。時光が数《かぞ》えで二十一歳《さい》の時に与《あた》えられたお手紙《てがみ》（「上野殿御《うえのどのご》返事《へんじ》」）では、こう激励《げきれい》されている。

「願《ねが》わくはわが弟子《でし》たちよ、（成仏《じょうぶつ》への）大願《だいがん》を起《お》こしなさい。（中略）ともかく、死は定《さだ》まっているのである。そのときの嘆《なげ》きは、現在の苦しみと同じである。

同じことならば、かりにも法華経（妙法《みょうほう》）のため

に命《いのち》を捨《す》てなさい。それは、あたかも露《つゆ》を大海《たいかい》に入《い》れ、塵《ちり》を大地に埋《う》めるようなものであると思いなさい」（一五六一㌻）と。

殉教者《じゅんきょうしゃ》まで出した熱原の法難である。時光の受けた圧迫《あっぱく》も筆舌《ひつぜつ》に尽《つ》くせぬものであったろう。しかし、大聖人は、法難の苦しみも死ぬ時の嘆きも、苦しいことは同じであり、ならば、広布《こうふ》の道を貫《つらぬ》いて大境涯《だいきょうがい》を得《え》なさい、と教《おし》えられている。

人間にとって、死がどれほどの苦痛《くつう》であることか。いかに金持《かねも》ちでも、地位《ちい》や権力《けんりょく》があっても、死を前にしては夢《ゆめ》のように空《むな》しい。幻《まぼろし》のように、はかない。皆、これがわからない。それを、広布のために苦労《くろう》することによって、自身の宿業《しゅくごう》を転換《てんかん》し、最高に安楽《あんらく》な「死」即《そく》「次の人生への出発《しゅっぱつ》」を迎《むか》えられるのが、この仏法である。

その実証《じっしょう》を、私たちは先輩《せんぱい》や同志の姿《すがた》に多く見てきた。この一点だけでも、正法《しょうほう》の功徳《くどく》は偉大《いだい》である。ゆえに、正法を教えてくれた学会の恩《おん》に、どれほど感謝《かんしゃ》してもしきれない。

――一九九三・四・一三

＊

法華経譬喩品《ひゆほん》には、主師親《しゅししん》の三徳《さんとく》を示《しめ》す「今此三界《こんしさんがい》……」の文《もん》がある。「今此《いまこ》の三界は　皆《みな》是《こ》れ我《わ》が有《う》なり　其《そ》の中の衆生《しゅじょう》は　悉《ことごと》く是《こ》れ吾《わ》が子なり　而《しか》るに今此の処《ところ》は　諸《もろもろ》の患難《げんなん》多《おお》し　唯《た》だ我れ一《いち》人《にん》のみ　能《よ》く救護《くご》を為《な》す」（法華経一九一㌻）と。

この文の中で仏《ほとけ》は、三界の衆生はすべて「吾が子」であると、「親《おや》」の徳を示している。また、日蓮大聖人は御書で、「法華経」にこそ永遠《えいえん》なる父と母の義《ぎ》がともに具《そな》わっていることを示されている。たとえば「開目抄《かいもくしょう》」では、伝教大師《でんぎょうだいし》の『法華秀句《ほっけしゅうく》』の文を引《ひ》いてご指南《しなん》されている。

「伝教大師は日本における顕密二教《けんみつにきょう》の元祖《がんそ》であるが、その著述《ちょじゅつ》された『法華秀句』に『他宗《たしゅう》のよりどころとしている経《きょう》は仏母《ぶつぼ》の義が一分《いちぶん》はあるけれども、ただ愛《あい》のみあって厳《げん》の義を欠《か》いている。これに対し、天台《てんだい》法華宗は厳愛《げんあい》の義をそなえている。このゆえに、一切《いっさい》の賢人《けんじん》・聖人《しょうにん》、また学《がく》（修学《しゅうがく》の途中《とちゅう》に

あり、まだ学《まな》ぶべきことのある者）・無学《むがく》（もう学ぶべきことがない者）および菩薩心《ぼさつしん》をおこした者の父である』といっている」（二一五ページ）

法華経に説《と》かれた「親」の徳、すなわち「永遠《えいえん》常住《じょうじゅう》なる根源《こんげん》の父母《ふぼ》」の徳は、いうまでもなく法華経の肝要《かんよう》である南無妙法蓮華経、すなわち御本尊に一切そなわっている。御本尊が、御本仏日蓮大聖人が、永遠の「父」であり「母」であられる。私どもは日々、妙法《みょうほう》を唱《とな》え、大聖人のご遺命《ゆいめい》たる広宣流《こうせんる》布《ふ》をめざして生きぬいている。三世常恒《さんぜじょうごう》の父母につつまれて生きているのは私どもなのである。

――一九九一・七・二七

＊

「仏法が東《ひがし》から西《にし》へ還《かえ》る」というのは、決《けっ》して日蓮大聖人が勝手《かって》に言っておられたのではない。中《ちゅう》国《ごく》の仏法者も、それしかないと知《し》っていた。ここが大事《だいじ》である。

「顕仏未来記《けんぶつみらいき》」には、中国の「宋《そう》」の時代の天台《てんだい》僧《そう》である遵式《じゅんしき》（天台の約《やく》四百年後の人）の言葉を引《ひ》いておられる。

「始《はじ》め、釈尊《しゃくそん》の仏法が西から伝《つた》わってきたのは、ちょうど月が西から東へ移《うつ》っていくようなものであった。今、再《ふたた》び東の日本から仏法が返《かえ》ってきた。これはちょうど太陽《たいよう》が東から昇《のぼ》るようなものである」（五〇八ページ）

（また同抄《どうしょう》では妙楽大師《みょうらくだいし》の言葉も引かれ、この遵式の言《げん》とともに、インド・中国には真《しん》の仏法は失《うしな》われた文証《もんしょう》とされている）

こういう文証を引かれながら、大聖人は**「末法《まっぽう》に流布《るふ》する仏法は、必《かなら》ず東土《とうど》の日本から出現するはずである」**（同）と仰《おお》せになったのである。太陽の仏法が必ず、日本から昇って、世界を照《て》らしていく、と。

「末法万年《まんねん》を照らす大仏法」が必ず出現する――これは、天台大師をはじめ、中国でも、真の仏法者の認識《にんしき》であった。そして、大聖人の未来記のとおりに実現したのが創価学会である。その学会に連《つら》なる皆さま方の福運《ふくうん》は絶大《ぜつだい》であり永遠《えいえん》である。最後は必

ず大功徳《だいくどく》に包《つつ》まれていく。　――一九九八・三・三

＊

「日蓮の慈悲《じひ》が広大《こうだい》であるならば、南無妙法蓮華経は万年《まんねん》のほか未来《みらい》の果《は》てまでも流布《るふ》するであろう」（三二九㌻）

根本《こんぽん》は、日蓮大聖人の「大慈悲」によって、広宣《こうせん》流布《るふ》は進められていく。その聖業《せいぎょう》を担《にな》う私どもの誉《ほま》れは無上《むじょう》である。

また、大聖人は「御義口伝《おんぎくでん》」に、次のように述《の》べられている。

「今、日蓮が唱《とな》える南無妙法蓮華経は、末法《まっぽう》万年の衆生《しゅじょう》まで成仏《じょうぶつ》させるのである」（七二〇㌻）と。

大聖人の仰《おお》せのままに進む人は、だれでも成仏できるのである。「成仏できない」と主張《しゅちょう》する人は、大聖人に弓《ゆみ》を引《ひ》く者である。大聖人は「末法一万年」「万年の外《ほか》」と仰せである。七百年など、まだまだ始《はじ》まりにしかすぎない。いよいよ万年の未来へ、広宣流布への新しき、そして壮大《そうだい》なる希望《きぼう》の出《しゅつ》発《ぱっ》をしたい。　――一九九一・一一・三〇

＊

「日本に仏法が渡《わた》って七百余年《よねん》の今、前代未聞《ぜんだいみもん》の大法《だいほう》がこの国に流布《るふ》して、インド・中国《ちゅうごく》をはじめ全世界の一切衆生《いっさいしゅじょう》が仏《ほとけ》に成《な》ることができることこそ、ありがたいことである。ありがたいことである」
（一二八三㌻）

この日蓮大聖人の仰《おお》せから、さらに七百年――。わが創価学会が出現して、このお言葉のとおりに、世界の広宣《こうせん》流布へと行動している。実証《じっしょう》を示《しめ》している。まことに不思議《ふしぎ》な仏法のリズムであると拝《はい》される。また、大聖人はどれほどお喜《よろこ》びくださることか。　――一九九〇・二・二四

＊

日蓮大聖人は、文永《ぶんえい》十年（一二七三年）四月、「観心本尊抄《かんじんのほんぞんしょう》」を著《あらわ》され、その中で次のように仰《おお》

せである。

「この時に、地涌千界《じゆせんがい》の大菩薩《だいぼさつ》が世《よ》に出現して、本門《ほんもん》の釈尊《しゃくそん》を脇士《きょうじ》とする、世界第一の本尊が、この日本の国に建立《こんりゅう》されるであろう」（二五四ページ）と。

大聖人が建立される御本尊は「世界第一」であり、全人類《ぜんじんるい》が帰依《きえ》し、信仰《しんこう》すべき、根本《こんぽん》の御本尊であられる。そして「観心本尊抄」から五十日ほど後に著された「顕仏未来記《けんぶつみらいき》」では、このように述《の》べられている。

「この人（法華経の行者《ぎょうじゃ》）は、諸天善神《しょてんぜんじん》や地涌の菩薩などの守護《しゅご》の力《ちから》を得《え》て、本門の本尊・妙法蓮華経の五字を、全世界に広宣流布《こうせんるふ》させていくであろう」（五〇七ページ）と。

大聖人の仏法は、必《かなら》ず全世界に広宣流布していくと宣言《せんげん》されたのである。その後、「撰時抄《せんじしょう》」「報恩《ほうおん》抄《しょう》」「下山御消息《しもやまごしょうそく》」「種種御振舞御書《しゅじゅおふるまいごしょ》」など、多くの御抄《ごしょう》において、大聖人の仏法が、必ず、一閻浮提《いちえんぶだい》に広宣流布することを明確《めいかく》に示《しめ》されている。

そして、「世界広宣流布」との御本仏の未来記を、初《はじ》めて事実のうえで実現し、世界広宣流布を推進《すいしん》しているのは、だれか。私どもであり、創価学会以外にはない。この現実の前には、いかなる詭弁《きべん》もむなしい。

――一九九二・一・二六

＊

「（われわれ衆生《しゅじょう》は）ある時は人に生《う》まれて、諸々《もろもろ》の国王《こくおう》や大臣《だいじん》、公卿《くぎょう》・殿上人《てんじょうびと》（貴族《きぞく》）など高位《こうい》・高《こう》官《かん》の身となって、これほどの楽しみはほかにないと思い、少しばかりの果報《かほう》を得《え》て十分《じゅうぶん》であると思い、喜《よろこ》び合《あ》っている。
しかし仏《ほとけ》は、これを、夢《ゆめ》の中の繁栄《はんえい》であり、幻《まぼろし》の楽しみである、ただ法華経をたもって、すみやかに仏になるべきである、と説《と》かれたのである」（三八六ページ）
権力者《けんりょくしゃ》であろうが、大臣であろうが、議員《ぎいん》や有名人であろうが、どんなに威張《いば》ってみても、仏法の眼《まなこ》から見れば「夢の中の栄《さか》え」「幻の楽しみ」にすぎない。はかない泡《あわ》のような栄華《えいが》を求《もと》める人生。また、それらをうらやんで、心を悩《なや》ます人生。短《みじか》い一生を、そうした幻を追《お》って過《す》ごすのでは、あまりにもむなしい。ゆえに私たちは、表面的《ひょうめんてき》な肩書《かたがき》や立場《たちば》などに惑《まど》わされない。実像《じつぞう》を見ぬいていく。〝一人の人間として偉《えら》いかどうか〟――この一点を、きちっと見ていく。

それでは、人間として、最《もっと》も尊貴《そんき》な人生とは、何か――。

大聖人は、「仏」に成《な》ることこそが、永遠《えいえん》の幸福であり、最高の人生と仰《おお》せである。「妙法《みょうほう》の当体《とうたい》」たる自分自身を輝《かがや》かせていく生活である。華《はな》やかではなくとも、まじめに信心に励《はげ》んだ人、真剣《しんけん》に広宣《こうせん》流布《るふ》に励んだ人、不滅《ふめつ》の大法《だいほう》とともに生きぬいた人こそが、真《しん》の「勝利者」であり、「勝利王」なのである。

広宣流布は三世《さんぜ》永遠の偉業《いぎょう》である。「この道」に生きぬいた人こそ、三世永遠の楽しみを満喫《まんきつ》していける――これが大聖人のお心である。その意味で、学会員こそ世界第一の「英雄《えいゆう》」であり、人間の「王《おう》者《じゃ》」である、とあらためて断言《だんげん》しておきたい。

――一九九三・三・二四

*

「人間として生《う》まれてくることはむずかしい。あたかも爪《つめ》の上の土のように、わずかなことである。また、たとえ人間として生まれてきても、その身をたもつことはむずかしい。太陽《たいよう》が昇《のぼ》れば消《き》えてしまう草《くさ》の上の露《つゆ》のように、はかない。百二十歳《さい》まで長《なが》生《い》きし、汚名《おめい》を残《のこ》して死ぬよりは、生きて一日でも名《な》をあげる事《こと》こそが大切である」（一一七三㌻）

長生きしたから、いい人生とはいえない。何を残したか、どんな価値《かち》を生んだか、どれだけの人を幸《しあわ》せにしたかである。

その意味で、結論的《けつろんてき》にいえば、広宣流布《こうせんるふ》に生きることが、即《そく》、最高の人生となる。広宣流布に生きぬくことは、そのまま、社会への最大の貢献《こうけん》になっている。自他《じた》ともに幸福になる。仏法は即社会、そして信心は即生活であり、一体《いったい》である。ゆえに大聖人は、法華経のため、広宣流布のために働《はたら》き、名を上げなさい、限《かぎ》りある一生に、自分はこれだけやりきったという悔《く》いのない歴史《れきし》をつくりなさい、残しなさい、と教《おし》えられているのである。

――一九九三・三・二四

〈不惜身命〉

日蓮大聖人は、熱原法難《あつはらほうなん》の渦中《かちゅう》において、次のように門下《もんか》を励《はげ》まされている。

「おのおのは師子王《ししおう》の心を出して、どのように人が脅《おど》そうとも、決《けっ》して恐《おそ》れることがあってはならない。師子王は百獣《ひゃくじゅう》に恐れない。師子の子もまた同じである」（一一九〇㌻）と。

いかなる嵐《あらし》にも、迫害《はくがい》の大波《おおなみ》にも、決して恐れない。「師子王の心」で進んでいく――これこそ大聖人門下の精神《せいしん》であり、学会の伝統《でんとう》精神である。このことを永久《えいきゅう》に忘《わす》れてはならない。

牧口先生は、「いくじのない生命を、強く、清《きよ》くするのが信心である」と、よく言われていた。

信心は臆病《おくびょう》であってはならない。臆病では「成《じょう》仏《ぶつ》」を勝ちとることは絶対《ぜったい》にできない。大切なのは〝勇気《ゆうき》〟である。何ものをも恐れぬ〝勇気〟こそ、まことの信仰者《しんこうしゃ》の証《あかし》といってよい。

――一九八八・四・二四

＊

勇気《ゆうき》のある人は、幸福である。良《よ》い意味での楽観《らっかん》主義《しゅぎ》で、人生を強く生きぬいていける。

日蓮大聖人は**「日蓮の弟子《でし》たちは臆病《おくびょう》であってはならない」**（一二八二㌻）と仰《おお》せである。「一つ」言われたら「五」とか「十」とかの力《ちから》をもって反撃《はんげき》する。絶対《ぜったい》に退《ひ》かない。攻《せ》めていく。正義《せいぎ》を叫《さけ》びに叫んでいく。きちっと納得《なっとく》させていく。そうした「勇気」の人にこそ、御本尊の偉大《いだい》な功徳《くどく》も顕《あらわ》れていく。臆病は、それ自体《じたい》、すでに敗北《はいぼく》の姿《すがた》である。一《いち》念《ねん》が弱ければ、御本尊との真《しん》の感応《かんのう》もない。祈《いの》りも叶《かな》わない。同志《どうし》を守《まも》ることもできない。

――一九九〇・三・一八

＊

日蓮大聖人は、権力《けんりょく》とその追随者《ついずいしゃ》を徹底《てってい》して批判《ひはん》し、戦《たたか》われた。**「少しも恐《おそ》れる心があってはならない」**（一〇九一ページ）と。

民衆《みんしゅう》が恐れれば、権力者が喜《よろこ》ぶだけである。臆病《おくびょう》な民衆が多ければ多いほど、権力者は増長《ぞうちょう》する。ゆえに、権力を恐れない「勇気《ゆうき》ある民衆」をつくることが、世界のため、日本のために、根本的《こんぽんてき》な善《ぜん》の軌《き》道《どう》をつくることになる。「少しも恐れる心があってはならない」――私どもはこれからも、この大聖人の御金言《ごきんげん》のままに進んでまいりたい。

――一九九五・四・二

＊

日蓮大聖人は**「いささかも妻子《さいし》や眷属《けんぞく》を思って後髪《うしろがみ》をひかれてはいけない。権威《けんい》を恐《おそ》れてはならない」**（一一七七ページ）と、門下《もんか》に殉教《じゅんきょう》の精神《せいしん》をご指南《しなん》くださっている。

いかなる思想《しそう》、宗教《しゅうきょう》であれ、先覚者《せんかくしゃ》の命《いのち》を賭《と》した戦《たたか》いがあって弘《ひろ》まっていった。ましてや、大聖人の仏法という人類未聞《じんるいみもん》の「大法《だいほう》」を持《たも》ち弘《ひろ》めようとする最高の使命《しめい》をもった私どもである。いかなることがあろうとも、〝一歩《いっぽ》も退《ひ》かない〟との、強く固《かた》い決意《けつい》がなければならない。

――一九八八・八・七

＊

日蓮仏法は、殉教《じゅんきょう》が魂《たましい》である。自分中心《ちゅうしん》でなく「法」を中心にしていく。「法」に殉《じゅん》じていく。ゆえに最《もっと》も確《たし》かであり、何があっても揺《ゆ》るがない。驚《おどろ》かない。

日蓮大聖人は仰《おお》せである。**「特別《とくべつ》のことがなくても、人間は一度は死ぬことが決《き》まっている。したがって（難《なん》にあったときに、死を恐《おそ》れて）卑怯《ひきょう》な態度《たいど》をとって、人に笑《わら》われてはなりません」**（一〇八四ページ）と。

――一九九七・一〇・三

＊

「日蓮は過去《かこ》において、妻子《さいし》・所領《しょりょう》・眷属《けんぞく》（一族《いちぞく》の者、また身近《みぢか》に仕《つか》える家来《けらい》）などのために身命《しんみょう》を捨《す》てたところは、どれほど多くあったことであろう。あるいは山に捨て、海に捨て、あるいは河《かわ》、あるいは磯《いそ》等、また道ばたで命《いのち》を捨てたのであろうか。しかしながら、法華経のゆえ、題目《だいもく》のゆえの難《なん》ではないので、捨てた身命も、受けた難等も、成仏《じょうぶつ》のためのものではなかった。成仏のためではないから、身命を捨てた海や河も仏土《ぶつど》ではなかったであろう」

（一一一三㌻）

日蓮大聖人も過去世において、妻《つま》や子ども、また所領や一族・郎党《ろうどう》などのために、命を捨てたであろうと述《の》べられている。

御本仏の示同凡夫《じどうぼんぷ》（仏《ほとけ》が凡夫と同じ姿《すがた》を示《しめ》すこと）のお姿であろうか、成仏の道を貫《つらぬ》くことはむずかしく、しばしば踏《ふ》みはずしてしまうことをお示しくださっていると拝《はい》される。

もとより、何《なん》の苦難《くなん》もない人生などない。ただ同じ苦労《くろう》でも、仏法上の苦労、難は、すべて自分の永《えい》遠《えん》の大福徳《だいふくとく》に変《か》わる。ゆえに勇《いさ》んで正法広布《しょうほうこうふ》のため、正しき信心を守《まも》るために戦《たたか》う人が、成仏へと歩《あゆ》む人である。

——一九九一・一〇・一〇

＊

「たびたびのお便《たよ》りをいただき、その真心《まごころ》のありがたさは言い尽《つ》くしようもない。それにつけても、去《さ》る十二日の難《なん》（文永《ぶんえい》八年九月十二日の竜《たつ》の口《くち》の法難《ほうなん》）の時、あなた（四条金吾《しじょうきんご》）は竜の口の刑場《けいじょう》まで連《つ》れそわれ、そればかりか腹《はら》を切ろうと言われたことは、不思議《ふしぎ》というほかない」（一一一三㌻）

ありがたいお言葉である。在家《ざいけ》の信徒《しんと》の「真心」を深《ふか》く汲《く》み取《と》ってくださっている。「心」を「心」で受けとめてくださっている。門下《もんか》の不惜身命《ふしゃくしんみょう》の信心を「不思議」とまで、たたえられているのである。私どもも、大聖人の仰《おお》せのままに、不惜身命の行動を貫《つらぬ》き、「広宣流布《こうせんるふ》」を進めに進めてきた。御本仏はすべて〝真実《しんじつ》〟をわかってくださっていることを確信《かくしん》する。

——一九九一・一〇・一〇

＊

「ただ放《ほう》っておきなさい。梵天《ぼんてん》や帝釈《たいしゃく》等のおはからいによって日本国の人々が一度に信ずることがこの先《さき》あるであろう。その時、私ももともと信じていた、という人が多くいるであろうと思われる」（一五三九ページ）

すなわち「ただ放っておきなさい」とは、さまざまなことがあっても、ともかく放っておきなさい、とのご指導《しどう》である。当時《とうじ》は、熱原法難《あつはらほうなん》の前兆《ぜんちょう》の時である。内外《ないがい》にわたり、策略《さくりゃく》や転落《てんらく》の姿《すがた》が、青年・南《なん》条時光《じょうときみつ》の身辺《しんぺん》にも激《はげ》しく渦巻《うずま》き始《はじ》めていた。そうした動きに対して、日蓮大聖人は、いちいちかまうことはない、達観《たっかん》していきなさい、とご指南《しなん》されている。

そして「梵天や帝釈天等のおはからいとして、日本国の人々が一時《いちじ》に信ずることが必《かなら》ずある。その時になって、〝私も、もともと信じていました〟〝私もそうです〟と言いだす人が大勢《おおぜい》でてくるであろう」と予見《よけん》なされている。状況《じょうきょう》が悪《わる》いときは一緒《いっしょ》に悪《わる》口《くち》を言っていても、やがて時がくれば、自分もじつは信じていたんだと言ってきますよ、と。

大聖人は、このようにして時光の胸《むね》に大いなる希《き》望《ぼう》の虹《にじ》をかけてくださったのである。小さなことで一喜一憂《いっきいちゆう》する必要《ひつよう》はない、その場《ば》しのぎの弁解《べんかい》も無《む》用《よう》である。強き一念《いちねん》で一切《いっさい》を弾《はじ》き返《かえ》し、凜々《りんりん》たる勇《ゆう》気《き》を五体《ごたい》にわきたたせていきなさい。まっすぐに信心いちずに進んでいきなさい、とのご指南である。

——一九八九・五・一六

＊

「所詮《しょせん》、日蓮および弟子《でし》檀那《だんな》等が南無妙法蓮華経と唱《とな》え奉《たてまつ》ることが、法華経の授記品《じゅきほん》で説《と》かれている『是《こ》の身を捨《す》て已《おわ》って』の文《もん》に当《あ》たるのである。不惜身命《ふしゃくしんみょう》の実践《じっせん》だからである」（七三一ページ）

自行化他《じぎょうけた》にわたる題目《だいもく》、つまり唱題《しょうだい》と折伏行《しゃくぶくぎょう》こそ不惜身命の実践であるとの仰《おお》せである。

さらに続《つづ》けて**「また、この文を『この身をほどこ**

す』と読《よ》めば、法界《ほうかい》にわが身の五大《ごだい》（地水火風空《ちすいかふうくう》）を施《ほどこ》すという意味になり、わが身を捨てるとの義《ぎ》ではないのである。むしろ、『この身を捨てて仏《ほとけ》になる』というのは、爾前権教《にぜんごんきょう》の立場《たちば》のとらえ方《かた》であり、『権教のこうした考《かんが》え方に対する執着《しゅうちゃく》の心を捨てる』ことを、法華経では『是の身を捨て已って』と説いているのである」（同）と仰せになっている。

「わが身を捨てる」のではなく、「わが身を法界にほどこす」のが法華経の本義《ほんぎ》なのである。また、「身を捨てる」という低《ひく》い教《おし》えへの執着をこそ「捨てるべきである」と。

法界のため、すなわち仏法のため、人間のため、世界のために、身を惜《お》しまず尽《つ》くしていくところに、真《しん》の不惜身命の意義《いぎ》があると拝《はい》される。どこまでも強く、生きて生きぬいていくことである。

――一九九〇・一一・一七

＊

佐渡《さど》に流罪《るざい》されて、すぐに、こう仰《おお》せである。

「日蓮は、日本国の片田舎《かたいなか》である東国《とうごく》のうち、安《あ》房《わ》の国（千葉県《ちばけん》の一部）の東条《とうじょう》というところの海辺《うみべ》の最下層《さいかそう》の家の子である。むなしく朽《く》ちてしまうであろうこの身を、法華経の御《おん》ために捨《す》てることは、『石』を『黄金《おうごん》』と交換《こうかん》することではないか」（八九一ページ）

自分は、もともと最低《さいてい》の身分《みぶん》の人間である。何を、この身を惜《お》しむことがあろうか。法華経のために命《いのち》を捨てれば、仏《ほとけ》になれる。これ以上のすばらしい死に方があろうか――と仰せなのである。

威張《いば》らない。偉《えら》ぶらない。地位《ちい》や名声《めいせい》や財産《ざいさん》で、自分を飾《かざ》らない。それでこそ、「不惜身命《ふしゃくしんみょう》の力《ちから》」が、わいてくる。

少しでも自分を飾ろうとしたら、もう信仰《しんこう》は堕落《だらく》する。〝自分は大学を出た〟〝自分は家柄《いえがら》がいい〟〝自分は有名人だ〟〝自分には地位がある〟――そういう幻《まぼろし》にとらわれたら、保身《ほしん》になり、心は堕《お》ちる。いわんや、学会のおかげで幹部となり、名士《めいし》となって、自分を偉いと思うなど最低である。

「こんな自分が、大勢《おおぜい》の人の面倒《めんどう》を見られる立場《たちば》にならせていただいた。なんと、ありがたいことか！」と、感涙《かんるい》にむせぶのが本当ではないだろうか。それが、**「旃陀羅《せんだら》（最下層の家）の子である」**（同）と叫《さけ》ばれた日蓮大聖人のお心にかなう道であると、私は信ずる。

――一九九七・九・五

＊

「詮《せん》ずるところ、今、日蓮およびその門下《もんか》として、南無妙法蓮華経と唱《とな》え奉《たてまつ》る行者《ぎょうじゃ》は、末法《まっぽう》の不軽菩《ふきょうぼ》薩《さつ》である」（七六五ページ）

私どもが日蓮大聖人のご精神《せいしん》に連《つら》なり、さまざまな圧迫《あっぱく》に負《ま》けず、妙法《みょうほう》を唱え、猛然《もうぜん》と思想戦《しそうせん》・言論《げんろん》戦《せん》、広宣流布《こうせんるふ》の戦《たたか》いを進めていく。そこに無上《むじょう》にして永遠《えいえん》の「生命の栄冠《えいかん》」が、自身に輝《かがや》いていくことは、絶対《ぜったい》に間違《まちが》いない。

――一九八九・一二・二〇

＊

元弘《げんこう》三年（一三三三年）正月十三日、八十八歳《さい》であられた日興上人《にっこうしょうにん》は、**「末法万年《まっぽうまんねん》にわたって一切衆《いっさいしゅ》生《じょう》を救《すく》い護《まも》るために」**（一六一九ページ）門下《もんか》の厳守《げんしゅ》すべき戒《いまし》めをとどめ残《のこ》された。二月七日にご入滅《にゅうめつ》なされる直前《ちょくぜん》のことである。

戸田先生は、青年部に対して、妙法《みょうほう》の若《わか》き将軍《しょうぐん》であるならば、この「二十六箇条《かじょう》」の遺誡置文《ゆいかいおきぶみ》のままに戦《たたか》いぬけと、強く言われていた。

なかでも**「いまだ広宣流布《こうせんるふ》していない間《あいだ》は、身命《しんみょう》を捨《す》てて、各々《おのおの》の力《ちから》の限《かぎ》りに妙法を弘《ひろ》めるべきである」**（一六一八ページ）との一条を、戸田先生はご自身の生涯《しょうがい》をとおして貫《つらぬ》きとおされたのである。弟子《でし》である私も、また同じであった。諸君《しょくん》も、また同じ人生であると確信《かくしん》したい。

ともかく、この一文のままに、広宣流布のため「身命を捨て随力弘通《ずいりきぐつう》」に、ひたすら生ききってきた。ゆえに私には何の悔《く》いもないし、恐《おそ》れるものもない。そして、この一点にこそ、日蓮大聖人、また日興上人の真実《しんじつ》の門下としての証《あかし》があり、誉《ほま》れがあると思っている。「身命を捨て随力弘通」の行動のない人は、たとえどのように立派《りっぱ》な言葉で飾《かざ》ったとしても、それは、日興上人のお心に、絶対《ぜったい》に適《かな》うものではない。

――一九九〇・七・二一

〈世界広布〉

「霊山《りょうぜん》とは、御本尊の住所《じゅうしょ》および、南無妙法蓮華経と唱《とな》え奉《たてまつ》る、日蓮とその門下《もんか》の住所のことを説《と》いているのである」（七五七㌻）

霊山とは、御本尊の住所であるとともに、妙法《みょうほう》を唱える私どものいる場所のことであるとの教《おし》えである。また別《べつ》の御文《ごもん》では、こうも仰《おお》せである。

「今、南無妙法蓮華経と唱え奉る、日蓮とその門下のいるところは、山であれ、谷《たに》であれ、荒野《こうや》であれ、いずこも寂光土《じゃっこうど》なのである」（七八一㌻）と。

大聖人直結《ちょっけつ》の門下として題目《だいもく》を唱える人の住所は、いずこであれ、かりに御本尊を直接拝《ちょくせつはい》せない場合であっても、すべてが寂光土であり、霊山である。大聖人の仰せのままに「広宣流布《こうせんるふ》」に進んでいるのは学会員である。学会員の活躍《かつやく》の場《ば》こそ、どこであれ仏国土《ぶっこくど》なのである。

日本中、世界中、同志《どうし》のいるところは、すべて寂光土であり、私どもは、世界中に寂光土を広げているのである。これ以上、崇高《すうこう》な人生はない。

――一九九二・三・二九

＊

「大集経《だいしゅうきょう》に説《と》かれる白法隠没《びゃくほうおんもつ》の時（釈尊《しゃくそん》の仏法が功力《くりき》を失《うしな》う時）に次《つ》いで、法華経の大白法（日蓮大聖人の仏法）が、日本国並《なら》びに全世界に広宣流布《こうせんるふ》していくことも疑《うたが》いないであろう」（二六五㌻）

日蓮大聖人門下《もんか》として、この仰《おお》せを現実のうえで違《たが》わず実現してきたのはだれか。他のだれでもない、私ども創価学会である。大聖人の立宗宣言以来《りっしゅうせんげんいらい》、三大秘法《さんだいひほう》の仏法を、これほどまで日本中、全世界に弘《ひろ》めた事実が、かつてあったであろうか。まさに、正法《しょうほう》の歴史《れきし》に未曽有《みぞう》の、そして世界の仏法史に燦《さん》然《ぜん》と輝《かがや》く壮挙《そうきょ》なのである。

――一九九〇・一二・九

日蓮大聖人は「顕仏未来記《けんぶつみらいき》」で、ご自身が経文《きょうもん》の予言《よげん》どおりの大難《だいなん》にあわれたことを引《ひ》かれて、**「もし日蓮が出現しなかったなら、仏《ほとけ》の言葉は虚妄《こもう》になったであろう」**（五〇七ジペー）とのご確信《かくしん》を示《しめ》されている。

*

この、実践《じっせん》に裏《うら》づけられたご確信に対して「大慢《だいまん》である」と誹謗《ひぼう》する者もあった。こうした輩《やから》に向《む》かって**「あなたは、**（法華経の行者《ぎょうじゃ》である）**日蓮を誹謗しようとして、仏の未来記を虚妄にするのである。それこそ、まさに大悪人《だいあくにん》ではないか」**（同）と厳《きび》しく破折《はしゃく》されている。

正法流布《しょうほうるふ》に逆行《ぎゃっこう》する宗門《しゅうもん》の悪《あく》は悪として、私どもは、今までのように、無理《むり》解《かい》で意地《いじ》悪《わる》く足《あし》を引っ張《ぱ》られることもなく、言うべきことも言えないという制約《せいやく》もなくなった。自由に、自在《じざい》に、伸《の》び伸びと、その国や地域《ちいき》にあわせた前進《ぜんしん》ができるようになったともいえる。

「大悪《だいあく》」の出現をも、私どもの「信心の団結《だんけつ》」で「大善《だいぜん》」へと転換《てんかん》することができた。不思議《ふしぎ》なことに、大聖人の仰《おお》せどおりの世界広布《こうふ》の新舞台《しんぶたい》を大きく開《ひら》ける〝時〟がきたのである。これからである。今こそ、万年《まんねん》への〝出発《しゅっぱつ》の時〟である。今、本気《ほんき》で戦《たたか》った人の大功徳《だいくどく》は間違《まちが》いない。

——一九九二・一・二六

*

秦《しん》が滅《ほろ》びたあとの天下《てんか》をめぐって壮絶《そうぜつ》な戦《たたか》いを繰《く》り広げたのが、項羽《こうう》（前二三二年—前二〇二年）と劉邦《りゅうほう》（前二四七年—前一九五年）である。この二人の戦いは、歴史上《れきしじょう》、屈指《くっし》の激《はげ》しい決戦《けっせん》であったといわれている。

しかし、日蓮大聖人は「開目抄《かいもくしょう》」の中で、**「彼らが八年にわたって中国《ちゅうごく》で戦ったよりも、私の法戦《ほうせん》はさらに激しく、重大《じゅうだい》な闘争《とうそう》である」**（二一八ジペー）と述《の》べられている。

歴史上のいかなる闘争よりも、正法流布《しょうほうるふ》の法戦

は、はるかに熾烈《しれつ》な、深《ふか》い意義《いぎ》のある大闘争である
――とのご確信《かくしん》であられた。

ゆえに、大聖人の仰《おお》せのままに妙法《みょうほう》を弘《ひろ》めゆく創価学会の前進《ぜんしん》も、もっとも激しい障魔《しょうま》との大闘争である。そして、世界の「平和」と、人々の「幸福」を築《きず》くための、もっとも崇高《すうこう》な戦いなのである。

――一九九〇・一〇・一〇

＊

いうまでもなく、日蓮大聖人のお心は日本一国にとどまらない。太陽《たいよう》のごとく一閻浮提《いちえんぶだい》（全世界）を、全人類《ぜんじんるい》を赫々《かっかく》と照《て》らし、包《つつ》んでおられる。

思えば、大聖人が流罪《るざい》された佐渡《さど》の海は、仏教伝《でん》来《らい》の大恩《だいおん》ある韓《かん》・朝鮮半島《ちょうせんはんとう》にも、中国《ちゅうごく》にも通《つう》じている。また、東南《とうなん》アジアにも、さらにロシアにも、はるかインドにも通じている。

その佐渡で、大聖人は「仏法西還《ぶっぽうせいかん》」を断言《だんげん》されていたのである。

有名な「顕仏未来記《けんぶつみらいき》」には仰《おお》せである。

「（仏法は）正法《しょうほう》時代・像法《ぞうほう》時代（の二千年間）には、西《にし》から東《ひがし》に向《む》かい、末法《まっぽう》には東から西に行く」（五〇八㌻）と。

この仰せを、寸分《すんぶん》たがわず実現し、証明《しょうめい》してきたのは、ただＳＧＩである。私どもである。

――一九九八・一・一八

＊

「その国の仏法流布《るふ》は、あなたに、おまかせしよう。成仏《じょうぶつ》の種子《しゅし》は、（妙法《みょうほう》の話をするという）縁《えん》によって生《しょう》じていくのである」（一四六七㌻）

ゆえに朗《ほが》らかに、仏縁《ぶつえん》を結《むす》び、仏縁を広げてまいりたい。「友情《ゆうじょう》の開拓《かいたく》」が、すなわち「広宣《こうせん》流布の開拓」である。時代が乱世《らんせ》であればあるほど、「わが地域《ちいき》」「わが組織《そしき》」を、いよいよ揺《ゆ》るぎなく建設《けんせつ》していただきたい。

学会が盤石《ばんじゃく》であれば、「立正安国《りっしょうあんこく》」という平和の緑野《りょくや》は、世界へ、世紀《せいき》へ限《かぎ》りなく広がっていく。

――一九九八・一・一一

＊

日蓮大聖人は広宣流布《こうせんるふ》のとどまることのない流《なが》れについて、次のように、たとえておられる。

「木は静《しず》かであろうと思っても、風がやまないため動くし、春をとどめようと思っても、必《かなら》ず夏となる（それと同じように、広宣流布の流れはとどめようがない）」（一二四一ページ）

それぞれの国において、妙法《みょうほう》の友が健在《けんざい》であるかぎり、広布《こうふ》の道は必ずや開《ひら》かれていくものである。ゆえに今はたとえ少人数《しょうにんずう》であっても、あせる必要《ひつよう》はまったくない。あせりは挫折《ざせつ》や失敗《しっぱい》をもたらす。どうか皆さま方は悠々《ゆうゆう》と未来《みらい》を見つめながら、どこまでも仲良《なかよ》く朗《ほが》らかに、着実《ちゃくじつ》な前進《ぜんしん》をお願《ねが》いしたい。

——一九八九・五・二八

＊

「（法華経の中で釈尊《しゃくそん》は）『私は、自《みずか》らの難行《なんぎょう》・苦行《くぎょう》の修行《しゅぎょう》で得《え》た功徳《くどく》を、末法《まっぽう》の広宣流布《こうせんるふ》に先駆《せんく》する人に譲《ゆず》るであろう』と説《と》かれている」（一四一五ページ）

先駆して世界広布《こうふ》に戦《たたか》う人の功徳がどれほどすごいか。反対に、その人を迫害《はくがい》したりすれば、「はじめは何事《なにごと》もないようであるが、必《かなら》ず最後には滅亡《めつぼう》の悲運《ひうん》に堕《お》ちないものはない」（一一九〇ページ）と仰《おお》せのように、最後には必ず滅《ほろ》びる。

ゆえに、彼らの脅《おど》しや悪口《あっこう》など歯牙《しが》にもかける必《ひつ》要《よう》はない。本当の仏法者ならば、勇者《ゆうしゃ》ならば、賢者《けんじゃ》ならば、偉大《いだい》な人ならば——。日蓮大聖人ご自身が、この烈々《れつれつ》たる気迫《きはく》で戦われた。そして、大聖人のお心を心として、ともに戦う広宣流布の先駆者を最大に励《はげ》まされたのである。

——一九九四・八・三〇

＊

「私たち（日蓮大聖人と弟子《でし》の最蓮房《さいれんぼう》）が住《す》んで法華経を修行《しゅぎょう》している所は、どんな所でも常寂光《じょうじゃっこう》の都《みやこ》となるであろう。私たちの弟子檀那《だんな》となる人は、一歩《いっぽ》も歩《ある》かないで天竺《てんじく》（インド）の霊鷲山《りょうじゅせん》を見るこ

とができ、本有《ほんぬ》の寂光土《じゃっこうど》へ昼《ひる》も夜も往復《おうふく》なされるということは、言いようがないほど、うれしいことである」（一三四三㌻）

日本中、世界中、学会員が、今いるその場《ば》を「本《ほん》有常住《ぬじょうじゅう》」の常寂光土へと、たくましく変《か》えていっておられる。その姿《すがた》は、まさに、この御聖訓《ごせいくん》のとおりである。

「日蓮が魂《たましい》（全生命）を墨《すみ》に染《そ》めながして」（一一二四㌻）と仰《おお》せの御本尊を受持《じゅじ》して、広宣流布《こうせんるふ》に行動していくところが、私どもの「本国土《ほんこくど》」であり「仏国土《ぶっこくど》」なのである。現実の生活の場を離《はな》れて、どこか別《べつ》のところに特別《とくべつ》な聖地《せいち》を求《もと》め、神秘的《しんぴてき》な霊《れい》地《ち》に行くのではない。だれもが「どこでも」、そして「いつでも」、わが胸《むね》の宮殿《きゅうでん》を開《ひら》いていくことができる――これこそ、もっとも普遍的《ふへんてき》な信仰《しんこう》のあり方である。

――一九九七・五・二五

*

「この法華経を全世界に行《ぎょう》じていくことは、普賢《ふげん》菩薩《ぼさつ》の威光《いこう》ある優《すぐ》れた力《ちから》によるのである。この経《きょう》が世界に広宣流布《こうせんるふ》することは、必《かなら》ず普賢菩薩の守護《しゅご》によるのである」（七八〇㌻）

ここには甚深《じんじん》のお心が拝《はい》されるが、普賢菩薩の「普」とは、〝あまねし〟と読《よ》む。普遍性《ふへんせい》のある**「〝不《ふ》変《へん》の真理《しんり》〟（不変真如《しんにょ》の理《り》）」**（同）を意味すると「御《おん》義口伝《ぎくでん》」には説《と》かれている。また「賢《けん》」とは、〝かしこし〟と読む。「御義口伝」では**「〝智慧《ちえ》の義《ぎ》〟（随縁《ずいえん》真如の智《ち》）」**（同）とされる。

「普」が普遍にして変《か》わらない仏法の真理を意味し、「賢」は、その真理にもとづいたうえで、たとえば、その国と社会、その時代、その状況《じょうきょう》によって、自在《じざい》に発揮《はっき》するべき智慧を意味すると拝される。「菩薩」とは、民衆《みんしゅう》と社会の中に飛《と》び込《こ》んで戦《たたか》う〝慈悲《じひ》の行動者〟とも言えよう。

ともあれ、世界への広宣流布には、〝英知《えいち》の力〟が不可欠《ふかけつ》である。普遍性のある哲理《てつり》と、豊《ゆた》かな知恵《ちえ》の両方《りょうほう》があって初《はじ》めて、多種多様《たしゅたよう》な民族《みんぞく》、歴史《れきし》、伝《でん》統《とう》をもつ世界の人々の心をとらえることができる。

また、あたたかい慈愛《じあい》、人間性あふれる行動があってこそ「菩薩」の働《はたら》きとなる。

――一九九一・二・一四

＊

「（仏法を持《たも》った者は）仏《ほとけ》を敬《うやま》うがごとく、互《たが》いに尊敬《そんけい》しあうべきである。たとえば、法華経宝塔品《ほうとうほん》の儀式《ぎしき》のとき、多宝如来《たほうにょらい》が半座《はんざ》を分《わ》けて釈迦仏《しゃかぶつ》を迎《むか》え、二仏《にぶつ》が並座《びょうざ》（並《なら》び座《すわ》る）したように、互いに尊敬しあわなければならない」（一三八三ページ）

どうか皆さま方は、この日蓮大聖人の仰《おお》せのとおりに、お互いに最大に尊敬し、守《まも》り合いながら、最高にうるわしい人間共和《きょうわ》の世界を、それぞれの国、それぞれの地域《ちいき》で、つくりあげていただきたい。

――一九九〇・九・五

創価学会・SGI

「富士《ふじ》の立義《りゅうぎ》、すなわち日興門流《にっこうもんりゅう》の宗義《しゅうぎ》は、いささかも、先師《せんし》日蓮大聖人のご弘通《ぐつう》に相違《そうい》していないこと」（一六一七ページ）

この条目《じょうもく》が（「日興遺誡置文《ゆいかいおきぶみ》」の）冒頭《ぼうとう》に置《お》かれているところに、深《ふか》きお心が拝《はい》される。「日蓮大聖人のご弘通」に「いささかも違《たが》わない」ことが、根本《こんぽん》中《ちゅう》の根本なのである。これこそ「日蓮大聖人直結《ちょっけつ》」の文証《もんしょう》である。ここに大聖人門下《もんか》の根源《こんげん》がある。今や、このご遺誡の実践者《じっせんしゃ》は創価学会しかない。

日顕宗《にっけんしゅう》では、「大聖人に相違しない」ことではなく、「日顕に相違しない」ことを教《おし》えている。根本が狂《くる》っている。「いささかも」どころか、完全《かんぜん》に違《い》背《はい》している。その具体例《ぐたいれい》は、皆さまがよくご存《ぞん》じのとおりである。

――一九九二・一〇・二四

＊

「日蓮によって日本国の存亡《そんぼう》は決《き》まる。たとえば、家に柱《はしら》がなければ保《たも》てず、人に魂《たましい》がなければ死人であるのと同じことである。日蓮は、日本の人の魂である」（九一九ページ）

「日本国の存亡は日蓮によって決まる」——日蓮大聖人直結《ちょっけつ》の私どもは、この烈々《れつれつ》たるご確信《かくしん》を忘《わす》れてはならない。戸田先生は、この御文《ごもん》を講義《こうぎ》されて、仏意仏勅《ぶついぶっちょく》のままに進む学会の誇《ほこ》りを語《かた》られた。

「この創価学会を倒《たお》したならば、日本の本当の繁栄《はんえい》はないのです。創価学会こそ日本の国の柱であり、眼目《がんもく》です」と。これが戸田先生の確信であり、ご遺《ゆい》言《ごん》である。学会は、日本の動向《どうこう》を決《けっ》する「柱」であり「魂」である。学会があればこそ、「新しき世紀《せいき》の夜明《よあ》け」を開《ひら》くことができる。この大いなる確信と誇りに燃《も》えて進んでいきたい。

——一九九三・六・二八

*

創価学会は、広宣流布《こうせんるふ》のために出現した仏意仏勅《ぶついぶっちょく》の教団《きょうだん》である。

法華経の薬王品《やくおうほん》には、「我《わ》が滅度《めつど》の後、後の五百歳《さい》の中、閻浮提《えんぶだい》に広宣流布して、断絶《だんぜつ》して悪魔《あくま》・魔《ま》民《みん》・諸天《しょてん》・竜《りゅう》・夜叉《やしゃ》、鳩槃荼《くはんだ》等に其《そ》の便《たより》を得《え》しむること無《な》かれ」（法華経六〇一ページ）と説《と》かれている。

釈尊《しゃくそん》が、末法《まっぽう》の「世界広宣流布」を予言《よげん》した、有名な文《もん》である。そして、この予言どおり出現されたのが日蓮大聖人であられる。

そして大聖人は、「報恩抄《ほうおんしょう》」において**「日本、さらに中国《ちゅうごく》、インド、全世界の一人一人が、有智《うち》・無《む》智《ち》の差別《さべつ》なく、一同《いちどう》に他事《たじ》を捨《す》てて南無妙法蓮華経と唱《とな》えるであろう」**（三二八ページ）とご予言されている。

このご予言へ、今、事実のうえで道を開《ひら》いている「人」はだれか。創価学会である。ゆえに**「人も法も、ともに尊《とうと》い」**（八五六ページ）との仰《おお》せに照《て》らして、「学会（人）」は「妙法《みょうほう》（法）」とともに尊いのである。

——一九九三・五・二三

*

わが学会が、なぜ勝てたのか。日蓮大聖人は文永《ぶんえい》十年（一二七三年）正月二十八日、ご流罪《るざい》の佐渡《さど》の地で、こう仰《おお》せである。

「日蓮も信じ始《はじ》めた日より毎日、これらの勘文《かんもん》

（経文《きょうもん》）を読誦《どくじゅ》して仏天《ぶってん》に祈《いの》り誓《ちか》いを立ててきたことによって、種々《しゅじゅ》の大難《だいなん》にあったにもかかわらず、法華経の功力《くりき》と釈尊《しゃくそん》の金言《きんげん》が深重《しんじゅう》であるがゆえに、今まで無事《ぶじ》であった。それにつけても法華経の行者《ぎょうじゃ》は、信心に退転《たいてん》なく、身にいつわり親《した》しむことなく、一切《いっさい》、法華経にその身をまかせて金言のとおりに修行《しゅぎょう》するならば、たしかに、来世《らいせ》はいうまでもなく、今世《こんぜ》にも息災延命《そくさいえんめい》で、勝妙《しょうみょう》の大果報《だいかほう》（成仏得道《じょうぶつとくどう》の境地《きょうち》）を得《え》、広宣流布《こうせんるふ》の大願《だいがん》をも成就《じょうじゅ》することができよう」（一三五七㌻）

この御文《ごもん》に照《て》らし、SGIの勝利の因《いん》は、第一に「金言の如《ごと》く修行」という〝如説《にょせつ》〟の信心即《そく》行動があるからである。広宣流布に向《む》かいゆく不退《ふたい》の信心があるからである。広宣流布という大聖人の大目的《だいもくてき》に生きぬいているからである。

第二に、大聖人が「毎日」と仰せのように、「信心即生活」のたゆみない一日一日の積《つ》み重《かさ》ねがあったからである。また「いつわり親《した》しむことなく」と仰せであるが、いつわりも、ごまかしも、悪《あく》へのへつらいや妥協《だきょう》もなかったからである。

策《さく》でもなければ、要領《ようりょう》でもない。ただ、強靱《きょうじん》なる信念《しんねん》で、御書の仰せのとおりに、誠実《せいじつ》に一日一日を勝《と》ち取ってきたゆえに、大聖人が守《まも》ってくださり、諸天善神《しょてんぜんじん》、梵天《ぼんてん》、帝釈《たいしゃく》が守ってくれたのである。

——一九九二・一・二九

*

「身に何一《なにひと》つ着《つ》けていないのに勇敢《ゆうかん》に前に進んで敵《てき》の大陣《だいじん》を破《やぶ》る猛者《もさ》と、甲冑《かっちゅう》（よろいやかぶと）で身を固《かた》めていながら敵を前に臆《おく》し退《しりぞ》いて、一陣《いちじん》さえ破れない者とは、どちらが勝っているであろうか」

（一二一三㌻）

この御文《ごもん》は、真言《しんごん》の教《おし》えを破折《はしゃく》し、「法華《ほっけ》第一」を示《しめ》されたものである。つまり、真言を擁護《ようご》する論理《ろんり》として——法華経には、印契《いんけい》や真言といった形式《けいしき》がなく、裸形《らぎょう》の猛者のようなものである。それにくらべ、大日経《だいにちきょう》（真言の依経《えきょう》）は甲冑を身に着けた猛者である。だから大日経のほうが優《すぐ》れている——との論難《ろんなん》があった。それに対し日蓮大聖人は、いくら立派《りっぱ》そうに甲冑を自慢《じまん》しても、実際《じっさい》に敵を前にしたときに尻込《しりご》みしてしまう意気地《いくじ》なしでは意味がない。すなわち、現実に人々を幸《しあわ》せにしていく力《ちから》がなければ、どんなに外面《がいめん》を飾《かざ》り、偉《えら》そうに見せても、所詮《しょせん》、虚《むな》しいとの道理《どうり》を示されている。

総《そう》じて宗教《しゅうきょう》には〝権威《けんい》の甲冑〟が付《つ》き物《もの》である。教義《きょうぎ》が浅《あさ》く、形式のみの宗教ほど、その傾向《けいこう》は強い。きらびやかな僧衣《そうえ》で飾る宗派《しゅうは》も多い。言うまでもなく、権威や形式は、宗教の内実《ないじつ》、教義の高低《こうてい》とは関係《かんけい》がない。大切なのは、その宗教が本当に人々を幸せに導《みちび》けるのか。強く、正しく生きぬくための源泉《げんせん》となりうるかどうかである。

わが創価学会には、必要《ひつよう》以上の飾りも形式主義《しゅぎ》もない。赤裸々《せきらら》な庶民《しょみん》と庶民の団体である。私どもは、ひたすら大聖人の教えのままに前進《ぜんしん》し、現実に数限《かずかぎ》りない人々を救《すく》った。広布《こうふ》を阻《はば》む幾多《いくた》の〝大陣〟を打ち破った。権威でも形式でもない。ただ、「信心の力」によって広布の新天地《しんてんち》を構築《こうちく》してきた。ここに、私どもの誇《ほこ》りがあり、誉《ほま》れがある。

――一九八九・一〇・一二

＊

「法華経を一字一句《いちじいっく》でも唱《とな》え、また人にも語《かた》っていく人は、教主釈尊《きょうしゅしゃくそん》のお使《つか》いである。そうだとすれば、日蓮は賤《いや》しい身ではあるが、法王《ほうおう》の教主釈尊から勅命《ちょくめい》をいただいて、この国に生《う》まれてきたのである」（一一二一㌻）

皆さまは、久遠《くおん》からの誓《ちか》いをもって、みずから望《のぞ》んで、それぞれの国に生まれてこられた尊《とうと》い仏《ほとけ》の使いであられる。どうか、それぞれの国を、楽しい平和な国土《こくど》へ変《か》えゆく、尊き使命《しめい》に生きぬいていただきたい。

なかには「自分の国は、まだまだ、これからだ」と悩《なや》む人もいるかもしれない。しかし、決《けっ》してあせる必要《ひつよう》はない。あせってはならない。

広宣流布《こうせんるふ》は万年《まんねん》の建設《けんせつ》である。「万年」は「永遠《えいえん》の未来《みらい》」の象徴《しょうちょう》ともいえる。皆さまは、この間、繰《く》り返《かえ》し生《う》まれてきては、広布《こうふ》のために戦《たたか》うであろう使命の人である。

今はその壮大《そうだい》な未来のための土台《どだい》をつくっているのである。ゆえに大切なのは、お一人お一人が成《せい》長《ちょう》し、幸福になり、信頼《しんらい》を勝ち取《と》ることである。

——一九九三・九・九

＊

日蓮大聖人は、仏道修行《ぶつどうしゅぎょう》における「国」と「時」の大切さについて、次のように説《と》かれている。

「一切《いっさい》のことは国により、時による。仏法を行《ぎょう》ずるものは、この道理《どうり》をわきまえるべきである」（一五七九㌻）

どうか、それぞれの国情《こくじょう》、時代性を見きわめ、信心を根本《こんぽん》に豊《ゆた》かな知恵《ちえ》をわかせながら、一人一人が〝良《よ》き市民《しみん》〟〝良き国民《こくみん》〟として、ますます活躍《かつやく》していかれるよう念願《ねんがん》するしだいである。

——一九八九・一〇・四

＊

「梵天《ぼんてん》・帝釈《たいしゃく》等の御《おん》はからいとして、日本国の人々が、正法《しょうぼう》を一度に信ずることがあるだろう」（一五三九㌻）

梵天・帝釈の加護《かご》を受けながらの大いなる前進《ぜんしん》——。日本における学会の歩《あゆ》みも、そしてＳＧＩの世界的な発展《はってん》も、諸天善神《しょてんぜんじん》がその働《はたら》きを大きく広げながら進んでいく段階《だんかい》に入っている。今日、世界の識者《しきしゃ》が、仏法を基調《きちょう》とした私どもの平和・文化・教育《きょういく》の運動《うんどう》に絶大《ぜつだい》な信頼《しんらい》と評価《ひょうか》を寄《よ》せている姿《すがた》は、一面《いちめん》からいえば、梵天・帝釈がこぞって応援《おうえん》してくれている姿にも通《つう》ずるといえないだろうか。

私は、十年、二十年も以前《いぜん》から、こうした仏法広《こう》宣《せん》の時代が到来《とうらい》することを予見《よけん》し、確信《かくしん》していた。そして、ひたすら地道《じみち》に、着実《ちゃくじつ》に、「時」をつくり「道」を開《ひら》いてきたつもりである。今や、壮大《そうだい》なる広布《こうふ》と平和の波は、大きく地球《ちきゅう》をつつみゆかんとしている。どうか皆さま方は、この絢爛《けんらん》たる仏法興《こう》隆《りゅう》の時代に生きゆく誇《ほこ》りにあふれ、堂々《どうどう》と胸《むね》を張《は》って進んでいただきたい。

——一九九〇・一一・二七

＊

「この三十数年間の三災《さんさい》・七難《しちなん》等の原因《げんいん》はまったく他のことではない。日本一同《いちどう》に日蓮をあだみ、国ごと、郡《ぐん》ごと、郷《ごう》ごと、村《むら》ごと、人ごとに、上一人《かみいちにん》より下万民《しもばんみん》にいたるまで（日蓮に対して）前代未聞《ぜんだいみもん》の大瞋恚《だいしんに》（怒《いか》り、うらみ）を起《お》こしているからである。（中略）結局《けつきょく》は、勝負《しょうぶ》を決《けつ》する以外に、この災《さい》難《なん》を止めることはできない」（九九八ページ）

自然《しぜん》の災害《さいがい》、悪賊《あくぞく》による騒乱《そうらん》、また内乱《ないらん》、他国《たこく》からの攻撃《こうげき》、飢饉《ききん》など深刻《しんこく》な経済《けいざい》の不況《ふきょう》、身の病《やまい》・心の病の蔓延《まんえん》など――。なぜ次から次へ、三災七難が打ち続《つづ》くのか？

その根本《こんぽん》原因が、この御文《ごもん》に明快《めいかい》に示《しめ》されている。そして、この苦悩《くのう》の流転《るてん》を止めんがために、日蓮大聖人は、権威《けんい》・権力《けんりょく》の魔性《ましょう》と戦《たたか》い、三類《さんるい》の強敵《ごうてき》にまっこうから挑《いど》まれたのである。この正義《せいぎ》の大闘《だいとう》争《そう》こそが広宣流布《こうせんるふ》である。時代の混迷《こんめい》を目《ま》のあたりにしながら、何もせず、ただ傍観《ぼうかん》している――それほど無責任《むせきにん》な、卑怯《ひきょう》なことはない。

今、創価学会が立ち上がり、全力《ぜんりょく》で、誠実《せいじつ》に行動している。これこそ大聖人のお心にかなっていると確信《かくしん》する。「仏法は勝負」（一一六五ページ）である。ひとたび戦いを開始《かいし》したからには、断《だん》じて負《ま》けるわけにはいかない。師子《しし》として仏敵《ぶってき》を打ち破《やぶ》り、勝ちぬいていく以外ない。すべては、ただ民衆《みんしゅう》の安穏《あんのん》のためである。

――一九九五・一〇・八

＊

「仏《ほとけ》の入滅後《にゅうめつご》において、四味《しみ》・三教《さんきょう》等（権教《ごんきょう》＝かりの教《おし》え）への邪《よこしま》な執着《しゅうちゃく》を捨《す》てて、真実《しんじつ》の大乗《だいじょう》教《きょう》である法華経に帰依《きえ》するならば、諸天善神《しょてんぜんじん》ならびに地涌千界《じゆせんがい》等の菩薩《ぼさつ》が、必《かなら》ず、法華経の行者《ぎょうじゃ》を守《しゅ》護《ご》するであろう。この行者は、（諸天善神や地涌の菩薩などの）守護の力《ちから》を得《え》て、本門《ほんもん》の本尊・南無妙法蓮華経を一閻浮提《いちえんぶだい》（全世界）に広宣流布《こうせんるふ》させていくにちがいない」（五〇七ページ）

法華経の行者とは、当然《とうぜん》、日蓮大聖人であられる。その上で、現代において、総《そう》じては、今、広宣流布へ、全世界で創価の同志《どうし》が立ち上がっている。地涌の菩薩が立ち上がっている。その姿《すがた》を、大聖人が励《はげ》ましてくださっていると拝《はい》したい。また、今、創価学会が、世界の（諸天善神の代表《だいひょう》である）梵《ぼん》天《てん》・帝釈《たいしゃく》――すなわち各界《かっかい》の指導者層《しどうしゃそう》から信頼《しんらい》され、喝采《かっさい》されている姿。これこそ諸天の護《まも》りの姿と信ずる。

ともあれ、大聖人が、また三世《さんぜ》十方《じっぽう》の仏菩薩、そして諸天善神が、厳然《げんぜん》として、わが学会を守護してくださった。学会が、御聖訓通《ごせいくんどお》りの行動であるゆえに。

――二〇〇〇・三・二四

*

「法華経を、その教《おし》えの通《とお》りに実践《じっせん》する人は、梵《ぼん》天《てん》にも優《すぐ》れ、帝釈《たいしゃく》をも超《こ》えているのである。修羅《しゅら》を従《したが》えるので須弥山《しゅみせん》をも、かつげる。竜《りゅう》を使《つか》いこなして大海《たいかい》をも汲《く》みほせる」（二九一㌻）

さまざまに拝《はい》することができるが、妙法《みょうほう》を如説《にょせつ》修行《しゅぎょう》する人は、修羅界《しゅらかい》や畜生界《ちくしょうかい》の存在《そんざい》をも自由自在《じゆうじざい》に使いながら、広宣流布《こうせんるふ》の大偉業《だいいぎょう》を成《な》し遂《と》げていける――との仰《おお》せとも拝せよう。

総《そう》じては、そういう「偉大《いだい》な人間指導者《しどうしゃ》」の集《つど》いが、創価学会なのである。学会が強くなることが、二十一世紀《せいき》の「希望《きぼう》」を強め、「平和」を強めていく。

――一九九九・五・一

*

「月は光が弱く明《あき》らかでない。釈尊在世《しゃくそんざいせ》の法華経の説法《せっぽう》は、ただ八年である。太陽《たいよう》の光明《こうみょう》は月よりまさっている。これは（〝太陽の仏法〟が）末法《まっぽう》五の五百歳《さい》の長い闇《やみ》を必《かなら》ず照《て》らしていく瑞相《ずいそう》である」（五八九㌻）

月と太陽の光の強弱《きょうじゃく》によせて、釈尊の仏法と日蓮大聖人の仏法との勝劣《しょうれつ》を述《の》べられた一節《いっせつ》である。

そして「釈尊は法華経を誹謗《ひぼう》する者を治《なお》されることはなかった。それは、在世《ざいせ》の衆生《しゅじょう》は調機調養《ちょうきちょうよう》され、仏種《ぶっしゅ》が熟《じゅく》した者ばかりで、基本的《きほんてき》には謗法《ほうぼう》の者がいなかったからである。しかし末法には一仏乗《いちぶつじょう》の法華経に敵対《てきたい》する強敵《ごうてき》が、必ず充満《じゅうまん》する。このときは、不軽菩薩《ふきょうぼさつ》のような折伏行《しゃくぶくぎょう》によってこそ救《すく》われるのである。各々《おのおの》わが日蓮門下《もんか》は勇気《ゆうき》をもって折伏行に励《はげ》んでいきなさい」（同）と結《むす》んでおられる。

このご指摘《してき》のとおり、私どもの広布《こうふ》の前進《ぜんしん》に、強敵は充満してきた。まったく御文《ごもん》のままである。ならば、また、強敵を恐《おそ》れず、不軽菩薩のごとく、勇敢《ゆうかん》に折伏行に励む学会の実践《じっせん》によって、多くの人が妙法《みょうほう》の絶大《ぜつだい》なる「利益《りやく》」にうるおうことも絶対《ぜったい》にまちがいない。

――一九八七・一二・一九

＊

民衆《みんしゅう》の成仏《じょうぶつ》のために尽《つ》くされる仏《ほとけ》について、御書に次のように仰《おお》せである。「仏が世に出られると、九十五種《しゅ》の外道《げどう》は十六大国の王臣《おうしん》や万民《ばんみん》を味方《みかた》にして、あるいは罵《のの》り、あるいは打ち、あるいは弟子《でし》・檀那《だんな》等の無量無辺《むりょうむへん》の人を殺《ころ》した。けれども仏には怯《ひる》む心はなかった。もしも自分が、諸人《しょにん》におどされて、この法門《ほうもん》を説《と》くのをやめるならば、一切衆生《いっさいしゅじょう》は地獄《じごく》に堕《お》ちるであろうと強く嘆《なげ》かれたゆえに、退《しりぞ》く心はなかった」（一四七一㌻）。

この御文《ごもん》は、一往《いちおう》は釈尊《しゃくそん》について述《の》べられているが、そのまま日蓮大聖人のご精神《せいしん》であるといってよい。生命をも惜《お》しまず、大難《だいなん》の連続《れんぞく》のなかに生涯《しょうがい》を歩《あゆ》まれた御本仏――そのお心は、ただただ、弱き民衆、不幸な人間を思いやる、限《かぎ》りなき大慈大悲《だいじだいひ》であった。

次元《じげん》は異《こと》なるが、わが学会も、大聖人門下《もんか》として、大聖人のご精神につらなり、徹《てっ》して民衆のために、庶民《しょみん》のために歩んできた。その一点で、「怯《ひる》む心」「退く心」をうち捨《す》て、信心を奮《ふる》い起《お》こしてきた。牧口先生もそうであり、戸田先生もまた、そのとおりの姿《すがた》であった。そして第三代の私も、つねに、その真剣《しんけん》の心で、自己《じこ》を叱咤《しった》し、鼓舞《こぶ》して、今日まで進んできたつもりである。ここに、学会が、ありとあらゆる難《なん》を乗《の》り越《こ》え、勝ち越えてきた理由《りゆう》の一つがあると、私は確信《かくしん》する。

――一九八九・八・二

大聖人直結

「総《そう》じて日蓮の弟子《でし》といって法華経を修行《しゅぎょう》する人々は、日蓮のようにしなさい。そうするならば、釈迦仏《しゃかぶつ》、多宝仏《たほうぶつ》、十方《じっぽう》（全宇宙《ぜんうちゅう》）の諸仏《しょぶつ》、十羅刹女《じゅうらせつにょ》も、必《かなら》ず守護《しゅご》してくださるであろう」（九八九㌻）

私どもは幸《しあわ》せにも、妙法《みょうほう》に巡《めぐ》りあい、日蓮大聖人の誉《ほま》れの門下《もんか》となった。その私どもに、大聖人は、もったいなくも「日蓮のようにしなさい」と仰《おお》せである。

御本仏のご指南《しなん》のままに振《ふ》る舞《ま》い、実践《じっせん》し、信心を磨《みが》いていくべきは、門下として当然《とうぜん》の姿《すがた》である。

戸田先生は、「信心は大聖人の昔《むかし》に還《かえ》れ」と叫《さけ》ばれた。まさに、「日蓮のように」との仰せのままに生き、殉《じゅん》じゆかんとする、魂《たましい》の叫びであり、強固《きょうこ》な決意《けつい》の発露《はつろ》であった。

この恩師《おんし》の鮮烈《せんれつ》な訴《うった》えに、私も呼応《こおう》した。信心の行動は御聖訓《ごせいくん》のままに、そこに、いささかも狂《くる》いがあってはならない。ゆえに私は、ただ大聖人の仰せを拝《はい》して、実践し、前進《ぜんしん》してきた。ここにこそ、学会の強さの原点《げんてん》があることを、強く申し上げておきたい。

——一九八八・四・二四

*

「大聖人直結《ちょっけつ》」かどうかの、一つの証明《しょうめい》は、正しいにもかかわらず、世間《せけん》や権力《けんりょく》による大難《だいなん》を繰《く》り返《かえ》し受けることである。

日蓮大聖人は仰《おお》せである。

「人々が法華経を読《よ》むのは、口ばかり、言葉の表面だけは読むけれども、心では読まない。心では読んでも、身では読まない。（あなたは難にあって）色《しき》（身）と心《しん》とともに読まれたことは、貴《とうと》いことである」（一二一三㌻）と。

文永《ぶんえい》八年（一二七一年）の大難のさい、鎌倉《かまくら》の土《つち》牢《ろう》に捕《と》らわれていた、弟子《でし》の日朗《にちろう》に与《あた》えられた御書の一節《いっせつ》である。身読《しんどく》、色読《しきどく》とは、現実に法難《ほうなん》にあうことを意味している。

要《よう》するに、広布《こうふ》の実践《じっせん》によって、難を受けた体験《たいけん》がなければ、御書を正しく読んだとはいえない。まして、大聖人のおほめにもあずかれず、未来世《みらいせ》にわたる大福運《だいふくうん》など積《つ》めるはずがないのである。

創価学会の歴史《れきし》は、数限《かずかぎ》りない「難また難の連続《れんぞく》」の歴史である。そのことは、だれ人《びと》も否定《ひてい》できない「事実」である。これこそ、御書を、正しく身読、色読してきた証《あかし》である。「大聖人直結」のまぎれもない証明なのである。

――一九九二・五・二〇

*

日蓮大聖人の門下《もんか》の「基準《きじゅん》」は何か。それは、大聖人の仰《おお》せである。この明快《めいかい》すぎるほど明快な「道《どう》理《り》」を忘《わす》れなければ、すべては、あまりにも明《あき》らかである。

「法華経の大海《たいかい》のような智慧《ちえ》の水を受けた根源《こんげん》の師《し》（日蓮大聖人）を忘れて、よそへ心を移《うつ》すならば、必《かなら》ず地獄《じごく》等の六道《ろくどう》の苦悩《くのう》の世界を繰《く》り返《かえ》し、生死《しょうじ》の苦しみにあうこととなろう」（一〇五五ページ）

こう大聖人は厳《きび》しく戒《いまし》めておられる。「根源の師」である大聖人に従《したが》うのが「信心」なのである。

――一九九一・九・三〇

*

「御本尊を信じ、南無妙法蓮華経と唱《とな》え奉《たてまつ》る日蓮の門下《もんか》は、一同《いちどう》に『皆、共《とも》に宝処《ほうしょ》に至《いた》る』、すなわち成仏《じょうぶつ》することができる。この『共に』という『共』の一字《いちじ》は、日蓮と『共に』いる、つまり日蓮を信ずるときには『宝処』に至り、成仏することができる、ということである。しかし、日蓮と『共でない』とき、すなわち、不信《ふしん》の念《ねん》を起《お》こして退転《たいてん》してしまえば、無間地獄《むけんじごく》に堕《お》ちてしまうことを示《しめ》している」（七三四ページ）

この御文《ごもん》は、法華経化城喩品《けじょうゆほん》の文についての日蓮大聖人の「御義口伝《おんぎくでん》」である。

「皆」とは、地獄界から仏界《ぶっかい》にいたるまでの、すべての境界《きょうがい》の人々をいう。「共」とは、方便品《ほうべんぽん》の「如我等無異《にょがとうむい》（我《わ》が如《ごと》く等《ひと》しくして異《こと》なること無《む》からしめん」」(法華経一三〇ページ)——一切衆生《いっさいしゅじょう》を仏《ほとけ》と同じ境界に入らしめるということである。「宝処」とは霊鷲山《りょうじゅせん》のことで、御本尊のましますところであり、また成仏という最高の幸福境涯《きょうがい》をいう。「至」とは、「宝処」に至る、つまり最高の幸福境涯を得《え》ることができるとの意《い》である。

　これらをふまえて、大聖人は、御本尊を信受《しんじゅ》し、妙法《みょうほう》を唱え、広宣流布《こうせんるふ》に進みゆく人はすべて、御本仏日蓮大聖人と「共に」いる、すなわち、成仏という永遠《えいえん》に崩《くず》れることのない、幸福と安穏《あんのん》の境地《きょうち》を自分のものとすることができると仰《おお》せなのである。ゆえに、その正しき信心を教《おし》えてくれる学会の組織《そしき》と「共に」進んでいくことが大事《だいじ》なのである。

——一九八八・二・二七

*

「多くの流《なが》れが集《あつ》まって大海《たいかい》となる。極小《ごくしょう》の塵《ちり》が積《つ》もって須弥山《しゅみせん》(古代《こだい》インドで世界の中心《ちゅうしん》にあるとされる最高の山)となったのである。日蓮が法華経を信じ始《はじ》めたことは、日本の国にとっては、一つのしずく、一つの微塵《みじん》のようなものである。やがて二人、三人、十人、百千万億人と、唱《とな》え伝《つた》えていくならば、妙覚《みょうかく》(最高の悟《さと》り)の須弥山ともなり、大涅《だいね》槃《はん》という悟りの大海ともなるであろう。仏《ほとけ》になる道は、これよりほかに、また求《もと》めてはならない」(二八八ページ)

　この御書を虚妄《こもう》にすることなく、現実に、一閻浮《いちえんぶ》提《だい》広宣流布《こうせんるふ》を進めておられるのは、皆さま方しかない。そして、日蓮大聖人が「百千万億人」と仰《おお》せのごとく、次の世紀《せいき》には、絢爛《けんらん》たる地涌《じゆ》の人華《にんげ》が地球《ちきゅう》をつつみゆくにちがいない。その原点《げんてん》となるのが、皆さまである。

　〝御本仏の直系《ちょっけい》〟の誉《ほま》れも高く、一人一人の友を最大に大切にしながら、仲良《なかよ》く、朗《ほが》らかに、大いなる希望《きぼう》の道を進んでいただきたい。

——一九九二・六・一二

*

「師子《しし》王《おう》のような心をもつ者は、必《かなら》ず仏《ほとけ》になることができる」（九五七㌻）

「師子王の心」で戦《たたか》わなければ、仏にはなれない。臆病者《おくびょうもの》は仏にはなれない。仏敵《ぶってき》を前にして、傍観《ぼうかん》したり、逃《に》げたり、手を抜《ぬ》いたり、人まかせにするような、ずるい人間は、永遠《えいえん》に仏になれない。青年部諸君《しょくん》は、勇者《ゆうしゃ》になっていただきたい。師子王になっていただきたい。日蓮大聖人の仰《おお》せの通《とお》りに！

大聖人は「**おのおのは師子王の心を出して、どのように人が脅《おど》そうとも、決《けっ》して恐《おそ》れることがあってはならない**」（一一九〇㌻）と仰せである。断《だん》じて、恐れるな！　断じて、引《ひ》くな！　これが日蓮仏法の真髄《しんずい》なのである。どんなに上の幹部になっても、広《こう》宣流布《せんるふ》へ「戦い抜く心」がなくなれば、幹部失格《しっかく》である。

大聖人は、「師子王」であられた。私たちも、大聖人直結《ちょっけつ》でいくべきである。戸田先生直結でいくべきである。創価の師弟《してい》に徹《てっ》すべきである。

——一九九九・八・二四

＊

「今、日蓮およびその門下《もんか》の元意《がんい》でいえば、即身《そくしん》成仏《じょうぶつ》と開《ひら》き覚《さと》ることを『如来《にょらい》の秘密《ひみつ》・神通《じんつう》の力《ちから》』というのである。成仏すること以外に『神通』も『秘密』もない。この無作《むさ》の三身《さんじん》（本来《ほんらい》ありのままの仏《ほとけ》の生命、智慧《ちえ》、慈悲《じひ》の姿《すがた》）をただ一字《いちじ》をもって得《え》ることができたのである。いわゆる『信』の一字である。ゆえに経文《きょうもん》（寿量品《じゅりょうほん》）に『我《わ》れ等当《まさ》に仏の語《みこと》を信受《しんじゅ》したてまつるべし』（私たちは必《かなら》ずや仏のお言葉を信受するであろう）とある。この『信受』の二字に心を留《とど》めるべきである」（七五三㌻）

「秘密」といい、「神通」といっても、「即身成仏」すなわち、この人生で、このありのままの自分が、絶対的《ぜったいてき》幸福を得ること以外にないのである、とのご断言《だんげん》であられる。仏法にはそれ以外に、何か特別《とくべつ》な、神秘的《しんぴてき》なものは何もない。いわんや、神秘めかした格好《かっこう》で民衆《みんしゅう》の幸福を破壊《はかい》するような聖職者《せいしょくしゃ》は、断《だん》じて、日蓮大聖人の仏法とは〝無関係《むかんけい》〟なのである。大聖人ご自身も〝民衆をあざむく神秘主義《しゅぎ》〟と敢然《かんぜん》と戦《たたか》われた。絶対《ぜったい》にだまされてはならない。

「仏語《ぶつご》を信受」と経文にあるように、私どもは「仏」のお言葉、御本仏日蓮大聖人の御書を信じている。どこまでも「大聖人根本《こんぽん》」であって、途中《とちゅう》の人師《にんし》、論師《ろんし》が、明《あき》らかに大聖人に背《そむ》く言動《げんどう》を始《はじ》めたら、絶対に従《したが》うわけにはいかない。

――一九九一・一二・一四

*

「今、日蓮が唱《とな》える南無妙法蓮華経は、末法万年《まっぽうまんねん》の衆生《しゅじょう》を、ことごとく成仏《じょうぶつ》せしめるのである。どうして（法華経方便品《ほうべんぼん》に説《と》かれる）『今は已《すで》に満足《まんぞく》した』の経文《きょうもん》どおりでないことがあろうか。『已に』とは日蓮が建長《けんちょう》五年（一二五三年）四月二十八日、初《はじ》めて唱え出したところの題目《だいもく》をさして『已に』と心得《こころえ》るべきである。妙法《みょうほう》の大良薬《だいりょうやく》をもって、一切《いっさい》衆生の無明《むみょう》（根本《こんぽん》の迷《まよ》い）の大病《たいびょう》を治《なお》せることは、疑《うたが》いないのである。これを思いやるとき、日蓮は満足なのである。『満足』とは、成仏ということである」（七二〇ページ）

永遠《えいえん》の未来《みらい》にわたって、全人類《ぜんじんるい》をつつみゆかれる御本仏の大境界《だいきょうがい》であられる。

私どもは、この御本仏の仏勅《ぶっちょく》のままに、一人一人の友の胸中《きょうちゅう》に崩《くず》れざる〝満足〟の王冠《おうかん》を輝《かがや》かせてまいりたい。どこまでも御書の仰《おお》せが根本である。私どもは大聖人の門下《もんか》であり、根本の師《し》・日蓮大聖人の御聖訓《ごせいくん》のままに進む。

――一九九一・六・二五

法根本

仏法においては「法」が根本《こんぽん》であり、広布《こうふ》を妨《さまた》げ「法」に背《そむ》いた罪《つみ》は、あまりにも重く、深《ふか》い。日蓮大聖人は、こう戒《いまし》めておられる。「法華経の心に背けば、十方《じっぽう》の仏《ほとけ》を殺《ころ》す罪である。この定《さだ》めに背くのを謗法《ほうぼう》の者という。地獄《じごく》は恐《おそ》れるべきである。（身をこがす）炎《ほのお》を住処《すみか》としている」（一四三九ページ）と。

謙虚《けんきょ》に、また地道《じみち》に自己《じこ》を磨《みが》き、境涯《きょうがい》を高めていくのが〝一生成仏《いっしょうじょうぶつ》への道〟である。反対に、最高の法を持《たも》ちながら、人を押《お》しのけ、人をおとしいれるような、策《さく》を根本とした生き方は、〝永遠《えいえん》の苦悩《くのう》への道〟である。

――一九八九・一・二一

*

仏法では、**「法に依《よ》って人に依ってはいけない」**（二一九ページ）と説《と》く。

牧口先生は『創価教育学大系《そうかきょういくがくたいけい》』で、この哲学《てつがく》は「立憲政体《りっけんせいたい》の本義《ほんぎ》」にも通《つう》じると論《ろん》じておられる。専制政治《せんせいせいじ》の時代には、「法」よりも「人」によって治《おさ》められる。正邪《せいじゃ》や善悪《ぜんあく》よりも、権力者《けんりょくしゃ》の勝手放題《かってほうだい》の感情《かんじょう》や意志《いし》が、まかり通《とお》ってしまう。社会が進歩《しんぽ》するにしたがって、憲法《けんぽう》という「法」による政治が確立《かくりつ》していく。

同じように宗教《しゅうきょう》でも、永遠《えいえん》に変《か》わらない宇宙根《うちゅうこん》本《ぽん》の「大法《だいほう》」が生きる規範《きはん》となっていく。これが牧口先生の歴史観《れきしかん》であった。縁《えん》に触《ふ》れて変化《へんか》する、人の「心」を基準《きじゅん》にするのは危《あぶ》ない。仏法も社会も、あくまで「法」を根本として進むべきである。

――二〇〇〇・五・二四

*

日蓮大聖人は、「公場対決《こうじょうたいけつ》」――つまり開《ひら》かれた公正《こうせい》な対論《たいろん》を求《もと》められたが、権力者《けんりょくしゃ》と良観《りょうかん》ら悪侶《あくりょ》は、「処罰《しょばつ》」と「策謀《さくぼう》」だけで応《こた》えた。大聖人は、ただ「経文《きょうもん》」を根本《こんぽん》とされた。それが「正義《せいぎ》」である。大聖人は「正義」をもって、「権力」と戦《たたか》われたのである。

たとえば、「妙一女御返事《みょういちにょごへんじ》」には次のように仰《おお》せである。**「ことを権力をもつ高位《こうい》の勢力《せいりょく》に寄《よ》せて日蓮を脅《おど》すよりも、ただ正しい証文《しょうもん》を出しなさい」**（一二五九ページ）と。

また、「衆生身心御書《しゅじょうしんじんしょ》」では、こう述《の》べられている。**「数百巻《かん》の文書《ぶんしょ》を作《つく》り、中国《ちゅうごく》・日本を往復《おうふく》して無数《むすう》の謀《はかりごと》をめぐらし、宣旨《せんじ》（天皇《てんのう》の言葉）を添《そ》えて人を脅そうとされるよりも、経文が明《あき》らかであれ**

ば、だれが疑《うたが》うであろうか」（一五九五ページ）と。

邪義《じゃぎ》を権力で押《お》しつけようとする高僧《こうそう》への破折《はしゃく》であられる。数百巻の偽《いつわ》りの文とは、現代で言えば、謀略《ぼうりゃく》や売文《ばいぶん》のための文書にも通《つう》じるかもしれない。ありとあらゆる策略《さくりゃく》を使《つか》い、はては朝廷《ちょうてい》の権力まで利用《りよう》して邪義を押しとおそうとする悪侶らに対し、大聖人は、〝そのような謀略は無意味である。ただ正しい経文を出せばよい。そうすれば一切《いっさい》は明白《めいはく》になるではないか〟と、いわば「王者《おうじゃ》の論」ではなく、「賢者《けんじゃ》の論」を用《もち》いるよう主張《しゅちょう》しておられる。

——一九九一・三・二七

*

日蓮大聖人は「文証《もんしょう》」「理証《りしょう》」「現証《げんしょう》」という〝証《しょう》拠《こ》〟が、正法《しょうほう》には不可欠《ふかけつ》であると教《おし》えられた。御書には、文証がいかに大切であるか、経文《きょうもん》や天台《てんだい》などの文《もん》を引《ひ》いて強調《きょうちょう》されている。

「経文によって説明《せつめい》できない者は、すべて、邪《よこしま》であり、偽《いつわ》りである。かの外道《げどう》と同じである」（一四八ページ）

これは天台の『法華玄義《ほっけげんぎ》』の釈《しゃく》を引かれての仰《おお》せである。また**「もし仏《ほとけ》の説《と》くところ（経文）に従《したが》わない者がいれば、よく知《し》っておきなさい、この人は魔《ま》の一類《いちるい》である」**（一五二ページ）との涅槃経《ねはんきょう》の文を引いておられる。

そして「文証」に基《もと》づかない過《あやま》ちについて、それは**「天魔《てんま》の部類《ぶるい》・外道の弟子《でし》」**（一五三ページ）であると厳《きび》しく破折《はしゃく》しておられる。

私は大聖人の仰せどおり、つねに御書の「文証」を基準《きじゅん》とする。

——一九九一・九・二〇

*

五老僧《ごろうそう》は御書を軽視《けいし》した。「本師根本《ほんしこんぽん》」ではなく、いわば「自分根本」であった。現在の宗門《しゅうもん》は五老僧のようになってしまった。日興上人《にっこうしょうにん》はどこまでも「御書根本」であられた。私どもこそ、日興上人の正統《せいとう》の門下《もんか》なのである。

日興上人は**「（かってインドの釈尊《しゃくそん》の言葉が中国語**

や日本語に翻訳《ほんやく》されたように）大聖人が使《つか》われた日本の尊《とうと》い言葉についても、広宣流布《こうせんるふ》の時には、かなを用《もち》いて書かれた御書を訳《やく》して、インドへも、中国へも流布《るふ》していくべきである」（一六一三ページ）と。

この教《おし》えどおり、御書を正しく翻訳し、世界中に流布しているのは、わが学会だけである。学会は、この日興上人のご精神《せいしん》のままに御書根本に進む。宗祖《しゅうそ》大聖人も日興上人も必《かなら》ずやお喜《よろこ》びくださり、ご賞讃《しょうさん》くださっているにちがいない。

日興上人のご遺誡《ゆいかい》には次のようにある。

「たとえ、時の貫首《かんず》（法主《ほっす》）であっても、仏法の正義《しょうぎ》に背《そむ》いて、勝手《かって》な自説《じせつ》を立てた場合には、これを用いてはならない」（一六一八ページ）と。

私どもは、日興上人の厳誡《げんかい》のままに毅然《きぜん》と行動していきたい。

――一九九一・一一・三〇

*

日興上人《にっこうしょうにん》は、「遺誡置文《ゆいかいおきぶみ》」に、**「当門流《とうもんりゅう》においては御書を心肝《しんかん》に染《そ》めなさい」**（一六一八ページ）と仰《おお》せである。

日興上人の弟子《でし》と名乗《なの》るかぎり、このお言葉に従《したが》わねば師敵対《してきたい》である。だれ人《びと》であろうと、御本仏の御金言《ごきんげん》を根本《こんぽん》にしなければ、〝邪流《じゃりゅう》〟なのである。学会は何があろうと御書根本に、「正流《せいりゅう》」の王道《おうどう》を行く。御書に基《もと》づかない、また御書を自分勝手《かって》に歪《わい》曲《きょく》した人師《にんし》、論師《ろんし》の攻撃《こうげき》など、**「風の前の塵《ちり》」**（二三二ページ）のようにはかない。

――一九九二・一・一二

*

大切なことは、「人」が基準《きじゅん》ではなく、「法」が基準であるという点である。「人」を基準にすることは、人間の確《たし》かでない「心」を師《し》とすることになり、いつしかボス（親分《おやぶん》）と子分《こぶん》のような関係《かんけい》をつくってしまう場合がある。

「法」を基準にすることは**「心の師となる」**（一〇八八ページ）ことである。御本尊を根本《こんぽん》に、御書に仰《おお》せのとおりの実践《じっせん》に励《はげ》んできたからこそ、日本の大発《だいはつ》展《てん》もあった。

日蓮大聖人は「今の世《よ》は僧侶《そうりょ》も在家《ざいけ》も、高い位《くらい》の人も庶民《しょみん》も、皆、『人』を尊《とうと》び、〝だれが言ったか〟を基準にして、『法』を用《もち》いない。みずからの迷《まよ》った『心』を師匠《ししょう》として、『経文《きょうもん》』に依《よ》らない」（一二〇七ページ）と嘆《なげ》かれている。

「人」のみを基準にすれば、自然《しぜん》に独善《どくぜん》となる。「法」を基準に、信行《しんぎょう》の行動をする人が、仏法の正しき指導者《しどうしゃ》なのである。　――一九九〇・二・二一

＊

「法華経の行者《ぎょうじゃ》は、如説修行《にょせつしゅぎょう》（仏《ほとけ》の教説《きょうせつ》のとおりに修行すること）するならば、必《かなら》ず一生のうちに一人も残《のこ》らず成仏《じょうぶつ》することができる」（四一六ページ）

広宣流布《こうせんるふ》へ、御書の仰《おお》せの通《とお》りに行動する人は、皆、仏になれる。三世《さんぜ》永遠《えいえん》に、何もかも「所願満足《しょがんまんぞく》」の偉大《いだい》なる大指導者《だいしどうしゃ》になる。そうお約束《やくそく》である。頑《がん》張《ば》りましょう！

皆さまが喜《よろこ》んでくだされば、私もうれしい。皆さまが悲《かな》しめば、私も悲しい。元気で生き抜《ぬ》いていただきたい。御本尊を持《たも》つ人は、決《けっ》して行き詰《づ》まらない。妙法《みょうほう》は、永遠《えいえん》の宇宙《うちゅう》の法則《ほうそく》だからである。それを持っているのだから、何があっても困《こま》らない！　絶対《ぜったい》に負《ま》けない！　この確信《かくしん》が信仰《しんこう》である。それなのに、すぐに悲観《ひかん》し、弱気《よわき》になるのは、信仰ではない。そういう「弱い心」だから、苦しんでしまう。永遠の大法則であるゆえに、勝《か》つに決まっている！

幸福になるに決まっている！　楽しい人生になるに決まっている！　そう「決めて」胸《むね》を張《は》って進んでいただきたい。

妙法に「帰命《きみょう》」すれば、自分自身が大宇宙の仏の生命の中に入る。わが身が即《そく》、妙法の当体《とうたい》と輝《かがや》き始《はじ》める。この秘術《ひじゅつ》を日蓮大聖人は教《おし》えてくださっているのである。

ゆえに大事《だいじ》なのは「法」を中心《ちゅうしん》に生きることである。「自分」を中心に生きれば、成仏とは反対の方《ほう》向《こう》になる。　――一九九九・一〇・七

＊

「一切《いっさい》の人は憎《にく》むなら憎め、人がどうであろうと、釈尊《しゃくそん》、多宝如来《たほうにょらい》、全宇宙《ぜんうちゅう》の諸仏《しょぶつ》をはじめ、梵《ぼん》天《てん》、帝釈天《たいしゃくてん》、日月天《にちがってん》らに、いとしい人だ、大切な人だと思われたならば、何を苦しむ必要《ひつよう》があろうか、むしろ大いなる喜《よろこ》びではないか」(一一三五ページ)

私どもの立場《たちば》でいえば、日蓮大聖人のおほめをこうむり、けなげな信心だ、大切な門下《もんか》だと思っていただけたならば、他はすべて、とるに足《た》らない些事《さじ》である。

根本《こんぽん》の基準《きじゅん》は、あてにならない世間《せけん》の眼《め》ではない。仏法の世界の「仏眼《ぶつげん》」である。また法を中心《ちゅうしん》とした「法眼《ほうげん》」である。この一点に徹《てっ》した人は強い。何ものにも紛動《ふんどう》されない。ここに信仰者《しんこうしゃ》としての真《しん》髄《ずい》の一念《いちねん》がある。その一念どおりに生ききっていく人は、その潔《いさぎよ》い人生自体《じたい》が、人間としての勝利の姿《すがた》となる。

——一九八八・一〇・一二

*

「行学《ぎょうがく》の二道《にどう》を励《はげ》んでいきなさい。行学が絶《た》えてしまえば仏法はないのである」(一三六一ページ)

仏法は、たんなる観念《かんねん》の世界ではない。弘教《ぐきょう》そしてまた教学《きょうがく》の研鑽《けんさん》という具体的《ぐたいてき》な実践《じっせん》なくして、仏法はありえないのである。

また**「行学は、必《かなら》ず信心からおこる」**(同)と。

私どもは、この御書のとおりでなければならない。要《よう》するに、あくまでも信心が根本《こんぽん》である。信心が立派《りっぱ》であれば、おのずから行学も立派になっていく。行学が立派であれば、それは信心も立派な証拠《しょうこ》である。また、それが信心即《そく》生活となり、生活も立派になっていく。近年《きんねん》、教学がありそうに見えても、堕落《だらく》し、退転《たいてん》していった幹部がいた。それは結《けっ》局《きょく》、信心がなかった証拠であり、ゆえに教学もなかった証拠である。私どもは、どこまでも信心のための教学であり、行学でなければならない。

——一九八八・八・一九

*

「経文《きょうもん》に明《あき》らかであるものを用《もち》いよ。文証《もんしょう》のない

ものは捨《す》てよ」（四八二ページ）

経文は「仏《ほとけ》の金言《きんげん》」であり、仏法の世界では「天《てん》子《し》の一言《いちごん》」の重みをもつ。その裏《うら》づけのないものは、どんなにたくみにつくろっても、結局《けっきょく》、自分勝《かっ》手《て》な己義《こぎ》――いわゆる我見《がけん》である。

宗門《しゅうもん》の一連《いちれん》の画策《かくさく》には、何《なん》の文証の裏づけもない。過日《かじつ》（一九九二年八月十一日）の「信徒除名通《しんとじょめいつう》知《ち》」にしても、昨年《さくねん》の「破門通告書《はもんつうこくしょ》」（一九九一年十一月二十八日付け）にしても、何ひとつ御書の文証が引《ひ》かれていない。宗門の策動《さくどう》は、〝大聖人とはまったく無関係《むかんけい》〟なのである。ゆえに、大聖人の仰《おお》せのとおり、断固《だんこ》として捨て去《さ》らねばならない。

とともに、わが学会の行動、学会の主張《しゅちょう》が、いかに御書にのっとり、経文のとおりであるか――教《きょう》学《がく》を研鑽《けんさん》すればするほど〝金剛《こんごう》の確信《かくしん》〟が深《ふか》まっていく。その意味からも、青年部の諸君《しょくん》の「信心の教学」「戦《たたか》う教学」に期待《きたい》したい。

今後とも私は、二十一世紀《せいき》の聡明《そうめい》なる指導者《しどうしゃ》をつくるために、創価学会の永遠《えいえん》の勝利と栄光《えいこう》のために、そして万年《まんねん》にわたる広宣流布《こうせんるふ》のために、教学の振興《しんこう》にいちだんと力《ちから》を入《い》れていく決心《けっしん》である。

――一九九二・八・二九

学会活動

人生は観念《かんねん》ではない。行動である。人生の真髄《しんずい》を説《と》いた仏法の生命も「行動」にある。

「教主釈尊《きょうしゅしゃくそん》が、世《よ》に出られた根本目的《こんぽんもくてき》は、人として振《ふ》る舞《ま》う道、を説かれることであった」（一一七四ページ）

何度《なんど》となく拝《はい》した御書であるが、「人の振る舞い」すなわち人間としての「行動」をこそ、仏法は教《おし》えようとしたのである、と。「正しき行動」に「正しき人生」があり、「正しき仏法」もある。

また**「行《ぎょう》と学《がく》が絶《た》えてしまえば、仏法はない」**（一三六一ページ）と。

「行」――仏法をみずから実践《じっせん》し、弘《ひろ》めゆく「行動」を離《はな》れて仏法はないとの仰《おお》せである。口で、どんなに立派《りっぱ》なことを言っても、それだけでは仏法ではない、と。重要《じゅうよう》な根本《こんぽん》のお言葉である。
さらに、**「心の境地《きょうち》を九識《くしき》（生命根本の最《もっと》も清《きよ》らかな境界《きょうがい》）に置《お》き、修行《しゅぎょう》のほうは六識（心を鍛《きた》える現実の場《ば》）においてしなさい」**（一五〇六㌻）
現実のなかでの行動こそが仏道修行であると教えられている。

——一九九二・四・一七

＊

「仏法」のため、「広宣流布《こうせんるふ》」のため、そして「人間」のために、真剣《しんけん》に祈《いの》り、走り、行動していく。そこに大いなる福運《ふくうん》がついてくる。「行動」もなく、ただ拝《おが》んでいる——それは日蓮仏法ではない。

御書には**「われわれの頭《あたま》は妙《みょう》であり、喉《のど》は法《ほう》であり、胸《むね》は蓮《れん》であり、腹《はら》は華《け》であり、足《あし》は経《きょう》である」**（七一六㌻）と示《しめ》されている。

「妙法蓮華経」を体《からだ》に配《はい》せば、「妙」は「頭」。「法」は「喉」——のどは声《こえ》を出す、すなわち法を説《と》くことに通《つう》ずる。「蓮」は「胸」——心臓《しんぞう》が二つの肺臓《はいぞう》につつまれた姿《すがた》が蓮に似《に》ている。「華」は「腹」。そして、「経」は「足」にあたる。

「足」とは、「行動」に通ずるともいえよう。「行動」があって初《はじ》めて、真《しん》の妙法蓮華経となる。「行動」とは、日々の学会活動である。そこにこそ「百福《ひゃくふく》」が積《つ》まれていく。広宣流布への行動を最後まで貫《つらぬ》くことである。どんな道でも、歩《あゆ》みを途中《とちゅう》で止めれば、目的地《もくてきち》に到達《とうたつ》できない。それと同じく、せっかく仏法の「無上道《むじょうどう》の軌道《きどう》」に入っても、途中でやめてしまえば、それまでの努力《どりょく》もむだになってしまう。成仏《じょうぶつ》の境界《きょうがい》を得《え》ることはできない。ゆえに、みずからも「行動」し、人にも「行動」への励《はげ》ましを贈《おく》る。それが正しい慈悲《じひ》の軌道である。

——一九九六・五・二四

＊

何事《なにごと》も、より力《ちから》を発揮《はっき》し、より高めていくために〝助走《じょそう》〟となるものがある。仏法では**「自行《じぎょう》」**（五五八㌻）**「化他《けた》」**（同）と説《と》く。どちらが欠《か》けても正しい修行《しゅぎょう》とはならない。まして御本尊は、「広宣流布《こうせんるふ》」

を教《おし》えられた日蓮大聖人の御生命のご当体《とうたい》である。ゆえに、広布《こうふ》と人生と生活のための〝行動〟を何もなすことなく、ただ勤行《ごんぎょう》・唱題《しょうだい》しているのみでは、御本尊との真《しん》の感応《かんのう》はないと言えよう。広布を願《ねが》っての〝行動〟があれば、その分《ぶん》だけ、いわば生命の一つの〝助走〟となって、勤行・唱題のときにも、境涯《きょうがい》の偉大《いだい》な跳躍《ちょうやく》と、飛翔《ひしょう》を成《な》し遂《と》げる力となる。

また勤行という「自行」で得《え》たエネルギーが、広布への自身の〝行動〟へと、はずみをつけていくことも当然《とうぜん》である。要《よう》は、勤行という行動、広宣流布に奉仕《ほうし》するという行動、両者《りょうしゃ》が一体《いったい》となって、妙法《みょうほう》の無限《むげん》の力を、この一生を生きぬく「わが身」に開《ひら》いていくことができる。

「行躰即《ぎょうたいそく》信心」が、仏法の世界である。すなわち「行動」こそが即「信心」であり、行動なくして正しき信仰《しんこう》はありえない。その行動とは、この自行・化他という、御書に仰《おお》せのとおりの軌道《きどう》なのである。

——一九九〇・二・一九

＊

法華経の分別功徳品《ふんべつくどくほん》には、「仏子《ぶっし》は此《こ》の地《じ》に住《じゅう》せば　即《すなわ》ち是《こ》れ仏《ほとけ》は受用《じゅゆう》したまう　常《つね》に其《そ》の中に在《まし》して　経行《きょうぎょう》し若《も》しは坐臥《ざが》したまわん」（法華経五一五㌻）と説《と》かれている。

日蓮大聖人はこの文《もん》について「『経行し若しは坐臥したまわん』とは、仏子である法華経の行者《ぎょうじゃ》の行住坐臥《ぎょうじゅうざが》（歩《ある》く、止まる、座《すわ》る、横《よこ》になる）の動作《どうさ》が、ことごとく仏の振《ふ》る舞《ま》いであるということである。われら凡夫《ぼんぷ》の振る舞いそのものが、そのまま仏の振る舞いなのである」（八一九㌻）と教《おし》えてくださっている。

妙法流布《みょうほうるふ》のために生きている仏子にとって、行住坐臥すべてが仏の振る舞いに通《つう》じているのである、と。大聖人は、総《そう》じては私ども門下《もんか》も含《ふく》めてくださっている。なんとありがたいことであろうか。「仏の振る舞い」であれば、一つ一つが、ことごとく功《く》徳《どく》に変《か》わる。一歩《いっぽ》ごとに福徳《ふくとく》がわく。一声《ひとこえ》ごとに福《ふく》運《うん》が広がっていく。くめども尽《つ》きぬ大海《たいかい》のごとき大《だい》果報《かほう》が、わが生命、わが人生と生活のなかに開《ひら》かれていく。生々世々、永遠《えいえん》に崩《くず》れない絶対的《ぜったいてき》な「幸福」の当体《とうたい》となっていく。そうした自身をつくるための仏道修行《ぶつどうしゅぎょう》である。とくに、広布《こうふ》のために難《なん》を受ければ、受けた分《ぶん》だけ、急速《きゅうそく》に「一生成仏《いっしょうじょうぶつ》」へと境涯《きょうがい》が上昇《じょうしょう》していく。非難《ひなん》され、攻撃《こうげき》されている人こそ、仏になる人なのである。御書には、その道《どう》理《り》が、繰《く》り返《かえ》し繰り返し説かれている。

――一九九〇・五・一三

*

戸田先生は、よく言われていた。「大事《だいじ》なのは、人間としての外交《がいこう》である。どんどん人と会《あ》って、友情《ゆうじょう》を結《むす》んでいきなさい。すべて、勉強《べんきょう》だ。また、それが広宣流布《こうせんるふ》につながるのだ」と。外交戦のなかでこそ、深《ふか》く強き人格《じんかく》が鍛《きた》えあげられる。

「御義口伝《おんぎくでん》」には**「今の日蓮とその門下《もんか》の行動は不軽菩薩《ふきょうぼさつ》の行動である」**（七六六㌻）と仰《おお》せである。

「いかなる人も軽《かろ》んじない」「いかなる人も敬《うやま》う」「礼儀《れいぎ》正しく、忍耐強《にんたいづよ》く、そして、大確信《だいかくしん》と大情熱《だいじょうねつ》をもって、対話《たいわ》を続《つづ》けていく」。こうした不軽菩薩の振《ふ》る舞《ま》いは、そのまま、私たちの活動の根本姿勢《こんぽんしせい》である。どうか気持ちよく、また感《かん》じよく、すがすがしい人間外交を、日々、広げていっていただきたい。そこに、自分自身の「生命のルネサンス」が、虹《にじ》の光彩《こうさい》を放《はな》っていくのである。

――一九九八・五・二七

*

「つねに語《かた》り合《あ》って生死《しょうじ》の苦しみを離《はな》れ、同心《どうしん》して霊山浄土《りょうぜんじょうど》に行ってうなずき合って話しなさい」（九〇〇㌻）

つねに「語り合い」「励《はげ》まし合い」、ともに幸福の方向《ほうこう》へと歩《あゆ》んでいきなさい、と教《おし》えられている。いくら一人で仏法を行《ぎょう》じているつもりでも、その仏法を人々に語らない、広布《こうふ》のために動かない、同志《どうし》を激励《げきれい》もしない。これでは日蓮大聖人の仰《おお》せどおりの実践《じっせん》とはいえない。

座談会《ざだんかい》や個人指導《こじんしどう》、また友人との対話《たいわ》――。こうした私どもの御聖訓《ごせいくん》どおりの行動を、大聖人がご賞讃《しょうさん》くださることは間違《まちが》いない。

――一九九二・三・一〇

＊

釈尊《しゃくそん》は、インドの大地を歩きに歩《ある》いて「一対一の対話《たいわ》」を続《つづ》けていった。日蓮大聖人の「立正安国論《りっしょうあんこくろん》」も、「対話形式《けいしき》」でしたためられている。

「対話」こそ、仏法の永遠《えいえん》の精神《せいしん》である。上からの命令《めいれい》では「対話」とはいえない。心を通《かよ》わせ、ともに歩き、ともに行動する。そこに対話は生《う》まれる。牧口先生も戦時中《せんじちゅう》、権力《けんりょく》の魔手《ましゅ》が迫《せま》るなかで、最後の最後まで折伏《しゃくぶく》の歩《あゆ》みを進められ、「対話」を続けられた。逮捕《たいほ》されたのも、「一対一の対話」のために、はるばる伊豆《いず》の下田《しもだ》まで、足《あし》を運《はこ》ばれた時である。

「声《こえ》が仏《ほとけ》の仕事をなすのである」（七〇八ページ）しゃべることである。対話である。**「柔和忍辱《にゅうわにんにく》（正法《しょうほう》を素直《すなお》に受持《じゅじ》し、難《なん》を耐《た》え忍《しの》ぶ）の衣《ころも》」**（七三七ページ）、「忍耐《にんたい》の心」を持《も》ちながら日々、生き生きと声を発《はっ》していく。「希望《きぼう》の対話」「哲学《てつがく》の対話」「幸福の対話」「和《な》やかな対話」「励《はげ》ましの対話」――。それが人間らしい世界をつくる。それが「勝利への対話」につながるよう戦《たたか》ってまいりたい。

――二〇〇〇・七・一八

＊

偉大《いだい》なるルネサンスは、偉大なる原点《げんてん》に立ち返《かえ》ることから始《はじ》まる。

戸田先生は叫《さけ》ばれた。

「信心は、日蓮大聖人の時代に還《かえ》れ！」

「教学《きょうがく》は、日寛上人《にちかんしょうにん》の時代に還れ！」と。

日蓮大聖人は、**「日蓮は、この法門《ほうもん》を語《かた》ってきたので、他の人とは違《ちが》って、多くの人に会《あ》ってきた」**（二四一八ページ）と仰《おお》せである。

大聖人ご自身が、広宣流布《こうせんるふ》のために、大勢《おおぜい》の人に会《あ》われ、一対一の対話《たいわ》を繰《く》り広げていかれた。人と会わなければ、もはや人間指導者《しどうしゃ》とはいえない。

日寛上人も仰せである。「行《ぎょう》の始めはこれ信心なり、信心の終《お》わりはこれ行なり」（文段集）――行動（修行《しゅぎょう》）は、信心から始まる。信心の帰着《きちゃく》するところは、行動である――。

また、「信はこれ行の始め、行はこれ信の終《お》わり、故《ゆえ》に須臾《しゅゆ》も離《はな》るべからず」（同）――信心から行動が始まり、行動は信心が帰着するところである。ゆえに、信心と行動は少しも離れてはならない――。

何事《なにごと》も、いっぺんには変《か》わらない。一つ一つ、固《かた》めていくことだ。一人また一人、人材《じんざい》を見つけ、育《そだ》て、訓練《くんれん》していくことだ。地道《じみち》な戦《いくさ》が、本当の「勝利の道」である。大勢の人の前で指導するよりも、自《みずか》ら足《あし》を運《はこ》び、徹《てっ》して、一人の友と対話を積《つ》み重《かさ》ねていくことだ。牧口先生が、そうであった。戸田先生も、そうであった。――二〇〇〇・八・一四

*

「人に物《もの》を施《ほどこ》せば（それがかえって）わが身を助《たす》けることになる。たとえば、人のために灯《ひ》をともせば、（その人の前を明《あか》るくすると同時《どうじ》に）自分の前も明るくなるようなものである」（一五九八㌻）

人のために尽《つ》くせば、善根《ぜんこん》となり、自分に戻《もど》ってくる。反対に人に非道《ひどう》をなし、苦しめた場合には、いつか、同じことをみずからが受けなければならない。これが因果《いんが》の理法《りほう》である。なかんずく、人々を最高の正法《しょうほう》へ導《みちび》いた功徳《くどく》は、どれほど大きいことか。――一九九三・一二・三〇

*

「先日話《せんじつはな》されていたことについて、彼《か》の人の方《ほう》に尋《たず》ねたところ、あなたが仰《おお》せになられたのと少しの違《ちが》いもなかった。これにつけてもいよいよ信心に励《はげ》んで法華経（御本尊）の功徳《くどく》を得《え》られるがよい。師《し》曠《こう》の耳《みみ》、離婁《りろう》の眼《め》のように聞いたり見たりされるがよい」（一四四八㌻）

椎地四郎《しいじしろう》が、日蓮大聖人に何《なん》らかのご報告《ほうこく》をした。その件《けん》について大聖人が、ある人に確認《かくにん》をされたところ、四郎の報告とまったく同じであったと述《の》べられている。四郎の報告がどのようなものであっ

たかは、定《さだ》かではない。しかし、報告の件の御文《ごもん》のあとに、難《なん》が来《き》ても、いよいよ強盛《ごうじょう》な信心を貫《つらぬ》いて功徳を得ていきなさいと述べられていること、また本抄《ほんしょう》（椎地四郎殿御書）が伊豆《いず》流罪《るざい》の直前《ちょくぜん》に認《したた》められ、当時《とうじ》、大聖人一門《いちもん》に対する幕府《ばくふ》の弾圧《だんあつ》の動きがあったことなどを考《かんが》えれば、迫害《はくがい》や弾圧に関《かん》する情報《じょうほう》であったとも推察《すいさつ》される。

いずれにしても、大聖人は四郎からの情報を、慎《しん》重《ちょう》に確認し、把握《はあく》しておられるのである。

私どもの広布《こうふ》の戦《たたか》いにあっても、さまざまな情報を、緻密《ちみつ》に分析《ぶんせき》し、的確《てきかく》に把握していかねばならない。報告は、正確《せいかく》と迅速《じんそく》が大事《だいじ》である。とともに、報告の正誤《せいご》の確認が、さらに大事となる。もし誤《あやま》った報告をうのみにすれば、以後《いご》の対応《たいおう》に大きな過《あやま》ちを犯《おか》すことになるからだ。

――一九八七・一二・四

＊

「人の知《し》らないところでの隠《かく》れた行動が、外に福《ふく》徳《とく》となって現《あらわ》れるのである」（一一七一ページ）

法のため、人のため、友のために尽《つ》くしたことは、結果的《けっかてき》に全部《ぜんぶ》、自分に返《かえ》ってくる。広布《こうふ》の世界にあっては、どんな目だたないことでも、一生懸《いっしょうけん》命《めい》やりきった人が、だれよりも福徳で荘厳《そうごん》されていく。これが仏法であり、信心である。

――一九九四・五・三一

＊

「法華経というのは、手に取《と》れば、その手がすぐに仏《ほとけ》となり、口に唱《とな》えれば、その口はそのまま仏である」（一五八〇ページ）

妙法《みょうほう》のため、広宣流布《こうせんるふ》のために、手を動かせば、手が仏となっていく。口を動かせば口が仏になり、足《あし》を使《つか》えば足が仏になっていく。体《からだ》も心も頭脳《ずのう》も、健康《けんこう》になっていく。これが「妙」なる「法」である。不可思議《ふかしぎ》の大法《だいほう》である。この一点を確信《かくしん》し、誠《せい》実《じつ》に行動していく「心」こそ大切なのである。

――一九九三・一二・三

＊

仏法は「行動」である。御聖訓《ごせいくん》には仰《おお》せである。

「一切衆生《いっさいしゅじょう》が法華経を誹謗《ひぼう》して不幸の道を流転《るてん》するのを見ぬいたゆえに、それをとどめるために日蓮が日本国を歩《ある》いて南無妙法蓮華経を弘通《ぐつう》している。これは釈尊《しゃくそん》と同様《どうよう》である」（八一六㌻）

日蓮大聖人ご自身が、日本を歩きに歩いて広宣流《こうせんる》布《ふ》を進めてこられたのである。この大聖人の使《つか》いとして、今、日本中をすみずみまで歩いて仏縁《ぶつえん》を広げているのが、わが学会員である。これほど尊《とうと》い姿《すがた》はない。

——一九九八・一・一八

＊

じっとしていては広宣流布《こうせんるふ》は止まってしまう。間《かん》断《だん》なく歩《あゆ》まねばならない。動かねばならない。

「御義口伝《おんぎくでん》」では、**「足《あし》は経《きょう》である」**（七一六㌻）と、われらのこの「足」は妙法蓮華経の「経」にあたると示《しめ》されている。これを実践《じっせん》に約《やく》して拝《はい》するならば、みずからの足を使《つか》って、法のため、広布《こうふ》のため、人のために行動してこそ、このわが身が妙法蓮華経の当体《とうたい》として光《ひか》り輝《かがや》く。

「如説修行抄《にょせつしゅぎょうしょう》」には、ご自身の闘争《とうそう》を**「あちらへ押《お》しかけこちらに押し寄《よ》せ」**（五〇二㌻）と述《の》べられている。戦《たたか》いは勢《いきお》いである。ゆえに学会青年部よ、打って出よ！　私は、若《わか》き怒《ど》濤《とう》の前進《ぜんしん》に期《き》待《たい》する。

——一九九八・一・一八

＊

「悦《よろこ》ばしいかな、楽しいかな。不肖《ふしょう》の身でありながら、今度、心田《しんでん》に仏種《ぶっしゅ》を植《う》えたのである」（二八六㌻）

妙法《みょうほう》を信受《しんじゅ》することによって、成仏《じょうぶつ》の種子《しゅし》を、わが生命に植えたのである。こんなにうれしいことはないし、幸《しあわ》せなことはない。

その仏種を、一日一日と大きく育《そだ》てていくのが、私どもの広布《こうふ》の活動であり、仏道修行《ぶつどうしゅぎょう》である。人々の心田を耕《たがや》し、妙法の種子を植えながら、自分自身の仏種を、幸福の大樹《たいじゅ》へと育てていく――。どうか、この尊《とうと》くも、喜《よろこ》びに満《み》ちた信心の労作業《ろうさぎょう》を、たゆみなく続《つづ》けゆく日々であっていただきたい。

――一九九〇・七・八

＊

「涅槃経《ねはんきょう》には『善男子《ぜんなんし》よ。まさに知《し》りなさい。（法華経の流通分《るつうぶん》である）この涅槃経が流布《るふ》される所は、その地がすなわち金剛《こんごう》なのである。また、その中の人々も金剛の如《ごと》き存在《そんざい》となる』と説《と》かれている。法華経・涅槃経を信ずる行者《ぎょうじゃ》は理想《りそう》の国土《こくど》をよそに求《もと》めるべきではない。この経を信ずる人の住《す》む所が、すなわち浄土《じょうど》なのである」（七二ページ）

だれしも、今いる場所よりも他の所のほうが良《よ》いように思うことがあるかもしれない。しかし、日蓮大聖人は、妙法《みょうほう》を弘通《ぐつう》しゆく人も、その地域《ちいき》も、すべて〝金剛〟となる、と仰《おお》せである。

何があっても「不壊《ふえ》」（こわれない）、何があっても「不敗《ふはい》」、何があっても「安心《あんしん》」という最高の〝強さ〟――これが金剛の人生と地域である。

どんなに小さい家でも、わが家《や》は〝宝の家〟なり、と。そして、使命《しめい》のわが地は〝宝の国〟なり、と。この確信《かくしん》で、胸《むね》を張《は》って進んでいただきたい。

今いる場所を金剛（ダイヤ）のごとく輝《かがや》かせていく――信仰《しんこう》の醍醐味《だいごみ》の一つもここにある。勇《いさ》んで広《こう》布《ふ》の労苦《ろうく》を重《かさ》ねる人に、一切《いっさい》は永遠《えいえん》の大福徳《だいふくとく》と変《か》わるのである。

――一九九一・三・一二

＊

日蓮大聖人は仰《おお》せである。

『寂光《じゃっこう》の都《みやこ》』以外は、どこも皆、苦しみの世界である。（永遠《えいえん》の生命を自覚《じかく》した）真実《しんじつ》の覚《さと》りの住《す》みかを離《はな》れて、何が楽しみであろうか。否《いな》、何もない。

願《ねが》わくは『現世《げんせ》は安穏《あんのん》であり、来世《らいせ》は善《よ》いところに生《う》まれる』力《ちから》をもつ妙法を持《たも》ちなさい。それだけが、今世《こんぜ》には真の名誉《めいよ》となり、来世にも真の幸福へと導《みちび》いてくれるのである。どこまでも一心《いっしん》に、南無

妙法蓮華経と自分も唱《とな》え、人にも勧《すす》めていきなさい。まさにそれだけが、人間界に生まれてきた今世の思い出となるのである」（四六七㌻）

「本当の楽しみは、広宣流布《こうせんるふ》の活動にしかない。自行化他《じぎょうけた》の行動のなかにしかない」との仰せなのである。

人生、最高に楽しいのは学会活動である。あとになればなるほど、一生涯《いっしょうがい》、永遠に輝《かがや》く思い出は学会活動である。人を救《すく》い、自分も幸福になる。これほど、ありがたい世界はない。家で寝《ね》ころがってテレビを見ていても、あとはむなしい。大歓喜《だいかんき》にはずむ「寂光の都」とはいえない。「寂光の都」とは「信心の都」「仏界《ぶっかい》の都」である。それこそが、幸福に輝く「永遠不滅《ふめつ》の都」なのである。

――一九九七・七・九

学会員の使命

学会員ほど、けなげなる方々《かたがた》はいない。私は尊《とう》き学会員の皆さまに合掌《がっしょう》する思いで生きている。

人間、だれが偉《えら》いのか。だれが尊い人なのか。

日蓮大聖人は仰《おお》せである。**「法が妙《みょう》であるがゆえに、その法を持《たも》った人は貴《とうと》い。人が貴いがゆえに、その人がいる所も尊い」**（一五七八㌻）と。

偉大《いだい》なる法を持ち、弘《ひろ》めている人こそが偉大なのである。人気《にんき》があるから、地位《ちい》があるから、名声《めいせい》や財産《ざいさん》があるから偉いのではない。妙法《みょうほう》を持ち、民《みん》衆《しゅう》の中で、民衆のために働《はたら》く人こそが尊貴《そんき》なのである。また、その人のいるところこそが寂光土《じゃっこうど》なのである。

――一九九七・一・二

＊

「妙法《みょうほう》を受持《じゅじ》する人を大梵天《だいぼんてん》も、帝釈天《たいしゃくてん》も、仰《あお》いで尊敬《そんけい》されるであろうと思い、うれしさは言いようもない」（一一三四㌻）と述《の》べられているように、いかなる高位《こうい》の立場《たちば》の人よりも尊《とうと》い存在《そんざい》が、皆さま方なのである。

梵天・帝釈とは、現代的には最高の権力者《けんりょくしゃ》、世界的大指《てきだいし》導者《どうしゃ》にも通《つう》じよう。その人々さえも、皆さま方を仰いで尊敬するにちがいないと。それ以下の政治家、高官《こうかん》などはいうまでもない。否《いな》、〝主《あるじ》〟である皆さま方を第一に大切にし、尊敬し、皆さま方のために心をくだき行動する人こそ、真《しん》の指導者なのである。

——一九九〇・一・二四

*

御本尊を持《たも》ち、唱題《しょうだい》する人、その人の位《くらい》は、仏法上、どれほど尊貴《そんき》であることか。無上《むじょう》にして無量無《むりょうむ》辺《へん》の福徳《ふくとく》の人なのである。

日蓮大聖人は「**法華経（御本尊）を持つ者は必《かなら》ず全員が仏《ほとけ》である**」（一三八二㌻）と述《の》べられている。仏法でいう「仏」とは、だれのことか。総《そう》じては、ほかならぬ皆さまこそ「仏なり」と、御本仏は結論《けつろん》しておられる。

——一九九〇・一〇・二三

*

この悪世末法《あくせまっぽう》の真《ま》っただ中で、悪口《わるくち》を言われ、圧《あっ》迫《ぱく》されながら、耐《た》えぬいて、妙法《みょうほう》を弘《ひろ》めゆく皆さま方こそ、尊極《そんごく》の存在《そんざい》なのである。

だからこそ、御聖訓《ごせいくん》には「**正法《しょうほう》時代、像法《ぞうほう》時代の二千年間の大王《だいおう》と生《う》まれるよりも、後世《こうせい》の成仏《じょうぶつ》を願《ねが》うならば、末法の今の民衆《みんしゅう》と生まれるべきである**」（一二六〇㌻）と仰《おお》せである。

皆さまこそ、いかなる過去《かこ》の大王よりも、三世《さんぜ》永《えい》遠《えん》の栄光《えいこう》と福徳《ふくとく》と名誉《めいよ》につつまれゆく「人間の大王《だいおう》者《じゃ》」であり、「生命の大王者」なのである。

——一九九七・一一・二四

*

日蓮大聖人は、たとえ無間地獄《むけんじごく》であっても、妙法《みょうほう》の光で常寂光《じょうじゃっこう》の都《みやこ》に変《か》えていくことができると書いておられる。「**『当位《とうい》は即《すなわ》ち妙《みょう》にして本位《ほんい》を改《あらた》めず』といって、九界《きゅうかい》の衆生《しゅじょう》は本来《ほんらい》の位《くらい》を改めることなく妙覚《みょうかく》（仏《ほとけ》）であるから、無間地獄は常寂光の都となったのである**」（一五八二㌻）と。

たとえ地獄の底《そこ》であろうと、題目《だいもく》の力《ちから》によって、絶対《ぜったい》にそこが寂光土《じゃっこうど》に変わる。ゆえに、皆さまは、絶対に「勝利の人生」を生きられるのである。最高の「栄《えい》光《こう》の人生」になるに決《き》まっているのである。卑下《ひげ》なんかしてはならない。人を妬《ねた》む必要《ひつよう》もない。「広宣《こうせん》流布《るふ》の人生」を送《おく》る皆さまほど、尊貴《そんき》な人生はないのである。胸《むね》を張《は》って、自分がいる「その場《ば》」で立ち上がっていただきたい。「自分は、こう生きるんだ！」「この私の舞台《ぶたい》を革命《かくめい》してみせる！」、そう決めた人は強い。だれもかなわない。

——一九九九・三・九

＊

「『実相《じっそう》の大地』すなわち『仏界《ぶっかい》の大地』に住《じゅう》する仏子《ぶっし》は、行住坐臥《ぎょうじゅうざが》（歩《ある》く、止まる、坐《すわ》る、横《よこ》になる）すべてが『仏《ほとけ》の振《ふ》る舞《ま》い』である」（八一九ページ）

仏の振る舞いであるとすれば、一切《いっさい》が最高の「知《ち》恵《え》」と「福徳《ふくとく》」に満《み》ちた行動、生活である。

「われわれ凡夫《ぼんぷ》の振る舞い、それ自体《じたい》が仏の振る舞いである。この振る舞いこそが『長者《ちょうじゃ》』である」（同）と。

すなわち、真実《しんじつ》の長者、**「観心《かんじん》の長者」**（八一八ページ）の証《あかし》は、決《けっ》して**「世間《せけん》の長者」**（同）の豪華《ごうか》な住宅《じゅうたく》でもなければ、**「出世間《しゅっせけん》の長者」**（同）の特別《とくべつ》な力《ちから》でもない。妙法《みょうほう》を信受《しんじゅ》し、広宣流布《こうせんるふ》へと進みゆく、私ども仏子の毎日の「振る舞い」が、そのままもっとも幸福な大長者の日々なのである。自分自身に「法財《ほうざい》」「物財《ぶつざい》」の福運《ふくうん》を開《ひら》きつつ、人々に「仏」の種子《しゅし》をまき、世界に根本的《こんぽんてき》な平和と繁栄《はんえい》のリズムをつくっていく。ありのままの、この生命、人生が、最高に豊《ゆた》かで価値《かち》ある、尊貴《そんき》なる、黄金《おうごん》の一日一日になっている。それが「観心の長者」なのである。

——一九九〇・二・一八

＊

多宝如来《たほうにょらい》とともに出現した「宝塔《ほうとう》」については、深《ふか》い意味があるが、日蓮大聖人は高齢《こうれい》の阿仏房《あぶつぼう》に、

「阿仏房はそのまま宝塔であり、宝塔はそのまま阿

仏房である」（一三〇四ページ）と仰《おお》せである。そして**「このほかの才知《さいち》や学識《がくしき》は無用《むよう》である」**（同）と。

自分自身が、多くの宝で荘厳《そうごん》された「宝塔」である、「宝塔」とは自分自身のことである――これだけ知っていれば十分《じゅうぶん》なのだと仰せである。大聖人直結《ちょっけつ》で広宣流布《こうせんるふ》に生きゆく人の生命こそが「宝塔」なのである。

――一九九三・八・一三

*

日蓮大聖人は、地涌《じゆ》の菩薩《ぼさつ》が涌出《ゆじゅつ》する「地」の意《い》義《ぎ》を、こう仰《おお》せである。

「地とはわれら衆生《しゅじょう》の心である」（八三四ページ）

地涌出現の「地」といっても、どこかよそにあるのではない。私ども衆生の「心」こそ大菩薩が涌《わ》き出《い》ずる〝大地〟なのである。ゆえに**「心こそ大切」**（一一九二ページ）である。信心の「心」を開拓《かいたく》し、「心」の奥底《おうてい》から地涌の大力《だいりき》を引《ひ》き出すことである。また一次元《じげん》からいえば、広宣流布《こうせんるふ》とは、人類《じんるい》の〝心の大地〟を根本的《こんぽんてき》に開拓することともいえよう。

さらに**「涌出とは、広宣流布の時、全世界の一切《いっさい》衆生が法華経の行者《ぎょうじゃ》となることを、涌出と言うのである」**（八三四ページ）と。

全世界に、地涌の勇者《ゆうしゃ》が現《あらわ》れ満《み》ちるという壮大《そうだい》なご予言《よげん》である。皆さまは、まさにその先駆《さきが》けである。御本仏の仏記《ぶっき》を証明《しょうめい》している方々《かたがた》である。皆さまを迫害《はくがい》することは、御本仏に弓《ゆみ》を引くことであることはいうまでもない。

――一九九二・四・一三

*

私どもは、はるかな過去《かこ》から、妙法《みょうほう》と「宿縁《しゅくえん》」「宿《しゅく》福《ふく》」深厚《じんこう》の菩薩《ぼさつ》である。日蓮大聖人は、こう仰《おお》せである。

「地涌《じゆ》の菩薩が末法《まっぽう》の衆生《しゅじょう》を利益《りやく》されることは、魚が水中《すいちゅう》を自由に泳《およ》ぎ、鳥が天空《てんくう》を自在《じざい》に飛《と》ぶようなものである。濁悪《じょくあく》の末法の衆生が、この菩薩に出《で》会《あ》って仏種《ぶっしゅ》を植《う》えることは、水晶《すいしょう》が月光《げっこう》に照《て》らされると水を生《しょう》じ、孔雀《くじゃく》が雷《かみなり》の音を聞いて懐妊《かいにん》するようなものである」（一〇三三ページ）と。

「地涌の菩薩」が末法の衆生に「仏種」を植え、利益する姿《すがた》は、まさに自由自在であるとの仰せである。出会った人、縁《えん》を結《むす》んだ人すべてに、利益を受けさせることができる。

私ども創価学会員こそが、この「地涌の菩薩」に連《つら》なっていることは疑《うたが》いない。皆、偉大《いだい》なる「仏使《ぶっし》」である。一切《いっさい》衆生に仏種を植えゆく「地涌の菩薩」の尊《とうと》い使命《しめい》――それを事実のうえで行動し、広宣流《こうせんる》布《ふ》の法戦《ほうせん》として戦《たたか》ってきたのは、まぎれもなくわが創価学会である。この「仏勅《ぶっちょく》の団体」を、だれ人《びと》も壊《こわ》すことはできない。壊させてもならない。

私どもには、永遠《えいえん》に行き詰《づ》まりはない。悠々《ゆうゆう》と自由自在に、新《あら》たな広宣流布の道を開《ひら》いていける。すばらしい人生を生きていける。これが、学会の本《ほん》領《りょう》である。大聖人の仏法の真髄《しんずい》である。

――一九九一・一二・八

*

末法広布《まっぽうこうふ》の使命《しめい》を自覚《じかく》した私どもは、疑《うたが》いなく地《じ》涌《ゆ》の菩薩《ぼさつ》である。そのことは、あまりにも有名な御《ご》文《もん》であるが、「諸法実相抄《しょほうじっそうしょう》」に「**日蓮と同意《どうい》であるならば、地涌の菩薩であろうか**」（一三六〇ページ）と明確《めいかく》にお示《しめ》しである。

さらに「**末法において妙法蓮華経の五字を弘《ひろ》める者は、男女《だんじょ》のわけ隔《へだ》てをしてはならない。皆、地涌の菩薩として出現した人々《ひとびと》でなければ唱《とな》えることのできない題目《だいもく》なのである**」（同）と。

この〝唱える〟とは「**末法の時代に入った今、日蓮が唱える題目とは、前代《ぜんだい》の題目（天親《てんじん》・竜樹《りゅうじゅ》・南《なん》岳《がく》・天台《てんだい》が唱えた自行《じぎょう》のみの題目）とは異《こと》なり、自行と化他《けた》にわたる南無妙法蓮華経なのである**」（一〇二二ページ）とお示しのように、みずからも唱え、人にも弘める実践《じっせん》をいう。

皆さまが日々唱えておられる題目の声《こえ》は、今や地《ち》球《きゅう》をつつむ。これだけ題目を唱え、弘め、広布を推進《すいしん》してきた学会員が地涌の菩薩でなければ、地涌の菩薩など、どこにも存在《そんざい》しないことになろう。

また、法華経の従地涌出品《じゅうちゆじゅっぽん》には「善《よ》く菩薩の道《どう》を学《がく》して　世間《せけん》の法に染《そ》まらざること　蓮華《れんげ》の水《みず》に在《あ》るが如《ごと》し」（法華経四七一㌻）と。
ちょうど泥水《どろみず》の中の蓮華のように、濁悪《じょくあく》の世間の真《ま》っただ中で正法《しょうほう》を持《たも》ちながら、しかも、世間の諸《しょ》悪《あく》に染《そ》まることなく、民衆救済《みんしゅうきゅうさい》の菩薩道に励《はげ》みゆくのが、地涌の菩薩なのである。まさしくわが学会員の実践こそ、この経文《きょうもん》のとおりである。

――一九九二・四・一三

＊

「地涌《じゆ》の菩薩《ぼさつ》のさきがけは日蓮一人である」（一三五九㌻）

御本仏であられる日蓮大聖人ご自身が「地涌の菩薩のさきがけ」として、妙法流布《みょうほうるふ》のために、「かくのごとく『菩薩の行《ぎょう》』を行ぜよ！」「末法《まっぽう》の大法戦《だいほうせん》を、かくのごとく戦《たたか》い、断《だん》じて勝ち抜《ぬ》け！」と、示《しめ》してくださっている。

「日蓮の弟子《でし》檀那《だんな》となった人々は、宿縁《しゅくえん》が深《ふか》いと思って、日蓮と同じように法華経を弘《ひろ》めるべきである」（九〇三㌻）と。

我、大聖人の眷属《けんぞく》なり！
我、地涌の菩薩なり！
この深き自覚《じかく》をもって、真剣《しんけん》に祈《いの》り、打って出る時、「力《ちから》」が出ないわけがない。「智慧《ちえ》」がわかないわけがない。「諸天《しょてん》」が動かないわけがない。

――一九九九・六・九

＊

「法華経には、『（諸経《しょきょう》のなかで）法華経は最第一である』と。また『よくこの法華経を受持《じゅじ》する者もまた同様《どうよう》である。一切衆生《いっさいしゅじょう》のなかで、第一である』と記《しる》されている」（九七八㌻）

世界には、ありとあらゆる人々がいる。地位《ちい》のある人、ない人。財産《ざいさん》のある人、ない人。頭《あたま》のいい人、美《うつく》しい人、顔《かお》の丸《まる》い人、四角《しかく》い人。千差万別《せんさばんべつ》のいろいろな人がいる。種々《しゅじゅ》の思想《しそう》をもつ、その、さまざまな一切衆生のなかで、法華経を受持する人が第一に尊《とうと》い、と日蓮大聖人は明言《めいげん》されている。総《そう》じては皆さまのことである。

特権階級《とっけんかいきゅう》が偉《えら》いのでもなければ、有名人が偉いのでもない。宇宙《うちゅう》で最高の法を持《たも》つ皆さまこそ、「第一の人」なのである。御本仏の仰《おお》せに、絶対《ぜったい》に間違《まちが》いはない。

――一九九四・一一・二六

*

「およそ人身《じんしん》を受ける（人間として生《う》まれる）ことはまれである。すでに、そのまれな人身を受けている。また、あいがたきは仏法であるが、これにもまたあうことができた。しかも、同じ仏法のなかでも、法華経の題目《だいもく》にあいたてまつり、結局《けっきょく》、南無妙法蓮華経の題目の行者《ぎょうじゃ》となった。まことにまことに、あなたは過去世《かこせ》で十万億《じゅうまんおく》の諸仏《しょぶつ》を供養《くよう》した方《かた》であろう」（九〇二㌻）

皆さま方は、日蓮大聖人の正法《しょうほう》を実践《じっせん》しておられる。どれほどの福徳《ふくとく》と深《ふか》き使命《しめい》の方々《かたがた》であるか。また大聖人は、いかばかり讃嘆《さんたん》あそばされることであろうか。

皆さま方が、これ以上はないという最高の幸福を勝ち得《え》ることは絶対《ぜったい》にまちがいない。もはや、一人もれなく、三世《さんぜ》永遠《えいえん》に崩《くず》れざる幸福の軌道《きどう》に入っておられることを確信《かくしん》していただきたい。

――一九八九・六・一七

*

「（寿量品《じゅりょうほん》の『常住此説法《じょうじゅうしせっぽう》』の）『常住』とは、法華経の行者《ぎょうじゃ》の住《す》む所である」（七五六㌻）

別《べっ》しては日蓮大聖人、総《そう》じては広宣流布《こうせんるふ》を行《ぎょう》じゆく学会員の活躍《かつやく》の場《ば》は、御本仏が「常住」される楽《らく》土《ど》なのである。

たしかに、現実は変化《へんか》変化の連続《れんぞく》であるかもしれない。しかし妙法《みょうほう》を唱《とな》え、広布《こうふ》に進みゆく皆さま方は、その無常《むじょう》の流転《るてん》に流《なが》されることがない。苦しむことがない。かえって、一切《いっさい》の変化を、「永遠《えいえん》の福《ふく》徳《とく》」のエネルギーとしながら、この人生を楽しみきっていける。御本仏の大慈悲《だいじひ》につつまれながら、瞬《しゅん》間《かん》瞬間、一日一日、「永遠の歴史《れきし》」を刻《きざ》んでいける。みずからの使命《しめい》の天地《てんち》を「常住」――すなわち永遠の仏国土《ぶっこくど》へ、常楽《じょうらく》と喜楽《きらく》の都《みやこ》へと築《きず》き上《あ》げていくことができる。

——一九九二・二・二一

*

「(伊豆流罪《いずるざい》の時)この地の地頭《じとう》や万民《ばんみん》が日蓮を憎《にく》み、ねたむことは鎌倉《かまくら》よりも激《はげ》しい。日蓮を見る者は目くばせをし、日蓮の名《な》を聞く人は怨《うら》んでいる」(一四四五ページ)

まさに伊豆の地は、憎悪《ぞうお》の嵐《あらし》のまっただなかにあったといってよい。そのなかを弥三郎夫妻《やさぶろうふさい》は、みずからの危険《きけん》もかえりみず、日蓮大聖人をお守《まも》りした。弥三郎は、特別《とくべつ》な権勢《けんせい》や名声《めいせい》をもっていたわけではない。漁師《りょうし》であり、庶民《しょみん》である。しかし、その庶民の一人が、権力《けんりょく》の弾圧《だんあつ》をも恐《おそ》れず、厳然《げんぜん》と御本仏を守護《しゅご》申し上げた。

佐渡流罪《さどるざい》のさいも、大聖人を外護《げご》し、勇気《ゆうき》ある信心を貫《つらぬ》いたのは、無名《むめい》の人々であった。大難《だいなん》のたびに立ち上がり、不当《ふとう》な権力と戦《たたか》い、時に殉《じゅん》じていったのは、ほとんどが庶民であり、民衆《みんしゅう》であり、これが広宣流布《こうせんるふ》の歴史《れきし》の原動力《げんどうりょく》になっていたといえよう。学会においても、主役《しゅやく》はつねに民衆であった。そして、何よりも民衆の力《ちから》を重んじ、民衆を大切にしてきたがゆえに、今日の広布《こうふ》の隆盛《りゅうせい》が築《きず》かれたのである。

——一九八八・五・二三

*

「撰時抄《せんじしょう》」には、次のように仰《おお》せである。

「伝《つた》え聞くところによれば、中国《ちゅうごく》の三百六十カ国《こく》・二百六十余州《よしゅう》はすでに蒙古《もうこ》の軍勢《ぐんぜい》に打ち破《やぶ》られている」(二六四ページ)と。そして、このような戦乱《せんらん》の打ち続《つづ》く今こそ、広宣流布《こうせんるふ》の「時」であると、日蓮大聖人は宣言《せんげん》しておられる。

それは激動《げきどう》の世《よ》にあって、何《なん》のよるべもなくさすらう民衆《みんしゅう》に、真実《しんじつ》の幸福と絶対《ぜったい》の安穏《あんのん》を永遠《えいえん》に与《あた》えゆかんとなされた師子吼《ししく》であり、その根本法《こんぽんほう》が「妙《みょう》法《ほう》」なのである。

大聖人は、**「日蓮の文底下種《もんていげしゅ》の法門《ほうもん》が出現するならば、正法《しょうほう》時代や像法《ぞうほう》時代に論師《ろんし》や人師《にんし》が説《と》いた法**

門は、みな太陽《たいよう》が出たのちの星の光のようにかすんでしまう。（中略）ただこの大法《だいほう》だけが全世界に流《る》布《ふ》するであろう、と説かれている。あなた方は、このような法門に宿縁《しゅくえん》ある人なのだから、頼《たの》もしく思われるがよい」（一四八九㌻）とおっしゃっている。

まさに、太陽が昇《のぼ》りゆくがごとく、大聖人の仏法が赫々《かっかく》と全世界を照《て》らし、流布していくとのご断言《だんげん》である。そして、縁深《えんぶか》くして、この大法に出あうことのできた人は、いかなることがあろうとも、「絶対に幸福になれる」との大確信《だいかくしん》に立って、泰然《たいぜん》と、また、悠々《ゆうゆう》と生ききっていきなさい、との仰せと拝《はい》する。

皆さま方は、この大聖人のご指南《しなん》どおりの、仏縁《ぶつえん》深《ふか》き方々《かたがた》であり、妙法流布の尊《とうと》い使命《しめい》に生きぬいてこられた仏子《ぶっし》である。ゆえに、仮《かり》に激動のときがあったとしても、絶対に希望《きぼう》の道が開《ひら》けないわけがない。必《かなら》ずや、平和と安穏の楽土《らくど》が築《きず》かれ、幸福の人生を輝《かがや》かせていくことができるのである。どうか、大聖人が仰せのごとく「頼もしい」との大確信で、堂々《どうどう》と朗《ほが》らかに、広布《こうふ》と信心の大道《だいどう》を歩《あゆ》みぬいていただきたい。

――一九八八・一・三〇

＊

「如是相《にょぜそう》・如是性《にょぜしょう》・如是体《にょぜたい》の三如是をそなえた本《ほん》覚《がく》の如来《にょらい》（本来《ほんらい》そのままの姿で覚《さと》っている仏《ほとけ》）は十方《じっぽう》法界《ほうかい》を身体《しんたい》とし、十方法界を心性《しんしょう》とし、十方法界を相好《そうごう》とする」（五六二㌻）

本覚の如来とは、別《べつ》しては、日蓮大聖人であられる。大聖人は、十方法界すなわち全宇宙《ぜんうちゅう》を、そのまままわが身体（如是体）とし、わが心性（如是性）とし、わが相好（如是相）とされている。

御本仏の眷属《けんぞく》たる私ども門下《もんか》もまた、妙法《みょうほう》の宇宙大の力用《りきゆう》を、信心によって、わが人生のうえに無限《むげん》に顕現《けんげん》し証明《しょうめい》していける。「仏界《ぶっかい》」という、くめどもつきぬ大歓喜《だいかんき》の境界《きょうがい》に住《じゅう》しつつ、一念《いちねん》のままに、スケールの大きな自在《じざい》の人生を開《ひら》ききっていけるのである。

ゆえに、この御本尊を持《たも》った以上、何ものも恐《おそ》れる必要《ひつよう》はない。何ものをもなげく必要もない。要《よう》は、何があろうとも、妙法を信じ、妙法を唱《とな》え、〝わが身が南無妙法蓮華経の本体《ほんたい》そのものである〟との大《だい》確信《かくしん》を貫《つらぬ》いていくことである。〝われ、仏子《ぶっし》なり〟との誇《ほこ》りを胸中《きょうちゅう》に掲《かか》げきっていくことである。

――一九八八・二・一八

＊

御書に、天台《てんだい》の『法華玄義《ほっけげんぎ》』の文《もん》を引《ひ》かれて、「縁《えん》ある者がどうして（同じ仏《ほとけ》の世界に）生《う》まれてこないことがあろうか。たとえば、百の川がすべて海に集《あつ》まり注《そそ》ぐようなものである。縁にひかれて（同じ仏の世界に必《かなら》ず）生まれてくることもまた、同じ原理《げんり》である」（六三一ページ）と。

私どもは、この〝御本仏の世界〟である〝広宣流《こうせんる》布《ふ》の大海《たいかい》〟に、来世《らいせ》もまた次の世《よ》も生まれ、活躍《かつやく》していくことができる。三世《さんぜ》永遠《えいえん》に大福徳《だいふくとく》の人生行路《こうろ》を満喫《まんきつ》しきっていける。これほどありがたいことはない。これほどの喜《よろこ》びはない。

ゆえに、「三世の果《は》てまで同志《どうし》なり」と定《さだ》めた一《いち》念《ねん》が、成仏《じょうぶつ》への軌道《きどう》を固《かた》めていく。私どもは、この根本《こんぽん》軌道をまっすぐに進んでいけばよいのである。

――一九九一・九・三〇

弘教

広宣流布《こうせんるふ》は、攻《せ》めて攻めぬいていかなければできない。日蓮大聖人は「如説修行抄《にょせつしゅぎょうしょう》」に仰《おお》せである。

「権門《ごんもん》をかっぱと破《やぶ》り、あちらへ押《お》しかけこちらに押し寄《よ》せ、念仏《ねんぶつ》・真言《しんごん》・禅《ぜん》・律《りつ》等の八宗《はっしゅう》・十宗の謗法《ほうぼう》の敵人《てきじん》をせめたてた。（中略）

敵《てき》は多勢《たぜい》である。法王《ほうおう》（仏《ほとけ》）の使《つか》いは日蓮一人であり、『多勢に無勢《ぶぜい》』である。今にいたるまで、いくさは、やむことがなく、戦《たたか》いの連続《れんぞく》である。『法《ほっ》華折伏《けしゃくぶく》・破権門理《はごんもんり》（法華は折伏にして、権門の理《り》を破《は》す）』と説《と》かれているゆえに、最後には、権教《ごんきょう》権門を信じている敵を一人も残《のこ》らず攻め落《お》としていくのである」（五〇二ページ）と。

牧口先生は、たった一人の人に会《あ》うために、どこへでも行かれた。老齢《ろうれい》の身で、しかも交通《こうつう》の不便《ふべん》な時代に、どこへでも――九州《きゅうしゅう》までも足《あし》を運《はこ》ばれた。逮捕《たいほ》されたときも、身に危険《きけん》が迫《せま》っている不穏《ふおん》な情《じょう》勢《せい》のなか、伊豆《いず》の下田《しもだ》まで行かれた。そして、一人の学会員の願《ねが》いに応《おう》じて、弘教《ぐきょう》に歩《ある》かれた先《さき》での、逮捕であった。

この「不惜《ふしゃく》の精神《せいしん》」に創価学会の原点《げんてん》がある。日蓮仏法における「信心の真髄《しんずい》」がある。歴代《れきだい》会長が、この精神に徹《てっ》してきたからこそ、これほどまでに福徳《ふくとく》にあふれた創価学会の世界ができたのである。今、その世界で活躍《かつやく》でき、幸福になっていけることが、どれほどありがたいことか――。

――一九九八・一・二五

*

日興上人《にっこうしょうにん》は、ご遺誡《ゆいかい》（「日興遺誡置文《おきぶみ》」）の第十四条でこう戒《いまし》められている。**「わが身は軽《かる》く法は重《おも》しとする仏法実践者《じっせんしゃ》に対しては、たとえ下劣《げれつ》の法師《ほっし》であっても、まさに仏《ほとけ》を敬《うやま》う如《ごと》くにすべきであるとの道理《どうり》にのっとって、その人を信じ敬うべきである」**（二六一八㌻）と。

仏法においては、地位《ちい》や立場《たちば》ではなく、信心の厚《こう》薄《はく》、実践の有無《うむ》が根本《こんぽん》であるとの教《おし》えである。身命《しんみょう》を惜《お》しまず、折伏《しゃくぶく》・弘法《ぐほう》に、広宣流布《こうせんるふ》に生きぬく人は、立場がどうあれ、仏のごとくに尊敬《そんけい》していかねばならない、と。私どもは在家《ざいけ》の立場でありながら、折伏・弘法に励《はげ》んでいる。この、ご遺誡を残《のこ》された日興上人のおほめをいただけることは、間違《まちが》いないと信ずる。

――一九九一・五・三

*

「難問答《なんもんどう》に巧《たく》みな行者《ぎょうじゃ》に対しては、先師《せんし》日蓮大聖人がなされたように、ほめたたえ大切にすべきである」（二六一九㌻）

「巧於難問答《ぎょうおなんもんどう》」とは、法華経の涌出品《ゆじゅっぽん》の文《もん》（法華経四七二㌻）で、「難問答に巧みにして」と読《よ》む。地《じ》涌《ゆ》の菩薩《ぼさつ》を讃嘆《さんたん》した言葉である。日蓮大聖人は、この経文《きょうもん》のごとき優《すぐ》れた人材《じんざい》の育成《いくせい》に心を砕《くだ》いておられた。たとえば、叡山《えいざん》の学匠《がくしょう》との法論《ほうろん》に、若《わか》き日目《にちもく》上人《しょうにん》を起用《きよう》、日目上人は、見事《みごと》に相手《あいて》を破折《はしゃく》され、人々を驚《おどろ》かせたというエピソードもある。

わが学会にも、難問答に巧みな「折伏《しゃくぶく》の名人《めいじん》」が、たくさんおられる。邪法邪義《じゃほうじゃぎ》を破《やぶ》り、御本尊の偉大《いだい》さを教《おし》え、正法《しょうほう》を弘通《ぐつう》する「広宣流布《こうせんるふ》の勇者《ゆうしゃ》」を、最大にたたえ、尊敬《そんけい》し、宣揚《せんよう》してきたのが学会の伝統《でんとう》である。ゆえに、正法を世界に弘《ひろ》め、正法とともに栄《さか》えることができた。広宣流布といっても、実際《じっさい》に「法を弘める人」がいなければ永遠《えいえん》に夢物語《ゆめものがたり》である。ゆえに、日興《にっこう》上人は、ご遺誡《ゆいかい》の最後に〝弘《ぐ》法《ほう》の人を大切にせよ〟と重《かさ》ねて誡《いまし》められたと拝《はい》される。

——一九九二・一〇・二四

＊

すべては、「人」で決《き》まる。「人」が大切である。日蓮大聖人は、仰《おお》せである。「法がおのずから弘《ひろ》まることはない。人が法を弘めるゆえに、人と法はともに尊《とうと》いのである」（八五六ページ）と。

「正法《しょうほう》を弘める人」が尊いのである。折伏《しゃくぶく》・弘教《ぐきょう》に苦労《くろう》し、広布《こうふ》に励《はげ》んできた学会員の皆さまこそ、最《もっと》も尊貴《そんき》なのである。

——一九九三・五・二三

＊

日蓮大聖人は「広宣流布《こうせんるふ》を託《たく》せるのは、問答《もんどう》（対《たい》話《わ》）にたけた菩薩《ぼさつ》である」（四八ページ）、「広宣流布をできないのは、利養《りよう》（名聞名利《みょうもんみょうり》にとらわれ、自己《じこ》の利《り》益《えき》のみを考《かんが》えること。自分の欲望《よくぼう》を満《み》たし、自分の身を養《やしな》うこと）にたけた悪侶《あくりょ》である」（四三ページ）と、経《きょう》文《もん》を引《ひ》かれて明確《めいかく》にしておられる。まことに対照的《たいしょうてき》な姿《すがた》である。

いかなる人に広布《こうふ》を託すかについては、「(法華経の『後《のち》の五百歳《さい》の中《うち》に広宣流布し』云々《うんぬん》の文《もん》について）法華経の流通分《るつうぶん》（その経を弘《ひろ》めるために説《と》かれたもの）である涅槃経《ねはんぎょう》には『まさに、無上《むじょう》の仏法（妙《みょう》法《ほう》）を諸菩薩（在家《ざいけ》、出家《しゅっけ》）に付嘱《ふぞく》すべきである。これらの菩薩は問答（対話）が上手《じょうず》だからである』と説かれている」（四八ページ）と。

一方《いっぽう》、「広宣流布など決してできない」と明記《めいき》された人々とは、同じく涅槃経を引かれて**「(正法《しょうほう》が世界に広まる時、多《おお》くの悪僧《あくそう》が出現し、破法《はほう》の振《ふ》る舞《ま》いをするが)これらの悪僧たちは、これ魔《ま》の伴侶《はんりょ》である。(中略)この悪僧は、利養にとらわれているゆえに、この経(その元意《がんい》は法華経)を広宣流布することはできない」**(四三ページ)と説かれているように、悪侶のことである――。

問答、対話、謗法破折《ほうぼうはしゃく》の実践《じっせん》が、「広布の戦士《せんし》」の要件《ようけん》なのである。こちらが御書を拝《はい》して破折しても何も答《こた》えられないのでは、その姿自体《すがたじたい》、〝広宣流布とは無縁《むえん》〟の証明《しょうめい》である。だれが「問答(対話・折伏《しゃくぶく》)に巧《たく》みな菩薩」であり、だれが「利養の悪《あく》比丘《びく》」なのか、一目瞭然《いちもくりょうぜん》ではないだろうか。

――一九九二・八・八

*

日興上人《にっこうしょうにん》は、二十六箇条《かじょう》の「遺誡《ゆいかい》」について**「二十六箇条のうちの一箇条でも破《やぶ》った者《もの》は、日興の弟《で》子《し》ではない」**(二六一九ページ)と厳格《げんかく》に断言《だんげん》されている。その第十三条には、次のようにある。**「いまだ広宣流布《こうせんるふ》しない間《あいだ》は、身命《しんみょう》を捨《す》て自身の力《ちから》の限《かぎ》り妙法《みょうほう》を弘《ひろ》めるべきである」**(二六一八ページ)と。

日亨上人《にちこうしょうにん》は、この御文《ごもん》を「重要永遠的《じゅうようえいえんてき》の第一法《ほう》則《そく》」の一つであり、「万代《ばんだい》法則ともいうべき」であるとされている。つまり、このご遺誡は、二十六箇条のうちで最重要であり、中心《ちゅうしん》となる鉄則《てっそく》である。大聖人門下《もんか》にとって永遠に貫《つらぬ》きとおすべき根本《こんぽん》の指《し》針《しん》と仰《おお》せなのである。

「広宣流布」の実現こそ、根本の大事《だいじ》である。ゆえに「随力弘通《ずいりきぐつう》の人」こそ、もっとも御本仏が喜《よろこ》ばれ、たたえられる人である。この根本をないがしろにするものは、日興上人の門下とはいえないとの戒《いまし》めと拝《はい》される。わが学会の歴史《れきし》は、まさしく、このご遺誡どおりの軌跡《きせき》であった。これが私どもの最大の誇《ほこ》りである。

――一九九一・五・三

*

「あなたもまた、日蓮に従《したが》い、法華経の行者《ぎょうじゃ》として人々にこの法を語《かた》っておられる。これは、まさに法華経の流通《るつう》（弘通《ぐつう》）の義《ぎ》ではないか」（一二一七ページ）

日蓮大聖人のお言葉のままに、世界の人々に仏法を語っている皆さま方こそ、総《そう》じては、現代の「法華経の行者」であられる。「地涌《じゆ》の菩薩《ぼさつ》」であられる。今、世界の知性《ちせい》・良識《りょうしき》は、真剣《しんけん》に仏法を求《もと》めている。真心《まごころ》の「雄弁《ゆうべん》」で人々の心を開《ひら》き、正義《せいぎ》の「雄弁」で魔軍《まぐん》を打ち砕《くだ》き、勇気《ゆうき》の「雄弁」で勝利を開きながら、人類史《じんるいし》の大転換《だいてんかん》を、さっそうと成《な》し遂《と》げてまいりたい。

——一九九五・一・三〇

*

人間関係《かんけい》もまた「鏡《かがみ》」である。「御義口伝《おんぎくでん》」には、こう仰《おお》せである。「法華経に説《と》く不軽菩薩《ふきょうぼさつ》は、迫害《はくがい》のなか慢心《まんしん》の四衆《ししゅう》（僧《そう》・尼《あま》・俗人《ぞくじん》の男女《だんじょ》）に対して、あなた方も必《かなら》ず成仏《じょうぶつ》する（仏性《ぶっしょう》がある）と礼拝《らいはい》した。その時、慢心の人々の仏性も、不軽菩薩を礼拝したのである。鏡に向《む》かって礼拝すれば、映《うつ》った姿《すがた》もまた、自分を礼拝しているようなものである」（七六九ページ）と。

これは弘教《ぐきょう》の根本精神《こんぽんせいしん》を説かれた御文《ごもん》である。弘教とは、相手《あいて》をもっとも尊敬《そんけい》し、その仏界《ぶっかい》を礼拝しての行為《こうい》なのである。ゆえに、いささかも礼儀《れいぎ》に反《はん》した、また非常識《ひじょうしき》や傲慢《ごうまん》な振《ふ》る舞《ま》いがあってはならない。相手の仏界に呼《よ》びかける思《おも》いで、ていねいに、穏《おだ》やかに、またある時は厳父《げんぷ》のごとき慈愛《じあい》で、語《かた》っていくことである。その時、相手の仏界が、鏡のように、こちらの誠実《せいじつ》な姿を映して、礼拝し返《かえ》すのである。

相手を仏《ほとけ》のごとく大切にすれば、相手の仏性も、こちらを守《まも》ろうとする。人を軽侮《けいぶ》し、見くだせば、鏡に映したように、自分が見くだされる。〝いつかそうなる〟のではない。生命の世界においては、その瞬間《しゅんかん》に因果《いんが》がきざまれている。そして時とともに、それがはっきり表《あらわ》れてくる。

——一九九〇・二・二七

*

「聖愚問答抄《しょうぐもんどうしょう》」は、題号《だいごう》のとおり、「聖人《しょうにん》」と「愚《ぐ》人《にん》」の一対一の問答・対話《たいわ》を中心《ちゅうしん》として展開《てんかい》された御書である。「愚人」とは、末法凡愚《まっぽうぼんぐ》の衆生《しゅじょう》を表《あらわ》し、「聖人」は、日蓮大聖人のお立場《たちば》を示《しめ》していると拝《はい》される。

さて、「愚人」は、「聖人」にめぐりあい、その言葉に耳《みみ》をかたむけるが、小乗《しょうじょう》・権教《ごんきょう》に対する「聖人」の峻厳《しゅんげん》な破折《はしゃく》を聞き、いささか感情的《かんじょうてき》になる。**「このとき、愚人は顔色《かおいろ》を変《か》えて言う。『汝《なんじ》は卑《いや》しい身でありながら、ほしいままに悪言《あくげん》を吐《は》く』」**（四八一ページ）と。

これに対し「聖人」は、あくまで冷静《れいせい》である。**「あなたがそう言うのも、もっともである」**（同）と、まことに懐深《ふところふか》く受けとめられている。

正法正義《しょうほうしょうぎ》に、さまざまな暴言《ぼうげん》・悪口《あっこう》があるのは御書、経文《きょうもん》に照《て》らして必然《ひつぜん》である。それに対しては、厳然《げんぜん》と反論《はんろん》し、論駁《ろんばく》していく強さがなくてはならない。しかし、強さだけですべての人を、心から納得《なっとく》させることはできない。むしろ、相手《あいて》の主張《しゅちょう》もやわらかに受けとめ、理解《りかい》を示してこそ、対話はさらに深《ふか》まり、実《み》り多いものとなっていく。

——一九八九・七・一四

＊

「立正安国論《りっしょうあんこくろん》」は、対話《たいわ》・問答形式《もんどうけいしき》でしたためられた御書である。顔色《かおいろ》を変《か》えて憤慨《ふんがい》し、席《せき》を立とうとする「客《きゃく》」に対し、日蓮大聖人のお立場《たちば》を表《あらわ》す「主人《しゅじん》」は**「微笑《びしょう》をたたえ、帰《かえ》ろうとする客をとどめて」**（二四ページ）話を続《つづ》けたとされている。

このように、無知《むち》や無理解《むりかい》の言葉が投《な》げられ、理《り》不尽《ふじん》な態度《たいど》があったとしても、一切《いっさい》を莞爾《かんじ》と受けとめ、悠々《ゆうゆう》と自在《じざい》の対話を続け、納得《なっとく》させていかれる。ここに、〝境涯《きょうがい》の芸術《げいじゅつ》〟〝対話の妙《みょう》〟ともいうべきものが拝《はい》されてならない。

——一九八九・七・一四

＊

いかなる相手《あいて》であれ、一切《いっさい》の感情《かんじょう》を広く大きくつつみながら、どのように心を開《ひら》き、納得《なっとく》と共感《きょうかん》を広げていくか。それはすべて、私どもの境涯《きょうがい》にかかっているといってもよい。相手の喜怒哀楽《きどあいらく》に悠々《ゆうゆう》と棹《さお》さしながら、自在《じざい》に、心の奥深《おくふか》くに漕《こ》ぎ入っていく融通無礙《ゆうずうむげ》の境涯を開いていく以外にない。ここに、対話《たいわ》の人間学の精髄《せいずい》がある。妙法《みょうほう》を唱《とな》え、実践《じっせん》されている皆さま方は、無上道《むじょうどう》を歩《あゆ》まれている方々《かたがた》である。最高無比《むひ》の境涯を、日々、着実《ちゃくじつ》に開いているといってよい。生命に開かれた財《たから》は永遠《えいえん》であり、それからみれば、世俗《せぞく》の〝財〟や〝位《くらい》〟など、まことにはかない。その誇《ほこ》りも高く、私どもは堂々《どうどう》と前進《ぜんしん》してまいりたい。

「聖愚問答抄《しょうぐもんどうしょう》」で、「聖人《しょうにん》」は、まず「愚人《ぐにん》」の言《げん》に十分《じゅうぶん》に耳《みみ》をかたむける。そのうえで、真実《しんじつ》の正法《しょうほう》正義《しょうぎ》を、法理《ほうり》、道理《どうり》にのっとり、諄々《じゅんじゅん》と語《かた》り尽《つ》くされている。その中で「愚人」も「**少し顔色《かおいろ》をやわらげて**」（四八七ページ）というように、徐々《じょじょ》に心を開いていく。やがて「**席《せき》を下《さ》がり、袂《たもと》を正して**」（四九四ページ）と態度《たいど》を改《あらた》め、「聖人」に真剣《しんけん》に教《おし》えをこうようになる。そして、ついには、「**頭《あたま》をたれ、たなごころを合《あ》わせて**」（五〇〇ページ）正法の実践を誓《ちか》うにいたる。

末法今時《まっぽうこんじ》の衆生《しゅじょう》は、愚癡《ぐち》の衆生である。正理《しょうり》に暗《くら》く、仏法を理解《りかい》する智慧《ちえ》をもたない。それだけに心して対話していきなさい、との御文《ごもん》とも拝《はい》される。

――一九八九・七・一四

*

「たとえ強くあらあらしい言葉でも、人を救《すく》えば真実《しんじつ》の言葉であり、柔《やわ》らかく穏《おだ》やかな言葉である。たとえ穏やかな言葉でも、人を誤《あやま》らせてしまえば偽《いつわ》りの言葉であり、強くあらあらしい言葉である」（八九〇ページ）

これは、日蓮大聖人が旧師《きゅうし》の道善房《どうぜんぼう》に会《あ》われたさいの、ご自身のお振《ふ》る舞《ま》いについて述《の》べられた御文《ごもん》である。道善房は、大聖人が幼少《ようしょう》のころに師事《しじ》された、いわば恩人《おんじん》である。この時は、約《やく》十年ぶりの再《さい》会《かい》であった。「**穏便《おんびん》の義《ぎ》をもって、穏やかに申し上げることこそ、礼儀《れいぎ》であるとは思《おも》ったが……**」（八八九㌻）と、大聖人は仰《おお》せである。しかし、念仏《ねんぶつ》の信仰《しんこう》に染《そ》まっていた道善房を、強く折伏《しゃくぶく》される。「強くあらあらしい言葉でも、人を救えば真実の言葉である」とは、まさにこのことを言われたものである。

真実の慈悲《じひ》の言葉。それは決《けっ》して聞こえのよい、体裁《ていさい》ぶった言葉ではない。たとえ、言い方は強く厳《きび》しいようであっても、相手《あいて》の「一凶《いっきょう》」を除《のぞ》く。すなわち不幸の根本原因《こんぽんげんいん》を断《た》ち切《き》って、正しき幸福の軌《き》道《どう》へとリードしていく。これこそが、道理《どうり》にかなった「真実」の言葉であり、慈悲の発露《はつろ》なのである。

――このことを大聖人は、ご自身のお振る舞いをとおして示《しめ》された。

――一九八九・一一・二九

＊

「日本国の一切衆生《いっさいしゅじょう》もまた同様《どうよう》である。今の世《よ》でこの十余年以前《よねんいぜん》までは、もっぱら念仏者《ねんぶつしゃ》であったが、今では十人のうち一、二人はもっぱら南無妙法蓮華経と唱《とな》え、二、三人は両方《りょうほう》唱えるようになり、またもっぱら念仏を申す人も疑《うたが》いをいだいて、心の中では法華経を信じ、また釈迦仏《しゃかぶつ》を書《か》いたり、造《つく》るようになった。これもまた日蓮の強言《ごうげん》から起《お》こったのである」（八九〇㌻）

わが学会は、この大聖人の教《おし》えのままに前進《ぜんしん》してきた。何ものをも恐《おそ》れず、「実語《じつご》」「強言」を貫《つらぬ》いていく――これが戸田先生のご確信《かくしん》であった。だからこそ日本のみならず世界へと妙法《みょうほう》を弘《ひろ》める基盤《きばん》ができたのである。ともあれ、広布《こうふ》に邁進《まいしん》しゆくわれわれは、真《しん》の仏子《ぶっし》である。ゆえに、大聖人のお振《ふ》る舞《ま》いを深《ふか》く生命にきざみ、仏子としての使命《しめい》と誇《ほこ》りに、豁然《かつぜん》と目覚《めざ》めていかねばならない。

――一九八九・一一・二九

＊

法華経は「折伏の経《しゃくぶくのきょう》」である。天台大師《てんだいだいし》の『法華《ほっけ》玄義《げんぎ》』にいわく「法華折伏・破権門理《はごんもんり》（法華は折伏にして、権門《ごんもん》の理《り》を破《は》す）」と。すなわち、法華経は、あらゆる権門の理（真実《しんじつ》の法門《ほうもん》である法華経を説《と》くまでの「権《かり》の法門」）を打ち破《やぶ》っていく「折伏の経」であるという意義《いぎ》である。要《よう》するに、邪義《じゃぎ》に対する「破折《はしゃく》の精神《せいしん》」がなくなれば、もはや法華経とはいえない。

日蓮大聖人は、若《わか》き南条時光《なんじょうときみつ》に対して、こう仰《おお》せである。**「権宗《ごんしゅう》（権《かり》の教《おし》えをもとにした宗派《しゅうは》）の人々が、無量《むりょう》に言い狂《くる》ったとしても、要するに、『千の土鍋《つちなべ》も、たった一つの槌《つち》で打ち砕《くだ》ける』ようなものである（法華経によって粉砕《ふんさい》できる）。『法華は折伏にして、権門の理を破す』とは、このことである。最《もっと》も大事《だいじ》な秘奥《ひおう》の法門である」**（一五五六㌻）と。

「一つの正義《せいぎ》」は「千の邪義」をも打ち砕くのである。ゆえに妙法《みょうほう》を受持《じゅじ》した青年は、切《き》れ味《あじ》も鋭《するど》く「破折の宝剣《ほうけん》」を磨《みが》いていかねばならない。

戸田先生もよく「たとえ、きょう入会《にゅうかい》したばかりの人であれ、ひとたび創価学会員として法論《ほうろん》にのぞんだならば、断《だん》じて負《ま》けてはならない」と叱咤激励《しったげきれい》された。

また牧口先生は、獄中《ごくちゅう》の取《と》り調《しら》べに答《こた》えて、折伏の意義についても明快《めいかい》に論じておられる。その中で牧口先生は**「その人のために、悪《わる》い点を取り除《のぞ》いてあげる人は、その人の親《おや》の存在《そんざい》である」**（一三九㌻）との文《もん》を引《ひ》いて、〝折伏とは、「大慈悲《だいじひ》の親心《おやごころ》」で、相手《あいて》の考《かんが》えの間違《まちが》いを破折し、本心《ほんしん》を覚醒《かくせい》させることを意味する〟と言われている。そして牧口先生は、末法《まっぽう》の国家悪《こっかあく》の時代においては「摂受《しょうじゅ》」のような、なまやさしい方法《ほうほう》では駄目《だめ》であるとして、「折伏」という言論《げんろん》による精神闘争《とうそう》を厳然《げんぜん》と宣言《せんげん》なされたのである。獄中での獅子吼《ししく》であった。「学会精神」とは、すなわち「折伏精神」の異名《いみょう》なのである。

——一九九八・一・一八

*

「邪《じゃ》と正《せい》が肩《かた》を並《なら》べて立ち、大乗《だいじょう》と小乗が争《あらそ》う時には、万事《ばんじ》をさしおいて、謗法《ほうぼう》を責《せ》めなさい。これが折伏《しゃくぶく》の修行《しゅぎょう》である」（四九四㌻）

日蓮大聖人は「万事をさしおいて」と仰《おお》せである。〝時〟にかなうのが成仏《じょうぶつ》の法である。今、広宣《こうせん》流布破壊《るふはかい》の「仏敵《ぶってき》」と戦《たたか》いぬき、「正法《しょうほう》」を守《まも》り、宣揚《せんよう》する人が「成仏」への大功徳《だいくどく》を受ける人である。

――一九九一・九・三〇

＊

「すみやかに謗法《ほうぼう》の者を対治《たいじ》しなさい。もし、そうしなければ無量《むりょう》の祈《いの》りがあっても、災難《さいなん》はとまらない（祈りは叶《かな》わない）」（八五㌻）

どんなに祈っても、謗法を対治しなければ、不幸は克服《こくふく》できず、祈りはかなわない。これが御書の仰《おお》せである。ゆえに、私どもは、謗法の日顕宗《にっけんしゅう》を対治するまで、断《だん》じて戦《たたか》いぬいてまいりたい。

このあと日蓮大聖人は、「謗法の僧《そう》を厳《きび》しく対治することは罪《つみ》になるか」との問《と》いを設《もう》けられ、**「（在《ざい》家《け》の者等は悪侶《あくりょ》を）必《かなら》ず厳しく対治しなさい。まったく罪などない」**（同）と経文《きょうもん》（涅槃経《ねはんきょう》）を引《ひ》いて明《めい》快《かい》に断言《だんげん》されている。**「苦治《くじ》」**（八五㌻）すなわち仏《ぶつ》敵《てき》が苦《くる》しむほど厳しく対治してこそ、祈りは叶う。泥《どろ》を捨《す》ててこそ、清水《せいすい》が飲《の》める。雲《くも》を払《はら》ってこそ、太陽《たいよう》の光を浴《あ》びられる。ガンは切除《せつじょ》してこそ、薬《くすり》も効《き》き、健康体《けんこうたい》になる。

極悪《ごくあく》は、徹底《てってい》して〝強く〟責《せ》めねばならない。この御文《ごもん》に照《て》らして〝責めすぎる〟などということはない。大聖人は、**「邪悪《じゃあく》の僧を由比ケ浜《ゆいがはま》に並《なら》べて斬《ざん》首《しゅ》せよ」**（二八七㌻）とまで言われている。

当時《とうじ》の武家《ぶけ》社会に即《そく》して厳しい表現《ひょうげん》になっているが、いわんとするところはその烈々《れつれつ》たる謗法呵責《かしゃく》のご精神《せいしん》にある。それを深《ふか》く拝《はい》するがゆえに、今、学会も、日顕宗を責めぬいている。ゆえに、功徳《くどく》もいやまして大きく、早く出ている。これが仏法の不思《ふし》議《ぎ》なる力用《りきゆう》なのである。

――一九九二・一一・二

＊

日蓮大聖人は、妙法尼《みょうほうあま》に、こう語《かた》りかけておられる。**「とにもかくにも法華経を、あえて説《と》き聞かせるべきである。（それを聞いて）信ずる人は仏《ほとけ》になる。謗《そし》る者も、それが〝毒鼓《どっく》の縁《えん》〟となって仏になるのである。どちらにしても仏の種《たね》は法華経よりほかにはないのである」**（五五二㌻）と。（「毒鼓の縁」

とは、毒薬《どくやく》を塗《ぬ》った太鼓《たいこ》〈毒鼓〉の音を聞けば、聞くつもりがなくても死にいたるとされていることから、不信《ふしん》の者でも正法《しょうほう》を「聞く」ことによって成仏《じょうぶつ》にいたることをたとえたもの）

皆さまが勇気《ゆうき》をもって、仏法を語れば語るほど、人々の心の奥《おく》に、最高の「幸福の種」をまくことができる。たとえ、今は相手《あいて》が反対《はんたい》したとしても、必《かなら》ず花開《はなひら》く時が来る。なかんずく、婦人部の確信《かくしん》の弁舌《べんぜつ》は、観念論《かんねんろん》ではない。言葉だけの空《から》まわりでもない。強き一念《いちねん》、深《ふか》き体験《たいけん》より発《はっ》する、わが婦人部の一言《ひとこと》一言には、人々の心を打つ響《ひび》きがあり、心を動かしていく力《ちから》がある。

――一九九五・一〇・八

*

言うべきことは、言うべき時に、十二分《じゅうにぶん》に言わねばならない。そうでなければ悔《く》いを残《のこ》す。御書に「釈尊《しゃくそん》はご自身を責《せ》めて、こう言われている。『法華経を知《し》りながら説《と》かなければ自分は慳貪《けんどん》（もの惜《お》しみし、むさぼること）の罪《つみ》におちてしまう。それは、まったく良《よ》くないことである』」（一四〇〇ページ）と仰《おお》せである。

言ってあげればよくなることを、労《ろう》を惜しみ、難《なん》を恐《おそ》れて言わなければ、私どももまた「慳貪の罪」は免《まぬか》れない。宇宙《うちゅう》も歌《うた》っている。草《くさ》も木も語《かた》っている。私どもも正義《せいぎ》を語ってこそ、宇宙との調和《ちょうわ》が実現する。

――一九九一・七・一〇

*

悪世末法《あくせまっぽう》である。妙法《みょうほう》を、はじめから素直《すなお》に信じる人は少ない。しかし、話を聞かせることが、下種《げしゅ》になる。相手《あいて》の生命に「幸福の種《たね》」を植《う》えているのである。また、「法」のために悪口《わるくち》を言われれば言われるほど、自分自身の罪《つみ》が洗《あら》われ、仏界《ぶっかい》が輝《かがや》きだしてくる。

日蓮大聖人は仰《おお》せである。「（妙法の）悪口を言う人には、いよいよ強く言い聞かせなさい」（一一二三ページ）と。

――一九九七・二・一

一人立つ

「願《ねが》わくは、仏《ほとけ》に供養《くよう》する功徳《くどく》をあまねく一切《いっさい》に及《およ》ぼし、自分たちと衆生《しゅじょう》が皆、ともに成仏《じょうぶつ》できますように」（一五六一㌻）

皆さまの広布《こうふ》への献身《けんしん》は、仏への最大の供養である。妙法《みょうほう》のために行動した功徳は、自分だけでなく、父母《ふぼ》、兄弟《きょうだい》など、すべての縁《えん》ある人々の成仏への力《ちから》となっていく。皆を幸福の方向《ほうこう》へ向《む》かわせてあげられる。ゆえに「一人」が立てばよい。一切は「一人」から出発《しゅっぱつ》する。「一人」の勇気《ゆうき》と確信《かくしん》の信心で決《き》まる。

——一九九三・四・一三

*

「一人」が、どれほど大事《だいじ》か。日蓮大聖人は**「人《にん》数《ずう》では決《き》まらない。心で決まる」**（一四六三㌻）と何度《なんど》も繰《く》り返《かえ》しておられる。大聖人のお言葉には深《ふか》い意味がある。**「日蓮は一人であるけれども」**（一二二〇㌻）とも仰《おお》せである。

「上は権力者《けんりょくしゃ》から下は万人《ばんにん》にいたるまで、だれもが日蓮をなきものにしようとした。しかし、今まで、こうして無事《ぶじ》に生きぬいている。これは（敵《てき》が万軍《まんぐん》であるのに対し）日蓮は、たった一人であっても、（法華経を信ずる）心が強かったからであると知《し》りなさい」（同）

つまり、信心の「心」が強かったゆえに、万人を向《む》こうに回《まわ》しても殺《ころ》されなかった、勝ったのだとの仰せである。

私には、この御文《ごもん》が深く胸《むね》に迫《せま》ってきてならない。周《まわ》りがどうかではない。たとえ敵は多くとも、一人、戦《たたか》う。それでこそ、大聖人の弟子《でし》である。その人を、大聖人は必《かなら》ず守《まも》られる。

大事なのは「強き心」である。「信心」である。「学会精神《せいしん》」である。組織《そしき》も、数《かず》に頼《たよ》って「だれかが、やるだろう」という心があれば、もはや「心」が負《ま》けている。「心」が崩《くず》れている。そうではなく、たった一人であっても、「自分がやる！」と引《ひ》き受ける人。その人こそ「勝利者」である。

――一九九八・一・八

＊

日蓮大聖人は**「大海《たいかい》の始《はじ》まりは一露《いちろ》（一滴《いってき》の露《つゆ》）である」**（一二三七㌻）と仰《おお》せである。大海といえども、小さな「一露」に始まる。では、その「一露」になるのはだれなのか。ほかのだれでもない。まず自分が「一露」になって戦《たたか》おう。行動しよう。先駆《せんく》を切っていこう――ただ一人であっても、決《けっ》定《じょう》した信心と実践《じっせん》の人から、広宣流布《こうせんるふ》という大海は始まるのである。

そしてまた、先駆の「一露」の人の受ける福徳《ふくとく》は無量無辺《むりょうむへん》である。大聖人はこう明言《めいげん》されている。

「国中《くにじゅう》の諸人《しょにん》のうち、一人から二人へと妙法《みょうほう》が広まり、やがて千万億《せんまんおく》の人が題目《だいもく》を唱《とな》えていくならば、考《かんが》えられないほどの功徳《くどく》が、その身に集《あつ》まることでしょう。その功徳は、あたかも大海が一露を集めてでき、須弥山《しゅみせん》が微塵《みじん》を積《つ》み重《かさ》ねてできるようなものである」（一二四一㌻）と。

広布《こうふ》のうねりが千波《せんぱ》、万波《ばんぱ》となり、弘教《ぐきょう》の一露が大海へと広がりゆく時、初《はじ》めに勇気《ゆうき》をもって立ち上がった一人に、功徳はいや増《ま》して輝《かがや》く。――これが、大聖人の仏法の方程式《ほうていしき》なのである。

――一九九〇・三・九

＊

「種《たね》は一つであっても、植《う》えれば多数《たすう》となる」（九七一㌻）

一人から始《はじ》まる行動も、今はまだ大勢《おおぜい》の人の目には見えないかもしれないが、やがて大きな実《みの》りをもたらしていく――。

私は私の立場《たちば》で、百年、二百年の単位《たんい》で、はるかな未来《みらい》を見つめながら広宣流布《こうせんるふ》のために行動している。私どもは未来に大樹《たいじゅ》と育《そだ》ち、大輪《たいりん》の花を咲《さ》かせゆくであろう〝種子《しゅし》〟をあらゆる分野《ぶんや》に蒔《ま》き植えているのである。ゆえに目先《めさき》の変化《へんか》など問題《もんだい》ではない。

――一九八八・九・二二

＊

日蓮大聖人は、弟子《でし》の先陣《せんじん》を切って戦《たたか》う壮年・四条金吾《しじょうきんご》をほめたたえて、**「日蓮の道を助《たす》けようとして、上行菩薩《じょうぎょうぼさつ》が、あなたの御身《おんみ》に入《い》れ替《か》わられたのであろうか」**（一一六三㌻）と仰《おお》せである。

いつの時代にあっても、妙法流布《みょうほうるふ》の法戦《ほうせん》は、つねに、先頭《せんとう》に躍《おど》り出て、全体《ぜんたい》を牽引《けんいん》していく存在《そんざい》が不可欠《ふかけつ》である。それが「地涌《じゆ》の菩薩」なかんずく「上行菩薩」の働《はたら》きとも言えよう。

——二〇〇〇・二・二四

＊

日蓮大聖人は、まだ大聖人を信ずる人の少ないころから信心を貫《つらぬ》いてきた池上兄弟夫妻《いけがみきょうだいふさい》に対し、こう仰《おお》せである。**「たとえ、これより後に信心をする男《だん》女《じょ》があっても、あなた方に替《か》えて思うことはできません」**（一〇八八㌻）と。

〝先駆者《せんくしゃ》〟の存在《そんざい》はかけがえのないものである、との御本仏のお言葉である。先駆者には先駆者ゆえの苦労《くろう》があることも当然《とうぜん》である。しかし〝開拓《かいたく》した〟という事実と、その戦《たたか》いをとおして開《ひら》かれた境涯《きょうがい》は厳然《げんぜん》としている。

また**「未来《みらい》の果《か》を知《し》ろうとするなら、現在の因《いん》を見よ」**（二三一㌻）と。時とともに、また生《う》まれてくるたびに、無量無辺《むりょうむへん》の福徳《ふくとく》が、皆さまの生命に満《み》ち、あふれてくることは間違《まちが》いない。物心《ぶっしん》ともに豊《ゆた》かな、すばらしい境涯となって、ある人は大指導者《だいしどうしゃ》に、またある人は大学者《だいがくしゃ》、大芸術家《だいげいじゅつか》等となって、正《しょう》法広宣流布《ほうこうせんるふ》をいちだんと進めていく。これを末法万年《まっぽうまんねん》にわたり、自在《じざい》に繰《く》り返《かえ》していくのである。この大福徳《だいふくとく》を確信《かくしん》していただきたい。その確信がさらに境涯を開いていくのである。

——一九九〇・二・一五

実証

「現在に眼前《がんぜん》の証拠《しょうこ》を現《あらわ》す人がこの経《きょう》を説《と》く時は、

信ずる人もいるであろう」（一〇四五㌻）「現在に眼前の証拠を現す人」とは、もとより、別《べつ》しては日蓮大聖人のことである。そのうえで総《そう》じて、大聖人の門下《もんか》である私ども一人一人と拝《はい》することもできよう。

すなわち、信心を根本《こんぽん》に社会的にも立派《りっぱ》な仕事を成《な》し遂《と》げる人。現実の自分の姿《すがた》をとおして、人々に納得《なっとく》と信頼《しんらい》を広げる人。このような人がいれば、広《こう》宣流布《せんるふ》の歩《あゆ》みはいや増《ま》して速《はや》まるという道理《どうり》を示《しめ》されている。妙法《みょうほう》をたもった一人一人の「実証《じっしょう》」が、どれほど尊《とうと》い広布《こうふ》伸展《しんてん》の〝推進力《すいしんりょく》〟となるか。

――一九八九・一〇・四

＊

仏法も人生も、大切なのは「事実」である。現実の「証拠《しょうこ》」である。仏法では道理《どうり》（理証《りしょう》）と証文《しょうもん》（文証《もんしょう》）が大切である。そのうえで、**「道理や証文よりも現証《げんしょう》が第一である」**（一四六八㌻）と、日蓮大聖人は仰《おお》せである。

どんなに立派《りっぱ》なことを言っても、またすばらしい話を聞いたとしても、自分自身が現実に「満足《まんぞく》」と「勝利」の実証《じっしょう》を示《しめ》さねば、意味がない。観念論《かんねんろん》、抽象論《ちゅうしょうろん》になってしまう。それでは、仏法ではない。実像《じつぞう》の人生でもない。

ご家庭《かてい》でも、ご主人《しゅじん》が「明日は一緒《いっしょ》に勤行《ごんぎょう》するよ」と口先《くちさき》ばかりで約束《やくそく》しても、空手形《からてがた》では、文証があって現証がないようなものである。だから奥《おく》さんに叱《しか》られる。やはり「結果《けっか》」が大事《だいじ》である。所詮《しょせん》、人生も、生活も、どういう結果であったかが、現実の幸《こう》・不幸を決《き》めていくからだ。身近《みぢか》な日々の暮《く》らしから、一生、また三世《さんぜ》の幸福にいたるまで、すばらしい「結果」を残《のこ》せる自分自身でありたい。そのための根本《こんぽん》の「原因《げんいん》」をつくるのが信心であり、仏《ぶっ》道修行《どうしゅぎょう》なのである。

ゆえに、だれ人《びと》が、どんなに「自分は偉《えら》い」と威《い》張《ば》ってみても、現実に一人の人に信心を教《おし》え、面倒《めんどう》をみ、幸福にしていった「実証」にはかなわない。〝高位《こうい》の人〟よりも〝弘教《ぐきょう》の人〟が偉いのである。仏法の眼《まなこ》から見れば、実社会のなかに、わが地域《ちいき》のなかに、正法流布《しょうほうるふ》を進めている皆さま方ほど尊《とうと》い存《そん》在《ざい》はない。高貴《こうき》なる〝仏《ほとけ》の使《つか》い〟であり、何より御本仏のご賞讃《しょうさん》は絶対《ぜったい》と確信《かくしん》する。また必《かなら》ずや、三世十方《じっぽう》の諸仏《しょぶつ》の讃嘆《さんたん》にもつつまれていくにちがいない。

──一九九〇・七・九

*

晩年《ばんねん》の日蓮大聖人が「何よりも爽快《そうかい》なことである！」（一一七五ページ）と喜《よろこ》んでおられた報告《ほうこく》がある。それは、一つは、四条金吾《しじょうきんご》の「勝利の晴《は》れ姿《すがた》」であり、同じく、池上兄弟《いけがみきょうだい》の「模範《もはん》の実証《じっしょう》」であった。

ご存《ぞん》じの通《とお》り、四条金吾と池上兄弟は、御聖訓《ごせいくん》どおりの正しき信仰《しんこう》のゆえに、「驕慢《きょうまん》」と「嫉妬《しっと》」の悪坊主《あくぼうず》の讒言《ざんげん》の標的《ひょうてき》となった。そして絶体絶命《ぜったいぜつめい》の苦《く》境《きょう》──。四条金吾は主君《しゅくん》や同僚《どうりょう》からの圧迫《あっぱく》であり、池上兄弟は父親《ちちおや》からの勘当《かんどう》である。

しかし、大変《たいへん》な逆境《ぎゃっきょう》にも、一歩《いっぽ》も引《ひ》かず、金吾も池上兄弟も、大聖人の限《かぎ》りない励《はげ》ましを抱《だ》きしめて、戦《たたか》い通した。それは、御本仏を迫害《はくがい》し続《つづ》けた、悪逆《あくぎゃく》な権威《けんい》・権力《けんりょく》に対して、弟子《でし》が「自分自身の戦《せん》場《じょう》」で、厳然《げんぜん》と仇《あだ》を討《う》つ闘争《とうそう》でもあった。そして、彼らは、社会の人々から、「第一の人なり！」「天晴《あっぱ》れ！　天晴れ！」と刮目《かつもく》される堂々《どうどう》たる「勝利の劇《げき》」を演《えん》じ切ったのである。仏法の真髄《しんずい》は、社会で勝ち抜《ぬ》くことである。社会で「眼前《がんぜん》の証拠《しょうこ》」を示《しめ》しゆくことである。

──一九九九・三・二七

*

「強盛《ごうじょう》な大信力《だいしんりき》を出して、法華宗《ほっけしゅう》の四条金吾《しじょうきんご》、四条金吾と、鎌倉中《かまくらじゅう》の上下万人《じょうげばんにん》、さらには日本国の一切衆生《いっさいしゅじょう》の口にうたわれていきなさい。人は悪《わる》い名《な》さえ流《なが》すものである。まして、良《よ》い名を流すのは当然《とうぜん》である。まして、法華経のゆえの名であるなら、いうまでもないことである」（一一一八ページ）

四条金吾に対して、単《たん》に武士《ぶし》としての名をあげよと言われるのではなく、「法華宗の四条金吾」として賞讃《しょうさん》されていきなさい、と教《おし》えられているのである。社会の中で信心根本《こんぽん》に勝利の実証《じっしょう》を示《しめ》し、人々から讃嘆《さんたん》されていくことが、正法実践《しょうほうじっせん》の正しき姿《すがた》である——との御文《ごもん》と拝《はい》せよう。皆さまも、「SGIのだれだれ」と、多くの人から尊敬《そんけい》される「勝利の人」であっていただきたい。

——一九九三・三・一七

*

私たちの行動は、あくまでも御書が根本《こんぽん》である。御聖訓《ごせいくん》が根幹《こんかん》である。表彰《ひょうしょう》・栄誉賞《えいよしょう》について、日蓮大聖人は、こう仰《おお》せである。

「十一通御書」には「(「立正安国論《りっしょうあんこくろん》」の予言《よげん》が的中《てきちゅう》したのだから、私は)きっと日本第一の栄誉賞にあずかるであろう」(一七五㌻)と。

また、「種種御振舞御書《しゅじゅおふるまいごしょ》」には「(「安国論」が予言どおりになったのだから)賢《かしこ》い王《おう》、また(知徳《ちとく》に優《すぐ》れた)聖《せい》なる君主《くんしゅ》が治《おさ》める世《よ》であれば、私は日本第一の功労賞《こうろうしょう》にもあずかり、生きているうちに大師号《だいしごう》の授与《じゅよ》もあるであろう」(九〇九㌻)と。

このように大聖人は、功績《こうせき》を正当《せいとう》に評価《ひょうか》されることを大切に考《かんが》えておられた。それは広布《こうふ》の組織《そしき》においても同様《どうよう》である。「よく戦《たたか》った人」「頑張《がんば》った人」は、きちんと功績を認《みと》めなければならない。戦っても戦わなくても評価が同じでは、やりがいもないであろう。もちろん大聖人は決《けっ》して、世間的《せけんてき》な栄誉などを欲《ほっ》しておられたのではない。ただ、人々が、その一端《いったん》にせよ、大聖人の偉大《いだい》さを知《し》ることは、そのまま正法《しょうほう》の流布《るふ》に通《つう》じ、人々の幸福に通じていく。ひとつには、そのお心で言われていると拝《はい》される。

「仏法は勝負《しょうぶ》」(一一六五㌻)であるゆえに、顕彰《けんしょう》は、立派《りっぱ》な「勝利の証《あかし》」となり、「広宣《こうせん》流布の証」となるのである。

——一九九三・三・二四

リーダー

「幕府《ばくふ》への申状《もうしじょう》はだいたい、この趣旨《しゅし》で書き上げるべきであろう(大聖人が筆《ふで》を加《くわ》えられたものを清書《せいしょ》して幕府に提出《ていしゅつ》しなさい、との意《い》)。ただし、熱原《あつはら》の農民《のうみん》等が安心《あんしん》できるようになれば、日秀《にっしゅう》等は別《べつ》に

訴訟《そしょう》する必要《ひつよう》はないであろう」（一四五六ﾍﾟｰｼﾞ）

すなわち、今、裁判《さいばん》の準備《じゅんび》を進めているが、熱原の農民信徒《しんと》を無事《ぶじ》助《たす》け、守《まも》ることさえできればよい。それができれば、わざわざ裁判で戦《たたか》う必要はない、とのお言葉であると拝《はい》される。

戦いの勝利のために、細《こま》かく具体的《ぐたいてき》なご指示《しじ》をなされているが、なかでも「熱原の農民等が安心できるようになれば」との一文《いちぶん》にこめられた大聖人のお心に、深《ふか》く胸《むね》を打たれる。〝熱原の農民等が安心できるようになれば、それでいいのだ〟――純粋無垢《じゅんすいむく》に仏法を求《もと》めている名《な》もなき農民たちをこそ、ご心《しん》配《ぱい》され、守りぬこうとしてくださっている。まことにありがたい大慈大悲《だいじだいひ》であられる。

この大聖人の深きお心を拝するとき、私どもも、広布《こうふ》の指揮《しき》をとるリーダーとして、何をもっとも心がけなければいけないか。何を判断《はんだん》の基準《きじゅん》としなければならないかを、しみじみと思う。それは、何よりも、仏子《ぶっし》である会員が「安堵《あんど》できるかどうか」「安心できるかどうか」「安穏《あんのん》であるかどうか」である。何事《なにごと》を行《おこな》う場合でも、それを第一義《だいいちぎ》にしていくべきである。また、それを基準としていけば、根本《こんぽん》的《てき》には誤《あやま》りはない。皆が、何《なん》の憂《うれ》いもなく、安心して、喜《よろこ》びの前進《ぜんしん》ができるように、頭《あたま》を使《つか》い、心を砕《くだ》き、体《からだ》を動かしていく。それが、リーダーの根本の役目《やくめ》であることを、心に刻《きざ》んでいただきたい。

――一九九〇・一〇・二六

＊

「本尊供養御書《ほんぞんくようごしょ》」は短《みじか》く簡潔《かんけつ》な御文《ごもん》である。そのことについてお手紙の末尾《まつび》には**「書きたいことは多くあるけれども、年《とし》の瀬《せ》も迫《せま》り、使《つか》いの方《かた》も急《いそ》いでいるので、筆《ふで》を留《とど》め置《お》くことにした」**（一五三六ﾍﾟｰｼﾞ）と仰《おお》せになっている。

すなわち〝法門《ほうもん》のことは、いくらでも書いてさしあげたい。しかし、今は年の暮《く》れであり、どの家でも忙《いそが》しく、また人手《ひとで》が要《い》ることであろう。ゆえに、この使いの方を長時間、引《ひ》き留めて待《ま》たせては気の毒《どく》であるし、少しでも早く帰《かえ》してさしあげたい。短い返事《へんじ》となってしまうが、どうかそうした心であることを察《さっ》していただきたい――〟との、日蓮大聖人のまことにこまやかなお心づかいが拝《はい》されてならない。また、内容《ないよう》は短いお手紙であっても、この〝一《ひと》言《こと》〟が添《そ》えられたことによって、大聖人のお心が何《なん》倍《ばい》も深《ふか》く、強く伝《つた》わっていったにちがいない。

次元《じげん》は異《こと》なるが、私どもの日々の振《ふ》る舞《ま》いにおいても、こうした〝一言〟の重みを大切にしたい。ともすれば〝言葉足《た》らず〟であったり、〝表現《ひょうげん》がへた〟なために相手《あいて》に嫌《いや》な思いをさせ、感情的《かんじょうてき》になってたがいに損《そん》をしている場合がある。リーダーとなりゆく諸君《しょくん》は、この点をよくよく考《かんが》えていっていただきたい。

たとえば会合《かいごう》で、「忙しいところ、また寒《さむ》いなかを本当にご苦労《くろう》さま」と言われれば、心は和《なご》む。それを「会合なのだから来て当《あ》たり前だ」というような傲慢《ごうまん》な心、権威《けんい》的《てき》な心であっては絶対《ぜったい》にならない。それでは、賢明《けんめい》な「庶民《しょみん》の心」は、どんどん離《はな》れ去《さ》っていくにちがいない。人を見くだすような、貧《まず》しく卑《いや》しい心の人は、これまで退転《たいてん》していった幹部にも如実《にょじつ》にみられるように、結局《けっきょく》、自分自身を滅《ほろ》ぼしていってしまう。　――一九八八・一二・二五

*

「三郎左衛門殿《さぶろうざえもんどの》（四条金吾《しじょうきんご》）から、このほど使《つか》いの人を寄《よ》こされたが、その人をとおして言ってきたことがたいへん心もとなく、心配《しんぱい》に思う。そこで、あなた（日昭《にっしょう》）が四条金吾のところを訪《たず》ねて、よく話を聞いてあげていただきたい。その結果《けっか》を手紙《てがみ》で、私（大聖人）のほうに知《し》らせなさい。また、本《ほん》人《にん》（四条金吾）にも、この旨《むね》を伝《つた》えなさい」（一二二五ページ）

この御文《ごもん》からは、くわしい事情《じじょう》はわからないが、当時《とうじ》、四条金吾は、信心ゆえに、弘法《ぐほう》ゆえに、さまざまな圧迫《あっぱく》、苦難《くなん》の渦中《かちゅう》にあった。その金吾からの、人をとおしての報告《ほうこく》を、日蓮大聖人は非常《ひじょう》にご心配なされ、長老《ちょうろう》の日昭がさっそく金吾のもとを訪ね、話をよく聞いてあげるよう指示《しじ》されている。

苦衷《くちゅう》にある金吾を守《まも》らなければならない。問題《もんだい》の本《ほん》質《しつ》をきちんと把握《はあく》して、的確《てきかく》な手を打たねばならな

い。それをまちがうと金吾を誤《あやま》らせてしまう、とのお心であったにちがいない。

人の心は、まことに微妙《びみょう》である。絶《た》えず変化《へんか》しており、わずかなことをきっかけに、良《よ》いほうへも、悪《わる》いほうへも行ってしまう。ゆえに、信心の世界にあっても、立場《たちば》が上になればなるほど、後輩《こうはい》のかかえている問題や悩《なや》みを、正しく敏感《びんかん》に察知《さっち》して、こまやかなうえにもこまやかに、励《はげ》ましのうえにも励ましをお願《ねが》いしたい。そして、その人が立派《りっぱ》に成長《せいちょう》して、信心と幸福の大道《だいどう》を歩《あゆ》みぬいていけるよう尽《つ》くしていく。それが先輩《せんぱい》としての慈愛《じあい》であり、使命《しめい》と責任《せきにん》である。

――一九八八・一一・三

*

「喜《き》とは、自他《じた》ともに喜《よろこ》ぶことである」(七六一ページ)、「自他ともに智慧《ちえ》と慈悲《じひ》があるのを喜というのである」(同)。

皆に喜んでもらう。会員同志《どうし》に喜んでもらう。これが指導者《しどうしゃ》である。どうすれば、喜んでもらえるか。どう言えば、喜んでもらえるか。その一点に、心をくだきながら、皆を徹《てっ》して励《はげ》ましていくこと――この慈悲と智慧にこそ信心の光がある。

――一九九九・二・二〇

*

日蓮大聖人はいよいよ佐渡《さど》(一《いち》の谷《さわ》)を出発《しゅっぱつ》される前日《ぜんじつ》の三月十二日、佐渡の一人の門下《もんか》(遠藤左衛《えんどうさえ》門尉《もんのじょう》)にお手紙《てがみ》を残《のこ》された。その中で、大聖人は仰《おお》せである。

「日蓮はこのたび、ゆるしを受け、鎌倉《かまくら》へのぼることになった。(法華経方便品《ほうべんぽん》には)『我《わ》が昔《むかし》の願《ねが》いし所の如《ごと》きは　今者《いま》已《すで》に満足《まんぞく》しぬ』とあるが、私にとっては、それは今年《ことし》のことであろうか。遠藤殿の外護《げご》がなければ、私の命《いのち》は永《なが》らえることができたであろうか。またゆるしを受けることができたであろうか。日蓮一代の行功《ぎょうこう》(仏道修行《ぶつどうしゅぎょう》によって積《つ》んだ功徳《くどく》。ここでは『観心本尊抄《かんじんのほんぞんしょう》』『開目抄《かいもくしょう》』など重要《じゅうよう》御書等の執筆《しっぴつ》をさす)は、ひとえに左衛門殿らのおか

げである」（一三三六ページ）

ありがたいお言葉である。陰《かげ》で誠意《せいい》を尽《つ》くした人をたたえられ、「すべてあなたのおかげですよ」――と。どれほど、うれしいお言葉であったろうか。仏《ぶっ》子《し》の真心《まごころ》と労苦《ろうく》を、御本仏はすべて汲《く》み取《と》ってくださる。そして、最大にあたたかく包《つつ》んでくださる。ゆえに、絶対《ぜったい》に安心《あんしん》である。

僧侶《そうりょ》も、このお振《ふ》る舞《ま》いを仰《あお》ぎ、同様《どうよう》にしてこそ、御本仏の正統《せいとう》の門下であろう。今は、完全《かんぜん》に反対になってしまった。

また、各地域《かくちいき》のリーダーの皆さまも、陰で支《ささ》える方々《かたがた》を最大に賞讃《しょうさん》していっていただきたい。いくら頑張《がんば》っても、周囲《しゅうい》が冷淡《れいたん》であったり、無関心《むかんしん》であれば、どうしても寂《さび》しくなる。やりがいも感《かん》じられないし、張《は》り合《あ》いも失《うしな》われてしまいがちである。同志《どうし》の健闘《けんとう》を心からほめ、たたえ、張り合いを感じられるように、こまやかな配慮《はいりょ》をしていくところに喜《よろこ》びが広がり、福運《ふくうん》が広がる。

――一九九二・三・一〇

*

人間の心は限《かぎ》りなくデリケートである。「諸法実相抄《しょほうじっそうしょう》」の次の御文《ごもん》は、あまりにも有名である。

「ほめられると、わが身が損《そこ》なわれるのも顧《かえり》みず、また、逆《ぎゃく》にそしられると、わが身が破《やぶ》れることも知《し》らずに振《ふ》る舞《ま》うのは、凡夫《ぼんぷ》の常《つね》である」（一三六〇ページ）と。

人はほめてあげると、頑張《がんば》ろうと思って動く。冷《つめ》たくされ、また自分を認《みと》めてくれないと思うと、どうしても心が離《はな》れていくものだ。凡夫は、正邪《せいじゃ》・善《ぜん》悪《あく》よりも感情《かんじょう》によって動く傾向《けいこう》がある。それが現実である。ほめられるから、大切にされるから、あっちに行こう。また、たとえ正しくとも、叱《しか》ってばかりだからいやだ――弱いといえば、まことに弱いが、これが人間の心である。

その結果《けっか》、わが身を損ね、わが身を破る結果にもなってしまう。その最大のものが「退転《たいてん》」である。いうまでもなく、仏法の「法」のうえには、絶対《ぜったい》に妥協《だきょう》はない。また正義《せいぎ》を貫《つらぬ》くのに、遠慮《えんりょ》があってもならない。そのうえで、こうした「人情《にんじょう》の機微《きび》」を深《ふか》く知っているか否《いな》か——それによって百八十度違《ちが》う結果にもなっていく。仏法即《そく》社会であり、一切法《いっさいほう》は皆《みな》仏法と説《と》かれる。広布《こうふ》のリーダーは、だれよりも人の心がわかる聡明《そうめい》な人であっていただきたい。

——一九九一・八・二一

*

「戦《いくさ》には大将軍《だいしょうぐん》を魂《たましい》とする。大将軍が臆《おく》したならば、部下《ぶか》の兵《へい》もことごとく臆病《おくびょう》となってしまう」（一二一九㌻）

戦は大将軍で決《き》まる。大将軍が強ければ、兵も強い。全軍《ぜんぐん》が喜《よろこ》び勇《いさ》んで戦《たたか》える。皆さまは、広布《こうふ》の戦の大将軍である。堂々《どうどう》と、元気に胸《むね》を張《は》り、皆を「よおし、やるぞ！」と奮《ふる》い立たせる。その「勇気《ゆうき》」をあたえてこそ大将軍である。

決《けっ》していばるのではなく、皆に尽《つ》くし、皆を守《まも》りきって死んでいく。それが真《しん》の指導者《しどうしゃ》である。責任《せきにん》は自分がもち、皆には「安心《あんしん》」をあたえ、「喜び」をあたえ、伸《の》び伸びと行動させていく。それが大将軍なのである。

——一九九八・九・二三

*

正嘉《しょうか》二年（一二五八年）二月より、日蓮大聖人は、岩本《いわもと》・実相寺《じっそうじ》（現在の富士《ふじ》市にある）で、一切経《いっさいきょう》の閲覧《えつらん》を開始《かいし》された。「中興入道消息《なかおきにゅうどうしょうそく》」には、そのことについて次のように仰《おお》せである。

「去《さ》る正嘉年間の大地震《だいじしん》や文永《ぶんえい》元年の大彗星《だいすいせい》のとき、内道《ないどう》、外道《げどう》それぞれの智人《ちじん》たちが、こうした異《い》変《へん》の起《お》こる理由《りゆう》を占《うらな》ったが、なぜこうしたことが起きるのか、これから先《さき》、どのようになっていくのか、わからなかった。そのとき日蓮は、一切経蔵《ぞう》に入り、仏《ほとけ》の所説《しょせつ》のうえから異変の原因《げんいん》と未来《みらい》を考察《こうさつ》した」（一三三三㌻）と。

つまり、大聖人は、正嘉の大地震をはじめ、打ち続《つづ》く災禍《さいか》をまえに、その根本《こんぽん》原因を明《あき》らかにし、抜《ばっ》本的《ぽんてき》な対治《たいじ》の法を、一切経のなかに探《さぐ》っていかれたのである。相次《あいつ》ぐ天変地夭《てんぺんちよう》に嘆《なげ》き、苦しむ民衆《みんしゅう》の姿《すがた》に、大聖人は、御本仏の大慈大悲《だいじだいひ》のご境界《きょうがい》から、一切衆生《しゅじょう》の救済《きゅうさい》にあたられる。そして、そのさい、まず一切経を閲覧され、正しく経典《きょうてん》にのっとり、災厄《さいやく》の根本原因を窮《きわ》められた。

次元《じげん》は異《こと》なるが、何事《なにごと》であれ、物事《ものごと》を正しく把握《はあく》し、究明《きゅうめい》しようとする深《ふか》き探究心《たんきゅうしん》が大切である。とくにリーダーには不可欠《ふかけつ》の要件《ようけん》といってよい。

――一九八八・三・四

＊

日蓮大聖人の指導者観《しどうしゃかん》は、どうであったか。それは、徹底《てってい》して「民主《みんしゅ》」の思想《しそう》に貫《つらぬ》かれたものであった。その意味で、きわめて「反《はん》日本的」ともいえる。また当時《とうじ》としては、あまりにも先駆的《せんくてき》すぎた。こうした面《めん》から見れば、迫害《はくがい》や弾圧《だんあつ》も、むしろ必然《ひつぜん》であったともいえよう。これは、大聖人の御聖訓《ごせいくん》のままに行動する学会も同様《どうよう》である。

たとえば、権力《けんりょく》の中枢《ちゅうすう》にあった平左衛門尉《へいのさえもんのじょう》に対しては、こう述《の》べられている。

「あなたは天下《てんか》をささえる屋根《やね》の梁《はり》であり、万民《ばんみん》の手足《てあし》である」（一七一ページ）と。

当時の彼の権力たるや、現代の多くの政治家とは比較《ひかく》にならない。時代的にも、きわめて独裁的《どくさいてき》な強《きょう》大《だい》さであった。その大権力者に対し、大聖人は、民《みん》衆《しゅう》のために働《はたら》くべき、万民の〝手〟であり、〝足〟ではないかと言い放《はな》たれた。

お手紙全体《てがみぜんたい》も、激烈《げきれつ》である。彼が怒《いか》るのも無理《むり》もないと思う方《かた》さえおられるかもしれない。大聖人は、この時、あえて難《なん》を呼《よ》び起《お》こそうとされていたとも拝《はい》される。そのことは同時期《どうじき》の他の御書からも、うかがえる。

ともあれ、リーダーは民衆の幸福のために働く「手足」である――これが大聖人の基本的《きほんてき》なお考《かんが》えであった。

――一九八九・二・一八

＊

「仏《ほとけ》は、この法華経を悟《さと》って仏になったのである。

だから、人々に法華経を説《と》き聞かせなかったならば、仏種《ぶっしゅ》を断《た》つ失《とが》となってしまう。このため釈迦如《しゃかにょ》来《らい》は、この娑婆《しゃば》世界に出現して、法華経を説こうとされたのであるが、『元品《がんぽん》の無明《むみょう》』という第六天《だいろくてん》の魔王《まおう》が一切衆生《いっさいしゅじょう》の身に入って、仏を怨嫉《おんしつ》して説かせまいとした」（一三四五㌻）

仏がみずからの成仏《じょうぶつ》の因《いん》である法華経を説法《せっぽう》しないならば、仏みずからが仏種を断《た》つことになってしまう——と。

このことを、私どもの立場《たちば》に敷衍《ふえん》して拝《はい》するならば、指導者《しどうしゃ》の責任《せきにん》という意味にも通《つう》じよう。ちょうど、豆腐屋《とうふや》さんが豆腐を売《う》らないならば豆腐屋でなくなってしまうように、指導者が批判《ひはん》を恐《おそ》れて、正しい、言うべきことを言わなければ、もはや指導者とはいえない。ただ、うまく立ち回《まわ》り、「悪《あく》」を放《ほう》置《ち》したままにするならば、それは偽善者《ぎぜんしゃ》であり、「悪」をなすことと同じになってしまうからである。

——一九八九・一・二九

*

「一艘《そう》の船《ふね》に乗り合《あ》わせたとき、船頭《せんどう》の舵《かじ》とりが悪《わる》ければ、乗り合わせた人々は皆、同じく命《いのち》を落《お》としてしまう」（一二二〇㌻）

船頭、すなわちリーダーで決《き》まる。

また、「摩訶止観《まかしかん》」の**「城《しろ》の主《ぬし》が強いときは守《まも》る者も強い。城の主が怖《おそ》れるときは守る者も怖れる」**（九七九㌻）との文《もん》も、お引《ひ》きになっている。

「長《ちょう》の立場《たちば》」につく人にとって、もっとも大事《だいじ》なことは何か？

それは、まず「絶対《ぜったい》に事故《じこ》を起《お》こさないこと」である。そして、「最後まで責任《せきにん》をもつ」ことである。

リーダーの証《あかし》は、「責任感」である。いついかなる場合にも、「自分が一切《いっさい》の責任をとっていく」「絶対に皆を幸福にしていく」という、峻厳《しゅんげん》なる一念《いちねん》を、断《だん》じて忘《わす》れてはならない。

人に仕事を託《たく》す場合もある。しかし、責任は、あくまで「長」にある。その「徹底《てってい》した責任感」が全《ぜん》体《たい》を守るのである。また全体が順調《じゅんちょう》に進み、慣《な》れてくると、いつしか責任感が薄《うす》くなり、油断《ゆだん》してしまう場合がある。何があろうと、自《みずか》らの誉《ほま》れある責任を、最後の最後まで厳然《げんぜん》と貫《つらぬ》かねばならない。それでこそ、わが使命《しめい》の人生は勝利する。広布《こうふ》の陣列《じんれつ》も、永遠《えいえん》に発展《はってん》させられる。

どうか、この一点を、心の奥《おく》に刻《きざ》みつけ、「無事《ぶじ》安穏《あんのん》」そして「栄光《えいこう》勝利」の指揮《しき》を断じて、お願《ねが》いしたい。

——一九九九・一一・四

*

「身体の壮健《そうけん》な人も、心が弱く、愚《おろ》かであれば、多くの能力《のうりょく》も役《やく》に立たない」（一二二〇ページ）

体《からだ》だけ頑健《がんけん》であればよいというものではない。個《こ》人《じん》にあっても、自分のもっている「能力」「力《ちから》」を使《つか》い、生かしていくのは「心」である。「心」いかんでその人の能力も、よい方に、有意義《ゆういぎ》に働《はたら》いていく。その「心」の根本《こんぽん》が〝信心の心〟である。

これは広布《こうふ》の組織《そしき》においても同様《どうよう》である。たとえ立派《りっぱ》な組織があったとしても、それを動かす信心の「心」「魂《たましい》」がなければ、力は存分《ぞんぶん》に発揮《はっき》できない。その「心」とは、具体的《ぐたいてき》には〝指導者《しどうしゃ》の一念《いちねん》〟である。つまり〝長《ちょう》の一念〟で、その組織のすべては決《き》まってしまうのである。

——一九八九・五・一六

*

「ただし信心の弱い者は、法華経を受持《じゅじ》する女性《じょせい》といえども、諸仏《しょぶつ》・諸天《しょてん》は捨《す》てると書かれている」（一二三五ページ）

仏法では、人間としての究極《きゅうきょく》の偉《えら》さをどのように説《と》くか。その最終的《さいしゅうてき》な尺度《しゃくど》をどこにおくか。それは、結局《けっきょく》「信心」の二字に帰結《きけつ》する。信心が強盛《ごうじょう》であるか否《いな》か。広布《こうふ》への勇気《ゆうき》があるかどうか。行動しているのかどうか——。

いかなる幹部であろうと、信心がなくなれば広布の指導者《しどうしゃ》ではない。社会的な肩書《かたがき》が何であろうと、真摯《しんし》な実践《じっせん》がなければ信仰者《しんこうしゃ》ではない。そこには、決《けっ》して真実《しんじつ》の福徳《ふくとく》は薫《かお》らない。いかなる人であれ、「信」を根幹《こんかん》にしていかなければ、すべては空転《くうてん》し、むなしく漂《ただよ》わざるをえないからである。

——一九九〇・一・二四

＊

「教法《きょうほう》がいよいよ実教《じっきょう》であるならば、救《すく》われる衆生《しゅじょう》の位《くらい》はいよいよ低《ひく》い」（五二九ページ）

「教《おし》えが、勝《すぐ》れたものになるほど下根《げこん》の衆生をも救う力《ちから》があり、悟《さと》りを得《え》る者の位は低くなる」との意味である。

その原義《げんぎ》をふまえたうえで、わかりやすく指導者《しどうしゃ》論《ろん》に約《やく》せば、勝れた「法」を説《と》く人ほど、より広範《こうはん》な「民衆《みんしゅう》」の中に飛《と》び込《こ》んでいくべきである、との教訓《きょうくん》を得ることができよう。

妙法《みょうほう》は大海《たいかい》にも譬《たと》えられる最高の「法」である。ゆえに、妙法を持《たも》った指導者は、だれよりも謙虚《けんきょ》に、また真剣《しんけん》に、誠実《せいじつ》に、〝民衆とともに歩《あゆ》む〟人でなければならない。民衆の心から離《はな》れ、〝われ、尊《とうと》し〟と見おろすような態度《たいど》は、微塵《みじん》もあってはならない。そうなってしまっては、いったい、だれが民衆を守《まも》るのか。皆が不幸である。広宣流布《こうせんるふ》も滞《とどこお》ってしまう。指導者の責任《せきにん》は重大《じゅうだい》である。

——一九九一・八・四

＊

「創価学会は宗教界《しゅうきょうかい》の王者《おうじゃ》である」——。「三・一六」に永遠《えいえん》に刻《きざ》まれた、戸田先生の獅子吼《ししく》である。この「王者」の誇《ほこ》りを決《けっ》して失《うしな》ってはならない。

では、「王」とは何か。中国《ちゅうごく》の歴史書《れきししょ》『史記《しき》』には、「王者は民人《みんじん》を以《もっ》て天《てん》と為《な》す」（王者は民衆《みんしゅう》を天のごとく敬《うやま》う）とある。王者とは、民衆を「天のごとく」最《もっと》も大切にできる人間である。

御書にも、**「王は民《たみ》を親《おや》のように根本《こんぽん》とする」**（一五五四ページ）と仰《おお》せである。

民衆が王を大切にするのではない。王が民衆を敬い、最大に大切にしていくのである。これが道理《どうり》であり、また仏法のとらえ方である。ここを間違《まち》えてはならない。大切なのは、つくられた虚像《きょぞう》ではない。永遠に変《か》わらぬ人生と宇宙《うちゅう》の「法則《ほうそく》」である。その法則のうえから一切《いっさい》を見ていくことである。

創価学会は、庶民《しょみん》を根本としている。庶民をだれよりも大切にしている。そして庶民と一緒《いっしょ》に進んでいる。これが真《しん》の「王者」のいき方である。

——一九九四・三・五

＊

日蓮大聖人は「守護国家論《しゅごこっかろん》」の冒頭《ぼうとう》で**「人間が地獄《じごく》・餓鬼《がき》・畜生《ちくしょう》の三悪趣《さんあくしゅ》に堕《お》ちてしまう縁《えん》は、一つだけではなくいくつもある」**（三六㌻）と述《の》べられている。そして、その一つとして**「国主《こくしゅ》という、一国の民衆《みんしゅう》に対して重大《じゅうだい》な責任《せきにん》ある立場《たちば》にありながら、〝民衆の歎《なげ》き〟を知《し》らない。また知ろうともしないがゆえに」**（同）と厳然《げんぜん》と指摘《してき》されている。

そのような無責任で無慈悲《むじひ》な権力者《けんりょくしゃ》、傲慢《ごうまん》な指導者《しどうしゃ》の罪《つみ》は、はなはだ重い。生命の厳《きび》しき因果律《いんがりつ》に照《て》らして、必《かなら》ず悪道《あくどう》に堕ち、ほかならぬ自分自身がたいへんな苦しみを受ける——とのご断言《だんげん》である。短《みじか》いお言葉ながら、重大な原則《げんそく》を教《おし》えてくださっている。いわば全世界の指導的立場にある人への警告《けいこく》とも拝《はい》せよう。

〝民衆の歎き〟を知る、〝民衆の声《こえ》〟を聞く、〝民衆の幸福〟のために、尽《つ》くしに尽くしていく。それが指導者の使命《しめい》である。どこまでも民衆が根本《こんぽん》である。指導者は民衆のためにこそ存在《そんざい》する。当然《とうぜん》のようでありながら、この真実《しんじつ》の〝民主《みんしゅ》〟の原理《げんり》に生きぬく指導者は少ない。民衆に仕《つか》えていくのではなく、自身のエゴに仕えていく指導者が、あまりにも多い。

因果の理法《りほう》の裁《さば》きは厳しい。民衆に支《ささ》えられてこそ得《え》た自分の立場を利用《りよう》し、どんな名声《めいせい》や財産《ざいさん》や勲章《くんしょう》で華《はな》やかに表面《ひょうめん》を飾《かざ》ろうとも、その内実《ないじつ》はむなしい。いな飾れば飾るほど、民衆を忘《わす》れた堕落《だらく》の生命は、悪道への因《いん》を一日また一日ときざんでいる。大聖人は、この厳《げん》たる生命内奥《ないおう》の事実を教えられることによって、真実の指導者の姿《すがた》を示唆《しさ》されていると拝される。心して「民衆の歎き」を知れ！　そして、その幸福のために、すべてをなげうって戦《たたか》え！　ここに指導者の根本要件《ようけん》があると。

——一九八八・三・二四

＊

「衆生《しゅじょう》に仏《ほとけ》を渇望《かつぼう》する機根《きこん》があってはじめて仏を感《かん》じるのである。ゆえにこの機根を名付《なづ》けて『因《いん》』といい、また仏はこれを承《う》け、応《おう》じて出現するのである。これを『縁《えん》』という。この一大事因縁《いちだいじいんねん》こそ、仏の出世《しゅつせ》の本懐《ほんかい》である」（七一六㌻）

仏が出現し法を説《と》くのも、衆生の機根、生命の内《ない》奥《おう》の声《こえ》、希望《きぼう》に〝応じる〟ゆえである。これが仏の慈悲《じひ》の働《はたら》きである。〝応じない〟のは無慈悲なのである。

仏法の指導者《しどうしゃ》は、どこまでも「御書」を根本《こんぽん》にしたうえで、大勢《おおぜい》の民衆《みんしゅう》の正しい意見《いけん》に、公平《こうへい》に耳《みみ》をかたむけなければならない。

――一九九一・一〇・一六

＊

「戦《たたか》いにおいては、弱兵《じゃくへい》を先《さき》に戦わせると、強敵《きょうてき》はますます力《ちから》を増《ま》す」（三七㌻）

法然《ほうねん》の「選択集《せんちゃくしゅう》」を破折《はしゃく》するために「浄土決疑《じょうどけつぎ》鈔《しょう》」「弾選択《だんせんちゃく》」「摧邪輪《ざいじゃりん》」などの書が、他宗《たしゅう》の高僧《こうそう》によって著《あらわ》された。

しかし、それらは、法然の謗法《ほうぼう》を中途半端《ちゅうとはんぱ》にしか、破折していないために、かえって悪法《あくほう》をはびこらせてしまった。その姿《すがた》を、日蓮大聖人が、兵法《へいほう》の例《れい》をあげて、厳《きび》しく指摘《してき》された御文《ごもん》である。

つまり、ここでは、弱兵の先駆《さきが》けによる戦いは、かえって強敵を勢《いきお》いづかせることになる。戦いの先《せん》陣《じん》は強い兵《へい》でなければならないことを示《しめ》されているのである。

これは、私ども広布《こうふ》のリーダーたるべき人の深《ふか》く銘記《めいき》すべき点であろう。

先に信心の経験《けいけん》の浅《あさ》い後輩《こうはい》に苦労《くろう》をさせて、力量《りきりょう》もあり経験も豊富《ほうふ》な幹部はいつも後から出ていく、というようなことは絶対《ぜったい》にあってはならない。もし、そうしたリーダー自身の傲慢《ごうまん》さと無責任《むせきにん》によって、尊《とうと》き仏子《ぶっし》である後輩、同志《どうし》が不必要《ふひつよう》に苦しむことがあれば、それは仏法の精神《せいしん》に反《はん》する。広布の指《し》導者《どうしゃ》として失格《しっかく》である、といわざるをえない。

――一九八八・一二・一七

＊

「あなた（千日尼《せんにちあま》）から豊後房《ぶんごぼう》に、次のように申し伝《つた》えてください。すでに日蓮の法華経の法門《ほうもん》は、日本全国に弘《ひろ》まってきた。北陸道《ほくりくどう》を教化《きょうけ》するのは豊後房の役目《やくめ》であるが、それも学問《がくもん》がないとできないことである。九月十五日以前に、急《いそ》ぎ急ぎ身延《みのぶ》へまいるように」（一三二八ページ）

つまり〝急いで私のもとに来て学《まな》びなさい〟との日蓮大聖人のお言葉である。ここには、一つの地域《ちいき》の広宣流布《こうせんるふ》を担《にな》うということが、どれほど重大《じゅうだい》なことであり、そのための中心者《ちゅうしんしゃ》の成長《せいちょう》がいかに大事《だいじ》であるかを示《しめ》されていると拝《はい》せよう。

もし、中心者が慢心《まんしん》の人となって、正しき「師《し》」を求《もと》めようとせず、また「法」を学ぶ努力《どりょく》を怠《おこた》ってしまったならば、その地域の広宣流布は停滞《ていたい》し、多くの人々の信心も濁《にご》らせてしまう。それほどに、仏法は厳《きび》しく、中心者の責任《せきにん》は重い。

――一九八八・九・一二

＊

「今後《こんご》もし旅《たび》に出られるさいは、馬《うま》を惜《お》しんではなりません。よい馬にお乗《の》りなさい」（一一八六ページ）

今でいえば、安全《あんぜん》のためにも丈夫《じょうぶ》な良《よ》い車を使《つか》いなさい、そのために惜しんではならない――との慈《じ》愛《あい》のご指南《しなん》である。これが門下《もんか》に対する、御本仏のお心であった。尊《とうと》き仏子《ぶっし》を守《まも》りぬかんとされる、このお姿《すがた》を、私どもはよくよく心して拝《はい》したい。

たとえば会合《かいごう》がある。たくさんの方々《かたがた》が参加《さんか》される。会合が終了《しゅうりょう》し、そこで指導者《しどうしゃ》の責任《せきにん》が終《お》わったのではない。私は、その方々が全員、無事故《むじこ》で自《じ》宅《たく》に帰《かえ》り着《つ》かれるまで、会合は終わらないと考《かんが》えている。そこまで見守《みまも》り、見届《みとど》けるように気《き》づかっている。それが、日蓮大聖人の仏法を奉《ほう》じ、仏子を守りゆく指導者の責任であると、私は今日まで思ってきた。

――一九八八・五・一一

＊

日蓮大聖人は、竜《たつ》の口《くち》の頸《くび》の座《ざ》において、**「これほど喜《よろこ》ばしいことではないか。笑《わら》いなさい」**（九一四㌻）と言い放《はな》たれ、佐渡流罪《さどるざい》の渦中《かちゅう》にあって、**「流罪の身ではあるが、喜びは計《はか》り知《し》れない」**（一三六〇㌻）と仰《おお》せである。

　人生は、広宣流布《こうせんるふ》の闘争《とうそう》は、「煩悩即菩提《ぼんのうそくぼだい》」である。苦労《くろう》が大きければ大きいほど、喜びも大きい。功徳《くどく》も大きい。そして、境涯《きょうがい》も大きくなる。

　ゆえに、指導者《しどうしゃ》は「自分が、一番、苦労してみせる！」と決《き》めることである。同時《どうじ》に、「自分が、一番、楽しんでみせる！」と朗《ほが》らかに、悠々《ゆうゆう》と生き抜《ぬ》き、戦《たたか》い抜いていくことである。その人は、無敵《むてき》である。その人には、だれ人《びと》たりとも、かなわない。

「必死《ひっし》の一人」は千万軍《せんまんぐん》に勝《まさ》る。戦いは、リーダーの執念《しゅうねん》で決まる。責任感《せきにんかん》で決まる。

　「断《だん》じて勝ってみせる！」「必《かなら》ず、わが地域《ちいき》の広宣流布は成《な》しとげてみせる！」

　草創《そうそう》の同志《どうし》は皆、この心で立ち上がった。その決《けっ》心《しん》があれば、人材《じんざい》は出てくる。仏菩薩《ぶっぼさつ》に厳然《げんぜん》と感応《かんのう》していくのである。要《よう》するに、決定《けつじょう》した「祈《いの》り」である。そして、春になると、野《の》の花《はな》が一斉《いっせい》に咲《さ》き香《かお》るように、時が来れば、必ず、すべてが開花《かいか》していく。

――二〇〇〇・八・一一

＊

「われわれの住《す》む娑婆《しゃば》世界は、第六天《だいろくてん》の魔王《まおう》の領土《りょうど》である。一切衆生《いっさいしゅじょう》は無始以来《むしいらい》、第六天の魔王の眷属《けんぞく》である」（一〇八一㌻）

　正法《しょうほう》を持《たも》つ「正義《せいぎ》の人」に敵対《てきたい》し、迫害《はくがい》する「悪《あく》」の軍勢《ぐんぜい》が支配《しはい》しているのが、この世《よ》である、と。ゆえに広宣流布《こうせんるふ》とは「魔」との戦《たたか》いであり、勝負《しょうぶ》である。リーダーであるほど、魔の働《はたら》きも強い。したがって、惰性《だせい》におちいり、広布《こうふ》への戦いを忘《わす》れた場合は、魔《ま》に負けて、「悪鬼入其身《あっきにゅうごしん》」となってしまうであろう。その実例《じつれい》が日顕《にっけん》である。魔は「奪命者《だつみょうしゃ》」である。生命力を奪《うば》い取《と》っていく。

もちろん、幹部であっても、自身の宿業《しゅくごう》との戦いがある。一時的な姿《すがた》だけを見て、あれこれ言うことは誤《あやま》りである。同志《どうし》として、あたたかく激励《げきれい》しあって進んでいきたい。要《よう》は、一生涯《いっしょうがい》、広宣流布への情《じょう》熱《ねつ》を燃《も》やし続《つづ》けることである。魔に負けない「信心の戦い」を続けることである。前進《ぜんしん》をやめれば、生命はよどむ。気迫《きはく》をもって進めば、魔は退散《たいさん》する。

――一九九三・五・二二

＊

「大悲《だいひ》の導師《どうし》である釈尊《しゃくそん》は、阿闍世王《あじゃせおう》のために月《がつ》愛三昧《あいさんまい》に入られた。そのあと大光明《だいこうみょう》を放《はな》たれた。その光は清涼《せいりょう》であり、阿闍世王のもとに届《とど》いて王《おう》の身を照《て》らすと、悪瘡《あくそう》はたちまち治《なお》った」（一〇一〇㌻）

これは「心の病《やまい》」を治した仏《ほとけ》の慈悲《じひ》の光を、優《やさ》しい月光《げっこう》にたとえた話である。軽度《けいど》の「心の病」の人は、いよいよ増加《ぞうか》している。そういう人には強烈《きょうれつ》な激励《げきれい》は逆効果《ぎゃくこうか》になる場合が多い。むしろ粘《ねば》り強く、静《しず》かに話をよく聞いてあげ、同苦《どうく》してあげる包容力《ほうようりょく》がポイントとなる。

一般的《いっぱんてき》に言っても、何か相談《そうだん》すると、話も聞かないうちに、いつも「とにかく題目《だいもく》をあげればいいんだ！」では、やりきれない。たとえ真実《しんじつ》ではあっても、相手《あいて》が納得《なっとく》できなければしかたがない。

〝真理《しんり》である〟ことと〝説得力《せっとくりょく》がある〟ことは違《ちが》う。どう、その人に「信心の力《ちから》」「唱題《しょうだい》の力」を確《かく》信《しん》させ、発心《ほっしん》させていくか。そこまでにいたらせる力が指導力《しどうりょく》なのである。

――一九八九・九・一五

＊

「人がものを教《おし》えるというのは、車輪《しゃりん》が重かったとしても油《あぶら》を塗《ぬ》ることによってまわるように、また、船《ふね》を水に浮《う》かべて進みやすくするように教えるのである」（一五七四㌻）

大切なご指導《しどう》である。車輪が重いのに、油も差《さ》さずに無理《むり》やりまわせば、壊《こわ》れてしまうであろう。人にものを教えるということも同じである。

「この人の心を軽《かる》くしてあげるためには、今、何を話してあげればよいのか」「あの友が生き生きと前進《ぜんしん》するには、どう励《はげ》まし、何をしてあげるのが、いちばんよいだろうか」。このように心をくだくことである。

相手《あいて》が何を思っているかも考《かんが》えずに、一方的《いっぽうてき》に〝指導〟したとしても価値《かち》がない。相手が、おなかがすいているのに、長々《ながなが》としゃべる、体《からだ》の調子《ちょうし》が悪《わる》いのに、ただ頑張《がんば》れ、頑張れ――これでは頑張ろうと思っている人でさえ、いやになってしまう。相手が求《もと》めているものをあたえる。何をしてあげればよいかを考える、手を打つ――この慈愛《じあい》が大切なのである。慈愛から知恵《ちえ》は生《う》まれる。

――一九九六・二・二四

*

日蓮大聖人は「富木尼御前御返事《ときあまごぜんごへんじ》」で、蒙古《もうこ》との戦《たたか》いに備《そな》えて、九州《きゅうしゅう》へ向《む》かう鎌倉《かまくら》の人々の胸中《きょうちゅう》を思いやられ、次のように述《の》べておられる。

「鎌倉の人々が九州へ向かっていくにあたって、とどまる妻子《さいし》、行く夫《おっと》、愛《あい》しあう家族《かぞく》が離《はな》れる時は、皮《かわ》をはがれるように苦しく、顔《かお》と顔をすり合《あ》わせ、目と目を交《か》わして嘆《なげ》き、しだいに離れて由比《ゆい》の浜《はま》、稲村《いなむら》、腰越《こしごえ》、酒匂《さかわ》、箱根坂《はこねさか》と一日、二日と過《す》ぎるほどに歩《あゆ》むごとに遠《とお》くなって、その歩みを川も山も隔《へだ》て、雲《くも》も隔ててしまうので、身に添《そ》うものはただ涙《なみだ》、ともなうものはただ嘆きばかりで、その心中《しんちゅう》の悲《かな》しみはいかばかりであろう」（九七五㌻）と。

まるで大聖人ご自身が直接《ちょくせつ》、体験《たいけん》されているかのように、こまやかに語《かた》られている。旅人《たびびと》の歩みとともに、大聖人の思いも歩み、寄《よ》り添っておられるかのようである。庶民《しょみん》の苦悩《くのう》の心情《しんじょう》にそそがれた、御本仏の大慈大悲《だいじだいひ》が仰《あお》がれてならない。戦争《せんそう》も動乱《どうらん》も、あってはならない。いつも苦しむのは民衆《みんしゅう》である。その民衆の心を、大聖人は知悉《ちしつ》されている。驚《おどろ》くばかりである。

仏法の根本《こんぽん》は「慈悲」である。「慈悲」があれば、戦争は起《お》こらない。民衆一人一人へのあたたかい「共感《きょうかん》」と「同苦《どうく》」の力《ちから》、庶民の心を包《つつ》みこむ豊《ゆた》かな「慈愛《じあい》」の力──。これこそ、あらゆる指導者《しどうしゃ》にとっても、目標《もくひょう》とすべき点であり、謙虚《けんきょ》に身につけていくべき要件《ようけん》であろう。

──一九八九・一二・二四

＊

リーダーは、メンバーをほめたたえ、励《はげ》ますことが大事《だいじ》である。感情《かんじょう》で怒《いか》ったり、どなったりするようなことは、決《けつ》してあってはならない。

　御書には**「（法華経を行《ぎょう》ずる人を）讃嘆《さんたん》する者は、福徳《ふくとく》を須弥山《しゅみせん》のごとく積み、誹謗《ひぼう》する者は無間地獄《むけんじごく》に堕《お》ちる罪《つみ》を犯《おか》す」**（一〇三九㌻）との伝教大師《でんぎょうだいし》の言葉を引《ひ》いておられる。

　仏法の因果《いんが》の法から見るならば、仏子《ぶっし》をいじめた人間の末路《まつろ》はじつに厳《きび》しい。峻厳《しゅんげん》である。反対に仏子をほめたたえていく人は、王者《おうじゃ》の山であるヒマラヤのごとく、揺《ゆ》るぎない大福運《だいふくうん》の人生を築《きず》くことができる。

──一九九六・六・二三

＊

リーダーに対して、だれでも自由に、言うべきことを言える雰囲気《ふんいき》が大切である。私どもは、皆、平《びょう》等《どう》の「善知識《ぜんちしき》」（良《よ》き友）だからである。

　仏典《ぶってん》には**「その人のために、悪《わる》い点を取《と》り除《のぞ》いてあげる人は、その人の親《おや》の存在《そんざい》である」**（一三九㌻）と説《と》かれている。

　黙《だま》っていることは、無慈悲《むじひ》に通《つう》じる。小さな感情《かんじょう》にとらわれての非難《ひなん》はよくないが、建設的《けんせつてき》な、価値《かち》ある意見《いけん》は必要《ひつよう》である。言われたほうも、それに感《かん》謝《しゃ》できる大きさを持《も》てば、たがいの心の世界が広々《ひろびろ》と開《ひら》けていく。

──一九九〇・二・二

＊

身延《みのぶ》におられた日蓮大聖人は、下痢《げり》が続《つづ》き、体《たい》調《ちょう》を崩《くず》しておられた。そうしたなか、ある人から「三度目の流罪《るざい》か」という風評《ふうひょう》があることが報告された。それに対して、大聖人は、次のように仰《おお》せである。

「幕府《ばくふ》はこれまで二度にわたって日蓮を流罪し、その報《むく》いで、種々《しゅじゅ》の災難《さいなん》が重《かさ》なっており、もういいかげん懲《こ》りているだろう。したがって世間《せけん》でいわれているような、〝また私（大聖人）を流罪にする〟ということはないだろうと思われる。しかし、人は、ひとたび運《うん》がつきて滅《ほろ》んでいくような場合には、常識《じょうしき》では考《かん》えられないようなことを、平気《へいき》でしでかすものであるから、そうした流罪のようなことがないともかぎるまい」（一二九四ページ）と。

このように大聖人は、世間の風評を、悠然《ゆうぜん》と、また冷静《れいせい》に分析《ぶんせき》しておられる。これは、広布《こうふ》の指導者《しどうしゃ》である私どもが、よくよく拝《はい》していかねばならない重要《じゅうよう》な点である。この御文《ごもん》でも仰せのごとく、少しでも理性《りせい》をもって先例《せんれい》を見てみれば、正法《しょうほう》に敵対《てきたい》することがいかに罪《つみ》が深《ふか》く、必《かなら》ずその報いを受けていくかは、一目瞭然《いちもくりょうぜん》のはずである。それでも、〝懲りず〟に迫害《はくがい》してくるようであれば、もはや自滅《じめつ》の坂《さか》を一気《いっき》にころげ落《お》ちていくばかりである。これが、厳《きび》しき仏法の因果《いんが》である。

――一九八八・七・二六

＊

「師子王《ししおう》は前三後一《ぜんさんごいち》といって、蟻《あり》の子を取《と》ろうとするときにも、また獰猛《どうもう》なものを取ろうとするときも、その勢《いきお》いは、全《まった》く同じである」（一一二四ページ）

戦《たたか》いは、ただ前へ前へと進んでいけばよいというものではない。一歩退《いっぽひ》くことも必要《ひつよう》な場合がある。一歩退きながらも、全力《ぜんりょく》を尽《つ》くして事《こと》にあたっていくことが大事《だいじ》なのである。

この「前三後一」の方程式《ほうていしき》は、人生にあっても同じである。

最後の最後の勝利が、本当の勝利である。途中《とちゅう》にいくら勝利があったとしても、それが最後の勝利へと結実《けつじつ》していかなければ何《なん》の意味もない。次代《じだい》の広《こう》布《ふ》のリーダーとなりゆく諸君《しょくん》は、人生と社会において、「前三後一」のあり方をよくよくわきまえていただきたい。

――一九八七・七・二一

日興上人《にっこうしょうにん》の正義《せいぎ》を門下《もんか》の日順《にちじゅん》がまとめた「五人所《ごにんしょ》破抄《はしょう》」には、日興上人のお言葉として、次のように記《しる》されている。

「私（日興上人）の立てる法門《ほうもん》が、もし先師《せんし》（日蓮大聖人）に違背《いはい》しているならば、それは私一身《いっしん》の浅《あさ》はかさであり、何よりも恐《おそ》れ多いことである。また、私の言うところが、仏意《ぶつい》に叶《かな》うものであれば、五人（五老僧《ごろうそう》）の誤《あやま》れる法門は、はなはだ憂《うれ》うべきである」（一六一六ページ）と。

すなわち、日興上人が正しいのか。五老僧が正しいのか。

「私（日興上人）の主張《しゅちょう》を取《と》るか捨《す》てるかは、あなたの正見《しょうけん》にまかせる。よく思索《しさく》して、正しく理解《りかい》しなさい」（同）と。

正義がどこにあるかは、あなたの「正見」、正しい見方《みかた》にまかせます、よく考《かんが》え、間違《まちが》いなく理解しなさいとの言《げん》である。正邪《せいじゃ》を見きわめるには、強い〝知力《ちりょく》〟が必要《ひつよう》である。知力がないと、ウソを見ぬけない。誤《あやま》るか、まただまされてしまう。

書物《しょもつ》にせよ、人物《じんぶつ》にせよ、言っていることが事実なのかどうか、正しいのかどうか、明確《めいかく》に見きわめ、判断《はんだん》していかねば、道を誤る。指導者《しどうしゃ》であればあるほど、その責任《せきにん》は大きい。

――一九九〇・三・九

＊

「賢人《けんじん》は安全《あんぜん》な所にいても危険《きけん》に備《そな》え、よこしまで愚《おろ》かな人は危険な状態《じょうたい》にあっても、それを察知《さっち》して対処《たいしょ》しようとせず安穏《あんのん》を願《ねが》う」（九六九ページ）

いかに世界の未来《みらい》を見とおし、「平和」で「安穏」な社会を築《きず》いていくか。それが「賢人」の発想《はっそう》である。また指導者《しどうしゃ》には、つねにこの発想と責任感《せきにんかん》に立って民衆《みんしゅう》を守《まも》り、幸福に導《みちび》いていくべき使命《しめい》がある。

――一九九〇・一・八

＊

人ではない。自分である。自分が成長《せいちょう》すれば、周囲《しゅうい》も変《か》わる。自分を見つめず、自分を教育《きょういく》せずして、何を論《ろん》じ、何を行《おこな》っても、無責任《むせきにん》であるし、大きな価値《かち》は生《う》めないであろう。

社会も、組織《そしき》も、指導者《しどうしゃ》がずる賢《がしこ》く「人を動かす」ことだけ考《かんが》えて、「自分が成長する」努力《どりょく》をしない時、行き詰《づ》まる。発展《はってん》も平和もなくなる。

いわんや、自分が成長していない責任を忘《わす》れて、失敗《しっぱい》を人のせいにするとしたら、指導者として最低《さいてい》であろう。

「もしも自分の心の外に成仏《じょうぶつ》の道を求《もと》めて、あらゆる修行《しゅぎょう》、あらゆる善行《ぜんぎょう》を修《おさ》めようとするのは、それはたとえば貧《まず》しい人が日夜《にちや》、隣家《りんか》の財産《ざいさん》を計算《けいさん》しても半銭《はんせん》の得《とく》もないようなものである」（三八三ページ）

仏道《ぶつどう》修行は最高の「自己《じこ》教育」なのである。

——一九九五・八・四

＊

上行菩薩《じょうぎょうぼさつ》の働《はたら》きは「火」と対応《たいおう》できよう。

「火は、物《もの》を焼《や》くことをもって、行《ぎょう》とする」（七五一ページ）

火は物を焼く働きがある。妙法《みょうほう》の勇者《ゆうしゃ》は、煩悩《ぼんのう》を焼いて智慧《ちえ》の光を出し、世間《せけん》の闇《やみ》を照《て》らしていく。燃《も》えさかる火が天《てん》に向《む》かって隆々《りゅうりゅう》と炎《ほのお》をあげるように、ほとばしる勢《いきお》いに満《み》ち、周囲《しゅうい》の人々をわが熱《あつ》き一念《いちねん》につつんでいく。

先頭《せんとう》に立って働き、すべての人に勇気《ゆうき》と情熱《じょうねつ》の炎を点火《てんか》する。そして進むべき道を照らす。社会にあっても、世界にあっても、大指導者《だいしどうしゃ》としての働きを示《しめ》すのである。これは上行菩薩の徳《とく》の一面《いちめん》といえるのではないだろうか。

仏法のリーダーはつねに自身を向上《こうじょう》させ、つねに人々の先頭に立って、勇気りんりんと行動しなければならない。自分が楽《らく》をして、「人にやらせよう」「人を使《つか》おう」とする傲慢《ごうまん》な指導者であってはならない。

——一九九六・三・二九

＊

無辺行菩薩《むへんぎょうぼさつ》は、「風」と対応《たいおう》できよう。

「風は、塵《ちり》や垢《あか》を吹《ふ》き払《はら》うことをもって、行《ぎょう》とする」（七五一ページ）

風は、塵やホコリを吹きはらう働《はたら》きがある。風が「無辺」に吹きわたって塵やホコリを払っていくように、いかなる困難《こんなん》をも**「風の前の塵のようである」**（一二三二ページ）と吹きとばして、自由自在《じゆうじざい》に活躍《かつやく》していける。

これが、無辺行菩薩の徳《とく》といえるのではないだろうか。

何があろうと、決《けっ》して行き詰《づ》まることなき「智《ち》慧《え》」と「生命力」をもっているのである。

——一九九六・三・二九

*

浄行菩薩《じょうぎょうぼさつ》は、「水」と対応《たいおう》できよう。

「水は、物《もの》を浄《きよ》めることをもって、行《ぎょう》とする」（七五一ページ）

水は、物を清《きよ》める働《はたら》きがある。とうとうと流《なが》れる水のごとく、つねに清らかな境涯《きょうがい》をたもち、現実の汚濁《おじょく》に染《そ》まることなく、万物《ばんぶつ》を清めていく。

濁世《じょくせ》の真《ま》っただ中に飛《と》びこみながら、みずみずしく、美《うつく》しき生命を汚《けが》されることがない。かえって周囲《しゅうい》にも清浄《せいじょう》な流れを広げていく。これが、浄行菩薩の徳《とく》といえるのではないだろうか。

——一九九六・三・二九

*

安立行菩薩《あんりゅうぎょうぼさつ》は、「大地」と対応《たいおう》できよう。

「大地は、草木を育成《いくせい》することをもって、行《ぎょう》とする」（七五一ページ）

大地は、草木を育成する働《はたら》きがある。多様《たよう》な草木を育《はぐく》む大地のごとく、すべての人を公平《こうへい》に守《まも》り、平等《びょうどう》に慈《いつく》しんでいく。

皆をどっしりと支《ささ》え、励《はげ》ましの栄養《えいよう》を送《おく》っていく。何があっても揺《ゆ》るがない。動《どう》じない。そして皆に「この人と一緒《いっしょ》にいれば大丈夫《だいじょうぶ》だ！」という、限《かぎ》りない安心感《あんしんかん》をあたえる。これが、安立行菩薩の徳《とく》といえるのではないだろうか。

――一九九六・三・二九

＊

「（法門《ほうもん》のことを）知《し》ろうと思うのなら、日蓮が生きているうちに、くわしく聞いて身につけておきなさい」（一四六九㌻）

「（求道《きゅうどう》の）志《こころざし》がある人々は、（日蓮が）生きている間《あいだ》に学《まな》び、伝《つた》えていきなさい」（八八三㌻）

日蓮大聖人は、令法久住《りょうぼうくじゅう》、万代《ばんだい》の広布《こうふ》の前進《ぜんしん》のために、門下の育成《いくせい》に全力《ぜんりょく》であたられた。そして、後《こう》事《じ》の一切《いっさい》を託《たく》された日興上人《にっこうしょうにん》お一人が、そのお心のままに立ち上がられたのである。

指導者《しどうしゃ》は、民衆《みんしゅう》のためにみずからを犠牲《ぎせい》にして、人を育《そだ》てる。独裁者《どくさいしゃ》、権力者《けんりょくしゃ》は、みずからの保身《ほしん》のために人を使《つか》い犠牲にする。人を育てたか否《いな》かの一点でこそ両者《りょうしゃ》は厳然《げんぜん》と分《わ》かれるのである。

――一九八八・一〇・一二

一人を大切に

「世間《せけん》のことわざにも、〝一は万の母〟といわれている」（四九八㌻）

「一人」というと、いかにも弱小《じゃくしょう》と思うかもしれない。しかし、「一人」が「万人《ばんにん》」を生《う》む「母」なのである。**「大海《たいかい》の一滴《いってき》の水にはそこに流《なが》れ込《こ》む一《いっ》切《さい》の川の水が納《おさ》まっている」**（九四四㌻）との御金《ごきん》言《げん》もある。

真実《しんじつ》の大法《だいほう》に出あい、目覚《めざ》めた「一人」が、勇敢《ゆうかん》に利他《りた》の実践《じっせん》へと躍《おど》り出て、「一人」と会《あ》い対話《たいわ》する――この「一人」から「一人」へという波動《はどう》こそ、限《かぎ》りない広布《こうふ》前進《ぜんしん》への源泉《げんせん》であり、こうした着実《ちゃくじつ》な実践をとおし、永遠《えいえん》に広布の歴史《れきし》はつづられていくことを、絶対《ぜったい》に忘《わす》れてはならない。

「一人」を大切に――これこそ、脈々《みゃくみゃく》と受け継《つ》がれてきた、学会の伝統精神《でんとうせいしん》である。悩《なや》める「一人」に光をあて、全魂《ぜんこん》で、対話し激励《げきれい》しぬいていく。とくに若《わか》き諸君《しょくん》は、この伝統を、決《けっ》して忘れてはならない。

ただ大勢《おおぜい》の前では華々《はなばな》しく話をするだけで、地道《じみち》な指導《しどう》や激励に積極的《せっきょくてき》に行動しないリーダーは決して本物《ほんもの》ではないし、本物にはなれない。もしも、そうした幹部が多くなるとしたら、それは学会精神の退廃《たいはい》に通《つう》ずるであろう。組織《そしき》のなかに権威主義《けんいしゅぎ》や要《よう》領《りょう》主義をはびこらせては断《だん》じてならないし、「一人」への全魂の指導と行動なくして、真《しん》の仏道修行《ぶつどうしゅぎょう》はありえないことを、皆さま方は深《ふか》く銘記《めいき》されたい。

――一九八七・一〇・一一

*

「法華経を行《ぎょう》ずる者は、男性《だんせい》も女性《じょせい》も、一人残《のこ》らず世尊《せそん》（釈尊《しゃくそん》）ではないか。（中略）『是《こ》れ真《しん》の仏子《ぶっし》』と経文《きょうもん》（法華経宝塔品《ほうとうほん》）にあるように、法王《ほうおう》の子どもであり、『世尊』すなわち一切衆生《いっさいしゅじょう》のなかで『第一の人』ではないか」（八一三㌻）

日蓮大聖人の門下《もんか》であるかぎり、この御文《ごもん》を、そのまま信じ、拝《はい》すべきである。

大聖人を本当に尊敬《そんけい》している人は必《かなら》ず、大聖人のご遺命《ゆいめい》の実現に人生をかけて戦《たたか》っている学会員を尊敬する。学会員を心から尊敬できる人が、大聖人を真に尊敬している人なのである。

御書には**「（妙法《みょうほう》を正しく実践《じっせん》する者は）釈尊と等《ひと》しい仏《ほとけ》に、やすやすとなることは疑《うたが》いない」**（八一七㌻）と仰《おお》せである。同じ意味の御文は数多《かずおお》い。

「やすやすと仏になることができる」（五五四㌻）、**「釈尊のような仏にやすやすとなることができる」**（一四四三㌻）等々。「やすやすと」と、大聖人は繰《く》り返《かえ》されている。妙法は、それほど偉大《いだい》である。

広布《こうふ》に戦いぬいている学会員が、今世《こんぜ》で仏にならないとしたら、御金言《ごきんげん》はウソになってしまう。断《だん》じて、そんなことはない。ゆえに「広布の戦士《せんし》」を、仏のごとく敬《うやま》い、たたえ、大切にしていく「心」――その「心」が、法華経の「心」であり、真の大聖人門下の「心」なのである。

――一九九二・八・八

＊

「釈尊《しゃくそん》が八年間にわたって説《と》いた法華経を、八文《も》字《じ》に留《とど》めて、それを末法《まっぽう》の衆生《しゅじょう》に譲《ゆず》り与《あた》えられた」

（七八一ページ）

〝法華経の真髄《しんずい》〟である、その「八文字」とは何か。それは、法華経の最後（普賢品《ふげんぼん》第二十八）に説かれた「当起遠迎《とうきおんごう》、当如敬仏《とうにょきょうぶつ》」（法華経六七七ページ）の文である。すなわち「当《まさ》に起《た》って遠《とお》く迎《むか》うべきこと、当に仏《ほとけ》を敬《うやま》うが如《ごと》くすべし」――法華経をたもつ者を見たならば、仏を敬うように、必《かなら》ず、遠くからでも立ち上がって出迎《でむか》え、敬っていきなさい、という教《おし》えである。

　これが法華経の結論《けつろん》であることを、日蓮大聖人は**「最上《さいじょう》第一の相伝《そうでん》」**（七八一ページ）と述《の》べられている。総《そう》じては、「大聖人の仰《おお》せのままに広宣流布《こうせんるふ》する人を、仏のごとく大切にせよ」ということである。

　それなのに、社会的に偉《えら》くなると、いい気《き》になって、広宣流布している人を見くだす人間がいる。お金《かね》に信心を破《やぶ》られて、裏切《うらぎ》る悪人《あくにん》もいる。すべて、日蓮大聖人の仰せへの師敵対《してきたい》である。許《ゆる》してはならない。

――一九九八・九・二三

＊

尾張《おわり》の次郎兵衛《じろうひょうえ》（妙法比丘尼《みょうほうびくに》の兄か、ともいわれる）の訃報《ふほう》を聞かれた日蓮大聖人は、その出会《であ》いの印《いん》象《しょう》について、**「人柄《ひとがら》は、いばるところがなく、だれにでも情《じょう》の深《ふか》い人と思った」**（一四一八ページ）と偲《しの》ばれ、残《のこ》された夫人《ふじん》をなぐさめておられる。

　相手《あいて》が信心している、していないを問《と》わず、大聖人が一つ一つの出会いを大切にされていたご様子《ようす》が、こうした何気《なにげ》ない一言《ひとこと》からもうかがわれる。また、最愛《さいあい》の夫《おっと》を亡《な》くし悲《かな》しみに暮《く》れる妻《つま》を思いやられ、あたたかな配慮《はいりょ》をされてのお言葉である。こまやかにして美《うつく》しき心づかいに、真実《しんじつ》の仏法は脈動《みゃくどう》している。

　かりに家族《かぞく》は入信《にゅうしん》していなくとも、妙法《みょうほう》を持《たも》ち実《じっ》践《せん》する「一人」さえいれば、やがて家族の生命にも仏種《ぶっしゅ》は植《う》えられ、自然《しぜん》のうちに仏縁《ぶつえん》を結《むす》んでいくにちがいない。それを、不用意《ふようい》な言動《げんどう》で、周囲《しゅうい》の人々に反感《はんかん》をいだかせたり、正法《しょうほう》から遠《とお》ざけるようなことがあってはならない。

一人一人との縁《えん》、そして出会いを、どこまでも大切にしながら、また心と心の絆《きずな》を強め、構築《こうちく》しながら、日本、いな全世界、一閻浮提《いちえんぶだい》へと広宣流布《こうせんるふ》の舞《ぶ》台《たい》を、私どもは広げていきたい。

——一九八九・七・二七

＊

「どうして阿仏房《あぶつぼう》が成仏《じょうぶつ》しないことがあろうか。亡《な》くなられた阿仏房一人を寂光《じゃっこう》の浄土《じょうど》に入《い》れなければ、諸仏《しょぶつ》は大苦《だいく》に堕《お》ちるにちがいない。よくよく物《もの》事《ごと》を見極《みきわ》めなさい。よくよく物事を見極めなさい。仏《ほとけ》の教《おし》えが真実《しんじつ》であるか虚妄《こもう》であるかは、これによって判断《はんだん》していくべきである」（一三二〇ジペー）

一人の信徒《しんと》の「幸福」が肝要《かんよう》である。一人の人の「成仏」が目的《もくてき》である。一人の人間を本当に幸《しあわ》せにできるかどうか——仏法の眼目《がんもく》はそこにある。仏の真実の教えかどうかも決《き》まる。仏と名乗《なの》るから、尊《とうと》いのではない。何をなすのか、振《ふ》る舞《ま》いが大事《だいじ》であり、正義《せいぎ》の一人を救《すく》えない仏は、地獄《じごく》に堕ち大苦を受ける、と御本仏は仰《おお》せである。

一人の人間のために、身命《しんみょう》を惜《お》しまず祈《いの》り、語《かた》り、働《はたら》いてこそ、仏といえるのである。ふんぞり返《かえ》って、人々を力《ちから》ずくで従《したが》わせ、権威《けんい》、権力《けんりょく》で命令《めいれい》する仏などありえない。仏についてさえ、こうである。どんなに「位《くらい》」が高かろうと、否《いな》、高ければ高いほど、正法《しょうほう》を持《たも》つ仏子《ぶっし》を成仏に導《みちび》かなければ、堕《だ》地獄《じごく》となる。

立場《たちば》が上であるほど〝何をしてもいい〟のではなく、上であるほど〝責任《せきにん》がある〟のである。ましてや、立場を悪用《あくよう》して、正しき人をいじめ、広布《こうふ》を妨《さまた》げる人間がいるならば、御書に照《て》らして、その罪《つみ》は計《はか》り知《し》れない。学会は、徹《てっ》して「一人の幸福」のために、正法を弘《ひろ》めてきた。きめ細《こま》かく面倒《めんどう》を見きってきた。御本仏の仰せのままの行動であると確《かく》信《しん》する。

——一九九一・九・一七

*

ある年の冬、日蓮大聖人は、門下《もんか》の富木常忍《ときじょうにん》の夫《ふ》人《じん》の病気《びょうき》を心配《しんぱい》なされ、このように励《はげ》ましておられる。

「尼御前《あまごぜん》（夫人）のご病気のことはわが身一身《いっしん》のことと思っているので、昼夜《ちゅうや》に（健康《けんこう》を）諸天《しょてん》に祈《いの》っている」（九七八ページ）と。

短《みじか》い一文《いちぶん》の中にも、御本仏の限《かぎ》りないご慈愛《じあい》が拝《はい》される。慈愛こそ、仏法の精神《せいしん》なのである。

友の悩《なや》みをわが悩みとし、わが苦しみとして、祈っていく。苦しんでいる人の最大の味方《みかた》となって抱《だ》きかかえていく。幸福になりきるまで励ましていく。この「人間主義《しゅぎ》」の行動にこそ、大聖人の仏法は生きている。

創価学会が、なぜこれほどまでに発展《はってん》したのか。それは、この大聖人のお心のままに、仏子《ぶっし》である一人一人の会員を、心から大切にしてきたからである。

——一九九三・一・二七

*

「たとえ一日であろうと、わが味方《みかた》として、心を寄《よ》せてくれる人々を、どうして粗末《そまつ》にできようか。世間《せけん》の恐《おそ》ろしさに、妻子《さいし》ある人々が遠《とお》ざかるのを、ことに喜《よろこ》んでいるのが、私の気持ちである」（一四六〇ページ）

たとえ、わずかでも日蓮大聖人に心を寄せてくれた人を、決《けっ》しておろそかにされない。どこまでも大切にし、心を尽《つ》くしていかれる。これが大聖人のお心である。だからこそ、門下《もんか》が迫害《はくがい》を受けることは、じつに心苦《こころぐる》しい。もし迫害を免《まぬか》れることができるのなら、自分のもとから離《はな》れていくのも喜ばしいことである——。

大聖人は、世間の圧迫《あっぱく》のなかにある信徒《しんと》の労苦《ろうく》を、これほどまでに案《あん》じておられたのである。

さらに大聖人は、こう述《の》べられている。

「日蓮についていても、助《たす》けてあげることもできないうえ、わずかの領地《りょうち》をも主君《しゅくん》に取《と》り上げられる

ならば、くわしい事情《じじょう》を知《し》らない妻子や家来《けらい》等は、どのように嘆《なげ》くことであろうかと、私は心苦しく思っている」（同）

ご自身はあらゆる大難《だいなん》、小難を一身《いっしん》に受けられながら、ただひたすら門下の安全《あんぜん》にお心を配《くば》り、守《まも》ってくださったのである。なんと深《ふか》く、限《かぎ》りない御本仏の大慈大悲《だいじだいひ》であられることか。

どうすれば、一人一人が「安穏《あんのん》」な生活を送《おく》れるか。「幸福」に生きぬいていけるか。みずからは何も恐れない。何も惜《お》しまない。しかし、大勢《おおぜい》の仏子《ぶっし》には、どこまでも「安心《あんしん》」を贈《おく》り続《つづ》けたい。また「苦しみ」を除《のぞ》いてあげたい——。

ここに、御本仏のお心があられた。

——一九九〇・一〇・一六

*

「あなた方は、身分《みぶん》も低《ひく》く生《う》まれ、しかも（迫害《はくがい》の強い）鎌倉《かまくら》に住《す》みながら、人目《ひとめ》をもはばからず、命《いのち》をも惜《お》しまず、法華経の信心をされていることは、ただごととも思えない」（一一一五ページ）

「釈迦仏《しゃかぶつ》が、また普賢菩薩《ふげんぼさつ》（英知《えいち》の力《ちから》をもつ）が、薬王《やくおう》菩薩（病苦《びょうく》を治《なお》す力をもち、法華弘通《ほっけぐつう》を誓《ちか》った）が、宿王華《しゅくおうけ》菩薩（神通力《じんつうりき》で法華経を守護《しゅご》する）等が、あなた方の生命の中に入られたのであろうか。法華経の経文《きょうもん》に『世界で人々がこの経を信じることは普賢菩薩のお力である』とあるのは、このことであろう」（同）

日蓮大聖人は、けなげに戦《たたか》う婦人門下《もんか》の生命の中に釈迦仏を拝《はい》しておられた。普賢菩薩の力、薬王菩薩の力、宿王華菩薩の働《はたら》きを、はっきりご覧《らん》になっていた。なんと尊《とうと》いことかと、称嘆《しょうたん》なされていた。

婦人の懸命《けんめい》な戦いをあたり前のように思っては、この大聖人のお心に反《はん》する。お心に反すれば、罪《つみ》となる。

私はつねに「婦人部を尊敬《そんけい》し、婦人部を大切に」と申し上げている。「広布《こうふ》に戦う学会員を尊敬し、学会員を大切にする」——これこそが、御書に示《しめ》された大聖人のお心の実践《じっせん》である。

——一九九四・五・二四

＊

「これほどの、うれしいことなので、あなたのところに親《した》しくおうかがいして、お喜《よろこ》びを申し上げたいと思うが、人聞《ひとぎ》きもあるので、やめることにした」（一四七三ページ）

〝あなたの所に、親しく行ってさしあげたい。しかし、私が行ったために、世間《せけん》の人が何やかやと、あなたの批判《ひはん》をするようなことがあってはいけませんから〟と、門下《もんか》の身を案《あん》じられる日蓮大聖人の、濃《こま》やかなお心遣《こころづか》いが、しみじみと拝《はい》される御文《ごもん》である。

一人の門下の無事安穏《ぶじあんのん》をわが喜びとされ、そして次の前進《ぜんしん》への希望《きぼう》を与《あた》えてくださる大聖人――。そのお心を、みずからの立場《たちば》で深《ふか》く拝していくことが、大聖人の門下に連《つら》なる者の心であり、行動でなくてはならない。

――一九九〇・一〇・一六

＊

「剣《つるぎ》は、とげば、いよいよ鋭《するど》くなる。法華経の功《く》徳《どく》は、ほめれば、いよいよ功徳が増《ふ》えていく」（一二四二ページ）

弘教《ぐきょう》も、頑張《がんば》っている人を、ほめたたえればたたえるほど、自分も功徳を受ける。組織《そしき》にも功徳が充満《じゅうまん》してくる。勢《いきお》いがついて、さらに弘教が進む。人材《じんざい》も出てくる。経文《きょうもん》も、仏《ほとけ》と法とを、ほめたたえる言葉にあふれている。いわば「たたえる詩《し》」であり、「合唱《がっしょう》」である。釈尊《しゃくそん》も日蓮大聖人も「ほめたたえる人」であられた。

――一九九八・二・四

＊

日蓮大聖人は、伊豆流罪《いずるざい》の際《さい》、大聖人をお守《まも》りした船守弥三郎夫妻《ふなもりやさぶろうふさい》に対して**「あなた方ご夫妻は、釈尊《しゃくそん》が生《う》まれ変《か》わられて、日蓮を助《たす》けてくださったのであろうか」**（一四四六ページ）とまで仰《おお》せになり、讃嘆《さんたん》されている。

大聖人が「恩《おん》ある人」「陰《かげ》の人」をどれほど大切にしておられたか。その「功労《こうろう》」にどれほど感謝《かんしゃ》され、ほめたたえておられたことか——。

大聖人の、このお振《ふ》る舞《ま》いを忘《わす》れてはならない。わが学会は、このお心を拝《はい》し、学会員を「仏《ほとけ》」のごとく大切にしてきたゆえに、世界の学会として栄《さか》えたのである。

民衆《みんしゅう》を見くだし、真心《まごころ》の人を見くだす「傲慢《ごうまん》」ではない。「権力《けんりょく》」でも「権威《けんい》」でもない。平等《びょうどう》に、同志《どうし》の心で「ともに広宣流布《こうせんるふ》を実現しよう！」と進んできた。仏子《ぶっし》を仏子として心からたたえ、励《はげ》まし合《あ》ってきた。だからこそ、今日がある。

——一九九二・五・一二

*

「かりにも法華経（御本尊）を持《たも》つ者を、互《たが》いに、そしってはならない」（一三八二ページ）
「わが味方《みかた》の人々には、少々《しょうしょう》の過《あやま》ちがあっても、見ず聞かずのふりをしていきなさい。（仲良《なかよ》くしていきなさい）」（一一六九ページ）
同志《どうし》は、皆、わが「眷属《けんぞく》」である。その眷属を守《まも》れば、すべてが諸天善神《しょてんぜんじん》となって、生々世々、自分を守る働《はたら》きをしてくれる。これが仏法の偉大《いだい》なる法《ほう》理《り》であることを知《し》っていただきたい。
友を心から尊敬《そんけい》し、讃嘆《さんたん》する人は、自分も尊敬され、讃嘆される。友の幸福を心から喜《よろこ》べる人こそが、幸福なのである。

——一九九七・四・一九

*

法華経を行《ぎょう》じている「人」をたたえることは、「法」をたたえることに通《つう》じる。

広宣流布《こうせんるふ》に戦《たたか》っている学会員は、日蓮大聖人のお使《つか》いであり、「仏子《ぶっし》」である。その学会員を、ほめれば、自分が功徳《くどく》を受ける。自分の仏界《ぶっかい》が強まる。相手《あいて》を、ほめているようでいて、実《じつ》は、かえって、自分の仏界をも讃嘆《さんたん》しているのである。

「自他不二《じたふに》」——自分も他人も一体《いったい》、の法理《ほうり》である。「御義口伝《おんぎくでん》」には、この「自他不二」についてわかりやすく仰《おお》せである。**「鏡《かがみ》に向《む》かって礼拝《らいはい》するとき、映《うつ》った姿《すがた》もまた、（こちらのほうを向いて）わ**

が身を礼拝するのである」（七六九ページ）と。

――一九九三・七・七

＊

「多宝如来《たほうにょらい》の宝塔《ほうとう》（御本尊）を供養《くよう》されるかと思えば、そうではない。あなた（阿仏房《あぶつぼう》）は、わが身を供養されているのである」（一三〇四ページ）

「御本尊を供養する」ことは、「わが身を供養する」ことである、と。「御本尊を大切にする」ことは、じつは「わが身の御本尊を大切にする」ことなのである。ここに信心の究極《きゅうきょく》があり、仏法の真髄《しんずい》がある。

また「末法《まっぽう》に入って、法華経を持《たも》つ男女《だんじょ》の姿《すがた》のほかに宝塔はないのである」（同）、「阿仏房はそのまま宝塔であり、宝塔はそのまま阿仏房である。このように信解《しんげ》するよりほかの才覚《さいかく》は無益《むえき》である」（同）と仰《おお》せである。

〝あなたが宝塔（御本尊）なのですよ、宝塔はあなたなのですよ〟――この大聖人の教《おし》えを、宗門《しゅうもん》は無視《むし》し、ねじまげ、自分たちだけが尊《とうと》いとして、権《けん》威主義《いしゅぎ》で信徒《しんと》を抑《おさ》えつけてきたのである。牧口先生、戸田先生は、そうした宗門の本質《ほんしつ》を、鋭《するど》く見破《みやぶ》っておられた。大聖人の仏法は、まったくここにはない、と。

広宣流布《こうせんるふ》の仏子《ぶっし》を大切にすることは、わが身の仏《ぶつ》界《かい》を大切にし、強めることになる。頑張《がんば》っている人を、たたえればたたえるほど、自身にも組織《そしき》にも「福運《ふくうん》」と「勢《いきお》い」がつく。仏子を「ほめたたえる心が強い」ことが、「仏界が強い」証拠《しょうこ》でもある。「御本尊をたたえ、広宣流布の勇者《ゆうしゃ》をたたえることのできる人」が「仏界の強い人」である。

――一九九三・七・七

＊

「思えば、貴辺《きへん》（あなた）と日蓮とは、師檀《しだん》（師匠《ししょう》と檀那《だんな》）の一分《いちぶん》である。しかしながら、煩悩《ぼんのう》ある肉《にく》身《しん》は、国主《こくしゅ》に従《したが》うものであるがゆえに、あなたも、この（蒙古襲来《もうこしゅうらい》の）難《なん》に遭《あ》おうとしているのであろうか。感涙《かんるい》を抑《おさ》えることができない。いずれの世《よ》に、あなたとふたたび対面《たいめん》を遂《と》げることができるであろうか。ただ一心《いっしん》に、霊山浄土《りょうぜんじょうど》に行くことを期《き》されるべきであろう。たとえ、身は、この難に遭ったとしても、あなたの心は、仏心《ぶっしん》と同じである。今世《こんぜ》は修羅《しゅら》道《どう》に交《まじ》わったとしても、来世《らいせ》は必《かなら》ず仏国《ぶっこく》に住《す》むことができるであろう」（一〇六九ページ）

当時《とうじ》、日蓮大聖人は御年《おんとし》六十歳《さい》。ご入滅《にゅうめつ》の前年であり、体調《たいちょう》を崩《くず》されて、かなり衰弱《すいじゃく》しておられた。しかし、ご自身を顧《かえり》みるいとまもなく、戦時下《せんじか》に置《お》かれた門下《もんか》の身を、ただひたすら案《あん》じてくださっている。祈《いの》らずには、いられない。行動せずには、いられない。同志《どうし》のために、人間のために、平和のために――。それが「仏法者」の心である。もし、大《たい》変《へん》な状況下《じょうきょうか》にある仏子《ぶっし》をかばうどころか、逆《ぎゃく》に見くだし、いじめるような存在《そんざい》があったとすれば――もはや仏法者とはいえない、と私どもは思う。

――一九九一・八・七

＊

「（四徳《しとく》のうちの）三には、友に会《あ》ったら礼儀《れいぎ》正しくあれ、というのは、友達《ともだち》で一日に十度、二十度と訪《たず》ねてくる人であっても、千里《り》、二千里の遠《とお》くから訪ねてくる人のように思って、少しでも礼儀をおろそかにしてはならない」（一五二七ページ）

身近《みぢか》な人が大切である。その人を宝のごとく大事《だいじ》にすることである。そして、だれに対しても誠実《せいじつ》に、礼節《れいせつ》をわきまえて接《せっ》することである。誠実ほど強いものはない。

私も世界に友人をつくった。「誠実」ひとつで、つくったのである。誠実で築《きず》いたものは、壊《こわ》れない。策《さく》でつくったものは、やがて崩《くず》れる。

まず〝心〟に誠意《せいい》がなければならない。そのうえで、〝身〟と〝口〟に、その誠意を十分《じゅうぶん》に表現《ひょうげん》できるのが理想《りそう》である。とくに海外《かいがい》の人に対しては、具《ぐ》体的《たいてき》に明快《めいかい》に表現しなければ、通《つう》じないものである。

――一九九三・一二・二五

＊

日蓮大聖人は、この関東《かんとう》の天地《てんち》で活躍《かつやく》する門下《もんか》の曽谷殿《そやどの》——今の千葉県《ちばけん》、茨城県《いばらきけん》の一部《いちぶ》にあたる下総《しもうさ》の曽谷教信《きょうしん》に、こう仰《おお》せである。

「今、法華経という経《きょう》は、一切衆生《いっさいしゅじょう》を仏《ほとけ》にする秘《ひ》術《じゅつ》をそなえた御経《おんきょう》である。いわゆる地獄界《じごくかい》の一人、餓鬼界《がきかい》の一人、（さらに畜生界《ちくしょうかい》、修羅界《しゅらかい》……という）九界《きゅうかい》の一人を仏にすれば、一切衆生が、みな仏になれるという法理《ほうり》が、あらわれる。たとえば、竹《たけ》の節《ふし》を一つ破《やぶ》れば、他の節も、次々《つぎつぎ》に破れるようなものである。（十界互具《じっかいごぐ》であるゆえに、たとえば地獄界の一人が成仏《じょうぶつ》できるということは、その地獄界を具《ぐ》す九界の人々も成仏できる証明《しょうめい》となる）」（一〇四六ページ）

病気《びょうき》、経済苦《けいざいく》、心の苦しみ——地獄の苦悩《くのう》にある「一人の人」。その人を成仏させられるかどうか。その人が絶対《ぜったい》の幸福をつかめるかどうか。それができるのが法華経である。それができることが、一切の人を救《すく》える証明となるのである。仏法は大きい。一切を救う。その大きさも「一人の人間」に集約《しゅうやく》され、すべて含《ふく》まれているのである。

——一九九四・一・七

*

日蓮大聖人は「仏菩薩《ぶつぼさつ》を信じていても、わが子や夫《おっと》・妻《つま》などを愛《あい》し、父母《ふぼ》、主君《しゅくん》などを尊敬《そんけい》するのと雲泥《うんでい》の違《ちが》いである。仏菩薩を軽《かる》く思っている」（四四六ページ）と、当時《とうじ》の人々のことを嘆《なげ》いておられる。こうした人々（僧尼男女《そうにだんじょ》）は、自分では、そのつもりはなくとも、みずから「地獄《じごく》の因《いん》」（同）をつくっていると仰《おお》せである。

御本仏の御金言《ごきんげん》を軽く思うことは、大謗法《だいほうぼう》である。また、折伏《しゃくぶく》を行《ぎょう》じている学会の同志《どうし》は皆、御本仏の真《しん》の仏子《ぶっし》である。少しでも見くだせば、その心が地獄の因となる。家族《かぞく》も大事《だいじ》。父母、会社等も当《とう》然《ぜん》、大事である。と同時《どうじ》に、それらを思う心に、仏子への思いも、いささかも劣《おと》ってはならない。仏子を、絶対《ぜったい》に軽《かろ》んじてはならない。何よりも大切にし、尊敬していくことが、大聖人の教《おし》えにかなった実践《じっせん》なのである。

——一九九〇・八・二

団結

「一つの心であれば、必《かなら》ず事《こと》を成就《じょうじゅ》していくことができる」（一四六三㌻）

物事《ものごと》を成《な》し遂《と》げるために大事《だいじ》なのは、人数《にんずう》ではない。役職《やくしょく》や立場《たちば》でもない。心を一つに合わせられるかどうかである。心を一つにするとき、そこに、確《たし》かな未来《みらい》の建設《けんせつ》への〝核《かく》〟が生《う》まれる。物事が成就しないのは、異体同心《いたいどうしん》の心がないからである。とくに幹部が〝自分は偉《えら》い〟〝私はこうなのだ〟と思って、他の人と心を合わせていこうとしないのは、自分の〝わがまま〟にとらわれた姿《すがた》である。それは、自分の利害《りがい》のために組織《そしき》を利用《りよう》する心になりかねない。妙法《みょうほう》の世界では、そのような生き方は絶対《ぜったい》にあってはならない。

その意味で、壮年部と婦人部と青年部が、皆で尊《そん》敬《けい》しあい、信頼《しんらい》しあって進んでいただきたい。若《わか》い人には若い人の〝特権《とっけん》〟があり、力《ちから》がある。年配者《ねんぱいしゃ》には年配者の経験《けいけん》と知恵《ちえ》がある。婦人部の、まじめさ、一途《いちず》さには、残念《ざんねん》ながら壮年部はかなわない。会議《かいぎ》を行《おこな》い、おたがいに意見《いけん》を言いあい、聞きあって、皆の総意《そうい》で活動を進めていただきたい。ひとりよがりの行動や、独裁《どくさい》、独善《どくぜん》は、仏法の精神《せいしん》ではない。

ともかく、皆で仲良《なかよ》く、心を合わせていこう――これを第一義《だいいちぎ》としていただきたい。婦人部を軽視《けいし》したり、青年部を見くだしたりするようなことがあってはならない。また、自分の利害のために、感情《かんじょう》で人を叱《しか》ってはいけない。どこまでも、おたがいが尊敬しあい、信頼しあっていただきたい。そして〝一緒《いっしょ》にやりましょう。一緒に進みましょう〟という、うるわしい励《はげ》ましあいと、心を一つにした連帯《れんたい》があるところに、福徳《ふくとく》に満《み》ちた人生と広布《こうふ》の世界が幾重《いくえ》にも広がっていくことを確信《かくしん》していただきたい。

――一九八九・一〇・四

＊

壮年部の大先輩《だいせんぱい》である四条金吾《しじょうきんご》に、日蓮大聖人は、こう注意《ちゅうい》しておられる。

「女性《じょせい》には、どのような過失《かしつ》があっても、決《けっ》して、いさめたりしないように。まして、争《あらそ》うことがあってはならない」（一一七六ページ）と。

大聖人の仰《おお》せ通《どお》り、創価家族《かぞく》は「徹《てっ》して婦人部を大切にしていく」ことを、もう一度、確認《かくにん》しておきたい。

婦人部が一番、戦《たたか》っている。婦人部が一番、大事《だいじ》である。ゆえに、男性《だんせい》の幹部は婦人部を絶対《ぜったい》にいじめてはならない。あごで使《つか》ったり、命令《めいれい》したりすることなど、あってはならない。大切に大切にしなくてはならない。むしろ最大の礼儀《れいぎ》をもって、仕《つか》えていくべきである。大体《だいたい》、いばる幹部に限《かぎ》って、家に帰《かえ》ると奥《おく》さんに怒《おこ》られて小さくなっているものだ。これほど美《うつく》しく尊《とうと》く清《きよ》らかな学会の中で、傲慢《ごうまん》にも仏子《ぶっし》をいじめる人間は、皆、最後は哀《あわ》れな人生である。

――二〇〇〇・四・二五

＊

「総《そう》じて日蓮の弟子《でし》檀那《だんな》らが、〝自分は自分、他人は他人、あちらはあちら、こちらはこちら〟と隔《へだ》てる心がなく、水と魚のような（たがいに離《はな》れない関《かん》係《けい》であるという）思いをなして、異体同心《いたいどうしん》に南無妙法蓮華経と唱《とな》えたてまつるところを、生死一大事《しょうじいちだいじ》の血脈《けつみゃく》というのである」（一三三七ページ）

〝皆と仲良《なかよ》く前進《ぜんしん》しよう〟〝皆と一緒《いっしょ》に戦《たたか》おう〟この思いで、異体同心でともに妙法《みょうほう》を唱え、進むことがどれほど崇高《すうこう》なことか。そこに御本仏の真《しん》の「血脈」はかよっている。

人間の体《からだ》を生きた血液《けつえき》が駆《か》けめぐっているように、生き生きとした信心の組織《そしき》に、妙法の血潮《ちしお》が脈《みゃく》打《う》つのである。ゆえに、心を合《あ》わせて、皆の幸福のため、広宣流布《こうせんるふ》のために祈《いの》り、動く、その人に「大《だい》功徳《くどく》」がわかないはずがない。

――一九九四・五・三一

＊

「檀那《だんな》（弟子《でし》）と師匠《ししょう》が心を同じくしない祈《いの》りは、

水の上で火を焚《た》くようなものである（祈りが叶《かな》うわけがない）」（一一五一㌻）

大事《だいじ》なのは師弟《してい》の「呼吸《こきゅう》」である。スポーツでも、チームの「呼吸」が合《あ》わなければ、勝てない。これが道理《どうり》である。いわんや、仏法の世界は、「異《い》体同心《たいどうしん》」である。呼吸を合わさず、麗《うるわ》しい雰囲気《ふんいき》を壊《こわ》す者は、「破和合僧《はわごうそう》」（信仰《しんこう》で結《むす》ばれた教団《きょうだん》の団結《だんけつ》を破壊《はかい》する重罪《じゅうざい》）に通《つう》じてしまう。

――一九九九・二・三

＊

「いよいよ信心に励《はげ》んで、法華経の功徳《くどく》を得《え》られるがよい。中国古代《ちゅうごくこだい》の、師曠《しこう》という人のような〝優《すぐ》れた耳《みみ》〟、離婁《りろう》という人のような〝優れた目〟をもって、ものごとを聞き、見ていきなさい」（一四四八㌻）

広宣流布《こうせんるふ》の戦《たたか》いにおいて、正確《せいかく》にして迅速《じんそく》な「情《じょう》報《ほう》」をつかみ、絶《た》え間《ま》なく、先手《せんて》、先手を打っていく。そして、常《つね》に「連携《れんけい》」を密接《みっせつ》に取《と》り合《あ》い、異体《いたい》同心《どうしん》で団結《だんけつ》していくことが、どれほど重要《じゅうよう》か。日蓮大聖人は、細々《こまごま》と教《おし》えてくださっている。

――二〇〇〇・六・三〇

＊

「ご兄弟《きょうだい》（池上《いけがみ》兄弟）の仲《なか》は、決《けっ》して不和《ふわ》であってはなりません。決して不和であってはなりません」（一一〇〇㌻）

広くいえば、私ども同志《どうし》も、妙法《みょうほう》の「兄弟」である。ある意味で、肉親《にくしん》の兄弟以上の、永遠《えいえん》の兄弟である。決して「不和」などあってはならない。

「団結《だんけつ》」こそが、広宣流布《こうせんるふ》の力《ちから》である。仲良《なかよ》き「団結」のなかに、妙法は生き生きと躍動《やくどう》する。大功徳《だいくどく》も現《あらわ》れる。この御文《ごもん》に照《て》らしても、学会のうるわしい「和合僧《わごうそう》」を壊《こわ》そう、引《ひ》き裂《さ》こうなどとすることが、大聖人のお心に対する敵対《てきたい》であることは明白《めいはく》である。

――一九九一・八・三一

＊

日蓮大聖人のご在世《ざいせ》当時《とうじ》には、信心の大きな組織《そしき》はなかったと思われる。信徒《しんと》の数《かず》も限《かぎ》られており、本格的《ほんかくてき》な意味での「組織」は、必要《ひつよう》なかったのであろう。しかし、大聖人は、今日の組織のあり方、意《い》義《ぎ》等を照《て》らしだすような御文《ごもん》を、随所《ずいしょ》で述《の》べられている。

たとえば「寺泊御書《てらどまりごしょ》」には、**「妙法《みょうほう》を信じ、広宣《こうせん》流布《るふ》への〝志《こころざし》〟をいだいて進む人たちは、一処《いっしょ》に集《あつ》まって、法義《ほうぎ》を聴聞《ちょうもん》しなさい」**（九五一㌻）との有名な一節《いっせつ》がある。広布《こうふ》への尊《とうと》い〝志〟も、なかなか一人で堅持《けんじ》していくことはむずかしい。そこで、皆で集まって、仏法を研鑽《けんさん》し、励《はげ》ましあうことが大切となる。

――一九八七・一二・一二

*

「富木《とき》、三郎左衛門尉《さぶろうざえもんのじょう》（四条金吾《しじょうきんご》）、河野辺《かわのべ》、大和《やまと》阿闍梨《あじゃり》等の殿《との》たちや御房《ごぼう》たちは、おのおの、たがいに読《よ》み聞かせてさしあげなさい。このような濁世《じょくせ》には、たがいにつねに話し合って、ひまなく後世《こうせい》を願《ねが》うようにしなさい」（九六五㌻）

まさに「濁世」である。このような時には、僧俗《そうぞく》を問《と》わず、仏子《ぶっし》は〝たがいに〟〝つねに〟話し合っていきなさいと仰《おお》せである。

妙法《みょうほう》の同志《どうし》が集《つど》い合い、御本仏のお教《おし》えを真剣《しんけん》に学《まな》び合うところに、確信《かくしん》と歓喜《かんき》の波動《はどう》が広がっていく。私どもは、この〝対話《たいわ》のスクラム〟を絶対《ぜったい》に崩《くず》してはならない。また、絶対に崩させてはならない。

――一九九一・九・九

*

「会議《かいぎ》」が大事《だいじ》である。日蓮大聖人も**「（乱世《らんせ》の軍《ぐん》師《し》たちは）幕《まく》を張《は》った中で作戦《さくせん》を練《ね》り、勝利を（戦《せん》場《じょう》から）千里《り》離《はな》れたその場《ば》で決《けつ》したのである」**（一八三㌻）と仰《おお》せである。

リーダーが独善《どくぜん》で自《じ》己中心《こちゅうしん》。皆がたがいに、人の批判《ひはん》ばかりしている――そんなところに勝利はない。しっかりと皆で打ち合わせをし、呼吸《こきゅう》を合わせて戦《たたか》う。そこから勝利が生《う》まれる。ゆえに釈尊《しゃくそん》も

「会議」を重視《じゅうし》した。（仏教の教団《きょうだん》「サンガ＝和合僧《わごうそう》」とは、本来《ほんらい》、会議による共和政体《きょうわせいたい》のこと。教団も会議で運営《うんえい》された）

心が、ばらばらになったり、意見《いけん》が合わないままで進めば、そのまま滅亡《めつぼう》の軌道《きどう》に入っていく。それが道理《どうり》である。仏法は道理なのである。ゆえに、道理にかなって戦った人が勝つ。

——一九九五・九・五

*

「修利槃特《すりはんどく》というのは、兄弟《きょうだい》二人である。どちらか一人でもいれば、修利槃特と呼《よ》ばれた。あなた方三人（大田《おおた》左衛門尉《さえもんのじょう》、曽谷入道《そやにゅうどう》、金原法橋《かなはらほっきょう》）もまた、同じである。三人のうちの一人が来られても、三人一緒《いっしょ》であるように思われる」（一〇〇〇㌻）

三人が一つの名前《なまえ》で呼ばれるほど、一体《いったい》になって前進《ぜんしん》していきなさいと指導《しどう》されている。意見《いけん》をかわし、たとえ、ときにはケンカしながらも、ともかく力《ちから》を合《あ》わせていく——。日蓮大聖人は、この原理《げんり》を示《しめ》してくださっている。

一人の独裁《どくさい》では提婆《だいば》に通《つう》じてしまう。何があってもリーダーは、仲良《なかよ》く、協調《きょうちょう》していかねばならない。そうでなければ皆がかわいそうである。それぞれの国、それぞれの地域《ちいき》にあって、永遠《えいえん》の同志《どうし》、永遠の兄弟、永遠の家族《かぞく》として、「仲良く」行進《こうしん》していただきたい。「仲良き」ところは、必《かなら》ず発展《はってん》する。

——一九九四・六・一一

*

「（国府尼《こうあま》と千日尼《せんにちあま》は）同心《どうしん》の二人であるから、この手紙《てがみ》を二人で、人に読《よ》ませてお聞きなさい」（一三二四㌻）

〝同心の二人であるから〟と仰《おお》せであるが、婦人にとっては、高齢《こうれい》となり、ましてや夫《おっと》に先立《さきだ》たれた場合はなおのこと、何《なん》でも語《かた》りあえる友人のいる人は幸《しあわ》せであるし、最終章《さいしゅうしょう》の人生を豊《ゆた》かに彩《いろど》ることができる。広布《こうふ》に生きる千日尼、国府尼の二人も、まさにそのようなうるわしい同志《どうし》の関係《かんけい》であったのであろう。

また、この二人へのお言葉からも、千日尼、国府尼の婦人コンビが、仲良《なかよ》く、呼吸《こきゅう》を合《あ》わせて前進《ぜんしん》していけるよう、調和《ちょうわ》の流《なが》れ、美《うつく》しき同志の心の流れをつくってくださっている日蓮大聖人のご配慮《はいりょ》が拝《はい》される。

現在、学会の組織《そしき》にあっても「正《せい》」と「副《ふく》」の役《やく》職《しょく》の人がいるし、核《かく》となるコンビの人がいる。そうした立場《たちば》の人たちが、同じ心で仲が良いところは、組織は強いし、地域広布《ちいきこうふ》の進展《しんてん》もめざましい。それがなくなると、どうしても魔《ま》の働《はたら》きにそのスキをつかれて、組織が乱《みだ》され、信心のみずみずしい前進もなくなってしまう。

――一九八八・一一・三

*

日蓮大聖人は、心を合《あ》わせて進みゆくことの大切さについて、有名な「兵衛志殿御返事《ひょうえのさかんどのごへんじ》」に次のように仰《おお》せである。

「あなた方二人（池上兄弟）が団結《だんけつ》した姿《すがた》は、ちょうど車の両輪《りょうりん》のごとくであり、鳥の二つの翼《つばさ》のようなものである。（中略）こういうと恐縮《きょうしゅく》ですが、日蓮のことを尊敬《そんけい》してたがいに心を合わせていきなさい。もし二人の仲《なか》が不和《ふわ》になったならば、二人に対する妙法《みょうほう》の功徳《くどく》がどうなってしまうか考《かんが》えていきなさい」（一一〇八ページ）と。すなわち、団結の重要《じゅうよう》性《せい》を明快《めいかい》に教《おし》えられている。

また「あなた方はそれぞれ、法華経のゆえにはっきりとした敵《てき》をもつ身である。それゆえ、内輪《うちわ》から争《あらそ》いを起《お》こすようなことがあってはならない。鳥と貝《かい》が争っているうちに、ともに漁師《りょうし》に捕《と》らえられてしまったという譬《たと》えのごとく、内輪もめは敵の乗《じょう》ずるところとなる」（同）と述《の》べられている。

組織《そしき》にあって、たがいを向上《こうじょう》させゆく建設的意見《けんせつてきいけん》はもちろん大切である。しかし、いたずらに感情《かんじょう》に流《なが》され相手《あいて》を傷《きず》つけるような言動《げんどう》は、厳《げん》に慎《つつし》まねばならない。それは団結を乱《みだ》すばかりか、魔《ま》の跳梁《ちょうりょう》を許《ゆる》し、和合僧《わごうそう》を破壊《はかい》することに通《つう》ずるからである。

――一九八八・六・一九

＊

日蓮大聖人は、建治《けんじ》二年（一二七六年）、ある数《すう》人《にん》の門下《もんか》のために祈《いの》っておられた。何か問題《もんだい》があったのであろう。しかし、なかなか結果《けっか》が出ない。ついに大聖人は、こうご指南《しなん》される。

「頭《あたま》が砕《くだ》けるように強盛《ごうじょう》に祈ったが、今まで結果が出ない。それは、あなた方のなかに、信心の心の翻《ひるがえ》った人が、いるにちがいない。思いの合《あ》わない人のことを祈るのは、水の上で火をたき、空中《くうちゅう》に家を建《た》てるようなもので、まったくムダである。（中略）祈りの叶《かな》わないのは、日蓮の責任《せきにん》ではない」（一二二五㌻）

「思い」の合わない人に対しては、御本仏が祈られてさえ願《ねが》いが叶わないとの峻厳《しゅんげん》なご指導《しどう》である。

歯車《はぐるま》がかみあわなければ、いくらエンジンを回転《かいてん》させても、力《ちから》は伝《つた》わらない。いかに弓《ゆみ》をふり絞《しぼ》っても矢《や》を別《べつ》の方向《ほうこう》に向《む》けてしまえば、的《まと》に命中《めいちゅう》するはずがない。いくら送信機《そうしんき》で信号《しんごう》を送《おく》っても、受信機《じゅしんき》の波長《はちょう》が狂《くる》っていれば通《つう》じない。すべて道理《どうり》である。中心者《ちゅうしんしゃ》に心が合わなければ、全体《ぜんたい》はもちろん、個人《こじん》の力も発揮《はっき》されない。自分勝手《かって》な「心」と「振《ふ》る舞《ま》い」は、しだいに形式《けいしき》となり、権威《けんい》となる。また、保守《ほしゅ》となり、停滞《ていたい》となっていくからだ。一見《いっけん》、頑張《がんば》っているようでも、結果が実《みの》らない、効果《こうか》が出ない。それは、中心に心が合わず、一切《いっさい》が「空中に家を建《た》てる」ように空転《くうてん》している証左《しょうさ》である。

――一九八九・九・一五

後継

日蓮大聖人は、若武者《わかむしゃ》に成長《せいちょう》した十七歳《さい》の南条《なんじょう》時光《ときみつ》に与《あた》えられたとされる「春の祝《いわい》御書」で、「時光殿が、日興上人《にっこうしょうにん》をご案内《あんない》して墓《はか》に参《まい》られることを、亡《な》き父上《ちちうえ》はどれほどかうれしく思われているであろう、どれほどかうれしく思われているであろう」（一五一〇㌻）と心から喜《よろこ》ばれている。信心は、どこまでも「現当二世《げんとうにせ》」で進んでいかねばならない。ゆえに、たとえ家族《かぞく》に先立《さきだ》たれたとしても、残《のこ》された家族は〝遺族《いぞく》〟というよりも、〝後継者《こうけいしゃ》〟との自覚《じかく》を深《ふか》くもつべきである。信心を継承《けいしょう》し、亡くなった人の分《ぶん》までも、希望《きぼう》をもって妙法流布《みょうほうるふ》のために生きぬいていく――故人《こじん》への追善回向《ついぜんえこう》をしつつも、そこに〝後継〟への思いを新《あら》たにしていくべきである、と私は思う。

――一九八七・一〇・一一

*

「父母《ふぼ》の成仏《じょうぶつ》はそのまま子の成仏であり、子の成仏はそのまま父母の成仏なのである」（八一三ページ）

私どもが広宣流布《こうせんるふ》に戦《たたか》い、成仏の功徳《くどく》を得《え》ていってこそ、父母をも成仏させることができる。また、父母が一生懸命《いっしょうけんめい》、広布《こうふ》に尽力《じんりょく》して亡《な》くなった場合には、子どもに福運《ふくうん》がいく。守《まも》られていく。その意味で、正しき「広宣流布の団体」創価学会にしか、真《しん》の「追善《ついぜん》」はないのである。要《よう》するに、「儀式《ぎしき》」によって成仏するのではない。「信心」によって成仏するのである。それが真の追善である。これこそ日蓮大聖人のご結論《けつろん》であり、私どもは今、名実《めいじつ》ともに、御書の仰《おお》せどおりの実践《じっせん》を行《おこな》っているのである。

――一九九二・九・二五

*

「（南条時光《なんじょうときみつ》のすばらしい信心の姿《すがた》も）結局《けっきょく》は故《こ》南条殿（亡《な》くなった時光の父）の法華経の御信心が深《ふか》かったことがあらわれたものであろうか。王の 志《こころざし》を臣《しん》が述《の》べ、親《おや》の志を子が申し述べるとは、このことである。故南条殿はどんなにうれしく思っておられるであろう」（一五三一ページ）

親から子へ伝《つた》え託《たく》しゆく「志」――。古《こ》今東西《こんとうざい》、さまざまな「志」があろう。しかし、「広宣流布《こうせんるふ》」という「末法万年尽未来際《まっぽうまんねんじんみらいさい》」にわたり、「一閻浮提《いちえんぶだい》」へと轟《とどろ》きわたる大事業《だいじぎょう》への「志」ほど、壮大《そうだい》な、また永遠《えいえん》なるロマンに満《み》ちた志は、絶対《ぜったい》にない。この永遠・悠久《ゆうきゅう》の〝法戦《ほうせん》〟からみれば、学会もこれからである。

いずれの時代、いずこの国、またいかなる団体でも、労苦《ろうく》もなく、それなりの難《なん》も乗《の》り越《こ》えずして、偉大《いだい》なる歴史《れきし》の構築《こうちく》を成《な》し遂《と》げたためしはない。それが鉄則《てっそく》である。

――一九八八・六・二一

*

「わが門下《もんか》よ、二陣《じん》三陣と私に続《つづ》き、インドの迦《か》葉《しょう》・阿難《あなん》にもすぐれ、中国《ちゅうごく》の天台《てんだい》、日本の伝教《でんぎょう》を も超《こ》えなさい」（九一一ページ）

これは竜《たつ》の口《くち》の法難《ほうなん》を前に、緊迫《きんぱく》した状況《じょうきょう》のなか、門下を激励《げきれい》されたお言葉である。〝後継《こうけい》の人々〟に対する日蓮大聖人のご期待《きたい》は、初《はじ》めから世界的スケールで語《かた》られていた。仏教史に、また人類史《じんるいし》に燦《さん》然《ぜん》と光を放《はな》つインドの釈尊《しゃくそん》の十大弟子《じゅうだいでし》たち、中国の南岳《なんがく》・天台、日本の伝教、それらを超える存在《そんざい》たれ、と。

そのとおり実践《じっせん》したのは、ただ創価学会である。私を中心《ちゅうしん》とした諸君《しょくん》の先輩《せんぱい》である。この誉《ほま》れは無上《むじょう》である。世界の青年は、断《だん》じてこの道を二陣、三陣、四陣と続かねばならない。

法華経薬王品《やくおうほん》には「閻浮提《えんぶだい》に広宣流布《こうせんるふ》して、断絶《だんぜつ》して悪魔《あくま》・魔民《まみん》・諸天《しょてん》・竜《りゅう》・夜叉《やしゃ》・鳩槃荼《くはんだ》等に其《そ》の便《たより》を得《え》しむること無《な》かれ」（法華経六〇一ページ）と。

「断絶させてはならない」「魔《ま》につけ入らせてはならない」と法華経は説《と》く。師《し》から弟子へという「師《し》弟《てい》の道」「後継の道」を断絶し、分断《ぶんだん》し、切断《せつだん》しようと、魔は働《はたら》く。また、その分断の隙間《すきま》に悪鬼《あっき》は働くのである。ゆえに「二陣三陣つづいて」と仰《おお》せの「つづいて」（後継）に意味がある。その「不二《ふに》」への一念《いちねん》、精神《せいしん》と行動の脈々《みゃくみゃく》たる連続性《れんぞくせい》に「全世界広宣流布《こうせんるふ》」の生命がある。核心《かくしん》がある。これが法華経と御書の教《おし》えである。

――一九九一・七・一〇

*

「あなた（中興入道《なかおきにゅうどう》）は、亡《な》き次郎《じろう》入道殿のご子《し》息《そく》であられ、母御前《ははごぜん》はまた、その嫁《よめ》である。たいへんに心の賢明《けんめい》であったお方《かた》（故《こ》入道）の子息と嫁であられるからであろうか、故入道殿のあとを継《つ》いで、国主《こくしゅ》も用《もち》いられていない法華経を信仰《しんこう》されるの

みならず、法華経の行者《ぎょうじゃ》である日蓮を養《やしな》われて、毎《まい》年《とし》、千里《り》の道を行《き》き来して、ご供養《くよう》を届《とど》けておられる」（一三三四㌻）

心賢《かしこ》く、心清《きよ》らかに、そして心強く、信仰の大義《たいぎ》を貫《つらぬ》いた次郎入道――その親《おや》の姿《すがた》に、子らもまた続《つづ》いていった。ここに、確《たし》かな〝後継《こうけい》〟の道がある。

また、たとえ、子どもをもたない人であっても、広《こう》布《ふ》の庭《にわ》には、無数《むすう》の若《わか》き仏子《ぶっし》がいる。先駆者《せんくしゃ》の尊《とうと》い精神《せいしん》は、後輩の信心の鑑《かがみ》として、永遠《えいえん》にうたわれ、継承《けいしょう》されていくのである。

人間として生《せい》をうけた以上、人類《じんるい》の一員《いちいん》として、後世《こうせい》に何を伝《つた》え、残《のこ》していくか。財産《ざいさん》を残すという人もいるだろう。しかし、残した〝美田《びでん》〟のために、かえって子孫《しそん》が堕落《だらく》してしまう場合もある。また、いくら財産があっても、絶対《ぜったい》に無常《むじょう》はまぬかれえない。永遠に輝《かがや》きゆく無上《むじょう》の遺産《いさん》――それは、正法《しょうほう》の信仰《しんこう》以外にない。その究極《きゅうきょく》の〝財産〟を手にした幸《しあわ》せは、何ものにも代《か》えがたい。

――一九八八・五・一一

*

人である。建物《たてもの》ではない。組織《そしき》も社会も、盛衰《せいすい》は人材《じんざい》で決《き》まる。人材が出ないのは、指導者《しどうしゃ》の責任《せきにん》である。

御聖訓《ごせいくん》に云《いわ》く**「法は、ひとりでに弘《ひろ》まるのではない。人が法を弘めるのであり、だからこそ弘める人も弘まる法も、ともに尊《とうと》い」**（八五六㌻）と。

広宣流布《こうせんるふ》は、すべて「人材」で決まる。新しき人材を見つけ、新しき人材を育《そだ》て、新しき人材を結《けっ》集《しゅう》していく。その人が人材である。この「人材革《かく》命《めい》」の波を、二十一世紀《せいき》へ、もう一度、創価学会はつくりあげていきたい。

――一九九七・七・九

*

「一切《いっさい》の草木《そうもく》は大地から生《しょう》ずる。このことから考《かんが》えると、一切の仏法もまた、人によって弘《ひろ》まるのである」（四六五㌻）

私どもの次元《じげん》に即《そく》して、この御文《ごもん》を拝《はい》すれば、すべては「人」で決《き》まるということである。ものでもなければ、建物《たてもの》でもない。「教育《きょういく》」はもとより「平和」と「文化」もまた、詮《せん》ずるところ、それを担《にな》い創造《そうぞう》しゆく「人」をどれだけ育《そだ》てたかによって決まるのである。

――一九八八・九・二二

*

今、もっとも大切なことは何か。それは「人材《じんざい》」である。日蓮大聖人が四条金吾《しじょうきんご》に宛《あ》てられた御抄《ごしょう》に、次のような一節《いっせつ》がある。

「日蓮は、若《わか》き日より、今世《こんぜ》の栄《さか》えを祈《いの》ったことはない。ただ仏《ほとけ》になろうと思い願《ねが》ってきただけである。けれども、あなたのことは、いつも法華経、釈尊《しゃくそん》、日天《にってん》にお願いしている。そのわけは、あなたが法華経の命脈《めいみゃく》を継《つ》ぐ人だと思うからである」

（一一六九ページ）

さまざまな苦悩《くのう》のなかにあった金吾を思いやられる、限《かぎ》りないご慈愛《じあい》のお言葉である。とともに、「法華経の命《いのち》を継ぐ人」に対する、大聖人の絶大《ぜつだい》にして、燃《も》え上がるような熱《あつ》いご期待《きたい》、ご信頼《しんらい》が私には拝《はい》されてならない。むろん次元《じげん》は異《こと》なるが、今の私も〝何も欲《ほ》しくはない。ただ「人材」が欲しい〟との心境《しんきょう》である。

「人間をつくる」ことが、一切《いっさい》の基盤《きばん》である。また、広布《こうふ》の前進《ぜんしん》を不滅《ふめつ》たらしめる〝永遠《えいえん》への橋《はし》〟となる。無限《むげん》の価値《かち》の源泉《げんせん》となる。人材は広布の「命」を継ぎゆく〝宝〟である。ゆえに私は、「人材」の鍛錬《たんれん》に、すべての焦点《しょうてん》をあてている。つねに、人材を探《さが》しに探し、青年を訓練《くんれん》し、鍛《きた》えている。また、「教育《きょういく》」に最大の力《ちから》をそそいでいる。社会、世界のために貢献《こうけん》しゆく人材の輩出《はいしゅつ》。これこそ、現在の私のもっとも切実《せつじつ》な課題《かだい》だと思っている。

――一九八九・七・二七

*

皆さまの地道《じみち》な行動こそ、末法《まっぽう》の広宣流布《こうせんるふ》の「王《おう》道《どう》」であり、人生の「無上道《むじょうどう》」なのである。そして、この道を行くことが、子どもの、一家《いっか》の「福徳《ふくとく》の軌《き》道《どう》」を厳然《げんぜん》と建設《けんせつ》することになる。

戸田先生は「広宣流布は、われわれの子孫《しそん》に対して、子孫が脱線《だっせん》しないように大綱《たいこう》を引《ひ》いてやることなのだ」と言われたこともある。先生の話は総《そう》じての話であるが、個々《ここ》の家庭《かてい》においても、子孫が間違《まちが》いない「幸福の軌道」を歩《あゆ》んでいける「原因《げんいん》」を今、つくっているのである。

日蓮大聖人は、妙法《みょうほう》は自分が仏《ほとけ》になるだけでなく、**「『上七代《かみしちだい》』『上無量生《かみむりょうしょう》』の先祖《せんぞ》、そして『下七《しも》代』『下無量生』の子孫までも救《すく》う」**（一四三〇㌻）と仰《おお》せである。

――一九九八・一・二五

*

文永《ぶんえい》九年（一二七二年）十月、日蓮大聖人はご流《る》罪《ざい》の地・佐渡《さど》におられた。その大聖人のもとに、四条金吾《しじょうきんご》夫妻《ふさい》から、子ども（経王御前《きょうおうごぜん》）が誕生《たんじょう》したとの報告《ほうこく》が届《とど》く。大聖人はたいへんにお喜《よろこ》びになられ、四条金吾に送《おく》られたお手紙《てがみ》に、こう仰《おお》せである。

「（この経王御前は）現世《げんせ》にはあなた方の後を継《つ》いでいく親孝行《おやこうこう》な子である。また後生《ごしょう》には、この子に導《みちび》かれて仏《ほとけ》になられるであろう」（一一二三㌻）と。

お父《とう》さん、お母《かあ》さん方には、とくに銘記《めいき》していただきたい御文《ごもん》である。正法《しょうほう》で結《むす》ばれた絆《きずな》は強い。まして親子《おやこ》にあってはなおさらである。子どもたちは、親の信心を受け継ぐだけではない。後生には親を守《まも》り、成仏《じょうぶつ》の道へと導きゆく存在《そんざい》である。三世《さんぜ》の生命観からみるとき、親子の永遠《えいえん》の幸福へと回転《かいてん》し、導いていく、すばらしい縁《えにし》なのである。

――一九八九・一〇・一

*

日蓮大聖人は、窪尼御前《くぼのあまごぜん》に**「娘《むすめ》も、夫妻《ふさい》の尊《とうと》き信心の魂《たましい》を受け継《つ》ぎ、親《おや》の後世《こうせい》を助《たす》けていくであろう」**（一四八一㌻）と。一家《いっか》における信心の清流《せいりゅう》は、親から子へと確《たし》かに引《ひ》き継がれ、いわば、一族《いちぞく》が、三世永遠《さんぜえいえん》の〝妙法《みょうほう》の幸《さち》の軌道《きどう》〟に入っていくことを示《しめ》されている。

私どもの信心は、自分自身の幸せ《しあわ》は当然《とうぜん》のことながら、一家の、そして一切衆生《いっさいしゅじょう》の幸福と安穏《あんのん》をも実現していく道である。懸命《けんめい》なる広布《こうふ》への行動は、わが子どもたちをも、使命《しめい》ある後継《こうけい》の大樹《たいじゅ》へと育《そだ》て、隆々《りゅうりゅう》たる子孫《しそん》の繁栄《はんえい》と永遠《えいえん》の幸福を築《きず》く原動力《げんどうりょく》となっていくのである。

——一九八八・六・七

＊

私は毎日、皆さま方のご健康《けんこう》、ご長寿《ちょうじゅ》、無事故《むじこ》、福徳《ふくとく》と幸福を、朝《あさ》な夕《ゆう》な、ご祈念《きねん》申し上げている。

お子さまも、立派《りっぱ》に育《そだ》てていただきたい。**「女子《じょし》は（他家《たけ》に嫁《とつ》いで）一家《いっか》一門《いちもん》を開《ひら》き、男子《だんし》は一家一門を継《つ》ぐものである」**（一五六六ジペー）と、日蓮大聖人は仰《おお》せである。

お子さまは、一家一族《いちぞく》にとって、社会にとって、大切な存在《そんざい》であることはいうまでもない。さらに仏法のためには、広布《こうふ》の〝将《しょう》〟たる皆さまの信心の心を受け継ぎ、「令法久住《りょうぼうくじゅう》（法をして久《ひさ》しく住《じゅう》せしめん）」（法華経三八七ジペー）、すなわち妙法《みょうほう》を永遠《えいえん》に伝《つた》え弘《ひろ》めゆく「宝」である。戸田先生もつねに、子どもを一個《いっこ》の人格《じんかく》として尊《とうと》び、伸《の》び伸びと信心の軌道《きどう》を進ませていくよう教《おし》えられていた。

——一九九二・九・二〇

＊

正しき人生を生きぬいていくためにいちばん大切なものは何か。それは〝良《よ》き人〟とつきあうことである。

「そもそも木を植《う》える場合、大風《おおかぜ》が吹《ふ》いたとしても、強い支《ささ》えがあれば倒《たお》れない。もともと生《は》えていた木であっても根《ね》の弱いものは倒れてしまう」（一四六八ジペー）

人間もまた同じである。皆さんは、青春《せいしゅん》時代に信心の根を、また人間としての〝根っこ〟をしっかりと張《は》っていただきたい。

さらに**「弱くふがいない者であっても、助《たす》ける者が強ければ倒れない」**（同）と述《の》べられている。助け合い、励《はげ》まし合う、うるわしい同志愛《どうしあい》が大切なのである。また「少しくらい強い者でも一人きりであれば険《けわ》しい道には倒れてしまう」（同）と。

日蓮大聖人はそのように〝良き友〟との〝良き絆《きずな》〟の大切さを教《おし》えておられる。だれも、自分一人の力《ちから》で大きくなった人はいない。多くの人に守《まも》られ、支えられて生きている。良き環境《かんきょう》は良き人間をつくる。みずから、そうした良き環境、〝良き人間のつながり〟を求《もと》めていく人は、限《かぎ》りなく伸《の》びていける。どうか、このすばらしい学会の世界で、一人ももれなく天空《てんくう》をつく堂々《どうどう》たる後継《こうけい》の大樹《たいじゅ》に育《そだ》っていただきたい。また人生という長いマラソンを見事《みごと》に走りきっていただきたい。何ごとも完走《かんそう》した人が勝利者である。中途《ちゅうと》でやめてしまっては負《ま》けである。

——一九九一・七・二八

供養

日蓮大聖人は、「供養《くよう》」について、次のように仰《おお》せである。

「同じ米《こめ》であっても、謗法《ほうぼう》の者を養《やしな》う米は、仏《ほとけ》の種《たね》を断《た》つ働《はたら》きをする。謗法の者の命《いのち》を継承《けいしょう》させ、彼らはいよいよ法華経に対して強盛《ごうじょう》な敵《てき》となる」（一四六七ページ）

「また法華経の行者《ぎょうじゃ》を養う米は慈悲《じひ》のなかの大慈悲の米である。法華経の行者が一切衆生《いっさいしゅじょう》を救《すく》うので、その結果《けっか》、一切衆生を利益《りやく》することになるからである。ゆえに、これを『仏の徳《とく》のしみこんだ、白い仏の骨《ほね》が、変《へん》じて米になった』というのである」（同）

同じ真心《まごころ》の「米」でも、相手《あいて》によって正反対《せいはんたい》の働きとなる。謗法に供養することは、仏の怨敵《おんてき》、正法《しょうほう》の破壊者《はかいしゃ》を強めることであり、「悪《あく》」である。この道理《どうり》を教《おし》えられている。

信心の「真心」は大切である。成仏《じょうぶつ》には、その心が不可欠《ふかけつ》である。とともに、その「真心」を成仏のために生かすには、権威《けんい》や権力《けんりょく》に惑《まど》わされず、真実《しんじつ》を見抜《みぬ》き、正邪《せいじゃ》を判別《はんべつ》する「賢明《けんめい》さ」が絶対《ぜったい》に必要《ひつよう》である。

——一九九一・八・一七

*

建治《けんじ》元年（一二七五年）五月、ある婦人が一枚《いちまい》の「かたびら（帷子）」を日蓮大聖人にご供養《くよう》した。「かたびら」とは、裏地《うらじ》のない単衣《ひとえ》で、夏の着物《きもの》の一種《いっしゅ》である。これに対し、大聖人は、こう、たたえておられる。

「たとえば、春の野《の》の、千里《り》にもわたって草《くさ》が生《お》い茂《しげ》っている所《ところ》に、豆《まめ》つぶほどのほんの小さな火を、草一つに放《はな》ったならば、その火はたちまちに燃《も》え広がって無量無辺《むりょうむへん》の火となる。（あなたが供養してくださった）この『かたびら』も、そのようなものである。一つの『かたびら』であっても、法華経の一切《いっさい》の文字《もじ》の仏《ほとけ》に供養なさったことになる」（一二三一ページ）

〝豆つぶほどの火〟であっても、草の野に放たれれば、一時に燃え広がっていく。「道理《どうり》」である。それと同じように、たった一枚の「かたびら」であっても、**「法華経の六万九千三百八十四の文字の仏」**（同）に供養したことになる、と仰《おお》せなのである。

「一枚の衣《ころも》」に対してさえ、大聖人は最大に賞讃《しょうさん》されている。

――一九九三・五・二六

*

「（南条時光《なんじょうときみつ》からご供養《くよう》をいただくのは）いつものことなので、驚《おどろ》きもせず、珍《めずら》しいことでもないように思うのは、凡夫《ぼんぷ》の心のなせるわざである」（一五一二ページ）

そして**「世間《せけん》はあわただしいうえに、大宮《おおみや》（富士《ふじ》の宮《みや》の浅間神社《せんげんじんじゃ》のこと）が造営《ぞうえい》されるので、農民《のうみん》といい屋敷内《やしきない》の者といい、また食物《しょくもつ》の欠乏《けつぼう》といい農作業《のうさぎょう》といい、どれほどかあなたは暇《いとま》なく過《す》ごされているであろうに（そうしたなかでのあまりに尊《とうと》い志《こころざし》である）」**（同）と。

たしかに、人は「いつものこと」にはつい慣《な》れてしまいがちである。周囲《しゅうい》の人の誠意《せいい》と真心《まごころ》の行為《こうい》に対しても、いつしかそうしてもらうのが当《あ》たり前であるかのように錯覚《さっかく》し、感謝《かんしゃ》の心も忘《わす》れてしまう。

それが「凡夫の心」の常《つね》であろう。

しかし日蓮大聖人は、たとえ「いつものこと」であっても、その一回一回にこめられた時光の真心を余《あま》すことなく、くみとられている。

しかも短《みじか》いお手紙《てがみ》の中で、近《ちか》づく蒙古襲来《もうこしゅうらい》の脅威《きょうい》などであわただしさを増《ま》していた当時《とうじ》の〝社会の情勢《じょうせい》〟や、浅間神社の造営という〝地域《ちいき》の実情《じつじょう》〟、さらに食物の欠乏に悩《なや》む〝庶民《しょみん》の暮《く》らしむき〟――こうした諸条件《しょじょうけん》を的確《てきかく》に把握《はあく》されながら、その困難《こんなん》な状況《じょうきょう》のなかでの時光のけなげな信心を、すべてご照覧《しょうらん》されている。

――一九八八・六・二六

*

日蓮大聖人は、門下《もんか》の富木常忍夫人《ときじょうにんふじん》にあてたお手《て》紙《がみ》の中で、次のように仰《おお》せである。

「昔《むかし》は、とくに苦しい状況《じょうきょう》にあった。そのときからあなたに養《やしな》われているので、とくに恩《おん》を重く思っている」（九九〇㌻）と。

大聖人は当時《とうじ》、身延《みのぶ》におられた。このころは、身延でのご生活もある程度《ていど》、安定《あんてい》しておられた。そうしたなか、苦境《くきょう》が続《つづ》き、経済的《けいざいてき》にもたいへんであられたろう昔のことにふれられ、そのころからずっと檀那《だんな》（施主《せしゅ》）として、大聖人を支《ささ》えた富木常忍の夫人を「とくに大切に思いますよ」「外護《げご》の恩の重さは忘《わす》れませんよ」と、あたたかく包《つつ》んでおられる。

在家《ざいけ》の一婦人のご供養《くよう》に対して、御本仏は「恩」とまで仰せである。「苦しいころから、支えてくださったことは、今でも忘れていませんよ」と、やさしく語《かた》りかけておられる。

たいへんな時に守《まも》ってくれた恩は、絶対《ぜったい》に忘れない。これが人間性である。大聖人御自《おんみずか》ら教《おし》えられた正しき〝人の振《ふ》る舞《ま》い〟である。その振る舞いに仏法の真髄《しんずい》もある、と大聖人は教えられている。自分がたいへんな時は仲良《なかよ》くし、豊《ゆた》かになれば、世話《せわ》になった人も捨《す》て去《さ》る。そんな行動は、人間としての道からも、仏法者としての道からもはずれている。

この御文《ごもん》にこめられた大聖人のお心に背《そむ》く門下がいれば、大聖人に対する師敵対《してきたい》であると信ずる。

――一九九一・三・九

＊

「昔《むかし》、金珠女《こんしゅにょ》は、仏《ほとけ》の木像《もくぞう》を飾《かざ》る金箔《きんぱく》を金銭一文《きんせんいちもん》で供養《くよう》し、九十一劫《こう》の間《あいだ》、金色《こんじき》の身となった」（一〇一二ページ）

「金色の身」とは、光《ひか》り輝《かがや》く最高の大福徳《だいふくとく》の身ということであろう。お金も「いらない」「いらない」と言っても入ってくる。くめどもつきぬ福運《ふくうん》が、体《からだ》からあふれ、にじみ出てくる歓喜《かんき》の光。こうした「金色の身」が生々世々に続《つづ》いたというのである。

わずか「金銭一文」でも、時にかなった真心《まごころ》からの供養であれば、計《はか》り知《し》れない功徳《くどく》を得《え》る。「心」の不思議《ふしぎ》な作用《さよう》である。――一九九三・四・二〇

＊

日蓮大聖人は、ある人が白米一俵《はくまいいっぴょう》等をご供養《くよう》したとき、**「（あなたがご供養された）白米は白米ではなく、あなたの命《いのち》なのである」**（一五九七ページ）と仰《おお》せである。

〝あなたの心がこもったこの白米は、（たんなる）白米ではありません。あなたのいちばん大切なもの、すなわち命そのものであると私は受けとめております〟――そういうお心であろうか。

また、あるお手紙《てがみ》では、門下《もんか》への感謝《かんしゃ》をこう述《の》べられている。

「（こうした、あなたの真心《まごころ》は）ただごとではない。教主釈尊《きょうしゅしゃくそん》がそうするよう、すすめられたのであろうか。それとも過去《かこ》の仏縁《ぶつえん》がそうさせたのであろうか。申し上げたいことが、いろいろあり、紙《かみ》に書きつくせない」（一五九〇ページ）

門下の「真心」を、「ただごとではない」と。決《けっ》して、当《あ》たり前のことではない。釈尊が、そうさせておられるのか。過去以来《いらい》、すごい仏縁のある方《かた》なのか。このうえない尊《とうと》いことである――と、たたえておられる。

こうした大聖人のお姿《すがた》を拝《はい》し、私は「真心には真心で応《こた》える」ことに徹《てっ》してきた。徹しぬいてきた。今も徹している。同志《どうし》の喜《よろこ》び――それだけを願《ねが》って

きた。同志が胸《むね》を張《は》って前進《ぜんしん》できる——そのために戦《たたか》ってきた。

創価学会、ＳＧＩの大発展《だいはってん》の力《ちから》は、「心と心」の結合《けつごう》にある。結合させるための人知《ひとし》れぬ日々の辛労《しんろう》にあった。友の「心」がこもる紙一枚《まい》、鉛筆《えんぴつ》一本《ぽん》、私は無駄《むだ》にしたことはないつもりである。仏法のための友の行動を、幹部は絶対《ぜったい》に当たり前のように思ってはならない。

——一九九四・八・一六

*

四条金吾《しじょうきんご》が日蓮大聖人のご健康《けんこう》を案《あん》じて身延《みのぶ》に馳《は》せ参《さん》じ、また供養《くよう》の品々《しなじな》をお届《とど》けしたことに対し、大聖人は、こうたたえておられる。

「日蓮は愚《おろ》かな身で法華経を弘《ひろ》めようとしているので、天魔《てんま》が競《きそ》って食《しょく》を奪《うば》おうとしているものと思い、嘆《なげ》きはしなかったが、このたび私の命《いのち》が助《たす》かったことは、ひとえに釈迦仏《しゃかぶつ》が、あなた（金吾）の身に入《い》りかわって助けてくださったと思っている」

（一一八五ページ）と。

金吾が大聖人の御《おん》もとへ参詣《さんけい》したのは、食《た》べ物《もの》も不足《ふそく》し、体調《たいちょう》も崩《くず》されていた大聖人を、何《なん》としても外護《げご》申し上げたいという真心《まごころ》からであった。その行動に対して大聖人は、「釈迦仏があなたの身に入りかわって、私を助けてくださったのだろうか」と感《かん》謝《しゃ》されている。門下《もんか》の真心を最大に大切にされる御本仏の、深《ふか》い深いお心の拝《はい》されるお手紙《てがみ》である。

人間の生命は、さまざまな働《はたら》きをなす可能性《かのうせい》をそなえている。それは縁《えん》にふれ、また宿業《しゅくごう》等によって、あるいは釈迦仏の働きに、あるいは悪鬼《あっき》、魔物《まもの》の働きにと顕《あらわ》れてくる。信心の修行《しゅぎょう》、広宣流布《こうせんるふ》の前進《ぜんしん》を妨《さまた》げようとするのは、「悪鬼入其身《にゅうごしん》」と経文《きょうもん》にあるとおり、「悪鬼」が身に入って働いている姿《すがた》である。釈迦仏が入るのと、悪鬼が入るのと、たとえ外見《がいけん》は似《に》たように見えても、働きは正反対《せいはんたい》である。その生命の本質《ほんしつ》を見抜《みぬ》いていくのが、信心、仏法の眼《まなこ》である。

——一九九一・五・二五

*

「(理不尽《りふじん》に人を苦しめて得《え》たもので行《おこな》う供養《くよう》は善根《ぜんこん》とならない。また）人を困《こま》らせず、なおかつ自分の心も正直《しょうじき》で、みずから励《はげ》んで善根を積《つ》んでも仏《ほとけ》にならないこともある」（一四八六㌻）

どんなに、こちらが真心《まごころ》のご供養をしても、成仏《じょうぶつ》できない場合があると教《おし》えられている。それは、どういう場合か――。

「たとえば、良《よ》い種《たね》を悪《わる》い田《た》に植《う》えると、種がだめになるばかりか、すべての努力《どりょく》がむなしく、かえって、損《そん》になるようなものである。たとえ、こちらが真心をこめても、供養される人が悪ければ、功徳《くどく》とならず、かえって、悪道《あくどう》に堕《お》ちることがある」（同）と。

〝種〟を生かすには田を選《えら》ばねばならない。成仏の〝種〟である、せっかくの信心の〝真心〟を〝悪《あく》田《でん》〟に捨《す》ててはならない、との仰《おお》せである。

「心こそ大切」（一一九二㌻）であるが、その大切な「心」の種子《しゅし》を花開《はなひら》かせ、実《み》を結《むす》ばせるには、悪《あく》にだまされぬ「賢《かしこ》さ」が必要《ひつよう》なのである。

――一九九一・五・二五

仏と凡夫

「そもそも浄土《じょうど》といっても地獄《じごく》といっても、外にあるのではない。ただわれらの胸中《きょうちゅう》にある。これを悟《さと》るのを『仏《ほとけ》』といい、これに迷《まよ》うのを『凡夫《ぼんぷ》』という。これを悟るのが法華経である。したがって、法華経を持《たも》ちたてまつる者は、地獄即寂光《そくじゃっこう》（苦しみの地獄の国土《こくど》が即、福徳《ふくとく》と歓喜《かんき》の寂光土となる）と悟ることができるのである」（一五〇四㌻）

どんなに苦しい悩《なや》みの生活であり、現実世界であっても、同志《どうし》とともに、友と一緒《いっしょ》に、妙法《みょうほう》を唱《とな》え、広宣流布《こうせんるふ》という「無上道《むじょうどう》」を進みゆく私どもの胸中には、永遠《えいえん》に希望《きぼう》の太陽《たいよう》が昇《のぼ》る。明《あか》るい青空《あおぞら》が広がっている。未来《みらい》への虹《にじ》が輝《かがや》いている。

――一九九二・二・五

*

御書には仰《おお》せである。「仏《ほとけ》」と「凡夫《ぼんぷ》」は、どこが違《ちが》うのか――。

「凡夫の心の鏡《かがみ》と、仏の心の鏡とは、ただ一つの同じ鏡なのである。しかし、凡夫は、鏡の裏《うら》に向《む》かっているので、自分自身の仏性《ぶっしょう》が見えない。（中略）仏は鏡の表《おもて》に向かっているので、自分自身の仏性をご覧《らん》になる。（中略）鏡は一つの同じ鏡であるが、向かい方によって、自身の仏界《ぶっかい》が見える『悟《さと》り』（幸福）と、仏界が見えない『迷《まよ》い』（不幸）の違いが出てくる」（五七〇ジペー）と。

これには深《ふか》い意味があるが、ともあれ信心は、後《うし》ろ向きではいけない。正面《しょうめん》から向かうべきである。

〝受け身〟になると何ごとも苦しい。不自由《ふじゆう》に縛《しば》られた感《かん》じになる。「よし、自分のためだ。頑張《がんば》ろう！」「家族《かぞく》のため、友のために頑張ろう！」と、自分から積極的《せっきょくてき》になれば、「自由」を感じる。

――一九九八・三・三

＊

「われわれ凡夫《ぼんぷ》の迷《まよ》いの生命を離《はな》れて、他のどこにも仏《ほとけ》の生命はない。煩悩《ぼんのう》や宿業《しゅくごう》、苦悩《くのう》に縛《しば》られた九界《きゅうかい》の生死も、妙法《みょうほう》に照《て》らされるとき、本来《ほんらい》ありのままの真実《しんじつ》の姿《すがた》を顕《あらわ》し、自在《じざい》の生死となる。すなわち、南無妙法蓮華経と唱《とな》え奉《たてまつ》ることによって、自由《じゆう》自在の生命活動となる」（七八九ジペー）

つまり、われわれの生命の中にある迷いの生命を離れて、仏界《ぶっかい》の生命もない。悩《なや》み、苦しみの九界の生命を離れて、どこか他に幸福に満《み》ちた仏界の生命があるわけではない。迷いの凡夫の生命がそのまま妙法の当体《とうたい》なので、その活動は、自在となるのである。

すなわち、迷いの苦悩の生命は、御本尊の妙光《みょうこう》に照らされて、苦悩に束縛《そくばく》されない自在の生命へと輝《かがや》いていくのである。

現実の人生は、悩みと苦しみの多いものかもしれない。しかし、苦しみは苦しみの人生のまま、悲《かな》しみは悲しみの人生のまま、題目《だいもく》を唱えぬき、妙法に照らされていけば、福徳《ふくとく》に満ちた自由自在の境涯《きょうがい》を開《ひら》いていける。仏の生命の軌道《きどう》へと入っていけるのである。
完全無《かんぜんむ》欠《けつ》の人間だけが幸福になれるというのではない。また、悩みも迷いもない完全な人間がいるわけでもない。悩みは悩みのままに、苦しみは苦しみのままに、自在の幸福の境涯を築《きず》いていけるのが、日蓮大聖人の仏法であり、私どもの信心である。

――一九八九・一二・二〇

善知識・悪知識

「悪鬼入其身《あっきにゅうごしん》」は「元品《がんぽん》の無明《むみょう》（根本《こんぽん》の迷《まよ》い）」が根《ね》っこである。「御義口伝《おんぎくでん》」に「**信の一字《いちじ》は元品の無明を断《た》ち切る鋭利《えいり》な剣《けん》である**」（七二五㌻）と仰《おお》せのように、「元品の無明」は「信心」で断ち切る以外にない。「題目《だいもく》」こそ、悪鬼と戦《たたか》う根本の武器《ぶき》である。
題目根本に、魔《ま》と戦うとき、自分自身が鍛《きた》えられ、成仏《じょうぶつ》できる。そうなれば、「悪知識《あくちしき》」も、かえって「善知識《ぜんちしき》」になる。難《なん》の時こそ、功徳《くどく》を積《つ》み、成仏するチャンスなのである。

――一九九六・三・一八

＊

「**植《う》えた木であっても、強い支柱《しちゅう》で支《ささ》えておけば、大風《おおかぜ》が吹《ふ》いても倒《たお》れない。もともと生《は》えていた木であっても、根《ね》が弱いものは倒れてしまう。腑甲斐《ふがい》ない者であっても、助《たす》ける者が強ければ倒れない。少し強い者でも、独《ひと》りであれば、悪《わる》い道では倒れてしまう。（中略）それゆえ仏《ほとけ》になる道は、善知識《ぜんちしき》に勝《まさ》るものはない**」（一四六八㌻）
「善知識」とは、仏道修行《ぶつどうしゅぎょう》を進ませ、成仏《じょうぶつ》の道へと導《みちび》いてくれる人のことである。この御文《ごもん》で日蓮大聖人が仰《おお》せのごとく、弱い木であっても、強い支柱があれば大風にも倒れない。弱々《よわよわ》しい人であっても助ける人が強ければ倒れることはない。しかし、少々《しょうしょう》強そうに見えても、何の支えもなく独りであれば、悪い道では倒れてしまうことがある。
信心にあっても、また同じである。あくまで御本尊が根本《こんぽん》であり、正しき信心を貫《つらぬ》いていくことの大切さはいうまでもない。しかしそのうえで、信心を教《おし》え、導いてくれる人を誤《あやま》ったり、失《うしな》ってしまうと、成仏への大道《だいどう》をきちんと歩《あゆ》みゆくことがむずかしくなる。いわば「善知識」は信行完成《しんぎょうかんせい》への支柱である。ゆえに、どのような人を「善知識」としてもつかが、信心ではもっとも肝要《かんよう》となる。その意味で、信心を教え、広布《こうふ》の道をともどもに進んでいる学会の存在《そんざい》はじつに大きいことを、よくよく知《し》っていただきたい。

――一九八八・三・一

＊

「仏《ほとけ》になる道は、善知識《ぜんちしき》に勝《まさ》るものはない」（一四六八ページ）

「善知識」とは、本来《ほんらい》〝良《よ》き友人〟のことである。正直《しょうじき》でウソ偽《いつわ》りがなく、人々を正しい方向《ほうこう》へ、善《ぜん》の方向へと導《みちび》いていく存在《そんざい》である。また、皆が安心《あんしん》して、正法《しょうほう》を実践《じっせん》していける力《ちから》となっていく人である。〝あの人は、いつも輝《かがや》いている、はつらつとしている〟〝あの人といると、勇気《ゆうき》が出る、安心する〟――そういう人と近《ちか》くなっていけば、自然《しぜん》に信心も深《ふか》まり、知恵《ちえ》も豊《ゆた》かになっていく。仏道修行《ぶつどうしゅぎょう》において善知識に会《あ》うことこそ、成仏《じょうぶつ》へのカギなのである。

さらに、日蓮大聖人は**「わが知恵は、何の役《やく》に立つだろうか。ただ、暑《あつ》さと寒《さむ》さを知《し》るだけの知恵さえあるならば、善知識を求《もと》めることが大切である。しかし、この善知識にめぐり会うことが、いちばんむずかしいことなのである」**（同）と仰《おお》せになっている。

暑さと寒さの違《ちが》いを知るだけの知恵さえあれば、良い友人に、求め近づけばよい。ところが何が善で何が悪《あく》か、なかなかわからないのが末法《まっぽう》である。とくに現代は、真実《しんじつ》とウソが入《い》り乱《みだ》れて、さまざまな情報《じょうほう》が複雑《ふくざつ》に氾濫《はんらん》している。だから、善知識にめぐり会うことは、いつの時代よりもむずかしいといえるかもしれない。

――一九九一・七・二八

＊

この末法《まっぽう》で、「善知識《ぜんちしき》」にめぐり会《あ》えることが、いかに幸《しあわ》せなことか——。

「善知識にめぐり会えるということは、たとえば一眼《いちがん》の亀《かめ》が、大海《たいかい》で奇跡的《きせきてき》に浮《う》き木《ぎ》の穴《あな》に入るようなものであり、また梵天《ぼんてん》（天上《てんじょう》）から糸《いと》を下《さ》げて、大地に置《お》いた針《はり》の穴に通《とお》すようなものであると、仏《ほとけ》は譬《たと》えておられる。そのうえ、末代《まつだい》（末法）の悪《あく》世《せ》には、悪知識《あくちしき》は大地微塵《みじん》よりも多く、善知識は爪《つめ》の上の土よりも少ない」（一四六八㌻）と。

悪知識とは、善知識の反対で、ウソつきであり、人々をだまし、良《よ》い心を壊《こわ》す存在《そんざい》である。そして悪の方向《ほうこう》へ、不幸の方向へと、人々をおとしいれ、正しい仏法の実践《じっせん》をなんとか妨《さまた》げ、邪魔《じゃま》しようとする。こうした悪知識を鋭《するど》く見破《みやぶ》り、だまされることなく、どこまでも善知識を求《もと》めていくことがいかに大切であるか、御書には繰《く》り返《かえ》し示《しめ》されている。人々を迷《まよ》わせ仏道修行《ぶつどうしゅぎょう》を妨げる悪知識は大地微塵より多く、善知識は爪の上の土よりも少ないのが末法の現代である、と。

そうした悪知識が充満《じゅうまん》している悪世の時代に、私たち学会員は、正法《しょうほう》を信受《しんじゅ》し、広布《こうふ》のため、平和のため、社会のため、友のため、皆の幸福のために尽《つ》くし、最高に価値《かち》ある人生を送《おく》っている。

大聖人が仰《おお》せどおりのかけがえのない「善知識」とは——。それは、皆さんのお父《とう》さん、お母《かあ》さんが懸命《けんめい》につくりあげてきた、わが創価学会である。このことを決《けっ》して忘《わす》れてはならない。

ご両親《りょうしん》をはじめ多くの先輩方《せんぱいがた》の労苦《ろうく》の結晶《けっしょう》、尊《とうと》き人生の結晶である。この、ほかには絶対《ぜったい》にない、尊《そん》貴《き》なる世界を、皆さんは全力《ぜんりょく》で守《まも》っていただきたい。これが私のお願《ねが》いである。

——一九九一・七・二八

*

「持続《じぞく》」のためにも「良《よ》き同志《どうし》」が大事《だいじ》である。

日蓮大聖人は**「よき人と仲良《なかよ》くする者は、自然《しぜん》のうちに、心も振《ふ》る舞《ま》いも言葉遣《ことばづか》いも正しくなっていく」**（一五九一㌻）と仰《おお》せである。

今、どういう人とつながっているのか。どういう人の中にいるのか。それで人生の多くの部分《ぶぶん》が方向《ほうこう》づけられていく。

――一九九四・二・六

＊

「よくよく心をひきしめて、遊女《ゆうじょ》をわが家《や》へ寄《よ》せたくないと思うように、謗法《ほうぼう》の者を防《ふせ》いでいきなさい。『悪知識《あくちしき》（仏道修行《ぶつどうしゅぎょう》を妨《さまた》げる悪《わる》い知《し》り合い）を捨《す》てて善友《ぜんゆう》に親《した》しみ近《ちか》づきなさい』というのは、このことである」（一二四四㌻）

このように、わかりやすい譬《たと》えを引《ひ》かれながら、日蓮大聖人はつねに門下《もんか》の心の奥《おく》に届《とど》くように、納《なっ》得《とく》できるように、心をくだいてくださっている。

私どもは成仏《じょうぶつ》という〝絶対《ぜったい》の幸福〟への軌道《きどう》を進んでいる。この軌道を狂《くる》わせ、軌道から脱落《だつらく》させようとするのが「悪知識」「悪友《あくゆう》」である。言葉たくみに近づき、美《うつく》しき仏子《ぶつし》の世界を壊《こわ》そうとする。こうした悪人《あくにん》は、断固《だんこ》として寄せつけてはならない、との仰《おお》せである。「善知識《ぜんちしき》」「善友」となる学会の前《ぜん》進《しん》に、いよいよ〝親しみ近づいていく〟――そこに、幸福への軌道は、より盤石《ばんじゃく》になり、加速度《かそくど》もついてくることを確信《かくしん》していただきたい。

――一九九一・四・一〇

＊

SGIは、妙法《みょうほう》に照《て》らされた、最高に仲《なか》の良《よ》い世界である。悩《なや》める人がいれば、相談《そうだん》にのってあげ、祈《いの》ってあげるうるわしさ。病気《びょうき》のときは激励《げきれい》し、だれかが亡《な》くなったときも皆で題目《だいもく》を送《おく》ってあげ、皆が動いてあげる慈愛《じあい》。家族《かぞく》もおよばぬ思いで面倒《めんどう》をみてあげる真心《まごころ》。こんな世界はほかにはない。この美《うつく》しき世界を絶対《ぜったい》に壊《こわ》してはならない。皆で守《まも》っていかねばならない。

そのために大切なことは「善知識《ぜんちしき》」に近《ちか》づくことである。「良き人」を大事《だいじ》にすることである。日蓮大聖人は**「仏《ほとけ》になる道は善知識に勝《まさ》るものはない。我《わ》が智慧《ちえ》は何《なん》の役《やく》に立つだろうか」**（一四六八㌻）等、**「悪知識《あくちしき》（仏道修行《ぶつどうしゅぎょう》を妨《さまた》げる悪《わる》い知《し》り合い）を捨《す》てて善友《ぜんゆう》に親《した》しみ近づきなさい」**（一二四四㌻）と仰《おお》せである。

また釈尊《しゃくそん》は涅槃経《ねはんきょう》に**「悪象《あくぞう》に殺《ころ》されても悪道《あくどう》には堕《お》ちないが、悪知識にたぶらかされたら、悪道に堕ちてしまう」**（六五㌻）と説《と》いている。象《ぞう》に殺されることは、今でいえば、交通事故《こうつうじこ》などのことになろう。悪知識は人を三世《さんぜ》にわたって苦しめる。ゆえに、このような悪人《あくにん》を、このすばらしき世界に入《い》れてはならない。悪人とは戦《たたか》わなければならない。

どうか、どこまでも「仲良く」進んでいっていただきたい。

――一九九三・一〇・一

＊

何かあった時に相談《そうだん》できる人が、身近《みぢか》にいるかどうか。いろいろな問題《もんだい》があっても、よき友・よき先《せん》輩《ぱい》に率直《そっちょく》に相談していける人は、見ていて安心《あんしん》である。反対に、見栄《みえ》を張《は》ったり、遠慮《えんりょ》したりして、だれにも相談できず、一人で悶々《もんもん》と悩《なや》んでしまう場合は心配《しんぱい》である。また、かわいそうである。
日蓮大聖人は**「少し強い者でも、独《ひと》りであれば、悪《わる》い道では倒《たお》れてしまう」**（一四六八㌻）と仰《おお》せである。その意味において、戸田先生はよく言われていた。「人生には、さまざまなことがある。ゆえに必《かなら》ず、何《なん》でも相談できる人を一人、心に置《お》いておくことが大事《だいじ》である」と。偉大《いだい》なる「仏法の指導《しどう》者《しゃ》」即《そく》「人生の達人《たつじん》」であられた戸田先生の至言《しげん》である。

――一九九四・六・一一

＊

日蓮大聖人は、佐渡流罪中《さどるざいちゅう》のご境界《きょうがい》を振《ふ》り返《かえ》られて、「種種御振舞御書《しゅじゅおふるまいごしょ》」にこう仰《おお》せである。

「国主等《こくしゅ》が敵《てき》としてねらうということは、こちらがすでに正法《しょうほう》を行《ぎょう》じているということである。釈迦《しゃか》如来《にょらい》のためには、提婆達多《だいばだった》こそ第一の善知識《ぜんちしき》であった。今の世間《せけん》を見ると、人を良《よ》くするものは、味方《みかた》よりも強敵《ごうてき》が人をよく成長《せいちょう》させるのである。（中略）日蓮が仏《ほとけ》になるための第一の味方は、（大聖人を憎《にく》み、命《いのち》までねらった）**東条景信《とうじょうかげのぶ》であり、僧侶《そうりょ》では**（権《けん》力《りょく》と結託《けったく》し、大聖人を圧迫《あっぱく》した）**極楽寺良観《ごくらくじりょうかん》、建長《けんちょう》**

寺道隆《じどうりゅう》、道阿弥陀仏《どうあみだぶつ》であり、また（権力を発動《はつどう》して大聖人を迫害《はくがい》した）平左衛門尉《へいのさえもんのじょう》、北条時宗殿《ほうじょうときむねどの》である。彼らがいなかったならば、日蓮はどうして法華経の行者《ぎょうじゃ》になれたであろうかと悦《よろこ》んでいる」（九一七ページ）

権力者から憎まれることは、正法を行じている証拠《しょうこ》である。敵もいない、批判《ひはん》もない、迫害もない、すべてが順調《じゅんちょう》ななかで信心できれば、良いように思えるかもしれない。しかし、それでは「真実《しんじつ》の大聖人門下《もんか》」とはいえない。敵がいるからこそ、本当の力《ちから》が出る。迫害があるからこそ、真剣《しんけん》な仏道《ぶつどう》修行《しゅぎょう》ができるのである。そうとらえて、「悪《あく》」をも「善知識」に変《か》えていくのが仏法である。

――一九九五・一〇・六

*

時とともに、人の心は変《か》わる。また、凡夫《ぼんぷ》の心は、まことにはかなく、もろい。日蓮大聖人ご自身が妙法《みょうほう》の種《たね》をまかれた「下総弘教《しもうさぐきょう》」から十年、そして二十年――。このゆかりの地からも、大聖人のご本意《ほんい》に反《はん》して、勝手《かって》な邪義《じゃぎ》を言いだす門下《もんか》が現《あらわ》れてきた。それに対し大聖人は、富木常忍《ときじょうにん》へのお手紙《てがみ》の中で、次のように厳《きび》しく戒《いまし》められている。

「大事《だいじ》な法門《ほうもん》を勝手に曲《ま》げて考《かんが》える人は、ひとえに天魔波旬《てんまはじゅん》（第六天《だいろくてん》の魔王《まおう》のこと）がその身に入《い》りかわって、他人も自身もともに、無間地獄《むけんじごく》に堕《お》としてしまうのである。まことに愚《おろ》かなことである」（九八九ページ）と。

仏法の正法正義《しょうほうしょうぎ》に背《そむ》く人間は、本人《ほんにん》はおろか、紛《ふん》動《どう》され、巻《ま》きこまれた人まで地獄へ堕としていく悪《あく》知識《ちしき》であることを、鋭《するど》く指摘《してき》されたご指南《しなん》と拝《はい》される。

――一九八八・四・二四

*

悪知識《あくちしき》、すなわち信心を妨《さまた》げようとする悪友《あくゆう》について述《の》べられた御聖訓《ごせいくん》を拝《はい》したい。

「悪知識というのは、甘《あま》い言葉で語《かた》り、いつわり、媚《こ》び、言葉たくみに、愚《おろ》かな人の心を取《と》って、善心《ぜんしん》（信心）を破《やぶ》る」（七ページ）と。そして涅槃経《ねはんきょう》等の文《もん》を引《ひ》かれ、「悪象《あくぞう》」、今でいえば車、戦車《せんしゃ》などに殺《ころ》されても、「身」を破るだけで、「心」までは破れない。「悪知識」は両方《りょうほう》とも破り、地獄《じごく》に堕《お》とすと。

ゆえに、何より悪知識を恐《おそ》れ、悪知識を見破《みやぶ》り、遠《とお》ざけよと説《と》かれている。味方《みかた》のような顔《かお》をして近《ちか》づき信心を破る。言葉たくみに何とか退転《たいてん》させようとする。それが悪知識である。この「悪《わる》い友」こそ、幸福と成仏《じょうぶつ》の最大の敵《てき》なのである。

反対に、「信心」を教《おし》え、ともに「行学《ぎょうがく》」を深《ふか》め、正法流布《しょうほうるふ》に仲良《なかよ》く進んでいく。これが「善《よ》き友」（善《ぜん》知識《ちしき》）である。創価学会は「善き友」の最高の集《つど》いなのである。善知識は「法」が中心《ちゅうしん》である。私どもでいえば、御本尊と御書を根本《こんぽん》とする。悪知識は、「自分」が中心である。ゆえに、その時々《ときどき》によって言動《げんどう》が違《ちが》ってくる。

いずこの国であれ、広宣《こうせん》流布が進めば進むほど、そうした悪知識も多く出てくることは、経文《きょうもん》と御書に照《て》らして当然《とうぜん》である。見破り、打ち破ってこそ、広々《ひろびろ》とした、朗《ほが》らかな、晴《は》れやかな〝皆の幸福の緑野《りょくや》〟が開《ひら》けてくる。　――一九九一・六・一八

*

御書には繰《く》り返《かえ》し、重要《じゅうよう》な涅槃経《ねはんきょう》の文《もん》が引《ひ》かれている。すなわち**「悪《わる》い象《ぞう》などに殺《ころ》されても、身体を破壊《はかい》されるだけであり、地獄《じごく》等には堕《お》ちない。しかし、悪知識《あくちしき》に振《ふ》り回《まわ》されてしまえば、身も心も、ともに破壊されてしまい、地獄等に堕ちる」**（七ページ）と。戸田先生が、よく拝《はい》し指導《しどう》してくださった御文《ごもん》である。

悪象《あくぞう》に踏《ふ》まれるとは、現代的にいえば、交通事故《こうつうじこ》などといってよい。十分《じゅうぶん》に注意《ちゅうい》して交通事故・火災《かさい》などを絶対《ぜったい》に起《お》こしてはならないことは当然《とうぜん》である。しかし、信心が破《やぶ》られなければ、たとえ何があっても、変毒為薬《へんどくいやく》（毒《どく》を変《か》えて薬《くすり》となす）できる。要《よう》するに、最《もっと》も恐《おそ》ろしいのは「悪知識」に紛動《ふんどう》され、信心を食《く》い破られることである。

御書では、この「悪知識」の本質《ほんしつ》について**「悪知識というのは、甘《あま》い言葉で語《かた》り、いつわり、媚《こ》び、言葉たくみに愚《おろ》かな人の心を取《と》って、善心《ぜんしん》**（信心）**を破る」**（同）と喝破《かっぱ》されている。

したがって、戸田先生は「この『悪知識』の中には、悪人《あくにん》は言うまでもなく、悪書《あくしょ》も含《ふく》まれる」と鋭《するど》く言われていた。そうした「悪書」を読《よ》んだりしていると、それにつられて悪《あく》の方向《ほうこう》へ、地獄の方向へ引っ張《ぱ》られてしまう。

御聖訓《ごせいくん》には〝どんな善人《ぜんにん》であっても、悪知識に親《した》しみ近《ちか》づけば、悪に染《そ》められてしまう〟ことが何度《なんど》も強調《きょうちょう》されている。たとえば**「どんなに自分は正《しょう》直《じき》に身を律《りっ》して、世間《せけん》においても仏法においても賢《けん》人《じん》の名《な》を得《え》ようと思っていても、悪人に親しみ近づけば、自然《しぜん》と十度のうち、二度、三度と悪人の教《おし》えに従《したが》うようになり、そうやって最後は悪人になってしまう」**（一三四一ページ）とある。

だからこそ「悪知識を捨《す》てよ！　善友《ぜんゆう》に近づけ！」と仰《おお》せなのである。

――一九九八・一・一八

声の力

正義《せいぎ》によって世界を平和と繁栄《はんえい》に導《みちび》く――これが仏法の目的《もくてき》である。それをなしゆく理想《りそう》の指導者像《しどうしゃぞう》を「転輪聖王《てんりんじょうおう》」と説《と》く。

この転輪聖王が用《もち》いたといわれる「輪宝《りんぽう》（車輪《しゃりん》をかたどった武器《ぶき》）」の本義《ほんぎ》とは一体《いったい》、何か？

「御義口伝《おんぎくでん》」には、輪宝は**「われら（日蓮大聖人と門下《もんか》、妙法《みょうほう》を唱《とな》える者）が口から発《はっ》する言語音声《ごんごおんじょう》である」**（七三三ページ）と説かれている。

妙法を根本《こんぽん》に、人々に希望《きぼう》を贈《おく》り、勇気《ゆうき》を贈り、ロマンを贈りゆかんとする言論《げんろん》は、悪《あく》を打ち破《やぶ》り、楽土《らくど》をつくりゆく根本の力《ちから》となって大回転《だいかいてん》していく。これが輪宝の力である。われらの「言語音声」の力なのである。

この転輪聖王のなかでも最高の王者《おうじゃ》を金輪聖王《こんりんじょうおう》という。金輪聖王の影響力《えいきょうりょく》は、東西南北《とうざいなんぼく》、全世界におよぶ。

現代的に言えば、武力《ぶりょく》を使《つか》わない。権力《けんりょく》などのハード・パワーを用いない。人々を圧迫《あっぱく》しない。「人《じん》格《かく》の力」「哲学《てつがく》の力」「芸術《げいじゅつ》・文化の力」というソフト・パワーで、信服《しんぷく》と尊敬《そんけい》を勝ち取《と》っていくのである。初代会長《しょだいかいちょう》・牧口先生が提唱《ていしょう》された〝人道的競《じんどうてききょう》争《そう》〟の理念《りねん》も、その精神《せいしん》は、同じである。

しかも、他の銀輪王《ぎんりんおう》などは、自分のほうから相手《あいて》の国へ行く。これに対し、金輪聖王は、自分が行かなくても、世界中から慕《した》われ、人々が集《あつ》まって来るという王なのである。

光栄《こうえい》にも、今、創価学会は、世界の最高峰《さいこうほう》の知性《ちせい》が千客万来《せんきゃくばんらい》である。全世界のすみずみから、絶大《ぜつだい》なる信頼《しんらい》と友情《ゆうじょう》を寄《よ》せてくださっている。そういう厳然《げんぜん》たる創価学会の時代に入った。そのことを、ともに喜《よろこ》びあいたい。いよいよ、創価の民衆《みんしゅう》の連帯《れんたい》が全世界に広がっている。

金輪聖王の出現は、きわめてまれなこととされている。私どもは、この王のごとく、「人間主義《しゅぎ》の黄金《おうごん》の大光《たいこう》」で、この地球《ちきゅう》をつつみゆきたい。力強《ちからづよ》く「広宣流布《こうせんるふ》」してまいりましょう！

——一九九八・一一・一二

*

「たとえば、一匹《ぴき》の師子《しし》に百匹の子がいる。その百匹の子がもろもろの禽獣《きんじゅう》（鳥やけもの）に犯《おか》されようとするとき、一匹の師子王が吼《ほ》えれば、百匹の子は力《ちから》を得《え》て、もろもろの禽獣はみな、頭《あたま》が七分《しちぶん》にわれるのである。法華経は師子王のようなものであり、一切《いっさい》の獣《けもの》の頂点《ちょうてん》である。法華経の師子王を持《たも》つ女人《にょにん》は一切の地獄《じごく》、餓鬼《がき》、畜生《ちくしょう》等の百獣《ひゃくじゅう》に恐《おそ》れることはないのである」（一三一六ページ）

妙法《みょうほう》こそ、諸経《しょきょう》のなかの比類《ひるい》なき「師子王」である。「師子王」である妙法を持つ私どもは、次から次へと襲《おそ》いかかってくる、現実の荒《あ》れ狂《くる》った「百獣」の姿《すがた》にも、一つも恐れる必要《ひつよう》はないし、いささかも動《どう》ずることもないのである。

さらにいえば、真摯《しんし》な広布《こうふ》の実践《じっせん》に励《はげ》む私どもの真剣《しんけん》な叫《さけ》びこそ、まさに百獣を従《したが》える王者《おうじゃ》の師子吼《ししく》に通《つう》ずるものであろう。その威風《いふう》は、いかなる邪悪《じゃあく》の風をも吹《ふ》き払《はら》い、世界に、社会に、正義《せいぎ》と真実《しんじつ》の清風《せいふう》を吹きこまずにはおかない。師子王のごとく仏法の正義を堂々《どうどう》と叫び、訴《うった》えきっていくところに、広布の大道《だいどう》はいやまして開《ひら》けゆくことを知《し》らねばならない。

——一九八九・一・六

*

日蓮大聖人は**「声仏事《こえぶつじ》を為《な》す」**（七〇八㌻）と言われるとともに、「文字《もじ》が仏事を為す」ことを教《おし》えてくださっている。

「仏《ほとけ》は、文字によって民衆《みんしゅう》を救《すく》われるのである。（中略）文字を離《はな》れたならば、何をもって仏事（仏の仕事《しごと》）としようか。否《いな》、仏事はできないのである」（一五三㌻）

他にも同様《どうよう》の文証《もんしょう》は多《おお》くある。ここでいう文字とは経文《きょうもん》のことであり、「御書」である。また根本的《こんぽんてき》には、「御本尊」のお文字とも拝《はい》される。そのうえで、仏法を教える「聖教新聞《せいきょうしんぶん》」も、日々、「文字によって仏事をなす」新聞といえよう。

しかし、どんなに「文字が仏事を為す」と言っても、「仏は文字によって人間を救う」と言っても、その文字が人々のもとに届《とど》かなければ、何にもならない。「仏事」は完結《かんけつ》できない。「仏法の文字」を人々に届けてくださる、配達員《はいたついん》の皆さまがあってこそ、はじめて「仏事」となる。「仏の仕事」に命《いのち》が吹《ふ》きこまれるのである。また「新聞長」をはじめ、「聖教新聞」を支《ささ》えてくださる皆さまのお力《ちから》で、事実のうえで「文字が仏事を為す」のである。なんと尊《とうと》いことであろうか。

大聖人は涅槃経《ねはんぎょう》を引《ひ》いて、**「願《ねが》わくはあらゆる人々よ、ことごとく、みな、出世間《しゅっせけん》（仏法の世界）の文字を受持《じゅじ》しなさい」**（同）と言われた。

戸田先生は「願わくは日本中の人々に『聖教新聞』を読《よ》ませたい」と言われた。その願いどおり、「今や、日本の良心《りょうしん》は創価学会であり、『聖教新聞』です」と言われるまでになった。また、各国《かっこく》の機関《きかん》紙誌《しし》にただちに翻訳《ほんやく》され、世界中で読まれている。

——一九九七・五・二七

*

仏法では**「声が仏《ほとけ》の振《ふ》る舞《ま》いをする」**（七〇八㌻）と説《と》く。一般《いっぱん》にも「声の力《ちから》」「言葉の力」は偉大《いだい》である。

一人の勇者《ゆうしゃ》の声が、全体《ぜんたい》を鼓舞《こぶ》し、全員を救《すく》っていく力をもっている。堂々《どうどう》と正義《せいぎ》の声を発《はっ》した分《ぶん》だけ、広布《こうふ》の空間《くうかん》も広がっていく。その意味では、ただ臆病《おくびょう》の沈黙《ちんもく》は悪《あく》となる。

ゆえにリーダーの要件《ようけん》も、勇気《ゆうき》なのである。頼《たよ》りない、臆病なリーダーのもとで、勇将《ゆうしょう》が育《そだ》つわけがない。皆の力が結集《けつしゅう》できない。安心《あんしん》して行動することができない。いわば勇気は、リーダーにとって〝魂《たましい》〟である。その魂を失《うしな》えば、自分も心身《しんしん》ともに敗北《はいぼく》してしまう場合がある。生命の法則《ほうそく》は厳《きび》しい。決《けっ》して、できあがった組織《そしき》の上に安住《あんじゅう》して号令《ごうれい》し、なんとなく動いていればよいという安易《あんい》なものではない。

一人の勇者が本気《ほんき》になって師子吼《ししく》し、動き始《はじ》める時、一切《いっさい》は霧《きり》が晴《は》れるように、すがすがしく、正法《しょうほう》の大光《たいこう》が輝《かがや》きわたる。

――一九九〇・三・一八

*

「この娑婆《しゃば》世界は、耳《みみ》で仏法を聞いて、成仏《じょうぶつ》する国土《こくど》である」(四一五ページ)、**「この法門《ほうもん》を耳にする、すべての衆生《しゅじょう》は、功徳《くどく》を得《え》ていくのである」**(同)。

「耳」で聞いて成仏するのである。「目」で読《よ》むのも大切だが、それ以上に「耳」で聞くことが大切である。聞かせることが大切である。仏意仏勅《ぶついぶっちょく》を受けた皆さまが、広宣流布《こうせんるふ》の「声《こえ》」を聞かせた分《ぶん》だけ、「仏縁《ぶつえん》」が結《むす》ばれていく。

――一九九八・三・八

*

「言葉の力《ちから》」「声《こえ》の力」は偉大《いだい》である。黙《だま》っていてはわからない。伝《つた》わらない。**「声仏事《ぶつじ》を為《な》す」**(七〇八ページ)と説《と》かれるように、声で人を救《すく》うことができる。声で魔《ま》を切ることもできる。言葉で、声で、いくらでも広布《こうふ》の道を開《ひら》いていける。「語《かた》る」ことは戦《たたか》いである。ゆえに声を惜《お》しんではならない。言葉を惜しんではならない。

また、さわやかな言葉づかい、賢明《けんめい》な表現《ひょうげん》ができるよう、自身を洗練《せんれん》していくことも、大切な修行《しゅぎょう》である。

――一九九四・九・四

＊

声《こえ》はタダである。最強《さいきょう》の弾丸《だんがん》である。御書にも「声も惜《お》しまず」（七二六㌻）と仰《おお》せである。

正義《せいぎ》を言いきっていく明快《めいかい》な声、悪《あく》を断《た》ちきっていく強い声、折伏《しゃくぶく》の声、励《はげ》ましのあたたかい声、ほめたたえ、ねぎらう優《やさ》しい声――。ともかく内外《ないがい》を問《と》わず、人と会《あ》い、声をかけていくことである。外《がい》交《こう》の最前線《さいぜんせん》で対話《たいわ》し、また対話してこそ、正義の「前進《ぜんしん》」はある。内輪《うちわ》では大きな声で威張《いば》りながら、外《そと》では小さな声でおとなしくなっている――それではあべこべであり、臆病《おくびょう》である。

　声は生命力の表《あらわ》れである。ゆえに声が大事《だいじ》である。今、われわれは獅子《しし》のごとく、鋭《するど》く、堂々《どうどう》と破折《はしゃく》しゆく言論《げんろん》が大切である。ここに広宣流布《こうせんるふ》を開《ひら》く道がある。

――一九九六・一一・一七

＊

大事《だいじ》なのは、励《はげ》ましである。励ましの声《こえ》である。日蓮大聖人は、「声仏事《ぶつじ》を為《な》す」（七〇八㌻）と仰《おお》せである。現実に、生きゆく希望《きぼう》と勇気《ゆうき》を人々に送《おく》るのは、真心《まごころ》からの「励ましの声」である。

　釈尊《しゃくそん》が、なぜ尊敬《そんけい》されたのか。その一つの理由《りゆう》も「声」の力《ちから》にあった。仏典《ぶってん》には「その声は美《うつく》しくて、蜜《みつ》の如《ごと》く、温雅《おんが》（穏《おだ》やかで上品《じょうひん》）の声を備《そな》えて、音《おん》吐朗々《とろうろう》、意義明瞭《いぎめいりょう》たり」と。また「朗《ほが》らかに語《かた》り、朗らかに述《の》べ、優雅《ゆうが》に語り、明瞭にして、嗄《か》れ声にならず、しかして、意義を明確《めいかく》に表《あら》わす弁舌《べんぜつ》の才《さい》あり」等と記《しる》されている。

　その「朗らかな声」「明瞭な声」で、釈尊は生涯《しょうがい》、人々を励まし続《つづ》けたのである。

　釈尊は、どんな人に対しても、「よく来たね、よく来たね」と語りかけ、「親愛《しんあい》」と「歓喜《かんき》」と「柔《にゅう》和《わ》」をもって接《せっ》したとも説《と》かれている。だれ人《びと》にも、丁重《ていちょう》にあいさつをし、しかめっ面《つら》など、決《けっ》してしなかった。そして、相手《あいて》が話しやすいように、まず釈尊の方から口を開《ひら》いて、語りかけたというのである。ここに、仏教が当時《とうじ》の民衆《みんしゅう》の心に深《ふか》く広く染《し》み透《とお》っていった力がある。

——一九九五・一・二八

*

文永《ぶんえい》十年（一二七三年）、佐渡《さど》におられた日蓮大聖人が波木井三郎《はきいさぶろう》にあてて記《しる》されたお手紙《てがみ》に、次のような一節《いっせつ》がある。

「あなたのお便《たよ》りには『（大聖人からの）お手紙が来て、これまで疑問《ぎもん》に思っていたことが晴《は》れました。ちょうど、疾風《しっぷう》が幾重《いくえ》にも重《かさ》なった雲《くも》を吹《ふ》きはらってくれて、明月《めいげつ》を仰《あお》ぐような気持ちです』とある」（一三六九ページ）

すなわち、何《なん》らかの問題《もんだい》について大聖人にご指導《しどう》を受け、それによって雲をはらうように疑念《ぎねん》が晴れた、という彼の喜《よろこ》びの声《こえ》を要約《ようやく》された御文《ごもん》と拝《はい》することができる。なおこの御文については、波木井三郎からの手紙によって、大聖人がいだかれていた疑問が晴れた、との仰《おお》せであるとする説《せつ》もある。

彼が、どのような問題で、大聖人のご指南《しなん》を仰いだのかは、文献《ぶんけん》が残《のこ》っておらず、さだかではない。だが、遠《とお》く離《はな》れ、身動《みうご》きのとれない流罪《るざい》の立場《たちば》にあられた大聖人が、どれほど力強《ちからづよ》く、また絶《た》え間《ま》なく門下《もんか》を励《はげ》まされていたか——。その一端《いったん》がうかがえよう。

一通のお手紙に込《こ》められた大聖人の一言《ひとこと》一言。それはあたかも疾風のように、相手《あいて》の胸中《きょうちゅう》にたれこめていた迷《まよ》いの〝暗雲《あんうん》〟を吹きはらっていった。そして名月《めいげつ》が皓々《こうこう》と澄《す》みわたるような、晴ればれとした境涯《きょうがい》へと、門下の心を開《ひら》いていかれたのである。

世間《せけん》一般《いっぱん》の次元《じげん》にあっても、「明快《めいかい》な言論《げんろん》」「確信《かくしん》ある言葉」の力《ちから》は、まことに大きい。たとえ短《みじか》い一言でも、人々の心を開き、一変《いっぺん》させていくことができるものだ。まして強い信心の確信に満《み》ちた、真心《まごころ》と誠実《せいじつ》の対話《たいわ》は、さーっと太陽《たいよう》の光が差《さ》し込むように、人々の心を晴ればれと輝《かがや》かせていけるのである。

——一九九〇・二・七

*

仏《ほとけ》の三十二相《そう》の一つに、「梵音声《ぼんおんじよう》」がある。

「梵音声」とは、声《こえ》が明瞭《めいりよう》で、遠《とお》くまで聞こえる、清《きよ》らかである、聞く人を喜《よろこ》ばせ、勇気《ゆうき》をわきださせる――そうした、すがすがしい声である。

御聖訓《ごせいくん》に「**声仏事《ぶつじ》を為《な》す**」（七〇八ページ）と。

妙法《みようほう》を唱《とな》えることは、御本尊を讃嘆《さんたん》することでもある。その声を聞いて、諸天善神《しよてんぜんじん》が働《はたら》き、唱える人を守《まも》る。

何を言っているのかわからない弱々《よわよわ》しい声では、諸天も動かない。ゆえに、朗々《ろうろう》たる音声で、力強《ちからづよ》く、欣喜雀躍《きんきじやくやく》と題目《だいもく》をあげたい。

また、指導《しどう》といい、激励《げきれい》といい、折伏《しやくぶく》といっても、声で行《おこな》う。どういう声かが大事《だいじ》である。どなり声、下品《げひん》な声、冷《つめ》たい声、威圧感《いあつかん》をあたえる声――それでは仏法のすばらしさは伝《つた》わらない。「いい声だな」「聞くと元気になるな」と言われるような、さわやかであたたか味《み》のある声で、皆を励《はげ》ましゆくヒューマン・リーダーであっていただきたい。また、そうなることが、人間革命《かくめい》の一つの実証《じつしよう》である。

――一九九六・五・二四

＊

「人が声《こえ》を出すのに二種類《しゆるい》ある。一つには、自分ではたとえそのつもりがなくても、（相手《あいて》に自分の心をいつわって）だまそうとするために声を出す。これは随他意《ずいたい》の声である。一方《いつぽう》、自分の思いをそのまま表《あらわ》した声がある。この場合は、自分の心中《しんちゆう》の意思《いし》が声となって外に出ている。心は心法《しんぽう》、声は色法《しきほう》であり、心法から色法があらわれる」（四六九ページ）
声それ自体《じたい》も生命の一つの実相《じつそう》であり、心と一体《いつたい》となっている。つまり心と声が色心不二《しきしんふに》をなしているがゆえに、真実《しんじつ》の声は相手の心に響《ひび》き、動かしていくことができる。しかし、「随他意の声」は、自分の心を歪《ゆが》めているために、本当に相手を動かす力《ちから》とはならない。

――一九八九・六・二六

＊

「ただの石を宝石《ほうせき》といっても、宝石になるわけで

はない。宝石をただの石といっても、石になるわけではない」（二一一四㌻）

どんな言葉で飾《かざ》ろうとも、真実《しんじつ》は隠《かく》せない。真実は真実、虚偽《きょぎ》は虚偽である。この当然《とうぜん》の道理《どうり》を、はっきりと言いきっていく。深遠《しんえん》そうな理論《りろん》にもだまされず、立派《りっぱ》そうな格好《かっこう》にも目をくらまされず、〝本当のこと〟を勇敢《ゆうかん》に叫《さけ》びきっていく。その人こそ、真《しん》の「魂《たましい》の勝者《しょうしゃ》」である。生涯《しょうがい》、「権力《けんりょく》の人」と戦《たたか》う「真実の人」であられた日蓮大聖人のご精神《せいしん》に適《かな》った人生なのである。

――一九九〇・一二・九

難・迫害

行く手には、苦難《くなん》もある。嵐《あらし》や病《やまい》や孤独《こどく》との戦《たたか》いもあるかもしれない。〝なぜ自分は、こんな苦しい道を自分で選《えら》んだのか〟と心が動くかもしれない。しかし負《ま》けてはならない。

日蓮大聖人も「開目抄《かいもくしょう》」に**「釈尊《しゃくそん》の在世《ざいせ》すら難が多かった。いわんや像法《ぞうほう》から末法《まっぽう》へと悪世《あくせ》となり、国も辺境《へんきょう》となって、大難のさまは、山に山を重《かさ》ね、波《なみ》に波をたたみかけ、難に難を加《くわ》え、非道《ひどう》に非道を増《ま》すであろう」**（二〇二㌻）と仰《おお》せである。

このとおりの大難を受けられたのは大聖人であり、創価学会こそが大聖人直結《ちょっけつ》であるゆえに、大難の連続《れんぞく》なのである。

私どもは大聖人の真《しん》の門下《もんか》であり、地涌《じゆ》の菩薩《ぼさつ》である。断《だん》じて一切《いっさい》に打《う》ち勝《か》ち、使命《しめい》を果《は》たさねばならない。「広宣流布《こうせんるふ》」は、創価学会員への大聖人のご遺命《ゆいめい》なのである。

――一九九二・四・一二

*

〝非難《ひなん》されているかどうか〟が問題《もんだい》なのではない。よきにつけ悪《あ》しきにつけ、動けば風は起《お》こる。何も言われないのは、何もしていないからである。問題は、〝だれに非難されているのか〟である。善人《ぜんにん》は悪人《あくにん》に非難され、悪人は善人に非難される。この本《ほん》質《しつ》を、きちっと見ていくことである。

日蓮大聖人は、ご自身のことを、こう言われている。**「いまだかつて日蓮ほど法華経のために、三類《さんるい》の強敵《ごうてき》に怨《うら》まれた者はいない」**（一四三八㌻）と。

そして、厳然《げんぜん》と宣言《せんげん》しておられる。**「愚人《ぐにん》にほめられることが第一の恥《はじ》である」**（二三七㌻）と。

牧口先生も、戸田先生も、つねに、この御文《ごもん》を拝《はい》しておられた。〝大聖人がご照覧《しょうらん》くだされば、それでいいのだ〟と。大聖人にほめられるかどうか――ここに、信心の唯一《ゆいいつ》にして絶対《ぜったい》の基準《きじゅん》がある。この一点に心を定《さだ》めれば、人生は晴《は》れわたる大空《おおぞら》のごとく、何《なん》の迷《まよ》いもなくなるはずである。

――一九九三・一一・二九

＊

日蓮大聖人は、法華経法師品《ほっしほん》にある「是《こ》の法華経の蔵《ぞう》は、深固幽遠《じんこゆおん》にして、人の能《よ》く到《いた》る無《な》し」（法華経三六六㌻）との文《もん》について、「御義口伝《おんぎくでん》」で次のように説《と》かれている。

「『是の法華経の蔵』とは、南無妙法蓮華経のことである。『深固』とは、本門《ほんもん》であり、幽遠（奥深《おくふか》く遠《とお》い）とは迹門《しゃくもん》である。『人の能く到る無し』とは、この深遠《しんえん》な仏法を理解《りかい》できず、信ずることのできない謗法《ほうぼう》の者のことである。今、題目《だいもく》を唱《とな》え、仏道修《ぶつどうしゅ》行《ぎょう》に励《はげ》む日蓮ならびにその門下《もんか》は『無人能到《むにんのうとう》（人の能く到る無し）』の者ではないのである」（七三七㌻）と。

ここで大聖人は、法華経すなわち妙法《みょうほう》（南無妙法蓮華経の大法《だいほう》）が、いかに深遠な法であるかを示《しめ》されている。法華経二十八品は、前半《ぜんはん》十四品を「迹門」、後半《こうはん》十四品を「本門」として大別《たいべつ》できる。このうち「迹門」では、十界互具《じっかいごぐ》、百界千如《ひゃっかいせんにょ》、一念三《いちねんさん》千《ぜん》の理法《りほう》を説き明《あ》かし、「本門」では、仏《ほとけ》の生命の長遠《ちょうおん》であることを示して、永遠《えいえん》の生命を明かしている。

「御義口伝」で大聖人は、「深固」とは、法華経の「本門」、「幽遠」とは「迹門」を指《さ》すとされている。つまり、「本門」で、妙法がいかに深固であるかを示し、「迹門」で、妙法がいかに幽遠であるかを明かされているわけである。謗法の者は、この妙法の

「深固幽遠」がわからず、信ずることができない。ゆえに「無人能到」と仰《おお》せなのである。

妙法こそ最高の生命の法であり、真《しん》の幸福への大法である。あまりにも深《ふか》く、偉大《いだい》な法であるがゆえに、それがわからない人からは、さまざまに誤解《ごかい》され、また非難《ひなん》、迫害《はくがい》さえされるのである。

尊極《そんごく》なる生命の因果《いんが》も、大宇宙《だいうちゅう》の根本法《こんぽんほう》も知《し》らない人たちの浅薄《せんぱく》な言葉に紛動《ふんどう》されて、唯一無二《ゆいいつむに》の幸福の大法である妙法の正しさを見きわめようともせず、信心を失《うしな》ったりしてはならないと、私は強く申し上げておきたい。

――一九九〇・一・一五

*

静岡《しずおか》・伊豆《いず》の伊東《いとう》は、ご承知《しょうち》のとおり、日蓮大聖人ゆかりの天地《てんち》である。

大聖人は、法華経ゆえに、この地に流罪《るざい》になられたことを、**「法華経のために難《なん》にあっているのだから、昼夜《ちゅうや》二十四時間、休みなく法華経を修行《しゅぎょう》していると思っている」**（九三六ページ）とされ、**「人間に生《せい》を受けて、これほどの喜《よろこ》びが他にあるだろうか。決《けっ》してない」**（九三七ページ）との悠々《ゆうゆう》たる大境界《だいきょうがい》を述《の》べておられる。御本仏日蓮大聖人は、ここ伊東で、法華経を身読《しんどく》する「法華経の行者《ぎょうじゃ》」としてのご境界を示《しめ》されたのである。

ここには甚深《じんじん》の意義《いぎ》がある。一つには、それまでも日本では法華経が広く信仰《しんこう》され、「法華経の持者《じしゃ》（持経者《じきょうしゃ》）」は数多《かずおお》くいた。しかし、伝教大師《でんぎょうだいし》を除《のぞ》いて彼らは「法華経の行者」ではなかった。大聖人がご出現になり、初《はじ》めて法華経の仏《ほとけ》の未来記《みらいき》を身読されたのである。

――一九九〇・一二・三

*

日蓮大聖人の生涯《しょうがい》は「戦《たたか》い」の連続《れんぞく》であられた。「開目抄《かいもくしょう》」に**「少々《しょうしょう》の難《なん》は数《かぞ》えきれない。大きな難は四度である」**（二〇〇ページ）と仰《おお》せのように、まさに波瀾万丈《はらんばんじょう》のご生涯であられた。ご一身《いっしん》の安楽《あんらく》など微塵《みじん》も願《ねが》われなかった。現実社会の嵐《あらし》に向《む》かって、安住《あんじゅう》の家もなく、ただ一切衆生《いっさいしゅじょう》のために戦われた。

そのお姿《すがた》は、このうえなく崇高《すうこう》であられる。ゆえに、御本仏のお心である「大闘争心《だいとうそうしん》」を忘《わす》れ、安逸《あんいつ》を貪《むさぼ》る門下《もんか》であっては絶対《ぜったい》にならない。

――一九九一・二・一七

*

難《なん》と戦《たたか》う四条金吾《しじょうきんご》に、こう述《の》べられている。

「小さいことは、よいことから始《はじ》まる。しかし、大きいことは、必《かなら》ず『大いなる騒《さわ》ぎ』が『大いなる幸《さいわ》い』となるのである」（一一六四㌻）

小事《しょうじ》とはちがって、とくに、正法《しょうほう》の広宣流布《こうせんるふ》という「大事《だいじ》」中の「大事」は、大いなる苦難《くなん》こそが、大いなる幸いへと転《てん》じていく。大難《だいなん》があるたびに、より大きな発展《はってん》がある。

――一九九一・八・二一

*

「今、日蓮は聖人《しょうにん》ではないけれども、法華経に名《な》前《まえ》を立てた。そのために国主《こくしゅ》（権力者《けんりょくしゃ》）に憎《にく》まれて、わが身を不自由《ふじゆう》にされたばかりでなく、弟子《でし》や通《かよ》ってくる人までも、ある者は罵《ののし》られ、ある者は打たれ、ある者は領地《りょうち》を取《と》られ、ある者は住居《じゅうきょ》を追《お》われたりした」（一五五〇㌻）

皆さま方も、〝法華経のゆえに〟苦労《くろう》しておられる。「悪口罵詈《あっくめり》」と法華経にあるとおり、いろいろな悪口《わるくち》も言われるかもしれない。

広布《こうふ》の苦労こそが、成仏《じょうぶつ》できる条件《じょうけん》であり、成仏できる証拠《しょうこ》なのである。

――一九九三・一〇・一五

*

仏道修行《ぶつどうしゅぎょう》とは、一次元《いちじげん》からいうならば、民衆《みんしゅう》の中に飛《と》びこんで、「わが生命を限《かぎ》りなく強くする」修行である。「何があっても乗《の》り越《こ》えていける！」「どこに行っても切り開《ひら》いていける！」――そういう強い強いダイヤモンドのごとき、自分をつくりあげるための学会活動である。そして「難《なん》」は、永遠《えいえん》に崩《くず》れない「金剛不壊《こんごうふえ》の自分自身」を、一気《いっき》に鍛《きた》えあげるチャンスなのである。
日蓮大聖人は大難《だいなん》を恐《おそ》れるなと仰《おお》せである。「妻《さい》子《し》や眷属《けんぞく》を思って、後髪《うしろがみ》をひかれてはいけない」（一七七㌻）、「たとえ、首をのこぎりで引《ひ》き切られようとも」（五〇五㌻）等々と、厳《きび》しく殉教《じゅんきょう》の精神《せいしん》を教《おし》えてくださっている。それも、すべて「仏《ほとけ》になる道」を示《しめ》してくださっているのである。

――一九九六・五・三

*

「四十九院《いん》等のことについては、その別当《べっとう》（一山《いちざん》の寺務《じむ》を統轄《とうかつ》する高僧《こうそう》）らは無知《むち》の者であるから、日蓮を恐《おそ》れ、小田《おだ》一房《いちぼう》（四十九院の僧の一人と推定《すいてい》される）たちは迫害《はくがい》するのであろうか。これはいよいよ彼らの邪法《じゃほう》が滅《ほろ》びる先兆《せんちょう》（きざし）である。『根《ね》があらわれると枝《えだ》が枯《か》れ、源《みなもと》が尽《つ》きると流《なが》れが尽きる』と言われているが、そのとおりである」（一四五三㌻）
仏法について「無知」であり、偉大《いだい》な、正義《せいぎ》の日蓮大聖人を「恐れる」ゆえに、狂気《きょうき》の迫害を門下《もんか》に加《くわ》える悪侶《あくりょ》たち。しかし、この迫害こそ、彼等《かれら》が滅びる〝きざし〟であるとの仰《おお》せである。
大いなる革命《かくめい》には、それだけ大きな反動《はんどう》がある。しかし、それは悪《わる》い旧勢力《きゅうせいりょく》が滅びゆく兆候《ちょうこう》なのである。悪《あく》の〝根〟が露見《ろけん》してしまったら、もうそれ以上、栄《さか》えようがない。もはや滅亡《めつぼう》の坂《さか》を転《ころ》げ落《お》ちていくしかない。

――一九九一・八・一一

*

皆さま方は、悩《なや》んでいる友のため、自他《じた》ともの幸福のために、わが使命《しめい》の場所で、勇気《ゆうき》ある慈悲《じひ》の行動を、生き生きと展開《てんかい》しておられる。その途中《とちゅう》に、いかなる苦難《くなん》があろうと、それはすべて、人生の最後を、無量《むりょう》の幸福で飾《かざ》っていくための「劇《げき》」なのである。
長い人生には、だれしもさまざまな起伏《きふく》がある。しかし、何も悩みがないことが幸福なのではない。何があっても耐《た》え抜《ぬ》いて、勝ち越《こ》えていけることが、幸福なのである。

御書にも、**「仏《ほとけ》を能忍《のうにん》（よく忍《しの》ぶ人）と名《な》づけるのである」**（九三五ページ）と仰《おお》せである。

一番、苦労《くろう》に耐え抜いた人が、一番、幸福を勝ち取《と》っていく。これが「煩悩即菩提《ぼんのうそくぼだい》」「変毒為薬《へんどくいやく》」の妙法《みょうほう》である。一番、誠実《せいじつ》に生き抜いた人が、一番、栄光《えいこう》に輝《かがや》いていく。それが広宣流布《こうせんるふ》の世界である。

――一九九九・一〇・二

*

「宇宙《うちゅう》」も「社会」も「人生」も、大闘争《だいとうそう》があってはじめて「安定《あんてい》」する。真《しん》の安穏《あんのん》は安逸《あんいつ》のなかにはない。安穏は大闘争のなかにある。

「御義口伝《おんぎくでん》」には**「（自行化他《じぎょうけた》にわたる仏道修行《ぶつどうしゅぎょう》をしていけば必《かなら》ず難《なん》があるが）その難が起《お》きることが、じつは安楽《あんらく》となると心得《こころえ》ていきなさい」**（七五〇ページ）と教《おし》えられている。

使命《しめい》を果《は》たす。その行動のなかに幸福はある。広《こう》宣流布《せんるふ》の組織《そしき》のなかで頑張《がんば》りぬいてこそ、人生の真の安穏はある。広布《こうふ》の組織の活動から離《はな》れて、現代における真実《しんじつ》の仏道修行はない。

――一九九五・六・二〇

*

「すでに法華経のためにご勘気《かんき》（権力《けんりょく》による迫害《はくがい》）をこうむったことは、幸福の中の幸福である。瓦《かわら》や石ころを金銀《きんぎん》にかえるとは、このことである」（一三七一ページ）
日蓮大聖人は、迫害されたのがうれしい、「幸福の中の幸福」である、と喜《よろこ》ばれている。
学会もつねに難《なん》の連続《れんぞく》であった。しかし、その難と戦《たたか》い、乗《の》り越《こ》えてきたがゆえに、今日の大発展《だいはってん》がある。「幸福の中の幸福」は戦う信心にある。一切《いっさい》が「人間革命《かくめい》」のチャンスである。そう決《き》めれば、石ころが金に変《か》わる。瓦が宝石《ほうせき》に変わる。苦しみが全部《ぜんぶ》、福運《ふくうん》に変わる。

――一九九三・一二・一六

*

「眠《ねむ》っているライオンに、手をふれなければ怒《いか》らない。流《なが》れに棹《さお》を立てなければ波《なみ》は立たない。同様《どうよう》に謗法《ほうぼう》を叱《しか》り、責《せ》めなければ迫害《はくがい》は起《お》こらない」（一三七四㌻）

悪《あく》と戦《たたか》わなければ、迫害は起こらない。それを恐《おそ》れて沈黙《ちんもく》すれば、波は立たない。ゆえに、悪からの迫害を受けている人こそ本物《ほんもの》である。真《しん》に「戦っている人」であり、実《じつ》の「菩薩《ぼさつ》」であり、その人を正《せい》義《ぎ》の基準《きじゅん》と見ていけば間違《まちが》いない。

――一九八九・八・二

*

「ひとしずくをなめて、大海《たいかい》の潮《しお》がどのようなものであるかを知《し》り、ひとつの花を見て、春が来たことを推察《すいさつ》しなさい」（一二二二㌻）

日蓮大聖人は、法華経で最難事《さいなんじ》とされる妙法《みょうほう》の弘《ぐ》法《ほう》をなされ、大難《だいなん》を受けておられた。人々はその事実を見て、大聖人が、一切経《いっさいきょう》の勝劣《しょうれつ》を知られた、真《しん》の「法華経の行者《ぎょうじゃ》」であられることを知るべきである、と仰《おお》せである。

大難を繰《く》り返《かえ》し受ける人、それでも妙法弘通《ぐつう》に進む人、その人こそ「法華経の行者」である。「受難《じゅなん》」の事実こそ、「正義《せいぎ》」の証明《しょうめい》なのである。大聖人は、この道理《どうり》を強く教《おし》えておられる。

――一九九一・二・一七

*

「（日蓮は）南無妙法蓮華経と自分の口にも唱《とな》えるゆえに、罵《ののし》られ、打たれ、流罪《るざい》され、命《いのち》にもおよぶ難《なん》にあったけれども、それでも妙法《みょうほう》を人々に勧《すす》めているのであるから、法華経の行者《ぎょうじゃ》でないことがあるだろうか。法華経の行者であることは間違《まちが》いない」

（一三八九㌻）

妙法をみずからも唱え、難を受け、それでも人々に正法《しょうほう》を弘《ひろ》めていく――その人こそが「法華経の行者」である。日蓮大聖人こそ、その人であるとの仰《おお》せである。

私ども創価学会は、まっすぐに、このお振《ふ》る舞《ま》いに連《つら》なっている。これほどの難を受けながら、なお前へ進み、世界へと弘法《ぐほう》している。私どもこそ、現代における「妙法の行動者」「法華経の実践者《じっせんしゃ》」である。

——一九九二・四・二六

＊

「石は焼《や》けば灰《はい》となる。金《こがね》は焼けば真金《しんきん》となる」（一〇八三ページ）、**「賢人《けんじん》、聖人《しょうにん》であるかどうかは、罵《ののし》って、試《ため》してみるものである」**（九五八ページ）

試練《しれん》に鍛《きた》えられてこそ、本物《ほんもの》ができる。苦難《くなん》に試《ため》されてこそ、真価《しんか》は明《あき》らかになる。

日蓮大聖人のご生涯《しょうがい》も、迫害《はくがい》に次《つ》ぐ迫害の連続《れんぞく》であった。偉大《いだい》であればあるほど、迫害される——これが世《よ》の常《つね》である。人間世界の実相《じっそう》である。

——一九九七・四・一五

＊

日蓮大聖人は、御書で末法《まっぽう》の時代相を次のように仰《おお》せである。

「つねの例《れい》では、世《よ》が末《すえ》になれば聖人《しょうにん》とか賢人《けんじん》といわれる人は皆かくれてしまう。そして、真実《しんじつ》でないことを、さも真実のようにいいふらす人間や、こびへつらう人間、また表面《ひょうめん》はなごやかだが、陰《かげ》にまわって人をおとしいれる者や、道理《どうり》をよこしまに曲《ま》げて我《が》をとおす者ばかりが、国中《くにじゅう》に充満《じゅうまん》するようになる、と経文《きょうもん》には書かれている」（一〇九五ページ）と。

悲《かな》しいかな、これが末法の世の変《か》わらざる様相《ようそう》である。この御文《ごもん》に照《て》らしても、私どもが、人々の幸福と平和のために、広宣流布《こうせんるふ》を進めれば進めるほど、それを妨《さまた》げようとする働《はたら》きが強くなるのは明《あき》らかである。反対に障害《しょうがい》が現《あらわ》れないのは、そのいわゆる思想《しそう》、宗教《しゅうきょう》が社会の中で、脈動《みゃくどう》していない証拠《しょうこ》である。

私どもは、いよいよ正法《しょうほう》流布と人間の尊厳《そんげん》という目標《もくひょう》を明確《めいかく》にもちながら、何物《なにもの》をも乗《の》り越《こ》えて万《まん》年《ねん》への礎《いしずえ》を雄々《おお》しく築《きず》いておきたい。そして濁《にご》った時代と醜《みにく》い人間の姿《すがた》に対し、あるときはつつみ、あるときは見おろして、またあるときは活性《かっせい》をあたえながら進んでまいりたい。

――一九八八・六・二一

*

「石は、その中に玉《たま》を含《ふく》むゆえに砕《くだ》かれる。鹿《しか》は、皮《かわ》や肉《にく》のゆえに殺《ころ》される。魚はおいしいゆえに捕《と》らえられる。カワセミは美《うつく》しい羽《はね》があるゆえに殺される。また、女性《じょせい》は容姿《ようし》が美しければ、必《かなら》ず妬《ねた》まれる。難《なん》にあうことは、これらと同じ意味であろうか。日蓮は法華経の行者《ぎょうじゃ》であるがゆえに、三類《さんるい》の強《ごう》敵《てき》が現《あらわ》れて、種々《しゅじゅ》の大難《だいなん》にあったのである。それなのに、このように大難を受けている日蓮の弟子《でし》檀那《だんな》となられたことは、不思議《ふしぎ》なことである。きっと深《ふか》い意味があるのであろう。よくよく信心を強盛《ごうじょう》にして霊山浄土《りょうぜんじょうど》にまいりなさい」（一二二六㌻）

正しい法を、正しく信じ、正しく行《ぎょう》じているがゆえに、難が競《きそ》い起《お》こってくる。この道理《どうり》を、日蓮大聖人はお示《しめ》しくださっているわけである。

言い換《か》えれば、難が起こることは、根本《こんぽん》としている法が正しく、信《しん》・行《ぎょう》・学《がく》の実践《じっせん》が正しいことを意味している。私をはじめ創価学会は、数々《かずかず》の難を受けてきた。この半世紀《はんせいき》、これほど難を受けた団体はない。これはとりもなおさず、私どもの広宣流布《こうせんるふ》の活動が、いかに正しかったかの証左《しょうさ》である。

――一九九一・一・一五

*

仏法の眼《まなこ》で見れば、自分より上位《じょうい》の者に責《せ》められる、迫害《はくがい》されることが「法華経の行者《ぎょうじゃ》」の証明《しょうめい》である。日蓮大聖人はこう仰《おお》せである。

「上（鎌倉幕府《かまくらばくふ》）が日蓮を責められるからこそ、日蓮が法華経を信じていること（法華経の行者であること）がはっきりと目に見えてわかるのである。月は欠《か》けては満《み》ち、潮《しお》は引《ひ》いては満ちることは疑《うたが》いない。今、日蓮も竜《たつ》の口《くち》の法難《ほうなん》・佐渡流罪《さどるざい》という罰《ばち》（不利益《ふりえき》）をこうむった。ゆえに今度《こんど》は必《かなら》ず徳《とく》（利益）があるであろう。何を嘆《なげ》くことがあろうか」（九五〇㌻）

文永《ぶんえい》八年（一二七一年）九月十四日、佐渡にご流罪になられる直前《ちょくぜん》、大聖人は、相模《さがみ》（現在の神奈川《かながわ》県《けん》）の依智《えち》におられた。そこから在家《ざいけ》の門下《もんか》・富木《とき》常忍《じょうにん》を励《はげ》まされたお手紙《てがみ》である。いうまでもなく、御文《ごもん》の「上」とは、直接的《ちょくせつてき》には当時《とうじ》の幕府権力《けんりょく》をさしている。

そのうえで、もともと、この言葉は、広い意味での「高位《こうい》の人」「権力者」を意味する。今でも「お上《かみ》」といえば、周囲《しゅうい》に有無《うむ》を言わせぬ権力の姿《すがた》をさす。「上《うえ》」、すなわち、地位《ちい》においても、権威《けんい》・権力においても、自分より上位の存在《そんざい》に迫害されることによって、法華経を正しく行じている一つの証明となるのである。

事実、大聖人のご生涯《しょうがい》は、幕府から、また良観《りょうかん》など大きな権威をもった僧《そう》からの迫害の連続《れんぞく》であられた。当時、大聖人には、社会的には何の特別《とくべつ》な権威も、また地位もなかった。自分より「下」の者にいろいろと批判《ひはん》されるのは、「法華経の行者」の証明とはならない。「上」の人から弾圧《だんあつ》されて、初《はじ》めて本物《ほんもの》なのである。私どもは、このことの重大《じゅうだい》な意義《いぎ》を、深《ふか》く拝《はい》してまいりたい。

——一九九一・三・九

*

「不軽菩薩《ふきょうぼさつ》の跡《あと》を正しく受け継《つ》ぐ」（九七四㌻）と言われた日蓮大聖人のご生涯《しょうがい》は、そのお言葉どおり、大難《だいなん》の連続《れんぞく》であられた。そして、末法万年《まっぽうまんねん》にわたって一切衆生《いっさいしゅじょう》を救済《きゅうさい》しゆく妙法《みょうほう》の大道《だいどう》を開《ひら》かれたのである。その崇高《すうこう》なるご精神《せいしん》を拝《はい》し、ご遺命《ゆいめい》のままに広布《こうふ》に進む学会に、言われなき非難《ひなん》や迫害《はくがい》があるのは当然《とうぜん》である。

ゆえに、どのような理不尽《りふじん》な攻撃《こうげき》を受けようとも、私たちは何《なん》とも思わない。経文《きょうもん》に照《て》らしてみるならば、これほどの名誉《めいよ》と誇《ほこ》りはないからだ。むしろ攻撃されればされるほど、広布発展《はってん》の道が大きく開かれていくことを確信《かくしん》し、勇《いさ》んで前進《ぜんしん》していただきたい。

——一九八九・一二・二〇

*

「生きている間《あいだ》に難《なん》を受けることは、仏法上、しばしばあることであり、聖人《しょうにん》・賢人《けんじん》の徳《とく》を飾《かざ》る栄光《えいこう》の花である」（一〇二〇ページ）

難があってこそ正義《せいぎ》の人である。反対に、見栄《みえ》を張《は》り、自分だけ、いい子になって、傷《きず》つかないように要領《ようりょう》を使《つか》う――それは悪人《あくにん》である。

われわれは、「難こそ誉《ほま》れ」「難こそ栄光の花」と進んでまいりたい。

――一九九八・九・二二

*

偏見《へんけん》の人々による脅迫《きょうはく》や悪意《あくい》にみちた評価《ひょうか》――。私もこれまで、さまざまな中傷《ちゅうしょう》を受け、悪意の評《ひょう》判《ばん》を立てられてきた。しかし、それらの本質《ほんしつ》は、正《しょう》法流布《ほうるふ》の発展《はってん》の姿《すがた》への嫉妬《しっと》にほかならない。

日蓮大聖人は、日本国を、**「一闡提《いっせんだい》（正法不信《ふしん》の衆生《しゅじょう》）の生《う》み広げた国」**（九五九ページ）と呼《よ》んでおられる。正法誹謗《ひぼう》の人々は、心の中は牢獄《ろうごく》のように、不信と憎悪《ぞうお》で閉《と》ざされているのである。ゆえに、そのような悪意の中傷にだまされて、信心の大道《だいどう》を退《たい》することは、生命の敗北《はいぼく》を意味する。

むしろ、そうした低次元《ていじげん》の中傷や悪評《あくひょう》は、かえって偉大《いだい》なる正義《せいぎ》の〝証明《しょうめい》〟となる。御書を拝《はい》すれば、**「広布《こうふ》の正しき修行《しゅぎょう》には『三類《さんるい》の強敵《ごうてき》』『三障四魔《さんしょうしま》』が必《かなら》ず出てくる」**（一〇八七ページ）と仰《おお》せであるからだ。

――一九九〇・九・一二

*

「人がいろいろ誇《そし》るであろうが、われら日蓮一門《いちもん》は、悪口《あっこう》や誹謗《ひぼう》など、ものとも思わない法師《ほっし》等である」（一五一〇ページ）

真実《しんじつ》は、どこまでも真実である。正義《せいぎ》は、どこまでも正義である。したがって、だれに、どう言われようと、臆《おく》することはない。恥《は》じることはない。いかなる悪言《あくげん》があろうと歯牙《しが》にもかけず、法のまま、まっしぐらに進めばよいのである。

――一九八八・六・二一

*

「たとえ、どのような煩《わずら》わしい、苦しいことがあっても、夢《ゆめ》のなかのこととして、ただ法華経（御本尊）のことだけを思っていきなさい」（一〇八八㌻）

逆境《ぎゃっきょう》のときにこそ深《ふか》く強い信心の一念《いちねん》に立つべきである。そうしてこそ、大海《たいかい》のように広々《ひろびろ》とした境涯《きょうがい》へと自分を高めることができる。その決定《けつじょう》した一念に、〝幸《さち》〟と〝勝利〟の人生がある。また、その正しき信心のための学会の組織《そしき》であることを、強く申し上げておきたい。

――一九八八・三・二一

＊

「（法華経ゆえに頭《あたま》をはねられることは）大盗賊《だいとうぞく》にあって、大きな毒《どく》を宝の珠《たま》と交換《こうかん》することと思うべきである」（九六二㌻）

この御文《ごもん》では、信心ゆえに難《なん》にあうことが、どれほどありがたいかを教《おし》えられている。すなわち、日蓮大聖人は、法華経の行者《ぎょうじゃ》を迫害《はくがい》する人間は大盗賊のごとき悪人《あくにん》である。しかし、その悪人にあい、戦《たたか》い、信心を貫《つらぬ》くことによって、「大毒《だいどく》」つまり自身の生命に積《つ》もった悪業《あくごう》を、仏界《ぶっかい》の境界《きょうがい》という無上《むじょう》の宝珠《ほうしゅ》に転《てん》ずることができる、と。

この御文のごとく、決定《けつじょう》した信心に徹《てっ》する人は、悪口《あっこう》も苦難《くなん》の風も、すべてが成長《せいちょう》への追《お》い風《かぜ》となる。そして、苦難の道も、崩《くず》れざる幸福への直道《じきどう》となる。学会の歴史《れきし》も、いわば難の連続《れんぞく》であった。しかし、それを乗《の》り越《こ》えるたびに力《ちから》をつけ、大きな発《はっ》展《てん》の足跡《あしあと》をきざんできた。これからも、いよいよそうであるにちがいない。御書には、〝難即安楽《なんそくあんらく》〟〝煩《ぼん》悩即菩提《のうそくぼだい》〟とある。その深《ふか》く、潔《いさぎよ》い覚悟《かくご》に立った、すがすがしい人生でありたい。

――一九八八・六・二一

＊

「私、ならびに私の弟子《でし》は、諸難《しょなん》があっても疑《うたが》う心がなければ、必《かなら》ず、自然《しぜん》に仏界《ぶっかい》にいたる。諸天《しょてん》の加護《かご》がないからといって疑ってはならない。現世《げんせ》が安穏《あんのん》でないことを嘆《なげ》いてはならない。わが弟子に朝《あさ》

に夕《ゆう》に、このことを教《おし》えてきたけれども、疑いを起《お》こして皆、信心を捨《す》ててしまったのであろう。愚《おろ》かな者は、約束《やくそく》したことを、必ず肝心《かんじん》な時に忘《わす》れるのである」（一二三四㌻）

これさえ覚《おぼ》えておけばよいのである。これさえ忘れなければよいのである。諸難が起こっても「疑わず」、戦《たたか》い続《つづ》ける人は、必ず「仏《ほとけ》」になると仰《おお》せである。かつては皆、この御文《ごもん》を暗記《あんき》していた。今でも仏壇《ぶつだん》のそばに置《お》いてあるお宅《たく》も、多いようだ。根《こん》本中《ぽんちゅう》の根本のご指導《しどう》である。

「難」は避《さ》けられない。**「賢人《けんじん》や聖人《しょうにん》でも難を受けることは逃《のが》れられない」**（一一四三㌻）と日蓮大聖人は仰せである。

避けられないのだから、乗《の》り越《こ》えるしかない。乗り越えて仏になるしかない。

——一九九四・九・二九

＊

戸田先生は、言われた。味《あじ》わいのあるお言葉である。「戦《たたか》いというのは、最後は『本当に楽しかった』と言えるまでやらなければいけない。そうでなければ、本当の戦いとはいえない」と。

日蓮大聖人は、難《なん》のときに、**「師子王《ししおう》のような心をもった人は必《かなら》ず仏《ほとけ》になる」**（九五七㌻）と仰《おお》せである。中途半端《ちゅうとはんぱ》であっては、信心の醍醐味《だいごみ》は味わえない。戦えば仏になる。戦えば楽しくなる。戦えば功徳《くどく》がわき、悩《なや》みも喜《よろこ》びに変《か》わる。

——一九九四・一二・四

＊

信心を強盛《ごうじょう》に貫《つらぬ》けば、大《だい》なり小《しょう》なり、必《かなら》ず難《なん》がある。三障四魔《さんしょうしま》があり、三類《さんるい》の強敵《ごうてき》が出現することは、経文《きょうもん》と御書に示《しめ》されたとおりである。

じつは、その激《はげ》しき〝風〟によってこそ、わが生命を覆《おお》う暗《くら》き宿命的《しゅくめいてき》な〝雲〟が、すべて吹《ふ》き払《はら》われる。そして晴《は》れわたる胸中《きょうちゅう》の大空《おおぞら》を、妙《たえ》なる名月《めいげつ》が皓々《こうこう》と照《て》らしゆく。また「自由」と「幸福」の太《たい》陽《よう》が力強《ちからづよ》く昇《のぼ》っていく。ゆえに私どもは、大いなる

〝風〟に、かえって感謝《かんしゃ》すべきである。御書には**「大きな難が来れば、強盛な信心の人は、いよいよ喜《よろこ》んでいくべきである」**（一四四八ページ）と仰《おお》せである。

何があろうとも、〝難即安楽《そくあんらく》〟〝難即成長《せいちょう》〟の証《あかし》を、堂々《どうどう》と、朗《ほが》らかに示しきっていける一生であっていただきたい。

――一九八八・六・七

＊

「世間《せけん》の種々《しゅじゅ》の難《なん》が起《お》こっても、とりあってはならない。賢人《けんじん》、聖人《しょうにん》でも、難は逃《のが》れられない」（一四三ページ）

人は「あんなに悪《わる》く言われているのだから、きっと何かおかしいのだろう」と思いがちである。しかし日蓮大聖人は、それは違《ちが》う、と。たとえ、何ひとつ失態《しったい》のない賢人や聖人であっても、世間からの批《ひ》判《はん》や迫害《はくがい》を逃れることはできないと仰《おお》せである。

虚心《きょしん》に歴史《れきし》を見れば、そのことは明《あき》らかにわかるはずである。御本仏日蓮大聖人でさえも、**「佐渡《さど》の国の流人《るにん》の僧《そう》、日蓮が、弟子《でし》等を引率《いんそつ》して悪事《あくじ》をたくらんでいるとの噂《うわさ》を聞いている」**（九六六ページ）と誹謗《ひぼう》され、当時《とうじ》の世間では「悪僧《あくそう》」「悪人《あくにん》」とみなされておられたのである。

まして、凡愚《ぼんぐ》の私どもが、世間から批判、中傷《ちゅうしょう》されることなど、当然《とうぜん》といえるであろう。

むしろ、大聖人は**「難が来たことをもって、安楽《あんらく》であると心得《こころえ》なさい」**（七五〇ページ）と。

真実《しんじつ》の「安楽」は、何もない平穏《へいおん》のなかにあるのではない。「難」こそ即《そく》「安楽」であり、険難《けんなん》と勇《いさ》んで戦《たたか》う〝強き自分自身〟の生命の確立《かくりつ》にこそ「現《げん》世安穏《せあんのん》」はある。

――一九九一・五・一七

＊

日蓮大聖人は、「悪口罵詈《あっくめり》」と「権力《けんりょく》の弾圧《だんあつ》」の集中砲火《しゅうちゅうほうか》の中で、**「これほどの悦《よろこ》びを笑《わら》いなさい」**（九一四ページ）と仰《おお》せである。

御書には「楽しいかな楽しいかな」「悦ばしいかな悦ばしいかな」という大聖人の笑い声《ごえ》が、あふれている。大聖人を、がっくりさせようとした権力者や悪僧《あくそう》の〝もくろみ〟は、完全《かんぜん》に狂《くる》ってしまった。私どもも、くだらない策謀《さくぼう》などまったく「無視《むし》し」、笑いとばしつつ、晴《は》れわたる心で、楽しく、堂々《どうどう》と、王者《おうじゃ》の前進《ぜんしん》をしてまいりたい。

――一九九八・四・二一

＊

「敵《てき》は狙《ねら》っているのだろうが、あなたの法華経への信心が強盛《ごうじよう》であるので、大難《だいなん》も、事《こと》の起《お》こる前に消《き》えたのであろうか。これにつけても、よくよく信心に励《はげ》んでいきなさい」（一一八六㌻）

いずこの世界にあっても、新しき理想《りそう》を掲《かか》げゆく〝先駆《せんく》の人〟に、非難《ひなん》や迫害《はくがい》が多いのは当然《とうぜん》である。むしろ、こうした〝敵〟との戦《たたか》いなくして、大事《だいじ》がなされたことは、歴史上《れきしじよう》、一度もなかったといってよい。

――一九九〇・八・二

＊

「私がこのたび受けた流罪《るざい》のとがめには、世間《せけん》の罪《つみ》は一分《いちぶん》もない」（九五八㌻）

難《なん》というものは、世間の罪など何も犯《おか》していないにもかかわらず、起《お》きてくる。しかも、多くの場合、「世間の事《こと》」によせて起こるものである。大聖人も、今日の目から見れば、「法難《ほうなん》」であられたことは明《あき》らかであるが、当時《とうじ》の多くの人々には、国法《こくほう》を犯した犯罪者《はんざいしや》のようにしか見えていなかった。

難は、なぜ「世間の事」によせて起こるのか。それは、正法《しようほう》それ自体《じたい》を誹謗《ひぼう》して信心を退転《たいてん》させることはむずかしいが、正法の実践者《じっせんしゃ》を「社会的な悪事《あくじ》を犯した」等と中傷《ちゆうしよう》することによって、他の人々に疑《うたが》いを起こさせることは容易《ようい》だからである。

――一九九一・五・一七

＊

日蓮大聖人の流罪《るざい》、大難《だいなん》は、「讒言《ざんげん》」（人をおとしいれるため、事実を曲《ま》げ、偽《いつわ》って、その人を悪《わる》く言うこと）によるものであった。

「謗法《ほうぼう》の人間らの讒言によって、日蓮大聖人は頭《あたま》に傷《きず》を負《お》い、左手《ひだりて》を打ち折《お》られたうえ、二度まで遠《とお》い国に流罪された。弟子《でし》たちは、各所《かくしょ》で射殺《いころ》され、切り殺された」（八五一ページ）

「讒言」はつねに、「正義《せいぎ》の人」をおとしいれる手《しゅ》段《だん》である。事実をねじ曲げ、真実《しんじつ》にまったく反《はん》するウソをつくりあげ、それによって攻撃《こうげき》する。これが迫害《はくがい》の方程式《ほうていしき》である。

——一九九六・八・二九

*

「欽明天皇《きんめいてんのう》の時代に仏法が伝来《でんらい》してから七百余年《よねん》の間《あいだ》、世間《せけん》のことにつけても、仏法のことに寄《よ》せても、日蓮ほど広く人に憎《にく》まれたものはいないであろう」（一三二四ページ）

「これは、決《けっ》して私に過失《かしつ》があったからではない。ひとえに、日本国を助《たす》けようと思った結果《けっか》である」（一三二五ページ）

日本のために尽《つ》くした日蓮大聖人は本来《ほんらい》、世間的な意味からも〝国の宝〟のはずである。それなのに、たたえるどころか、迫害《はくがい》し、悪口《わるくち》を流《なが》し、策謀《さくぼう》をめぐらして、大聖人をなきものにしようとしたのが日本という国なのである。それから、さらに七百年。今、御書に仰《おお》せのとおりの難《なん》を受けているのは、創価学会しかない。その学会と苦楽《くらく》をともに生きゆく人生は、無上道《むじょうどう》の誉《ほま》れにつつまれる。必《かなら》ず、これ以上はないという福徳《ふくとく》の人生となる。

——一九九七・九・一五

*

滝泉寺《りゅうせんじ》の院主代《いんしゅだい》である行智《ぎょうち》らは、捕《と》らえた熱原《あつはら》の信徒《しんと》二十人を下方政所《しもかたまんどころ》へ連行《れんこう》した。そして訴状《そじょう》を提出《ていしゅつ》し、すぐに鎌倉《かまくら》へ送《おく》った。二十人に着《き》せられた罪状《ざいじょう》は、現在でいえば不法侵入《ふほうしんにゅう》、強盗《ごうとう》、暴行《ぼうこう》、傷害《しょうがい》であった。もとより、事実無根《じじつむこん》の濡《ぬ》れ衣《ぎぬ》である。その訴状の内容《ないよう》について、御書にこう仰《おお》せである。

「今月（九月）二十一日、多数《たすう》の人数《にんずう》を集《あつ》め、弓《ゆみ》矢《や》を持《も》って、滝泉寺の院主の坊内《ぼうない》に打ち入《い》り、下野《しもつけ》房日秀《ぼうにっしゅう》は馬《うま》に乗《の》って、熱原の農民《のうみん》・紀次郎《きじろう》は院主

の田《た》に立札《たてふだ》を立てて、実《みの》った稲穂《いなほ》を刈《か》り取《と》り、日秀の住坊《じゅうぼう》に運《はこ》び込《こ》んだ」（八五二ページ）と。

〝それが原因《げんいん》で争《あらそ》いになり、死人や負傷者《ふしょうしゃ》が出るに及《およ》んだ。したがって早くこの乱暴人《らんぼうにん》を召《め》して、式目《もく》（幕府《ばくふ》の法令《ほうれい》）どおりに裁《さば》いていただきたい〟と訴《うった》えたのである。まさに〝でたらめ〟である。事実と正反対《せいはんたい》である。さらに、彼らは卑劣《ひれつ》にも、熱原の信徒、四郎《しろう》や弥四郎《やしろう》の傷害・殺人事件《さつじんじけん》まで、下野房などの犯行《はんこう》であろうと讒訴《ざんそ》した。

もちろん、こうした罪状はたんなる口実《こうじつ》で、日蓮門下《もんか》の信仰《しんこう》を弾圧《だんあつ》するのが目的《もくてき》であったことは明《あき》らかである。

〝無実《むじつ》の罪《つみ》を着せて処分《しょぶん》する〟というのも、権威《けんい》・権力《けんりょく》が、信仰を弾圧するさいの典型的《てんけいてき》なパターンである。日蓮大聖人に対する伊豆流罪《いずるざい》、佐渡《さど》流罪等も、悪口《あっこう》の罪などの無実の罪を着せられて処分されたと推定《すいてい》されている。　――一九九一・一〇・一七

＊

釈尊《しゃくそん》が、出世《しゅつせ》の本懐《ほんかい》である「法華経」を説《と》こうとされたとき、一体《いったい》、何が起《お》こったか？　日蓮大聖人の御書を拝《はい》すれば、そのとき、法華経を説かせないため、広宣流布《こうせんるふ》を邪魔《じゃま》するために、大弾圧《だいだんあつ》が続《つづ》いたのである。釈尊を、亡《な》き者にしようとして、次から次へと魔《ま》の軍勢《ぐんぜい》が襲《おそ》いかかってきた。まったく事実《じじつ》無根《むこん》の嘘《うそ》を浴《あ》びせて釈尊を陥《おとしい》れようとする陰謀《いんぼう》も続いた。その激《はげ》しさは、世間《せけん》の人々が**「仏《ほとけ》の力《ちから》も、悪人《あくにん》にはかなわないのか」**（一五三八ページ）と思うほどであったと、御書には記《しる》されている。

その黒幕《くろまく》は、だれであったか？　それは、釈尊への嫉妬《しっと》に狂《くる》った提婆達多《だいばだった》であった。なんとしても正《しょう》法《ほう》を説かせまいと、あらゆる策略《さくりゃく》をめぐらしていたのである。

また、この提婆達多がたぶらかし、結託《けったく》していった権力者《けんりょくしゃ》が阿闍世王《あじゃせおう》であった。「阿闍世」とは「未《み》生怨《しょうおん》」、つまり「生《う》まれる以前《いぜん》から（父に）恨《うら》みを持《も》っている」という意味である。今世《こんぜ》だけのことでなく、前世《ぜんせ》からの黒い因縁《いんねん》のもとに生まれた悪人であった。

大聖人は、釈尊の当時《とうじ》の様相《ようそう》について、こう仰《おお》せである。**「不孝《ふこう》の悪王《あくおう》（阿闍世王）と謗法《ほうぼう》の師《し》（提婆達多）が、手を結《むす》んだのであるから、人々にとって二重《にじゅう》の災難《さいなん》であった。それが、一年や二年の間《あいだ》だけではなく、数十年《すう》もの間、仏（釈尊）を迫害《はくがい》し、仏の弟子《でし》を殺《ころ》したことは、数《かぞ》え切れないほどであった」**（一一四八ページ）と。

「人の道を踏《ふ》みはずした悪逆《あくぎゃく》の権力者」と「仏法に背《そむ》いた謗法の坊主《ぼうず》」の結託。極悪《ごくあく》は極悪と結びつく。いつの時代も同じである。

――一九九九・一〇・八

*

迫害《はくがい》の口実《こうじつ》は、謗法《ほうぼう》の者の「讒言《ざんげん》」（人をおとしいれるため、事実を偽《いつわ》って、その人を悪《わる》く言うこと）による場合が多い。

日蓮大聖人は**「故最明寺入道《こさいみょうじにゅうどう》（北条時頼《ほうじょうときより》）殿《どの》が日蓮を伊豆流罪《いずるざい》から許《ゆる》したことと、今の執権《しっけん》北条時宗《ときむね》殿が佐渡《さど》流罪から許したことは、何《なん》の罪《つみ》もないのに、人の讒言で罰《ばっ》してしまったと知《し》って許したのである」**（一一九〇ページ）と仰《おお》せである。

伊豆流罪は北条重時《しげとき》らの、また佐渡流罪は極楽寺《ごくらくじ》良観《りょうかん》らの讒言によるものであった。北条時頼、時宗は、そのことを後になって知り、大聖人を赦免《しゃめん》したのである。またご存《ぞん》じのように、門下《もんか》である四条《しじょう》金吾《きんご》も、江間《えま》家《け》の同僚《どうりょう》の讒言によって、主君《しゅくん》から所《しょ》領没収《りょうぼっしゅう》などの迫害を受けている。

御書には、「讒言」という言葉が二十九カ所《しょ》にわたって用《もち》いられている。大聖人ならびにその門下に、いかに讒言による迫害が多く加《くわ》えられたかが拝《はい》される。ちなみに「たぼらかす」（たぶらかす）の言《げん》は、御書になんと五十回ほども用いられている。「たぶらかされてはならない」と、つねに教《おし》えられたのである。

――一九九一・五・一七

*

日蓮大聖人は、伊豆《いず》へ、さらに佐渡《さど》へのご流罪《るざい》の身となられた。何ひとつ罪《つみ》を犯《おか》していないにもかかわらず、邪宗《じゃしゅう》の僧《そう》等の讒言《ざんげん》のゆえに――。そして、〝必《かなら》ず倒《たお》れるにちがいない〟との世間《せけん》の予測《よそく》を覆《くつがえ》し、二度、流罪の地から生還《せいかん》なされた。仏様《ほとけさま》を殺《ころ》すことはできない――その偉大《いだい》なる実証《じっしょう》としての凱旋《がいせん》であられた。

佐渡へのご流罪について、大聖人は次のように仰《おお》せである。

「もし日蓮が流罪されないで、鎌倉《かまくら》にでもいたならば、あの戦乱《せんらん》（文永《ぶんえい》九年二月の北条一族《ほうじょういちぞく》の内乱《ないらん》、二月騒動《そうどう》）に巻《ま》き込《こ》まれて、きっと打ち殺されていたにちがいない」（一一六四ジペー）と。

ご自身《じしん》が流罪の大難《だいなん》にあわれたことには、深《ふか》い意味があることを示《しめ》されている。より以上の難を避《さ》けられたのだと――。そして、仏法上の難には、すべて甚深《じんじん》の意味があることを確信《かくしん》しきっていくよう、お教《おし》えくださっている。

――一九九一・一一・一七

＊

迫害《はくがい》の口実《こうじつ》は「虚事《そらごと》」――事実無根《じじつむこん》の作《つく》り話、〝でっちあげ〟を使《つか》う場合が、あまりにも多い。

日蓮大聖人は、窪尼《くぼのあま》へのご消息《しょうそく》の中で、次のように述《の》べられている。

「さて、熱原《あつはら》のことだが、今度《こんど》のことからもわかるであろう。以前《いぜん》のことも、うそだったのである」（一四七八ジペー）と。

つまり、熱原法難《ほうなん》が偽《にせ》の御教書《みぎょうしょ》（幕府《ばくふ》の命令書《めいれいしょ》）による不当《ふとう》な弾圧《だんあつ》であったこと、佐渡《さど》ご流罪《るざい》の時にも、勝手《かって》に偽造《ぎぞう》した御教書が三度も出されたことを明《あ》かされている。

大聖人は、そうした策謀《さくぼう》に隠《かく》された「真実《しんじつ》」を、すべて見抜《みぬ》かれ、ことごとく打ち破《やぶ》られている。そして、「だまされてはいけない」「鋭《するど》く見破《みやぶ》っていきなさい」と、門下《もんか》に繰《く》り返《かえ》し教《おし》えられているのである。

偽《いつわ》りだらけの社会である。「何が真実か」を見抜く鋭い「知恵《ちえ》」をもつことが、絶対《ぜったい》に必要《ひつよう》となる。「虚偽《きょぎ》」に基《もと》づく中傷《ちゅうしょう》は、ある意味で止めようがない。こちらがどんなに正しくとも、勝手につくりあげて騒《さわ》ぐのだから仕方《しかた》がない。まさか、相手《あいて》の口に〝ふた〞をするわけにもいかない。

だが、その「虚言《きょげん》」にたぶらかされてしまうのではわびしいし、それでは負《ま》けである。いささかたりとも紛動《ふんどう》され、動かされては、相手の思うつぼである。そして結果《けっか》は、自分が苦しむだけである。また、家族《かぞく》等をも、みじめな状態《じょうたい》におとしいれてしまう。

――一九九一・五・一七

*

日蓮大聖人は当時《とうじ》の日本の人々は、じつは「頭破《ずは》作《さ》七分《しちぶん》」「心破作《しんはさ》七分」の状態《じょうたい》になっているのだが、悪業《あくごう》が深《ふか》いために、自分が深く病《や》んでいることに気《き》づいていないと嘆《なげ》かれている。

「たとえば、傷《きず》を負《お》った人が、酒《さけ》に酔《よ》っぱらったり、熟睡《じゅくすい》してしまえば、その傷の痛《いた》みを感《かん》じないようなものである」（九二四㌻）と。

人々の根本《こんぽん》の迷妄《めいもう》、汝自身《なんじじしん》を知《し》らない「無明《むみょう》」を教《おし》えられた御文《ごもん》である。

そして大聖人は**「今、日蓮ならびに門下《もんか》が題目《だいもく》を唱《とな》えたてまつる時、初《はじ》めて無明の酒がさめるのである」**（七三五㌻）と仰《おお》せである。

いわば一国すべてが酔っているときに、大聖人お一人がさめておられた。本末転倒《ほんまつてんとう》の社会である。無明に酔う人々に取《と》り囲《かこ》まれ、からまれるのは当然《とうぜん》であった。総《そう》じていえば、ここに正義《せいぎ》の人が迫害《はくがい》を受けざるをえない必然《ひつぜん》の構図《こうず》がある。

――一九八九・二・一四

*

日蓮大聖人はつねに、大宇宙《だいうちゅう》の天座《てんざ》から地球全体《ちきゅうぜんたい》をつつみこむような大境涯《だいきょうがい》で、全世界と全人類《ぜんじんるい》を展望《てんぼう》しておられた。ここが大事《だいじ》である。ゆえに、日本一国の騒《さわ》ぎなど、悠々《ゆうゆう》と、豆粒《まめつぶ》のごとくに、ご覧《らん》になっていたにちがいない。

また大聖人は、この小島に、**「『一闡提《いっせんだい》』という不《ふ》信《しん》・謗法《ほうぼう》の者たちが生《う》み広げた国が日本である」**（九五九㌻）と述《の》べておられる。

また**「日本は、宇宙の五逆罪《ごぎゃくざい》の者を一カ所《しょ》に集《あつ》めたような国である」**（一〇五四ジペー）とも仰《おお》せである（五逆罪とは、父母《ふぼ》を殺害《さつがい》するなど、仏法上、もっとも重い五つの罪《つみ》のこと）。

崇高《すうこう》な信仰心《しんこうしん》をもつこともなく、権威《けんい》・権力《けんりょく》の言うままに従《したが》い、すぐに戦争《せんそう》を起《お》こし、正義《せいぎ》の人を迫《はく》害《がい》する。そういう歴史《れきし》の繰《く》り返《かえ》しの日本である。その日本から救済《きゅうさい》を始《はじ》めるために、大聖人は日本にお生まれになったのである。

——一九九八・四・二〇

悪との戦い

（悪侶《あくりょ》らの「大慢《だいまん》の法師《ほっし》」との誹謗《ひぼう》に対して）日蓮大聖人は、**「あなたは、（法華経の行者《ぎょうじゃ》である）日蓮を誹謗しようとすることで、仏《ほとけ》の未来記《みらいき》を虚妄《こもう》にする者である。それこそ、大悪人《だいあくにん》ではないか」**（五〇七ジペー）と、鮮《あざ》やかに切り返《かえ》され、厳《きび》しく責《せ》められている。正法《しょうぼう》の正しき実践者《じっせんしゃ》を怨嫉《おんしつ》して、「慢心《まんしん》」とか、「驕慢《きょうまん》」などと誹謗し決《き》めつけ、広宣流布《こうせんるふ》を阻《はば》む者こそ、大悪人であるとのご指摘《してき》である。

今、私どもの立場《たちば》でいえば、大聖人の仰《おお》せの通《とお》りに信行《しんぎょう》に励《はげ》み、ここまで世界広布《こうふ》を推進《すいしん》してきた事実を、誇《ほこ》りをもって言いきることは、決《けっ》して、いわゆる「慢」にはあたらないのである。「事実」はどこまでも「事実」である。現代において、創価学会の出現がなければ、大聖人の一閻浮提《いちえんぶだい》広宣流布の予《よ》言《げん》が虚妄になるところであったことは、だれ人《びと》も否《ひ》定《てい》できない。この、まぎれもない事実の姿《すがた》を、否定し、誹謗する者こそ、御本仏の未来記を虚妄にする大悪人なのである。

——一九九一・八・一七

*

日蓮大聖人は、四条金吾《しじょうきんご》の冤罪《えんざい》（ぬれぎぬによる罪《つみ》）を晴《は》らすため、御自《おんみずか》ら「頼基陳状《よりもとちんじょう》」を代筆《だいひつ》された。まことにありがたき御本仏の大慈大悲《だいじだいひ》である。くわしいいきさつは、ここでは略《りゃく》させていただくが、その陳状の中で大聖人は、中国《ちゅうごく》の古典《こてん》「新序《しんじょ》」

の一節《いっせつ》を引《ひ》いておられる。

「死をおそれて、言うべきことを言わないのは、勇士《ゆうし》ではない」（一一五九ジペー）と。

脅《おど》しに屈服《くっぷく》して口を閉《と》ざすようでは、信仰者《しんこうしゃ》とはいえない。言うべきことを、言うべきときに敢然《かんぜん》と言いきっていく。そうでなければ、心は地獄《じごく》に縛《しば》られ、魂《たましい》の敗北《はいぼく》となってしまう。庶民《しょみん》を守《まも》る雄弁《ゆうべん》の人たれ。人間を守りぬく勇士たれ——これが大聖人のお心であられたと拝《はい》する。そして、これこそ真実《しんじつ》の信仰者の生き方であると、お教《おし》えくださったのである。

——一九九一・一・六

＊

日蓮大聖人は、ご自身に敵対《てきたい》する「智者聖人《ちしゃしょうにん》」（一四三八ジペー）の本質《ほんしつ》を、**「名誉《めいよ》や利益《りえき》を求《もと》めることばかり重く考え、まじめな求道心《きゅうどうしん》はいたって軽《かる》い」**（同）と、厳《きび》しく破折《はしゃく》しておられる。

当時《とうじ》の「智者聖人」とは、現代でいえば、社会の尊敬《そんけい》を集《あつ》める文化・思想界《しそうかい》の指導者《しどうしゃ》等のことにもなるであろう。もしも、真実《しんじつ》の深《ふか》き見識《けんしき》も、民衆《みんしゅう》への慈愛《じあい》もない、悪《あ》しき権威《けんい》の存在《そんざい》に、幻惑《げんわく》され、だまされて、正しき道を見失《みうしな》っていくとしたら、人間としてこれほど愚《おろ》かなこともない。

——一九八九・三・四

＊

日蓮大聖人は弘安《こうあん》二年（一二七九年）、八年前の佐渡《さど》へのご流罪《るざい》を振《ふ》り返《かえ》られ、次のように淡々《たんたん》と述《の》べておられる。

「水はいったん濁《にご》っても、やがて澄《す》む。月は雲《くも》がひとたび隠《かく》しても、また晴《は》れる。これが自然《しぜん》の道理《どうり》である。同じように（大聖人に）罪科《ざいか》がないことが、もはや明白《めいはく》となった」（一三三三ジペー）

「正義《せいぎ》」は、一時的にいかにゆがめられようとも、やがて必《かなら》ず証明《しょうめい》される時がくる。また、断《だん》じて証明せねばならない。とともに、「悪《あく》」はどのように装《よそお》うとも、いずれ必ずその正体《しょうたい》があらわにされ、滅《ほろ》び去《さ》っていく。

——一九八七・一二・一八

＊

「いまにも国が滅《ほろ》びようとしたとき、阿闍世王《あじゃせおう》は、耆婆《ぎば》の勧《すす》めなどによって、提婆達多《だいばだった》を打ち捨《す》て、釈尊《しゃくそん》の御前《ごぜん》に参上《さんじょう》し、さまざまに今まで犯《おか》した罪《つみ》を、お詫《わ》び申し上げた」（一一四九ページ）

国が滅びんとして、ようやく権力者《けんりょくしゃ》は自身の悪《あく》行《ぎょう》に気《き》づき、迫害《はくがい》していた「正義《せいぎ》の人」に謝罪《しゃざい》したのである。こうして、味方《みかた》からも見放《みはな》され、提婆達多は、生きながらにして無間地獄《むけんじごく》に堕《お》ちていった。

「仏法は勝負《しょうぶ》」（一一六五ページ）の峻厳《しゅんげん》なる決着《けっちゃく》である。懺悔《ざんげ》し、心を改《あらた》めた阿闍世王は、賢《かしこ》い王《おう》となって善政《ぜんせい》を行《おこな》った。他国《たこく》からの侵略《しんりゃく》もやみ、国土《こくど》も安穏《あんのん》となっていったという。さらに、阿闍世王自身も大病《たいびょう》を克服《こくふく》し、寿命《じゅみょう》を大きく延《の》ばして、法華経をはじめ仏典《ぶってん》の結集《けつしゅう》にも、おおいに貢献《こうけん》していったと伝《つた》えられている。

正義が栄《さか》えてこそ、自身も、社会も栄えていくのである。

——一九九九・一〇・八

＊

「過去《かこ》の不軽菩薩《ふきょうぼさつ》が法華経を弘通《ぐつう》された時、僧《そう》や尼《あま》で、知恵《ちえ》があり、二百五十戒《かい》を持《たも》つとする権威《けんい》ある高位《こうい》の僧たちが集《あつ》まり、在家《ざいけ》の男女《だんじょ》を味方《みかた》に引《ひ》きいれて、不軽菩薩を罵《ののし》り、暴力《ぼうりょく》を加《くわ》えた。しかし不軽菩薩は退転《たいてん》の心なく法華経を弘《ひろ》められたので、ついには仏《ほとけ》となられたのである」（一四一五ページ）

不軽に浴《あ》びせられた「悪口罵詈《あっくめり》」（一二三〇ページ）、「杖《じょう》木瓦石《もくがしゃく》」（同）の集中攻撃《しゅうちゅうこうげき》。日蓮大聖人は、その背《はい》景《けい》に、権威や邪智《じゃち》の者の〝連合《れんごう》〟による陰湿《いんしつ》な策謀《さくぼう》があったことを示《しめ》されている。大《だい》なり小《しょう》なり、いつの時代にも、こうした現実は変《か》わらないのかもしれない。

ともあれ不軽は、断《だん》じて退《しりぞ》かなかった。負《ま》けなかった。〝進まざるは退転〟——この、前へ前へと勇《いさ》んで進み続《つづ》けた不軽の姿《すがた》にこそ、不滅《ふめつ》の学会精神《せいしん》がある。そして、最後に不軽は、永遠《えいえん》に轟《とどろ》きわたる生命の凱歌《がいか》をあげた。

——一九八九・一二・二〇

＊

　あの熱原法難《あつはらほうなん》のさなか、日蓮大聖人は、二祖《そ》・日《にっ》興上人《こうしょうにん》に仰《おお》せである。

「おのおのは、恐《おそ》れてはならない。いよいよ強く進んでいくならば、必《かなら》ず正邪《せいじゃ》がはっきりするであろう」（一四五五㌻）

　こちらが、立ち上《あ》がって、強く責《せ》めれば、相手《あいて》には必ず仏罰《ぶつばち》が出てくる。**「仏法は勝負《しょうぶ》」**（一一六五㌻）なのである。これからも、勇気《ゆうき》で進み、勇気で戦《たたか》いゆく広布《こうふ》の模範《もはん》の歴史《れきし》をつくっていただきたい！

　SGIは、勇気で勝ち進みましょう！　畜生《ちくしょう》の心の政治家や学者《がくしゃ》など、笑《わら》いとばしていけばよい。

――一九九八・一一・一二

＊

　広宣流布《こうせんるふ》を阻《はば》む「修羅《しゅら》」の生命について、お話ししておきたい。

　修羅界は、十界論《じっかいろん》では、下《した》から四番目であり、地《じ》獄界《ごくかい》、餓鬼界《がきかい》、畜生界《ちくしょうかい》とともに「四悪趣《しあくしゅ》」に位置《いち》づけられる。修羅の生命の特徴《とくちょう》は、自分よりも優《すぐ》れた人に対する「嫉妬《しっと》」と、あらゆる人を見くだし、押《お》さえ込《こ》もうとする「勝他の念《しょうたのねん》」である。

　天台大師《てんだいだいし》は『摩訶止観《まかしかん》』で、修羅の卑《いや》しさを、こう表現《ひょうげん》している。

「つねに他人に勝つことを願《ねが》い、その心を抑《おさ》えきれず、人を見くだし、他者《たしゃ》を軽《かろ》んじ、自分だけを尊《とうと》ぶ。それはまるで、トンビが高く飛《と》んで、下を見おろす姿《すがた》のようである。それでいて外面《がいめん》は、仁《じん》・義《ぎ》・礼《れい》・智《ち》・信《しん》という徳《とく》を掲《かか》げて、（表面的《ひょうめんてき》で、自己《じこ》満足《まんぞく》の）低級《ていきゅう》な善心《ぜんしん》を起《お》こし、修羅道を行《ぎょう》ずるのである」（四三〇㌻）

　すなわち修羅は、内面《ないめん》では、「我尊《われたっと》し」と驕《おご》りながら、外面では、徳を備《そな》えた人格者《じんかくしゃ》のように振《ふ》る舞《ま》う。偽装《ぎそう》がうまいのである。

　その根本《こんぽん》は、自分をよく見せようとする「見栄《みえ》」であり、他人を見くだし、民衆《みんしゅう》を蔑視《べっし》する「傲慢《ごうまん》」であり、「驕慢《きょうまん》」である。

ゆえに、「だれもが成仏《じょうぶつ》できる」と説《と》く法華経を信じることができない。他人よりも自分が上でないと、気《き》がすまない。いな、妙法《みょうほう》そのものよりも、自分が上であるかのように慢心《まんしん》してしまう。それが広宣流布を阻む悪人《あくにん》たちの本質《ほんしつ》である。まして、「自《じ》他《た》ともの幸福のために、真剣《しんけん》に戦《たたか》う」法華経の行《ぎょう》者《じゃ》の心など、わかるはずがない。

——一九九九・五・一

*

日蓮大聖人は、「顕仏未来記《けんぶつみらいき》」において、経文《きょうもん》に照《て》らして、末法《まっぽう》の法華経の行者《ぎょうじゃ》はご自身以外にはないとされ、ご自身が出現されなければ、仏語《ぶつご》が虚妄《こもう》になるところであった、と言いきられている。その大確信《だいかくしん》に対して、低劣《ていれつ》な批判者《ひはんしゃ》たちは**「大慢《だいまん》の法《ほっ》師《し》」**（五〇七ページ）であると悪口《あっく》した。こうした誹謗《ひぼう》にも、大聖人は**「私の言葉は、大慢に似《に》ているように思えるかもしれないが、それは、仏《ほとけ》の未来記を助《たす》け、如来《にょらい》の言葉が真実《しんじつ》であることを顕《あらわ》すためである」**（同）と破折《はしゃく》されている。

たとえ慢心《まんしん》のように思われたとしても、仏語の真実を証明《しょうめい》するためには、言うべきことは断《だん》じて語《かた》っておかねばならない——大聖人のご胸中《きょうちゅう》には、余《よ》人《じん》のうかがい知《し》れない、崇高《すうこう》な使命感《しめいかん》が脈打《みゃくう》っていたと拝《はい》される。

——一九九一・八・一七

*

第六天《だいろくてん》の魔王《まおう》とは、生命の「元品《がんぽん》の無明《むみょう》」の現《あらわ》れであり、それを切るには「信心の利剣《りけん》」しかない、と説《と》かれる。ならば、剣を抜《ぬ》かねばならない。**「剣《つるぎ》なども、勇気《ゆうき》のない人には無価値《むかち》である。法華経の剣は、勇気ある信心の人こそ用《もち》いることができる」**（一一二四ページ）と日蓮大聖人は教《おし》えられている。また、**「法華経は良《よ》い剣だが、使《つか》う人によって、切れるかどうかが決《き》まる」**（一一八六ページ）と仰《おお》せである。

大切なのは「勇気」である。何ものも恐《おそ》れないのが「信心」の心である。「勇猛《ゆうもう》」の人には、諸天《しょてん》も威光勢力《いこうせいりょく》を増《ま》して守《まも》りに守っていく。「声《こえ》は力《ちから》」「文《ぶん》は剣」である。

――一九九一・九・二〇

＊

「法華経の敵《てき》を見ていながら、世間《せけん》をはばかり、恐《おそ》れて黙《だま》っていたら、釈尊《しゃくそん》の敵となってしまう。どんな智人《ちじん》、善人《ぜんにん》でも必《かなら》ず無間地獄《むけんじごく》に堕《お》ちる」（一四一二㌻）

「正法《しょうほう》の破壊者《はかいしゃ》」に対しては、言うべきことは厳《げん》然《ぜん》と言わねばならない。そうでなければ釈尊の、日蓮大聖人の敵となってしまう、と。これが御本仏のお教《おし》えである。

〝世間をはばからず〟――仏法の根本《こんぽん》は人情論《にんじょうろん》ではない。目先《めさき》の感情《かんじょう》や利害《りがい》に流《なが》されてはならない。どこまでも正しくして、厳《きび》しき「道理《どうり》」を貫《つらぬ》くところに、新しき歴史《れきし》は開《ひら》かれる。これこそが正法の勝利である。

――一九九一・三・四

＊

日蓮大聖人は、正法破壊《しょうほうはかい》の僧侶《そうりょ》について**「彼らの首を由比ケ浜《ゆいがはま》で切らなければ、日本国は必《かなら》ず滅《ほろ》びるであろう」**（二八七㌻）とまで仰《おお》せになっている。

（「首を切る」との言《げん》の真意《しんい》について、「立正安国論《りっしょうあんこくろん》」では**「布施《ふせ》を止める」**〈三〇㌻〉、すなわち悪僧《あくそう》への供養《くよう》を止め、悪僧として生きていけなくすることにあるとされている）

大慈大悲《だいじだいひ》の大聖人が、それほどの厳《きび》しい表現《ひょうげん》をされるくらい、悪僧の害毒《がいどく》は深《ふか》く、恐《おそ》ろしいのである。その怖《こわ》さは、どんなに強く言っても言いすぎることはない――このことを、そして悪の根《ね》を断《た》つ〝精神《せいしん》〟を教《おし》えられていると拝《はい》される。

絶対《ぜったい》に甘《あま》く、簡単《かんたん》に考《かんが》えてはならない。**「仏法は勝負《しょうぶ》」**（一一六五㌻）であり、勝負に中途半端《ちゅうとはんぱ》はない。

――一九九二・四・一七

＊

「末法《まっぽう》の法華経の行者《ぎょうじゃ》を軽蔑《けいべつ》し、いやしめる権力《けんりょく》者《しゃ》、その臣下《しんか》、そして民衆《みんしゅう》は、迫害《はくがい》した当初《とうしょ》は、何

も起《お》こらないように見えても、最後には、必《かなら》ず滅《ほろ》びる」（一一九〇ページ）

善人《ぜんにん》は黙《だま》っていてはいけない。口うるさくしなければ、悪人《あくにん》はすぐに悪《わる》いことを始《はじ》める。

ユゴーは叫《さけ》んだ。

「善《ぜん》が沈黙《ちんもく》を守《まも》っている間《あいだ》に悪がひょっと顔《かお》を出す。この間の戦《たたか》いが人間の戦いであります」（「自由《じゆう》劇《げき》」『ユーゴー全集』8所収、川路柳虹訳、ユーゴー全集刊行会。現代表記《ひょうき》にした）

ゆえに悪人を責《せ》め続《つづ》けることである。

勝つか負《ま》けるかである。最後まで、悪には、とどめを刺《さ》さなければいけない。日本人には、この〝徹《てっ》底的《ていてき》に〟が、なかなかできない。だから社会が変《か》わらない。

――一九九八・七・一七

*

悪《あく》との戦《たたか》いに妥協《だきょう》はない。方便品《ほうべんぽん》の「本末究竟《ほんまつくきょう》等《とう》」（法華経一〇八ページ）について、日蓮大聖人は仰《おお》せである。

「本《ほん》とは悪の根《ね》、善《ぜん》の根であり、末《まつ》とは悪の終《お》わり、善の終わりである。善と悪の根本《こんぽん》（本）から枝《し》葉《よう》（末）までを、悟《さと》りきわめた人を仏《ほとけ》というのである」（一四六六ページ）と。

「悪の根」とは、一切衆生《いっさいしゅじょう》に不幸をもたらす「不幸の根」である。大聖人は謗法《ほうぼう》の僧《そう》こそ、大悪《だいあく》であり、「悪の根」であるとされている。この「悪の根」を断《た》つことが、人々の「不幸の根」を断つことになる。何より、自分自身の生命から、「不幸の根」を断つことになる。

ゆえに、絶対《ぜったい》に最後の最後まで、妥協してはならない。「悪の根」「一凶《いっきょう》」を残《のこ》しておけば、必《かなら》ずまた悪の枝《えだ》を伸《の》ばしてくる。決《けっ》して油断《ゆだん》してはならない。日顕宗《にっけんしゅう》を〝根絶《こんぜつ》〟する戦いが、法華経の「本末究竟等」の法理《ほうり》にのっとった実践《じっせん》である。大聖人のご精神《せいしん》にかなった闘争《とうそう》である。悪とは断《だん》じて戦いぬく学会精神をいちだんと燃《も》やしていきたい。

――一九九三・三・二五

*

「もし仏法者が、仏法を破壊《はかい》する者を見ておきながら、そのまま放置《ほうち》して、相手《あいて》の非《ひ》を厳《きび》しく責《せ》めず、追放《ついほう》もせず、はっきり罪《つみ》を挙《あ》げて処断《しょだん》しないのであれば、まさにこの仏法者は仏法の中の怨敵《おんてき》であると、知《し》るべきである」（二三六ページ）

悪《あく》を見て、放《ほう》っておいてはならない！　傍観《ぼうかん》する者は仏敵《ぶってき》となる！　断《だん》じて戦《たたか》え！――と。

たとえば、悪意《あくい》のデマがある。「それは嘘《うそ》だ！」と叫《さけ》べば、悪は破《やぶ》れる。黙《だま》っていれば、その臆病《おくびょう》に悪はつけこむ。正義《せいぎ》を叫ばずして、「広宣流布《こうせんるふ》」ができるはずがない。何ものも恐《おそ》れず、真実《しんじつ》を叫びきっていくのが学会精神《せいしん》である。

――一九九七・九・一五

＊

「（悪人《あくにん》と戦《たたか》わないがために）悪を増長《ぞうちょう》させて、善人《ぜんにん》を悩《なや》ませ、正法《しょうほう》を破壊《はかい》させてしまえば、（中略）その悪人たちと共《とも》に、地獄《じごく》に堕《お》ちてしまう」（一三七四ページ）

「悪」と戦わなければ、「善」ではない。何も恐《おそ》れず、また人を頼《たよ》らず、一人、厳然《げんぜん》と立ち上がっていただきたい。広宣流布《こうせんるふ》の達成《たっせい》のために、仏意仏勅《ぶついぶっちょく》の創価学会の前進《ぜんしん》のために、大切な会員同志《どうし》を守《まも》るために、心を炎《ほのお》と燃《も》えあがらせ、一人、猛然《もうぜん》と進んでいくことである。

――一九九八・三・二一

＊

極悪《ごくあく》と戦《たたか》う者は、極善《ごくぜん》となる。極善の功徳《くどく》は、無量《むりょう》であり、金剛不壊《こんごうふえ》のわが身となる。これが、釈尊《しゃくそん》そして日蓮大聖人のお約束《やくそく》である。

大聖人は、**「悪法《あくほう》によって人を地獄《じごく》に堕《お》とすであろう邪師《じゃし》を見ておきながら、その悪を責《せ》め、明《あき》らかにしないならば、その人はかえって仏法の中の敵《てき》となる」**（一一五六ページ）と断《だん》じておられる。

人を地獄に堕とす邪師を責めなければ、わが身が仏敵《ぶってき》となる、との厳《きび》しい戒《いまし》めである。悪を責めなければ、自分が悪の味方《みかた》となってしまう。ゆえに、中途半端《ちゅうとはんぱ》ではなく、徹底《てってい》して戦うしかない。

勝利とは何か。戦い続《つづ》ける、その信心が、すでに勝利なのである。栄光《えいこう》とは何か。戦い続ける、その前進《ぜんしん》の姿《すがた》にこそ、栄光は輝《かがや》いている。

――一九九三・一二・二五

＊

これまでも純粋《じゅんすい》で真面目《まじめ》な学会員を利用《りよう》して、自分たちの邪《よこしま》な目的《もくてき》を成《な》し遂《と》げようとする黒い動きがあった。今後《こんご》も、そうした動きが必《かなら》ず起《お》きてくるだろうが、もはや絶対《ぜったい》に許《ゆる》してはならない。それらを許せば、結局《けっきょく》、学会員が苦しむことになり、信心の世界を濁《にご》らせてしまうからである。

戸田先生は「闘《たたか》おうではないか！　青年諸氏《しょし》よ」と言われた。学会利用の邪悪《じゃあく》な動きと、どこまでも戦《たたか》いぬいていくのが青年部の伝統精神《でんとうせいしん》である。

また日蓮大聖人は「**法華経は折伏《しゃくぶく》の修行《しゅぎょう》であり、権教《ごんきょう》の理《り》を打ち破《やぶ》っていくのである**」（五〇二㌻）と。これが大聖人の仏法の精神である。

この精神のままに私どもは、どこまでも誤《あやま》れる邪な勢力《せいりょく》とは、戦いぬいていきたい。

――一九八九・二・二〇

＊

悪《あく》に対しては、また障魔《しょうま》に対しては、こちらがそのもろさを見破《みやぶ》って強く出ることである。そうすれば彼らは後退《こうたい》し、退散《たいさん》する。

「佐渡《さど》御書」のあまりにも有名な一節《いっせつ》に、「**巨大《きょだい》な姿《すがた》を見せ、おごっていた阿修羅王《あしゅらおう》は、帝釈天《たいしゃくてん》に責《せ》められると、無熱池《むねっち》（閻浮提《えんぶだい》の四大河《たいが》の水源《すいげん》とされた清涼《せいりょう》な池《いけ》）にある一つの蓮《はす》の実《み》の穴《あな》の中に、小さくなって隠《かく》れてしまった**」（九五七㌻）と。このように、おごれる者は、強敵《きょうてき》にあうと、必《かなら》ず恐《おそ》れる心が出てくると、日蓮大聖人が教《おし》えてくださっているとおりである。

――一九九〇・一二・九

＊

「**問《と》うていうには、なぜ法師《ほっし》（日蓮大聖人）一人だ**

けが、この悪言《あくげん》をはいているのか」（八九八㌻）

日蓮大聖人は、歴史《れきし》もあり、当時《とうじ》、多くの人々が信仰《しんこう》していた「真言《しんごん》」の邪義《じゃぎ》を挙《あ》げられ、権威《けんい》ある高僧《こうそう》と仰《あお》がれていた弘法《こうぼう》等の過《あやま》ちについて指摘《してき》された。それに対し、人々がこぞって、「とんでもない悪口《あっこう》だ。一人だけなぜ、そんなことを言うのか」と非難《ひなん》するであろうことも予想《よそう》された。実際《じっさい》、そのとおりであったであろう。

しかし大聖人は、こう仰《おお》せである。

「日蓮はこの邪義の人々を非難しているのではない。ただ『これは、おかしい』と疑問《ぎもん》を口にしているだけである。それが悪《わる》いと腹《はら》を立てられるなら、そうされるがよい」（同）と。

経文《きょうもん》に照《て》らして、〝おかしい〟ものは〝おかしい〟のである。その疑問を、そのまま口にすることが、どうして「悪言」「悪口」になるのか、それは正法《しょうほう》を守《まも》る「善言《ぜんげん》」であり、「正言《しょうげん》」なのである。権威をカサに正当《せいとう》な疑問さえ圧殺《あっさつ》しようとする考《かんが》え方《かた》への、明快《めいかい》な切り返《かえ》しであられる。

疑問に、なんら正面《しょうめん》から答《こた》えようとせず、逆《ぎゃく》に頭《あたま》に血《ち》がのぼったかのように抑《おさ》えつけ、封《ふう》じ込《こ》め、正義《せいぎ》の人をなきものにしようとする。大聖人は、一生涯《いっしょうがい》、そういう権威の悪《あく》と戦《たたか》われた。ならば、真《しん》の門下《もんか》である私どもの進むべき道も、明《あき》らかである。

——一九九一・九・二一

*

「どんなに大善《だいぜん》をつくり、法華経を千万部読《よ》み、書写《しょしゃ》し、一念三千《いちねんさんぜん》の観心《かんじん》の道を得《え》た人であっても、法華経の敵《てき》を責《せ》めなければ成仏《じょうぶつ》はできない」（一四九四㌻）

これは、末法今時《まっぽうこんじ》における天台《てんだい》仏法の修行《しゅぎょう》を破折《はしゃく》された御文《ごもん》であるが、私どもの信心のあり方をも示《しめ》されている。日々、仏道《ぶつどう》修行に励《はげ》み、多くの善根《ぜんこん》を積《つ》んでいるという人がいる。また、教学《きょうがく》の研鑽《けんさん》に励み、仏法のことは深《ふか》く知《し》っているという人もいるかもしれない。しかし、いくら善根を積み、仏法を深く究《きわ》めているといっても、正法正義《しょうほうしょうぎ》を破壊《はかい》しようとする敵と戦《たたか》わなければ、すべて無意味なものとなる、成仏は絶対《ぜったい》にできない、との厳《きび》しき仰《おお》せなのである。

それは、あたかも**「朝廷《ちょうてい》に仕《つか》える人が、十年、二十年と奉公《ほうこう》しても、主君《しゅくん》の敵を知りながら報告《ほうこく》もせず、個人《こじん》としてもその敵を憎《にく》み、責めなければ、長《なが》年《ねん》の奉公の功績《こうせき》もみな消《き》えてしまい、かえって罪《つみ》に問《と》われるようなものである」**（同）と。

ゆえに、私は、信心の世界、妙法《みょうほう》の世界を破壊しようとする敵と戦っている。そのために数々《かずかず》の迫害《はくがい》もあった。非難《ひなん》、中傷《ちゅうしょう》も受けている。しかし、それが御聖訓《ごせいくん》どおりの正しき信心の道と知っているがゆえに、私は行動している。たとえ、信心の年数《ねんすう》も長く、幹部になったとしても、仏法の敵を見ながら、知りながら、戦いもせず、責めようともしなければ、本当に仏法を知ったことにはならない、真実《しんじつ》の信心の実践《じっせん》とはならないことを教《おし》えられた御書である。それでは「成仏」など思いもよらない。日蓮大聖人が教えられた正しき信心の道に連《つら》なってこそ「成仏」はあることを、よくよく銘記《めいき》しなければならない。

――一九八九・一〇・一

＊

「悪鬼入其身《あっきにゅうごしん》」について、「御義口伝《おんぎくでん》」では、こう仰《おお》せである。

「悪鬼とは、邪義《じゃぎ》を弘《ひろ》めた法然《ほうねん》や弘法《こうぼう》らのことである。其《そ》の身に入るとは、国王《こくおう》・大臣《だいじん》という権力《けんりょく》者や万民《ばんみん》などの身に入ることである。今、日蓮とその門下《もんか》の南無妙法蓮華経と唱《とな》える者を、悪鬼が入った彼らが必《かなら》ず怨《うら》み迫害《はくがい》するということである」（七四九ページ）

今も、この仰せのとおり、「悪鬼入其身」の者が、広宣流布《こうせんるふ》を破壊《はかい》しようと暗躍《あんやく》している。戦《たたか》わねばならない。この悪人《あくにん》と戦わなければ、知《し》らずしらずのうちに自分も、「その身に入ろう」とする悪鬼の影《えい》響《きょう》を受けてしまう。油断《ゆだん》してはならない。**「仏法は勝負《しょうぶ》」**（一一六五ページ）である。仏法は厳《きび》しい。悪鬼に完全《かんぜん》に打ち勝たなければ、結局《けっきょく》は、自分が悪鬼の眷属《けんぞく》になってしまうのである。

日蓮大聖人は**「鬼《き》とは命《いのち》を奪《うば》う者で、奪功徳者《だつくどくしゃ》と**

いうのである」（七四九㌻）と。

日顕宗《にっけんしゅう》とその一派《いっぱ》は「奪命者《だつみょうしゃ》」であり、「奪功徳者」なのである。地涌《じゆ》の菩薩《ぼさつ》の生命力を奪い（奪命者）、功徳を奪おうとする（奪功徳者）。彼らと妥協《だきょう》した分《ぶん》だけ、生命力と功徳を奪われる。彼らと戦った分だけ、生命力と功徳が、いや増《ま》す。

――一九九三・一二・二九

*

「もし菩薩《ぼさつ》がいて、悪人《あくにん》をかばい、その悪を罰《ばっ》することができず、そのために、かえって悪を増長《ぞうちょう》させ、善人《ぜんにん》を悩《なや》ませ、混乱《こんらん》させ、正法《しょうほう》を壊《こわ》してしまうならば、その人はじつは菩薩ではない。この者は、外《そと》に向《む》かっては、人を詐《いつわ》りあなどって、つねにこう言うであろう。『私は耐《た》え忍《しの》んでいるのです』と。こういう人間は、死んだならば（自分が責《せ》めなかった）悪人たちと一緒《いっしょ》に地獄《じごく》に堕《お》ちるであろう」（一三七四㌻）

「悪人が悪《わる》いのは、わかっております。しかし、今はいろいろ事情《じじょう》があるので」などと言って、戦《たたか》わない。「耐え忍んでいるのです」などと言う。そういう偽善者《ぎぜんしゃ》を厳しく破折《はしゃく》しておられる。

仏法は厳しい。いくら理屈《りくつ》を言っても、たとえ幹部であっても、悪と戦わなければ地獄に堕ちる。大聖人が、そう仰《おお》せである。いかに表面《ひょうめん》を飾《かざ》ろうとも、妙法《みょうほう》だけは、だますことはできない。だれ人《びと》たりとも、妙法によって必《かなら》ず裁《さば》かれる。

――一九九七・一・一二

*

「敵《てき》がいない時は、いつわった愚《おろ》かな姿《すがた》のまま安《あん》穏《のん》に過《す》ごせる」（一四七五㌻）

これは法華経の行者《ぎょうじゃ》がいないうちは、他宗《たしゅう》の者もいいかげんでいられるという意味である。そのうえで、私どもも、敵がいるからこそ「いつわり」「愚か」ではいられなくなる。その分《ぶん》、鍛《きた》えられ成長《せいちょう》する。〝本物《ほんもの》〟になり〝賢明《けんめい》〟になっていく。〝敵〟は成仏《じょうぶつ》の必要条件《ひつようじょうけん》でさえある。「僣聖増上慢《せんしょうぞうじょうまん》」はじめ「三類《さんるい》の強敵《ごうてき》」と戦《たたか》ってこそ、成仏の永遠《えいえん》の幸福境涯《きょうがい》が開《ひら》かれる。

——一九九一・九・二〇

＊

「経文《きょうもん》によれば、これらの悪人《あくにん》（仏法を大弾圧《だいだんあつ》した悪逆《あくぎゃく》の王《おう》たち）は、仏法の真《しん》の怨敵《おんてき》ではない。それよりも、三明《さんみょう》や六神通《ろくじんつう》という神通力をもった聖者《せいじゃ》のように見える僧侶《そうりょ》たちが、正法《しょうぼう》を滅《ほろ》ぼし、失《うしな》わせるのである」（一八二ジペー）

仏法のいちばんの怨敵は、だれか——それは、仏法者を迫害《はくがい》する、一国の指導者《しどうしゃ》や政治家などではない。〝聖人《せいじん》〟然《ぜん》として振《ふ》る舞《ま》い、法を説《と》く高僧《こうそう》である、と。

天魔《てんま》らが、その身に入った「悪鬼入其身《あっきにゅうごしん》」の高僧が、正法を破《は》壊《かい》しようとするのである。大聖人の仏法を破壊し、広宣流布《こうせんるふ》を破壊する高僧——経文どおりの〝仏法の大怨敵〟とは、戦《たたか》わざるをえない。戦った人の成仏《じょうぶつ》、大福徳《だいふくとく》も、経文と御書に照《て》らして、絶対《ぜったい》に間違《まちが》いない。

——一九九一・一一・九

＊

「法華経の敵《てき》に供養《くよう》すれば、どんな大慈大悲《だいじだいひ》の菩《ぼ》薩《さつ》であっても、必《かなら》ず無間地獄《むけんじごく》に堕《お》ちる。反対に、五逆罪《ごぎゃくざい》の罪人《ざいにん》であっても、仏敵《ぶつてき》と戦《たたか》えば、必ず人界《にんかい》、天界《てんかい》に生《せい》を受ける」（一一三三ジペー）

「大慈大悲の菩薩」であっても、地獄に堕ちる罪《つみ》——これが「仏敵を供養する」罪である。反対に仏敵と戦えば、大罪《だいざい》の人でも「幸福」になる。

仏法はどこまでも仏《ほとけ》と魔《ま》との「戦い」であり「勝《しょう》負《ぶ》」である。感情論《かんじょうろん》ではない。仏敵と戦わなければ、その人は仏敵であり、戦えば仏の味方《みかた》である。中間《ちゅうかん》はない。これが御本仏の仰《おお》せである。

——一九九二・一一・二

＊

「正統《せいとう》」の立場にありながら、正法《しょうほう》を濁《にご》らせてしまった天台宗《てんだいしゅう》。その転落《てんらく》、すなわち天台座主《ざす》・慈覚《じかく》の真言化《しんごんか》に関《かん》して、日蓮大聖人は、他宗《たしゅう》の邪義《じゃぎ》よりも**「百千万億倍《ばい》も信じがたい最大の悪事《あくじ》」**（二七九ページ）と仰《おお》せである。

いちばん正法を伝《つた》えるべき立場《たちば》でありながら、正法を破壊《はかい》する――その罪《つみ》は、他の悪よりも「百千万億倍」の「最大の悪事」なのである。

「四十九院《いん》の法難《ほうなん》」、そして「熱原《あつはら》の法難」は、この「大悪《だいあく》」との戦《たたか》いでもあられた。ゆえに「大善《だいぜん》」も輝《かがや》いていった。

大聖人は、「天台宗の権威《けんい》」と戦われた。私どもは今、〝他宗よりも百千万億倍の極悪《ごくあく》〟である「日《にっ》顕宗《けんしゅう》の権威」と戦っている。学会の前進《ぜんしん》は、大聖人、日興上人《にっこうしょうにん》のご闘争《とうそう》と、同じ方程式《ほうていしき》にのっとっているのである。

――一九九三・九・七

*

「仏《ほとけ》の正法《しょうほう》を弘《ひろ》めようとする者は、経典《きょうてん》の教《おし》えの意義《いぎ》を誤《あやま》って説《と》く者（悪侶《あくりょ》）を聞いたり見たりしたならば、みずからこれを責《せ》めなさい。もし自身の力《ちから》が足《た》りなければ、国主《こくしゅ》に訴《うった》えてでも、対治《たいじ》しなさい。そうしない人は仏法の中の敵《てき》である。もし経文《きょうもん》のとおりに、他人を恐《おそ》れず、みずからも悪侶らを責め、国主にも訴える人は、仏弟子《ぶつでし》であり、真《しん》の僧《そう》である」（四九六ページ）

悪侶に対しては、みずから責め、それでも足りなければ国主に訴えてでも責めよ、と厳然《げんぜん》たるご命令《めいれい》である。今、民主主義《みんしゅしゅぎ》の社会にあっては、国主とは民衆《みんしゅう》であり、広く民衆に訴え、公《おおやけ》の社会問題《もんだい》として糾弾《きゅうだん》していくことをさすともいえよう。一人一人の鋭《するど》い破折《はしゃく》と社会的な告発《こくはつ》と、その両面《りょうめん》から責めていくのが、経文に合致《がっち》した戦《たたか》い方《かた》と信ずる。

――一九九二・八・二九

*

「悪王《あくおう》がいて、法華経を無《な》くそうとするならば、わが命《いのち》を滅《ほろ》ぼすことになっても従《したが》ってはならない。戒律《かいりつ》を守《まも》り、仏道修行《ぶつどうしゅぎょう》に励《はげ》んでいるとされる高僧《こうそう》などが、法華経を弘通《ぐつう》するかのように見えて、その

実《じつ》、法華経を滅ぼすならば、これを知《し》って責《せ》めるべきである」（一〇五一ページ）

この御金言《ごきんげん》のとおり、広布《こうふ》を妨《さまた》げようとするあらゆる権力《けんりょく》・権威《けんい》と、身命《しんみょう》を惜《お》しまずに戦《たたか》ってきたのが、私たち創価学会である。この御文《ごもん》の「高僧」に該当《がいとう》し、宗教的権威《しゅうきょうてき》を振《ふ》りかざして、正法《しょうほう》と広布を破壊《はかい》しているのが、日顕《にっけん》であり、現宗門《げんしゅうもん》である。

御書に、ご教示《きょうじ》のとおりの事態《じたい》が今、起《お》こっている。日蓮大聖人は「責めるべきである」と厳然《げんぜん》と仰《おお》せである。青年は、立ち上がらねばならない。悪《あく》と戦わねばならない。なかんずく極悪《ごくあく》は、最後の最後まで妥協《だきょう》なく、怠《おこた》りなく、責めて責めぬくべきなのである。

——一九九三・四・三

*

「今、末代悪世《まつだいあくせ》には、世間《せけん》の悪《あく》よりも、出世間《しゅつせけん》の法門《ほうもん》である仏法が原因《げんいん》となって、大悪《だいあく》が生《しょう》じている」（一四六六ページ）

正法《しょうほう》に敵対《てきたい》して成仏《じょうぶつ》を妨《さまた》げ、民衆《みんしゅう》と社会に最大の災《わざわ》いをもたらす「大悪」。それが末代悪世には、仏法の中から出現する、と断《だん》じておられる。

経文《きょうもん》（法華経薬王品《やくおうほん》）の予言《よげん》のとおりに、世界広《こう》布を阻《はば》む「悪魔《あくま》・魔民《まみん》」が、「破法《はほう》の法主《ほっす》」日顕《にっけん》の一派《いっぱ》として出現したのである。それが、あらゆる災《さい》難《なん》をもたらす、根源《こんげん》の「一凶《いっきょう》」である。徹底《てってい》して責《せ》め、打倒《だとう》することこそが、世界の「立正安国《りっしょうあんこく》」への実践《じっせん》である。自分自身の不幸の因《いん》をも断《た》ち切る行動である。

——一九九四・一・二四

*

いずこの世界にあっても、悪人《あくにん》を放置《ほうち》しておけば、内側《うちがわ》から破壊《はかい》されてしまう。これほど怖《こわ》いことはない。また、そうした悪がはびこるのを、黙《だま》って許《ゆる》しておくことも、重大《じゅうだい》な罪《つみ》である。いわんや、仏法の世界は、より峻厳《しゅんげん》である。

御書に**「師子《しし》の身中《しんちゅう》の虫が師子をむしばむ、と言うとおり、仏教を外道《げどう》は破《やぶ》りがたい。仏教の内部に事《こと》が起《お》こってきて、仏道《ぶつどう》は失《うしな》われてしまうだろう。**

これは仏《ほとけ》の遺言《ゆいごん》である」（一二七一ページ）と説《と》かれている。

清《きよ》らかな、うるわしい、この正法《しょうほう》の世界に、悪が巣《す》くうようなことは、断《だん》じて許してはならない。そうでないと「師子の身中の虫が師子をむしばむ」とのごとく、内部から妙法《みょうほう》の世界がむしばまれ、永遠《えいえん》なる広宣流布《こうせんるふ》の道がふさがれてしまうからである。

有名の人がいる。栄誉《えいよ》の人がいる。功績《こうせき》の人がいる。人は、おうおうにして、これらの〝飾《かざ》り〟に幻《げん》惑《わく》されやすい。しかし、それらは信心とは何《なん》の関係《かんけい》もないことである。これまで学会にも、有名や栄誉、功績の仮面《かめん》をかぶって、学会を利用《りよう》しようとしたり、増上慢《ぞうじょうまん》となり退転《たいてん》していった者が出た。これからも、そのような名聞名利《みょうもんみょうり》の人物《じんぶつ》が出るかもしれない。しかし私どもは、絶対《ぜったい》に、こうした「悪」の蠢動《しゅんどう》を許してはならない。正法の「敵《てき》」を鋭《するど》く見《み》抜《ぬ》いていくことだ。仮面の策略《さくりゃく》に翻弄《ほんろう》されてはならない。そして信心の世界で「悪」の働《はたら》きができないように、責《せ》めだしていかねばならない。

――一九八九・一〇・一

＊

在家《ざいけ》の身として、最《もっと》も努《つと》めるべきことは何か。在家が成仏《じょうぶつ》する根本《こんぽん》の道は何か――。

「在家の人々は、特別《とくべつ》の知恵《ちえ》や修行《しゅぎょう》がなくとも、謗法《ほうぼう》の者を対治《たいじ》する功徳《くどく》によって、生死《しょうじ》の苦しみを離《はな》れる（成仏する）ことができる」（六八ページ）と。

日蓮大聖人は、この「謗法の者」とは、**「戒律《かいりつ》を破《やぶ》る悪僧《あくそう》たち」**（同）であると、明確《めいかく》に示《しめ》されている。また、悪侶《あくりょ》たちは**「一時の欲望《よくぼう》によって」**（五二ページ）、仏《ほとけ》が定《さだ》められた「広宣流布《こうせんるふ》」の予言《よげん》を破壊《はかい》するのだ、と。

これが御書に示された成仏への「在家の修行」なのである。今、私どもは、この教《おし》えどおりに進んでいる。動くべき時に動く。語《かた》るべき時に語る。その人が大功徳を受ける。

――一九九四・一・二五

天台大師《てんだいだいし》が六世紀《せいき》に法華経の大哲学《だいてつがく》を説《と》いたとき、怒《いか》りに狂《くる》った、もろもろの坊主《ぼうず》どもが、カラスのように群《む》れをなして、悪口《わるくち》を言い、罵《ののし》り、騒《さわ》いだと言われている。

襲《おそ》いかかる論難《ろんなん》の嵐《あらし》に対して、天台大師は、どれほど勇猛《ゆうもう》に立ち向《む》かったか。

日蓮大聖人の「報恩抄《ほうおんしょう》」には、**「天台大師は、論難の言葉の一つ一つに対して責《せ》め返《かえ》し、押《お》し返して、さらに重《かさ》ねて責めていった」**（二九九㌻）等と記《しる》されている。

精神闘争《せいしんとうそう》において大事《だいじ》なのは、この「反撃力《はんげきりょく》」である。言われたら、言い返す。何倍《なんばい》にもして「反撃」する。これが「破折《はしゃく》」である。これが「仏法の精神」である。

——一九九九・九・一〇

*

日蓮大聖人は、竜《たつ》の口《くち》のご法難《ほうなん》の前年、あるお手《て》紙《がみ》でこう仰《おお》せである。

「すでに、生《う》まれることが難《むずか》しい人間として生まれることができた。しかも、あいがたい法華経にあい、邪師《じゃし》からも免《まぬか》れることができた。さらに、法華経のゆえに流罪《るざい》（伊豆《いず》流罪）に及《およ》んだ（これらは、この上ない喜《よろこ》びである）。今は、死罪《しざい》にされないことこそ不本意《ふほんい》である。だから、どうか、死罪を受ける大難《だいなん》が起《お》こるようにと励《はげ》んで、各方面《かくほうめん》へ強く責《せ》める言葉を書き送《おく》ったのである」（九九九㌻）

これが御本仏の悠然《ゆうぜん》たるお心であられた。

私どもは「大聖人の門下《もんか》」である。邪師に紛動《ふんどう》されず、邪義《じゃぎ》にも染《そ》まらず、真実《しんじつ》の道を進みゆく喜び、誇《ほこ》り。そして〝大難よ、来《きた》れ〟と勇敢《ゆうかん》に「悪《あく》」と戦《たたか》いゆく誉《ほま》れ——。私どもは、強く、また強く「悪」を責めながら、「御本仏の真実の門下」の大道《だいどう》を進んでまいりたい。

——一九九一・一〇・二七

*

「瞋恚《しんに》（怒《いか》り）は、善悪《ぜんあく》に通《つう》じるものである」（五八四㌻）

たんに、怒《おこ》ってはいけない、批《ひ》判《はん》してはいけない、と言うのではない。「瞋恚」すなわち「怒《いか》り」は、善悪の両方《りょうほう》に通じると教《おし》えられている。

感情《かんじょう》にまかせた私憤《しふん》は、自身も他人も傷《きず》つけることが多い。しかし、正法《しょうほう》を破《やぶ》り、民衆《みんしゅう》を苦しめ、信《しん》徒《と》を蔑《さげす》む「大悪《だいあく》」への怒りは、「正義《せいぎ》の怒り」であり、「大善《だいぜん》の怒り」である。それを今、私たちは実《じっ》践《せん》している。牧口先生、戸田先生の指導《しどう》どおりである。大聖人の御聖訓《ごせいくん》のとおりである。

――一九九三・一一・一八

＊

策謀《さくぼう》の渦巻《うずま》くなか、毅然《きぜん》と信仰《しんこう》を貫《つらぬ》いてきた「池《いけ》上兄弟《がみきょうだい》」に、日蓮大聖人は仰《おお》せである。

「これからも、何があっても、信心をゆるめてはならない。今まで以上に、いよいよ声《こえ》を強く大きくして、仏《ほとけ》の敵《てき》を責《せ》めぬいていきなさい。たとえ命《いのち》をねらわれようとも、少しも恐《おそ》れてはならない」（一〇九〇ページ）とのご指南《しなん》である。

日蓮仏法の真髄《しんずい》は破折《はしゃく》である。戦《たたか》いである。勝負《しょうぶ》である。勝つことである。だから、戸田先生は叫《さけ》ばれた。仏の敵を一人も残《のこ》すな！　と。これが仏法勝負の究極《きゅうきょく》の信念《しんねん》である。

――一九九八・五・八

＊

「真実《しんじつ》を見きわめる」ことの大切さについて、御書を拝《はい》して述《の》べておきたい。

「千日尼御前御返事《せんにちあまごぜんごへんじ》」に、次のように述べられている。

「初《はじ》めて会《あ》う客人《きゃくじん》の姿《すがた》が麗《うるわ》しく、心も清《きよ》らかで、話し合ってみれば、言葉に疑《うたが》うところがないとしても、これまで見知《みし》らない人であるから、話の内容《ないよう》が実際《じっさい》に証明《しょうめい》されなければ、言葉だけでは信じにくい。その時、その人の言葉どおりに、大事《だいじ》なことがたびたび符合《ふごう》すれば、それで初めて後のことも信頼《しんらい》できるということになる」（一三一一ページ）と。

この御文《ごもん》は〝妙法《みょうほう》によって成仏《じょうぶつ》できるといっても、言葉だけでは信じ難《がた》い。しかし確《たし》かな実証《じっしょう》によって、その人の言うことは信用《しんよう》できる〟という道理《どうり》を示《しめ》されたものである。

一般的《いっぱんてき》にも、話す人の容姿《ようし》や言葉の美《うつく》しさは、その人の話の「真偽《しんぎ》」とは別問題《べつもんだい》である。言っていることが現実に証明されて初めて、〝信頼〟できるわけである。人をおとしいれ、欺《あざむ》くために、理《り》に合ったような、たくみな言葉をとりつくろうものもある。ゆえに、調子《ちょうし》のよい、たくみな言葉にだまされてはいけない。その言葉に、確かな裏付《うらづ》けがあるか、明白《めいはく》な証拠《しょうこ》があるかどうかを、きちんと見きわめていかねばならない。何《なん》でも鵜呑《うの》みにして〝信頼〟してしまう無邪気《むじゃき》なお人よしであっては、「悪《あく》」の勢力《せいりょく》につけ込《こ》むスキをあたえてしまう。

――一九九〇・六・八

*

御書を拝読《はいどく》すると、日蓮大聖人は何度《なんど》も何度も「たぼらかされるな」と仰《おお》せである。すなわち「だまされてはいけない」とのお言葉である。

「法華初心成仏抄《ほっけしょしんじょうぶつしょう》」には**「(世《せ》間《けん》から尊敬《そんけい》されている高僧《こうそう》が、じつは法華経の敵《てき》であり) 猟師《りょうし》が目を細《ほそ》めてシカを狙《ねら》い、ネコが爪《つめ》を隠《かく》してネズミを狙うように、在家《ざいけ》信仰者《しんこうしゃ》の男女《だんじょ》に本心《ほんしん》を隠して甘《あま》い言葉を言い、いつわり、だますであろうと、経文《きょうもん》には説《と》かれている」**(五五六ページ)と。

また「光日房御書《こうにちぼうごしょ》」には**「敵を知《し》らなければ敵にたぼらかされてしまう」**(九三一ページ)と仰せである。

法華経の敵は、人をだまし、退転《たいてん》させるために、さまざまな悪知恵《わるぢえ》を使《つか》い、うまいことを言って「たぼらかしていく」。だます人間は悪人《あくにん》である。だまされるほうも、また愚《おろ》かである。皆さまは賢明《けんめい》に邪《じゃ》悪《あく》を見破《みやぶ》っていただきたい。

――一九九七・六・一六

悪侶の実態

「今の世《よ》で、日本第一の持戒《じかい》の僧《そう》といわれる良観《りょうかん》聖人《しょうにん》、ならびに法然上人《ほうねんしょうにん》の孫弟子《まごでし》である念阿弥陀《ねんあみだ》仏《ぶつ》、道《どう》阿弥陀仏などの諸《しょ》聖人らが、日蓮を訴訟《そしょう》した

文書《ぶんしょ》には、『早く日蓮を呼《よ》び出し、裁《さば》いて、その邪見《じゃけん》を砕《くだ》き破《やぶ》り、正義《せいぎ》を興隆《こうりゅう》されることを望《のぞ》む』とある。それに対し、日蓮はこう言おう。『邪見を砕き破り、正義を興隆すれば、一眼《いちがん》の亀《かめ》が浮《ふ》木《ぼく》の穴《あな》に入るような千載一遇《せんざいいちぐう》のことであり、こんな幸《さいわ》いはない。こんな幸いはない』」（一八〇㌻）

ここでいう、良観をはじめ、法然の孫弟子たちは、当時《とうじ》の宗教界《しゅうきょうかい》の権威者《けんいしゃ》である。その権威をカサに着《き》た悪侶《あくりょ》によって、もったいなくも、御本仏日蓮大聖人御自《おんみずか》らが、大悪人《だいあくにん》のごとく訴《うった》えられたのである。悪侶たちは、この文書を出せば、大騒《おおさわ》ぎになるだろう、大聖人が驚《おどろ》かれ、あわてふためいて謝罪《しゃざい》されるとでも思ったのだろうか。

「脅《おど》し」は権力者《けんりょくしゃ》の常套手段《じょうとうしゅだん》である。〝脅す〟人は、絶対《ぜったい》に仏法者ではない。悪逆《あくぎゃく》の権力者か、残酷《ざんこく》な暴《ぼう》力者《りょくしゃ》であろう。悪僧《あくそう》らの恐喝《きょうかつ》に対して、当然《とうぜん》のことながら、大聖人は微動《びどう》だにもされず、むしろ、正邪《せいじゃ》を決《けっ》する千載一遇の機会《きかい》と喜《よろこ》んでおられる。堂々《どうどう》と「真実《しんじつ》」を明《あき》らかにしよう！　極悪《ごくあく》の謀略《ぼうりゃく》をすべて打ち砕いてみせる――との悠々《ゆうゆう》たるご境界《きょうがい》であられた。

――一九九一・一一・九

*

邪《よこしま》な宗教《しゅうきょう》の権威《けんい》は、人々を手のつけられない狂信《きょうしん》へとたぶらかしていく。このことを、日蓮大聖人は諸御抄《しょごしょう》に示《しめ》されている。たとえば、念仏《ねんぶつ》の善《ぜん》導《どう》や法然《ほうねん》らの例《れい》を挙《あ》げて、**「種々《しゅじゅ》、人を恐《おそ》れ従《したが》わせる不思議《ふしぎ》な力《ちから》を現《あらわ》して、道理《どうり》に暗《くら》い愚《おろ》かな道俗《どうぞく》（出《しゅっ》家《け》と在家《ざいけ》）をたぶらかし、如来《にょらい》の正法《しょうほう》を滅《めつ》する」**（一二〇九㌻）と喝破《かっぱ》されている。

また悪侶《あくりょ》の典型《てんけい》を、経文《きょうもん》に照《て》らして次のようにも表現《ひょうげん》されている。

「悪侶はあたかも猟師《りょうし》が目を細《ほそ》めて鹿《しか》をねらい、猫《ねこ》が爪《つめ》を隠《かく》してネズミをねらうようにして、在家の男性《だんせい》・女性《じょせい》の檀那《だんな》（供養《くよう》を行《おこな》う人）にへつらい、いつわり、たぶらかす」（五五六㌻）と。

在家の供養者を獲物《えもの》のようにねらう悪侶を厳《きび》しく非難《ひなん》されている。このような既成《きせい》宗教の悪弊《あくへい》に、真《ま》っ向《こう》から挑《いど》まれたのが大聖人である。学会もまた、大聖人のこのお心を心として、進んできた。永遠《えいえん》に〝この道〟を歩《あゆ》みとおしてまいりたい。

この大聖人のお振《ふ》る舞《ま》いは、一面《いちめん》からいえば、「民《みん》衆《しゅう》を愚かにし、利用《りよう》する宗教」から「民衆を賢明《けんめい》にし、強くし、守《まも》っていく宗教」への大転換《だいてんかん》であられたと拝《はい》される。

――一九九一・三・四

*

日蓮大聖人は「えせ聖職者《せいしょくしゃ》」を厳《きび》しく破折《はしゃく》された。「立正安国論《りっしょうあんこくろん》」には、「**悪《わる》い僧侶《そうりょ》を戒《いまし》めなければ、どうして善事《ぜんじ》を成《な》し遂《と》げることができようか。できるはずがない**」（二一㌻）と仰《おお》せである。

そしてその悪侶《あくりょ》の姿《すがた》について、涅槃経《ねはんぎょう》の文《もん》を引《ひ》いておられる。

「**外面《がいめん》は賢《かしこ》く善《ぜん》なる様子《ようす》を見せ、内面《ないめん》では貪《むさぼ》りと嫉妬《しっと》の心を抱《いだ》く**」（同）、また「**実際《じっさい》は僧侶ではないのに僧侶の姿《すがた》を現《あらわ》し、邪見《じゃけん》が燃《も》え盛《さか》り、正法《しょうほう》を誹謗《ひぼう》するであろう**」（同）と。

さらに、「**飢餓《きが》からのがれるために見かけだけ発《ほっ》心出家《しんしゅっけ》する人**」（二一九㌻）が現れる、との文を引いておられる。

要《よう》するに、〝食《く》うために出家する者〟が現れる、と。そして、こうした〝利欲《りよく》のための出家者〟を名《な》づけて「禿人《とくにん》」というのである、と。〝髪《かみ》をそり、外見《がいけん》だけ僧《そう》の格好《かっこう》をしている者〟のことである。そのニセ出家者が、「正法を護持《ごじ》する人々」を迫害《はくがい》すると涅槃経では説《と》いていると示《しめ》されている。

形ではなく、正しい振《ふ》る舞《ま》いをしてこそ、尊《とうと》ぶべき僧宝《そうほう》であり、法に反する悪《あ》しき振る舞いの者は悪侶であり、正法の敵《てき》であると、御書の多くの御文《ごもん》をとおして、大聖人は断《だん》じられている。

――一九九一・四・一二

*

「**仏法を学《まな》び謗法《ほうぼう》の者を責《せ》めないで、いたずらに遊戯雑談《ゆげぞうだん》（遊《あそ》びたわむれ、気《き》ままな話をすること）のみに明《あ》かし暮《く》らす者は、法師《ほっし》の皮《かわ》を着《き》た畜生《ちくしょう》である**」（一三八六㌻）

折伏《しゃくぶく》もせず、御本尊への信徒《しんと》の供養《くよう》を横領《おうりょう》して、酒色《しゅしょく》にふけり、贅沢三昧《ぜいたくざんまい》の「遊戯雑談」と、卑《いや》しい「成金趣味《なりきんしゅみ》」に堕《だ》しているのが日顕宗《にっけんしゅう》である。このような僧侶《そうりょ》を、「皮」は法師でも、「身」は畜生だと、大聖人はおっしゃっているのである。

――一九九二・一〇・二四

＊

「狗犬《くけん》の僧《そう》（犬《いぬ》のような僧）」（一一一二ページ）――〝こっそり供養《くよう》を貪《むさぼ》る僧〟のことを、日蓮大聖人はこう仰《おお》せである。

「供養」を、法のため、大聖人のため、「広宣流布《こうせんるふ》」のため以外に使《つか》う僧侶《そうりょ》は、「犬」であり、畜生《ちくしょう》であると。さらに**「これは未来《みらい》に牛《うし》の頭《あたま》をした牛頭《ごず》という鬼《おに》となる」**（同）と。人間ではなく卑《いや》しい餓鬼道《がきどう》に生《う》まれる、というのである。

また〝こっそり〟でなくとも、〝堂々《どうどう》と〟供養を受けながら、それを横領《おうりょう》する僧は、どうなるか。

「この僧は未来、馬《うま》の頭をした馬頭《めず》という鬼となる」（同）と。

未来に「鬼」となるということは、現在、かたちは「人」でも、生命は「鬼」ということである。

どんなに偉《えら》そうに振《ふ》る舞《ま》っても、聖人《せいじん》ぶっても、正法破壊《しょうほうはかい》の彼らの本質《ほんしつ》は、「餓鬼」なのであり、さらには「地獄《じごく》」の命《いのち》なのである。

――一九九二・一一・二

＊

「正義《せいぎ》」が明白《めいはく》であるにもかかわらず、どうして、その正義を認《みと》め、従《したが》うことができない人々がいるのか。その理由《りゆう》の一端《いったん》について、日蓮大聖人はこう仰《おお》せである。

「自分の邪義《じゃぎ》に少しでも合わない経文《きょうもん》があると、道理《どうり》を曲《ま》げて、なんとか筋道《すじみち》をとおそうとし、無理《むり》に自分の邪義に合わせる。たとえ、あとから経文の内容《ないよう》が『道理である』と心で思っても、あるいは自分の名声《めいせい》や利益《りやく》のため、あるいは自分に帰依《きえ》している檀那《だんな》の手前《てまえ》もあって、誤《あやま》った教《おし》えである権宗《ごんしゅう》を捨《す》

てて、正しい教えである実宗《じっしゅう》（法華経）に入らない」（四五ページ）と。

これは、権経《ごんきょう》の人々が、我慢偏執《がまんへんしゅう》のために、法華経を持《たも》てない姿《すがた》を描《えが》かれた御文《ごもん》である。

都合《つごう》の悪《わる》い経文があると、へ理屈《りくつ》をつけて、自分の邪義に無理やり合わそうとする。

内心《ないしん》では「正しい」と思っても、名利《みょうり》や見栄《みえ》にひきずられて、勇気《ゆうき》をもって「正義」を支持《しじ》することができない――。

そして、このことを指摘《してき》されればされるほど、ますます妬《ねた》みと憎悪《ぞうお》の炎《ほのお》を燃《も》やし、なんとかその思いを晴《は》らそうと悪逆《あくぎゃく》の企《くわだ》てをめぐらすのである。

――一九九一・七・二六

*

日蓮大聖人は、我欲《がよく》に狂《くる》う末世《まっせ》の僧《そう》を、**「狗犬《くけん》の僧尼《そうに》（犬《いぬ》のような僧）」**（一三八一ページ）と仰《おお》せである。

その姿《すがた》といえば、**「名聞《みょうもん》と名利《みょうり》に執着《しゅうちゃく》し、表面《ひょうめん》は袈《け》裟《さ》・僧衣《そうえ》をつけているので、形《かたち》は僧や尼《あま》に似《に》ているが、内心《ないしん》には邪見《じゃけん》の剣《つるぎ》をひっさげて、自分が出入《でい》りする檀那《だんな》のもとへ、他の僧尼《そうに》を寄《よ》せつけまいとして、あらゆるでっちあげの言《げん》をもって悪口《あっこう》する」**（同）と。

つまり、檀那（信徒《しんと》）を、自分の〝食《く》いぶち〟としてしか考《かんが》えていない。その〝食いぶち〟を得《え》るために、檀那を確保《かくほ》しようとし、ガツガツと供養《くよう》を得ようと、貪《むさぼ》る。そのためには手段《しゅだん》を選《えら》ばない。平気《へいき》で嘘《うそ》をつく。権力《けんりょく》をもつ者へ、でっちあげを広めたりする。人を救《すく》う慈悲《じひ》などまったくない。――こうした「邪見」の僧を、大聖人は、「狗犬の僧」と、厳《きび》しく断《だん》じられたのである。

――一九九一・一〇・一〇

*

「大悪魔《だいあくま》は、貴《とうと》い僧《そう》となり、あるいは父母《ふぼ》や兄弟《きょうだい》などについて、人々の成仏《じょうぶつ》の障《さわ》りとなるのである」

（一四九七ページ）

たとえ、地位《ちい》の高い、尊敬《そんけい》される立場《たちば》の高僧《こうそう》であっても、邪義《じゃぎ》に迷《まよ》い、また嫉妬《しっと》や瞋恚《しんに》等の感情《かんじょう》にかられて「正法《しょうほう》」を見失《みうしな》った場合には、一転《いってん》して人々の成仏を妨《さまた》げ、広布《こうふ》を妨害《ぼうがい》する「大悪魔」と化《か》す場合がある。

――一九九一・一〇・一七

＊

「現在の天台宗《てんだいしゅう》の学者《がくしゃ》は、天台の石塔《せきとう》の血脈《けつみゃく》を失《うしな》ってしまったので、天台の血脈相承《そうじょう》の秘《ひ》法《ほう》（妙法《みょうほう》の一言）を習《なら》うことなく、自分から『一心三観《いっしんさんかん》の血脈』と言いだして、自分勝手《かって》な心のままに文書《ぶんしょ》を造《つく》り、錦《にしき》でできた袋《ふくろ》に入《い》れて首にかけ、箱《はこ》の底《そこ》に埋《う》めて高い値段《ねだん》で売《う》っているのである。このために邪義《じゃぎ》が国中に流布《るふ》して、天台の仏法は破壊《はかい》され失われてしまった。天台大師《だいし》の本意《ほんい》を失い、釈尊《しゃくそん》の妙法を見くだすことは、ひとえに達磨《だるま》の教訓《きょうくん》と善無畏《ぜんむい》の勧《すす》めによるのである」（五三二㌻）

根本《こんぽん》の妙法を失い、己義《こぎ》を構《かま》える。その己義をありがたいものに見せるために、さまざまに飾《かざ》り立てる。これが、正法堕落《しょうほうだらく》の方程式《ほうていしき》である。歴史《れきし》の常《つね》である。内容《ないよう》のない場合ほど、それをさとらせまいと、さまざまにもったいぶる。悲《かな》しいことに、往々《おうおう》にして、そのトリックにだまされ、ありがたがり、〝権威《けんい》による救《すく》い〟を高額《こうがく》を払《はら》ってでも求《もと》めようとする人々もいる。

民衆《みんしゅう》は絶対《ぜったい》に賢明《けんめい》にならねばならない。御書を学《まな》ばねばならない。それが「幸福」への〝力《ちから》〟となる。悪《あく》を断《た》ち切る〝剣《つるぎ》〟となる。

――一九九二・一・一二

＊

「謗法《ほうぼう》と同座《どうざ》してはならない。与《よ》同罪《どうざい》になることを恐《おそ》れるべきである」（一六一八㌻）

大正《たいしょう》十一年（一九二二年）十月、日蓮宗（身延《みのぶ》派《は》）、顕本法華宗《けんぽんほっけしゅう》など日蓮宗各派《かくは》の管長《かんちょう》らと同座したうえ、身延の管長の導師《どうし》で寿量品《じゅりょうほん》の読経《どきょう》、唱題《しょうだい》をした法主《ほっす》がいた（日正《にっしょう》法主）。しかも、それは、他《た》宗派《しゅうは》とともに、日蓮大聖人に「大師号《だいしごう》」を宣下《せんげ》するよう政府《せいふ》に請願《せいがん》し、「立正《りっしょう》大師」号を受けたことの記念行事《きねんぎょうじ》であった。宗祖《しゅうそ》と正反対《せいはんたい》の〝権力迎合《けんりょくげいごう》〟の姿《すがた》である。

その後、身延に大聖人の廟所《びょうしょ》（墓所《ぼしょ》）があるとしたためた「念書《ねんしょ》」を、政府に提出《ていしゅつ》した高僧《こうそう》さえいた（日開《にっかい》法主、日顕《にっけん》の父親《ちちおや》）。

日興上人《にっこうしょうにん》の「身延離山《りざん》」の崇高《すうこう》なご精神《せいしん》を踏《ふ》みにじり、身延と「謗法同座」したのである。身延と「与同罪」であり、大謗法である。

――一九九二・一〇・二四

*

宗門《しゅうもん》は戦前《せんぜん》、それまでの御書を発行禁止《はっこうきんし》にし、そのうえ、御書の十四カ所を削除《さくじょ》した（昭和《しょうわ》十六年〈一九四一年〉、宗務院《しゅうむいん》の院達《いんたつ》「院第二一七七号」で御書の発行禁止を、宗務院教学部長名《きょうがくぶちょうめい》の通達《つうたつ》「学第八号」で十四カ所の削除を通達）。

削除されたなかには、有名な**「日蓮は一閻浮提《いちえんぶだい》（全世界の意）第一の聖人《しょうにん》なり」**（九七四㌻）との御《ご》文《もん》も入っている。

この日蓮大聖人の大確信《だいかくしん》があられるからこそ、私どもは世界第一の仏法として信仰《しんこう》できる。すばらしいお言葉である。宗門の先師日寛上人《せんしにちかんしょうにん》は、この御文を「日蓮大聖人が末法《まっぽう》の御本仏であられる文証《もんしょう》」の一つに挙《あ》げられている。その御文を削除したということは、宗門は、日蓮大聖人を御本仏と仰《あお》ぐ信心を否定《ひてい》したに等《ひと》しい。

――一九九三・一〇・一五

*

御本尊を信受《しんじゅ》し、広宣流布《こうせんるふ》に戦《たたか》っている信徒《しんと》に対して、もしも「地獄《じごく》に堕《お》ちる」などと脅《おど》かす聖職《せいしょく》者《しゃ》がいたとしたら、御本仏のお心への重大《じゅうだい》な反逆《はんぎゃく》となる。

そもそも、日蓮大聖人は**「地獄即寂光《じごくそくじゃっこう》」**（一五〇四㌻）と説《と》かれた。また**「無間《むけん》地獄の道をふさぐのである」**（三二九㌻）と仰《おお》せになられた。だれひとり地獄に堕としたくない、一切衆生《いっさいしゅじょう》を仏《ほとけ》に、地獄さえも寂光に――それが御本仏の大慈《だいじ》大悲《だいひ》であられた。このお心を拝《はい》す時、衣《ころも》の権威《けんい》で人を脅迫《きょうはく》すること自体《じたい》が、「反仏法」であり「反大聖人」である。実践《じっせん》がないから、本当の仏法がわからないという証拠《しょうこ》でもあろう。

――一九九一・一二・八

＊

比叡山《ひえいざん》が、真言《しんごん》、禅《ぜん》などに染《そ》まり、〝天魔《てんま》の山〟となってしまったことを、日蓮大聖人は厳しく指弾《しだん》されている。有名な「立正観抄《りっしょうかんしょう》」には、次のように仰《おお》せである。

「両大師《りょうだいし》（天台《てんだい》と伝教《でんきょう》）の伝《つた》える法が、すでに法華経に依《よ》っているのに、どうしてその末学《まつがく》（後世《こうせい》の弟《で》子《し》たち）が、これに違背《いはい》してよいであろうか」（五三二ページ）

先師《せんし》の定《さだ》めた根本《こんぽん》の経典《きょうてん》に背《そむ》くことは、先師の教《おし》えにも背くことになる――そのことを厳しく破折《はしゃく》されている。大聖人の門下《もんか》においては、日興上人《にっこうしょうにん》の定められたとおり、〝伝法《でんぽう》〟は、どこまでも〝根本の経典〟御書に依《よ》る。どんな「師伝《しでん》」や「秘法《ひほう》」等と強調《きょうちょう》しても、根本に違背していたのでは、大聖人への違背である。〝元《もと》〟が狂《くる》っているゆえに何の意味もない。かえって謗法《ほうぼう》となる。根本を見失《みうしな》う姿《すがた》は、まさに〝根《ね》なし草《ぐさ》〟そのものである。

「（このように先師の定めに）違背していることで知《し》ることができる。現在（大聖人在世《ざいせ》）の天台宗の人々は、その名《な》を天台山に借《か》りているとはいえ、学《まな》んでいる法門《ほうもん》は、達磨《だるま》（中国禅宗《ちゅうごく》の祖《そ》）の偏《かたよ》った見《み》方《かた》や、善無畏《ぜんむい》（中国真言宗の祖の一人）のウソによっているということを」（同）

今の日蓮正宗も、名称《めいしょう》だけは日蓮大聖人のお名前《なまえ》を借りていながら、御本仏の経典によらず、御書を軽《かろ》んじ、御書をゆがめ、勝手《かって》な「己義《こぎ》」を中心《ちゅうしん》にして、正法《しょうほう》を破壊《はかい》しつづけている。もはや完全《かんぜん》に、大聖人、日興上人の御魂《おんたましい》の住《す》まわれない〝天魔の山〟と化《か》してしまった。

――一九九二・一・一二

＊

あさましい嫉妬《しっと》と瞋恚《しんに》（いかり、うらみ）に支配《しはい》され、日蓮大聖人のご遺命《ゆいめい》たる広宣流布《こうせんるふ》を断絶《だんぜつ》させようとした日顕《にっけん》は、これ以上はない〝大不孝《だいふこう》の者〟である。

「師子《しし》に向《む》かって吠《ほ》える犬《いぬ》は、はらわたが腐《くさ》ってしまう」（一〇八〇㌻）と、大聖人は仰《おお》せである。

「師子」の学会を誹謗《ひぼう》し、破壊《はかい》しようとすれば、みずからが地獄《じごく》の苦しみを受けていく。本来《ほんらい》、「猊《げい》座《ざ》」とは「獅子《しし》（猊）」の座のことであるが、日顕宗は獅子どころか、まさに、「腸《はらわた》の腐った犬」となっている。

――一九九三・一・一七

*

日蓮大聖人は、佐渡《さど》の阿仏房《あぶつぼう》に対して、**「阿仏房、あなたは、しかしながら北国《ほっこく》の導師《どうし》ともいうべきであろう」**（一三〇四㌻）と讃《たた》えられている。

かつて宗門《しゅうもん》は、勤行《ごんぎょう》の〝導師〟という言葉は僧侶《そうりょ》だけに使《つか》うものだ、学会幹部には使ってはならないと言い張《は》り、強制《きょうせい》した。御書を読《よ》んでいないのか、一事《いちじ》が万事《ばんじ》で、仏法の本義《ほんぎ》とは何《なん》の関係《かんけい》もない言いがかりを続《つづ》けてきたのである。

大聖人は、信徒《しんと》である阿仏房を「導師」と呼《よ》ばれ、賞讃《しょうさん》されている。この一点だけでも、宗門がいかに大聖人のお心に背《そむ》いてきたかが明白《めいはく》である。

――一九九四・一・二〇

*

「日興遺誡置文《にっこうゆいかいおきぶみ》」の中で、**「時の貫首《かんず》（法主《ほっす》）であっても、仏法に背《そむ》いて、勝手《かつて》な自説《じせつ》を立てた場合には、これを用《もち》いてはならない」**（一六一八㌻）と厳《きび》しく誡《いまし》めておられる。

日興上人《しょうにん》は、「破法《はほう》の法主」が出現することを危《き》惧《ぐ》され、その場合には絶対《ぜったい》に従《したが》ってはならないと命《めい》じられたのである。法主が絶対であり、誤《あやま》りがないならば、そもそも、このような条目《じょうもく》は必要《ひつよう》ないはずである。

さらに日興上人は、**「先師《せんし》・日蓮大聖人のように、私の門下《もんか》の化儀《けぎ》も聖僧《せいそう》であるべきである。ただし、将来《しょうらい》において時の貫首、あるいは習学中《しゅうがくちゅう》の僧《そう》などが、一時的に、女犯《にょぼん》をしたとしても、破門《はもん》せずに**

衆徒《しゅうと》（下位《かい》の僧、平僧《へいそう》）にしてとどめておくべきである」（二六一九ページ）と誡められている。

貫首であっても、女性《じょせい》で問題《もんだい》を起《お》こした場合には、本来《ほんらい》なら「破門」すべきなのだが、平僧にとどめておくように、と教示《きょうじ》されているのである。法主であっても「破門」されるような重大《じゅうだい》な過《あやま》ちをおかす場合があることを想定《そうてい》され、日興上人は、この条目を定《さだ》められているわけである。

この一点からも、富士門流《ふじもんりゅう》では、法主が絶対ではないことは明白《めいはく》である。　——一九九四・二・一八

＊

「謗法不信《ほうぼうふしん》の者は、法華経の譬喩品《ひゆほん》に『則《すなわ》ち一切《いっさい》世間《せけん》の仏種《ぶっしゅ》を断《だん》ぜん』と説《と》かれているように、成仏《じょうぶつ》する種子《しゅし》を断《た》ち切ってしまうので、生死一大《しょうじいちだい》事《じ》の血脈《けつみゃく》はないのである」（一三三七ページ）
謗法の現宗門《げんしゅうもん》には、大聖人からの成仏の血脈は完《かん》全《ぜん》に切れている。堕地獄《だじごく》の宗門となってしまった。これに従《したが》う人々も、御書に照《て》らし、同罪《どうざい》である。
反対に、私どもは謗法の世界から離《はな》れて、晴《は》ればれと、五月晴《さつきば》れのようなさわやかな心で、「一生成仏」と「世界広布《こうふ》」に進んでいる。
——一九九二・五・二〇

＊

御書のうえから、仏法の道理《どうり》のうえから、本来《ほんらい》、法主《ほっす》とは御本仏への「正しき信心」を伝《つた》えるところに根本《こんぽん》の使命《しめい》があるはずである。

「信心の血脈《けつみゃく》がなければ法華経を持《たも》っても無益《むやく》である」（一三三八ページ）と仰《おお》せのごとく、日蓮大聖人の仏法の生命は「信心」にある。「信心」がなくなれば、成仏《じょうぶつ》もなく、仏法も死に絶《た》える。

「信心なき法主」とは、仏法を殺《ころ》す天魔《てんま》なのである。日蓮大聖人は仏《ほとけ》の入滅後《にゅうめつご》に、仏のような格好《かっこう》を見せて法華経の世界広宣流布《こうせんるふ》を妨《さまた》げる者のことを、涅槃経《ねはんぎょう》にいうところの、**「滅後の魔仏《まぶつ》」**（七六ページ）と断《だん》じておられる。

御本仏のご入滅後に、「仏の座《ざ》」すなわち猊座《げいざ》を

盗《ぬす》んで世界広布《こうふ》を妨げているのは日顕《にっけん》である。日顕こそ「滅後の魔仏」であり、大魔《だいま》なのである。微塵《みじん》も妥協《だきょう》したり油断《ゆだん》してはならない。妥協した分《ぶん》だけ、功徳《くどく》を失《うしな》う。油断した分だけ、魔は広布を侵食《しんしょく》する。

――一九九三・一一・二六

*

「(中国《ちゅうごく》の悪僧《あくそう》・三階禅師《さんがいぜんし》は)『法華経を今の世《よ》に行《ぎょう》ずる者は、十方《じっぽう》の大阿鼻地獄《だいあびじごく》に堕《お》ちるであろう。末法《まっぽう》の機根《きこん》に合《あ》わないからである』と言っている」(二七九㌻)

「堕地獄《だじごく》」「堕地獄」と、むやみに人々を脅《おど》そうとする。これも腐敗《ふはい》した宗教《しゅうきょう》の常套手段《じょうとうしゅだん》である。

本来《ほんらい》、宗教は「人を救《すく》う」ものである。なぜ、そんなに人を地獄に堕としたがるのか。無慈悲《むじひ》な言動《げんどう》は、それ自体《じたい》、インチキの証拠《しょうこ》であろう。

――一九九一・一一・二三

*

日蓮大聖人は、退転者《たいてんしゃ》の共通点《きょうつうてん》として**「臆病《おくびょう》で、教《おし》えたことをすぐ忘《わす》れ、欲《よく》が深《ふか》く、疑《うたが》いが多い者たち」**(一一九一㌻)と仰《おお》せである。

五老僧《ごろうそう》も、そうした卑《いや》しい本性《ほんしょう》が、難《なん》にあうことによって、はっきりと現《あらわ》れたといえよう。

戦時中《せんじちゅう》の宗門《しゅうもん》の権力迎合《けんりょくげいごう》、そして現在の堕落《だらく》の極《きわ》みの姿《すがた》は、大聖人の「不自惜身命《ふじしゃくしんみょう》」の崇高《すうこう》なお姿と、まさに正反対《せいはんたい》である。

――一九九二・四・二六

*

「謗法《ほうぼう》の者から供養《くよう》を受けてはならない」(一六一八㌻)

謗法者の供養を受けることは、謗法を容認《ようにん》することに等《ひと》しい。「日興遺誡置文《にっこうゆいかいおきぶみ》」の前条《ぜんじょう》(「謗法と同座《どうざ》してはならない。与同罪《よどうざい》になることを恐《おそ》れるべきである」)と同じく、与同罪にあたる。ゆえに、謗法を祀《まつ》っている檀家《だんか》の破折《はしゃく》もせず、しかも供養を受けている僧侶《そうりょ》は、この遺誡に背《そむ》いているのである。

さらに、宗門《しゅうもん》は戦後《せんご》、疲弊《ひへい》した本山《ほんざん》の収入増加《しゅうにゅうぞうか》をねらい、他の謗法の諸寺《しょじ》と同じような〝観光地化《かんこうちか》〟を計画《けいかく》したことがあった。それをやめさせたのが戸田先生であった。謗法の供養を受けるところを学会が救《すく》ったのである。

また、このご遺誡に照《て》らせば、〝謗法よばわり〟しながら、一方《いっぽう》で学会の供養を受けて学会寄《き》進《しん》の寺《てら》に住《す》むことなどは、明《あき》らかに矛盾《むじゅん》である。要《よう》するに、仏法の正邪《せいじゃ》など、どうでもよく、〝遺誡よりもお金《かね》〟が本音《ほんね》なのである。ある人は「今や、宗門は『金が本尊（＝根本尊敬《こんぽんそんけい》）の対象《たいしょう》』となってしまった」と嘆《なげ》いていた。

――一九九二・一〇・二四

*

「今の僧《そう》たちは、二百五十戒《かい》とは名《な》ばかりで、持《じ》戒《かい》ということにことよせて、人をたぶらかし、一分《いちぶん》の神通力《じんつうりき》もない。大石《おおいし》が天《てん》に昇《のぼ》ろうとしてもできないようなものである。（それらの僧の）智慧《ちえ》が劣《おと》っていることは、牛《うし》や羊《ひつじ》のようであり、たとえ千万人を集《あつ》めたとしても、父母《ふぼ》の一つの苦しみさえも救《すく》うことができるであろうか」（一四二八ページ）

なさけないことに、このとおりの姿《すがた》を現《げん》じているのが、宗門《しゅうもん》である。食法餓鬼《じきほうがき》である悪僧《あくそう》たちは、「お盆《ぼん》」などの機会《きかい》を利用《りよう》して、庶民《しょみん》の心情《しんじょう》につけこみ、取《と》れるだけ取ろうとする。

しかし、日蓮大聖人が仰《おお》せられた、まことの追善《ついぜん》回向《えこう》とは、一切衆生《いっさいしゅじょう》に妙法《みょうほう》の福徳《ふくとく》を送《おく》りゆかんとする、最《もっと》も崇高《すうこう》なる心の発露《はつろ》なのである。

――一九九四・七・一五

*

「鎌倉殿《かまくらどの》（北条時宗《ほうじょうときむね》）の仰《おお》せということで、内々《ないない》に（日蓮を）佐渡《さど》の国へ配流《はいる》することを聞いている」（一一一三ページ）

時の権力者《けんりょくしゃ》の命令《めいれい》ということで、日蓮大聖人を流《る》罪《ざい》に処《しょ》そうとしている。その裏《うら》には法華経に説《と》かれた〝僣聖増上慢《せんしょうぞうじょうまん》〟である極楽寺良観《ごくらくじりょうかん》らの讒訴《ざんそ》があった。大聖人は、こうした〝策謀《さくぼう》の構図《こうず》〟を鋭《するど》く見《み》抜《ぬ》かれていたと拝《はい》される。

〝聖人《しょうにん》〟のごとく尊敬《そんけい》を受けている仏敵《ぶってき》と権力者との結託《けったく》——正法《しょうほう》の実践者《じっせんしゃ》を包囲《ほうい》する悪《あく》の連合《れんごう》は、いつの時代も巧妙《こうみょう》かつ悪質《あくしつ》である。

見抜かねばならない。屈《くっ》してはならない。私どもは宿縁深《しゅくえんぶか》き御本仏の〝仏使《ぶっし》〟である。

——一九九一・一〇・一〇

*

「良観上人《りょうかんしょうにん》らが弘《ひろ》めている法は、日蓮からの論《ろん》難《なん》を免《まぬか》れることができず、そのため、すでに悪法《あくほう》であることが明《あき》らかになってしまった。そのため彼らは、自分たちの邪義《じゃぎ》を隠《かく》そうとして、諸国《しょこく》の守護《しゅご》や地頭《じとう》、雑人《ぞうにん》（鎌倉《かまくら》に置《お》かれ、諸国の治安監察《ちあんかんさつ》と訴訟《そしょう》の裁《さば》きをした役人《やくにん》）らを扇動《せんどう》して、『日蓮ならびに弟子《でし》たちは、阿弥陀仏《あみだぶつ》を火に入《い》れ、水に流《なが》したりする。あなた方の大怨敵《だいおんてき》である』と言いたてたのである。そして『首を切れ、所領《しょりょう》から追《お》い出せ』などと勧《すす》めたため、日蓮の身には傷《きず》をこうむり、弟子《でし》等を殺《ころ》され傷つけられたことは数百人《すうひゃくにん》に及《およ》ぶ。これは、ひとえに良観、念《ねん》阿弥陀仏、道《どう》阿弥陀仏などの〝上人〟の大妄語《だいもうご》（大うそ）から出たことである。心ある人々は、（このことを知《し》って）どれほど驚《おどろ》き、恐《おそ》ろしく思うことであろう」（一八二ページ）

日蓮大聖人は、七百年前に、悪侶《あくりょ》による謀略《ぼうりゃく》の構《こう》図《ず》を明快《めいかい》に示《しめ》してくださっている。みずからの悪が、だんだん明《あか》るみに出て、追いつめられた悪侶らは、そこから、なんとか目をそらそう、なんとか自分たちを守《まも》ろうと躍起《やっき》になる。その結果《けっか》、うそにうそを重《かさ》ねて、世間《せけん》を扇動していく。全部《ぜんぶ》、みずからの「邪義を隠すため」なのである。

大うそつき——これこそ「僣聖増上慢《せんしょうぞうじょうまん》」のひとつの特徴《とくちょう》である。卑劣《ひれつ》な悪侶の謀略に、大聖人の弟子たちの多くも命《いのち》に及ぶ迫害《はくがい》を受けた。学会の受けた、いわれなき悪口《あっこう》・中傷《ちゅうしょう》の傷も数知《かずし》れない。しかし、私どもは一歩《いっぽ》も退《ひ》かない。ますます前進《ぜんしん》の勢《いきお》いを増《ま》すばかりである。

——一九九一・一一・九

＊

「もともと学問《がくもん》をしたのは、仏教を習《なら》い究《きわ》めて仏《ほとけ》になり、恩《おん》ある人をも助《たす》けようと思ったからである」（八九一ページ）

「究める」ことが大事《だいじ》である。「仏になる」ことが仏法の目的《もくてき》である。広布《こうふ》に戦《たたか》う皆さまこそ、その道を歩《あゆ》んでいる方々《かたがた》である。僧侶《そうりょ》という格好《かっこう》をしているから成仏《じょうぶつ》が決《き》まるのでは絶対《ぜったい》にない。

いわんや日蓮大聖人は、出家《しゅっけ》される目的について、「恩ある人」をも助けようという心にあったと言われている。「恩ある人」を踏《ふ》みつけにする今の悪侶《あくりょ》らが、大聖人、日興上人《にっこうしょうにん》の直系《ちょっけい》であるわけがない。

――一九九二・八・二四

＊

日蓮大聖人は〝法華《ほっけ》の敵《てき》〟の転倒《てんとう》を、こう指摘《してき》された。

「あの高僧《こうそう》たちは、自分の誤《あやま》りを省《かえり》みない者であり、嫉妬《しっと》するあまり、自分の目が回《まわ》っているのに、大山《たいざん》のほうが回っていると見ているといえよう」

（一四五三ページ）

大山は不動《ふどう》である。広布《こうふ》をめざす、われらの信心も不動である。その「不動の一念《いちねん》」の周《まわ》りを諸天《しょてん》が舞《ま》う。大山の不動をしらず、自分の目が回っているのを、大山が回っているごとく大騒《おおさわ》ぎしている者たちに、少しでもまともに付《つ》き合うことは愚《おろ》かである。大聖人が仰《おお》せのように「嫉妬」は物《もの》を見る目を転倒させてしまう。まことに愚かな、やっかいな感《かん》情《じょう》のようだ。その心のすきまに大魔《だいま》、天魔《てんま》が入るのである。

また、**「彼ら程度《ていど》の蚊《か》や虻《あぶ》のようにつまらぬ者が、日蓮ほどの師子王《ししおう》を、ちゃんと聞くことも見ることもせず、うわの空《そら》でそしっている。それほどの愚人《ぐにん》である」**（九八二ページ）と。

大聖人は師子王であられる。真実《しんじつ》の門下《もんか》の私どもも獅子《しし》でなければならない。蚊や虻は飛《と》び回るとうるさいが、何も確《たし》かめもせず、理解《りかい》もせずして、

〝聞かず見ずして〟悪口《あっこう》したり、作《つく》りごとを書いたりしているだけなのである。獅子が、いつまでも、こうした「愚人」の勝手《かって》にさせておいたとしたら、大聖人のお叱《しか》りを恐《おそ》れるべきであろう。

――一九九一・九・二〇

*

日蓮大聖人は、四条金吾《しじょうきんご》を妬《ねた》む江間《えま》家《け》の同僚《どうりょう》たちの胸《むね》の内《うち》を**「外の姿《すがた》は静《しず》まっているようであるけれども、胸の内は妬《ねた》みの火で燃《も》えるばかりであろう」**（一一七一ページ）と、見ぬいておられた。

胸の中に嫉妬《しっと》の炎《ほのお》が燃えあがると、正常《せいじょう》な心が焼《や》け尽《つ》きて、狂気《きょうき》が生《う》まれる。嫉妬した相手《あいて》を陰険《いんけん》に攻撃《こうげき》し、破壊《はかい》と荒廃《こうはい》をまねく。日顕《にっけん》も、嫉妬の炎を燃えあがらせて、まっとうな判断力《はんだんりょく》を失《うしな》い、学会を切り、広宣流布《こうせんるふ》を断絶《だんぜつ》させようとした。

その結果《けっか》、宗門自体《しゅうもんじたい》が、破壊の坂道《さかみち》を転《ころ》げ始《はじ》めてしまったのである。

「魔《ま》」は「破壊」とも訳《やく》す。「善法《ぜんぽう》を破壊する」という意味である。今の、正法《しょうほう》と宗門を破壊しつくす日顕の姿は、まさしく、そのとおりである。

――一九九八・五・五

*

「日蓮の弟子《でし》の少輔房《しょうぼう》といい、能登房《のとぼう》といい、名《な》越《ごえ》の尼《あま》などといった者たちは、欲深《よくふか》く、心は臆病《おくびょう》で、愚《おろ》かでありながら、しかも自分では智者《ちしゃ》と名乗《なの》っていた連中《れんちゅう》だったので、ことが起《お》こった時に、その機会《きかい》に便乗《びんじょう》して、多くの人を退転《たいてん》させたのである」（一五三九ページ）

少輔房、能登房という〝僧侶《そうりょ》〟が、そして名越の尼という、草創期《そうそうき》からの〝大先輩《だいせんぱい》〟が、大聖人のもとに集《あつま》った在家《ざいけ》の信徒《しんと》を退転させようと狂奔《きょうほん》したのである。この冷厳《れいげん》な歴史《れきし》の事実を、鋭《するど》く見つめていただきたい。

彼らは、①強欲《ごうよく》である　②内心《ないしん》は権威《けんい》・権力《けんりょく》を頼《たの》まねば、何もできない臆病な人間である。臆病は「病」と書くように、病《や》んだ不健全《ふけんぜん》な心である。

そして、③愚かなのに慢心《まんしん》が強く、自分では智者とうぬぼれている――。こうした、いわば〝人格破《じんかくは》綻者《たんしゃ》〟である。

このように、「大魔《だいま》のつきたる者ども」（同）の性《せい》格《かく》は、永遠《えいえん》に変《か》わらぬ普遍性《ふへんせい》がある。今もまったく同じであると、私どもは思う。

――一九九一・六・一

*

「建長寺《けんちょうじ》や円覚寺《えんがくじ》の僧《そう》たちが、仏事《ぶつじ》を行《おこな》う作法《さほう》や出家《しゅっけ》が守《まも》るべき戒律《かいりつ》の条文《じょうぶん》を破《やぶ》っていることは、大《たい》山《ざん》が崩《くず》れたようなものであり、出家としての振《ふ》る舞《ま》いのふしだらなことは猿《さる》に似《に》ている。この僧たちを供養《くよう》して、後世《こうせい》を助《たす》かろうと思うのは、はかないことである」（一四四二ページ）

建長寺も円覚寺も、当時《とうじ》、勢力《せいりょく》をもっていた謗法《ほうぼう》の寺《てら》である（禅宗《ぜんしゅう》の一派《いっぱ》、それぞれ臨済宗《りんざいしゅう》建長寺派、円覚寺派の本山《ほんざん》）。その僧侶《そうりょ》たちの〝ふしだらな振る舞い〟がどれほどひどかったか。それは「猿に似ている」――もはや「人間」のやることではないとの仰《おお》せである。大聖人は、堕落《だらく》の僧侶を、痛烈《つうれつ》に、また徹底的《てっていてき》に弾呵《だんか》されている。

〝腐敗《ふはい》した悪侶《あくりょ》には、絶対《ぜったい》にだまされてはならない。庶民《しょみん》を苦しめる魔《ま》の存在《そんざい》を、決《けっ》して許《ゆる》してはならない〟――これが大聖人のご精神《せいしん》であられた。

――一九九三・五・二六

*

仏法を食《く》い物《もの》にして、供養《くよう》を貪《むさぼ》るだけの悪侶《あくりょ》は、宗門《しゅうもん》に昔《むかし》から存在《そんざい》していたのである。現宗門は、日顕《にっけん》をはじめ、そうした破仏法《はぶっぽう》の悪侶だけとなり、大邪宗《だいじゃしゅう》となってしまった。

日蓮大聖人は、邪法《じゃほう》と正法《しょうほう》が争《あらそ》っている時には、「万事《ばんじ》をさしおいて謗法《ほうぼう》を責《せ》めるべきである。これが折伏《しゃくぶく》の修行《しゅぎょう》である」（四九四ページ）と仰《おお》せである。日顕宗の大謗法を徹底《てってい》して責めることが、御書に照《て》らして、現在の「時」に適《かな》った仏道《ぶつどう》修行なのである。

――一九九三・九・二一

＊

文永《ぶんえい》五年（一二六八年）の八月、日興上人《にっこうしょうにん》は一通《つう》の訴状《そじょう》を記《しる》される。それは「実相寺衆徒愁状《じっそうじしゅうとしゅうじょう》」（実相寺大衆愁状《たいしゅう》）。富士《ふじ》の岩本《いわもと》実相寺の院主《いんしゅ》（住職《じゅうしょく》）らの悪行《あくぎょう》を五十一カ条《じょう》にわたって弾劾《だんがい》し、院主の交《こう》代《たい》を幕府《ばくふ》に要求《ようきゅう》された文書《ぶんしょ》である。

当時《とうじ》、日興上人は二十三歳《さい》。青年であられた。日興上人の、燃《も》えたぎるような正義《せいぎ》の心でつづられた直筆《じきひつ》のご草稿《そうこう》は、今も残《のこ》っている。

そこには、僧道《そうどう》を踏《ふ》みはずし、人間道をはずした悪侶《あくりょ》の姿《すがた》が、一つ一つ克明《こくめい》に列挙《れっきょ》されている。

聖職者《せいしょくしゃ》はあまりにも堕落《だらく》しきっていた――令法《りょうぼう》久住《くじゅう》や信徒《しんと》のことなど、いささかも顧《かえり》みず、ひたすら金儲《かねもう》けに走るあさましさ。たとえば、住民《じゅうみん》の大切な馬《うま》まで、かすめ取《と》ったりした。また、みだらな宴《えん》会《かい》に遊《あそ》び興《きょう》じる見苦《みぐる》しさ。さらには寺《てら》に勤《つと》める人や少年に虐待《ぎゃくたい》の限《かぎ》りを尽《つ》くす残酷《ざんこく》さ等々――日興上人は、悲憤《ひふん》をこめて書き留《とど》めておられる。悪侶の非道《ひどう》を容赦《ようしゃ》なく責《せ》められたのである。

「悪侶を戒《いまし》めなければ、どうして善事《ぜんじ》を成《な》し遂《と》げることができようか。できはしない」（二一㌻）

これが、日蓮大聖人の「立正安国論《りっしょうあんこくろん》」に述《の》べられたご精神《せいしん》であられる。

――一九九一・八・一一

魔との戦い

「月々日々に、信心を強くしていきなさい。少しでもたゆむ心があれば、魔《ま》がそれを縁《えん》にして、襲《おそ》ってくるであろう」（一一九〇㌻）

「信心」は、「魔」との戦《たたか》いである。信心が弱まれば必《かなら》ず、魔は勢《いきお》いを増《ま》す。ひいては信心を破《やぶ》られてしまう。外から襲いくる魔と戦うことは、そのまま自身の内《うち》なる魔との戦いなのである。それなくして広布《こうふ》の前進《ぜんしん》も、自身の一生成仏《いっしょうじょうぶつ》もない。

「魔」との戦いを失《うしな》った信心は、結局《けっきょく》、観念論《かんねんろん》におちいってしまうし、御聖訓《ごせいくん》どおりの仏道修行《ぶつどうしゅぎょう》とはいえない。妙法《みょうほう》の世界にあって、誉《ほま》れの人、偉大《いだい》な人とはだれか。それは信心強き人である。勇猛《ゆうもう》の心で魔と戦う人である。

成仏は立場《たちば》や格好《かっこう》で決《き》まるものではない。信心が強いか弱いか、広宣流布《こうせんるふ》への一念《いちねん》が深《ふか》いか浅《あさ》いかで決まる。ここに仏法の厳《きび》しき因果律《いんがりつ》がある。

――一九八八・四・二二

*

佐渡《さど》の流罪《るざい》の地から、日蓮大聖人は一婦人に、次のように認《したた》めて送《おく》られている。

まず**「日蓮は第六天《だいろくてん》の魔王《まおう》と戦《たたか》う法華経の行者《ぎょうじゃ》として、魔軍《まぐん》に対し広布《こうふ》の大兵《たいへい》を起《お》こして二十余年《よねん》である。その間、一度たりとも退《しりぞ》く心はなかった」**（一二二四㌻）と。この不退《ふたい》の一念《いちねん》にこそ広布の精《せい》神《しん》がある。

そして**「（日蓮の）門下《もんか》でありながら、出家《しゅっけ》の弟《で》子《し》のなかにも、在家《ざいけ》の檀那《だんな》のなかにも、臆病《おくびょう》なものは、だいたい退転《たいてん》してしまった。あるいは退転の心がある」**（同）と続《つづ》けられている。大聖人は、すべて見ぬいておられた。

そのうえで**「尼御前《あまごぜん》が一文不通《いちもんふつう》で仏法の道理《どうり》も分《わ》からない心弱《こころよわ》い女性《じょせい》の身であるにもかかわらず、今まで退転しなかったことは、言いようもなく立派《りっぱ》なことである」**（同）と。

尼御前とは辨殿《べんどの》尼御前のことで、妙一尼《みょういちあま》と同一人《どういつじん》物《ぶつ》ともいわれている。彼女は、「一文不通」と仰《おお》せのように、学問《がくもん》があるわけでもなく、仏法の教理《きょうり》に通《つう》じていたわけでもなかった。しかし、今まで何があっても断《だん》じて退転しなかった。その姿《すがた》は言い表《あらわ》せぬほど立派である――と、大聖人は強く賞讃《しょうさん》されている。

すなわち、どこまでも「信心」が基準《きじゅん》である。学問ではない。地位《ちい》でもない。名誉《めいよ》でも財産《ざいさん》でもない。ここに、世間《せけん》の次元《じげん》とはまったく異《こと》なる仏法の絶対《ぜったい》的《てき》な観点《かんてん》がある。たとえ、なにがなくとも、正しき信心を貫《つらぬ》く人は、必《かなら》ず永遠《えいえん》の幸福境涯《きょうがい》にいたる。たとえ、華《はな》やかなものすべてをもっていたとしても、信心なき人はむなしく、暗《くら》い境涯である。

――一九八七・一〇・二〇

*

日蓮大聖人は世界広布《こうふ》が伸展《しんてん》する時、必《かなら》ず天魔《てんま》が現《あらわ》れると教《おし》えられている。

「（法華経には）この経《きょう》が全世界に流布《るふ》する時、天魔が人間の身に入《い》りかわって、法華経を弘《ひろ》めさせまいとして、法華経を信ずる者をあるいはののしり、打ち、追放《ついほう》し、あるいは殺《ころ》したりなどするであろうと説《と》かれている」（一四一五㌻）と。

絢爛《けんらん》たる世界広布が開《ひら》けようとする時代——その時に、天魔が身に入った人間が、正法《しょうほう》を弘めさせまいとするとの仰《おお》せである。そして信ずる者をバカにし、いじめると。このように明言《めいげん》されている。

先《さき》の御文《ごもん》に続《つづ》いて、大聖人は、こう述《の》べられている。**「（釈尊《しゃくそん》は）その時、まず、先駆《さきが》けをする者は、三世十方《さんぜじっぽう》の諸仏《しょぶつ》を供養《くよう》する功徳《くどく》を得《え》る。私（釈尊）もまた成仏《じょうぶつ》の因《いん》となった歴劫修行《りゃっこうしゅぎょう》の難行《なんぎょう》・苦行《くぎょう》の功徳をすべて譲《ゆず》る、と説かれた」**（同）と。

世界広布を阻《はば》もうとする天魔との戦《たたか》い——それに先駆けする人の功徳は、計《はか》り知《し》れないほど大きい。三世十方の仏《ほとけ》を供養する功徳、釈尊のすべての修行の功徳を、そのままわが一身《いっしん》に得られる、との御文である。もちろん、別《べつ》しては、大聖人の御事《おんこと》であられる。

仏法には〝時〟がある。〝時〟を違《たが》えぬことが成仏のカギである。御書に仰せのとおりの法華経の〝敵《てき》〟が現れた時、その時こそ最大の好機《こうき》なのである。三世にわたる自身の幸《こう》、不幸の軌道《きどう》を決定《けってい》してしまう。退《しりぞ》けば地獄《じごく》、前へ前へと勇《いさ》んで進めば、常楽《じょうらく》の大境涯《だいきょうがい》である。

——一九九一・八・一一

*

日蓮大聖人は、**「魔《ま》を『功徳《くどく》を奪《うば》う者』という。（中略）魔を尊《とうと》ぶから、後生《ごしょう》には無間地獄《むけんじごく》に堕《お》ちるのである」**（四七〇㌻）と戒《いまし》められている。

ここに仰《おお》せのとおり、日顕《にっけん》を、信心を破《やぶ》り、功徳を奪い、生命力を衰《おとろ》えさせる「魔」とは知《し》らずに、たぶらかされ、「法主《ほっす》だから」と無批判《むひはん》に尊び、従《したが》った者は、最後には、必《かなら》ず無間地獄の苦悩《くのう》を味《あじ》わうのである。

——一九九三・九・一六

＊

もともと、六道《ろくどう》の凡夫《ぼんぷ》の住処《すみか》である三界《さんがい》は、魔《ま》が充満《じゅうまん》する、いわば〝魔のすみか〟である。信心にわずかでもスキがあれば、すぐに悪鬼《あっき》がその身に入り、魔の眷属《けんぞく》となる。いわゆる**「悪鬼入其身《にゅうごしん》」**（七四九ページ）の姿《すがた》である。

多くの人々がいう彼らの共通点《きょうつうてん》は、名聞名利《みょうもんみょうり》や金《きん》銭《せん》、女性問題《じょせいもんだい》等で学会にいられなくなったことである。そして、口だけはうまい。

仏法では、魔は魔と見破《みやぶ》れば、すでにヌケ殻《がら》のようなものである。道に大石《おおいし》がころがっていれば、前《ぜん》進《しん》を妨《さまた》げる。ゆえに、これは魔である。しかし、その石は、どければよいのである。少々《しょうしょう》の低次元《ていじげん》な魔の蠢動《しゅんどう》など悠々《ゆうゆう》と見おろし、むしろ信心を深《ふか》めていく良《よ》い機会《きかい》と思っていけばよい。

——一九八八・五・八

＊

「種種御振舞御書《しゅじゅおふるまいごしょ》」には、天子魔《てんしま》について**「第六《だいろく》天《てん》の魔王《まおう》が、あるいは国主《こくしゅ》、あるいは父母《ふぼ》、あるいは妻子《さいし》、あるいは檀那《だんな》、あるいは悪人《あくにん》等にとりついて、あるいは行者《ぎょうじゃ》に随《したが》って法華経の修行《しゅぎょう》を妨《さまた》げたり、あるいは反対して妨害《ぼうがい》したりする」**（九一六ページ）と仰《おお》せである。

つまり、第六天の魔王、天子魔は、「他化自在天《たけじざいてん》」ともいうように、他の人に自在にとりつき、自分の意《い》のままに動かし、あやつる。そして修行者の成《じょう》仏《ぶつ》を、ありとあらゆる方法《ほうほう》で妨害する。そのことに快楽《かいらく》さえ感《かん》ずるのである。それが、仏法でいう「悪《あく》魔《ま》」の本質《ほんしつ》である。

仏法破壊《はかい》の策動《さくどう》には、必《かなら》ずといってよいほど、カゲで人をあやつり、悪事《あくじ》を起《お》こす天子魔にとらわれたような存在《そんざい》がある。そして多くの人間をあやつり、動かしながら、暗闇《くらやみ》でひとりニヤッとしている。そうした卑《いや》しい人間がいることを、仏《ほとけ》は鋭《するど》く見《み》破《やぶ》っていた。

——一九八八・五・二八

*

日蓮大聖人は、ご流罪《るざい》の佐渡《さど》の地で最蓮房《さいれんぼう》に与《あた》えられた御書に、次のように仰《おお》せである。最蓮房が大聖人とお会《あ》いし門下《もんか》となって、約《やく》二カ月後のお手紙《てがみ》である。

「私が日本の姿《すがた》を見るに、第六天《だいろくてん》の魔王《まおう》が智者《ちしゃ》の身に入って、正師《しょうし》を邪師《じゃし》となし善師《ぜんし》を悪師《あくし》となしている。法華経に『悪鬼入其身《あっきにゅうごしん》（悪鬼その身に入る）』と説《と》かれているのは、これである。日蓮は智者ではないけれども、第六天の魔王がわが身に入ろうとするのに対し、かねてからの用心《ようじん》が深《ふか》いので身に寄《よ》せつけない。ゆえに天魔《てんま》は、力及《ちからおよ》ばずに王《おう》や臣下《しんか》をはじめとして、良観《りょうかん》等の愚《おろ》かな法師《ほっし》たちに取《と》りついて、日蓮を迫害《はくがい》するのである。しかしながら、今の時代は、師に、正師と邪師、善師と悪師の違《ちが》いがあることを知《し》って、邪悪《じゃあく》の師を遠《とお》ざけ、正善《しょうぜん》の師に近《ちか》づき親《した》しむべきである」（一三四〇㌻）

天魔は、御本仏であられる大聖人にさえ取りつこうとした、その身に入ろうとした、と仰せである。それほどに魔の働《はたら》きは恐《おそ》ろしい。

「少しでも信心を怠《おこた》る心があれば、魔が便乗《びんじょう》してくるであろう」（一一九〇㌻）との御聖訓《ごせいくん》のとおりである。

絶対《ぜったい》に魔がつけいるスキを与えてはならない。意《い》識《しき》し、自覚《じかく》して〝魔を打ち破《やぶ》っていく祈《いの》り〟がなければならない。どのような高位《こうい》の人であれ、否《いな》、立《たち》場《ば》が上であればあるほど、信心の戦《たたか》い、広宣流布《こうせんるふ》の戦いをやめてしまえば、たちまち魔に食《く》い破られてしまう。〝まさかあの人が……〟というような人が、醜《みにく》く変《か》わったとしても、御書に照《て》らせば、決《けっ》して驚《おどろ》くことではない。恐れる必要《ひつよう》もない。御書の正しさの証明《しょうめい》なのである。

ゆえに、大事《だいじ》なことは、〝つくべき正しき依処《えしょ》（よりどころ）〟を間違《まちが》えてはならないということである。御書を根本《こんぽん》に、つねに、信心の眼《まなこ》で鋭《するど》く正邪《せいじゃ》を見極《みきわ》めていかねばならない。

——一九九一・八・二四

なぜ、これほどまでに迫害《はくがい》にあうのか。それは、**「この世界が『第六天《だいろくてん》の魔王《まおう》』の支配下《しはいか》」**（一〇八一ページ）だからである。

第六天の魔王は、妙法《みょうほう》を唱《とな》える人々を除外《じょがい》しようとする。人々が幸福になるのを妬《ねた》み、不幸になるのを喜《よろこ》ぶ。**「法華経を持《たも》つ者は必《かなら》ず成仏《じょうぶつ》する。それゆえに第六天の魔王という三界《さんがい》の主《あるじ》がこの経《きょう》を持つ人を強く嫉《そね》むのである」**（九二五ページ）、**「魔《ま》の習性《しゅうせい》は、善事《ぜんじ》を妨《さまた》げ、悪事《あくじ》をさせて悦《よろこ》ぶことである」**（九八一ページ）とあるとおりである。

まさに「権力《けんりょく》の魔性《ましょう》」である。全宇宙《ぜんうちゅう》には、無数《むすう》の仏国土《ぶっこくど》もある。しかし、私どもは今、願《ねが》って、この地球《ちきゅう》の広宣流布《こうせんるふ》に生《う》まれてきたからには、この魔性と戦《たたか》いぬく以外にない。

――一九九六・一二・一〇

＊

「たとえ智慧《ちえ》明《あき》らかな師匠《ししょう》に出会《であ》い、真実《しんじつ》の教《おし》えである法華経に巡《めぐ》りあって、正法《しょうほう》を得《え》た人であっても、生死《しょうじ》の苦悩《くのう》の流転《るてん》を出《い》でて仏《ほとけ》になろうとする時には、必《かなら》ず影《かげ》が身に添《そ》うごとく、雨《あめ》に雲《くも》が伴《ともな》うごとく、三障四魔《さんしょうしま》といって七つの大きな出来事《できごと》が現《あらわ》れてくるのである」（一四八七ページ）

学校でも、試験《しけん》を乗《の》り越《こ》えなければ卒業《そつぎょう》できない。仏法では、魔《ま》を乗り越えなければ仏になれない。魔と戦《たたか》い、魔を打ち破《やぶ》った分《ぶん》だけ、仏に近《ちか》づくのである。

三障四魔のうち、七番目の最大の難関《なんかん》が「天子《てんし》魔《ま》」である。「第六天《だいろくてん》の魔王《まおう》」の画策《かくさく》のことである。それを打ち破ってこそ、仏になれる。要《よう》するに、「権力《けんりょく》の魔性《ましょう》」との闘争《とうそう》に打ち勝ってこそ、仏になれるのである。

――一九九七・五・一九

＊

「日蓮は日本国の一切衆生《いっさいしゅじょう》に法華経（妙法《みょうほう》）を信じさせて、仏《ほとけ》に成《な》る血脈《けつみゃく》を継《つ》がせようとしているの

に、かえって日蓮を種々《しゅじゅ》の難《なん》にあわせ、あげくのはてには、この佐渡《さど》の島《しま》にまで流罪《るざい》した。ところが、そうしたなかで、あなたは日蓮に随順《ずいじゅん》し、また法華経のゆえに難にあわれており、その心中《しんちゅう》が思いやられ、心を痛《いた》めている。金《きん》は大火《たいか》にも焼《や》けないし、大《たい》水《すい》にも流《なが》されず、朽《く》ちることもない。鉄《てつ》は水にも火にも、ともに耐《た》えることができない。賢人《けんじん》は金のようであり、愚人《ぐにん》は鉄のようなものである。あなたは、法華経の金を持《たも》つゆえに、まさしく真金《しんきん》の人である」（一三三七㌻）

私どもは、この日蓮大聖人の「一閻浮提広宣流《いちえんぶだいこうせんる》布《ふ》」のご遺命《ゆいめい》を実現すべく立ち上がった。世界中の人々に幸福への道を歩《あゆ》ませたいと、あらゆる難に耐えながら、広布《こうふ》のための不惜《ふしゃく》の実践《じっせん》に励《はげ》んできた。そして、世界広布が未曽《みぞう》有の伸展《しんてん》をしたゆえに、それを断絶《だんぜつ》させようと、未曽有の「悪魔《あくま》・魔民《まみん》」が出現したのである。「仏弟子《ぶつでし》」「高僧《こうそう》」の中でも、もっとも高い立場《たちば》の日顕《にっけん》の身に「悪鬼《あっき》」「天魔《てんま》」が入ったのである。

大聖人は**「大悪魔は貴《とうと》い僧《そう》となる」**（一四九七㌻）と明確《めいかく》に仰《おお》せである。

「御本尊根本《こんぽん》」「御書根本」に、そして「広宣流布一筋《ひとすじ》」に進む私どもは、魔《ま》を魔と見破《みやぶ》ったがゆえに、その前進《ぜんしん》に、いささかの遅滞《ちたい》もなかった。

日顕の極悪《ごくあく》を呵責《かしゃく》しながら、大聖人の仰せのままに前進される皆さまは、まさに「真金の人」である。その功徳《くどく》・福運《ふくうん》は、いよいよ輝《かがや》きゆくことは間《ま》違《ちが》いない。

「仏法は勝負《しょうぶ》」（一一六五㌻）である。皆さまが朗《ほが》らかに功徳に満《み》ちあふれ、広布が進めば進むほど、正邪《せいじゃ》の姿《すがた》が明確になっていくのである。

――一九九八・五・五

*

日蓮大聖人の最晩年《さいばんねん》、若《わか》き門下《もんか》・南条時光《なんじょうときみつ》が大《たい》病《びょう》をわずらった。それを知《し》られて大聖人は、烈々《れつれつ》たる気迫《きはく》で時光を激励《げきれい》されている。

「日蓮の法門《ほうもん》を、上《かみ》は一人《いちにん》（国主《こくしゅ》）から下《しも》は万民《ばんみん》にいたるまで信じられないうえ、たまたま信じる人

があれば、あるいは所領《しょりょう》、あるいは田畑《たはた》等のことで苦しみ、あげくは命《いのち》に及《およ》ぶ人々もある。これほど信心することは難《むずか》しいのに、母上《ははうえ》や故上野殿《こうえのどの》（父《ちち》）は信仰《しんこう》なされた。

時光はその後継《あとつ》ぎとなって、人も勧《すす》めないのに心の底《そこ》から信仰され、上下万人《じょうげばんにん》から信心をやめるように諌《いさ》められ、あるいは脅《おど》されながらも、ついに捨《す》てる心がなく『間違《まちが》いなく仏《ほとけ》になる』と見えたので、天魔《てんま》・外道《げどう》が病気《びょうき》をつけて脅そうと試《こころ》みているのであろうか。人の命は限《かぎ》りがある。少しも驚《おどろ》いてはならない」（一五八七ジペー）

〝人間、一度は必《かなら》ず死ぬ。ゆえに何も恐《おそ》れるな。何ものにも負《ま》けるな。信心で、厳然《げんぜん》と前へ進め。病気にも断《だん》じて打ち勝て。必ず仏になることが決《き》まっているからこそ、病気や障害《しょうがい》で試《ため》されているのだ。乗《の》り越《こ》えれば、仏の大境界《だいきょうがい》が開《ひら》けるのだ〟——大聖人の大慈悲《だいじひ》の激励であった。

大聖人は、この時、「**鬼神《きじん》たちめ**」（同）と病気を起《お》こした鬼神を厳《きび》しく叱咤《しった》された。この励《はげ》ましに、時光は奮《ふる》い立った。そして病気を克服《こくふく》した。やがてふたたび、大聖人の弟子《でし》として、立派《りっぱ》に広宣流布《こうせんるふ》の指揮《しき》をとるのである。——一九九五・一一・二三

第三章　人生の指針

いかに生きるか

〈強き信念〉

「法華経（御本尊）の利剣《りけん》は、信心の強い人こそが用《もち》いられる。（その人にとっては）鬼《おに》に鉄棒《かなぼう》である」（一二二四ページ）

御本尊は、一切《いっさい》の不幸を断《た》ち切る剣であり、名刀《めいとう》であられる。剣が無敵《むてき》であっても、使《つか》う人に勇気《ゆうき》がなければ、敵は倒《たお》せない。不幸を断ち切るためには、信心の「勇気」こそが必要《ひつよう》なのである。

――一九九四・二・一七

*

われわれは仏法に命《いのち》をささげている。文句《もんく》など言う資格《しかく》はない。必要《ひつよう》もない。日蓮大聖人は**「この身を法華経にかえるのは、石を黄金《おうごん》にかえ、糞《ふん》を米《こめ》にかえるようなものである」**（九一〇ページ）――石を金《きん》にかえる、と仰《おお》せである。

仏法に命をささげることは、わが身を〝黄金〟にかえることである。どうしようもない、つまらない自分が、光《ひか》り輝《かがや》く最高の生命になる。永遠《えいえん》に、そうなる。だから、本気《ほんき》になって信心しなさいと仰せなのである。

長い間《あいだ》ではない。今世《こんぜ》は、あっという間《ま》に終《お》わってしまう。その間、信心をやりきれば、永遠に仏《ほとけ》である。だから今、元気なうちに、思う存分《ぞんぶん》、戦《たたか》ったほうが得《とく》である。病気《びょうき》になってから、「もっと頑張《がんば》っておけばよかった」と後悔《こうかい》している人もいる。

だれもが、いつかは死ぬ。今、ここにいるわれわれ、そして、この瞬間《しゅんかん》、地球上《ちきゅうじょう》にいる数十億の人類《じんるい》も、百年後には、ほとんどだれも残《のこ》っていない。これは、どうしようもない厳粛《げんしゅく》なる事実である。この事実を深刻《しんこく》に自覚《じかく》すれば、人生を無駄《むだ》にはできない。短《みじか》い人生を、最高に価値《かち》あらしめるためには何をすべきか。それを知《し》っているのは私どもだけである。この人生で、自身の仏界《ぶっかい》を固《かた》めきって、永遠の幸福境涯《きょうがい》を築《きず》くのである。そのための「信心」であり、「仏道修行《ぶつどうしゅぎょう》」なのである。

――一九九六・九・二六

*

「苦《く》を苦と悟《さと》り、楽《らく》を楽と開《ひら》き、苦楽ともに思い合わせて南無妙法蓮華経と唱《とな》えていきなさい。これこそ自受法楽《じじゅほうらく》（法による楽しみを自《みずか》ら受けること）ではなかろうか。ますます強盛《ごうじょう》な信力《しんりき》を出していきなさい」（一一四三ページ）

これは建治《けんじ》二年（一二七六年）、四条金吾《しじょうきんご》が同僚《どうりょう》にも憎《にく》まれ、主君《しゅくん》・江間氏《えまし》からも冷遇《れいぐう》されていたころのお便《たよ》りである。短《みじか》い一文《いちぶん》であるが、ある意味で、私どもにとっての信心の精髄《せいずい》を教《おし》えられた御文《ごもん》と拝《はい》される。

何があろうとも、私どもは御書に従《したが》い、善意《ぜんい》に従い、悪意《あくい》に満《み》ちみちた行為《こうい》をすべて見おろしながら、妙法《みょうほう》の「歓喜《かんき》の中の大歓喜」を楽しんでいける。その「強盛の信力」の境涯《きょうがい》にこそ、幸福の実体《じったい》がある。何もないことが現世安穏《げんせあんのん》なのではない。最後まで悠々《ゆうゆう》と現実に挑戦《ちょうせん》しきっていける不動《ふどう》の境涯――そのなかに現世安穏はある。他人や環境《かんきょう》に支配《しはい》されて、幸《こう》、不幸を感《かん》じる生き方には、真実《しんじつ》の幸福はない。強き一念《いちねん》をこめ、朗々《ろうろう》と唱題《しょうだい》しつつ、洋々《ようよう》たる心境《しんきょう》で、すべてを功徳《くどく》と勝利の方向《ほうこう》へ、広宣流布《こうせんるふ》の方向へ、と導《みちび》いていける勇士《ゆうし》であっていただきたい。

私どもは皆、広布《こうふ》の同志《どうし》である。ゆえに何があっても仲良《なかよ》く、「苦楽ともに思い合わせて南無妙法蓮華経」の信心で進みたい。この団結《だんけつ》の前進《ぜんしん》にこそ「世界広宣流布」を教えられた御本仏のご精神《せいしん》にかなった姿《すがた》があると信ずる。

――一九九一・一・一八

*

人生は「境涯《きょうがい》」で決《き》まる。

「末法《まっぽう》には法華経の行者《ぎょうじゃ》が必《かなら》ず出現する。ただし大難《だいなん》が来れば強盛《ごうじょう》の信心でいよいよ喜《よろこ》んでいくべき

である。火に薪《たきぎ》を加《くわ》えれば燃《も》えさかるではないか。大海《たいかい》には多くの河川《かせん》が流《なが》れ込《こ》む。しかし、大海は河川の水を返《かえ》すことがあるだろうか。
それと同じように『法華《ほっけ》大海の行者』に、さまざまな河川の水が大難として流れ込むけれども、押《お》し返したり、とがめだてすることはない。さまざまな河川の水が入ってこなければ大海はない。大難がなければ法華経の行者ではない。天台大師《てんだいだいし》が『多くの河川が海に流れ入《い》り、薪は火をさかんにする』というのはこれである」（一四四八㌻）

何かあるごとに「いよいよ喜んでいきなさい」「それが強盛の信心である」――日蓮大聖人のお教《おし》えは明快《めいかい》である。このとおりに生きたい。このとおりの信心でありたい。その人が勝者《しょうしゃ》である。成仏《じょうぶつ》の人である。すぐに、〝またこんなことがあった〟〝いやになるな〟などと、心が揺《ゆ》れる場合があるかもしれない。しかし、それだけでは、周囲《しゅうい》まで暗《くら》くしてしまう。だれも得《とく》をしない。その時こそ、「変毒為《へんどくい》薬《やく》」の信心をすべきである。自分の一念《いちねん》で、苦しみも楽しみに、悩《なや》みも喜びに、宿業《しゅくごう》も功徳《くどく》に変《か》えられる。全部《ぜんぶ》、輝《かがや》く常楽《じょうらく》の世界に転換《てんかん》できる。難《なん》があるから自分も成長《せいちょう》できるのである。堂々《どうどう》と「大確信《だいかくしん》」の信心を貫《つらぬ》いていただきたい。

――一九九二・二・二七

*

日蓮大聖人は「開目抄《かいもくしょう》」に「**師子尊者《ししそんじゃ》は法のため身を捨《す》てた**」（二三七㌻）と仰《おお》せになっているのをはじめ、御書に繰《く》り返《かえ》し、師子尊者の「死身弘法《ししんぐほう》」の姿《すがた》をとどめておられる。

さらに、ご自身のお振《ふ》る舞《ま》いに即《そく》して、次のようにも仰せである。

「私は、竜《たつ》の口《くち》の頸《くび》の座《ざ》に臨《のぞ》み、師子尊者以来《いらい》、絶《た》えていた死身弘法の跡《あと》を継《つ》ぎ、天台《てんだい》・伝教《でんぎょう》の功績《こうせき》をも超《こ》えた」（三五六㌻）と。

「死身弘法」こそ信仰者《しんこうしゃ》の精神《せいしん》である。また、その深《ふか》い決意《けつい》なくして、本当の信仰の道は貫《つらぬ》けるものではない。私も戸田先生のもとで仏法の道に入って以来〝護法《ごほう》のためにはいつ倒《たお》れてもよい〟との決心《けっしん》で、走り、戦《たたか》ってきた。それが、牧口、戸田両先生の殉教《じゅんきょう》の生涯《しょうがい》にこたえる道であり、学会精神であると確信《かくしん》していたからである。

――一九八八・三・二一

*

「千町《ちょう》・万町という広大《こうだい》な土地《とち》を治《おさ》める人でも、つまらない事で、たちまちに命《いのち》を捨《す》て、その所領《しょりょう》を取《と》り上げられてしまう人もいる」（一五四〇ページ）

現代も、こうした人生模様《じんせいもよう》は、さまざまに見られる。新聞《しんぶん》などで報《ほう》じられる出来事《できごと》を見ても、思わぬことで一生を棒《ぼう》にふったり、これまでの功績《こうせき》を無《む》にしたり、生命を失《うしな》ったりすることは、枚挙《まいきょ》に暇《いとま》がない。

そして、**「それを思えば、このたび、法華経のために命を捨てるということならば、何が惜《お》しいことがあろう。薬王菩薩《やくおうぼさつ》は身体を千二百年の間《あいだ》、焼《や》きつくして仏《ほとけ》になられ、須頭檀王《すずだんのう》は、千年の間、身を床《ゆか》として師《し》に仕《つか》えた功徳《くどく》で、今の釈迦仏《しゃかぶつ》といわれるようになられたのである」**（同）と。

人生、何に生きるか、である。人それぞれに人生があり、生き方がある。自分の置《お》かれた立場《たちば》で、みずからの使命《しめい》を自覚《じかく》し、自分自身に生ききることである。

ただ言えることは、ある一つの世界で、たとえ頂点《ちょうてん》に立つ人になったとしても、それだけでは、その世界の範疇《はんちゅう》の人生を超《こ》えることはできない。しかも、三世《さんぜ》という次元《じげん》から見れば、どんなに栄華《えいが》を極《きわ》め、どんなに財産《ざいさん》を築《きず》き、社会的地位《ちい》を得ても、それらは決《けっ》して永遠《えいえん》ではない。無常《むじょう》を免《まぬか》れることはできない。

しかし、妙法《みょうほう》は永遠である。ゆえに妙法に生きる人は永遠となる。妙法は広大無辺《こうだいむへん》である。ゆえに妙法に生きる人は、まさに宇宙即我《うちゅうそくわれ》の広大無辺の境《きょう》涯《がい》に生きることができる。

広宣流布《こうせんるふ》は全人類《ぜんじんるい》のための戦《たたか》いである。ゆえに広《こう》布《ふ》に生きる人は、全世界と全人類へと開《ひら》かれた人生を生きることができる。また、広宣流布は永遠不滅《ふめつ》の聖業《せいぎょう》である。ゆえに広布に生きる人は、永遠不朽《ふきゅう》の光彩《こうさい》を輝《かがや》かしていく人生となる。

――一九九一・二・一七

＊

「賢人《けんじん》とは、八風《はっぷう》といって八種の風に侵《おか》されない人をいうのである。八風とは、利《うるおい》・衰《おとろえ》・毀《やぶれ》・誉《ほまれ》・称《たたえ》・譏《そしり》・苦《くるしみ》・楽《たのしみ》である。そのおおよその意味するところは、世間的利益《せけんてきりえき》があっても喜《よろこ》ばず、それを失《うしな》っても嘆《なげ》かないなどということである。この八風に侵されない人を、必《かなら》ず諸天善神《しょてんぜんじん》は守《まも》られるのである」（一一五一ページ）

要《よう》は、八風に侵されない、八風に微動《びどう》だにしない「自分自身」であればよい。それが「賢人」である。

現代は、あまりにも虚栄《きょえい》、誘惑《ゆうわく》が多い。刹那主義《せつなしゅぎ》、享楽主義《きょうらく》が、社会を覆《おお》っている。しかも、日本人は、世間体《せけんてい》や格好《かっこう》、形式《けいしき》ばかりを気《き》にして、内実《ないじつ》をおろそかにする傾向《けいこう》がある。風評《ふうひょう》に動かされて、事実を冷静《れいせい》に確認《かくにん》しようとしない弱さもある。それでは、状況《じょうきょう》の変化《へんか》のまま、風向《かざむ》きのままに動かされる。あまりにも不安定《ふあんてい》な人生であろう。大きな嵐《あらし》、時代の変動《へんどう》の前には、ひとたまりもない――。

そうしたなか、私どもは、何ものにも左右《さゆう》されることのない、信仰《しんこう》という、不動《ふどう》の支柱《しちゅう》をもっている。八風に断《だん》じて侵されることなく、堂々《どうどう》とまた仲《なか》良《よ》く、この最高の「人類貢献《じんるいこうけん》の道」「永遠《えいえん》の幸福の道」を歩《あゆ》んでまいりたい。

――一九九一・七・二七

＊

「結局《けつきょく》のところは、諸天《しょてん》もわれを捨《す》てたまえ。諸《しょ》難《なん》にもあえ。身命《しんみょう》をなげうとう」（二三二ページ）

〝日本国の支配者《しはいしゃ》の地位《ちい》をゆずろう〟というような誘惑《ゆうわく》、〝父母《ふぼ》の首をはねるぞ〟というような脅迫《きょうはく》にも紛動《ふんどう》されてはならない、と。

何があろうと、大聖人の言われるままに、厳然《げんぜん》と「信念《しんねん》」を貫《つらぬ》くことである。そういう「信念」のある人が、必《かなら》ず幸福になる。それが皆さまである。

――一九九六・六・二三

＊

日蓮大聖人は、佐渡《さど》で認《したた》められた「諸法実相抄《しょほうじっそうしょう》」に**「いくら日蓮を憎《にく》んでも、内証《ないしょう》（心の中に真理《しんり》を悟《さと》ること）はどうすることもできない」**（一三五九㌻）と仰《おお》せである。

あまりにも有名な一節《いっせつ》であり、いかに大聖人を憎み、迫害《はくがい》しようとも、御本仏としての赫々《かっかく》たるご境《きょう》界《がい》は、はるか彼らの思いもよらぬ高みにあるとの師《し》子吼《しく》であられる。

私どもは、御本仏の誉《ほま》れの門下《もんか》である。ゆえに、卑《いや》しきキツネのごとく人をごまかす者たちが何を吠《ほ》えようとも、歯牙《しが》にもかけず、堂々《どうどう》たる〝わが道〟を獅子王《ししおう》のごとく歩《あゆ》みとおしていただきたい。そこに人間としての正しき生き方の真髄《しんずい》もあるからだ。

――一九八八・一・九

＊

「（死後の地獄《じごく》という）苦悩《くのう》の世界に行ったならば、王《おう》の位《くらい》も、将軍《しょうぐん》の位も、何《なん》の役《やく》にもたたない。獄卒《ごくそつ》の責《せ》めにあう姿《すがた》は、猿回《さるまわ》しに回される猿と変《か》わらない」（一四三九㌻）

このような哀《あわ》れな姿にならないために、信仰《しんこう》しなさいとの厳愛《げんあい》のお言葉である。

位や名声《めいせい》など虚像《きょぞう》である。幻《まぼろし》である。追《お》いかけても何にもならない。それよりも無名《むめい》であっても、人のため、法のために生きる人生が、どれだけ尊《とうと》いか。「私は、これでいい！」「私は、やりきった！」と言える信念《しんねん》の人生のほうが、どれだけ幸福か。

皆、同じ人間である。違《ちが》うのは「境涯《きょうがい》」である。「境涯」の違いだけは、死をも超《こ》えて永遠《えいえん》に続《つづ》く。

ゆえに**「心こそ大切」**（一一九二㌻）なのである。

――一九九六・九・二六

＊

「道理《どうり》に反《はん》することを、すべきではない。今さらこの信仰《しんこう》を捨《す》てたならば、かえって人の笑《わら》いものに

なってしまう。さも味方《みかた》のように見せかけて人を退《たい》転《てん》させ、自分もあざ笑い、他の人にも笑わせようとする奇怪《きかい》な者たちには、十分《じゅうぶん》に言わせておいたうえで、『多くの人が聞いているところで人を教訓《きょうくん》するよりも、まず自分の身を教訓しなさい』と言って、勢《いきお》いよくその場《ば》を立たれるがよい」（一五四〇㌻）

信念《しんねん》の道を軽々《かるがる》しく捨ててしまう人は、結局《けっきょく》、人から笑われる。たとえ別《べつ》の人についたとしても軽く見られ、利用《りよう》されるだけである。自分を利口《りこう》だと思い、世《よ》の中をうまく渡《わた》っていると得意《とくい》になりながら、じつは苦悩《くのう》の流転《るてん》の坂《さか》を、果《は》てしなく転《ころ》がり続《つづ》けていくのである。

――一九九一・二・一七

*

「幸福な人」とは、どういう人か。結論的《けつろんてき》に言えば、それは「強い人」である。「不幸な人」とは、だれか。それは「弱い人」である。強い人は、何でも楽しめる。何かあればあるほど、ますます強くなっていく。

日蓮大聖人は「兄弟抄《きょうだいしょう》」に「石は焼《や》けば灰《はい》となる。金《きん》は焼いて精錬《せいれん》すれば、いよいよすばらしい金となる」（一〇八三㌻）と仰《おお》せである。これが道理《どうり》である。人間も同じである。

――一九九四・三・五

*

「金《きん》は大火《たいか》にも焼《や》けず大水《たいすい》にも漂《ただよ》わず、また朽《く》ちることもない。鉄《てつ》は水《みず》にも火《ひ》にも、ともに耐《た》えることができない。賢人《けんじん》は金のようであり、愚人《ぐにん》は鉄のようである。あなた（最蓮房《さいれんぼう》）は、まさに真金《しんきん》（真《しん》実《じつ》の金）ではないか。それは、法華経の金を持《たも》つゆえであろうか」（一三三七㌻）

人生というのは、いろいろなことがある。「大水」が押《お》し寄《よ》せる高い波の時もある。低《ひく》い波の時もある。また〝なぎ〟の時もある。苦悩《くのう》の「大火」に焼かれる思いの時もあろう。

大事《だいじ》なことは、たとえ、どういう時でも、「自分はこれだけやりきった」と納得《なっとく》できる生き方、悔《く》いのない生き方を貫《つらぬ》くことである。その人こそ、賢人である。勝者《しょうしゃ》であり、幸福者であろう。

人がどう言おうと、また、どう見ようと、それはそれである。あくまでも、自分の信念《しんねん》を貫くことである。亡《な》くなった松下幸之助《まつしたこうのすけ》さんとも、よく語《かた》り合った。二人の語らいの結論《けつろん》も「自分はこういう人生を生きぬいた」「自分の人生はこうだった」と言いきれるかどうか、ということであった。

――一九九三・一一・三〇

*

いうまでもないが、「お金《かね》」もまた、一生を賭《か》けるには、あまりにも〝不確実《ふかくじつ》な〟、そしてはかないものである。「お金」はイコール〝確実な幸福〟ではない。むしろ財産《ざいさん》があるゆえに、不幸になる場合が多い。

まさに日蓮大聖人がお示《しめ》しのごとく、**「南無妙法蓮華経と自分も唱《とな》え、他人にも勧《すす》めることのみが、今生《こんじょう》に人間として生《う》まれてきた思い出となる」**（四六七ページ）のである。この御金言《ごきんげん》を心に深《ふか》く刻《きざ》みながら、広布《こうふ》と信心に進みゆくわが人生こそ〝最高の幸福〟と確信《かくしん》し、晴《は》れやかに、また堂々《どうどう》と生きぬいていただきたい。

――一九八七・一一・一五

〈自分らしく〉

法華経には「衆生所遊楽《しゅじょうしょゆうらく》（この世界は人間が遊楽するところである）」（法華経四九一ページ）とあり、日蓮大聖人は**「南無妙法蓮華経は歓喜《かんき》の中の大歓喜である」**（七八八ページ）と仰《おお》せである。いかなる困難《こんなん》も恐《おそ》れず進む。妙法《みょうほう》を唱《とな》えに唱えぬいていく――これが、人生を最高に楽しみきっていく道であり、わが学会の道なのである。

「進まざるは退転《たいてん》」である。前進《ぜんしん》する人には「希《き》望《ぼう》」がわく。「勇気《ゆうき》」がみなぎる。「張《は》り」がある。「充実感《じゅうじつかん》」がある。「結果《けっか》」も出る。だから楽しい。〝停滞《ていたい》〟の日々は、〝後退《こうたい》〟の人生となり、時とともに寂《さび》しく、後悔《こうかい》がつきまとう。

自分自身が楽しく、満足《まんぞく》できる人生を、生きる希望と喜《よろこ》びに満《み》ちた境涯《きょうがい》を、築《きず》き広げていってこそ「信心」である。そして、この偉大《いだい》なる「信心」の心を胸《むね》に進む私どもこそ、間違《まちが》いなく、大聖人の「直系《ちょっけい》の弟子《でし》」「直系の門下《もんか》」であると宣言《せんげん》したい。

歴史《れきし》は「真実《しんじつ》」に味方《みかた》する。大聖人の〝真《しん》の弟子〟として、楽しい、朗《ほが》らかな一生を、ともどもに送《おく》ってまいりたい。

――一九九二・一・一二

*

「ある人が人々のために道《みち》をつくった。その道に迷《まよ》う者があるからといって、道をつくった人の罪《つみ》といえるだろうか、いやそうではない」（二五七ページ）

この御文《ごもん》は、機根《きこん》の悪《わる》い愚人《ぐにん》が大法《だいほう》を誹謗《ひぼう》して悪《あく》道《どう》に堕《お》ちてしまうならば、それは大法を説《と》いた人の罪ではないか、という質問《しつもん》に対する答《こた》えである。

それはそれとして、いつの世《よ》にも、先人《せんじん》が苦労《くろう》して切り開《ひら》いた道を、何《なん》の感謝《かんしゃ》もなく偉《えら》ぶって歩《ある》いていくだけの傲慢《ごうまん》な人間がいる。そうした人間にかぎって、自分の過《あやま》ちで道に迷ったのに、それを人のせいにしていくものである。そのような人生はあまりにも卑《いや》しい。愚劣《ぐれつ》な生き方であり、またむなしいものだ。

諸君《しょくん》は、何かあると責任《せきにん》を人に転嫁《てんか》するような生き方だけは絶対《ぜったい》にしてはならない。みずからの使命《しめい》と責任で、自分らしく道を開き、後世《こうせい》のために残《のこ》していく一生であっていただきたい。

――一九八八・七・一〇

*

「九界《きゅうかい》、六道《ろくどう》の一切衆生《いっさいしゅじょう》は、おのおの心が違《ちが》っている。たとえば、二人、三人、ないし百人、千人いても、一尺《いっしゃく》（約《やく》三十センチ）の顔《かお》の中が真《しん》に似《に》ている人は、一人もいない。心が似ていないから、顔も似ていない。まして二人、十人、六道、九界の衆生の心は、どれほど違っていることであろう。

すなわち、花を愛《あい》し、月を愛し、酸《す》っぱいものを好《この》み、苦《にが》いものを好み、小さいものを愛し、大きいものを愛し、いろいろである。善《ぜん》を好み、悪《あく》を好

み、さまざまである。

このように、いろいろだが、法華経に入ってしまうと、（全員が仏《ほとけ》になるゆえに）**ただ一人の身であり、一人の心である。たとえば、多くの川も大海《たいかい》に入れば、同じ塩味《しおあじ》となるように、また多くの鳥も須《しゅ》弥山《みせん》に近《ちか》づけば、同じ金色《きんいろ》になるようなものである」**（一三一九ページ）

法華経は、人間の多様性《たようせい》を最大に尊重《そんちょう》し、生かし、そして調和《ちょうわ》させゆく哲理《てつり》である。それぞれの差《さ》異《い》を認《みと》めあったうえで、皆が平等《びょうどう》に、自分自身を光《こう》輝《き》あらしめていく。そして、うるわしい「桜梅桃《おうばいとう》李《り》」の花園《はなぞの》を築《きず》いていく。そのための源泉《げんせん》が妙法《みょうほう》である。

――一九九六・六・一五

*

時代や社会は、さまざまに変化《へんか》する。だが、幸福も不幸も、結局《けつきょく》は「自分自身」に帰着《きちゃく》する。

御書に**「八万四千の法蔵《ほうぞう》は我《わ》が身一人の日記《にっき》の文《ぶん》書《しょ》なのである」**（五六三ページ）と。つまり、「八万四千」とも形容《けいよう》される膨大《ぼうだい》な経典《きょうてん》も、すべてことごとく「一人」の生命について記《しる》した「日記」の文書である、と仰《おお》せになっているわけである。

自分を取《と》り巻《ま》く現実の世界で、日々、刻々《こっこく》と起《お》こり、展開《てんかい》されていく出来事《できごと》は、すべて自分自身の生命がつづっている「日記」と、とらえることもできる。

宇宙《うちゅう》より広大《こうだい》なわが内《うち》なる「心の世界」に、どのような〝日記〟を記していくか。三世永遠《さんぜえいえん》に続《つづ》いていく、このわが生命を、どのような人生の〝文字《もじ》〟でつづっていくか。喜《よろこ》びあるいは悲《かな》しみの色の文字となるか。幸福あるいは不幸のページとなるか。それは時代や社会がどうかで決《き》まるものではない。すべて「自分自身」に帰着するのである。

青年部の諸君《しょくん》は、今は悩《なや》み多き時かもしれない。試練《しれん》の人生の季節《きせつ》かもしれない。しかし、その苦闘《くとう》の時代に、自分自身の偉大《いだい》なる広布《こうふ》の日記をつづっていただきたい。永遠《えいえん》にして不朽《ふきゅう》の生命の日記を記していただきたいと強く念願《ねんがん》する。

――一九八九・一二・九

人生は勝負

「仏法は勝負《しょうぶ》」（一一六五ページ）である。ゆえに、勝たなければ幸福はない。そして真《しん》の勝利とは、人間としての勝利である。弱い者が泣《な》き寝《ね》入《い》りをし、強い者がのさばる。社会の、そうした動物性《どうぶつせい》を百八十度ひっくり返《かえ》していく勇者《ゆうしゃ》こそ、真の勝利者であり、菩薩《ぼさつ》である。「人間」の名《な》にふさわしい文化と平和の戦士《せんし》である。

権力《けんりょく》や権威《けんい》をカサにきて弱者《じゃくしゃ》をいじめる傲慢《ごうまん》な心は、じつは自分自身の人間性を踏《ふ》みにじっているのである。それはもはや、人間としての敗者《はいしゃ》の証《あかし》となっていることを知《し》らねばならない。

絶対《ぜったい》に人を見くだしたり、あなどったり、感情《かんじょう》的《てき》に叱《しか》ったりしてはならない。いかなる人もすべて平等《びょうどう》であり、最大に尊重《そんちょう》していく心を持《も》つべきである。それが、本当の「人格《じんかく》」であると私は思う。

——一九九〇・八・一七

＊

人生は現実との戦《たたか》いであり、現実は勝つか負《ま》けるかである。そして日蓮大聖人は**「仏法というのは勝負《しょうぶ》を第一とする」**（一一六五ページ）と仰《おお》せである。妙法《みょうほう》は、あらゆる「勝利」への原動力《げんどうりょく》である。ゆえに仏法の真髄《しんずい》をたもった諸君《しょくん》は、断《だん》じて勝ちぬかねばならない。勝利してこそ、真《しん》の指導者《しどうしゃ》であり、人々を安穏《あんのん》に守《まも》り、救《すく》っていくことができる。弱々《よわよわ》しい敗将《はいしょう》のもとには人もつかない。広宣流布《こうせんるふ》の戦いにおいても、勝ってこそ正しさが証明《しょうめい》される。仏法の清流《せいりゅう》を守りぬける。皆を幸福にすることもできる。ゆえに私は、何があっても負けるわけにはいかない。これまでも、今も、生命を賭《か》けて戦っている。

——一九八九・五・五

＊

「そもそも俗世間《ぞくせけん》においても、真実《しんじつ》の世界である

仏法においても、勝負《しょうぶ》が肝要《かんよう》であり、世間《せけん》も出世間《しゅっせけん》（仏法）も、甲乙《こうおつ》（勝劣《しょうれつ》）を決《けつ》することを最《もっと》も大切なこととする」（一〇〇二ページ）

世間においても、仏法においても、何が勝《すぐ》れ、何が劣《おと》るかを明《あき》らかにせねばならない。そして、正義《せいぎ》は邪義《じゃぎ》に絶対《ぜったい》に負《ま》けてはならない。

仏法も、社会も、人生も、「勝つか負けるか」――これが根本《こんぽん》となる。個人《こじん》も、一家《いっか》も、団体も、すべて「勝負」である。戦闘《せんとう》である。ゆえに、日蓮大聖人は御書に教《おし》えてくださっている。「世間でも勝ちなさい。仏法でも勝ちなさい」――と。

「勝つ」なかに「幸福」もある。「希望《きぼう》」もある。「広宣流布《こうせんるふ》」もある。何を弁解《べんかい》しても、負ければみじめである。自分も周囲《しゅうい》も苦しむ。不幸である。ゆえに、大聖人直結《ちょっけつ》の誉《ほま》れの同志《どうし》は、絶対に負けてはならない！　断《だん》じて勝たねばならない！

学会はこの「断じて勝つ」信心を貫《つらぬ》いたゆえに、あらゆる障害《しょうがい》を乗《の》り越《こ》え、奇跡《きせき》と言われる大勝利、大発展《だいはってん》を成《な》し遂《と》げたのである。

――一九九三・一・六

＊

「わが弟子《でし》たちは、私と同じように正法《しょうほう》を修行《しゅぎょう》しなさい。智者《ちしゃ》や学匠《がくしょう》の身となっても、地獄《じごく》に堕《お》ちてしまっては、何《なん》になるだろうか。結局《けっきょく》は、時時《じじ》、念《ねん》念《ねん》に南無妙法蓮華経と唱《とな》えなさい」（一三六七ページ）

たとえ有名人となり、社会的評価《ひょうか》を得《え》ても、地獄に堕ちたならば、何にもならない。ゆえに信心こそ大事《だいじ》なのである。目に見えざる世界を確信《かくしん》していくのが信心である。目に見える世界のみを追《お》う人は、往々《おうおう》にして功《こう》をあせり、虚栄《きょえい》と形式《けいしき》に流《なが》される。

奥底《おうてい》の一念《いちねん》は見えない。しかし、その一念は、三千羅列《られつ》の目に見える姿《すがた》として厳然《げんぜん》と現《あらわ》れ、人生の〝勝敗《しょうはい》〟を明《あき》らかにしていく。これが仏法の厳《きび》しき因果《いんが》である。それをどこまでも確信しきった人が、最後の、しかも永遠《えいえん》の勝利者となるにちがいない。

――一九八八・四・二七

＊

「この事件《じけん》は日蓮の存知《ぞんち》の法門《ほうもん》を、人に疎《うと》ませようとしてたくらんだのであろう。しかし、あまりの仕打《しう》ちであるから、その誑惑《きょうわく》（人を惑《まど》わすこと）が露見《ろけん》しかけているのである。ただ、しばらく時を待《ま》って、耐《た》えてごらんなさい。根《ね》があらわになれば枝《えだ》は枯《か》れ、源《みなもと》が渇《かわ》けば流《なが》れが途絶《とだ》えるということがある」（一二三〇ページ）と。

不幸は長く続《つづ》かない。悪《あく》もまた永遠《えいえん》に栄《さか》えない。時とともに真実《しんじつ》は必《かなら》ず明《あき》らかになる。正義《せいぎ》は必ず勝つ、と励《はげ》ましてくださっている。

信心も人生も、長い目で見ていくことだ。時を待ち、時を創《つく》る余裕《よゆう》をもってほしい。そして、ふところ深《ふか》く、おおらかな心で、聡明《そうめい》な人生を生き、広布《こうふ》の指導者《しどうしゃ》としての使命《しめい》を全《まっと》うしていただきたい。

――一九九一・二・五

*

「如説修行抄《にょせつしゅぎょうしょう》」には、**「忍辱《にんにく》（侮辱《ぶじょく》や迫害《はくがい》などに耐《た》えて恨《うら》まないこと）の鎧《よろい》を着《き》て」**（五〇二ページ）と仰《おお》せである。

戦《たたか》いは、忍耐《にんたい》で決《き》まる。粘《ねば》りで決まる。「忍辱の鎧」を着て、粘り強く戦った人が、最後は、必《かなら》ず勝つ。そして最後に勝つ人こそ、真《しん》の勝利者なのである。

――一九九八・一・八

*

最後に勝てばいいのである。途中《とちゅう》の勝ち負《ま》けではない。大事《だいじ》なのは人生最後の勝利である。そのための信心である。

日蓮大聖人は仰《おお》せである。

「権力者《けんりょくしゃ》であろうが、有名人であろうが、どんなに得意《とくい》がってみても、仏法の眼《まなこ》から見れば、『夢《ゆめ》の中の栄《さか》え』であり『幻《まぼろし》の楽しみ』にすぎない。本当の幸福は、自分自身の境涯《きょうがい》を『仏《ほとけ》』と開《ひら》く以外にない」（三八六ページ）

私どもは「地涌《じゆ》の菩薩《ぼさつ》」である。「地涌の菩薩」であれば、三世十方《さんぜじっぽう》の仏菩薩が、皆さまを守《まも》りに守り、賞讃《しょうさん》の喝采《かっさい》を送《おく》ることは間違《まちが》いない。これからも悠然《ゆうぜん》と、永遠《えいえん》の「栄光《えいこう》の道」を、一緒《いっしょ》に進みましょう！

――一九九七・三・五

＊

人生もまた、すべて闘争《とうそう》である。個人《こじん》も団体も国《こっ》家《か》も、勝ってこそ栄《さか》え、敗《やぶ》れれば滅《ほろ》びていくほかない。非情《ひじょう》のようだが、これが不変《ふへん》の鉄則《てっそく》である。

日蓮大聖人は**「世間《せけん》の一切法《いっさいほう》は、すべて仏法であるとさとり、会得《えとく》する位《くらい》を成仏《じょうぶつ》の本因《ほんいん》の位である名字即《みょうじそく》とする」**（五六六ページ）と仰《おお》せである。

世間の実相《じっそう》が闘争であるならば、仏法もそれを離《はな》れたところにはありえない。仏法は、断《だん》じて安閑《あんかん》たる感傷《かんしょう》の世界ではない。一生成仏と広宣流布《こうせんるふ》への峻厳《しゅんげん》なる戦《たたか》いの連続《れんぞく》なのである。そして、人生のうえでも、一切に勝ち、だれよりもたくましく、賢《けん》明《めい》に勝利しきっていく。そのための無限《むげん》の源泉《げんせん》が「信心」である。

――一九八九・二・二〇

＊

「しばらくは苦しくとも、最後は必《かなら》ず楽しくなる。国王《こくおう》の、たった一人の王子《おうじ》のようなものである。どうして王の位《くらい》につかないことがあろうか、と確信《かくしん》していかれることである」（一五六五ページ）

王の位になる、すなわち仏《ほとけ》となるのは、もう決定《けってい》ずみである。幸福になることは、絶対《ぜったい》に間違《まちが》いない。それまで、少しの間《あいだ》、待《ま》っていらっしゃいとの御聖訓《ごせいくん》である。最後に勝つ人が真《しん》の勝者《しょうしゃ》である。そして正法《しょうほう》は「最後の勝利」のためにある。

――一九九一・三・二七

宿命転換

人生のあらゆる出来事《できごと》は、それをどうとらえていくかでプラスにもマイナスにもしていける。信心もまたそうである。

「すべて自分の一念《いちねん》に納《おさ》まった功徳善根《くどくぜんこん》であると信心をとっていきなさい」（三八三ページ）と仰《おお》せのごとく、経文《きょうもん》を読誦《どくじゅ》し、香《こう》をたき、おシキミをさしあげることも、また友の激励《げきれい》、指導《しどう》に歩《ある》くことも、信心のための行動はすべて功徳となっていく。つまり、妙法《みょうほう》を根本《こんぽん》とするとき、人生の幸《こう》、不幸のあらゆる出来事や行動は、一切《いっさい》が自身の宿命転換《しゅくめいてんかん》と成長《せいちょう》への糧《かて》となっていくのである。

私も、信仰《しんこう》のゆえに、ありとあらゆる非難《ひなん》、迫害《はくがい》を受けてきた。しかし、護法《ごほう》の功徳力のゆえに、〝三十歳《さい》まで生きられれば〟という体《からだ》でありながら、今までこのように健康《けんこう》でご奉公《ほうこう》することができた。そして今は、正法《しょうほう》を世界に弘《ひろ》め、仏法の思想《しそう》を世《よ》に残《のこ》す作業《さぎょう》に邁進《まいしん》することができる。本当にありがたいことだ。これもいわば、近年《きんねん》の私どもに対する非難や迫害などの難のおかげだと思えば、これほどの喜《よろこ》びはない。

——一九八八・三・一二

*

日蓮大聖人は、妙法《みょうほう》を持《たも》った人が必《かなら》ず幸福になっていく法理《ほうり》を、婦人門下《もんか》の妙法尼御前《あまごぜん》へのご返事《へんじ》の中で、次のように明《あ》かされている。

「（法華経提婆達多品《だいばだったほん》では）悪人《あくにん》も女人《にょにん》も、畜生《ちくしょう》界《かい》・地獄界《じごくかい》の衆生《しゅじょう》も含《ふく》めて、十界《じっかい》のすべての衆生が法華経によって即身成仏《そくしんじょうぶつ》できることが説《と》かれている。それは、水底《みずぞこ》に沈《しず》んでいる石でも、こすり合《あ》わせれば火を発《はっ》し、また百千万年の間《あいだ》、闇《やみ》に閉《と》ざされていた所でも、灯《ひ》を中に入《い》れれば明《あか》るくなるようなものである。世間《せけん》のかりそめのことでさえ、このような不思議《ふしぎ》があるのだから、ましてや妙法の力《ちから》においては、なおさらである」（一四〇三㌻）

すなわち、大聖人の顕《あらわ》された三大秘法《さんだいひほう》の御本尊へひたぶるな信を起《お》こし、唱題《しょうだい》・弘教《ぐきょう》に励《はげ》むならば、御本尊の仏力《ぶつりき》・法力《ほうりき》が現《あらわ》れて、どんな宿命《しゅくめい》をも転換《てんかん》でき、いかなる人も成仏することができるとご断言《だんげん》されている。

——一九九〇・四・一二

*

「諸河《しょが》の水が流《なが》れ込《こ》むことがなければ大海《たいかい》はない。大難《だいなん》がなければ法華経の行者《ぎょうじゃ》ではない」（一四四八㌻）と。すなわち、諸河という大難があってこそ、

「法華《ほっけ》大海の行者」はある。それ以外には絶対《ぜったい》にないとの仰《おお》せである。

当然《とうぜん》、ここでは、別《べつ》して日蓮大聖人のことを示《しめ》されている。そのうえで、総《そう》じて私ども門下《もんか》もまた、太平洋《たいへいよう》のごとき壮大《そうだい》なる自身の境涯《きょうがい》を開《ひら》いてまいりたい。

いかなる難があろうとも、大聖人ほどの大難を受けるわけではない。くらべるのももったいないほどの小さな小さな難である。しかも、仏道修行《ぶつどうしゅぎょう》の途上《とじょう》における苦難《くなん》は、すべて自身の宿命転換《しゅくめいてんかん》につながり、一切《いっさい》が自分のためである。それらのすべては、光輝《こうき》満《み》つ〝栄光《えいこう》の人生〟の完成《かんせい》への滋養《じよう》であり、屹《きっ》立《りつ》した〝勝利の人生〟の軌道《きどう》を進むための推進力《すいしんりょく》になっていくのである。これが妙法《みょうほう》をたもった諸君《しょくん》の大いなる特権《とっけん》であり、生涯《しょうがい》をかけて証明《しょうめい》していくべき課題《かだい》である。

――一九八七・一一・二三

*

正しき信仰《しんこう》とは〝永遠《えいえん》の幸福の翼《つばさ》〟である。苦難《くなん》を乗《の》り越《こ》えるたびに福運《ふくうん》を積《つ》み、境涯《きょうがい》を高めていける。今世《こんぜ》において一生成仏《いっしょうじょうぶつ》すれば、三世《さんぜ》永遠《えいえん》に「所《しょ》願満足《がんまんぞく》」の生命の〝大空《おおぞら》〟を悠々《ゆうゆう》と羽《は》ばたいていくことができる。これが仏法の法理《ほうり》であり、生命のリズムなのである。

日蓮大聖人は、四条金吾《しじょうきんご》にあてたお手紙《てがみ》の中で、次のように記《しる》されている。**「すべての願《ねが》いが叶《かな》っていくさまは、潮《しお》が満《み》ちてくるようであり、春の野《の》に花が咲《さ》き香《かお》るようなものである」**（一一一〇㌻）と。

どうか皆さまは、この大聖人のお言葉どおりに、自分らしい、美《うつく》しい〝心の華《はな》〟〝人生の華〟を、大きく開《ひら》いていただきたい。

――一九九〇・四・二九

*

「わが身を捨《す》てる覚悟《かくご》で妙法《みょうほう》を信じる人々は、悪《あっ》鬼《き》に負《ま》けず疫病《えきびょう》にかからないこともあるであろう。また、病《や》んだとしても、助《たす》かる場合もあろう。また、大悪鬼にあえば、命《いのち》を奪《うば》われる人もあろう」

（一二四七ページ）

ゆえに、くれぐれも用心《ようじん》しなさいとの、お心と拝《はい》する。私の四十年以上の信仰《しんこう》の経験《けいけん》から見ても、広《こう》布《ふ》の組織《そしき》でまじめに学会活動をしきった人は、いざという時に必《かなら》ず守《まも》られている。かりに病気《びょうき》になっても、軽《かる》くすみ、また命が助かっている。寿命《じゅみょう》を延《の》ばしている。亡《な》くなる場合でも、いったんよくなり、宿命転換《しゅくめいてんかん》の姿《すがた》を示《しめ》してから、安《やす》らかなすばらしい臨終《りんじゅう》を迎《むか》えておられる。また苦痛《くつう》がない。法華経に説《と》く「更賜寿命《きょうしじゅみょう》（更《さら》に寿命を賜《たま》う）」（法華経四八五ページ）という法理《ほうり》の一つの表《あらわ》れであろうか。

そうした「死」は、福徳《ふくとく》に満《み》ちた、幸福な来世《らいせ》への荘厳《そうごん》なる出発《しゅっぱつ》である。また、あとの一家《いっか》、一族《いちぞく》も守られていく。仏法の活動には、こうした厳《げん》たる大《だい》功徳《くどく》が備《そな》わる。その意味で、今、健康《けんこう》な時、また若《わか》いうちに、真剣《しんけん》に仏道修行《ぶつどうしゅぎょう》に励《はげ》みきっておくことだ。人生と仏法を甘《あま》く考《かんが》え、要領《ようりょう》よく手を抜《ぬ》いて、将来《しょうらい》、悔《く》いるようなことがあっては、あまりにも不幸である。ゆえに、あえて厳《きび》しく言っておきたい。

——一九八九・一二・二四

変毒為薬

難《なん》が起《お》きることは、経文《きょうもん》に照《て》らして必然《ひつぜん》である。広宣流布《こうせんるふ》が進めば進むほど、それを妨《さまた》げようとする「三障四魔《さんしょうしま》」の働《はたら》きがますます強くなることは当然《とうぜん》であり、ある意味で仕方《しかた》のないことである。避《さ》けようがない。

ゆえに、大切なのは、それをどう**「変毒為薬《へんどくいやく》（毒を変じて薬《くすり》と為《な》すが如《ごと》し）」**（一一八四ページ）し、新《あら》たな前進《ぜんしん》への力《ちから》としていくかである。

嵐《あらし》が吹《ふ》きすさぶたびに動揺《どうよう》したり、ただ嘆《なげ》いているばかりでは意味がない。何が起ころうとも、一切《いっさい》を広宣流布への〝追《お》い風《かぜ》〟にしてみせるとの強靱《きょうじん》な「一念《いちねん》」さえあれば、必《かなら》ず道は開《ひら》けていく。

「現在」からつねに「未来《みらい》」を志向《しこう》し、ただ前へ、そして前へと進みゆく——この**「現当二世《げんとうにせ》」**（三六三ページ）の信心で、今日までの学会の大発展《だいはってん》の歴史《れきし》は築《きず》かれてきたのである。

——一九九一・八・四

＊

信仰《しんこう》という最高の羅《ら》針盤《しんばん》を手にするとき、いかなる嵐《あらし》も幸福への追《お》い風《かぜ》と転《てん》じていける。日蓮大聖人は、次のように仰《おお》せである。

「日蓮が低《ひく》い地位《ちい》にありながら、日本国中を覆《おお》うように、声高《こえたか》く謗法《ほうぼう》を責《せ》めたならば、計《はか》り知れない数の邪法《じゃほう》の四衆《ししゅう》（僧俗《そうぞく》の男女《だんじょ》）等が、計り知れない数の口で一斉《いっせい》に日蓮をそしるであろう。そのときに、国主《こくしゅ》は謗法の僧《そう》等の味方《みかた》をして日蓮をうらみ、あるいは首をはねようとし、あるいは流罪《るざい》にしようとするであろう。たびたびこのような難《なん》が起《お》きるならば、日蓮が無量劫《むりょうこう》の間《あいだ》に積《つ》み重《かさ》ねた重罪《じゅうざい》も、一生の内《うち》に消《き》えるであろうと思っていた大きな計画《けいかく》が、今、少しも違《たが》うことなく現実となり、このような流罪の身となったので、きっと所願《しょがん》も満足《まんぞく》するであろう」（一一二六ジペー）と。

大聖人は「たびたびこのような難が起きるならば、無量劫の間に積み重ねた重罪も、一生の内に消えるであろう」と明言《めいげん》されている。難あればこそ、過去遠々劫《かこおんのんごう》にわたって積み重ねてきた罪業《ざいごう》も、すべて消える——私どもにとっても、なんとありがたきお言葉であろうか。

学会は、大聖人の真実《しんじつ》の門下《もんか》らしく、〝たびたびの難〟を受けてきた。そのたびに、ますます強く、ますます大福徳《だいふくとく》を積んできた。「真金《しんきん》」へと打ち鍛《きた》えられてきた。そこに、今日の「正法広宣流布《しょうほうこうせんるふ》」の大展開《だいてんかい》もあったと信じる。これからもまた同じである。一切《いっさい》は、さらなる発展《はってん》と成長《せいちょう》への原動力《げんどうりょく》となる。ともあれ、大聖人の門下として、「広宣流布」のために難を受け、苦しんだ分《ぶん》だけ、自身は輝《かがや》く。御書に照《て》らし、そうならないはずがない。

そして、ひとたび築《きず》ききり、固《かた》めきった福運《ふくうん》は三《さん》世《ぜ》を飾《かざ》る。「所願満足《しょがんまんぞく》」のすばらしき境涯《きょうがい》を楽しみながら、一切衆生《しゅじょう》のための「慈愛《じあい》」の人生を、どこまでも歩《あゆ》んでいける。誉《ほま》れある地涌《じゆ》の勇者《ゆうしゃ》として、永遠《えいえん》に、そして自在《じざい》に遊戯《ゆうげ》していける。——まさに、これ以上の生命の軌道《きどう》はない。この大聖人の仰せを、どうか深《ふか》く確信《かくしん》していただきたい。

——一九九一・四・二

価値ある人生

「浅《あさ》い教《おし》えは信じやすく理解《りかい》しやすいが、深《ふか》い教えは信じ難《がた》く理解し難い、とは釈尊《しゃくそん》が説《と》かれたところである。浅きを去《さ》って深きにつくのが丈夫《じょうぶ》の心である」(二七一㌻)

この御文《ごもん》は、伝教大師《でんぎょうだいし》の言葉であるが、これをとおして日蓮大聖人は〝深き教え〟につくべきことをお示《しめ》しになっている。

いかなる分野《ぶんや》にも、〝浅深《せんじん》〟がある。人生にあっても同じである。自分一人のために生きるのか、より大きな価値《かち》のために生きるのか。もとより、自分のことのみを考《かんが》えて生きることはたやすい。大いなる理想《りそう》のために生きるには、強靱《きょうじん》なる決意《けつい》と勇気《ゆうき》が必要《ひつよう》である。その決意と勇気に立てるか否《いな》か。そこに人間としての真価《しんか》が問《と》われるといえよう。

——一九九〇・五・二三

*

「寿量品《じゅりょうほん》第十六で説《と》かれた無作《むさ》の三身《さんじん》も、如来《にょらい》の永遠《えいえん》の寿命《じゅみょう》も、また分別功徳品《ふんべつくどくほん》第十七で説かれた分別功徳(十界《じっかい》それぞれの煩悩《ぼんのう》を即妙法《そくみょうほう》の功徳と分別すること)も、さらに随喜《ずいき》功徳品第十八で説かれた妙法の功徳に対する喜《よろこ》びも、すべて、ほかならぬわが身の上のことである」(八〇〇㌻)

仏法は一言一句《いちごんいっく》すべて現実の生命、生活を離《はな》れることはない。決《けっ》して抽象論《ちゅうしょうろん》、観念論《かんねんろん》ではない。

そして「したがって(いま法師《ほっし》功徳品第十九で六根《ろっこん》清浄《しょうじょう》が説かれている元意《がんい》をいえば)父母《ふぼ》から受け継《つ》いだ現実の身心《しんしん》にそなわる六根(眼《げん》・耳《に》・鼻《び》・舌《ぜっ》・身《しん》・意《い》)は、本来《ほんらい》、清浄であり、自在無碍《じざいむげ》(自由《じゆう》自在にして障《さわ》りがないこと)である」(同)とのご断言《だんげん》である。

この御聖訓《ごせいくん》のごとく、現実の人生で「自在無碍」の境界《きょうがい》を開《ひら》きっていくための信心であり、仏道修《ぶつどうしゅ》行《ぎょう》である。「妙法」に生き、「妙法」にのっとり、

「妙法」を勇《いさ》んで唱《とな》え弘《ひろ》めていくところにこそ、真《しん》実《じつ》にして永遠の自由はある。

めざめた〝自由なる人間〟となり、広々《ひろびろ》と障《さわ》りなき〝自由なる生命〟と輝《かがや》き、無上《むじょう》の幸福と歓喜《かんき》を心ゆくまで満喫《まんきつ》しゆく〝自由なる人生〟の軌道《きどう》へと入っていける。ゆえに何があろうとも、絶対《ぜったい》に退転《たいてん》だけはしてはならない。

——一九八八・四・二七

*

さまざまな行動も「また福運《ふくうん》をつけていこう」「また体《からだ》を丈夫《じょうぶ》にしよう」という一念《いちねん》をもって、喜《よろこ》んでやれば、**「法華経（御本尊）を信ずる人は、幸《さいわ》いを万里《ばんり》の外から集《あつ》めることであろう」**（一四九二ページ）と仰《おお》せのとおりの人生となる。

愚痴《ぐち》や、うしろ向《む》きの心は福運を消《け》す。

日蓮大聖人は**「経文《きょうもん》には『一人が一日の中で起《お》こす念慮《ねんりょ》は八億四千念《ねん》ある』等と説《と》かれている」**（四七一ページ）と述《の》べられている。

それほど刻々《こっこく》と、微妙《びみょう》に心は変《か》わる。その心を、喜びの方向《ほうこう》へ、希望《きぼう》の方向へ、正義《せいぎ》の方向へ向けていくのが賢明《けんめい》な人生であり、聡明《そうめい》な信仰即生活《しんこうそくせいかつ》なのである。

——一九九五・九・二二

*

人類《じんるい》のために、広布《こうふ》に生きぬく人生は、自身の永《えい》遠《えん》の勝利に直結《ちょっけつ》しているのである。

入信《にゅうしん》して間《ま》もなく、私は御書の次の一節《いっせつ》を拝《はい》し、たいへんに感動《かんどう》した。

「ともかくも死は必《かなら》ずやってくる。その時の嘆《なげ》きは現在の迫害《はくがい》による苦しみと同じである。同じことならば（どうせ一度は死ぬのだから）、かりにも法華経のために命《いのち》を捨《す》てなさい。それは、あたかも露《つゆ》を大海《たいかい》に入《い》れ、塵《ちり》を大地に埋《う》めるようなものであると思いなさい」（一五六一ページ）

妙法《みょうほう》は大宇宙《だいうちゅう》の根本《こんぽん》の法である。この大法《だいほう》に生き、殉《じゅん》じていくとき、自身の小さな境涯《きょうがい》もまた宇宙大へと拡大《かくだい》していく。自他《じた》ともの永遠の幸福、不滅《ふめつ》の栄光を勝《か》ち取《と》っていける。ここに、これ以上はないという「無上《むじょう》の人生」があり、「真実《しんじつ》の勝利」がある。

——一九八九・五・五

＊

四条金吾《しじょうきんご》はたびたび敵《てき》から命《いのち》をねらわれ、襲《おそ》われながら、なぜ乗《の》り越《こ》えることができたのか。日蓮大聖人は「**普段《ふだん》からの用心《ようじん》といい、また勇気《ゆうき》といい、さらに法華経への信心が強盛《ごうじょう》であるから**」（一一九二ページ）とたたえておられる。

すなわち、第一に事前《じぜん》の細心《さいしん》の注意《ちゅうい》であり、緻密《ちみつ》な心くばりである。その知恵《ちえ》は真剣《しんけん》さから生《う》まれる。第二に「勇気」である。第三に「強き信心」である。この三つがあれば、何も恐《おそ》れるものはない。断固《だんこ》として、勝利を切り開《ひら》ける。

そして大聖人は重《かさ》ねて、油断《ゆだん》なきように金吾を励《はげ》まして、こう仰《おお》せである。

「**いかなる兵法《へいほう》よりも法華経の兵法（信心）を用《もち》いていきなさい。（法華経薬王菩薩本事品《やくおうぼさつほんじほん》に）『諸《もろもろ》の余《よ》の怨敵《おんてき》、皆、悉《ことごと》く摧滅《さいめつ》す』とある金言《きんげん》は、決《けつ》してむなしくはないのである（必《かなら》ず敵を打ち破《やぶ》れるのである）**」（同）

いかなる邪智《じゃち》の策略《さくりゃく》があろうとも、「法華経にまさる兵法なし」である。この大確信《だいかくしん》で堂々《どうどう》と獅子《しし》の人生を生きぬいてまいりたい。

仏法に行き詰《づ》まりはない。題目《だいもく》の力《ちから》にかなうものはない。唱題《しょうだい》によって、必ず一切《いっさい》をいちばんいい方《ほう》向《こう》に変《か》えていける。すべてを喜《よろこ》びに変えていけるのである。すべての同志《どうし》が、これ以上ないという幸《しあわ》せを、つまり経文《きょうもん》に説《と》かれる「無上道《むじょうどう》の人生」を満喫《まんきつ》できるように——。それが、私たちの人生の総仕上《そうしあ》げの戦《たたか》いである。

——一九九五・一一・九

＊

人生、いろいろなことがある。悲《かな》しみがあり、苦しみがある。毎日、いやなこともある。夫婦《ふうふ》げんかもあれば、離婚《りこん》して不幸になる場合もある。仲《なか》が良《よ》くても、子どもが病気《びょうき》になることもある。自分が病《や》むこともある。ありとあらゆる悩《なや》みがある。生きていくことが、どれほどたいへんなことか――。

その人生を「生きて生きぬく」ためのエンジンが信仰《しんこう》である。ロケットのように、悩みの雲《くも》を突《つ》きぬけて、ぐんぐん上昇《じょうしょう》していく。生き生きと、限《かぎ》りなく向上《こうじょう》していく。幸福の大空《おおぞら》を遊戯《ゆうげ》していく。そのための噴射力《ふんしゃりょく》が信心である。

南無妙法蓮華経と唱《とな》えれば、「生きぬく力《ちから》」がわいてくる。「希望《きぼう》」がわいてくる。煩悩即菩提《ぼんのうそくぼだい》で、悩みを喜《よろこ》びに、苦しみを楽しみに、不安《ふあん》を希望に、心配《しんぱい》を安心《あんしん》に、マイナスをプラスに、すべて変《か》えながら生きぬいていける。絶対《ぜったい》に行き詰《づ》まりがない。

日蓮大聖人は**「妙《みょう》とは蘇生《そせい》の意義《いぎ》である。蘇生とは蘇《よみがえ》るということである」**（九四七㌻）と仰《おお》せである。個人《こじん》も、団体も、社会・国家《こっか》も、すべてに「生きゆく活力《かつりょく》」を与《あた》え、みずみずしく蘇生させていく。それが妙法《みょうほう》の偉大《いだい》なる力である。

――一九九四・二・六

*

「仏法は自宗《じしゅう》と他宗《たしゅう》の違《ちが》いはあっても、それを習《なら》う本意《ほんい》は、出家《しゅっけ》と在家《ざいけ》、立場《たちば》の貴賤《きせん》の差別《さべつ》なく、皆、苦しみを離《はな》れて楽しみを得《え》るためであり、現在《げんざい》世《せ》そして未来世《みらいせ》のためである」（一四三㌻）

なぜ仏法を信じ、行《ぎょう》じ、学《まな》びゆくのか。それは、現在から未来へ、最高に楽しい、最高に希望《きぼう》ある人生を生きゆくためである。そして、この一点においては、だれ人《びと》も平等《びょうどう》である。御本仏は、この平等の目的《もくてき》のために、大法《だいほう》を遺《のこ》してくださった。平等大慧《だいえ》の御本尊のもと、いかなる差別もない。

――一九九一・六・二五

*

日蓮大聖人は、妙法《みょうほう》を修行《しゅぎょう》する人は**「年《とし》はますます若《わか》くなり、福運《ふくうん》はますます重《かさ》なっていくであろう」**（一一三五㌻）とおっしゃっている。妙法を修行する人は、年をとっても若々《わかわか》しくなり、福運も、ますます積《つ》み重なっていく、と。大聖人の仰《おお》せに絶《ぜっ》対《たい》に嘘《うそ》はない。

また、法華経では「不老不死《ふろうふし》」と説《と》く。これも、たゆみない仏道《ぶつどう》修行によって「鍛《きた》えぬかれた生命」をいうのではないだろうか。

釈尊《しゃくそん》は高らかに宣言《せんげん》した。

「つとめ励《はげ》む人々は死ぬことが無《な》い。怠《おこた》りなまける人々は、つねに死んでいる」（『ブッダの真理《しんり》のことば　感興《かんきょう》のことば』中村元訳、岩波文庫）と。

そのとおりである。勇猛精進《ゆうみょうしょうじん》の人は、永遠《えいえん》の仏《ほとけ》の大生命力を全身《ぜんしん》に漲《みなぎ》らせていける。反対に、要領《ようりょう》だけの、インチキの人間は、「生きながら死んでいる」のである。

――一九九八・一・八

*

「一切《いっさい》の衆生《しゅじょう》にとって、南無妙法蓮華経と唱《とな》える以外に、遊楽《ゆうらく》はないのである。経《きょう》（法華経の寿量品《じゅりょうほん》）には『衆生の遊楽する所』とある」（一一四三ページ）

あえて分《わ》ければ、「遊」とは、人生を自在《じざい》に生きていくこと、「楽」とは、人生を心から楽しむこと、といえるかもしれない。

強い生命力と、豊《ゆた》かな知恵《ちえ》があれば、ちょうど、波《なみ》があるから〝波乗《の》り〟が楽しめるように、険《けわ》しい山があるから〝山登《のぼ》り〟が楽しめるように、あらゆる人生の苦難《くなん》も、楽しみながら乗《の》り越《こ》えていける。

その生命力と知恵の源泉《げんせん》が妙法《みょうほう》であるがゆえに、「南無妙法蓮華経と唱えるより以外に、遊楽はない」と仰《おお》せなのである。

現実は厳《きび》しい。その厳しさに堂々《どうどう》と挑戦《ちょうせん》し、生活のうえでも、職場《しょくば》、学校《がっこう》のうえでも、家庭《かてい》においても、堂々とすべてを勝っていく。さらに勝っていく。その「無限《むげん》の向上《こうじょう》」の原動力《げんどうりょく》が仏法であり、信心である。

信心の「知恵」と「生命力」あるところ、すべてを、いよいよ明《あか》るい方向《ほうこう》へ、いよいよ力強《ちからづよ》い方向へと向《む》けていける。観念《かんねん》ではなく現実に勝利また勝利できる、そういうリズムに入っていけるのが、賢明《けんめい》な真《しん》の信仰者《しんこうしゃ》である。

――一九九三・二・一三

*

「稲《いね》は花を咲《さ》かせ実《み》をならせても、米《こめ》の精《せい》は必《かなら》ず大地に還《かえ》る。ゆえに、ふたたび芽《め》が出て、また花や実を結《むす》ぶことができる」（九〇〇㌻）

これは、仏法の深《ふか》き師弟《してい》に関《かん》する御文《ごもん》であるが、私どもの人生に敷衍《ふえん》して、少々《しょうしょう》、申し上げておきたい。

草木は「大地」がなくては生長《せいちょう》することはできない。と同じく、私どもの人生にも、それぞれ自分を育《はぐく》んでくれた「大地」の存在《そんざい》がある。それは、父《ふ》母《ぼ》であったり、師匠《ししょう》や先輩《せんぱい》である場合もある。また、故郷《こきょう》や母校《ぼこう》、社会、職場《しょくば》という場合もある。いずれにしても、だれにも自分が育《そだ》ったところ、また育ててくれたものがある。

人は、その「大地」の恩恵《おんけい》を受けて大いに成長《せいちょう》し、活躍《かつやく》をして人生の花を咲かせる。そして、米の精が大地にかえり、ふたたび花や実を結ぶように、今度《こんど》は、自分を育んでくれた「大地」の恩《おん》に報《むく》いていく――この循環《じゅんかん》こそが、私どもの人生であろう。

――一九八八・六・二六

*

「喜《よろこ》び」について、日蓮大聖人は「御義口伝《おんぎくでん》」に、こう仰《おお》せである。

「（法華経随喜功徳品《ずいきくどくほん》の『随喜』について）『喜』とは、自他《じた》ともに喜ぶことである」（七六一㌻）と。

自分だけのエゴの喜びではない。他人を喜ばせながら、自分が不幸になり、犠牲《ぎせい》になるのでもない。「自他ともに」喜び、「自他ともに」幸福になる。これが妙法《みょうほう》であり、広宣流布《こうせんるふ》の世界のすばらしさである。

――一九九三・二・五

苦難との戦い

「法華経を信ずる人は冬のようであるが、冬は必《かなら》ず春となるものである」（一二五三㌻）

このお言葉を支《ささ》えに、どれほど多くの友が、蘇生《そせい》の春、人生の春への道を歩《あゆ》んだことか。私どもにとって、永遠《えいえん》の指針《ししん》である。また、これから幾億《いくおく》、幾十億の、真実《しんじつ》の幸福を求《もと》める世界の民衆《みんしゅう》も、ここから限《かぎ》りない希望《きぼう》を得《え》ていくにちがいない。

——一九九〇・四・二九

＊

「世間《せけん》のさまざまな難《なん》が起《お》こっても、いちいち悩《なや》んで相手《あいて》にすることはない。たとえ賢人《けんじん》や聖人《しょうにん》であっても、難を受けることは逃《のが》れられないのである。（中略）苦しみは苦しみと達観《たつかん》し、楽しみは楽しみと開《ひら》いて、苦しくても楽しくても、南無妙法蓮華経と唱《とな》えきっていかれることである」（一一四三ページ）

悩みのない人生、また問題《もんだい》のない世界など、どこにも存在《そんざい》しない。むしろ、いろいろなことがあるからこそ、人生はおもしろいのである。そして、妙法《みょうほう》とともに生きゆく人生は、何があっても最高の「知《ち》恵《え》」を発揮《はっき》して打開《だかい》していける。「所願満足《しょがんまんぞく》」の価値《かち》ある一生を勝ち取《と》ることができる。

——一九九三・三・七

＊

「悩《なや》みや苦しみという薪《たきぎ》を焼《や》いて、悟《さと》りの智慧《ちえ》の火《ひ》が目の前に現《あらわ》れるのである」（七一〇ページ）

唱題《しょうだい》はあらゆる苦しみを、すべて希望《きぼう》の前進《ぜんしん》へのエネルギーへと転《てん》じていく。わかってみれば、悩みは、幸福に不可欠《ふかけつ》の糧《かて》でさえある。ゆえに、みずから目標《もくひょう》の山をつくり、山をめざし、山を乗《の》り越《こ》えていくのが、真《しん》の信仰者《しんこうしゃ》なのである。

——一九九二・二・一六

＊

広布《こうふ》の人生は、「大歓喜《だいかんき》」の人生である。

さらに、**「流罪《るざい》の身ではあるが、喜悦《きえつ》は計《はか》り知《し》れない」**（一三六〇ページ）、**「権力《けんりょく》による処罰《しょばつ》を受けたので、いよいよ喜《よろこ》びを増《ま》すのである」**（二〇三ページ）、**「大難《だいなん》が来れば、強盛《ごうじょう》な信心の人は、いよいよ喜んでいきなさい」**（一四四八ページ）と。

また、竜《たつ》の口《くち》の法難《ほうなん》のさいにも、門下《もんか》の四条金吾《しじょうきんご》に「これほど喜ばしいことがあろうか。笑《わら》いなさい」（九一四ページ）と仰《おお》せになっている。

苦難《くなん》があれば「賢者《けんじゃ》は喜び、愚者《ぐしゃ》は退《しりぞ》く」（一〇九一ページ）――これが日蓮大聖人の教《おし》えである。

挑戦《ちょうせん》すべきことがあればあるほど、いよいよ喜び勇《いさ》んで進んでいく。さっそうと戦《たたか》っていく。これが仏法の真髄《しんずい》である。人生の究極《きゅうきょく》の生き方である。

〝喜べない人生〟は不幸である。「また活動か」、「またか」、「たいへんだな」などと、いつも下を向《む》き、苦しい顔《かお》をして、文句《もんく》や批判《ひはん》ばかり。これでは御書に反《はん》してしまう。

すべてに「喜び」を見いだしていける人。すべてを「喜び」に変《か》えていける人。その人こそ「人生の達人《たつじん》」である。

――一九九三・六・二八

＊

日蓮大聖人は、信心ゆえに苦境《くきょう》にあった門下《もんか》の池《いけ》上兄弟《がみきょうだい》に対し、「兄弟抄」を書き送《おく》られ、「たとえ、どのような煩《わずら》わしい、苦しいことがあっても、夢《ゆめ》のなかのこととして、ただ法華経（御本尊）のことだけを思っていきなさい」（一〇八八ページ）と励《はげ》まされている。

すなわち人生には、さまざまな面倒《めんどう》なことが起《お》こるが、それらを夢と思って、信心に励んでいきなさい、と仰《おお》せである。

新しき希望《きぼう》を燃《も》やしながら、朗《ほが》らかに、楽しく、堂々《どうどう》たる行進《こうしん》をしていきましょう。

――一九九六・二・二四

病魔との闘い

日蓮大聖人が、門下《もんか》の一婦人（富木常忍《ときじょうにん》の夫人《ふじん》）に送《おく》られたお手紙《てがみ》の一節《いっせつ》に、こうある。

「富木殿が語《かた》っておられた。『このたび、母が亡《な》くなった嘆《なげ》きのなかにも、その臨終《りんじゅう》の姿《すがた》がよかったことと、尼御前《あまごぜん》（妻《つま》）が母を手厚《てあつ》く看病《かんびょう》してくれたことのうれしさは、いつの世《よ》までも忘《わす》れられない』と

喜《よろこ》んでおられた」（九七五㌻）

この女性《じょせい》（富木夫人）は、自分自身も病弱《びょうじゃく》であった。九十代の高齢《こうれい》の姑《しゅうとめ》の介護《かいご》は、言うに言われぬ心労続《しんろうつづ》きであったにちがいない。そうした人知《ひとし》れぬ労苦《ろうく》を、大聖人は心から理解《りかい》され、ねぎらい、いたわっておられる。このあと大聖人は**「しかし、何よりも気《き》がかりなことは、あなた（尼御前）のご病《びょう》気《き》である」**（同）と、さまざまな事例《じれい》を引《ひ》いて激励《げきれい》しておられる。すべてを見守《みまも》ってくれる、まことの師匠《ししょう》というのは、しみじみありがたいものである。

ともあれ、高齢者や、病気や障害《しょうがい》のある家族《かぞく》をかかえていることは、少しも恥《は》ずかしいことではない。むしろ、その家族の一員《いちいん》をいとおしいと思い、慈《いつく》しみ、守《まも》っていく。その姿それ自体《じたい》が、まさしく仏法で教《おし》える尊《とうと》い「慈悲《じひ》」なのである。「菩薩《ぼさつ》」の姿に通《つう》じる。

——一九九七・二・一

＊

「尼御前《あまごぜん》（富木夫人《ときふじん》）のご病気《びょうき》のことは、わが身《み》一身《いっしん》のことと思っているので、昼夜《ちゅうや》に諸天《しょてん》に祈《いの》っている。この尼御前は、法華経の行者《ぎょうじゃ》を、灯《ひ》に油《あぶら》をそえ、木の根《ね》に土をかぶせるように供養《くよう》してきた人である。〝願《ねが》わくは日天《にってん》・月天《がってん》が尼御前の命《いのち》に代《か》わって助《たす》けられよ〟と祈っている。また、思い忘《わす》れることがあってはと、伊予房《いよぼう》（尼御前の子息《しそく》で、大聖人のもとで修行《しゅぎょう》していた）に尼御前の病気平癒《へいゆ》を申しつけている。頼《たの》もしく思ってください」（九七八㌻）

日蓮大聖人が、陰《かげ》の功労者《こうろうしゃ》をどれほど慈《いつく》しんでこられたか。一人の婦人の門下《もんか》が、病気で苦しんでいれば〝大聖人ご自身のこと〟とまで思われて、一日も早い平癒を祈ってくださっている。まことにありがたい御本仏の大慈大悲《だいじだいひ》であられる。

大聖人のこうしたお姿《すがた》を拝《はい》するとき、これが仏法者の生き方でなければならないと、しみじみと感《かん》ずる。権威《けんい》でも、体裁《ていさい》でもない。苦しみの人を、広布《こうふ》にけなげに戦《たたか》っている人を、自分自身のように思って大事《だいじ》にしていく。励《はげ》まし慈しんでいく、ここに人間性の精髄《せいずい》があることを絶対《ぜったい》に忘れてはいけない。学会も、この心を失《うしな》わず、人々に尽《つ》くしてきたがゆえに、今日の大いなる発展《はってん》と前進《ぜんしん》がある。これが学会の誇《ほこ》りであり、強さである。

——一九八九・一一・二九

＊

「たとえ、山や谷《たに》にこもられたとしても、ご病気《びょうき》も治《なお》り、都合《つごう》も良《よ》くなれば、身命《しんみょう》を捨《す》てて妙法《みょうほう》を弘《ぐ》通《つう》していきなさい」（一三五七ページ）

〝病気を早く治して、戦闘《せんとう》を開始《かいし》しなさい。不惜《ふしゃく》身命《しんみょう》で広宣流布《こうせんるふ》へ前進《ぜんしん》しなさい〟と。厳《きび》しいといえば、まことに厳しいが、これが仏法の「正道《せいどう》」である。まさに**「いまだ広宣流布しない間《あいだ》は、身命を捨てて自身の力《ちから》の限《かぎ》り妙法を弘《ひろ》めるべきである」**（一六一八ページ）と仰《おお》せのとおりである。

最後の最後まで、「山ごもり」（引退《いんたい》）したり、「戦《たたか》う一念《いちねん》」を弱めたりしてはならない。また、病気だからといって、「戦う一念」まで弱めたら、本当の病気になってしまう。いわば〝信心の病気〟〝生命の病気〟である。そうなったら自身の「成仏《じょうぶつ》」はない。福徳《ふくとく》も消《け》してしまう。

このころ、最蓮房《さいれんぼう》が何歳《なんさい》ぐらいだったかは不明《ふめい》である。ただ、健康《けんこう》にも自信がなく、「そろそろ、山ごもり（引退）したい」と、とかく〝後《うし》ろ向《む》き〟になる一念を、大聖人は見抜《みぬ》かれていたのであろう。その弱い一念を打ち破《やぶ》り、どこまでも前へ！　病気を治して、また前へ！　——と向かっていくよう激《げき》励《れい》してくださったと拝《はい》される。

広布《こうふ》の大闘争《だいとうそう》に「引退」はない。やむをえない休養《きゅうよう》も、戦線《せんせん》に復帰《ふっき》するための休養である。恩返《おんがえ》しもせず、自分一人、戦いの現場《げんば》から逃避《とうひ》することは、あまりにもずるい生き方である。何よりこの仰せに背《そむ》く、大聖人への反逆《はんぎゃく》となってしまう。

最後の最後まで「妙法とともに」「創価学会とともに」戦い続《つづ》ける。「広布のために」戦い続ける。その闘争のなかにこそ、「生命」は鍛《きた》えぬかれ、崩《くず》れざる「金剛《こんごう》の幸福」は築《きず》かれる。

——一九九三・一・六

＊

希望《きぼう》、そして信念《しんねん》の力《ちから》――。

日蓮大聖人は、病気《びょうき》に悩《なや》む富木常忍《ときじょうにん》の夫人《ふじん》に、次のように激励《げきれい》されている。

「一日の命《いのち》は三千《さんぜん》世界（全宇宙《ぜんうちゅう》）よりも尊《とうと》いものである。しかも尼御前《あまごぜん》は年《とし》もまだそれほどとられているわけではない。しかも、法華経に巡《めぐ》りあわれたのだから、一日でも生きておられれば、それだけ功《く》徳《どく》が積《つ》もるのである」（九八六㌻）

全宇宙よりも尊い生命。しかも、あいがたき妙《みょう》法《ほう》を持《たも》ち、使命《しめい》に生きゆく、かけがえのない、この一生、このわが命――たとえ一日たりともおろそかにできるものではない。

大聖人は**「極楽《ごくらく》での百年の安楽《あんらく》な修行《しゅぎょう》の功徳は、汚《けが》れたこの国土《こくど》での難《なん》を受けながらの修行の一日の功徳におよばない」**（三二九㌻）とも仰《おお》せである。

この「大切な命」「大切な一日」との自覚《じかく》と確信《かくしん》が、希望を生《う》み、その希望が生命の力を増《ま》していく。功徳をも増していく。病《やまい》の治癒《ちゆ》をも進めていく。

「まだ若《わか》い。大事《だいじ》な体《からだ》です。一日一日を妙法根本《こんぽん》に精《せい》いっぱい生ききっていきなさい」――大聖人の激励によって富木常忍夫人の心身《しんしん》は、どれほどか晴《は》れやかに蘇生《そせい》していったことであろうか。

――一九九一・七・二七

＊

日蓮大聖人は、南条家《なんじょうけ》に病人《びょうにん》が出たことをご心配《しんぱい》されて、**「あなたの家に病人がいるというのは、本当であろうか。もし、それが本当であっても、決《けつ》して鬼神《きじん》のしわざではないであろう。十羅刹女《じゅうらせつにょ》が、信心のほどをためしておられるのであろう」**（一五四四㌻）と仰《おお》せになっている。

十羅刹女は、爾前《にぜん》の諸経《しょきょう》では悪鬼《あっき》とされたが、法華経にいたって成仏《じょうぶつ》を許《ゆる》され善鬼《ぜんき》となる。鬼子母神《きしもじん》とともに法華経の行者《ぎょうじゃ》を守護《しゅご》する諸天善神《しょてんぜんじん》となったのである。

現実の生活は、さまざまな行き詰《づ》まりとの戦《たたか》いである。しかし、何が起《お》ころうと、決して悲観《ひかん》することはない。一歩《いっぽ》、深《ふか》くとらえれば、すべてが信心の試練《しれん》であり、さらなる幸福への、成仏への転機《てんき》であり、チャンスなのである。一切《いっさい》を価値《かち》の方向《ほうこう》へ、幸福の方向へと転《てん》じゆく強盛《ごうじょう》な信心で、自身の、そしてご一家《いっか》の福徳《ふくとく》の大境涯《だいきょうがい》を開《ひら》いていただきたい。

――一九九一・二・一

*

一般的《いっぱんてき》にも、大病《たいびょう》をした人は深《ふか》い人生の味《あじ》を知《し》るという。仏法では、「病《やまい》」も、至高《しこう》の目的《もくてき》である「成《じょう》仏《ぶつ》」への契機《けいき》としていけると位置《いち》づける。苦しい病《びょう》気《き》という不幸が、そのまま永遠《えいえん》にわたる絶対的《ぜったいてき》幸福へのステップ台《だい》となっていく。

御書の有名な一節《いっせつ》に**「この病気は、仏《ほとけ》の御《おん》はからいであろうか。なぜなら浄名《じょうみょう》経《きょう》や涅槃経《ねはんきょう》には〝病がある人は仏になる〟と説《と》かれている。病によって、仏道《ぶつどう》を求《もと》める心は起《お》こる」**（一四八〇ページ）と仰《おお》せである。

夫《おっと》が病気になった婦人に対して、あたたかく激励《げきれい》しておられる。自在《じざい》な、また大きな、日蓮大聖人の智慧《ちえ》と慈愛《じあい》が胸《むね》に迫《せま》ってくるご指導《しどう》である。

たしかに、ふだんはともかく、病気で苦しければ、だれしも一生懸命《いっしょうけんめい》、題目《だいもく》をあげ始《はじ》めるにちがいない。また、そうした苦難《くなん》のときにこそ、いやまして信心の炎《ほのお》を燃《も》やさねばならない。大切なことは、病気を不幸への出発点《しゅっぱつてん》とするか、より大いなる幸福の軌道《きどう》へのスタートとするかである。

「身の病」を機縁《きえん》にした発心《ほっしん》であっても、仏法の実践《じっせん》は同時《どうじ》に「心の病」をも癒《いや》していく。唱題《しょうだい》の力《ちから》は、病を克服《こくふく》する強き生命力をもたらすのみならず、生命の奥《おく》の宿業《しゅくごう》をも転換《てんかん》していく。生命の〝我《が》〟を仏界《ぶっかい》へと上昇《じょうしょう》させ、崩《くず》れざる絶対的幸福の境涯《きょうがい》へと、無量《むりょう》の福運《ふくうん》を開《ひら》いていく。

いわば病気というマイナスを、もとの健康体《けんこうたい》というゼロにもどすにとどまらず、より大きなプラスの方向《ほうこう》へ、幸福の方向へと見事《みごと》に転《てん》じていくことができる。その力用《りきゆう》を引《ひ》きだすものこそ、苦難をも勇《いさ》んで飛躍《ひやく》の発条《ばね》にする〝不屈《ふくつ》の信心〟である。

――一九八八・三・二四

*

「尼御前《あまごぜん》もまた法華経の行者《ぎょうじゃ》であり、ご信心は月が満《み》ち潮《しお》が満ちてくるように強盛《ごうじょう》である。どうして病《やまい》が癒《い》えず寿命《じゅみょう》が延《の》びないことがあろうか、いや、決《けつ》して延びないはずがないと、強く心に念《ねん》じられ、御身《おんみ》を大切にし、心の中であれこれ嘆《なげ》かないことである」（九七五㌻）

病気《びょうき》に悩《なや》む富木尼《ときあま》に、〝業病《ごうびょう》すら治《なお》す法華経である。あなたは、その偉大《いだい》な功力《くりき》を持《も》つ法華経の行者ではないか。嘆いてはいけない〟と、大聖人は力強《ちからづよ》く励《はげ》ましてくださっている。

長い長い人生である。時には、病に倒《たお》れたり、事故《こ》にあうこともあろう。まただれ人《びと》も、死は避《さ》けえない。〝生老病死《しょうろうびょうし》〟は人の常《つね》であり、大《だい》なり小《しょう》なり生死《しょうじ》の苦悩《くのう》があるのは、むしろ当然《とうぜん》といってよい。

大切なのは、それらに直面《ちょくめん》したとき、どう信心で乗《の》り越《こ》えていくかである。信心さえしっかり貫《つらぬ》いていくならば、妙法《みょうほう》の絶対《ぜったい》の力用《りきゆう》によって、必《かなら》ず自身をもっともよい方向《ほうこう》へと向《む》けていける。

――一九八九・一・二一

＊

「病《やまい》」――生身《なまみ》の体《からだ》である。だれしも、何《なん》らかの病気《びょうき》の苦しみがある。その病苦《びょうく》を、たくましく克服《こくふく》する力《ちから》をわき出す妙法《みょうほう》である。

日蓮大聖人は**「南無妙法蓮華経は獅子《しし》が吼《ほ》えるようなものである。いかなる病気が障害《しょうがい》になろうか、いや、どんな病気にも負《ま》けず、乗《の》り越《こ》えることができる」**（一一二四㌻）と仰《おお》せである。

――一九九六・六・一五

＊

信心しているからといって、すべて悩《なや》みがなくなるわけではない。生きているかぎり、人生はさまざまな悩みとの闘争《とうそう》であり、戦《たたか》いである。たとえば、だれでも病《やまい》にふすことがある。死の恐怖《きょうふ》に脅《おびや》かされることもあろう。これは、人生の避《さ》けられない現実である。

日蓮大聖人は、五十六歳《さい》のころであられようか、

「日蓮もすでに『生《せい》』を受けて六十歳になろうとしている。『老《ろう》』であることはまちがいないし、あとは『病《びょう》』『死《し》』の二句《く》が残《のこ》っているのみである」（一三一七ページ）と述《の》べられている。私には深《ふか》い意義《いぎ》が感《かん》じられてならない一節《いっせつ》である。「生老病死《しょうろうびょうし》」は人生の理《ことわり》である。生命は永遠《えいえん》であり、三世《さんぜ》を貫《つらぬ》いていく。ゆえに、一時期《いちじき》、病などに苦しんだとしても、その人の立場《たちば》、立場で最後まで信心を全《まっと》うしていけば、必《かなら》ずそれが次の生への大きな推進力《すいしんりょく》となる。

御書に**「病によって仏道《ぶつどう》を求《もと》める心は起《お》こるものである」**（一四八〇ページ）と仰《おお》せのごとく、病気《びょうき》が信心の発心《ほっしん》の機縁《きえん》となることも少なくない。また、その苦しんだ経験《けいけん》が、人格《じんかく》を深め、慈愛《じあい》の心を豊《ゆた》かに育《はぐく》んでいく。

要《よう》するに、病気の苦しみに絶対《ぜったい》に負《ま》けないことだ。それを信心で打開《だかい》し、克服《こくふく》しながら、大いなる境涯《きょうがい》を開《ひら》きゆく突破口《とっぱこう》としていくこともできるのである。

——一九八八・一一・二四

*

ある若《わか》き医師《いし》が次のように言っていた。

「人間にとって恐《おそ》ろしいものは、白血病《はっけつびょう》でも、がんでもない。生きる生命力のなくなった弱い自分なのだ」、また「『死』の恐怖《きょうふ》を乗《の》り越《こ》え病気《びょうき》と立ち向《む》かう人生観を確立《かくりつ》することが健康《けんこう》な時になすべきことであると思う」と。

数々《かずかず》の「生《せい》」と「死」をみてきた経験《けいけん》からの、人生の本質《ほんしつ》をとらえた言葉だと思う。日蓮大聖人は**「まず臨終《りんじゅう》のことを習《なら》って、後に他のことを習うべきである」**（一四〇四ページ）と仰《おお》せであるが、健康のとき、活動できるときに、「病《やまい》」と「死」を乗り越えていける人生観の確立こそ、人生の最大事《さいだいじ》であり、生き方の根本《こんぽん》でもある。私たちは幸《しあわ》せにもその道を知《し》っている。

——一九八八・九・一二

信心即生活

家庭《かてい》でも、職場《しょくば》でも、地域《ちいき》でも、人々から信頼《しんらい》され、尊敬《そんけい》され、好《す》かれ、人々のために必要《ひつよう》であり、欠《か》かせない人になっていくことが、正法《しょうほう》の信仰《しんこう》の証《あかし》であり、広宣流布《こうせんるふ》の前進《ぜんしん》なのである。

日蓮大聖人は、四条金吾《しじょうきんご》に対して、こう教《おし》えられている。

「『四条金吾は、主君《しゅくん》の御《おん》ためにも、仏法の御ためにも、世間《せけん》に対する心がけも立派《りっぱ》である、立派である』と鎌倉《かまくら》の人々から言われるようになりなさい」（一一七三ページ）と。

当時《とうじ》、四条金吾は、讒言《ざんげん》されて主君からうとまれ、所領《しょりょう》を取《と》り上《あ》げられるなど、苦難《くなん》の最中《さいちゅう》にあった。大聖人は、苦境《くきょう》にあっても嘆《なげ》くことなく、自己《じこ》を磨《みが》き、人間として成長《せいちょう》することこそ、真実《しんじつ》の人間の生き方であり、仏法者の道である、と教えられているのである。

世間から、いわれのない批判《ひはん》や圧迫《あっぱく》がなされたとしても、紛動《ふんどう》されることなく、人間としての正しい生き方を貫《つらぬ》いていく。その人は、最後には、必《かなら》ず人々の賞讃《しょうさん》と尊敬を勝ち得《え》ることができる。

——一九九三・二・一〇

*

観世音《かんぜおん》は、人々の多様《たよう》さに応《おう》じて、さまざまな姿《すがた》を現《あらわ》す。その多彩《たさい》さは「三十三身」と表《あらわ》されている。くわしくは略《りゃく》させていただくが、仏《ほとけ》、縁覚《えんがく》、声聞《しょうもん》、梵王《ぼんのう》、帝釈《たいしゃく》、大自在天《だいじざいてん》、天大将軍《てんだいしょうぐん》、小王《しょうおう》、長者《ちょうじゃ》、大臣《だいじん》、在家《ざいけ》の男女《だんじょ》、子どもの男女——等と、あらゆる職業《しょくぎょう》、立場《たちば》、階層《かいそう》にわたり、さまざまな姿を現《げん》じながら人々を救《すく》うと説《と》かれる。

ゆえに歴史上《れきしじょう》、観世音すなわち「観音《かんのん》」は、各国《かっこく》の民衆《みんしゅう》に広く慕《した》われ、絵画《かいが》や彫刻《ちょうこく》などにも慈顔《じがん》をたたえた円満《えんまん》な相《そう》で表現《ひょうげん》されてきた。

しかし「観音」自身に力《ちから》があるのではない。法華経、妙法《みょうほう》に力がある。三十三身は妙法の力用《りきゆう》の一分《いちぶん》である。ゆえに「観音」自体《じたい》を信仰《しんこう》しても意味がない。逆《ぎゃく》に罪《つみ》をつくってしまう。

日蓮大聖人は「御義口伝《おんぎくでん》」に**「今、日蓮とその門《もん》下《か》で南無妙法蓮華経と唱《とな》える者は、観世音の三十三身の利益《りやく》を顕《あらわ》していく」**（七七七ページ）と明快《めいかい》に仰《おお》せである。
すなわち、社会のあらゆる人々を救っていく観世音の働《はたら》きは、すべて「妙法」に含《ふく》まれている。ゆえに、総《そう》じては、私どもが妙法を唱え、広布《こうふ》のため、人々のために、慈悲《じひ》の行動に励《はげ》んでいること自体が、真実《しんじつ》の「観世音」の働きなのである。

——一九九〇・一一・二七

*

プライバシーという次元《じげん》ではあるが、自分がひとたび誓《ちか》った「約束《やくそく》」「誓い」というものは、最後まで貫《つらぬ》くべきものである。時には、守秘《しゅひ》によって自分が不利益《ふりえき》をこうむることもある。秘密《ひみつ》を口外《こうがい》されないのをいいことに、秘密を守《まも》ってくれている人を裏《うら》切《ぎ》り、逆《ぎゃく》にその人を攻撃《こうげき》し、おとしいれようとする場合すらある。

私もこの四十年間、こうした裏切りや堕落《だらく》の姿《すがた》を、いくどとなく見てきた。しかし、守るべき個人《こじん》の尊厳《そんげん》や秘密は、厳《げん》として守りとおしてきたつもりである。それが仏法者としての生き方であり、信念《しんねん》だからである。

日蓮大聖人は「約束」ということについて、次のように仰《おお》せである。**「とるに足《た》らないものであっても、約束というものは破《やぶ》らないのが習《なら》いである」**（一五一二㌻）と。約束は約束として守りとおし、信義《しんぎ》を貫いていく。ここに人間として、仏法者としての大切な姿勢《しせい》がある。

——一九八九・九・六

*

一日の充実《じゅうじつ》のためには、朝《あさ》のスタートと規則正《きそくただ》しい生活が大切である。一級《いっきゅう》の人物《じんぶつ》へと大成《たいせい》する人は、こうした生活の基本《きほん》を決《けっ》しておろそかにしないものだ。

日蓮大聖人は、「御義口伝《おんぎくでん》」の一節《いっせつ》に**「末法《まっぽう》において南無妙法蓮華経を唱《とな》える私およびその門下《もんか》は、『如来《にょらい》と共《とも》に宿《しゅく》する』者である。弥勒菩薩《みろくぼさつ》の後身《こうしん》であるとされる中国の傅大士《ふだいし》の釈《しゃく》には『毎朝《まいあさ》、仏《ほとけ》とともに起《お》き、毎晩《まいばん》、仏とともに寝《ね》ている』とある」**

（七三七㌻）と仰《おお》せになっている。

私どもは大聖人門下として、日々、妙法《みょうほう》を唱え、実践《じっせん》している。ゆえに私どもが、〝仏（御本尊）とともに起き、ともに休《やす》む〟一人一人であることはまちがいない。三世永遠《さんぜえいえん》の法理《ほうり》にのっとった正しき人生行路《こうろ》を進み、もっとも意義《いぎ》ある一生を過《す》ごすためには、まず朝夕《あさゆう》の勤行《ごんぎょう》が根本《こんぽん》である。なかんずく「毎朝、仏とともに起き」と仰せのごとく、すがすがしい朝の勤行を行《おこな》うことが大切であろう。朝ねぼうの仏様《ほとけさま》など存在《そんざい》しない。朝の敗北《はいぼく》は、一日の敗北につながる。一日の敗北は、やがて一生の敗北ともなろう。反対に、さわやかな朝の出発《しゅっぱつ》は、一日の充実と、堅実《けんじつ》な前進《ぜんしん》の日々をもたらす。それは必《かなら》ずや満足《まんぞく》と勝利の人生として結実《けつじつ》していく。ゆえに、朝に勝ち、一日一日、さわやかなスタートを飾《かざ》りゆくことだ。これが青年の特権《とっけん》であり、そこに一切《いっさい》の勝利と成長《せいちょう》への源泉《げんせん》がある。

——一九八八・三・二八

*

「食《く》いしんぼう」は肥満《ひまん》のもとである。

御書にも「**食事《しょくじ》の不節制《ふせっせい》のゆえに病気《びょうき》になる**」（一〇〇九㌻）との仰《おお》せがある。不節制な食生活《しょくせいかつ》をどう正していくか、必要《ひつよう》以上に食《た》べたいという欲望《よくぼう》を、どう上手《じょうず》にコントロールしていくか。そこにも教養《きょうよう》と人格《じんかく》があらわれる。医学的《いがくてき》にも、寝《ね》る前の三時間は食べないほうが望《のぞ》ましい。どうしても、おなかがすいて我慢《がまん》できないという場合には、野菜《やさい》などカロリーの低《ひく》いものですませるよう工夫《くふう》したい。

ともあれ、皆さま方は広宣流布《こうせんるふ》にとっても、それぞれの一家《いっか》にとっても大切な方々《かたがた》である。肥満から糖尿病《とうにょうびょう》や、さまざまなやっかいな病気になったりしてはたいへんである。教養ある食生活で、快適《かいてき》な日々であっていただきたい。自身の体《からだ》は、自分で責《せき》任《にん》をもって管理《かんり》していくことである。

——一九九〇・九・二八

*

日蓮大聖人は、聖寿《せいじゅ》四十八歳《さい》の御時《おんとき》（四十九歳との説《せつ》もある）、ご自身と同年齢《どうねんれい》であった大田金吾《おおたきんご》に、次のようなお手紙《てがみ》を送《おく》られている。

「私も、もう年《とし》は五十歳になろうとしている。余《よ》命《めい》もいくばくもない。無意味に荒野《こうや》に捨《す》てるこの身を、同じことなら法華経のためにささげ、雪山童子《せっせんどうじ》が法を求《もと》めて身を投《な》げ、薬王菩薩《やくおうぼさつ》が臂《ひじ》を焼《や》いて法華経に供養《くよう》したあとに続《つづ》き、また護法《ごほう》のために壮絶《そうぜつ》に戦《たたか》いぬいた仙予国王《せんよこくおう》や有徳王《うとくおう》のように、わが名《な》を後世《こうせい》にとどめよう。そして次に法華経・涅槃経《ねはんきょう》が説《と》かれるときには、わが名がその経典《きょうてん》に加《くわ》えられることを願《ねが》っている」（九九九ジペー）と。

永遠《えいえん》の仏法の歴史《れきし》に名を残《のこ》す、また、燦然《さんぜん》たる広《こう》布史《ふし》に名をとどめることが、どれほど誇《ほこ》り高く、すばらしいことか。

いい家に住《す》んだり、月給《げっきゅう》が上がったり、かわいいお嫁《よめ》さんを迎《むか》えることも、それなりの喜《よろこ》びにはちがいない。優《すぐ》れた芸術《げいじゅつ》を生《う》みだすことも、たしかに価《か》値《ち》あることである。

しかし、喜びや幸《しあわ》せというものは、やがて滅《ほろ》び、無《む》に帰《き》していく。ただ妙法《みょうほう》という「法」のみが本有《ほんぬ》にして常住《じょうじゅう》である。この「法」に生きゆくことだけが、永遠の幸福へと連《つら》なる「無上道《むじょうどう》」なのである。人間として生《せい》を受け、これ以上の誉《ほま》れはない。

——一九八八・五・三

*

「信心」とは**「以信代慧《いしんだいえ》（信を以《も》って慧に代《か》う）」**（三三九ジペー）と説《と》かれるように、最高の「知恵《ちえ》」の働《はたら》きをする。信心が強ければ強いほど、豊《ゆた》かな知恵の振《ふ》る舞《ま》いになっていく。それが本当の信仰者《しんこうしゃ》である。〝いつも拝《おが》んではいるが、愚《おろ》かなことばかりやっている〟——これでは正しい信仰とはいえない。幸福への知恵が出なければならない。どうすればいちばん幸福になれるか、それを自分自身でわかってくるのが、信心の力《ちから》である。

知識《ちしき》と知恵は違《ちが》う。知識があるから幸福とは限《かぎ》らない。一流《いちりゅう》大学を出ても、不幸な人は、いくらでもいる。知恵とは、生活のうえで、人生のうえで、事実のうえで、「幸福」へと自分を導《みちび》き、一家《いっか》を導き、人々を導いていく力である。この「知恵」の源泉《げんせん》が「信心」なのである。

――一九九三・九・二八

仕事と信心

「（四徳《しとく》のうちの）二に、主君《しゅくん》に対して忠義《ちゅうぎ》であれ、というのは、主君に対して少しでも後《うし》ろめたい心があってはならない。たとえ、わが身を失う《うしな》（命《いのち》を断《た》たれる）ことになっても、主君のためになればよい、と心すべきである。そうした隠《かく》れての信義《しんぎ》があれば、いつかは外に徳《とく》となって表《あらわ》れる、と言われているとおりである」（二五二七ページ）

仕《つか》えている主君に対し、「後ろめたい」不誠実《ふせいじつ》があってはならない。認《みと》められようと、認められまいと、誠実に「陰徳《いんとく》」を積《つ》めば、やがて「陽報《ようほう》」が輝《かがや》くことを教《おし》えられている。

たとえば、勤《つと》めている会社《かいしゃ》のために苦労《くろう》しても、あまり評価《ひょうか》されず、報《むく》われないこともあろう。しかし、信心を根本《こんぽん》に、研究《けんきゅう》し、努力《どりょく》して、仕事《しごと》の業績《ぎょうせき》をあげていけば、力《ちから》がつき、信用《しんよう》が増《ま》す。「身の財《たから》」が残《のこ》っていく。信心で悩《なや》み戦《たたか》えば、福運《ふくうん》となり、「心の財」となる。

今いる場所で勝つ。「生活」のうえで向上《こうじょう》する。それが正しき「信心即《そく》生活」である。戸田先生は、日蓮大聖人の**「法華経を知《し》る者は、世法《せほう》を明確《めいかく》に得《え》ることができる」**（二五四ページ）との教えを通《とお》し、次のように指導《しどう》されている。

「御本尊を受持《じゅじ》したものは、自分の生活を、どう改善《かいぜん》し、自分の商売《しょうばい》を、どう発展《はってん》させたらよいかが、わかるべきだとのおおせである。それを、わかろうともせず、研究もせず、苦労もしない。されば、その人の生活上の世法を知らないがために、自分の商売が悪《わる》くなっていくのを、御本尊に功徳《くどく》がないように考《かんが》えたり、世間《せけん》に考えさせたりするのは、謗法《ほうぼう》と断《だん》ずる以外にはない」と。

社会で、家庭《かてい》で、人生で勝たねばならない。それが信心の勝利である。その努力なき信仰《しんこう》は、「謗法」であると、戸田先生は厳《きび》しく教えられたのである。

――一九九三・一二・二五

＊

「白米一俵御書《はくまいいっぴょうごしょ》」では、世法《せほう》と仏法とを立て分《わ》けるのは法華経以前《いぜん》の浅《あさ》い教《おし》えであり、〝世間《せけん》の法がそのまま仏法である〟ととらえるのが法華経の深理《しんり》であると示《しめ》されている。

すなわち**「真《しん》の仏道《ぶつどう》は世間の事法《じほう》のことである」**（一五九七㌻）と。また**「世間の法がそのまま仏法の全体《ぜんたい》である」**（同）と仰《おお》せである。

このように日蓮大聖人は、**「志《こころ》ざし」**（一五九六㌻）ある限《かぎ》り、世間における凡夫《ぼんぷ》の生活が、そのまま仏道修行《ぶつどうしゅぎょう》の場《ば》となることを明《あ》かされている。一部《いちぶ》の人のみがなし得《え》る過去《かこ》の修行ではなく、一切《いっさい》の人々が実践《じっせん》できる修行を教えられたところに、大聖人の仏法の偉大《いだい》さがあると私は信じる。

――一九九〇・一一・一七

＊

日蓮大聖人は、仏眼《ぶつげん》、法眼《ほうげん》をもって、社会の動静《どうせい》を鋭《するど》く見つめておられた。また、その人の立場《たちば》になって、こまやかに思いやっておられた。そして、内《ない》外《がい》を問《と》わず、一人一人の心を強く深《ふか》く、つかんでいかれたのである。

法華経には「観世音菩薩《かんぜおんぼさつ》」が説《と》かれる。観世音の「世」とは社会である。社会の声《こえ》を観《かん》じ、世の中の動きを観じていく力《ちから》が「観世音」にはある。仏法の指導者《しどうしゃ》は、観世音の力を発揮《はっき》しながら、適切《てきせつ》な手を打ち、味方《みかた》を増《ふ》やし、広宣流布《こうせんるふ》の正義《せいぎ》の陣列《じんれつ》を固《かた》めていくのである。

「天《てん》が晴《は》れれば、大地は明《あき》らかとなる。法華経を知《し》る者は、太陽《たいよう》が大地を照《て》らすように世法《せほう》を明確《めいかく》に得《え》ることができる」（二五四㌻）

この「観心本尊抄《かんじんのほんぞんしょう》」の仰《おお》せを、聡明《そうめい》なるリーダーは、よくよく生命に刻《きざ》んでいただきたい。

――一九九九・三・一

＊

職場《しょくば》・社会の「先輩《せんぱい》」「同僚《どうりょう》」「後輩《こうはい》」と、深《ふか》い信《しん》頼《らい》のつながりを結《むす》ぶ努力《どりょく》も忘《わす》れてはならない。日常《にちじょう》の交友《こうゆう》や自分の振《ふ》る舞《ま》いをとおして、周囲《しゅうい》の人々から信頼され、慕《した》われる存在《そんざい》になることが、社会で勝利しゆく大切な〝処世術《しょせいじゅつ》〟である。

御書に**「宮仕《みやづか》えを法華経の修行《しゅぎょう》と思いなさい」**（一二九五ページ）と教《おし》えられているように、社会生活の一切《いっさい》がすべて仏法に通《つう》じていくのであり、仏法への理解《りかい》・共感《きょうかん》を広げゆく要諦《ようてい》もここにある。

——一九九〇・一・一五

家族・孝養

釈尊《しゃくそん》も、日蓮大聖人も、親孝行《おやこうこう》の大切さを説《と》いておられる。

御書にも**「釈尊は、孝行の人を世尊《せそん》と名《な》づけられた」**（一〇六五ページ）と仰《おお》せである。親を大切にすることは、人間として崇高《すうこう》な行《おこな》いなのである。

——一九九〇・八・五

＊

御本仏日蓮大聖人は、ある時、「もっと親孝行《おやこうこう》しておけばよかったと後悔《こうかい》している」と仰《おお》せである。

「日蓮の母（梅菊女《うめぎくにょ》）が生きておられるころ、言われたことに対し、私は、あまりにもそむいてしまったので、母に先立《さきだ》たれた今になって、強い後悔の思いにかられている。そこで、釈尊《しゃくそん》のすべての経《きょう》典《てん》を探究《たんきゅう》し、（最《もっと》もすぐれた法華経をもって）母に孝《こう》養《よう》しようと思っている」（一四〇一ページ）

これは刑部左衛門尉《ぎょうぶさえもんのじょう》の夫人《ふじん》へのお手紙《てがみ》である。大聖人は、一生涯《いっしょうがい》、法戦《ほうせん》につぐ法戦であられた。心配《しんぱい》するお母《かあ》さんの言葉に、心ならずも従《したが》えなかったこともあられたであろう。

それは、仕方《しかた》のないことではあったが、やはり申しわけない気持ちでいっぱいである——こういうお気持ちであられたと拝察《はいさつ》する。

お手紙には、こうした、ありのままの「人間」の心情《しんじょう》を書いておられる。「人間」としての「母への思い」が脈打《みゃくう》っている。そして、こうした人間性の延長線上《えんちょうせんじょう》にある信仰《しんこう》を教《おし》えてくださっているのである。

——一九九五・四・二六

＊

「ただ法華経だけが女人成仏《にょにんじょうぶつ》の経《きょう》であり、悲母《ひも》の恩《おん》を報《ほう》じる真実《しんじつ》の報恩《ほうおん》の経である、と見極《みきわ》めたので、私は悲母の恩を報じるために、この経の題目《だいもく》を一切《いっさい》の女人に唱《とな》えさせようと願《ねが》った」（一三一一ページ）

佐渡《さど》の千日尼《せんにちあま》へのお手紙《てがみ》である。優《やさ》しかった母（悲母）へ恩を返《かえ》すために、すべての母、すべての女性《じょせい》に妙法《みょうほう》を教《おし》えようと誓願《せいがん》したと仰《おお》せである。弘教《ぐきょう》といっても、広宣流布《こうせんるふ》といっても、その根底《こんてい》は「お母《かあ》さんに恩を返したい」という、人間としての心情《しんじょう》から出発《しゅっぱつ》されている。仏法は、どこまでも人間主義《しゅぎ》である。

——一九九五・四・二六

＊

「開目抄《かいもくしょう》」では、仏法の教理《きょうり》の浅深《せんじん》を述《の》べられ、「法華経《ほけきょう》が説《と》かれる前の大小乗経《だいしょうじょうきょう》を用《もち》いる諸宗《しょしゅう》では、自身の成仏《じょうぶつ》すら実現できない。まして父母《ふぼ》を救《すく》うことは、とうていできない。成仏とか孝養《こうよう》の経《きょう》文《もん》はあっても、その実義《じつぎ》はない。もちろん現証《げんしょう》もない」（二二三ページ）と。

そして「いま法華経が説かれる時にいたって女人《にょにん》成仏が現実に証明《しょうめい》されてこそ、悲母《ひも》の成仏も明確《めいかく》となり、また悪人《あくにん》の提婆達多《だいばだった》が成仏する時に、はじめて慈父《じふ》の成仏も明確《めいかく》となる」（同）とされて、「法華経は内典《ないてん》の孝経《こうきょう》である」（同）と結論《けつろん》しておられる。

父母の即身《そくしん》成仏を現実に可能《かのう》にした法華経こそ、外典《げてん》である儒教《じゅきょう》の「孝経」を超《こ》えた〝内典（仏典《ぶってん》）中の孝経〟ともいうべきである、との仰《おお》せである。

この法華経とは、末法《まっぽう》においては御本仏日蓮大聖人の三大秘法《さんだいひほう》の教《おし》えであることはいうまでもない。

——一九八七・一一・一五

＊

日蓮大聖人は息子《むすこ》の弥四郎《やしろう》に先立《さきだ》たれた光日尼《こうにちあま》に対して「親《おや》は悪人《あくにん》であっても、子が善人《ぜんにん》であれば、親の罪《つみ》が許《ゆる》されることもある。また子が悪人であっても親が善人であれば、子の罪が許されることもある」（九三一ページ）と仰《おお》せである。

大聖人は、親子一体《いったい》の成仏《じょうぶつ》の道理《どうり》を示《しめ》されながら、母の祈《いの》りの力《ちから》により、弥四郎の成仏は疑《うたが》いないことを強調《きょうちょう》されている。この方程式《ほうていしき》は、親子、兄《きょう》弟《だい》など家族《かぞく》の間《あいだ》の信心のあり方にも通《つう》じることである。ゆえに、たとえ家族に不幸なことが起《お》こったり、また信心の道に違《たが》う者が出ても、残《のこ》された兄弟や家族がしっかりと信心に励《はげ》んでいけば、必《かなら》ず救《すく》っていけるのである。

――一九八八・五・八

*

「自分が、この人は大事《だいじ》な人だ、と思っている人が、信心をやめさせようとし、また大きな難《なん》がやってくる。そのときこそ、諸天《しょてん》の加護《かご》があると確信《かくしん》して、いよいよ強盛《ごうじょう》に信心すべきである。そうであるならば、聖霊《しょうりょう》（南条時光《なんじょうときみつ》の亡《な》き父）は、成仏《じょうぶつ》されるであろう。成仏されたならば、来《き》ってあなたを守護《しゅご》されるであろう。そのとき、一切《いっさい》は心のままである。くれぐれも、信心を妨《さまた》げる人があったならば、心にうれしく思いなさい」（一五一二ページ）

十七歳《さい》という、今なら高校生の年代《ねんだい》である時光に、日蓮大聖人は「大事な人だ、と思っている人」が信心をじゃましに来ること、また、やがて大難が来るだろうことを述《の》べられながら、「父子《ふし》一体《いったい》の成仏」の法理《ほうり》を示《しめ》されている。

つまり、難が来たとき、いよいよ強盛に信心に励《はげ》めば、亡き父も成仏し、三世《さんぜ》の福徳《ふくとく》に輝《かがや》いていく。むろん、それは父に限《かぎ》らない。母をはじめ、亡くなった親族《しんぞく》も、すべてそのとおりとなる。ゆえに、障魔《しょうま》の嵐《あらし》の時こそ、一家《いっか》、一族《いちぞく》の永遠《えいえん》の安穏《あんのん》、幸福を開《ひら》いていく絶好《ぜっこう》のチャンスである。

反対に、難の時に逃《に》げたり、臆病《おくびょう》になったりすれば、自身の福運《ふくうん》のみならず、亡き父、親族の福徳をも消《け》してしまう。これほどに、仏法は峻厳《しゅんげん》である。

――一九八八・六・二一

*

「父母《ふぼ》の遺体《いたい》は、子の身心《しんしん》である。今、浄蓮上人《じょうれんしょうにん》（駿河国《するがのくに》〈静岡県《しずおかけん》〉興津《おきつ》に住《す》む在家《ざいけ》の強信《ごうしん》の僧《そう》）が法華経を受持《じゅじ》された御功徳《おんくどく》は、慈父《じふ》の御功徳となる。提婆達多《だいばだつた》は阿鼻地獄《あびじごく》に堕《お》ちたけれども、釈尊《しゃくそん》は法華経で天王如来《てんのうにょらい》の記別《きべつ》を与《あた》えられた。これは釈尊と同じ一族《いちぞく》であったからである。

あなたの場合は、また、慈父と子の関係《かんけい》である。浄蓮上人の所持《しょじ》する法華経が、どうして亡《な》き慈父の功徳とならないわけがあろうか」（一四三四ページ）

浄蓮房の父は、妙法《みょうほう》を持《たも》たないまま亡くなった。子どもとして、さぞかし残念《ざんねん》であったにちがいない。しかし日蓮大聖人は〝必《かなら》ずお父《とう》さんにも功徳が回向《えこう》されていますよ。安心《あんしん》しなさい〟と、あたたかく励《はげ》ましておられる。浄蓮房は本当にうれしかったであろう。大聖人のご慈悲《じひ》に、すっぽりつつまれた気持ちであったかもしれない。

皆さまのなかにも、お父さまをはじめご家族《かぞく》が未《み》入会《にゅうかい》の方がいらっしゃると思う。しかし決《けっ》してあせることはない。不安《ふあん》に思うこともない。「一人」が、まことの信心に立ち上がれば、一家《いっか》・一族を皆、永遠《えいえん》の幸福の軌道《きどう》へと導《みちび》いていけるのである。これが妙法の無限《むげん》の力用《りきゆう》である。

太陽《たいよう》がひとたび昇《のぼ》れば、地上《ちじょう》のすべてを照《て》らす。夜の海に一つの灯台《とうだい》が厳然《げんぜん》と輝《かがや》いていれば、多くの船《ふね》が安心して航海《こうかい》できる。一人の力《ちから》ある主人《しゅじん》がいれば、家族の全員が悠々《ゆうゆう》と生きていける。皆さまは、幸福を照らし顕《あらわ》す太陽である。人々の「成仏《じょうぶつ》」への灯台《とうだい》である。一家に福運《ふくうん》を運《はこ》ぶ福徳《ふくとく》の大黒柱《だいこくばしら》である。仏縁《ぶつえん》を結《むす》んでいれば、いつかは妙法を受持するのである。どうか、おおらかに、周囲《しゅうい》の人々を心広々《ひろびろ》とした人間性でつつみながら、朗《ほが》らかに生きぬいていただきたい。

――一九九一・六・一六

*

妙法《みょうほう》で結《むす》ばれた親子《おやこ》の縁《えん》は、生死《しょうじ》を超《こ》えて永遠《えいえん》の希望《きぼう》につつまれる。

日蓮大聖人のある門下《もんか》（松野殿後家尼御前《まつのどのごけあまごぜん》）は立派《りっぱ》なお子さんを亡《な》くしてしまった。姿《すがた》も立派で、心も素直《すなお》で賢《かしこ》い、すばらしい息子《むすこ》であった。その悲《かな》しみを乗《の》り越《こ》え、まっすぐに信仰《しんこう》を貫《つらぬ》いた、その、けなげなる母に、大聖人はこう仰《おお》せである。

「（あなたの信心のすばらしさは）ただごとではない。ひとえに釈迦仏《しゃかぶつ》が、あなたの身に入《い》り替《か》わられたのであろうか。または、亡くなられたご子息《しそく》が仏《ほとけ》になられて、父母《ふぼ》を仏道《ぶつどう》に導《みちび》くために、あなたの心に入り替わられたのであろうか」（一三九七㌻）

亡くなった息子さんの成仏《じょうぶつ》は、絶対《ぜったい》に間違《まちが》いありません。そして、いつも、あなたと一緒《いっしょ》ですよ。一緒に、「永遠の幸福の道」を歩《あゆ》んでいるのですよ。

——大聖人のご慈愛《じあい》が、染《し》み入るように伝《つた》わってくる。ともに幸福へ、ともに成仏へ——妙法の世界は何があっても、永遠に希望、永遠に繁栄《はんえい》の世界なのである。

——一九九二・二・九

*

皆さま方のなかにも、お子さまを亡《な》くされた方がおられるかもしれない。大切なご主人《しゅじん》を、またお父《とう》さん、お母《かあ》さんを失《うしな》った方々《かたがた》もおられるであろう。私自身も若《わか》い息子《むすこ》を失った親《おや》の一人である。

そうした方々にとって、強き信心の絆《きずな》によって結《むす》ばれて亡くなった肉親《にくしん》が、心の中に生き続《つづ》け、同じ妙法《みょうほう》の同志《どうし》として広布《こうふ》へ、広布へとわが心を励《はげ》ましてくれる。これこそ妙法に照《て》らされ、生死《しょうじ》を超《こ》えた〝生命の絆〟である。また、生命の世界の限《かぎ》りない〝ロマン〟ともいえよう。

亡くなった肉親とも、生死を超えて強い妙法の絆で結ばれていくとの法理《ほうり》は、御書にも諸所《しょしょ》に述《の》べられている。

一例《いちれい》としてあげれば、松野六郎左衛門入道《まつのろくろうざえもんにゅうどう》に与《あた》えられた「浄蔵浄眼御消息《じょうぞうじょうげんごしょうそく》」には、**「（甲斐公《かいこう》〈六老《ろくろう》僧《そう》の一人・日持《にちじ》〉が語《かた》ったなかに）『すべての人が憎《にく》んでいる法華経の信心に松野殿夫妻《ふさい》がつかれたのは、ひとえに亡き子息《しそく》がお二人の御身《おんみ》にそって信心を勧《すす》められたのであろうか』とあったが、そうでもあろうと思う。（中略）また、お二人にもしものこ**

とがあれば、暗闇《くらやみ》に月が出るように、妙法蓮華経の五字が明《あか》るい月となって、行く手を照らすことであろう。その月の中には釈迦仏《しゃかぶつ》、十方《じっぽう》の諸仏《しょぶつ》、さらには先立《さきだ》たれたご子息が現《あらわ》れられて、成仏《じょうぶつ》の道へと導《みちび》くことと確信《かくしん》していきなさい」（一三九七㌻）と。

どうか皆さま方も、生死を超えた仏法のすばらしい〝生命の法則《ほうそく》〟を確信して、いちだんと信心を強めていっていただきたい。

——一九八八・四・二二

*

一家《いっか》で一人が信心に立ちあがれば、皆を幸福の方《ほう》向《こう》へとリードしていけるのが、この仏法である。ゆえに、信仰《しんこう》のことで、感情的《かんじょうてき》に争《あらそ》う必要《ひつよう》はない。大きな心で、また、長い目でとらえていけばよいのである。

日蓮大聖人は「水は寒《さむ》さが積《つ》もれば氷《こおり》となるし、雪《ゆき》は年《とし》を重《かさ》ねれば、水精《すいしょう》となるといわれる。同じように人間は、悪《あく》が積もれば地獄《じごく》に堕《お》ち、善《ぜん》が積もれば仏《ほとけ》になる」（一五四七㌻）と。

題目《だいもく》を朗々《ろうろう》と唱《とな》えながら、法のため、友のため、また地域《ちいき》のため、社会のために積み重ねゆく行動は、すべて、わが生命の永遠《えいえん》の旅路《たびじ》を王者《おうじゃ》の大境涯《だいきょうがい》で飾《かざ》りゆく無限《むげん》の「宝」となる。

——一九八九・六・一三

*

「（四徳《しとく》のうちの）第一に、父母《ふぼ》に孝行《こうこう》であれということは、たとえ親《おや》がものの道理《どうり》をわきまえていなくても、ひどいことを言うことがあっても、少しも腹《はら》を立てたり、気分《きぶん》を悪《わる》くした顔《かお》を見せず、親の言うことに、わずかでも逆《さか》らうことなく、親に良《よ》いものを与《あた》えようと思い、何もできない時には、せめて日に二、三度は笑顔《えがお》を見せて、親に向《む》かうようにしなさい、ということである」（一五二七㌻）

ここで示《しめ》されている親孝行のあり方は、封建的《ほうけんてき》な道徳《どうとく》というよりも、時代を超《こ》えた、子として、父母に接《せっ》すべき心の姿勢《しせい》といえよう。

親に与える良いものがない時には、せめて一日に二、三度は笑顔を与えよ――まさに人間の心のひだまで知《し》りつくされた教訓《きょうくん》といえよう。子どもや孫《まご》から、笑顔で話しかけられるだけで、親はうれしいものである。笑顔をかわせる家庭《かてい》はあたたかい。また、独《ひと》り暮《ぐ》らしのお年寄《としよ》りは、だれかが声《こえ》をかけ、話し相手《あいて》になってくれるだけでうれしい、という。心で心に語《かた》る対話《たいわ》が大切なのである。

戸田先生は、「青年は、親をも愛《あい》さぬような者も多いのに、どうして他人を愛せようか。その無慈悲《むじひ》の自分を乗《の》り越《こ》えて、仏《ほとけ》の慈悲の境地《きょうち》を会得《えとく》する、人間革命《かくめい》の戦《たたか》いである」（「青年訓」、『戸田城聖全集』第一巻）と教《おし》えられた。この精神《せいしん》は、現在でも少しも変《か》わっていない。

肉親《にくしん》はもちろん、他人をも、思いやりの心でつつみこめる、広くあたたかい境涯《きょうがい》を開《ひら》くのが、本当の信心であり、人間革命である。

――一九九三・一二・二五

＊

「法華経を持《たも》つ人は、父と母の恩《おん》を報《ほう》じているのである。わが心には、恩を報じているとは思わなくても、この経《きょう》の力《ちから》によって報じているのである」（一五二八㌻）

「妙法《みょうほう》」は、ここに仰《おお》せのごとく、大恩《だいおん》ある両親《りょうしん》はもちろん、さらに兄弟《きょうだい》や友人《ゆうじん》等、自身に連《つら》なるすべての人を、その人の生死《せいし》を問《と》わず、三世《さんぜ》永遠《えいえん》にわたって幸福の方向《ほうこう》へと導《みちび》いていける「大法《だいほう》」である。たとえ、両親や友人がこの信仰《しんこう》に理解《りかい》がなかったとしても、妙法の功力《くりき》は絶大《ぜつだい》である。まず一人、自分が信心をしていれば、その人々をも必《かなら》ず救《すく》っていくことができる。何も心配《しんぱい》することもないし、あせる必要《ひつよう》もない。

――一九九二・六・二七

＊

南条時光《なんじょうときみつ》の一族《いちぞく》の一人に、九郎太郎《くろうたろう》という人がいた。この九郎太郎は、時光の父・兵衛七郎《ひょうえのしちろう》の関係《かんけい》で日蓮大聖人の門下《もんか》となったと推察《すいさつ》される。

大聖人は九郎太郎へのお手紙《てがみ》で、**「ただ南無妙法**

蓮華経の七字だけが、仏《ほとけ》になる種《たね》である。このことを言えば、人はうらやみ憎《にく》んで信心しようとしなかったのに、故上野殿《こうえのどの》（時光の父）は信じられたことによって、仏に成《な》られた。あなた方は、その上野殿の継承者《けいしょうしゃ》であり、この信心の志《こころざし》を受け継《つ》がれ、きっと、立派《りっぱ》に成し遂《と》げられるであろう。竜馬《りゅうめ》（すぐれた馬《うま》）についたダニは千里《り》を飛《と》び、松《まつ》にかかったツタは千尋《せんじん》の高さをよじ登《のぼ》る、というのはこのことであろう。あなた方は、故上野殿とまさに同じ心である」（一五五三ジペー）と。

時光の父（兵衛七郎）を〝鑑《かがみ》〟〝源泉《げんせん》〟として、九郎太郎らが、まっすぐに信心の志を貫《つらぬ》いている姿《すがた》を、たたえられているのである。

壮年部の皆さまには、この時光の父のように、一族、子孫《しそん》の〝鑑〟〝源泉〟となる模範《もはん》の信心の人であっていただきたい。

この御抄《ごしょう》に仰《おお》せのように、「妙法《みょうほう》」だけが成仏《じょうぶつ》の種子《しゅし》であり、それ以外に、仏になる種子はない。「永遠《えいえん》の幸福」を開《ひら》く道はない。その偉大《いだい》な妙法を信受《しんじゅ》することのできた私どもは、すでに最高の幸福者なのである。この信心を貫いていけば、必《かなら》ず仏になれると、御本仏が断言《だんげん》されている。学校に通《かよ》い、まじめに努力《どりょく》すれば、必ず卒業《そつぎょう》できるのが道理《どうり》である。同じように、「信《しん》」「行《ぎょう》」「学《がく》」の正しい〝軌道《きどう》〟にのっとっていけば、全員が崩《くず》れぬ幸福を確立《かくりつ》できる。すなわち最極《さいごく》の人生、最極の幸福境涯《きょうがい》である仏となっていくことは間違《まちが》いない。

――一九九〇・五・一三

＊

「わが誉《ほま》れ、すべて母のものなり」――。仏法では、正法《しょうほう》を信ずる〝母の労苦《ろうく》〟は、すべて〝子の福《ふく》徳《とく》〟〝子の誉れ〟となると説《と》かれている。いわんや皆さま方の労苦は〝正法流布《るふ》の労苦〟である。その大功徳《だいくどく》が、お子さま方をつつまないはずがない。

御書には**「父母《ふぼ》の成仏《じょうぶつ》はそのまま子の成仏であり、子の成仏はそのまま父母の成仏である」**（八一三ジペー）と。

また、一人の婦人門下《もんか》へのお手紙《てがみ》では、母子《ぼし》の絆《きずな》の強さを述《の》べられ、福徳も一体《いったい》であるとされている。**「子の体《からだ》は母親《ははおや》の体から生《う》まれたものであり、母親の骨《ほね》は子の骨と同じである」**（九三四ジペー）と――。

現在の〝母の信心〟が、即《そく》〝子どもの幸福〟に、さらには〝社会の平和〟へと通《つう》じていることを確信《かくしん》していただきたい。

――一九九一・五・二五

*

「周《しゅう》の武王《ぶおう》は、亡《な》くなった父・文王《ぶんおう》の形《かたち》を木像《もくぞう》にきざんで、車にのせ、戦《いくさ》の大将《たいしょう》と定《さだ》め、天《てん》の感応《かんのう》（加護《かご》）を受けて殷《いん》の紂王《ちゅうおう》を討《う》つことができた」（八八四ジペー）

まことに重要《じゅうよう》な御聖訓《ごせいくん》である。武王は、父の像《ぞう》を大将と定め戦《たたか》った。いわば、父とともに戦い、その志《こころざし》と魂《たましい》を、わが最高の指標《しひょう》として指揮《しき》をとった。このうるわしき「父子一体《ふしいったい》」の姿《すがた》があったればこそ、天の感応を呼《よ》び、大国《たいこく》・殷を倒《たお》すことができたとのお言葉である。

要《よう》するに、若《わか》き武王には〝父の遺志《いし》を絶対《ぜったい》に実現してみせる。そのためには、この戦に負《ま》けるわけにはいかない。必《かなら》ずや勝利し、父の正義《せいぎ》を満天下《まんてんか》に示《しめ》すのだ〟との、強く、透徹《とうてつ》した一念《いちねん》があった。この「不二《ふに》」にして「一体」の生命と魂の戦いがあったがゆえに、歴史的偉業《れきしてきいぎょう》を成就《じょうじゅ》し、八百年もの繁栄《はんえい》を開《ひら》くことができたのである。

――一九八九・四・一九

青年

戸田先生はよく「青年は民衆《みんしゅう》の大船《たいせん》」と言われていた。その「大船」である青年を、どう育成《いくせい》していくのか。教育《きょういく》の担《にな》う使命《しめい》の大きさは、どれほど重視《じゅうし》しても重視しすぎることはない。創価大学が、人間教育の理想《りそう》をかかげ、青年の育成に全力《ぜんりょく》で取《と》り組《く》んでいるのも、この使命感《しめいかん》からにほかならない。さらに、それほど大事《だいじ》な教育の任《にん》にあたる人もまた、幸《しあわ》せである。

御書には、「咲《さ》いた花は根《ね》に還《かえ》り、そのものの本《ほん》来《らい》の性分《しょうぶん》は土にとどまり、大地に還る」（三二九㌻）と教示《きょうじ》されている。

この「報恩抄《ほうおんしょう》」の一節《いっせつ》は、日蓮大聖人がご自身の功徳《くどく》が旧師《きゅうし》の道善房《どうぜんぼう》に帰《き》していくことをお示《しめ》しになったものである。そのうえで「教育」活動に敷衍《ふえん》して考《かんが》えれば、青年を育《はぐく》み、成長《せいちょう》させていく労苦《ろうく》は、そのまま〝大地〟である教育者自身の〝滋養《じよう》〟となって還ってくる、ともいえよう。

いかなる分野《ぶんや》であれ、骨身《ほねみ》を惜《お》しまず後輩《こうはい》の育成に尽力《じんりょく》した人には、その労苦が輝《かがや》かしき心の財産《ざいさん》としてきざまれ、必《かなら》ずその人自身の生命を豊《ゆた》かにしていく――。いわんや私どもは仏法者である。人々に大仏法を教《おし》え、広布《こうふ》の人材《じんざい》を育《そだ》てている。その労苦が、自身の福徳《ふくとく》をどれほど増《ま》しゆくことか。どうか、このことを深《ふか》く確信《かくしん》していただきたい。

――一九八九・一二・二四

＊

「坂上田村麻呂《さかのうえのたむらまろ》や藤原利仁《ふじわらのとしひと》などのような武将《ぶしょう》を三千人も産《う》んだ女性《じょせい》がいたとして、この女性を敵《てき》とする人は、その子どもである三千人の将軍《しょうぐん》を敵にまわすことになるであろう。法華経の自我偈《じがげ》を持《たも》つ人を敵とするのは、三世《さんぜ》の諸仏《しょぶつ》を敵とすることになるのである」（一〇五〇㌻）

わが母をいじめられて、みすみす黙《だま》っているような子どもはいない。それと同じように、妙法《みょうほう》を唱《とな》え、弘《ひろ》めゆく皆さまを、三世にわたる全宇宙《ぜんうちゅう》の仏《ほとけ》が、あらゆる敵から守《まも》りぬかないわけがないとのお約束《やくそく》である。

一人のわが母をいじめる敵に対して、こぞって立ち上がり、敢然《かんぜん》と立ち向《む》かう三千の将軍たち。その凛々《りり》しき雄姿《ゆうし》はまた、広宣《こうせん》の同志《どうし》を守るために戦《たたか》うわが青年部の姿《すがた》にも思われてならない。

坂上田村麻呂は平安《へいあん》時代の征夷大将軍《せいいたいしょうぐん》であり、優《すぐ》れた武才《ぶさい》と人格《じんかく》で後世《こうせい》の武士《ぶし》に尊崇《そんすう》された。また藤原利仁は、同じく平安時代、盗賊団《とうぞくだん》を打ち破《やぶ》って武《ぶ》功《こう》をたてた鎮守府《ちんじゅふ》将軍である。

男子青年部の皆さまは、大切な〝広布《こうふ》の母〟の皆さまを断《だん》じて守る使命《しめい》があることを、忘《わす》れてはならない。いかなる時も、広宣流布《こうせんるふ》の敵、仏子《ぶっし》である学会員の敵を見破《みやぶ》り、さんざんに蹴散《けち》らし、こらしめていく「勇将《ゆうしょう》」「闘将《とうしょう》」であらねばならない。またつねに、婦人、女子を優《やさ》しく守りゆくナイト（騎《き》士《し》）であっていただきたい。

――一九九一・五・三

＊

熱原《あつはら》の法難《ほうなん》のさい、徹底《てってい》して日蓮大聖人の門下《もんか》、信徒《しんと》を守《まも》り守ったのは、青年・南条時光《なんじょうときみつ》であった。障魔《しょうま》は執拗《しつよう》に、さまざまな手段《しゅだん》で圧迫《あっぱく》を加《くわ》えてくる。信徒のなかには年老《としお》いた人もいたであろう。母親《ははおや》のような年配《ねんぱい》の婦人もいたであろう。時光は毅《き》然《ぜん》として、妙法《みょうほう》で結《むす》ばれたすべての同志《どうし》を守ろうと決意《けつい》する。

当時《とうじ》、幕府《ばくふ》の行政機構《ぎょうせいきこう》のうえでは、本来《ほんらい》、幕府側《がわ》に立たなくてはならない身であったにもかかわらず、彼は必死《ひっし》で戦《たたか》った。

大聖人はこのとき、**「殿《との》（時光）が退転してしまえば、駿河《するが》の国で少々《しょうしょう》信心しているような者も、また信心しようと思っている人々も、皆、法華経を捨《す》ててしまうであろう」**（一五三九㌻）と励《はげ》まされている。

さらに、「竜門御書《りゅうもんごしょ》」では「上野賢人《うえのけんじん》」と呼《よ》ばれて、**「この手紙《てがみ》は、熱原の法難におけるあなた（時光）の活躍《かつやく》がありがたくて書いた返事《へんじ》である」**（一五六一㌻）と、法難を乗《の》りきったその外護《げご》の誠《まこと》に対して、最大の賞讃《しょうさん》をされている。まさに、いかなる苦難《くなん》にも屈《くっ》せず、先頭《せんとう》に立って広布《こうふ》の道を開《ひら》いてきた〝青年部の先駆者《せんくしゃ》〟とたたえたい。

――一九八八・三・一

＊

仏法では、**「（生老病死《しょうろうびょうし》を）金《きん》、銅《どう》、鉄《てつ》、銀《ぎん》に譬《たと》え、「生」を「金」と意義づけている」**（七三三㌻）。

生命それ自体《じたい》が「黄金《おうごん》」である。青年部の諸君《しょくん》は、「黄金の青春《せいしゅん》」を、生き生きと飾《かざ》っていただきたい。最高に自分を輝《かがや》かせて、人生を謳歌《おうか》しなければ損《そん》である。男性《だんせい》は、「素晴《すば》らしい青年だ。ああいう青年がいれば、日本の将来《しょうらい》は、よくなるにちがいない」――そう言われるような、光《ひか》った存在《そんざい》になっていただきたい。

また、いよいよ「女性《じょせい》の世紀《せいき》」でもある。幸福と平和を目指《めざ》し、女性は聡明《そうめい》に生き抜《ぬ》いていただきたい。

――二〇〇〇・五・一三

＊

日蓮大聖人は**「賢《かしこ》い振《ふ》る舞《ま》いを人といい、愚《おろ》かな振る舞いを畜生《ちくしょう》という」**（一一七四㌻）と仰《おお》せであるが、はかない畜生のような人生ではなく、賢い幸《しあわ》せな人生を歩《あゆ》んでいくべきである。

そのための信仰《しんこう》である。そのための仏道修行《ぶつどうしゅぎょう》である。そのための青春《せいしゅん》である。世間《せけん》の軽薄《けいはく》な風潮《ふうちょう》に流《なが》され、一時の感情《かんじょう》や誘惑《ゆうわく》に負《ま》けて、親《おや》に心配《しんぱい》をかけたり、周囲《しゅうい》の人々が嘆《なげ》くような、愚かな人生を絶対《ぜったい》に歩んではならない。――一九九〇・一〇・一〇

女性の生き方

本当に母親《ははおや》はありがたい。この世《よ》に、かけがえのない宝である。その恩《おん》を感《かん》じられる人になっていただきたい。その人は自分も幸福である。御書には、仏《ほとけ》の慈悲《じひ》を母の愛《あい》にたとえて、こう仰《おお》せである。

「幼子《おさなご》は母の心を知《し》らない。しかし母は幼子のことを忘《わす》れない。釈尊《しゃくそん》（日蓮大聖人、御本尊）は母のごとく、女性《じょせい》は幼子のようである。二人がたがいに思い合えば、心が合ってすべて離《はな》れない（仏と一体《いったい》である）。一方《いっぽう》が思っているのに、片方《かたほう》が思わなければ、ある時は会《あ》えるが、ある時は離れてしまう。仏はいつも子を思っている母のようである。女性は親《おや》である仏を思わない、幼子のようである。われらが仏のことを思えば、どうして釈尊にお会いする（仏になる）ことができないことがあろうか。必《かなら》ずできる」（一二一四㌻）

この御書は、四条金吾《しじょうきんご》の夫人《ふじん》が、まだ小さな月満《つきまろ》

御前《ごぜん》（生後《せいご》十一カ月）を抱《かか》えて、育児《いくじ》に追《お》われていたころにいただいたお手紙《てがみ》である。仏の慈愛《じあい》と苦心《くしん》をわからせるのに、「母と幼子」のたとえほど、この時、彼女の心に響《ひび》くものはなかったにちがいない。こうしたところにも、日蓮大聖人がどれほど相《あい》手《て》の心を察《さっ》せられ、その心に合わせて法を説《と》いておられたか、そのやさしさがしのばれる。

私どもは「仏子《ぶっし》」である。ゆえに、親であられる「仏」は、つねに、私どものことを心配《しんぱい》し、心を休められることがない。

それにもかかわらず、幼《おさな》い子どもが母の苦労《くろう》を知らないように、凡夫《ぼんぷ》もまた、仏の慈愛を知らないでいる、と大聖人は述《の》べられている。

お母《かあ》さんの愛を忘れてはならない。お母さんの苦労を忘れてはならない。お母さんの慈顔《じがん》が心に生きている時、人間は決《けっ》して大きく道を誤《あやま》ることがない、と私は思う。それと同じく、私ども凡夫が御本仏の大慈悲《だいじひ》を忘れることなく、深《ふか》き感謝《かんしゃ》の心で生きていく時、心には仏界《ぶっかい》の光が大きく広がっていく。そして御本尊の大慈悲につつまれた、根本的《こんぽんてき》に安穏《あんのん》と歓喜《かんき》の人生の軌道《きどう》となっていくのである。

——一九九〇・二・二二

*

日蓮大聖人は、お手紙《てがみ》（「光日尼御返事《こうにちあまごへんじ》」）の中で、彼女（光日尼）の見事《みごと》な凱歌《がいか》の人生、栄冠《えいかん》の人生を、厳然《げんぜん》と証明《しょうめい》してくださっている。

「三つの綱《つな》は、今生《こんじょう》において切れた。五つの障《さわ》りもすでに晴《は》れたことであろう。心の仏性《ぶっしょう》の月は、くもりがなく、身の罪障《ざいしょう》である垢《あか》も消《き》えはてた。あなたは即身《そくしん》の仏《ほとけ》である。まことに尊《とうと》いことである」（九三四㌻）

ここに仰《おお》せの「三つの綱」とは、いわゆる「三《さん》従《じゅう》」のことである。女性《じょせい》は古来《こらい》、儒教《じゅきょう》などで、幼《おさな》い時は父母《ふぼ》に、嫁《とつ》いでからは夫《おっと》に、老《お》いてからは子に、それぞれ従《したが》わねばならない。そのため、女性は一生、自分の心の思うようには生きられない、とされていたのである。

また「五つの障り」とは、法華経以前《いぜん》に説《と》かれた爾前権経《にぜんごんきょう》において、女性にそなわるとされた「五《ご》障《しょう》」をいう。すなわち女性は、梵天王《ぼんてんのう》、帝釈《たいしゃく》、魔《ま》王《おう》、転輪聖王《てんりんじょうおう》、仏身《ぶっしん》の五つになれない、とされた。

現在でいえば、政治的、社会的なさまざまな分野《ぶんや》で、指導者《しどうしゃ》になれないことを意味していたともいえようか。いずれにせよ、「女人不成仏《にょにんふじょうぶつ》」を象徴《しょうちょう》しているのが「五障」であった。

このように、外典《げてん》や爾前経では、女性は「五障三従」として差別《さべつ》されてきた。しかし、法華経において、「女人成仏」の法理《ほうり》が明確《めいかく》に説き明《あ》かされ、そうした差別は打ち破《やぶ》られる。まさに法華経こそ、生命という根本的次元《こんぽんてきじげん》における、女性解放《かいほう》の大いなる原典《げんてん》といってよい。

――一九八八・六・七

＊

ご存《ぞん》じのように、法華経以前《いぜん》の仏典《ぶってん》や仏教以外の多くの教《おし》えでは、女性《じょせい》は不当《ふとう》に差別《さべつ》されてきた。しかし、日蓮大聖人は、女性が**「やすやすと仏《ほとけ》になれる」**（五五四㌻）と高らかに宣言《せんげん》なされている。

この一点から見ても、日蓮大聖人の仏法こそ、女性の時代たる二十一世紀《せいき》をリードしゆく「平等《びょうどう》」と「調和《ちょうわ》」の哲理《てつり》なのである。

――一九九五・一〇・八

＊

「あなたが純粋《じゅんすい》な信心を貫《つらぬ》いているので、故入道《こにゅうどう》殿《どの》も成仏《じょうぶつ》されるだろうし、また一人おられる姫御前《ひめごぜん》は寿命《じゅみょう》も長く、幸福で、さすがあの人の娘《むすめ》よと、噂《うわさ》されるようになるであろう。姫御前は、今も幼《おさな》いのに母御前に孝養《こうよう》をつくされるほどの女性《じょせい》なので、故入道殿の後世《こうせ》をも助《たす》けられるであろう」（一四八一㌻）

ここで日蓮大聖人は、まず婦人の信心を心から賞讃《しょうさん》され、〝あなたの信心がけなげで立派《りっぱ》であるからこそ、亡《な》くなったご主人《しゅじん》は必《かなら》ず成仏しますよ。かわいい娘も、亡き父の分《ぶん》まで長寿《ちょうじゅ》で、幸《しあわ》せな人生を送《おく》れますよ〟と述《の》べられている。

長年《ながねん》にわたり病身《びょうしん》の夫《おっと》の面倒《めんどう》をみつづけ、幼い娘を育《そだ》てながら信心を貫いてきた母親《ははおや》こそ、家庭《かてい》にあって、もっとも悩《なや》み、苦労《くろう》してきた存在《そんざい》であったろう。

だからこそだれよりも幸せになり、だれよりもすばらしき人生を歩《あゆ》んでほしいとの大聖人のご慈愛《じあい》が、私は胸《むね》に迫《せま》ってきてならない。

今日、広布《こうふ》のためにだれよりも苦労し、奔走《ほんそう》されている婦人部の皆さま方こそ、もっとも幸福となりゆく権利《けんり》と資格《しかく》を有《ゆう》する方々《かたがた》であると、私は心から信じ、また念願《ねんがん》している。　――一九八八・六・七

*

濁世《じょくせ》にあって、日蓮大聖人はだれを「聖人《しょうにん》」と呼《よ》ばれたか。すなわち大聖人は、妙法流布《みょうほうるふ》のために戦《たたか》った在家《ざいけ》の人々を「聖人」と敬《うやま》い、「賢人《けんじん》」とたたえられたのである。

たとえば**「日妙《にちみょう》聖人」**（一二一七ページ）。鎌倉在住《かまくらざいじゅう》の無名《むめい》の婦人信徒《しんと》である。今の〝婦人部〟の方々《かたがた》である。日妙聖人は、大聖人を慕《した》って、はるばる鎌倉から佐渡《さど》を訪《たず》ねている。しかも、幼子《おさなご》を連《つ》れてのたいへんな旅《たび》であった。

大聖人は**「相州《そうしゅう》の鎌倉から北国《きたぐに》の佐渡の国までのその中間《ちゅうかん》は一千余里《より》におよんでいる。山海《さんかい》をはるかにへだて、山は峨々《がが》としてそびえ、海は滔々《とうとう》として波立《なみだ》ち、風雨《ふうう》は時節《じせつ》にしたがうことがない。山賊《さんぞく》や海賊《かいぞく》は充満《じゅうまん》している。途中《とちゅう》の宿《やど》の民《たみ》の心は虎《とら》や犬《いぬ》のようである」**（同）と、命《いのち》がけの旅であったことを思いやられている。

大法難《だいほうなん》の渦中《かちゅう》である。多くの弟子檀那《でしだんな》が難を恐《おそ》れて信心を捨《す》て、退転《たいてん》していった。そのなかで日妙聖人は、懸命《けんめい》に信心を貫《つらぬ》いた。その志《こころざし》と行動を、大聖人は**「日本第一の法華経の行者《ぎょうじゃ》の女性《じょせい》である。それゆえ名《な》を一つ付《つ》けて不軽菩薩《ふきょうぼさつ》の義《ぎ》になぞらえよう。『日妙聖人』等と」**（同）と最大にたたえられ、「日妙聖人」の名を贈《おく》られたのである。

――一九九六・九・二六

*

ブラジルのことわざに、ユーモアをこめて、「女は弱く男は強いといわれるが、実際《じっさい》は女性《じょせい》がすべてを動かしている」とあるとうかがった。

学会にあっても、広布《こうふ》の前進《ぜんしん》は婦人部の力《ちから》である。これは全世界に共通《きょうつう》している。ゆえに、男性《だんせい》は婦人部を心から大切にしていただきたい。

日蓮大聖人は、遠《とお》く離《はな》れた婦人門下《もんか》の千日尼《せんにちあま》に**「法華経という師子王《ししおう》を受持《じゅじ》する女性は、一切《いっさい》の地獄界《ごくかい》・餓鬼界《がきかい》・畜生界《ちくしょうかい》などの百獣《ひゃくじゅう》を恐《おそ》れることはない」**（一三一六ページ）と励《はげ》ましておられる。

妙法《みょうほう》という〝師子王〟を持《たも》ち、そして学会という〝師子の集《つど》い〟とともに生きゆく婦人部の皆さまは、この世《よ》で最《もっと》も尊《とうと》く、最も強い存在《そんざい》なのである。どうか、この大確信《だいかくしん》で、何があっても恐れなく、悠々《ゆうゆう》と進んでいただきたい。

――一九九三・二・一三

＊

「女性《じょせい》の身として、法華経を信仰《しんこう》し、法華経のお命《いのち》を継《つ》いでおられることは、釈迦仏《しゃかぶつ》、多宝仏《たほうぶつ》、全宇《ぜんう》宙《ちゅう》の諸仏《しょぶつ》を生《う》み育《はぐく》まれた父母《ふぼ》のお命を継いでおられることになるのである。このような功徳《くどく》をもっている人は、世界中に、ほかにいるだろうか」（一二五〇ページ）

広宣流布《こうせんるふ》に生き抜《ぬ》く〝お母《かあ》さん〟ほど尊《とうと》く、偉大《いだい》なものはない。わが婦人部の皆さまこそ、世界第一の「幸福と哲学《てつがく》の太陽《たいよう》」である。

創価の母たちの祈《いの》りほど強いものは、この世《よ》に何もない。戸田先生も、牧口先生も、よく語《かた》っておられた。

――二〇〇〇・四・二五

＊

弘安《こうあん》二年（一二七九年）春、阿仏房《あぶつぼう》は亡《な》くなる。しかし、護法《ごほう》のために戦《たたか》いきった夫妻《ふさい》にはいささかも悔《く》いはなかったにちがいない。

夫《おっと》の亡きあと、千日尼《せんにちあま》は立派《りっぱ》に成人《せいじん》していたわが子・藤九郎守綱《とうくろうもりつな》を日蓮大聖人のもとへ送《おく》りだす。〝父の後《あと》を継《つ》いで、今度《こんど》はあなたが広宣流布《こうせんるふ》のために働《はたら》いていきなさい〟との思いであったのであろう。それまで夫をささえ、ひたすら大聖人にお仕《つか》えしてきた毅然《きぜん》たる信心の姿勢《しせい》は、少しも変《か》わることがなかった。

　そのことを、大聖人は、次のように仰《おお》せになっている。

「亡き阿仏上人《しょうにん》の子である藤九郎守綱は、父の後を継いでひたむきに法華経の行者《ぎょうじゃ》となり、去年《きょねん》は七月二日（阿仏房の百箇日忌《ひゃっかにちき》のころ）に、父の遺骨《いこつ》を首にかけ、一千里《り》の山海《さんかい》を越《こ》えて、甲州波木井《こうしゅうはきい》の身延《みのぶ》山《さん》に登《のぼ》って、法華経の道場《どうじょう》にこれを納《おさ》め、今年《ことし》はまた七月一日に身延山に登って、慈父《じふ》の墓《はか》に詣《もう》でた。子より優《すぐ》れた財《たから》はない。子より優れた財はない」（一三二二㌻）と。

　大聖人は、この御書の中で阿仏房のことを「上人」とまでおっしゃっているが、千日尼に対しても〝お母《かあ》さん、本当によく頑張《がんば》りましたね。あなたの一族《いちぞく》は、盤石《ばんじゃく》ですよ〟とねぎらわれ、母子《ぼし》ともに、広宣流布に、立派に活躍《かつやく》していることを賞讃《しょうさん》されている。

　千日尼は、いかなるときも微動《びどう》だにしなかった。何があっても御本尊へ、広宣流布へとまっすぐに、純真《じゅんしん》に向《む》かっていくのが信心である。多少《たしょう》のことで揺《ゆ》れ動くようでは、それはもはや〝不動《ふどう》の信念《しんねん》〟とはいえない。

　ともあれ、大聖人ご入滅後《にゅうめつご》の激動《げきどう》の時代において、千日尼の一家《いっか》、ならびに佐渡方面《さどほうめん》の門下《もんか》一同《いちどう》が日興上人《にっこうしょうにん》に信順《しんじゅん》できた一源流《いちげんりゅう》には、この千日尼の〝母の信心〟があったといっても過言《かごん》ではないであろう。

　　　　——一九八八・六・一二

*

「あなた方お二人は、それぞれたいした身分《みぶん》の生《う》まれではない。鎌倉《かまくら》にあって、人目《ひとめ》をはばかることもなく、命《いのち》をも惜《お》しまず法華経の信心を貫《つらぬ》いておられる。このことは、ただごととは思われない」（一一一五㌻）
　これは四条金吾《しじょうきんご》の夫人《ふじん》、日眼女《にちげんにょ》に対して佐渡《さど》から送《おく》られた「同生同名御書《どうしょうどうみょうごしょ》」の一節《いっせつ》である。日眼女と親《した》しく、ともに信心に励《はげ》んでいた藤四郎《とうしろう》夫人も、このお手紙《てがみ》を一緒《いっしょ》に読《よ》むよう述《の》べられている。
続《つづ》けて**「さだめしお二人の心に、仏《ぶつ》・菩薩《ぼさつ》が宿《やど》られたのであろうか」**（同）と、日蓮大聖人は最大に讃嘆《さんたん》しておられる。

二人の婦人には、権力《けんりょく》も地位《ちい》もなかった。ただ強盛《ごうじょう》なる信心があった。いわゆる有力者《ゆうりょくしゃ》や有名人との特別《とくべつ》なつながりもなかった。ただ師《し》・大聖人との絶対《ぜったい》の〝生命の絆《きずな》〟があった。同志《どうし》との清《きよ》らかな連帯《れんたい》があった。

最悪《さいあく》の機根《きこん》とされた末法《まっぽう》の衆生《しゅじょう》である。また名《な》もない平凡《へいぼん》な婦人である。にもかかわらず権威《けんい》にも屈《くっ》せず、苦難《くなん》をものともせずに、最悪ともいうべき環境《かんきょう》で、健気《けなげ》に信仰《しんこう》に生き、広布《こうふ》に徹《てっ》していった。その尊《とうと》き姿《すがた》を、大聖人は「ただごととは思われない」とまで仰《おお》せになっておられるのである。

——一九八八・三・二八

＊

広布《こうふ》を担《にな》い、進めていくといっても、現実に大きな推進力《すいしんりょく》となっているのは、婦人部の皆さま方である。その実践《じっせん》と貢献《こうけん》を、御本仏日蓮大聖人は、どれほど喜《よろこ》ばれ、ほめたたえておられることか。

大聖人は**「妙法蓮華経の五字を弘《ひろ》める者は男女《だんじょ》の分《わ》け隔《へだ》てをしてはならない」**（一三六〇ページ）と仰《おお》せである。現実に動き、語《かた》り、尽《つ》くしておられる皆さま方こそ、最大の福徳《ふくとく》と諸仏《しょぶつ》・諸天《しょてん》の加護《かご》に包《つつ》まれることは、間違《まちが》いない。

——一九八九・一一・二九

＊

日蓮大聖人は、四条金吾《しじょうきんご》の夫人《ふじん》へのお手紙《てがみ》の中で**「日本国は女性《じょせい》の国といわれる国である」**（一一八八ページ）と仰《おお》せである。

これは、直接的《ちょくせつてき》には、いわゆる天照太神《てんしょうだいじん》が女神《めがみ》であることなどから述《の》べられた御文《ごもん》である。しかし私には、いずれの社会、一家《いっか》にあっても、婦人こそかけがえのない〝太陽《たいよう》〟の存在《そんざい》であることを示唆《しさ》されているように拝《はい》されてならない。

とくに学会においては、婦人部の皆さま方の労《ろう》に対し、私は心から感謝《かんしゃ》と尊敬《そんけい》の思いをささげたい気持ちである。

——一九八八・一一・三

*

日蓮大聖人は「行動する女性《じょせい》」をたたえられた。

「日妙聖人《にちみょうしょうにん》」——すばらしい名前《なまえ》を大聖人から贈《おく》られた婦人門下《もんか》がおられた。大聖人は、彼女を**「日本第一の法華経の行者《ぎょうじゃ》の女性である」**（一二一七㌻）とたたえられた。

この婦人は、幼《おさな》い娘《むすめ》と二人きりであった。頼《たよ》れる夫《おっと》もいない彼女が、幼い娘と、はるばる鎌倉《かまくら》から佐渡《さど》の大聖人のもとに、馳《は》せ参《さん》じた求道《きゅうどう》の旅《たび》は有名である。

佐渡への険《けわ》しい道のりにもかかわらず、仏法のため、みずから求《もと》めて行動した彼女を、大聖人は、こうたたえておられる。

「まさに知《し》りなさい。須弥山《しゅみせん》を頭《あたま》に乗《の》せて大海《たいかい》を渡《わた》る人を見ることができても、このような女性を見ることはできない。砂《すな》を蒸《む》して飯《めし》とする人を見ることができても、このような女性を見ることはできない。まさに知りなさい。釈迦仏《しゃかぶつ》、多宝仏《たほうぶつ》、十方分身《じっぽうぶんしん》の諸仏《しょぶつ》、上行菩薩《じょうぎょうぼさつ》、無辺行《むへんぎょう》菩薩等の大菩薩、大梵天《だいぼんてん》王《のう》、帝釈天王《たいしゃくてんのう》、四天王《してんのう》等が、この女性を、影《かげ》が身に添《そ》うように護《まも》られるであろう」（同）と。

当時《とうじ》も、災害《さいがい》や争乱《そうらん》が絶《た》えない世相《せそう》であった。だが、御本仏は〝仏法のために行動する女性を、影が身に添《そ》うように瞬時《しゅんじ》も離《はな》れず、全宇宙《ぜんうちゅう》の仏《ほとけ》・菩薩・諸天善神《しょてんぜんじん》が守《まも》る〟ことを教《おし》えてくださっている。

「法」は目に見えない。しかし、その「法」のために働《はたら》いた実証《じっしょう》は、必《かなら》ず目に見える形《かたち》にも現《あらわ》れる。厳粛《げんしゅく》なる因果《いんが》の理法《りほう》のうえから、必ず三世永遠《さんぜえいえん》にわたり、現実生活のなかで「幸福」という軌道《きどう》に入っていくのである。

——一九九五・三・二七

*

「女性《じょせい》の御身《おんみ》として、このような濁悪《じょくあく》の末法《まっぽう》にありながら、こうして法華経を供養《くよう》なされれば、大梵《だいぼん》

天王《てんのう》も天眼《てんげん》をもってご覧《らん》になり、帝釈天《たいしやくてん》は手のひらを合わせてあなたを礼拝《らいはい》し、大地の神《かみ》はあなたの御足《みあし》を大切に押《お》しいただいて喜《よろこ》び、釈迦仏《しやかぶつ》は霊山浄土《りようぜんじようど》から御手《みて》をさしのべられて、あなたの頭《あたま》をなでられることであろう」（一三九四ページ）

これが日蓮大聖人の教《おし》えである。仏法である。皆さまが、弘教《ぐきよう》や指導《しどう》へと動いている姿《すがた》、広宣流布《こうせんるふ》への行動——それは最高の「法華経への供養」である。

その姿をご覧になって、どれほど日蓮大聖人が喜んでおられるか、守《まも》ってくださっているか。ここに仰《おお》せのように、「大地」さえも「ありがとうございます」と、皆さまの足を敬《うやま》っているのである。

広布《こうふ》のために戦《たたか》う無名《むめい》の母たちが、どれほど尊貴《そんき》な存在《そんざい》か——。最高に尊《とうと》い人なのである。女性を大事《だいじ》にしなければならないと、私は男性《だんせい》幹部につねに厳《きび》しく言っている。

社会的地位《ちい》ではない。名誉《めいよ》でもない。組織《そしき》の立場《たちば》でもない。まじめに学会活動をし、戦っている人が偉《えら》いのである。「**心こそ大切**」（一一九二ページ）なのである。

——一九九三・五・三

＊

「**私が日本中から激《はげ》しく迫害《はくがい》されて、女性《じよせい》など、仏法を理解《りかい》していない人々が、日蓮につき従《したが》ったことを、どれほどか後悔《こうかい》しておられるであろうと心苦《こころぐる》しく思っていたのに、案《あん》に相違《そうい》して、日蓮よりも強盛《ごうじよう》な信心があると聞いた。これは、まったく、ただごとではない。教主釈尊《きようしゆしやくそん》が、あなたがたのお心に入《い》りかわられたのかと思えば、感涙《かんるい》を抑《おさ》えることができない**」（一一二六ページ）

いちばん大事《だいじ》な人は、だれか。いちばん尊《とうと》き人は、だれなのか。それは、雨《あめ》の日も、風の日も、ただ「広宣流布《こうせんるふ》」のために戦《たたか》い続《つづ》けておられる尊き母の皆さまである。

この〝妙法広布《みようほうこうふ》の母〟の皆さま方を、「仏《ほとけ》のごとく」敬《うやま》い、「仏のごとく」大切にしていくことを、リーダーは、ゆめゆめ忘《わす》れてはならない。

——一九九八・四・二五

＊

日蓮大聖人は、夫《おっと》に先立《さきだ》たれて頼《たよ》る人もいないなか、悪口《あっこう》にも負《ま》けず、信心を貫《つらぬ》いてきた婦人（妙法《みょうほう》尼御前《あまごぜん》）を、こう励《はげ》ましておられる。

「今、あなたは末代悪世《まつだいあくせ》の女性《じょせい》として、お生《う》まれになり、このように物《もの》の道理《どうり》をわきまえない島《しま》（日本）の野蛮《やばん》な人間たちに罵《ののし》られ、打《う》たれ、責《せ》められながら、それを耐《た》えて法華経を弘《ひろ》めておられる。

釈尊《しゃくそん》の養母《ようぼ》であった摩訶波闍波提比丘尼《まかはじゃはだいびくに》とくらべて、あなたのほうが勝《すぐ》れておられることは天地雲泥《てんちうんでい》であると、仏《ほとけ》は霊鷲山《りょうじゅせん》で、ご覧《らん》になっていることであろう。

かの尼《あま》に授《さず》けられたお名前《なまえ》を『一切衆生喜見仏《いっさいしゅじょうきけんぶつ》』（一切衆生が喜《よろこ》んで見る仏）というのは別《べつ》のことではない。今の妙法尼御前、あなたのお名前なのである」（一四二〇ページ）

濁悪《じょくあく》の社会にあって、敢然《かんぜん》と民衆《みんしゅう》の中に飛《と》び込《こ》んでいる、わが創価学会婦人部こそが、わがＳＧＩ婦人部こそが、「一切衆生喜見仏」であると、大聖人は喝采《かっさい》しておられるにちがいない。

「広宣流布《こうせんるふ》の母」である皆さま方こそ、生々世々、全同志《ぜんどうし》から、そして一切衆生から仰《あお》がれ、慕《した》われ、敬愛《けいあい》されゆく人間指導者《しどうしゃ》であられる。そして、縦横《じゅうおう》無尽《むじん》に活躍《かつやく》されていく、もっとも尊貴《そんき》なる、もっとも崇高《すうこう》なる生命の女王《じょおう》なのである。

——一九九八・四・二五

＊

聡明《そうめい》な女性《じょせい》の周囲《しゅうい》には「平和」と「和楽《わらく》」の勢力《せいりょく》が、だんだんと、できあがっていく。

日蓮大聖人は、**「女性は門《もん》を開《ひら》く」**（一五六六ページ）と仰《おお》せである。広宣流布《こうせんるふ》の永遠《えいえん》の前進《ぜんしん》にあって、「福徳《ふくとく》の門」を開き、「希望《きぼう》の門」を開き、「常勝《じょうしょう》の門」を開くのは、女性である。なかんずく女子部である。

一家《いっか》においても、女子部の存在《そんざい》は、お父《とう》さんも、お母《かあ》さんも、そして、兄弟《きょうだい》も、自然《しぜん》のうちに引《ひ》っ張《ぱ》っていく不思議《ふしぎ》な力《ちから》を持《も》っている。

――二〇〇〇・一二・一四

＊

日妙尼《にちみょうあま》といえば、女手《おんなで》ひとつで娘《むすめ》を育《そだ》てるという身の上でありながら、日蓮大聖人を鎌倉《かまくら》から佐渡《さど》へはるばる訪《たず》ねた在家《ざいけ》の婦人である。そのけなげな信心を、大聖人は「日妙聖人《にちみょうしょうにん》」とまで呼《よ》んで、たたえられた。

あるときは、こう励《はげ》まされている。

「法華経薬王品《やくおうほん》は、女性《じょせい》のためには、暗《くら》い夜にはともしびとなり、海を渡《わた》る時には船《ふね》となり、恐《おそ》ろしい所では守護役《しゅごやく》となると誓《ちか》われている。羅什三蔵《らじゅうさんぞう》は、中国《ちゅうごく》へ法華経を渡されたところ、毘沙門天王《びしゃもんてんのう》が無数《むすう》の兵士《へいし》を遣《つか》わして羅什を守《まも》り、葱嶺《そうれい》（世界の屋《や》根《ね》といわれるパミール高原《こうげん》の難所《なんしょ》）を越《こ》えて、送《おく》り届《とど》けたのである。（中略）あなたもまた、羅什らの場合と違《ちが》うはずがない（必《かなら》ず諸天《しょてん》が守護する）」（一二二〇㌻）

信心「強き」女性を諸天・諸仏《しょぶつ》は「強く」守る。「真剣《しんけん》」の人を諸天・諸仏も「真剣」に守られる。全部《ぜんぶ》、一念三千《いちねんさんぜん》である。一念で決《き》まる。祈《いの》りで決まる。広宣流布《こうせんるふ》のための、まっすぐの行動で決まる。

――一九九四・九・四

＊

日蓮大聖人は、女性《じょせい》が真《しん》にめざすべきもの、目標《もくひょう》は何《なん》かについて、次のように仰《おお》せである。

「皇妃《きさき》になってもそれが何であろうか。宮殿《きゅうでん》のような天界《てんかい》に生《う》まれても仕方《しかた》がない。それよりも、仏法を持《たも》つ女性は、女人成仏《にょにんじょうぶつ》の模範《もはん》である竜女《りゅうにょ》の後を継《つ》ぎ、釈尊《しゃくそん》の養母《ようぼ》で、女性として初《はじ》めて釈尊の教団《きょうだん》に入った摩訶波舎波提比丘尼《まかはじゃはだいびくに》の列《れつ》につらなることができるのである。これほどの幸福はない」（九七六㌻）。これは、富木常忍《ときじょうにん》の夫人《ふじん》へ与《あた》えられたお手紙《てがみ》の一節《いっせつ》である。

「妃《きさき》」であっても不幸な人は多い。「天界」のような境遇《きょうぐう》に暮《く》らしても、いつかは衰《おとろ》えていく。また、自分が空虚《くうきょ》であれば、何《なん》の充実《じゅうじつ》もなく歓喜《かんき》もない。社会的地位《ちい》に幸福があるとは限《かぎ》らない。豊《ゆた》かな生活、結婚《けっこん》を夢見《ゆめみ》ても、それだけで幸福になれるほど人生は簡単《かんたん》ではない。

華《はな》やかな境遇や格好《かっこう》に憧《あこが》れたり、うらやんだり――そんな浅《あさ》はかな女性であってはならない。表面《ひょうめん》のきらびやかさに動かされるのは、しっかりした「自分」がないからである。

「哲学《てつがく》」がなく、「信念《しんねん》」がなく、生きるうえでの「基準《きじゅん》」がない。結局《けっきょく》、流《なが》され、漂《ただよ》っていく人生となってしまう。

人生の目的《もくてき》は「幸福」である。「幸福」は自分自身が感《かん》じるものである。自分自身が築《きず》くものである。自分自身の中に躍動《やくどう》するものである。ゆえに自分の「魂《たましい》」「生命」がどうかが根本《こんぽん》である。

遠《とお》くにあるのではない。自分の「生命」の中に、「一念《いちねん》」の中に幸福はある。自分こそが最《もっと》も尊《とうと》いのである。だれをうらやむ必要《ひつよう》もなければ、遠くに憧れる必要もない。この「自分自身」を最も輝《かがや》かせ、可能性《かのうせい》を豊かに開《ひら》かせ、福運《ふくうん》と、充実と、永遠《えいえん》の歓喜で満《み》たしていくのが「信心」である。「広宣流布《こうせんるふ》への一念」なのである。ここに真の幸福がある。

――一九九二・一二・一三

＊

「子を思う金鳥《キジ》は火《ひ》の中に飛《と》び込《こ》んだ。子を思う貧《まず》しい女性《じょせい》は、子を抱《だ》いたままガンジス川に沈《しず》み、手放《てばな》さなかった。かの金鳥《キジ》は今の弥勒菩薩《みろくぼさつ》である。かの川に沈んだ女性は大梵天王《だいぼんてんのう》と生《う》まれられた。いわんや、あなた光日上人《こうにちしょうにん》は、若死《わかじ》にした息子《むすこ》の弥四郎《やしろう》を思うあまりに、法華経の行者《ぎょうじゃ》となられた。母と子と、ともに同じ霊山浄土《りょうぜんじょうど》に行かれて、再会《さいかい》されることは間違《まちが》いない」（九三四㌻）

在家《ざいけ》の女性にも「光日上人」と、日蓮大聖人は最大の敬意《けいい》で呼《よ》びかけておられる。美《うつく》しい人間性の模範《もはん》とも拝《はい》される。そして、子を思う母のひたむきな「心」は、そのまま「菩薩」に通《つう》じ、「大梵天」に通じるとされている。そのうえで、妙法《みょうほう》を持《たも》った母の思いは、必《かなら》ずや御本尊に通じ、「仏界《ぶっかい》」へと自身を運《はこ》んでいくと激励《げきれい》されている。

「人間性」の真髄《しんずい》は即《そく》、仏法である。この御書に仰《おお》せのとおり、母の愛《あい》に象徴《しょうちょう》される、誠実《せいじつ》な美しい愛情《あいじょう》が、妙法の翼《つばさ》を持つ時、菩薩界へ、仏界へとわが境涯《きょうがい》は上昇《じょうしょう》していく。また子どもなど、相手《あいて》にも福徳《ふくとく》を分《わ》けあたえることができる。

――一九九〇・二・二二

*

「父母《ふぼ》のご恩《おん》が大きいことは、今、初《はじ》めて、ことあたらしく言うようなことではないが、母のご恩のことは、とくに心肝《しんかん》に染《そ》めて、尊《とうと》く思っている。飛《と》ぶ鳥が子どもを養《やしな》う姿《すがた》、地を走る動物《どうぶつ》が、子にえさをくれと責《せ》められている姿、それらは哀《あわ》れで見ることもつらく、魂《たましい》も消《き》えるような気持ちがする。それにつけても、母のご恩は忘《わす》れられない」（一三九八㌻）
日蓮大聖人ご自身が、一人の子どもとして、「母のご恩」をしのばれている。
私どもも、母の恩を、そして〝広布《こうふ》の母〟婦人部の皆さまの大恩《だいおん》を忘れてはならないと、私は思う。

――一九九四・六・五

*

日蓮大聖人は、富木常忍《ときじょうにん》の夫人《ふじん》である富木尼御前《あまごぜん》に対して、矢《や》が飛《と》ぶのは弓《ゆみ》の力《ちから》によることなどをとおして「夫《おっと》の振《ふ》る舞《ま》いは妻《つま》の力による」（九七五㌻）と仰《おお》せである。

社会にあっても、信心の世界にあっても、夫をささえる妻の力はじつに大きなものがある。

大聖人は、「夫を見れば妻を見ることができる」（同）とも述《の》べられている。

ある意味で、夫は夫人によって決《き》まるといっても過言《かごん》ではない。夫人を見れば〝なるほど、この夫人ありて、この夫なのだな〟と、よく理解《りかい》できるものである。それが、数多《かずおお》くの夫婦《ふうふ》の姿《すがた》を見てきた私の実感《じっかん》でもある。

ゆえに夫人の皆さまは聡明《そうめい》であっていただきた

い。夫への尊敬《そんけい》や信頼《しんらい》は大事《だいじ》だが、〝私の夫は偉《えら》い〟と錯覚《さっかく》して盲従《もうじゅう》するようになれば失敗《しっぱい》である。夫を、賢明《けんめい》に、そして厳然《げんぜん》と信心の軌道修正《きどうしゅうせい》をしていけるだけの、心の強さを忘《わす》れないでいただきたい。

——一九八九・一一・二九

諸天善神

「法華経の行者《ぎょうじゃ》を、諸天善神《しょてんぜんじん》等が、ある時は、在《ざい》家《け》の男となり、ある時は在家の女となり、形《かたち》を変《か》え、さまざまに供養《くよう》して助《たす》けるであろう」（一四四五ページ）

日蓮大聖人を助ける人、すなわち御本尊を供養し、広宣流布《こうせんるふ》を進める人は、一次元《じげん》から見れば、それぞれ「諸天善神」の働《はたら》きをしていると説《と》かれているのである。その他にも、在家の門下《もんか》に与《あた》えられた同趣旨《どうしゅし》の御文《ごもん》は数多《かずおお》い。

しかも、その力《ちから》の根本《こんぽん》は、**「法師品《ほっしほん》には釈尊《しゃくそん》が凡《ぼん》夫《ぷ》の身に入《い》り、その身にかわって法華経の行者を供養すると説かれている」**（一三九三ページ）とあるように、いわば釈尊の「入其身《にゅうごしん》（その身に入る）」であり、仏《ほとけ》の力用《りきゆう》であると明《あ》かされている。

宇宙《うちゅう》には仏界《ぶっかい》から地獄界《じごくかい》までの十界《じっかい》がある。わが生命にも十界がある。その人の一念《いちねん》、境涯《きょうがい》によって、ある時は「釈尊」すなわち仏界と感応《かんのう》し、その力用の一分《いちぶん》の働きをなす。また、ある時は「悪鬼《あっき》」のような三悪道《さんあくどう》と感応し、知《し》らずしらずのうちに、その使《つか》いの働きをする場合もある（悪鬼入其身）。そして、広宣流布を進める人は、それぞれ仏菩薩《ぶつぼさつ》、善神の働きをしていると、大聖人は仰《おお》せなのである。

——一九九〇・八・二

*

日蓮大聖人は「御義口伝《おんぎくでん》」で、法華経の行者《ぎょうじゃ》を護《まも》ると誓《ちか》った四天王《してんのう》等の言葉について、**「われわれの生命（すなわち妙法蓮華経）のことである」**（七七八ページ）、続《つづ》けて**「妙《みょう》とは十羅刹女《じゅうらせつにょ》であり、法《ほう》とは持国《じこく》天王《てんのう》、蓮《れん》とは増長天王《ぞうちょうてんのう》、華《け》とは広目天王《こうもくてんのう》、経《きょう》とは毘《び》沙門天王《しゃもんてんのう》」**（同）と仰《おお》せである。

わかりやすく個人《こじん》の生命で論《ろん》じれば、次のように言えよう。

私たちの生命には、心身《しんしん》の機能《きのう》を健康《けんこう》にたもつ力《ちから》がある。これは持国天の働《はたら》きにあたろう。また、つねに成長《せいちょう》し続ける力がある。これは増長天であろうか。さらに、近《ちか》づく危険《きけん》を察知《さっち》したり、体《からだ》に入った病原菌《びょうげんきん》を迎《むか》え撃《う》ち、倒《たお》す力がある。広目天が働いている姿《すがた》であろう。そして、多くの情報《じょうほう》を取《と》り入《い》れ、価値創造《かちそうぞう》に生かす力がある。多聞天《たもんてん》（毘沙門天王）に通《つう》じよう。

こういう四天王の働きが国土《こくど》にもある。社会にもある。個人の生命にもある。妙法《みょうほう》を唱《とな》えゆくとき、国土・社会・個人に、四天王の力が活発《かっぱつ》に働き、その威光勢力《いこうせいりょく》を増《ま》していくのである。自分の全知全能《ぜんちぜんのう》をあげて正法《しょうほう》と正法の団体を守《まも》りきる、その一念《いちねん》が四天王の働きをわが身から引《ひ》き出すのである。

反対に、妙法を流布《るふ》する人や団体を迫害《はくがい》するとき、国土から、社会から、個人から四天王の働きが衰《おとろ》え、なくなっていく。護られるどころか、四天王によって罰《ばっ》せられてしまう。乱《みだ》れ、行き詰《づ》まってしまう。ともあれ、題目《だいもく》を唱える人には、だれもかなわない。その人を四天王をはじめ、ありとあらゆる諸仏《しょぶつ》、諸菩薩《しょぼさつ》、諸天《しょてん》が護りに護り、支《ささ》えに支えるのである。

——一九九五・三・二八

*

信心のうえでは、〝この程度《ていど》でよい〟ということは絶対《ぜったい》にない。そう思う慢心《まんしん》から惰性《だせい》となり、退転《たいてん》につながる。

日蓮大聖人は、女性《じょせい》の身で、危険《きけん》な道を佐渡《さど》まで訪《おとず》れた日妙聖人《にちみょうしょうにん》に対して、後に、こう励《はげ》まされている。

「前々《まえまえ》からのお志《こころざし》については、言い尽《つ》くすことはできない。（けれども）それよりもいっそう強盛《ごうじょう》に信心をしていきなさい。その時は、いよいよ（諸《しょ》天善神《てんぜんじん》である）十羅刹女《じゅうらせつにょ》の守《まも》りも強いであろうと思いなさい」（一二二〇㌻）と。

過去《かこ》に、どれほど命《いのち》を惜《お》しまぬほどの信心を示《しめ》したとしても、現在の一念《いちねん》が惰性になれば、諸天の守《しゅ》護《ご》は弱くなる。せっかく積《つ》んだ福運《ふくうん》まで消《け》してしまいかねない。だからこそ大聖人は、いっそうの信心の決意《けつい》を促《うなが》されたと拝《はい》される。

御書には全編《ぜんぺん》にわたって「いよいよ」「弥弥《いよいよ》」等と、信心を励まされるお言葉が繰《く》り返《かえ》されている。竜《たつ》の口《くち》の頸《くび》の座《ざ》で不惜身命《ふしゃくしんみょう》の信心を示した四条金吾《しじょうきんご》に対しても「ますます強盛な信心をしていきなさい」（一一四三ページ）、また「よくよく御本尊を信じていきなさい」（一一八六ページ）と指導《しどう》された。

――一九九二・三・一五

＊

日蓮大聖人は、佐渡《さど》の地から遠《とお》く離《はな》れて会《あ》えない門下《もんか》に、次のようなお手紙《てがみ》を与《あた》えられている。

「どのような世《よ》の乱《みだ》れにも、あなた方を法華経・十羅刹《じゅうらせつ》よ助《たす》け給《たま》えと、湿《しめ》っている木より火を出し、乾《かわ》いた土より水を出すように、私は強盛《ごうじょう》な信心で祈《いの》っている」（一一三二ページ）と。

何があろうと、断《だん》じて門下を守《まも》りたい。不可能《ふかのう》を可能にする祈りで、なんとしても無事《ぶじ》に助けたい、遠く離れていようともわが一念《いちねん》で全部《ぜんぶ》、救《すく》いきってみせる――私には、そうした大聖人の大慈大悲《だいじだいひ》が深《ふか》く胸《むね》に迫《せま》ってくる。感動《かんどう》する。この大慈悲の大聖人をこそ、私どもは信じきっていけばよいのである。

何の行動もない無慈悲の人は大聖人の門下とはいえない。まったく無縁《むえん》の、別《べつ》の世界の人であると私どもは思う。

――一九九一・七・一四

＊

「（経文《きょうもん》には）南無妙法蓮華経と唱《とな》える人を大梵天《だいぼんてん》王《のう》、帝釈天《たいしゃくてん》、日天《にってん》、月天《がってん》、四天王《してんのう》等が昼《ひる》も夜もつねに守護《しゅご》する、とある。また、法華経の第六巻（如来《にょらい》寿量品《じゅりょうほん》第十六）には『（釈尊《しゃくそん》は）あるときは自分（仏《ぶつ》界《かい》）の身を説《と》き、あるときは他（九界《きゅうかい》の衆生《しゅじょう》）の身を説き、あるときは自分の身を示《しめ》し、あるときは他の身を示し、あるときは自分自身のことを示し、あるときは他のことを示す』とある」（五八八ページ）

諸天善神《しょてんぜんじん》、そして釈尊が、ありとあらゆる姿《すがた》をとって、法華経の行者《ぎょうじゃ》を守護するとの仰《おお》せである。「観世音菩薩《かんぜおんぼさつ》でさえ三十三の身を現《げん》じ、妙音《みょうおん》菩薩もまた三十四の身を現じられる。教主《きょうしゅ》釈尊が、どうして八幡《はちまん》大菩薩となって現《あらわ》れられないことがあろうか（法華経の行者である大聖人と門下《もんか》を守《まも》られないはずがない）。天台《てんだい》は言っている。『（仏《ほとけ》は）形《かたち》を十界《じっかい》の上に現し、種々《しゅじゅ》の姿をとる』等と」（同）

「仏」の現れ方は、自在《じざい》であり、多種多様《たしゅたよう》である。今、さまざまな国の、さまざまな人々が、さまざまな形をとって、SGIを支持《しじ》し、顕彰《けんしょう》してくださっている。総《そう》じて広宣流布《こうせんるふ》を進める働《はたら》きは、じつは仏法の眼《まなこ》から見れば、根本的《こんぽんてき》には釈尊＝仏界の顕現《けんげん》なのである。

SGIは、宇宙《うちゅう》にまで実在《じつざい》する仏界を揺《ゆ》り動かし、味方《みかた》にして進んでいる。梵天・帝釈の守りもまた、諸天の仏性《ぶっしょう》を私たちの「信心」と「唱題《しょうだい》」が引《ひ》き出しているのである。

——一九九三・三・二五

＊

「このような尊《とうと》い御本尊を供養《くよう》申し上げる女性《じょせい》は、今世《こんぜ》では、幸福を招《まね》き寄《よ》せ、後生《ごしょう》には、この御本尊が左右《さゆう》、前後《ぜんご》に立ち添《そ》って、あたかも闇夜《やみよ》に明《あか》るい照明《しょうめい》を得《え》たように、また険《けわ》しい山道《やまみち》で荷《に》を担《かつ》ぎ、道案内《みちあんない》してくれる人を得たように、あちらへ回《まわ》り、ここに寄り添って、日女御前《にちにょごぜん》、あなたの周《まわ》りを取《と》り囲《かこ》んで必《かなら》ず守《まも》ってくださるだろう」（一二四四ページ）

けなげな婦人門下《もんか》を、御本尊が三世《さんぜ》にわたって守ってくださるとの、お約束《やくそく》である。「生《せい》」も、そして「死」も、御本尊が守ってくださる。御本仏が案《あん》内《ない》してくださる。なんと荘厳《そうごん》な生死《しょうじ》の儀式《ぎしき》であろうか。「生から死へ」「死から生へ」——絶対《ぜったい》に安心《あんしん》の、また絶対に正しき三世の軌道《きどう》である。

——一九九一・四・一〇

＊

日蓮大聖人は、日妙聖人《にちみょうしょうにん》の信心に対して、諸天《しょてん》の加護《かご》は絶対《ぜったい》であることを示《しめ》されている。

「法華経は女人《にょにん》のためには、暗《くら》い夜にはともしびとなり、海を渡《わた》る折《おり》には船《ふね》となり、恐《おそ》ろしい所では守護《しゅご》役《やく》になると、薬王品《やくおうほん》に誓《ちか》われている」（一二二〇ページ）と。

信心の強い人を、厳然《げんぜん》と守護《しゅご》する。これが諸天善《ぜん》神《じん》の約束《やくそく》である。ゆえに信心さえあれば、諸天の加護はまちがいないのであり、何があっても恐れることも、悲《かな》しむ必要《ひつよう》もない。朗々《ろうろう》と題目《だいもく》を唱《とな》えながら確信《かくしん》ある信心で、人生の幸福を堂々《どうどう》と勝《と》ち取っていただきたい。また、それを絶対に可能《かのう》にしてくれるのが、この信心なのである。

――一九八九・三・二九

＊

「御本尊というこの良薬《りょうやく》を持《も》つ女性《じょせい》等を、この四人の大菩薩《だいぼさつ》（地涌《じゆ》の菩薩の上首《じょうしゅ》、上行《じょうぎょう》・無辺行《むへんぎょう》・浄行《じょうぎょう》・安立行《あんりゅうぎょう》菩薩）が、前後右左《ぜんごさゆう》に添《そ》って立ち、この女性が立たれたならば、この大菩薩も立たれる。この女性が道を歩《あゆ》む時は、この菩薩もともに道を歩まれる。たとえば、影《かげ》と身、水と魚、声《こえ》と響《ひび》き、月と光のようにこの女性の身を守《まも》って決《けっ》して離《はな》れることはない」（一三〇六ページ）

これは日蓮大聖人のご断言《だんげん》である。観念論《かんねんろん》ではない。信心が強盛《ごうじょう》であれば、いずこにあっても必《かなら》ず守られていくのである。なんと頼《たの》もしく、すばらしいことであろうか。なんと楽しく、安心《あんしん》なことであろうか。

使命《しめい》に生きる仏子《ぶっし》が、歩《ある》き、行動する時、それは決して一人ではない。前後左右を四菩薩が囲《かこ》み、ともに歩いてくださっている。いつも一緒《いっしょ》である。いつも味方《みかた》である。いつも守られている。このことを深《ふか》く強く確信《かくしん》していただきたい。

――一九九〇・五・一三

＊

「法華経法師品《ほっしほん》には、『則《すなわ》ち変化《へんげ》の人を遣《つか》わして之《これ》が為《ため》に衛護《えいご》と作《な》さん』（仏《ほとけ》はさまざまな姿《すがた》の人を派遣《はけん》して、必《かなら》ず法華経の行者《ぎょうじゃ》を守《まも》る）と説《と》かれている。疑《うたが》ってはならない。また安楽行品《あんらくぎょうほん》には、『刀杖《とうじょう》も加《くわ》

えず』（法華経の行者を刀《かたな》や杖《つえ》などで害《がい》することはできない）とあり、普門品《ふもんぼん》には『刀尋《つるぎつ》いで段段《だんだん》に壊《お》れなん』（法華経の行者を斬《き》ろうとしても、刀はすぐにいくつにも折《お》れてしまう）と。これらの経文《きようもん》はよもや嘘《うそ》ではあるまい。強盛《ごうじよう》な信力《しんりき》こそ最《もつと》も尊《とうと》いことである」（一一一四ページ）

法華経の行者を、仏は必ず守る。迫害《はくがい》の刃《やいば》すら、絶対《ぜったい》に及《およ》ばないと日蓮大聖人は仰《おお》せである。

私どももまた、総《そう》じては、その信心に応《おう》じて、じつは厳然《げんぜん》と「守られている」のである。もとより凡夫《ぼんぶ》の世界である。いわんや、末法《まつぽう》も進んだ濁世《じよくせ》である。さまざまな苦難《くなん》にあい、〝どうしてこんなことが〟と思うようなことが起《お》きるのも、ある意味でやむをえない。

しかし、深《ふか》い〝仏法の眼《まなこ》〟で見れば、すべてに意味がある。すべてがご仏意《ぶつい》にかなった勝利への前進《ぜんしん》の姿に、ほかならない。根底《こんてい》においては、すべて守られながらの、私どもの広布《こうふ》の旅路《たびじ》なのである。どのような策略《さくりやく》をもってしても、大聖人の真《しん》の門下《もんか》をなきものとすることは絶対にできない。〝策《さく》〟は、所詮《しよせん》〝策〟である。〝謀略《ぼうりやく》〟は、所詮〝謀略〟である。御書の仰せどおりの実践《じつせん》に、叶《かな》うはずがない。

正法《しようほう》の実践者《じつせんしや》を迫害する者は、「還著於本人《げんちやくおほんにん》（還《かえ》って本人に著《つ》きなん）」（法華経六三五ページ）の原理《げんり》で、かえって自身にその悪《あく》の果報《かほう》を受け、必ず自滅《じめつ》していく。

――一九九一・一〇・一〇

*

「天台大師《てんだいだいし》の『摩訶止観《まかしかん》』の第八、ならびに妙楽《みようらく》大師の『弘決《ぐけつ》』の第八に、『必《かなら》ず心が堅固《けんご》であることによって、神《かみ》の守護《しゆご》が強い』とある。神が守《まも》るといっても、それは、人の心が強いことによるのである。法華経は、よい剣《けん》であるが、使《つか》う人によって、切れ味《あじ》が違《ちが》ってくる」（一一八六ページ）

この「心」とは、要《よう》するに「信心」である。強き信心の人を、諸天《しよてん》も強く守る。強き信心の「心」に、最高の決心《けつしん》、慈悲心《じひしん》、用心《ようじん》、勇猛心《ゆうみようしん》が含《ふく》まれ、知恵《ちえ》が含まれ、福徳《ふくとく》が含まれている。

――一九九七・二・二五

＊

「梵天《ぼんてん》や帝釈《たいしゃく》の仏性《ぶっしょう》は呼《よ》ばれてわれらを守《まも》ってくれる。仏《ほとけ》や菩薩《ぼさつ》の仏性は呼ばれて喜《よろこ》ばれる。すなわち法華経宝塔品《ほうとうほん》に『もし少しの間《あいだ》でも妙法《みょうほう》を持《たも》つ者がいれば、われ（釈尊《しゃくそん》）は即座《そくざ》に歓喜《かんき》する。諸仏《しょぶつ》もまた同様《どうよう》である』と説《と》かれているのはこの心なのである」（五五七㌻）

広布《こうふ》への正しき一念《いちねん》で題目《だいもく》を唱《とな》えると、その〝声《こえ》〟が梵天・帝釈の仏性を呼び、私どもを守ってくれる、と。

正法興隆《しょうほうこうりゅう》に尽《つ》くす学会の行動は、世界各国《かっこく》の識者《しきしゃ》や著名人《ちょめいじん》からもたたえられ、賛同《さんどう》と理解《りかい》をもって守られていく。仏法の眼《まなこ》で見るならば、これも梵天・帝釈の働《はたら》きといえよう。そして、この事実の姿自体《すがたじたい》が、妙法の力《ちから》がどれほど偉大《いだい》か、そして学会の理念《りねん》と行動が、いかに日蓮大聖人のお心に適《かな》っているかの証明《しょうめい》なのである。

――一九九二・一・一二

＊

「諸天善神《しょてんぜんじん》等が人間の男性《だんせい》の姿《すがた》、女性《じょせい》の姿をとってあらわれ、法華経の行者《ぎょうじゃ》を供養《くよう》するであろう」（七三八㌻）

法華経の行者とは、広くいえば、広宣流布《こうせんるふ》のために戦《たたか》う人のことである。自分が妙法《みょうほう》のために行動すれば、諸天善神は男性となり、女性となって、さまざまな面《めん》で守《まも》ってくれる。諸天善神は、ある場合には、「風神《ふうじん》」「水神《すいじん》」等のように、われわれを助《たす》ける〝自然界《しぜんかい》の作用《さよう》〟をさすこともある。

しかし、それだけではない。大聖人は「男性の姿、女性の姿をとってあらわれ」と仰《おお》せである。現実の「人間」のことである。なかんずく、学会の同志《どうし》ほど、守り合う、ありがたい存在《そんざい》はない。まさに諸天善神である。

千人の会員に尽《つ》くせば、千人の諸天善神に守られる。一万人の同志を守れば、一万の諸天善神に守られる。反対に、会員を自分のために利用《りよう》すれば、生々世々、諸天から見捨《みす》てられる。「利用する」のか、「尽くす」のか。この一点の差なのである。

——一九九七・八・二七

*

少々《しょうしょう》、むずかしいかもしれないが、「法華経を持《たも》った人にも、どうして、さまざまな苦しみや、つまずきがあるのか」——このことにふれておきたい。信心したとしても、つねに、いろいろな事件《じけん》、出来《でき》事《ごと》がある。どうしてなのか。

その根本的《こんぽんてき》理由《りゆう》の一つは、**「妙法《みょうほう》を持った人は『善《ぜん》人《にん》』である。だからこそ『善人』をきらい妬《ねた》む『悪《あっ》鬼《き》』が、その人を懸命《けんめい》にねらってくるからである」**(九九七ジペー)。御書には、そう明快《めいかい》に説《と》かれている。

「悪鬼」とは、生命論的にいえば、人間の福徳《ふくとく》や生命力を〝奪《うば》う〟、宇宙《うちゅう》の悪《あ》しき働《はたら》きのことといえよう。

これに対し、「諸天善神《しょてんぜんじん》」とは、宇宙の根本法である妙法を持った人を〝守《まも》る〟働きをさしている。「善《ぜん》」に生きているからこそ「悪《あく》」が攻撃《こうげき》するのである。

——一九八九・一二・二四

因果の理法

日蓮大聖人は「開目抄《かいもくしょう》」において、仏法と他の哲《てつ》学《がく》を比較《ひかく》されて**「(儒教《じゅきょう》の四聖《しせい》や、バラモン教の三仙《さんせん》は)その名《な》は〝賢人《けんじん》〟であるとはいえ、実際《じっさい》には、『生命の因果《いんが》』の道理《どうり》をわきまえないことは、まるで赤ん坊《ぼう》のような幼稚《ようち》さである」**(一八八ジペー)と厳《きび》しく指摘《してき》されている。

四聖・三仙といえば、外道《げどう》の最高峰《さいこうほう》といってよい。あらゆる人々から尊敬《そんけい》されている、諸学問《しょがくもん》の祖《そ》ともいうべき賢者《けんじゃ》である。四聖とは、師弟《してい》の道を明《あき》らかにした四人のことで、尹寿《いんじゅ》・務成《むせい》・呂尚《りよしょう》(太公《たいこう》望《ぼう》のこと)・老子《ろうし》をさす。三仙とは、迦毘羅《かびら》・漚楼《うる》僧佉《そうぎゃ》・勒沙婆《ろくしゃば》の三人である。それぞれ「因果」についての独自《どくじ》の説《せつ》を主張《しゅちょう》した。しかし結論《けつろん》していえば、それらは皆、仏法の初門《しょもん》も知《し》らない偏見《へんけん》に執《しゅう》着《ちゃく》したものである。

どんな大学者《だいがくしゃ》であれ、有名人であれ、財力《ざいりょく》、権力《けんりょく》の人であれ、自身の「生命の因果」に通《つう》じているとは限《かぎ》らない。にもかかわらず、心おごれるあまり、この根本《こんぽん》の重大事《じゅうだいじ》について、真剣《しんけん》に、また謙虚《けんきょ》に求《もと》めていかないとしたら、あまりにも愚《おろ》かであり、残《ざん》念《ねん》なことである。その錯誤《さくご》は、永遠《えいえん》にわたる生命の軌道《きどう》に、決定的《けっていてき》ともいえる狂《くる》いを生《しょう》じさせていくからだ。

大聖人は、ある邪見《じゃけん》の僧《そう》に対し、**「短《みじか》い今世《こんぜ》における大増上慢《だいぞうじょうまん》によって、未来永劫《みらいえいごう》に迷《まよ》い苦しむ因《いん》を植《う》えつけてはならない」**（一八五ページ）と大慈悲《だいじひ》をもって破折《はしゃく》されている。よくよく心にきざむべき御金《ごきん》言《げん》であると拝《はい》される。

——一九八八・四・二九

＊

「立正安国論《りっしょうあんこくろん》」には、厳《きび》しき「因果《いんが》の理法《りほう》」について述《の》べた仁王経《にんのうきょう》の経文《きょうもん》が引《ひ》かれている。すなわち**「音には必《かなら》ず響《ひび》きが伴《ともな》い、身には必ず影《かげ》がそう。また夜に字を書いて、明《あ》かりが消《き》えても、字は目に見えないけれどもきちんと残《のこ》っている。そのように、三界《さんがい》の果報《かほう》も、必ず時とともに、いつか、自分のつくった因の報《むく》いとして、表《おもて》にあらわれてくる」**（三二ページ）と。

この「因果の理法」は、凡夫《ぼんぷ》の「肉眼《にくげん》」では見えない。より鋭《するど》き「天眼《てんげん》」でも、二乗《にじょう》の「慧眼《えげん》」でも、なかなかわからない。その一分《いちぶん》を知《し》るのみである。

世《よ》の中には、一見《いっけん》すると〝なぜ、こんなことが起《お》きるのか〟と感《かん》じるような、不可解《ふかかい》な出来事《できごと》があまりにも多い。それは、世間的《せけんてき》、皮相的《ひそうてき》なものの見方《みかた》では、人生の幸《こう》・不幸を決定《けってい》する深《ふか》き「因果の理法」を見据《みす》えることができないからである。いわば、すべて〝幻覚《げんかく》〟を見ているようなものなのである。結《けっ》局《きょく》、「法眼《ほうげん》」（菩薩《ぼさつ》の眼《まなこ》）、「仏眼《ぶつげん》」（仏《ほとけ》の眼）によって初《はじ》めて、真実《しんじつ》の実相《じっそう》、あらゆる事象《じしょう》の意味がわかってくるのである。

——一九八九・一〇・一五

＊

皆さまもよくご存《ぞん》じのとおり、「蓮華《れんげ》」は、仏法上、深《ふか》き意義《いぎ》を託《たく》されている花である。くわしくは略《りゃく》させていただくが、その一つとして「蓮華」は、花（因《いん》）と実《み》（果《か》）が同時《どうじ》に生長《せいちょう》していく。他の花には見られない特徴《とくちょう》がある。これは妙法蓮華経の因《いん》果倶時《がぐじ》の法理《ほうり》を表《あらわ》している。

この点について、日蓮大聖人は、わかりやすく、こう説《と》かれている。

「法華経以外の教《おし》えでは、先《さき》に善根《ぜんこん》（因）を積《つ》んで、後に仏《ほとけ》（果）になると説く。しかし、法華経では、手に取《と》れば（因）その手がそのまま仏（果）となり、口に唱《とな》えれば（因）その口がそのまま仏（果）となる」（一五八〇ページ）

まことにすばらしき妙法《みょうほう》の力《ちから》である。

何度《なんど》も生《う》まれては修行《しゅぎょう》を繰《く》り返《かえ》し、ようやく仏になれる、というのではない。また、過去《かこ》の暗《くら》い罪業《ざいごう》に縛《しば》られることもない。今世《こんぜ》の日々の生活のなかで、妙法を今、信じゆく「信心」の一念《いちねん》によって、瞬間《しゅんかん》瞬間、この生身《しょうしん》の五体《ごたい》に、そのまま尊極《そんごく》な仏の生命を脈動《みゃくどう》させていける——。これが大聖人の仏法である。

総《そう》じては、広布《こうふ》に徹《てっ》しゆく、信心強き人は、そのまま仏であると説かれている。ゆえに、この人々を軽《かろ》んじ、見くだしていくことは、仏を見くだすことである。仏を軽んじては、罪《つみ》をつくることは当然《とうぜん》である。一人の妙法の友に対しては、どんなに尊敬《そんけい》しても、尊敬しすぎることはない。

——一九九〇・二・二四

＊

「心地観経《しんちかんぎょう》には『過去《かこ》に、自分がどのような因《いん》をつくってきたかは、現在の果《か》を見ればわかる。同様《どうよう》に、未来《みらい》の果を知《し》ろうとするなら、現在の因を見よ』とある」（二三一ページ）

生命の根幹《こんかん》の法則《ほうそく》である。自分が過去、何をしてきたか。それは今の「果」を見ればわかる。自分が未来、どうなるか。それは今の「因」を見ればわかる。「今」こそは、過去の結果《けっか》であり、未来の原因《げんいん》である。「今」のこの一瞬《いっしゅん》に「三世《さんぜ》永遠《えいえん》」が含《ふく》まれているのである。

ゆえに「今」、真心《まごころ》こめて学会を守《まも》り、戦《たたか》っておられる皆さまの「未来」の大果報《だいかほう》は絶対《ぜったい》に間違《まちが》いない。仏法は厳《きび》しい。「今」、人をごまかしても、必《かなら》ず最後には、「法」によって裁《さば》かれていく。

——一九九八・一・一一

*

「過去現在《かこげんざい》の末法《まっぽう》の法華経の行者《ぎょうじゃ》を軽蔑《けいべつ》し、いやしめる権力者《けんりょくしゃ》、その臣下《しんか》、そして民衆《みんしゅう》は、初《はじ》めは、何も起《お》こらないように見えても、最後には必《かなら》ず滅《ほろ》びる」（一一九〇㌻）

まったく、この御聖訓《ごせいくん》のとおりである。たとえ「国法《こくほう》」による裁《さば》きから逃《のが》れたとしても、「仏法の因果律《いんがりつ》」による裁きだけは、絶対《ぜったい》にごまかせない。逃れることもできない。

「初《はじ》めは、何も起《お》こらないように見えても」——必ず最後は裁かれる。仏法の因果は厳然《げんぜん》たるものである。

——一九九八・八・二七

小事が大事

何ごとも、「小事《しょうじ》」が「大事《だいじ》」である。私どもの日々の行動にあっても、小さなことを軽《かる》く考《かんが》えてはならない。多くの事故《じこ》も油断《ゆだん》から起《お》こっている。

日蓮大聖人は、**「しっかりした田《た》のあぜであっても、蟻《あり》の大きさほどの小さな穴《あな》があったならば、たまっている水も必《かなら》ずそこからもれて、ついにはなくなってしまう」**（一三〇八㌻）と、道理《どうり》を示《しめ》してくださっている。

また、大聖人は、**「敵《てき》というものは、（その存在《そんざい》を）忘《わす》れさせてねらうものである」**（一一八五㌻）と仰《おお》せである。

〝小事〟をおろそかにし、〝危険《きけん》〟を忘れるところに、思わぬ事故が起きる。

——一九九二・一二・二三

*

「師子王《ししおう》は、前三後一《ぜんさんごいち》（三つの足《あし》を前に、一つの足を後《うし》ろにという、最《もっと》も慎重《しんちょう》な身構《みがま》えをすること）といって、蟻《あり》の子を取《と》ろうとする時も、また力《ちから》の強きものを倒《たお》そうとする時にも、全勢力《ぜんせいりょく》をこめてかかるのは同じである」（一一二四ページ）

小事《しょうじ》が大事《だいじ》である。広布《こうふ》の活動のうえでも、仕事のうえでも、家庭《かてい》も人生も、すべて油断《ゆだん》なく、知恵《ちえ》をしぼり、努力《どりょく》を重《かさ》ねて、堂々《どうどう》たる栄光《えいこう》の一年を勝ち取っていただきたい。　――一九九三・一・一七

＊

小事《しょうじ》こそ大事《だいじ》である。良《よ》かれ悪《あ》しかれ、小さなことの積《つ》み重《かさ》ねが、やがて大きな違《ちが》いとなっていく。ゆえに将来《しょうらい》の大きな目標《もくひょう》のために、まず足《あし》もとの課《か》題《だい》から挑戦《ちょうせん》し、勝利していくことだ。

御書には**「一丈《じょう》の幅《はば》の堀《ほり》を越《こ》えることができない者がどうして十丈・二十丈の堀を越えることができるだろうか、いやできないであろう」**（九一二ページ）と仰《おお》せである。小さな挑戦、小さな勝利の繰《く》り返《かえ》しが、やがて偉大《いだい》な勝利、偉大な凱歌《がいか》の人生へと花開《はなひら》いていくことを忘《わす》れてはならない。

――一九八八・三・二八

生死

「法華経（安楽行品《あんらくぎょうほん》）には『（妙法《みょうほう》を弘《ひろ》める人には）天《てん》の諸《もろもろ》の童子《どうじ》がお仕《つか》えし、（その人に）刀《かたな》や杖《つえ》で暴《ぼう》力《りょく》を加《くわ》えることもできない。また毒《どく》で害《がい》することもできない』とある。なんとありがたい御経《おんきょう》であろうか。

この経文《きょうもん》に照《て》らしてみると、遠藤左衛門尉殿《えんどうさえもんのじょうどの》（佐渡《さど》の門下《もんか》）は梵天《ぼんてん》・帝釈天《たいしゃくてん》のお使《つか》いであろうか。霊山浄土《りょうぜんじょうど》へ行く固《かた》い約束《やくそく》として、この判形《はんぎょう》（印《いん》となるもの）を差《さ》し上げよう。一つは未来世《みらいせ》へお持《も》ちになりなさい。そして霊山《りょうぜん》で『日蓮、日蓮』と呼《よ》びなさい。その時はお迎《むか》えに出てまいろう。なお、また鎌倉《かまくら》からお便《たよ》り申し上げよう」（一三三六ページ）

日蓮大聖人は、「霊山で、私の名《な》を呼べば、必《かなら》ず

お迎えにまいりますよ」とお約束くださっている。広布《こうふ》に励《はげ》む人の成仏《じょうぶつ》は、大聖人御自《おんみずか》らが保証《ほしょう》してくださっている。〝葬式《そうしき》に僧侶《そうりょ》を呼ばねば成仏できない〟などとは、御書のどこにもない。大聖人の仏法とは違《ちが》うというほかない。

私どもは三世《さんぜ》永遠《えいえん》に、大聖人とご一緒《いっしょ》に歩《あゆ》んでいけるのである。生《せい》も死も、御本仏に見《み》守《まも》られ、妙法にのっとって進んでいく。生も楽しく、死もまた楽しい――〝本有《ほんぬ》の生死《しょうじ》〟と達観《たっかん》した、「永遠《えいえん》の幸福」への軌道《きどう》となるのである。これ以上の生死はない。

また大聖人は「鎌倉と佐渡と遠《とお》くに離《はな》れても、あなたにお手紙《てがみ》を差し上げよう」と仰《おお》せである。距離《きょり》ではない。心が大事《だいじ》である。大聖人に直結《ちょっけつ》しゆく私どもの「信心」の心を、だれ人《びと》も切ることなどできない。〝学会には大聖人がついていらっしゃる〟――この大確信《だいかくしん》で、功徳満開《くどくまんかい》の〝創価の春〟を満喫《まんきつ》していただきたい。

――一九九二・三・一〇

＊

最愛《さいあい》の子を亡《な》くした南条時光《なんじょうときみつ》のお母《かあ》さんを、日蓮大聖人は宇宙大《うちゅうだい》のご境界《きょうがい》でつつまれ、次のように励《はげ》ましておられる。大聖人は、どこまでも、苦しんでいる人、悩《なや》んでいる人、悲《かな》しんでいる人の味方《みかた》であられた。学会は、このご精神《せいしん》をそのままわが精神として行動している。だから偉大《いだい》なのである。

「法華経法師品《ほっしほん》を開《ひら》いて拝見《はいけん》してみると、『如来《にょらい》(仏《ほとけ》)は、この人(妙法《みょうほう》を受持《じゅじ》し、人々のために説《と》く人)を衣《ころも》で覆《おお》われ、守《まも》られるであろう。また、他方《たほう》の世界にいる現在の諸仏《しょぶつ》も、こぞって、この人を護《まも》り、念《ねん》じてくださるであろう』などとある。

この経文《きょうもん》の心は、次のようなものである。すなわち、東西南北《とうざいなんぼく》の四方《しほう》、八方並《はっぽうなら》びに三千大千世界《さんぜんだいせんせかい》(古代《こだい》インドの宇宙観で、一つの広大《こうだい》な宇宙を指《さ》す)の外の四百万億那由佗《まんおくなゆた》という莫大《ばくだい》な数《かず》の国土《こくど》に、十方《じっぽう》の諸仏が続々《ぞくぞく》と集《あつ》まり、充満《じゅうまん》されている。天《てん》には星のように、地《ち》には稲《いね》や麻《あさ》のように、諸仏が無数《むすう》に並《なら》んでおられて、法華経の行者《ぎょうじゃ》を守護《しゅご》される。それはたとえば、大王《だいおう》の王子《おうじ》を、諸々《もろもろ》の臣下《しんか》が(こぞって大切に)お守りするようなものである」(一五七〇ジペー)

〝この大宇宙に遍満《へんまん》する無量無辺《むりょうむへん》の仏が、あなたの亡くなったお子さんを、三世永遠《さんぜえいえん》にわたって守りに守ってくれます。だから、何も心配《しんぱい》ありませんよ。安心《あんしん》しなさい〟

大聖人は、母の悲しみの心を癒《いや》し、宇宙を自由自《じゆうじ》在《ざい》に遊戯《ゆうげ》するような大境涯《だいきょうがい》へと導《みちび》いてくださっている。これが、真実《しんじつ》の仏法の世界である。一人の人を、どこまでも温《あたた》かく包容《ほうよう》する、大聖人の大慈大悲《だいじだいひ》なのである。

――一九九四・一〇・二四

*

「わが弟子《でし》等であっても、信心の薄《うす》い者は、臨終《りんじゅう》のとき、阿鼻地獄《あびじごく》に堕《お》ちる相《そう》を現《あらわ》して苦しむであろう。（あらかじめ警告《けいこく》しておくから）そのとき、私を恨《うら》んではならない」（五三七㌻）

「信心の薄い者」とは、格好《かっこう》だけ、名前《なまえ》だけ信心していくようで、実際《じっさい》には広布《こうふ》への行動がない人間と拝《はい》せよう。たとえ御本尊を持《たも》っていても、信心が弱かったり、信心利用《りよう》であったり、戦《たたか》うべきときに戦わない人間は、「臨終の時」になって苦しむ、と。

――一九九六・九・二六

*

「転重軽受法門《てんじゅうきょうじゅほうもん》」では、涅槃経《ねはんきょう》で説《と》く「護法《ごほう》の功徳力《くどくりき》」の教えに基《もと》づき、死身弘法《ししんぐほう》の人の死をこう述《の》べておられる。

「（過去世《かこせ》の重い宿業《しゅくごう》によって、実際《じっさい》には未来《みらい》に受けるべき）地獄《じごく》の苦しみが、ぱっと消《き》えて死に、人《にん》界《かい》、天界《てんかい》、二乗界《にじょうかい》、菩薩界《ぼさつかい》、仏界《ぶっかい》の利益《りやく》を得《え》る」（一〇〇〇㌻）と。

地獄とは、最低《さいてい》のものに縛《しば》られた苦しみの境界《きょうがい》といってよい。しかし、妙法《みょうほう》に生ききった人は、臨《りん》終《じゅう》のさい、その生命の力《ちから》を最大に発揮《はっき》して、地獄の縛《ばく》をもぱっと断《た》ち切り、生命の〝上昇《じょうしょう》〟を始《はじ》める、との仰《おお》せである。

また**「一乗妙法の羽《はね》をたのみとして寂光《じゃっこう》の空《そら》を自《じ》由《ゆう》に飛翔《ひしょう》することもできる」**（一四三〇㌻）と。

妙法という「一乗の羽」の力をたのんで、「寂光の空」すなわち仏界という大いなる常楽《じょうらく》の世界へと飛《と》び立っていくであろう、とのご指導《しどう》と拝《はい》する。

この御文《ごもん》に描《えが》かれたイメージをお借《か》りし、たとえて述べるならば、死の瞬間《しゅんかん》、それまで蓄《たくわ》えられきった生命の力によって、あたかもロケットが地上《ちじょう》から最大の噴射力《ふんしゃりょく》で飛び立ち、成層圏《せいそうけん》を突《つ》きぬけて大《だい》宇宙《うちゅう》へと飛翔していくように、「寂光の空」なる仏界へと〝上昇〟しきっていける。

これが妙法受持《じゅじ》の人の絶大《ぜつだい》の功徳である。その宇宙の「仏国《ぶっこく》」「仏界」は、広々《ひろびろ》と清浄《せいじょう》にして大歓喜《だいかんき》に満《み》ち、何《なん》の束縛《そくばく》もない自由自在《じゆうじざい》の次元《じげん》である。そこからさらに、次なる使命《しめい》の人生を、生《う》まれたい場所と時を選《えら》んで、生まれたい姿《すがた》で、ふたたび出発《しゅっぱつ》していける。あたかも名飛行士《めいひこうし》の、自在な着陸《ちゃくりく》の姿とでもいおうか。

ともあれ、このようなすばらしき三世《さんぜ》にわたる常楽我浄《がじょう》の生命こそ、不壊《ふえ》の「金剛身《こんごうしん》」である。この崩《くず》れざる絶対的《ぜったいてき》幸福の〝我〟を築《きず》きあげるための「金剛宝器《こんごうほうき》戒《かい》」であり、日々の仏道修行《ぶつどうしゅぎょう》なのである。

——一九八八・三・二六

*

「ご主人《しゅじん》は、生きておられた時は生《せい》の仏《ほとけ》、今は死の仏、生死《しょうじ》ともに仏である。即身成仏《そくしんじょうぶつ》という大事《だいじ》な法門《ほうもん》とは、このことである。法華経の第四の巻《まき》（宝《ほう》塔品《とうほん》）には、説《と》かれている。『もし（この法華経を）よく持《たも》つ人は、すなわち仏身《ぶっしん》を持つのである』と」

（一五〇四ページ）

日蓮大聖人の仏法では、「死んで仏になる」のではない。これが最《もっと》も大事な点である。

「生きているうちに仏になる」——その「一生成仏」のための信心なのである。〝死後《しご》の幸福〟を強調《きょうちょう》する念仏《ねんぶつ》などとは、根本的《こんぽんてき》に違《ちが》う。

「生きているうちに」絶対《ぜったい》の幸福境涯《きょうがい》を築《きず》き、固《かた》める。今世《こんぜ》で最高にすばらしい人生を満喫《まんきつ》する。そのための仏道修行《ぶつどうしゅぎょう》なのである。

——一九九四・三・二〇

*

「千仏《せんぶつ》」の深義《じんぎ》について、「御義口伝《おんぎくでん》」には次のように仰《おお》せである。

「御本尊を信じ、実践《じつせん》した人は、命《いのち》が終《お》わって成《じよう》仏《ぶつ》することはまちがいない。普賢菩薩勧発品《ふげんぼさつかんぼつほん》第二十八の『是《こ》の人命終《ひとみようじゆう》せば、千仏の手《みて》を授《さず》けて』の文《もん》が、その依文《えもん》である。この『千仏』というのは、『百界千如《ひやつかいせんによ》』、一念三千《いちねんさんぜん》の『千如の法門《ほうもん》』を意味している。すなわち、わが生命の因果《いんが》の理法《りほう》をいうのである。謗法《ほうぼう》の人は死ぬときには地獄《じごく》の獄卒《ごくそつ》が来迎《らいごう》し、御本尊を信ずる人は千仏が来迎するのである」

（七八〇ページ）

「千仏」の来迎と「獄卒」の来迎。この対照《たいしよう》に示《しめ》されるように、正法《しようほう》の人と謗法の徒《と》の末期《まつご》の相違《そうい》は、まことに峻厳《しゆんげん》である。

妙法受持《みようほうじゆじ》の人、弘法《ぐほう》・弘教《ぐきよう》の人、護法《ごほう》の人々には、御本尊の絶対《ぜつたい》の加護《かご》がある。すべてが、三世《さんぜ》にわたる無上《むじよう》の福徳《ふくとく》となって輝《かがや》く。臨終《りんじゆう》のさいには、善業《ぜんごう》の一切《いつさい》が妙法に照《て》らされ「千仏」の力用《りきゆう》となって生命を荘厳《そうごん》し、飾《かざ》っていく。

それに対し誹謗《ひぼう》の徒は、正信《しようしん》の人に敵対《てきたい》したすべての言動《げんどう》が、そのまま自身への呵責《かしやく》、苦しみとなって臨終を迎《むか》える。そして、永遠《えいえん》の業苦《ごうく》へと駆《か》り立てられる。

この歴然《れきぜん》たる功徳《くどく》と罰《ばち》を、それぞれ「千仏来迎」「獄卒来迎」と仰せになったと拝《はい》せよう。

——一九八八・二・二八

*

「この経《きよう》（法華経）を受持《じゆじ》する人々は、他人《たにん》であっても同じ霊山《りようぜん》に参《まい》られて、また会《あ》うことができる。まして亡《な》き父君《ちちぎみ》も殿《との》（時光《ときみつ》）も（親子《おやこ》で）同じく法華経を信じておられるので、必《かなら》ず同じ所に生《う》まれることだろう」（一五〇八ページ）

ここでは仏法の生命観の重要《じゆうよう》な極意《ごくい》を教《おし》えられている。この正法《しようほう》を受持した、広宣流布《こうせんるふ》の同志《どうし》は、親子はもちろん、血《ち》のつながらない他人であっても、同じ霊山浄土《じようど》でふたたび会うことができるとのご断《だん》言《げん》であられる。また、同じ広布《こうふ》の舞台《ぶたい》に生まれてくることもあろう。なんとすばらしいことであろうか。私どもは三世《さんぜ》永遠《えいえん》の同志である。

――一九九二・一一・一四

＊

「死《し》」という人生の総決算《そうけっさん》が、どうであるかで、永遠《えいえん》が決《き》まっていく。その最後の最後を勝利で飾《かざ》っていくのが、一生成仏《いっしょうじょうぶつ》の信心である。

御書に**「正法《しょうほう》を行《ぎょう》じて仏道《ぶつどう》を得《え》る者は爪《つめ》の上の土よりも少ない」**（五〇七ページ）と仰《おお》せである。

広宣流布《こうせんるふ》への行動がなければ、仏《ほとけ》にはなれない。要《よう》するに、学会活動をしなければ、宿命《しゅくめい》の転換《てんかん》は、できない。広宣流布のために、学会とともに戦《たたか》いきった方々《かたがた》が、どれほどすばらしい晩年《ばんねん》を送《おく》り、安《やす》らかな死を迎《むか》えておられるか。生きぬいた、その姿《すがた》が、三世《さんぜ》にわたる永遠の幸福の証明《しょうめい》なのである。ゆえに、元気で戦える時に、悔《く》いなく戦いきっておくことである。

――一九九七・一二・一七

＊

もっとも大切な人間の「生死《しょうじ》」について、日蓮大聖人は、富木常忍《ときじょうにん》の母の死をとおして**「（母君《ははぎみ》は）生死の理《り》を示《しめ》さんがために、死後《しご》の世界へと赴《おもむ》かれたのである」**（九七七ページ）と言われている。「死」によって、今世《こんぜ》の生《せい》は終《お》わるかもしれないが、生命そのものがなくなるわけではない。生命は永遠《えいえん》であり、生きては死に、死んでは生《う》まれるという生死の理を示すために、仮《かり》の姿《すがた》としての「死」があるにすぎない。ゆえに、妙法《みょうほう》に照《て》らされた生死であれば、いたずらに「死」を恐《おそ》れる必要《ひつよう》もないし、だれもが示す「生死」の一つの実相《じっそう》として、達観《たっかん》していけばよいのである。大事《だいじ》なことは、現在生きているこの「生」を、最終章《さいしゅうしょう》までいかに価値的《かちてき》に、充実《じゅうじつ》させて生きるかである。

――一九八八・二・二七

＊

「（妙法《みょうほう》の）妙は死、法は生《せい》である。この『生死《しょうじ》の二法』が地獄界《じごくかい》から仏界《ぶっかい》までの十界《じっかい》すべての当体《とうたい》である」（一三三六ページ）

生死、生死と永遠《えいえん》に繰《く》り返《かえ》していく生命。その「生死の二法」からはだれ人《びと》も免《まぬか》れられない。この生と死を貫《つらぬ》く大法《だいほう》が妙法である。ゆえに妙法をたもち続《つづ》ける人は、自身も三世《さんぜ》にわたって幸福である。また先祖《せんぞ》をも救《すく》っていくことができる。

――一九八九・九・一五

*

「無常《むじょう》の人生」――しかし、ただ無常を自覚《じかく》しただけでは、しかたがない。世《よ》をはかなんでも価値《かち》はない。問題《もんだい》は、この「無常の人生」で、どう「永遠《えいえん》の価値」を創《つく》っていくかということである。それができるというのが法華経である。日蓮大聖人は、法華経を行《ぎょう》ずる人間の生死《しょうじ》を、簡潔《かんけつ》に、こう教えられている。

「自身の法性《ほっしょう》の大地を、生死、生死とめぐり行《ゆ》くのである」（七二四㌻）と。

すなわち妙法《みょうほう》を信仰《しんこう》した者は、法性の大地、仏界《ぶっかい》の大地の上を、「生《せい》」の時も、「死」の時も悠々《ゆうゆう》と前《ぜん》進《しん》していく。大白牛車《だいびゃくごしゃ》という壮麗《そうれい》な最高の車に乗《の》って、自在《じざい》に進むのである。「仏界の大地」とは、絶《ぜっ》対《たい》に崩《くず》れない幸福境涯《きょうがい》のことである。大地のごとく盤石《ばんじゃく》に固《かた》めに固めた自分自身の成仏《じょうぶつ》の境涯である。その境涯を固めたら、三世《さんぜ》永遠《えいえん》に続《つづ》く。だから「今《こん》世《ぜ》で頑張《がんば》りなさい」というのである。

自分自身が「法性の大地」の上を、「生も歓喜《かんき》」「死も歓喜」と前進する。これが「生死、生死とめぐり行くのである」ということである。

――一九九六・三・二九

*

だれしも迎《むか》える人生の総仕上《そうしあ》げ、そして死《し》に際《さい》して、妙法《みょうほう》への確信《かくしん》がいかに大事《だいじ》か――。その意味から、ここで御書を拝読《はいどく》したい。

日蓮大聖人は、こう仰《おお》せである。

「法華経（御本尊）は、三世《さんぜ》の諸仏《しょぶつ》の発心《ほっしん》の杖《つえ》である。ただし、日蓮を杖・柱《はしら》とも頼《たの》まれるがよい。険《けわ》しい山、悪《わる》い道でも、杖をつくならば倒《たお》れない。

ことに、手を引《ひ》かれるならば、転《ころ》ぶことはない。南無妙法蓮華経は死出《しで》の山では杖・柱となられ、釈迦《しゃか》仏《ぶつ》、多宝仏《たほうぶつ》、上行《じょうぎょう》等の四菩薩《しぼさつ》は、あなたの手を取《と》られるであろう。日蓮が先《さき》に霊山《りょうぜん》にたつならば、お迎えに行くこともあるであろう」（一二二七㌻）と。

〝たとえ、どんな険しい道に行こうとも、私が杖となって守《まも》るよ。大丈夫《だいじょうぶ》だよ。何も心配《しんぱい》はいらないよ〟とのお言葉である。そして〝死に際しても、南無妙法蓮華経が杖となり、仏菩薩が手を取ってくださる。私が先に霊山に行けば、あなたをお迎えしよう〟と約束《やくそく》してくださっている。死のときも、御本仏が導《みちび》いてくださる。これ以上、大安心《だいあんしん》の、満足《まんぞく》の生死《しょうじ》はない。

生死は不二《ふに》である。信心は、「生《せい》」も「死」をも、限《かぎ》りない幸福と満足でつつんでいく。妙法は「三世永遠《えいえん》の最高の杖」となるのである。そう、御本仏が保証《ほしょう》してくださっている。大聖人の仰せが私どもの根本《こんぽん》である。御書こそが永遠の基準《きじゅん》である。この鏡《かがみ》に照《て》らして見るとき、何の心配もいらない。また、いかなる悪意《あくい》の策動《さくどう》をも打ち破《やぶ》っていける。なんとありがたいことであろうか。

――一九九一・二・一一

＊

「（紅蓮《ぐれん》地獄《じごく》や大紅蓮地獄といった）悪所《あくしょ》に行けば、王《おう》の位《くらい》や将軍《しょうぐん》の位も、何にもならない。獄卒《ごくそつ》の責《せ》めにあう姿《すがた》は、猿回《さるまわ》しの猿と変《か》わらない。この時は、どうして名聞名利《みょうもんみょうり》や我慢偏執《がまんへんしゅう》の心でいられようか」（一四三九㌻）

生命が、地獄の苦しみにある時に、社会的肩書《かたがき》など、何《なん》の役《やく》にも立たない。だれも、威張《いば》ってなどいられない。生死不二《しょうじふに》であるゆえに、それは生きている時も、死んだ後《あと》も、同じである。「きょう、お金《かね》がない」――そういう、さまざまな悩《なや》みも、死後《しご》の地獄の苦しみから見れば、小さな小さなものである。

また、こうも仰《おお》せである。

「我らは間違《まちが》いなく仏《ほとけ》になると思えば、何の嘆《なげ》きがあろうか。たとえ妃《きさき》になっても、何になろう。天上界《てんじょうかい》に生《う》まれても、しかたがない」（九七六㌻）

どれも、仏法の目から見れば、大《たい》したことではない。永遠《えいえん》の生命であり、死後がある。死後、未来《みらい》の生命は長い。ゆえに、生まれてから、ほんのわずかの間《あいだ》、いい家に住《す》んだから等といって、どうということもない。そして、今度《こんど》、生まれる時は、亡《な》くなった時の生命の状態《じょうたい》で、生まれてくるのである。ゆえに仏道修行《ぶつどうしゅぎょう》が必要《ひつよう》なのである。

――二〇〇〇・二・二七

*

成仏《じょうぶつ》を遂《と》げた人のすばらしき生死《しょうじ》の姿《すがた》を、日蓮大聖人はこう説《と》いておられる。

「三世《さんぜ》の諸仏《しょぶつ》のご本意《ほんい》にかない、二聖《にしょう》・二天《にてん》・十《じゅう》羅刹《らせつ》の擁護《ようご》を受け、滞《とどこお》りなく上上品《じょうじょうほん》の寂光《じゃっこう》世界の往生《おうじょう》を遂げる」（五七四ページ）――これは死の相《そう》である。すなわち、一生《いっしょう》成仏の信心を貫《つらぬ》きとおした人は、三世の諸仏の讃嘆《さんたん》を受け、諸天善神《しょてんぜんじん》の加護《かご》につつまれて、何《なん》のとどこおりも障害《しょうがい》もなく、安穏《あんのん》と満《まん》足《ぞく》のなか、仏界《ぶっかい》の大歓喜《だいかんき》輝《かがや》く最高の死を迎《むか》える。

そして**「たちまちの間《あいだ》に九界《きゅうかい》生死の夢《ゆめ》の中に帰《かえ》ってきて、身を十方法界《じっぽうほうかい》の国土《こくど》にいきわたらせ、心を一切有情《いっさいうじょう》の身中《しんちゅう》に入《い》れて、内《うち》からは勧発《かんぽつ》し、外からは引導《いんどう》して、内外相応《ないげそうおう》し、因縁和合《いんねんわごう》して自在神通《じざいじんつう》の慈悲《じひ》の力《ちから》を施《ほどこ》して、広く衆生《しゅじょう》を利益《りやく》することは滞りがないであろう」**（同）――これは生《せい》の相である。

臨終《りんじゅう》の後には、人々への慈悲ゆえに、すぐさまふたたび、この娑婆《しゃば》世界に生《う》まれ来て、宇宙大《うちゅうだい》の境界《きょうがい》に立脚《りっきゃく》しつつ、妙法《みょうほう》の偉大《いだい》なる慈悲の力を自在に発《はっ》揮《き》し、多くの人々を悠々《ゆうゆう》と救済《きゅうさい》していく。そうした最高善《さいこうぜん》の人生を歩《あゆ》んでいける、との仰《おお》せと拝《はい》する。まことに光彩陸離《こうさいりくり》たる無上《むじょう》の「生死」の姿である。これを実現できるのが、私どもの信仰《しんこう》なのである。

――一九八八・二・一八

*

人生を山に例《たと》えれば、「臨終《りんじゅう》」は山頂《さんちょう》といえよう。山頂からは、広々《ひろびろ》とした下界《げかい》が見渡《みわた》せる。「死」の頂《いただき》から見てはじめて、生涯《しょうがい》の幸《こう》、不幸の光景《こうけい》も、勝利と敗北《はいぼく》の実相《じっそう》も見えてくる。また死後《しご》、すなわち来世《らいせ》という新しい出発《しゅっぱつ》を望《のぞ》むこともできる。荘厳《そうごん》な大光《たいこう》につつまれた山頂もあろう。噴火口《ふんかこう》のような地獄《じごく》への山頂もあろう。さまざまであるが、必《かなら》ずそこにいたることだけは、間違《まちが》いない。人生は、この頂への登攀《とうはん》である。ゆえに山頂（死）を見つめずに歩《あゆ》む人は、目的地《もくてきち》から目をそらして山登《やまのぼ》りするようなものであり、道に迷《まよ》うのはむしろ当然《とうぜん》かもしれない。ここに「死」の解決《かいけつ》を教《おし》えゆく正しき信仰《しんこう》が必《ひっ》要《よう》となる一つの理由《りゆう》がある。

日蓮大聖人は、私ども門下《もんか》の臨終は「妙覚《みょうかく》（仏《ほとけ》の最高の悟《さと》り）の山」に登《のぼ》ることであると仰《おお》せである。

「在家《ざいけ》の身としてあなた（松野殿《まつのどの》）は、ただ余念《よねん》なく、昼《ひる》に夜に、朝《あさ》に夕《ゆう》に、南無妙法蓮華経と唱《とな》えて、最後の臨終の時を見てごらんなさい。妙覚の山に走り登り、四方《しほう》をご覧《らん》なさい。法界《ほうかい》（全宇宙《ぜんうちゅう》）は寂光土《じゃっこうど》であり、大地は瑠璃《るり》でできていて、黄金《おうごん》の縄《なわ》で八つの道をしきり、天《てん》からは四種類《しゅるい》の花がふり、空中《くうちゅう》に美《うつく》しい音楽《おんがく》が聞こえ、諸仏《しょぶつ》・菩薩《ぼさつ》は皆、常楽《じょうらく》我浄《がじょう》の四徳《しとく》の風にそよめかれている。われらも、必ずその仏・菩薩の列《れっ》に連《つら》なるであろう」（一三八八ページ）と。

なんとすばらしい、燦爛《さんらん》たる光の世界であろうか。宇宙の広がりをつつみ、永遠《えいえん》の時を自在《じざい》に遊戯《ゆうげ》される御本仏の偉大《いだい》なご境界《きょうがい》が仰《あお》がれる。そして、門下をどこまでも慈《いつく》しみ、包容《ほうよう》されるあたたかさ――。妙覚の高みから望む全宇宙は、煌々《こうこう》と輝《かがや》く寂光土であり、妙法《みょうほう》につつまれた生命は、瞬時《しゅんじ》にその遊楽《ゆうらく》の都《みやこ》に入っていくとのご断言《だんげん》である。御本仏のお約束《やくそく》は絶対《ぜったい》である。微塵《みじん》の狂《くる》いもない。

――一九九〇・一一・一六

*

「法華経方便品《ほうべんぼん》には、〝この法（迷《まよ》いの九界《きゅうかい》）は法性《ほっしょう》の真如《しんにょ》の位《くらい》に住《じゅう》して世間《せけん》の相《そう》が常住《じょうじゅう》である〟と。（生死《しょうじ》の二法は）世間の習《なら》いとして、三世《さんぜ》にわたり不変《ふへん》常住であるから、死も嘆《なげ》くべきではない。驚《おどろ》くべきではない」（一五〇六ページ）

特別《とくべつ》な姿《すがた》になるのではなく、人間としてのありのままの姿で、生死、生死を繰《く》り返《かえ》しながら、永遠《えいえん》に「常楽《じょうらく》」の境涯《きょうがい》が続《つづ》いていく。それが、成仏《じょうぶつ》の人の旅路《たびじ》である。ゆえに死は本来《ほんらい》、恐《おそ》れるべきでもなければ、嘆くべきでもない。

――一九九四・三・二〇

＊

御書を拝《はい》し、私どもの幸福の旅路《たびじ》が三世《さんぜ》にわたることを確認《かくにん》しておきたい。「死」について「自分には関係《かんけい》ない」と思う人がいるかもしれないが、じつは〝関係ない〟人は一人もいないからである。

日蓮大聖人は、こう仰《おお》せである。**「生まれて以来《いらい》、だれ一人、知《し》らない者はない。しかし実際《じっさい》に、これを大切に思い、このことを解決《かいけつ》しようと求《もと》め嘆《なげ》く人間は、千万人に一人もいない」**（四七四ジペー）と。

『**人は必《かなら》ず死ぬ**』という道理《どうり》を、天皇《てんのう》から民《たみ》まで、

事実、現代はますますそうなっている。また、皆さまもよく拝されている御文《ごもん》であるが、**「まず、臨《りん》終《じゅう》のことを習《なら》ってから、その後に他のことを習うべきである」**（一四〇四ジペー）とも仰せになっている。「死の解決」の一点を離《はな》れては、いかなる知識《ちしき》を習い覚《おぼ》えても無用《むよう》になってしまう。幸福へと生かすことはできない。また死を前にしては、どんな名誉《めいよ》も才能《さいのう》も財産《ざいさん》も、夢《ゆめ》のようなものでしかない。

――一九九〇・一一・一六

＊

「まず、臨終《りんじゅう》のことを習《なら》ってから、その後に他のことを習うべきである」（一四〇四ジペー）

人生の目的《もくてき》、生命の目的とは何か？　そして生死《しょうじ》とは何か？　この根本《こんぽん》の哲学的《てつがくてき》な思索《しさく》が、人間にとってもっとも大事《だいじ》である。なかんずく、人の指導者《しどうしゃ》となる人間に「生死の哲学」がなければ、根無《ねな》し草《ぐさ》のようなものである。民衆《みんしゅう》を幸福へと導《みちび》けるはずがない。自分自身が、どう生きるべきか、確固《かっこ》たる哲学がない。哲学を求《もと》めようともしない。それでいて、威張《いば》っている。それでは、あまりにも傲慢《ごうまん》であり、人間失格《しっかく》ではないだろうか。

どんな権力《けんりょく》であっても、いずれ、はかなく幻《まぼろし》のように消《き》え去《さ》ってしまう。妙法《みょうほう》という「大宇宙《だいうちゅう》の永《えい》遠不滅《えんふめつ》の法則《ほうそく》」に生き抜《ぬ》く皆さまの人生こそ、永遠不滅である。地位《ちい》や富《とみ》など問題《もんだい》にならない。最高の人生であることを確信《かくしん》していただきたい。

――一九九九・八・二四

*

人類《じんるい》の根本問題《こんぽんもんだい》である「生死一大事《しょうじいちだいじ》」を、いちばん探究《たんきゅう》し、生死の解決法《かいけつほう》をいちばん実践《じっせん》し、いちばん広めておられるのは皆さまである。いちばん尊《とうと》い、いちばん大切な方々《かたがた》なのである。

「生死一大事血脈抄《けつみゃくしょう》」には、こう仰《おお》せである。

「臨終《りんじゅう》は只今《ただいま》にあり（自分は、今、死ぬかもわからない）と自覚《じかく》して、真剣《しんけん》に信心に励《はげ》み、南無妙法蓮華経と唱《とな》える人のことを、（法華経には）『この人が命《いのち》を終《お》える時、千の仏《ほとけ》が手を授《さず》けて迎《むか》え、（死を）恐《おそ》れないようにさせ、地獄界《じごくかい》・餓鬼界《がきかい》・畜生界《ちくしょうかい》・修《しゅ》羅界《らかい》に堕《お》ちないようにさせる』と説《と》かれている」（一三三七㌻）

絶対《ぜったい》の「安心《あんしん》」の死である。宇宙《うちゅう》の仏界《ぶっかい》に向《む》かって、ロケットのごとく、勢《いきお》いよく突進《とっしん》し、融合《ゆうごう》していく「大歓喜《だいかんき》の死」である。

日蓮大聖人は**「なんと喜《よろこ》ばしいことか。一人や二人の仏ではない。百人や二百人の仏ではない。千人もの仏が迎えに来てくださり、われらの手を取《と》って霊山《りょうぜん》に導《みちび》いてくださる。それを思えば、歓喜の感涙《かんるい》を抑《おさ》えられない」**（同）と書いておられる。

反対に、広宣流布《こうせんるふ》を妨《さまた》げる人間、謗法《ほうぼう》の人間は、地獄《じごく》の獄卒《ごくそつ》が迎えに来て、手を取っていく、と。なんと哀《あわ》れなことであろうか。広宣流布に生きぬいた人は、全宇宙が光《ひか》り輝《かがや》いてつつんでくれる、そういう「臨終」に必《かなら》ずなるとの御本仏のお約束《やくそく》である。その福徳《ふくとく》は、臨終の時だけではない。今世《こんぜ》のうちに、とくに晩年《ばんねん》の数年間《すうねんかん》に、その証明《しょうめい》は必ず現《あらわ》れる。

――一九九八・九・二三

*

仏法では「天地《てんち》（宇宙空間《うちゅうくうかん》、大地）、日月《にちがつ》（太陽《たいよう》と月）、五星《ごせい》（水星《すいせい》、金星《きんせい》、火星《かせい》、木星《もくせい》、土星《どせい》）など、生死《しょうじ》の二法でないものはない」（一三三六ページ）と説《と》く。そして「生《せい》と死の二つの法は一つの心、生命の不可思議《ふかしぎ》の働《はたら》きである」（同）、また「起《き》（生）は法性《しょう》（妙法《みょうほう》）の顕現《けんげん》であり、滅《めつ》（死）は法性《ほっ》の冥伏《みょうぶく》である」（一三三七ページ）等と説く。生死の二法を貫《つらぬ》く根源《こんげん》の法理《ほうり》を解明《かいめい》したのが仏法である。

わが生命の内奥《ないおう》に、「宇宙《うちゅう》」と「人間」を貫く不《ふ》滅《めつ》の「法」を自覚《じかく》し、その「法」にのっとって生きぬいていく。そこに、暗《くら》きから暗きへと煩悶《はんもん》していく、人間の宿命的《しゅくめいてき》な「生死の流転《るてん》」を、根本的《こんぽんてき》に打《だ》開《かい》する方途《ほうと》がある。また、妙法への信仰《しんこう》の「一念《いちねん》」によって、一切《いっさい》を希望《きぼう》と、価値《かち》と、調和《ちょうわ》の方向《ほうこう》へと回転《かいてん》させていく。そして、最高に福徳《ふくとく》に満《み》ちた「生命の軌道《きどう》」を永遠《えいえん》に歩《あゆ》んでいくことができる。それが仏法の実践《じっせん》なのである。

――一九九〇・一〇・一四

*

南無妙法蓮華経は「不老不死《ふろうふし》」の大法《だいほう》である。

御書にも「妙法《みょうほう》がただ独《ひと》り栄《さか》える時になり（中略）人も法も共《とも》に、不老不死であるという道理《どうり》が顕《あらわ》れる時を、一人一人がご覧《らん》なさい」（五〇二ページ）、「法華経の偉大《いだい》な功徳力《くどくりき》を思うと、不老不死は目前《もくぜん》にある」（一一二五ページ）と説《と》かれている。

広宣流布《こうせんるふ》に生きる人は、一生涯《いっしょうがい》、若々《わかわか》しく生きられる。「不老」である。生命力にあふれて、永遠《えいえん》に行き詰《づ》まりがない。生死《しょうじ》を超《こ》えて、はつらつと使命《しめい》の軌道《きどう》を前進《ぜんしん》できる。「不死」である。

――一九九七・一二・九

*

「総勘文抄《そうかんもんしょう》」には、無常《むじょう》と見えるわが身が、じつは永遠《えいえん》にして金剛不壊《こんごうふえ》の生命であるとし、「これが、すなわち、妙法蓮華経の五字である。この五字をもって人身《じんしん》の体《からだ》を造《つく》っているのである。したがって我《わ》が身は本有常住《ほんぬじょうじゅう》であり、本覚《ほんがく》の如来《にょらい》である」（五六八ページ）と仰《おお》せである。

つまり、わが生命は、妙法蓮華経という根源《こんげん》の一《いっ》法《ぽう》によって、つくられている。わが身それ自体《じたい》が南無妙法蓮華経である。特別《とくべつ》な姿《すがた》に変《か》わるのではなく、人界《にんかい》なら人界という、ありのままの姿で仏《ほとけ》であるゆえに「本有常住」の仏なのである。これを覚《さと》っているのが「本覚の如来」である。

このことを、妙法《みょうほう》の修行《しゅぎょう》によって自覚《じかく》するとき、生《せい》を嫌《きら》うこともなく、死を厭《いと》うこともない。生を楽しみ、死を楽しみ、生死《しょうじ》ともに最高に遊楽《ゆうらく》していける境涯《きょうがい》となる。

——一九八八・二・一八

*

人生において、生老病死《しょうろうびょうし》の苦悩《くのう》は避《さ》けられない。諸行無常《しょぎょうむじょう》の世界である。しかし、私どもには「生《しょう》死不二《じふに》」「生死即涅槃《そくねはん》」の仏法がある。御本仏の仰《おお》せどおりの信心の人には、一切《いっさい》が歓喜《かんき》となり、福徳《ふくとく》となる。

日蓮大聖人は、病気《びょうき》の夫《おっと》を持《も》つ婦人の信徒《しんと》を「**あなたの夫は病苦《びょうく》を必《かなら》ず克服《こくふく》できるし、やがて霊山《りょうぜん》に行かれたならば、太陽《たいよう》が出て、十方《じっぽう》の世界を見るようにうれしく、『ああ早く死んでよかった』と、喜《よろこ》ばれることであろう**」(一四八〇㌻) と励《はげ》まされている。

壮麗《そうれい》な旭日《きょくじつ》が闇《やみ》を破《やぶ》って全世界を照《て》らすように、「信心」があれば、死後《しご》も、かくも明《あか》るくすばらしい世界となる。「生死」は「不二」である。信心の太陽は生死ともに照らす。〝生きている時も楽しい。死んでも楽しい〟、必ずや、そういう境涯《きょうがい》となる。

大切なのは「信心」である。ゆえに人々の「信心」を増進《ぞうしん》させる人には、御本仏のご賞讃《しょうさん》があるにちがいない。反対に、いかなる理屈《りくつ》をつけようとも、この「信心」を破壊《はかい》することは、御書に照らし、仏法上のたいへんな罪《つみ》となろう。

——一九九一・五・一二

*

生死《しょうじ》の本源《ほんげん》を悟《さと》り、その苦悩《くのう》を克服《こくふく》したのが、仏法の真髄《しんずい》なのである。

われらが「生命の塔《とう》」は生老病死《しょうろうびょうし》の苦しみにおおわれたままでは、真《しん》に尊厳《そんげん》であり、幸福であるとはいえないであろう。しかも、この塔の四つの面《めん》——人間の一身《いっしん》にも表《おもて》と裏《うら》、左右《さゆう》の横《よこ》と四つの面があるが——は、生老病死でできていると説《と》かれている。この四面を離《はな》れては、塔の存在《そんざい》そのものが成《な》り立たない。それは生命に本然《ほんねん》のものである。生老病死をなくすことはできない。

では、どうすればよいのか。

「御義口伝《おんぎくでん》」には**「宝塔《ほうとう》の四つの面とは、生老病死の四つの苦悩の相《そう》である。この生老病死をもって、われわれの一身の塔を荘厳《そうごん》するのである。われわれが生老病死という人生の苦しみに際《さい》して、南無妙法蓮華経と唱《とな》えていくならば、妙法《みょうほう》に荘厳《そうごん》された生命となり、常楽我浄《じょうらくがじょう》という四徳《しとく》のふくよかな芳香《ほうこう》を漂《ただよ》わせることができる」**（七四〇ページ）と。

〝苦《く》〟の根源《こんげん》ともいうべき生老病死が、妙法を唱えるとき、かえって〝一身の宝塔〟を飾《かざ》り、荘厳するものに変《か》わっていく。「生」もつねに楽しく、「老」も「病」も、より大いなる福徳《ふくとく》の境涯《きょうがい》へのバネとなり、「死」は永遠《えいえん》の幸福への晴《は》れやかな出発《しゅっぱつ》となっていく。

生死また生死を重《かさ》ねるたびに、無限《むげん》の「福《ふく》」と「智《ち》」を発揮《はっき》しつつ、自他《じた》ともに幸《しあわ》せと平和に輝《かがや》いていく。永遠に**「歓喜《かんき》のなかの大歓喜」**（七八八ページ）に遊戯《ゆうげ》する境涯となっていく。これが御本仏のお約《やく》束《そく》である。

——一九九一・七・一四

第四章　仏法と社会

仏法思想

〈生命尊厳〉

女性《じょせい》の尊貴《そんき》な立場《たちば》について日蓮大聖人は、**「男女《だんじょ》、僧尼《そうに》を問《と》わない」**（一一三四㌻）と、はっきり断言《だんげん》しておられる。男女間の差別《さべつ》など仏法の世界にはない。在家《ざいけ》・出家《しゅっけ》の間《あいだ》にも、その尊《とうと》さに差《さ》はないとの明文《めいぶん》である。

御書には、在家、出家、男性《だんせい》、女性も含《ふく》めて、「日蓮の一門《いちもん》」「日蓮の一類《いちるい》」「日蓮の門下《もんか》」「日蓮の弟子《でし》檀那《だんな》等」など、繰《く》り返《かえ》し認《したた》めておられる。皆、御本尊のもとに平等《びょうどう》な仏子《ぶっし》であり、広宣流布《こうせんるふ》への同志《どうし》である。これが大聖人の深《ふか》きお心である。

——一九九〇・一・二四

＊

御書には**「久遠実成《くおんじつじょう》の釈尊《しゃくそん》と皆成仏道《かいじょうぶつどう》の法華経と私たち衆生《しゅじょう》の三つは全《まった》く差別《さべつ》がないと信解《しんげ》して、妙法蓮華経と唱《とな》えたてまつるところを生死一大事《しょうじいちだいじ》の血脈《けつみゃく》という」**（一三三七㌻）と仰《おお》せである。

仏《ほとけ》と法と衆生とが平等《びょうどう》であり、我等《われら》衆生も妙法《みょうほう》の当体《とうたい》であり、尊極《そんごく》の存在《そんざい》である。この自覚《じかく》のうえに、御本尊に妙法を唱えていくべきことをご教示《きょうじ》されている。これほど徹底《てってい》した民衆《みんしゅう》の尊厳観《そんげんかん》、平等観《びょうどうかん》は、他に絶対《ぜったい》にない。全人類《ぜんじんるい》が等《ひと》しく納得《なっとく》しうる大《だい》法《ほう》である。また納得せしむるよう、理論《りろん》のうえからも、事実のうえからも、努力《どりょく》しきっていくのが、私どもの使命《しめい》である。

——一九八七・七・二一

＊

日蓮大聖人は**「（法華経に説《と》かれる）不軽菩薩《ふきょうぼさつ》が、人々を敬《うやま》い、礼拝《らいはい》したというのは、どういうことであろうか、よく考《かんが》えてみなさい。（不軽品は、仏《ほとけ》の出世《しゅっせ》の本懐《ほんかい》〈世《よ》に出現した究極《きゅうきょく》の目的〉である法華経の〝修行《しゅぎょう》の肝心《かんじん》〟であるから、結局《けっきょく》）教主釈尊《きょうしゅしゃくそん》の出**

世の本懐は、人として振《ふ》る舞《ま》う道を説くことであった。（中略）賢《かしこ》い者を人といい、愚《おろ》かな者を畜生《ちくしょう》というのである」（一一七四ジペー）と仰《おお》せである。

人間としての振る舞い、生き方において、賢い者を「人」というと、大聖人は教《おし》えられている。人間に生《う》まれただけで、真《しん》の人間になれるのではない。人間らしく生きる努力《どりょく》が必要《ひつよう》である。それなくして、人間を侮蔑《ぶべつ》するような愚かな行動は、「畜生」つまり動物《どうぶつ》と変《か》わらなくなってしまう。

法華経には「若《も》し是《こ》の経典《きょうてん》を受持《じゅじ》せん者を見ば、当《まさ》に起《た》って遠《とお》く迎《むか》うべきこと、当に仏を敬《うやま》うが如《ごと》くすべし」（法華経六七七ジペー）とある。

妙法受持《みょうほうじゅじ》の者を見たならば、遠くから立ってお迎えし、まさに仏を尊敬《そんけい》するのと同じようにしなさい、との釈尊の金言《きんげん》である。反対に、受持の者を、いささかでも悪口《あっこう》し、「軽笑《きょうしょう》」する者は、自身の生命に、計《はか》り知《し》れない罪業《ざいごう》をきざむと説かれている。

仏法は、「人間の尊厳《そんげん》」を、生命というもっとも根本的《こんぽんてき》な次元《じげん》から説きつくしている。しかも、いわゆる〝観照《かんしょう》（理性《りせい》に照《て》らして客観的《きゃっかんてき》に見つめる）の哲《てっ》学《がく》〟にとどまるものではない。むしろ、現実の人生と生活に生きる実践的《じっせんてき》な人間学ともいえるかもしれない。真実《しんじつ》の「人間の尊厳」を、みずからも事実のうえに証明《しょうめい》し、他の人にも認《みと》め、実現せしめていく。いわば自他《じた》ともに最高に「人間を尊敬する」実践が、仏法なのである。

学会は、この仏法の根本精神《せいしん》のままに、徹底《てってい》して、たがいに「人間を尊敬する」世界である。また「人間を尊敬する」生き方を広めている団体である。さらに、そうした実践のなかで、本物《ほんもの》の「人間」をつくる世界である。

——一九八八・六・二一

*

日蓮大聖人は「御義口伝《おんぎくでん》」で、**「鏡《かがみ》に向《む》かって礼《らい》拝《はい》する時、鏡に映《うつ》った姿《すがた》もまた自分を礼拝する」**（七六九ジペー）と仰《おお》せである。

相手《あいて》の生命の「仏性《ぶっしょう》」を信じて、心から尊敬《そんけい》し、大切にしていく。そのときに、相手の仏性も、根底《こんてい》的《てき》には、こちらを礼拝し返《かえ》している。広げていいえば、自分が誠実《せいじつ》そのものの心で人に接《せっ》していくとき、多くの場合、相手もまた、こちらの人格《じんかく》を尊重《そんちょう》するようになっていく。祈《いの》りが根本《こんぽん》にあれば、なおのことである。反対に、人を軽《かろ》んじれば、最終的《さいしゅうてき》には、自分も軽んじられ、人への憎悪《ぞうお》に染《そ》まった生命は、自分もまた憎《にく》まれる存在《そんざい》となろう。こうした人《じん》類《るい》の宿命的《しゅくめいてき》な悪循環《あくじゅんかん》にとどめをさし、人間の「相互《そうご》尊敬」と「共生《きょうせい》」への道を開《ひら》いていきたい。

――一九九二・六・一一

＊

不軽菩薩《ふきょうぼさつ》については、日蓮大聖人ご自身が**「不軽菩薩の跡《あと》を正しく受け継《つ》ぐ」**（九七四㌻）と仰《おお》せである。すなわち、不軽菩薩の実践《じっせん》は大聖人のご精神《せいしん》であり、そのお心を正しく受け継ぐべき私どもにとっても、行動の重要《じゅうよう》な範《はん》なのである。

大聖人は不軽菩薩の修行《しゅぎょう》について「松野殿御返《まつのどのごへん》事《じ》」に、わかりやすく、こう教《おし》えられている。

「過去《かこ》の不軽菩薩は『一切《いっさい》の衆生《しゅじょう》には、みな仏性《ぶっしょう》がある。法華経を持《たも》つならば必《かなら》ず成仏《じょうぶつ》する。その一切衆生を軽蔑《けいべつ》することは、仏《ほとけ》を軽蔑することになる』と言って、一切衆生に向《む》かって礼拝《らいはい》の行《ぎょう》を立てられたのである」（一三八二㌻）と。

〝人間を軽《かろ》んずることは、仏を軽んずることである〟――不軽菩薩の人間尊重《そんちょう》の行動は、法華経の深《しん》遠《えん》な生命観に裏《うら》づけられている。

――一九八九・一二・二〇

＊

「私たち凡夫《ぼんぷ》は、近《ちか》くにあるまつげと遠《とお》くにある虚空《こくう》（大空《おおぞら》）を見ることはできない。それと同じように、私たちの心の中に仏《ほとけ》がおられるのを知《し》らないでいたのである」（一四九一㌻）

今、ようやく人類《じんるい》の眼《まなこ》は、〝人間それ自身〟へと向《む》かい始《はじ》めた。その人間の「内《うち》なる生命」に、旭日《きょくじつ》の輝《かがや》く天空《てんくう》のごとき大境涯《だいきょうがい》が、限《かぎ》りなく、また永遠《えいえん》に広がっていることを、仏法は示《しめ》している。

私どもは、この哲理《てつり》を胸《むね》にいだきながら、一人の人間が、どれほど尊厳《そんげん》であるか、どれほど高貴《こうき》であるか、どれほど強靭《きょうじん》であるかを、この人生において証明《しょうめい》しぬいていきたい。

――一九九〇・九・五

＊

日蓮大聖人は、生命の尊《とうと》さについて、「生命というものは、一切《いっさい》の財宝《ざいほう》の中で第一の宝である。（中略）三千大千《さんぜんだいせん》世界（宇宙《うちゅう》）に満《み》ちた財宝であっても、生命に代《か》えることはできない」（一五九六㌻）と仰《おお》せになっている。

だれ人《びと》の生命も、平等《びょうどう》に無上《むじょう》の価値《かち》をもっている。僧《そう》は上で、信徒《しんと》は下、などと差別《さべつ》したり、蔑視《べっし》したりすることは、日蓮大聖人の仏法に完全《かんぜん》に反《はん》している。その生命の尊さの根源《こんげん》は、本来《ほんらい》、具《そな》わっている「仏《ほとけ》の生命」、すなわち確固《かっこ》たる〝ダイヤモンドの生命〟にあるといえよう。わが生命の内《うち》なるダイヤモンドを自覚《じかく》し、輝《かがや》かせるための仏法であり、信仰《しんこう》なのである。

――一九九三・三・七

＊

「不軽《ふきょう》とは一切衆生《いっさいしゅじょう》に本然的《ほんねんてき》に具《そな》わっている三因《さんいん》仏性《ぶっしょう》をさすのである」（七六四㌻）

三因仏性とは仏《ほとけ》になるべき三種《しゅ》の性分《しょうぶん》のことで、①「正因《しょういん》仏性」（一切衆生が本然的に具えている仏性）②「了因《りょういん》仏性」（仏性を覚知《かくち》していく智慧《ちえ》）③「縁因《えんいん》仏性」（仏性を開発《かいはつ》していく助縁《じょえん》）のことをいう。

つまり、不軽菩薩《ぼさつ》は、いかなる衆生にも三因仏性が具わっているとして、ひたすら礼拝《らいはい》の行《ぎょう》を続《つづ》けたわけであるが、日蓮大聖人は、「不軽」そのものが「三因仏性」という「尊《とうと》い仏の生命」を意味していることを教《おし》えられている。

いずれにしても「常不軽《じょうふきょう》」という言葉それ自体《じたい》、〝一個《いっこ》の生命は地球《ちきゅう》よりも重い〟という絶対的《ぜったいてき》な生命の尊厳《そんげん》を示唆《しさ》しているともいえよう。

――一九八九・一二・二〇

＊

日蓮大聖人は、人体《じんたい》に即《そく》して、私どもが小宇宙《しょううちゅう》であることを教《おし》えてくださっている。聞いたことのある人もおられると思うが、「総勘文抄《そうかんもんしょう》」に、妙楽《みょうらく》が天台《てんだい》の『摩訶止観《まかしかん》』を注釈《ちゅうしゃく》した弘決《ぐけつ》の一節《いっせつ》を引《ひ》かれ、**「頭《あたま》が丸《まる》いのは天《てん》が丸いことにかたどり（中略）、腹《はら》が温《あたた》かいのは春夏に、背中《せなか》が硬《かた》く冷《つめ》たいのは秋冬にのっとる。体《からだ》に天地《てんち》があり、四季《しき》がある」**（五六七ページ）と述《の》べられている。

さらに**「大きな関節《かんせつ》は十二。十二カ月を表《あらわ》す。小さな関節は三百六十。三百六十日を表す。息《いき》は風である」**（同）。静《しず》かな風のときもあるし、夫婦《ふうふ》げんかのときは台風《たいふう》となる。**「両眼《りょうがん》は太陽《たいよう》と月。髪《かみ》は星。眉《まゆ》は北斗《ほくと》七星《しちせい》。血流《けつりゅう》は川」**（同）。脳溢血《のういっけつ》は川の氾濫《はんらん》といえようか。**「肉《にく》は大地、皮膚《ひふ》は地面《じめん》、毛《け》は草木《くさき》や林。また二つの肺《はい》の間《あいだ》に心臓《しんぞう》があり、胸《むね》の蓮華《れんげ》を表す」**（同）――とも説《と》かれている。

わが身が即、大宇宙である。それが生命の根本《こんぽん》の法理《ほうり》である。ゆえに、妙法《みょうほう》を信じ、行《ぎょう》じるとき、事《じ》実《じつ》のうえで、大宇宙の無量《むりょう》の宝を、わが身の上に、そのまま開《ひら》き顕《あらわ》していけるのである。そこに「幸福」という結果《けっか》が生《う》まれる。反対に、妙法に逆《さか》らえば、宇宙のリズムから外《はず》れ、「不幸」という現象《げんしょう》が現《あらわ》れる。

ゆえに、信心があれば、この世《よ》で「最極《さいごく》の人生」が生きられる。これ以上はないという、すばらしき「絶対的幸福《ぜったいてきこうふく》」の自分自身となる。これが、釈尊《しゃくそん》の結論《けつろん》であり、日蓮大聖人の教えられた精髄《せいずい》である。「信心」こそが大切なのである。御書においても、結局《けっきょく》は、この大聖人直結《ちょっけつ》の正しき「信心」を教えられているのである。

――一九九四・二・六

〈人間主義〉

「上根《じょうこん》の人に対しても自分を卑下《ひげ》してはならない。下根《げこん》を見捨《みす》てないのが仏《ほとけ》の本懐《ほんかい》である。下根の人に対しても驕慢《きょうまん》であってはならない。上根の人でも得《とく》道《どう》の道から漏《も》れることがある」（四六六ページ）

牧口先生はこの御文《ごもん》を拝《はい》されて、「名門《めいもん》の人や高《こう》位《い》・高官《こうかん》だからといって、へつらうのも法を下《さ》げる。威張《いば》って、信用《しんよう》をなくすのも法を下げることになる」と言われた。
上根とは、仏法を信解《しんげ》し仏果《ぶっか》を成《じょう》じていくための素地《そじ》、機根《きこん》がととのっている人である。下根とは、そうした生命の素地が弱く、なかなか仏法を信解できない人のことをさしている。

この御文では、たとえ自分が下根だと思っても、卑下してはならない。仏が見捨てることはないからである。逆《ぎゃく》に上根であっても、驕慢な心になってしまっては、成仏《じょうぶつ》が叶《かな》わないこともある、と戒《いまし》められている。

この意義《いぎ》を拝されたうえで、牧口先生は、肩書《かたがき》や社会的地位《ちい》など表面的《ひょうめんてき》な世法《せほう》の次元《じげん》にとらわれて、へつらったり、反対に威張ったりしては、法を下げることになる、と厳《きび》しく指摘《してき》されたのである。ゆえに、学会のなかにおいても、幹部だから、社会的地位があるから、有名人だからといって、その人に対して変《へん》に従順《じゅうじゅん》になり、何も意見《いけん》が言えなくなるようではいけない。特別扱《とくべつあつか》いの人を絶対《ぜったい》につくってはならない。

「法」のために行動し、広布《こうふ》のために働《はたら》く人がもっとも偉《えら》いのである。その人にこそ三世《さんぜ》十方《じっぽう》の仏《ぶつ》・菩薩《ぼさつ》、諸天善神《しょてんぜんじん》の讃嘆《さんたん》がある。この、学会の永遠《えいえん》の変《か》わらざる精神《せいしん》を、断《だん》じて忘《わす》れないでいただきたい。

――一九八九・一〇・一二

＊

日蓮大聖人は、おごれる権力者《けんりょくしゃ》、平左衛門尉《へいのさえもんのじょう》に対し、次のように毅然《きぜん》と書き送《おく》っておられる。

「仏《ほとけ》がこの世《よ》に出現されたのは、ひとえに生きとし生けるものを救《すく》うためである」（一八三㌻）と。

何《なん》のために仏法はあるのか――。それは「不幸な民衆《みんしゅう》を救うため」である。「人間を幸福にするため」である。「社会を平和へ、安穏《あんのん》へと導《みちび》くため」である。

この仏法の原点《げんてん》から、大聖人は、民衆を脅《おど》し、恐《おそ》れさせていた権力者と戦《たたか》われたのである。

いちばん、偉《えら》いのはだれか。民衆を救う人である。民衆の幸福のために戦う人である。権力者が偉いのではない。有名人が偉いのではない。権力は魔《ま》性《しょう》である。民衆を利用《りよう》しようとする。民衆のために戦う人を封《ふう》じ込《こ》めようとする。こんな魔性に屈《くっ》しては断《だん》じてならない。戦いぬくのが、真《しん》の仏法者であり、日蓮大聖人直結《ちょっけつ》の門下《もんか》である。

——一九九三・一二・一六

*

日蓮仏法では、法華経の人間主義《しゅぎ》の哲学《てつがく》が全世界に広まっていくことは、**「普賢菩薩《ふげんぼさつ》の力《ちから》による」**（七八〇ジペー）と説《と》かれている。

広げて言えば、「普《あまね》く」「賢《かしこ》い」知性《ちせい》の力で、世界の広宣流布《こうせんるふ》は進んでいくと言える。知性という普遍《ふへん》的《てき》な場《ば》で理解《りかい》され、支持《しじ》されなければならない。

ともすれば、宗教《しゅうきょう》は独善《どくぜん》に陥《おちい》り、また教条主義《きょうじょうしゅぎ》に暴走《ぼうそう》してしまう。そうではなく、「教育《きょういく》」そして「文化」という普遍的な次元《じげん》に展開《てんかい》していかねばならない。これが仏法の正しい行き方である。その通《とお》りに、私は、世界の最高峰《さいこうほう》の英知《えいち》との対話《たいわ》を積《つ》み重《かさ》ねてきた。

——一九九九・一・一五

*

「われら煩悩《ぼんのう》に縛《しば》られた凡夫《ぼんぷ》が、たちまちに教主《きょうしゅ》釈尊《しゃくそん》と功徳《くどく》が等《ひと》しくなるのである。それは、凡夫が釈尊の功徳の全体《ぜんたい》を受け取《と》るからである。法華経（方便品《ほうべんぽん》）には『我《わ》が如《ごと》く等しくして異《ことな》ること無《な》からしめん』（自分〈仏《ほとけ》〉とまったく等しい境界《きょうがい》へ一切《いっさい》衆生《しゅじょう》を導《みちび》こう）と説《と》かれている。これは、法華経を信じ行《ぎょう》ずる人は、釈尊と等しいという経文《きょうもん》である」（一二一五ジペー）

人間を、民衆《みんしゅう》を、尊極《そんごく》の仏とまったく平等《びょうどう》な、自《じ》由自在《ゆうじざい》の福徳《ふくとく》の大境界へと高めていく。すべて「平等」の方向《ほうこう》へ、仏と衆生の「一体《いったい》」の方向へと導いていく——。これが法華経の精神《せいしん》である。御本仏の大慈悲《だいじひ》である。

これに対し、権威《けんい》によって人間を奴隷《どれい》にし、従《したが》わせ、利用《りよう》しようとするのが、宗教《しゅうきょう》の常《つね》であり、歴《れき》史《し》の現実であった。宗教の宿命《しゅくめい》ともいうべきその〝転倒《てんとう》〟〝悪逆《あくぎゃく》〟を、根本的《こんぽんてき》に打ち破《やぶ》られたのが日蓮大聖人であられた。私どもは、どこまでも大聖人の仰《おお》せどおりに進んでいきたい。

——一九九二・一・五

*

「そもそも妙法蓮華経とは、われら衆生《しゅじょう》の仏性《ぶっしょう》と、梵天《ぼんてん》や帝釈《たいしゃく》などの仏性と、舎利弗《しゃりほつ》や目連《もくれん》などの仏性と、文殊《もんじゅ》や弥勒《みろく》菩薩《ぼさつ》などの仏性と、三世《さんぜ》の諸仏《しょぶつ》が悟《さと》ったところの妙法《みょうほう》とが一体不二《いったいふに》である法理《ほうり》を、妙法蓮華経と名《な》づけたのである」(五五七ページ)

衆生の仏性も、仏・菩薩等の仏性も、仏が悟った妙法も、まったく「一体不二」である。それこそが「妙法蓮華経」なのであるとの仰《おお》せである。

いわば「平等《びょうどう》」こそが、「妙法蓮華経」の魂《たましい》なのである。いわんや、だれかの仏性は「特別《とくべつ》」であるとか、「上」であるとか、そんな差別《さべつ》はない。すべてが徹底《てってい》した平等観に貫《つらぬ》かれている。

——一九九二・一・一二

*

日蓮大聖人がつねに「釈尊《しゃくそん》に還《かえ》れ」と叫《さけ》ばれた理《り》由《ゆう》も、一つには、真言宗《しんごんしゅう》の「大日如来《だいにちにょらい》」とか、浄土《じょうど》宗《しゅう》の「阿弥陀《あみだ》如来」とか、現実の人間とかけ離《はな》れた存在《そんざい》を中心《ちゅうしん》にすることへの破折《はしゃく》であられたと考《かんが》えられる。

「(真言宗が〝大日如来の説法《せっぽう》〟を説《と》くのに対しては)大日如来の父母《ふぼ》と、生《う》まれた場所と、死んだ場所とを、くわしく議論《ぎろん》し、問《と》いなさい」(三八一ページ)

歴史的《れきしてき》に、一人の「人間」として生きた大日如来は存在しないではないか、「有名無実《うみょうむじつ》」(名《な》ばかりの架空《かくう》の存在)ではないかとの破折である。

「人間」ではない師匠《ししょう》では、「人間の道」を学《まな》べないではないか——。阿弥陀如来も同様《どうよう》に、現実の「人間」ではない。

その他、くわしくは論《ろん》じないが、大聖人は長い間《あいだ》に形骸化《けいがいか》した仏教を、仏教の原点《げんてん》(人の振《ふ》る舞《ま》い)へと戻《もど》そうとされたとも拝《はい》される。いわば「人間主義《しゅぎ》」「人間宗」への革命《かくめい》であったといえるかもしれない。

――一九九三・五・九

＊

「日蓮本仏論《ほんぶつろん》」の思想的《しそうてき》な意義《いぎ》は、一つには〝仏教の人間化〟にあったと拝《はい》される。

「諸法実相抄《しょほうじつそうしょう》」には、**「凡夫《ぼんぷ》は本体《ほんたい》としての三身《さんじん》であり、本仏である。仏《ほとけ》は、（本体の）働《はたら》きとしての三身であり、迹仏《しゃくぶつ》である」**（一三五八㌻）と仰《おお》せである。くわしくは論《ろん》じないが、日蓮大聖人の重要《じゅうよう》な法門《ほうもん》である「観心《かんじん》の本尊」も、「名字究竟《みょうじくきょう》」も、「等《とう》覚一転名字妙覚《かくいってんみょうじみょうかく》」も、**「凡夫即極《そくごく》」**（八二三㌻）も、〝仏教の人間化〟という観点《かんてん》から見るとき、その深《じん》義《ぎ》に、より迫《せま》れるかもしれない。

妙法《みょうほう》を信じ、行《ぎょう》じる「人間」こそが、「仏」だということである。妙法の「信心」にこそ「仏界《ぶっかい》」はあるということである。

――一九九四・五・二四

＊

「釈尊《しゃくそん》一代の八万聖教《はちまんせいきょう》も、三世十方《さんぜじっぽう》の諸仏菩薩《しょぶつぼさつ》もすべて、わが心の外にあるとは、ゆめゆめ思ってはならない。それゆえ、仏教を学《まな》ぶといっても、みずからの心の本性《ほんしょう》を観《かん》じなければ、まったく生死《しょうじ》の苦しみから離《はな》れることはできないのである。もし、わが心の外に道を求《もと》めて万行万善《まんぎょうまんぜん》を修《おさ》めようとするならば、たとえば貧しさに窮《きゅう》している人が、日夜《にちや》にわたって隣《となり》の人の財産《ざいさん》を数《かぞ》えたとしても、半銭《はんせん》の得分《とくぶん》もないようなものである」（三八三㌻）

多くの宗教《しゅうきょう》は、この人間の心から離れた、どこか別《べつ》のところに、すばらしい絶対者《ぜったいしゃ》が存在《そんざい》すると説《と》く。そして、「人間」と、その「心」を、そうした絶対的な権威《けんい》に服従《ふくじゅう》し、すがるべきものとして低《ひく》め、卑《いや》しんでいる。日蓮大聖人の仏法はそうではない。すべては、わが心にあり、「仏《ほとけ》」もわが心中《しんちゅう》にあると説かれる。その教えどおり、胸中《きょうちゅう》に、限《かぎ》りなく広々《ひろびろ》と光輝《こうき》満《み》つる大境涯《だいきょうがい》を開《ひら》きゆくための、日々の御本尊根本《こんぽん》の仏道修行《ぶつどうしゅぎょう》なのである。

大切なのは自分自身である。この自分という原点《げんてん》を見失《みうしな》い、自分の尊厳《そんげん》さを忘《わす》れ、何かに隷属《れいぞく》していくような弱々《よわよわ》しい卑屈《ひくつ》な生き方では、すべてが**「無《む》量《りょう》の苦行《くぎょう》」**（同）となってしまう。

――一九九一・六・八

＊

日蓮大聖人は一国《いっこく》の権力者《けんりょくしゃ》に対しても**「わずかばかりの小島《こじま》の主等《ぬし》」**（九一一ﾍﾟｰ）、**「ただの島《しま》の長《おさ》」**（一二六八ﾍﾟｰ）と仰《おお》せであられた。

私どもも、いかなる〝権威《けんい》の服《ふく》〟にも、頭《あたま》を下《さ》げる必要《ひつよう》はない。「人間」が基準《きじゅん》である。「信心」が基準である。立場《たちば》に傲《おご》る人々を、いたずらに増長《ぞうちょう》させては、たがいに不幸となる。どこまでも私どもは、大聖人の門下《もんか》らしく、堂々《どうどう》たる「心の王者《おうじゃ》」、信心の「無冠《むかん》の王者」の誇《ほこ》りで進んでまいりたい。

――一九八九・七・二七

＊

仏法は、一切衆生《いっさいしゅじょう》に本来具《ほんらいそな》わっている仏性《ぶっしょう》を開《ひら》かしめ、自覚《じかく》させ、成仏《じょうぶつ》させることが目的《もくてき》である。なかんずく法華経は、救《すく》うべき衆生に、何《なん》の差別《さべつ》も設《もう》けないのである。「平等《びょうどう》」を否定《ひてい》するのは、法華経の否定である。

日蓮大聖人は**「末法《まっぽう》において妙法蓮華経の五字を弘《ひろ》める者については、男女《だんじょ》の別《わ》け隔《へだ》てをしてはならない」**（一三六〇ﾍﾟｰ）と仰《おお》せになり、末法において妙法《みょうほう》を弘める者には、男女の差別がないことを明《めい》確《かく》にお示《しめ》しになられている。

この御書は、文永《ぶんえい》十年（一二七三年）五月のご述《じゅっ》作《さく》とされ、今から七百十八年前にしたためられている。中世《ちゅうせい》の封建的《ほうけんてき》な時代にあって、大聖人はすでに「法」を基準《きじゅん》に、徹底《てってい》して男女の平等を説《と》いておられたのである。

一例《いちれい》として、世界的に見ると、男女平等の思想《しそう》が大きく現《あらわ》れたのは、十七世紀《せいき》から十八世紀にかけてであり、さらに婦人参政権《さんせいけん》の獲得運動《かくとくうんどう》が起《お》こったのが、十九世紀に入ってからである。そして、実際《じっさい》に婦人が国政選挙《こくせいせんきょ》において男性《だんせい》と平等の参政権を獲得したのは、最《もっと》も早いニュージーランドで一八九三年、イギリスが一九一八年、アメリカが一九二〇年、日本では一九四五年である。

こうした歴史《れきし》を考《かんが》えると、大聖人が十三世紀にして男女平等を説かれたことの先駆性《せんくせい》、仏法の平等主《しゅ》義《ぎ》、人間主義の偉大《いだい》さが、あらためて実感《じっかん》される。

——一九九一・九・二三

*

仏法では、**「桜《さくら》は桜、梅《うめ》は梅、桃《もも》は桃、李《すもも》は李と、それぞれの当体《とうたい》を改《あらた》めず（そのままの姿《すがた》で個性《こせい》を生かしきっていく）」**（七八四ページ）と説《と》く。それぞれの個性を最大に尊重《そんちょう》して、最大に花を咲《さ》かせていく。そして色とりどりの花々《はなばな》が美《び》を競《きそ》い、香《かお》りを競いながら、全体《ぜんたい》として見事《みごと》な調和《ちょうわ》の花園《はなぞの》となっていく——ここに絢爛《けんらん》たる仏法ルネサンスの開花《かいか》がある。広げていえば、国と国、またそれぞれの文化を、最大に尊敬《そんけい》し、対等《たいとう》、平等《びょうどう》の心で友情《ゆうじょう》を結《むす》んでいく——これが、私どものめざす人間主義《しゅぎ》の連帯《れんたい》である。

——一九九二・六・二

世界宗教

「仏法以外の教典《きょうてん》、また仏法の小乗教《しょうじょうきょう》や権《ごん》大乗教等は、すべて己心《こしん》（わが生命）の法の一部《いちぶ》分《ぶん》を説《と》いている。しかし法華経のようには説いていない」（一四七三ページ）

法華経は生命の全体観《ぜんたいかん》を説き、他は部分観にすぎないとの言《げん》と拝《はい》される。

あらゆる川は海にあこがれ、滔々《とうとう》と流《なが》れ込《こ》む。同《どう》様《よう》に、部分観は全体観、根本的哲学《こんぽんてきてつがく》を志向《しこう》する。現代世界の最先端《さいせんたん》の思想家《しそうか》、学者《がくしゃ》等が、正法《しょうほう》を行《ぎょう》じる私どもに着目《ちゃくもく》し、会《あ》うことを求《もと》めてくる。深《ふか》い理解《りかい》と期待《きたい》を寄《よ》せてくる。私も、そうした方々《かたがた》とできる限《かぎ》りお会いし、率直《そっちょく》に語《かた》り合ってきた。こうした世界的動き自体《じたい》、私どもが、**「法華経の一字《じ》は大海《たいかい》のようである。あらゆる川の流れを納《おさ》める」**（一二六三ページ）との御金言《ごきんげん》を正しく実践《じっせん》している一つの証左《しょうさ》といえよう。

日蓮大聖人の「大海の仏法」はあらゆる優《すぐ》れた思《し》想《そう》、哲学《てつがく》を包含《ほうがん》している。決《けっ》して排他的《はいたてき》な、また偏《へん》狭《きょう》なものではない。先駆的《せんくてき》な各分野《かくぶんや》の学問《がくもん》の成果《せいか》も、すべて妙法《みょうほう》を証明《しょうめい》していくことになるのである。さまざまな川も、海に入れば、一つの海の味《あじ》になるように、人類《じんるい》の根本的幸福へと、それらは仏法の一分《いちぶん》として使《つか》われ、生かされていく。

さらに、**「妙法は『四天下《してんげ》（全世界）を照《て》らす』太陽《たいよう》であり、月である」**（同）と仰《おお》せである。

地域《ちいき》や民族《みんぞく》の違《ちが》いにかかわりなく、日月《にちがつ》は人々を照らす。「平等《びょうどう》」である。一部の人々のみ照らす日月などない。国境《こっきょう》、民族、イデオロギー、階層《かいそう》等の差別《さべつ》を超《こ》え、また時代を超えて、「全人類」を救《すく》い、永遠《えいえん》に栄《さか》えさせていく。「全世界」のための仏法が大聖人の仏法である。

この御金言どおり、「全人類」「全世界」に、妙法の「日月」の大光《たいこう》を届《とど》けたのは、わが創価学会である。この短《みじか》い御文《ごもん》からも、私どもの前進《ぜんしん》の正しさを確信《かくしん》していただきたい。――一九九一・四・一二

＊

「この御本尊は、まったくよそに求《もと》めてはならない。ただ、われら衆生《しゅじょう》が法華経を受持《じゅじ》し、南無妙法蓮華経と唱《とな》える胸中《きょうちゅう》の肉団《にくだん》においでになる。これを『九識心王真如《くしきしんのうしんにょ》の都《みやこ》』（仏界《ぶっかい》の尊極《そんごく》の生命）というのである」（一二四四ページ）

日蓮大聖人の仏法は、御本尊を信ずる「人間」を、一切《いっさい》の差別《さべつ》なく、最極《さいごく》の尊体《そんたい》とみる。全人類《ぜんじんるい》に平等《びょうどう》の「世界宗教《しゅうきょう》」たるゆえんがここにある。そして、この御本尊は、信仰者《しんこうしゃ》の〝内《うち》〟にあると示《しめ》され、「まったくよそに求《もと》めてはならない」と仰《おお》せである。当然《とうぜん》、〝どこか〟に行かなければ成仏《じょうぶつ》しないというのは、大聖人のお教《おし》えではない。

御本尊を拝《はい》する〝その人〟が〝その場で〟仏《ほとけ》となる。今、自分のいる場所で、自分を最高に輝《かがや》かせながら、家庭《かてい》のために、社会のために、そして人類のために、活躍《かつやく》していけるのが「妙法《みょうほう》」である。したがって私どもは、どこまでも御本尊を根本《こんぽん》にしてい

けばよい。信行《しんぎょう》に励《はげ》む自分自身が、胸中に御本尊おわします妙法の当体《とうたい》であり、高貴《こうき》なる存在《そんざい》であることを確信《かくしん》して、晴《は》ればれと進んでいけばよい。

――一九九一・九・三

＊

「（十界《じっかい》の諸法《しょほう》がことごとく生死《しょうじ》の二法であり、妙法《みょうほう》の当体《とうたい》であるから）五百塵点劫《ごひゃくじんてんごう》という久遠《くおん》の昔《むかし》に成道《じょうどう》した釈尊《しゃくそん》（再往《さいおう》は日蓮大聖人）と、すべての衆《しゅ》生《じょう》を成仏《じょうぶつ》させる法華経（再往は御本尊）と、われら衆生との三つは、まったく差別《さべつ》がないと信解《しんげ》して妙法蓮華経と唱《とな》えたてまつるところを生死一大事《いちだいじ》の血《けつ》脈《みゃく》というのである。このことは、日蓮の弟子《でし》檀那《だんな》等の肝要《かんよう》である。法華経を持《たも》つとは、このことをいうのである」（一三三七㌻）

「全《まった》く差別無《な》し」――。日蓮大聖人は、仏《ほとけ》と衆生との「絶対《ぜったい》の平等《びょうどう》」をお示《しめ》しくださっている。このことを信解して妙法を唱えるのが「弟子檀那等の肝要」であり、「法華経を持つ」ことであり、「生死一大事の血脈」もここにある、と。その他の仰《おお》せからも、一切《いっさい》衆生の「平等」が徹底《てってい》して説《と》かれていることこそ、法華経の教《おし》えの「肝要」なのである。

――一九九一・九・三

＊

いうまでもなく、日蓮大聖人の仏法は「世界宗《しゅう》教《きょう》」である。必《かなら》ず、全世界に弘《ひろ》まり人類《じんるい》を救《すく》っていく。このことは、大聖人ご自身が明確《めいかく》に断言《だんげん》しておられる。

たとえば、大聖人は「大集経《だいしゅうきょう》に予言《よげん》された、末《まっ》法《ぽう》に入って釈尊《しゃくそん》の正法《しょうほう》（白法《びゃくほう》）の功徳《くどく》が失《うしな》われた時の次に、法華経の大白法（日蓮大聖人の仏法）が、日本国ならびに全世界に広宣流布《こうせんるふ》することも、疑《うたが》いないのである」（二六五㌻）と仰《おお》せになっておられる。

――一九九二・二・九

＊

仏伝《ぶつでん》によれば、釈尊《しゃくそん》は、「実《じつ》に〈さあ来なさい〉〈よく来たね〉と語《かた》る人であり、親《した》しみあることばを語り、喜《よろこ》びをもって接《せっ》し、しかめ面《つら》をしないで、顔色《かおいろ》はればれとし、自分のほうから先《さき》に話しかける人である」（中村元「ゴータマ・ブッダⅡ」『中村元選集』第十二巻所収、春秋社）と——。

こうした釈尊の人間性の輝《かがや》きがなければ、仏教は、世界宗教《しゅうきょう》として人々を照《て》らすことはできなかったであろう。

日蓮大聖人は、**「教主釈尊《きょうしゅしゃくそん》がこの世《よ》に出現された根本《こんぽん》の目的《もくてき》は、人間としての正しき振《ふ》る舞《ま》いを教《おし》えられることであった。もったいないことである。賢《かしこ》い振る舞いを人といい、愚《おろ》かな振る舞いを畜生《ちくしょう》というのである」**（一一七四ページ）と仰《おお》せである。どうか、皆さまは、さらに仏法の「人間主義《しゅぎ》」「文化《ぶんか》主義」「平和《へいわ》主義」の旗《はた》を高く掲《かか》げ、お一人お一人が偉大《いだい》なる〝人格《じんかく》の王者《おうじゃ》〟となっていただきたい。

——一九九二・二・八

＊

「一切《いっさい》のことは、国により時による。仏法を行《ぎょう》ずる者は、この道理《どうり》をわきまえていくべきである」
（一五七九ページ）

私は、この点にもっとも留意《りゅうい》しながら、行動し、対話《たいわ》してきた。会員《かいいん》の皆さま方が安心《あんしん》して活動に励《はげ》めるよう、力《ちから》をつくし、最大に心をくばってきたつもりである。

——一九八八・二・一九

＊

「日蓮は、いかなる宗《しゅう》の元祖《がんそ》でもない。また、その流れをくむ者でもない」（一二三九ページ）

この御文《ごもん》には、さまざまな深意《しんい》が拝《はい》されるが、日蓮大聖人の「立宗《りっしゅう》」は、いわゆる一宗一派《いっしゅういっぱ》にとらわれた、小さな目的《もくてき》のためではなかった。全民衆《ぜんみんしゅう》の幸福のための「民衆仏法」、全人類《ぜんじんるい》の平和のための、いわば「人類仏法」を、敢然《かんぜん》と教《おし》えられたのである。

——一九九二・四・二八

＊

「仏陀《ぶつだ》（釈尊《しゃくそん》）はすでに仏法を王法《おうほう》に付嘱《ふぞく》なされた。したがって、たとえ聖人《しょうにん》・賢人《けんじん》である智者《ちしゃ》であっても、王《おう》に従《したが》わなければ仏法は流布《るふ》しない。あるいは、後には流布するにしても、初《はじ》めには必《かなら》ず大難《だいなん》が来る」（一一一九ページ）

仏法で説《と》く「守護《しゅご》付嘱」、すなわち仏《ほとけ》が「出家《しゅっけ》」に対してではなく、社会のリーダーたる「在家《ざいけ》」に法を付嘱して、仏法を守護、弘通《ぐつう》せしめられた重《じゅう》大《だい》な意義《いぎ》を説かれている。

この御書に仰《おお》せの「王法」「王」とは、現代にあっては現実社会のリーダー、根本的《こんぽんてき》には民衆《みんしゅう》のことといえよう。社会に根《ね》を張《は》り、社会に共感《きょうかん》を広げていくことが、どれほど大切か。いかに仏法が正しいといっても、その国の社会のリーダーから理解《りかい》もされず、また民衆から反発《はんぱつ》されてしまえば、絶対《ぜったい》に弘《ひろ》めることはできない。また大弾圧《だいだんあつ》を受けて壊滅《かいめつ》させられてしまう。

もとより、私一人が難を受けることなど、少しも恐《おそ》れない。臆病《おくびょう》な妥協《だきょう》など絶対にしない。事実これまでも、大難また大難の連続《れんぞく》であった。

しかし、大切な仏子《ぶっし》である皆さまを苦しめることだけは、絶対できない。皆さまが安心《あんしん》して、伸《の》び伸びと進んでいけるようにお守《まも》りする。これが私の決《けつ》心《しん》である。またそれが、事実のうえで「法」を守ることにも通《つう》じる。

そして、社会に仏法への理解と共感が広がれば広がるほど、その国に人間性が潤《うるお》い、新《あら》たな活力《かつりょく》が生まれ、福徳《ふくとく》もぐんぐん増《ま》していく。国が栄《さか》えていく。

――一九九二・二・一六

人間社会

「この世《よ》から、悲惨《ひさん》の二字をなくしたい」――戸田先生の正義《せいぎ》の大音声《だいおんじょう》であった。正法《しょうほう》を掲《かか》げ、創価学会は、この決心《けっしん》で立ち上がった。

そして「法のため」「広宣流布《こうせんるふ》のため」「不幸な人々のために」、わが身を削《けず》って戦《たたか》った。走りぬいた。母が子を思うような心で、人々を慈愛《じあい》でつつみ、真心《まごころ》で祈《いの》り、尽《つ》くした。これが皆さまである。

わが創価学会の真実《しんじつ》である。

御本仏は**「すべての衆生《しゅじょう》が受ける、それぞれ異《こと》なる苦しみは、ことごとく日蓮一人の苦しみである」**（七五八ジペー）と仰《おお》せである。

なんという大慈大悲《だいじだいひ》であろうか。この仰せを拝《はい》するとき、人をおとしいれるような無慈悲な振《ふ》る舞《ま》いがあれば、いかに御本仏の門下《もんか》としての「道」を外《はず》れていることか、あまりにも明白《めいはく》である。

わが仏勅《ぶっちょく》の学会は、この大慈大悲を仰《あお》いで、民衆《みんしゅう》の**「異なる苦しみ」**（五八七ジペー）、そして**「同一《どういつ》にうける苦しみ」**（同）の打開《だかい》への献身《けんしん》を続《つづ》けてきたのである。

――一九九一・三・四

*

仏法では、**「何事《なにごと》にも〝兆《きざ》し〟があり、〝現《あらわ》れ〟がある」**（一一四〇ジペー）と説《と》く。善《よ》きにつけ、悪《あ》しきにつけ――。その小さな〝兆し〟を敏感《びんかん》に察知《さっち》して、悪《わる》い芽《め》は摘《つ》み、善い芽は伸《の》ばす。その人が賢者《けんじゃ》であり、勝利者となる。

愚《おろ》かであってはならない。「法華経」には「智慧《ちえ》聡達《そうだつ》」（法華経四八四ジペー）と説かれる。（寿量品《じゅりょうほん》の〝良《りょう》医《い》病子《びょうし》の譬《たとえ》〟で、良医が「智慧聡達」と説かれる。智慧が世法《せほう》仏法にわたり、聡明《そうめい》で、人心《じんしん》の深《ふか》い機微《きび》に通《つう》達《たつ》していること）

鋭敏《えいびん》で、思慮《しりょ》深《ぶか》い「知恵《ちえ》の人」であっていただきたい。そして、何があってもへこたれない「努力《どりょく》の人」「忍耐《にんたい》の人」であっていただきたい。その人が勝利する。この連戦連勝《れんせんれんしょう》の兵法《へいほう》を教《おし》えたのが「法華経」である。

――一九九一・二・一七

*

「仏法というのは道理《どうり》である。道理というのは、主君《しゅくん》という権力者《けんりょくしゃ》にも、勝つものである」（一一六九ジペー）

これは、四条金吾《しじょうきんご》が、同僚《どうりょう》から讒言《ざんげん》され、信仰《しんこう》をやめよと主君から迫《せま》られて、最大の苦境《くきょう》におちいっていた時、大確信《だいかくしん》をもって激励《げきれい》されたお言葉である。その後、間《ま》もなく、主君も、金吾を讒言した同僚たちも、当時流行《とうじりゅうこう》していた病《やまい》に倒《たお》れている。日蓮大聖人は、十羅刹女《じゅうらせつにょ》が金吾を助《たす》けるために、この病が起《お》きたのであろう、とされている。医療《いりょう》の心得《こころえ》があった金吾は、その主君の病を治療《ちりょう》し、救《すく》う。そして、ちょうど一年後には、主君の信用《しんよう》も以前《いぜん》にも増《ま》し、所領《しょりょう》も三倍《ばい》になるという、大勝利の実証《じっしょう》の姿《すがた》を示《しめ》している。

強盛《ごうじょう》な信心さえあれば、〝最大の困難《こんなん》〟の時こそ、〝最大のチャンス〟である。偉大《いだい》な変毒為薬《へんどくいやく》がなされ、福運《ふくうん》を無量《むりょう》に積《つ》みゆくことができる。ゆえに、何が起ころうとも、心配《しんぱい》することはない。いよいよ「信心」を奮《ふる》い起こせばよいのである。

——一九九一・一〇・一七

*

「日蓮は中央《ちゅうおう》の都《みやこ》の者でもない。地方《ちほう》の将軍《しょうぐん》等の有力者《ゆうりょくしゃ》の子息《しそく》でもない。都から遠《とお》く離《はな》れた国の庶民《しょみん》の子である」（一三三二㌻）

日蓮大聖人は、このように堂々《どうどう》と、また淡々《たんたん》と述《の》べておられる。こういう御文《ごもん》を拝《はい》すると、私ども庶民は本当にホッとする。また感動《かんどう》する。みな庶民である。特別《とくべつ》良い家柄《いえがら》の出でもない。

所詮《しょせん》、人間の九十九パーセント以上は、名《な》もなき平凡《へいぼん》な庶民である。民衆《みんしゅう》である。この民衆を、現実に、どう幸福にしきっていくのか。この一点をはずして仏法はない。日蓮大聖人は、権威《けんい》や権力《けんりょく》とまっこうから対峙《たいじ》しゆく民衆のなかに、みずからご聖誕《せいたん》になられた。この事実自体《じたい》、〝民衆の仏法〟としての深《ふか》い意義《いぎ》が拝される。

——一九八八・五・二二

*

日蓮大聖人は、指導者《しどうしゃ》が「親《おや》」として敬《うやま》うべきものとして、「民《たみ》」とともに、あるものをあげられている。それは「道理《どうり》」である。

「国主《こくしゅ》は正しき道理を親として従《したが》い、誤《あやま》った考《かんが》えを敵《てき》として排除《はいじょ》する人であるべきではないか」（一五二四㌻）と仰《おお》せになっている。

指導者は、人数《にんずう》の多さとか、時の勢《いきお》いとか、ましてや自分の利害《りがい》などを〝親〟として従ってはならない。それが正しい道理にかなっているかどうか、それを根本《こんぽん》として、現実を見きわめ、判断《はんだん》していくべきである。だれが何《なん》と言おうとも、非《ひ》は非とし、「敵」として排除すべきである。絶対《ぜったい》に従ってはならない、との指導者論である。

　ここには重大《じゅうだい》な意味がある。すなわち「民を親とする」民主主義《みんしゅしゅぎ》の原則《げんそく》も、たんなる〝数《かず》の暴力《ぼうりょく》〟や、〝権利《けんり》の乱用《らんよう》〟〝自由《じゆう》の乱用〟におちいっては、衆愚《しゅうぐ》の社会となり、崩壊《ほうかい》していく。社会の根底《こんてい》に、「正しき道理に従う」という大原則《だいげんそく》がなければ、〝民主〟を貫《つらぬ》くことすらできなくなる。

　たとえば「言論《げんろん》の自由」にしても、その権利を、正しき道理に基《もと》づいて使《つか》っていくのでなければ、人《じん》権《けん》を無視《むし》した「言論の暴力」がまかり通《とお》ることになりかねない。

　結局《けっきょく》、心ある人々の信用《しんよう》を失《うしな》って、先人《せんじん》の尊《とうと》き血《ち》と努力《どりょく》の結晶《けっしょう》である「自由」を貶《おとし》め、民衆《みんしゅう》の「権利」をも狭《せば》める口実《こうじつ》を権力《けんりょく》にあたえてしまう。

　自分で自分の首を絞《し》めているようなものである。

また親の築《きず》いた財産《ざいさん》（権利）を守《まも》るどころか、それを浪費《ろうひ》し、食《く》いつぶしている子どもにもたとえられるのではないだろうか。あるいは、自分が努力して、つかみとった「権利」ではなく、いわば〝与《あた》えられた自由〟であるゆえに、大切にしないのであろうか――。

――一九八九・一一・一八

*

釈尊《しゃくそん》が、人間としての「道」を説《と》いたにもかかわらず、仏教はしだいに「人間自身」を離《はな》れて、形骸《けいがい》化《か》し、呪術《じゅじゅつ》（神《かみ》だのみ的信仰《てきしんこう》）化《か》していった。そのことは、だれよりも人間として立派《りっぱ》な人生を送《おく》るべき聖職者《せいしょくしゃ》（僧侶《そうりょ》）が、かえって、いちばん「人間の道」をはずれた存在《そんざい》となっていったことに、端的《たんてき》に表《あらわ》れている。

　釈尊自身は、当時《とうじ》の儀式化《ぎしきか》した既成宗教《きせいしゅうきょう》を破折《はしゃく》し、「人間の生き方」を説いた。しかし、その釈尊の教《おし》えも同じ転落《てんらく》の道を歩《あゆ》んだわけである。

　それが極《きわ》まったのが末法《まっぽう》である。日蓮大聖人は、このとき出現されたのである。

大聖人の有名な御金言《ごきんげん》に**「教主《きょうしゅ》釈尊の出世《しゅつせ》の本懐《ほんかい》（世に出現した究極《きゅうきょく》の目的《もくてき》）は、人として振《ふ》る舞《ま》う道を説くことであった」**（一一七四ページ）とある。

これは、儀式化し、形式化《けいしきか》した当時の仏教からすれば、仏教の「原点《げんてん》」に引《ひ》き戻《もど》す〝コペルニクス的転回《てんかい》〟（コペルニクスが天動説《てんどうせつ》から地動説《ちどうせつ》へと変《か》えたような百八十度の転回）ともいうべき革新的《かくしんてき》な仰《おお》せであったと拝《はい》される。「人の振る舞い」を示《しめ》すことこそが仏法の真髄《しんずい》である。教主釈尊が出現された真《しん》の目的である。そこから外《はず》れた教えは、すべて枝葉《えだは》であるとのお言葉と拝される。

――一九九三・五・九

*

世界がどう見えるか。また人生がどのように感《かん》じられるか。それは、ひとえに一人一人の境界《きょうがい》世界によって決《き》まる。

御書には、**「餓鬼《がき》は恒河《ごうが》を火と見、人間は水と見、天人《てんにん》は甘露《かんろ》と見る。水は同じでも見る者の果報《かほう》によって別々《べつべつ》に見える」**（一〇二五ページ）と仰《おお》せである。

同じ恒河（ガンジス川）の水でも、餓鬼道の者には火と見え、人間には水、そして天人には甘露と見える。見る者の果報によって、まったく見え方がちがうのである。果報とは、過去《かこ》の業因《ごういん》によってもたらされた、現在の生命境涯《きょうがい》である。その生命のあり方そのものが、外界《がいかい》の世界の見え方、感じ方を決めていく。

同じ境遇《きょうぐう》でも、幸福を満喫《まんきつ》する人がいる。また耐《た》えがたい不幸を感じる人もいる。同じ国土《こくど》にいても、すばらしき天地《てんち》としてわが地域《ちいき》をこよなく愛《あい》する人もいれば、現在の住処《じゅうしょ》を嫌《きら》い、他土《たど》ばかりに目を向《む》ける人もいる。

仏法は、その自身の境界世界を高めながら、確《たし》かなる幸福と社会の繁栄《はんえい》を築《きず》いていくための〝法〟である。さらに国土自体《じたい》をも、「常寂光土《じょうじゃっこうど》」へと転換《てんかん》していける「事《じ》の一念三千《いちねんさんぜん》」の〝大法《だいほう》〟なのである。

――一九八八・三・二四

*

「われわれが生老病死《しょうろうびょうし》という人生の苦しみに際《さい》して、南無妙法蓮華経と唱《とな》えていくならば、妙法《みょうほう》に荘《そう》厳《ごん》された生命となり、常楽我浄《じょうらくがじょう》という四徳《しとく》のふくよかな芳香《ほうこう》を漂《ただよ》わせることができる」（七四〇ページ）

四徳とは、人間として最高の境地《きょうち》であり、絶対的《ぜったいてき》な自由《じゆう》、幸福を表示《ひょうじ》している。

「我」は、「真実《しんじつ》の自己《じこ》」つまり「大我《たいが》」が享受《きょうじゅ》する、宇宙大《うちゅうだい》の自由の境涯《きょうがい》といってよい。「常」とは、不断《ふだん》に革新《かくしん》しゆく生《せい》の躍動《やくどう》であり、あらゆる行き詰《づ》まりを打破《だは》していく、生命の創造的《そうぞうてき》な進化《しんか》ともいえる。また「浄」とは、大いなる生命の力《ちから》の奔流《ほんりゅう》によって、小我による狭《せま》いエゴイズムの汚濁《おじょく》を浄化《じょうか》する働《はたら》きである。そして「楽」とは、瞬間《しゅんかん》瞬間、ダイナミックに律動《りつどう》する生命の歓喜《かんき》であり、周囲《しゅうい》の人々にも喜《よろこ》びをあたえゆく円満《えんまん》なる人格《じんかく》にも通《つう》ずる。

こうして妙法に照《て》らされた人格は、宇宙大の自由をはらむ「大我」の境地に立脚《りっきゃく》して、「小我」のエゴイスティックな方向《ほうこう》に凝集《ぎょうしゅう》していた欲望《よくぼう》のエネルギー（煩悩《ぼんのう》）をも、質的《しってき》に転換《てんかん》していく。つまり、煩悩のエネルギーをも輝《かがや》ける英知《えいち》と慈悲《じひ》へ昇華《しょうか》しつつ、他者《たしゃ》や共同体《きょうどうたい》、社会など、個人《こじん》を超《こ》えた次元《げん》へと力強《ちからづよ》く立ち向《む》かっていくのである。

ここに「煩悩即菩提《ぼんのうそくぼだい》」の法理《ほうり》があり、「理想《りそう》社会の建設《けんせつ》」に取《と》り組《く》みながら、自他《じた》ともに真実の「人間完成《かんせい》」をめざしゆく道が、広々《ひろびろ》と、また晴《は》ればれと開《ひら》かれている。

——一九八九・五・二八

*

「五節供《ごせっく》の由来《ゆらい》を考《かんが》えると、妙法蓮華経の五字《じ》に由来する祭《まつ》りである」（一〇七〇ページ）

すなわち**「正月《しょうがつ》（一月七日）は妙《みょう》の一字の祭りで天照太神《てんしょうだいじん》を歳《とし》の神《かみ》とする。三月三日は法の一字の祭りで、辰《たつ》をもって神とする。五月五日は蓮《れん》の一字の祭りで、午《うま》をもって神とする。七月七日は華《け》の一字の祭りで、申《さる》をもって神とする。九月九日は経《きょう》の一字の祭りで、戌《いぬ》をもって神とする」**（同）と示《しめ》されている。

日蓮大聖人は、結論《けつろん》して「このように心得《こころえ》て南無妙法蓮華経と唱《とな》えていきなさい。現世《げんせ》は安穏《あんのん》であり、後世《こうせい》（来世《らいせ》）は善《よ》きところに生《う》まれることは疑《うたが》いない」（同）と仰《おお》せである。

五節供の意義《いぎ》といっても、全部《ぜんぶ》、妙法《みょうほう》のなかに含《ふく》まれている。ゆえに妙法を根本《こんぽん》に生きている私どもこそ、正月などの四季折々《しきおりおり》をも、最高に有意義《ゆういぎ》に迎《むか》えることができる。季節《きせつ》の彩《いろど》りを心豊《こころゆた》かに味《あじ》わいながら、健康《けんこう》にして幸福な人生のリズムを自然《しぜん》のうちにつくっていける。

現世も悠々《ゆうゆう》と楽しく、そして来世も御本尊のもと、すばらしい境涯《きょうがい》に生まれる――永遠《えいえん》に〝歓喜《かんき》の世界〟が続《つづ》くのである。反対に、広布《こうふ》に生きる仏子《ぶっし》を利用《りよう》したり、圧迫《あっぱく》する者は、永遠に苦悩《くのう》の境涯へと転落《てんらく》していく。これが大聖人の教《おし》えられた厳《きび》しき因果《いんが》の裁《さば》きである。

――一九九〇・一二・二四

*

現代でも、世間《せけん》では正月《しょうがつ》、初詣《はつもう》でに大勢《おおぜい》の人が行くが、そのかなり多くに厄除《やくよ》けの祈願《きがん》がある。それほど「厄」は今もって人々の心に根《ね》をおろしているようだ。しかし、こうした祈願について日蓮大聖人は「祈禱抄《きとうしょう》」で、次のように厳《きび》しく仰《おお》せである。

「法華経に背《そむ》いて、真言《しんごん》や禅《ぜん》や念仏《ねんぶつ》等の邪師《じゃし》につきしたがって、いかに多くの善根《ぜんこん》を積《つ》んだとしても、それは決《けっ》して仏意《ぶつい》にかなうものではない。また神慮《しんりょ》にも違《たが》うものであるから、よくよく考《かんが》えねばならない」（一三五五㌻）と。

「厄除け」といっても、妙法《みょうほう》以外の邪法《じゃほう》・邪師にその解決《かいけつ》を求《もと》めても、決して可能《かのう》にはならない。むしろ、邪法・邪師によればよるほど悪業《あくごう》を積むことになり、「厄」を除《のぞ》くどころか、災難《さいなん》をますます深《ふか》めていくのである。

そして大聖人は「そもそも人間に生《せい》を得《え》るとは、じつにまれなことである。たまたま生を受けたかけがえのない人生でありながら、法の正邪《せいじゃ》を深く追究《ついきゅう》して、未来《みらい》の成仏《じょうぶつ》を願《ねが》い求めようとしないことは、かえすがえす残念《ざんねん》でならない」（同）と。

まことに、深く思索《しさく》せねばならない御文《ごもん》である。

――一九八八・四・一〇

＊

門下《もんか》のなかには、厄年《やくどし》であるがゆえに、浅《あさ》からぬ不安《ふあん》をいだいている者もいた。日蓮大聖人は、そうした人たちに、種々《しゅじゅ》、あたたかな指導《しどう》、激励《げきれい》をされている。たとえば、四条金吾夫人《しじょうきんごふじん》の日眼女《にちげんにょ》が三十三歳《さい》の〝厄年〟にあった折《おり》、大聖人は、次のように励《はげ》まされている。

「あなたの三十三歳の厄は、転《てん》じて三十三の福《ふく》となるだろう。仏典《ぶってん》にある『七難《しちなん》すなわち滅《めつ》し、七福すなわち生《しょう》ず』とは、このことである。年《とし》は若返《わかがえ》り、福は重《かさ》なるだろう」（一一三五ページ）と。

妙法《みょうほう》を受持《じゅじ》する私どもにとっては、いわゆる〝厄年〟にあっても、その災《わざわ》いは限《かぎ》りない福徳《ふくとく》へと転換《てんかん》していくことができる。信行《しんぎょう》の実践《じっせん》に励《はげ》んでいくならば、汲《く》めどもつきぬ「若さ」を涌現《ゆげん》させ、永遠《えいえん》の「福徳」を積《つ》むことができるとの仰《おお》せである。ただ、信心の厚薄《こうはく》こそ肝心《かんじん》なのである。

――一九八八・四・一〇

＊

日蓮大聖人はお手紙《てがみ》の中で、厄年《やくどし》が由来《ゆらい》する中国《ちゅうごく》の伝説《でんせつ》や、また厄年に関《かん》する世間一般《せけんいっぱん》の考《かんが》え方《かた》などに、種々《しゅじゅ》ふれられている。厄年は、あくまで伝説や神話《しんわ》に由来するものであり、確《たし》かな論拠《ろんきょ》があるものではない。むろん、仏法で説《と》かれたものでもない。それなのに、大聖人がこのようにわざわざ言及《げんきゅう》されたのは、なぜか。その点について、御書には次のように仰《おお》せである。

「私の法門《ほうもん》は、四悉檀《ししつだん》を心にかけて教《おし》え弘《ひろ》めるならば、かならずしも成仏《じょうぶつ》するための根本《こんぽん》の法理《ほうり》に反《はん》しない限《かぎ》り、しばらくは世間の普通《ふつう》の道理《どうり》を用《もち》いるべきであろう」（一〇一五ページ）

つまり、仏法では、衆生《しゅじょう》を教化《きょうけ》する四つの方法《ほうほう》として「世界悉檀」「為人《いにん》悉檀」「対治《たいじ》悉檀」「第一義《だいいちぎ》悉檀」の四悉檀が説かれ、あるていどは、世間的《せけんてき》な願望《がんぼう》や人々の機根《きこん》にしたがって弘教《ぐきょう》を進める方軌《ほうき》が明《あ》かされている。大聖人の法門では、この四悉檀を心がけているから、強《し》いて、成仏という根本の法理に違《たが》わなければ、世間の普通の義《ぎ》をも、一応《いちおう》は用いる、とのご指南《しなん》である。

世《せ》法即《ほうそく》仏法であり、信心即生活である。仏法は、決《けっ》して社会の現実から遠《とお》く離《はな》れたところにあるのではない。大聖人は、社会の潮流《ちょうりゅう》や人々の苦悩《くのう》、願望を的確《てきかく》に見極《みきわ》められ、そのうえで自在《じざい》に法を説かれ、弘教を進められた。こうしたお振《ふ》る舞《ま》いは、御本仏の無量《むりょう》の智慧《ちえ》と大慈大悲《だいじだいひ》の一つの顕《あらわ》れと拝《はい》する。

——一九八八・四・一〇

*

日蓮大聖人は仏法流布《るふ》の方軌《ほうき》について、「教機時《きょうきじ》国抄《こくしょう》」に、こう記《しる》されている。**「仏教はかならずその国に応《おう》じた法を弘《ひろ》めるべきである」**（四三九ページ）と。それぞれの国の国情《こくじょう》や習慣《しゅうかん》などを、よくよく考《こう》慮《りょ》しなければならないとの仰《おお》せである。

四悉檀《ししつだん》とは、四種《しゅ》の法の説《と》き方のことである。一つは、社会の人々の欲《ほっ》する願《ねが》いにしたがって法を説く「世界悉檀」、二つには相手《あいて》の機根《きこん》や個性《こせい》に応じて説く「為人《いにん》悉檀」、三つには貪《むさぼ》り、瞋《いか》り、癡《おろか》の三《さん》毒《どく》を自覚《じかく》させ克服《こくふく》させるための法を説く「対治《たいじ》悉檀」、四つには、真理《しんり》をそのまま直《ただ》ちに説く「第一《だいいち》義《ぎ》悉檀」である。また「随方毘尼《ずいほうびに》」の毘尼とは「戒《かい》」のことで、仏法の本義《ほんぎ》に違背《いはい》しないかぎり、各地域《かくちいき》の風俗《ふうぞく》や習慣にしたがい（随方）、また時代の風習《ふうしゅう》にしたがう（随時《ずいじ》）べきであるとの戒である。

仏教は本来《ほんらい》、こうした幅広《はばひろ》い柔軟《じゅうなん》な考《かんが》え方をしている。信心を根本《こんぽん》に、その国の良《よ》き国民《こくみん》とし、良き市民《しみん》として、ありのままに伸《の》び伸びと成長《せいちょう》し、社会に貢献《こうけん》していくことが、大聖人の仰せにかなった正しき軌道《きどう》なのである。

——一九八八・七・二六

*

「まず相手《あいて》の立場《たちば》に立って考《かんが》える」——これが「知《ち》性《せい》の力《ちから》」であり、「文化の心」なのである。

その人間性の輝《かがや》きは、人々に、法の偉大《いだい》さをも理《り》解《かい》させていく。

御書にも**「世《よ》を治《おさ》めている世間《せけん》の法を、よくよく心得《こころえ》ている人を、仏法で説《と》く智者《ちしゃ》というのである」**（一四六六ページ）と仰《おお》せである。

智者とは言うまでもなく、根本的《こんぽんてき》には日蓮大聖人のことであられる。また総《そう》じては私ども門下《もんか》も、広く世間の法に通《つう》じ、時代と人々の動向《どうこう》を鋭《するど》くキャッチしながら、この正法《しょうほう》を弘《ひろ》めてまいりたい。

――一九九〇・一二・二三

＊

日蓮大聖人は、鎌倉幕府《かまくらばくふ》の要人《ようじん》が邪悪《じゃあく》な策略《さくりゃく》に狂奔《きょうほん》し、幕府が滅亡《めつぼう》の坂《さか》をころがり落《お》ちていくことを憂《うれ》い、嘆《なげ》いておられた。

「国主《こくしゅ》というのは、道理《どうり》を親《おや》として従《したが》い敬《うやま》い、道理に合《あ》わないことを敵《てき》とすべき人であられるはずではないか。しかし、どうしたことか、鎌倉幕府の権《けん》力者《りょくしゃ》は、人々の讒言《ざんげん》を受け入《い》れて、ただ一人の私の正義《せいぎ》の言《げん》を捨《す》てられた」（一五二四ページ）

「道理」こそが社会の基準《きじゅん》である。権力者が公正《こうせい》な基準《きじゅん》を失《うしな》って、感情《かんじょう》のままに動く時、万民《ばんみん》は苦しみ、社会もかたむいていく。

また、こうも仰《おお》せである。

「正法《しょうほう》に背《そむ》き、成仏《じょうぶつ》する機縁《きえん》もなく、国の敵である法師《ほっし》らの、つくり話《ばなし》の誹謗《ひぼう》を用《もち》いて、その内容《ないよう》を確《たし》かめもせずに、無理《むり》やりに大事《だいじ》な政治の道を曲《ま》げられるのは、みずから、わざと災《わざわ》いをまねこうとされるのだろうか。はかないことである、はかないことである」（三五五ページ）

大聖人は、曲げてはならない政道《せいどう》を曲げる危険《きけん》に対して、大誠実《だいせいじつ》の警鐘《けいしょう》を鳴《な》らされたのである。

――一九九五・九・二二

＊

「蘭室《らんしつ》の友（徳《とく》の高い人）と交《まじ》わることで、蓬《よもぎ》のように曲《ま》がった心が素直《すなお》になる」（三一ページ）とは、「立正安国論《りっしょうあんこくろん》」の有名な御文《ごもん》である。

「蘭室」とは、香《かお》り高い蘭《らん》の花のある部屋《へや》のことである。蘭室にいると、やがてその香りが身体《しんたい》にまでしみてくることから、ここでは正法《しょうほう》を信じ、人格《じんかく》の優《すぐ》れた人と交わる人は、いつしか正法への眼《まなこ》が開《ひら》かれていくことを譬《たと》えられている。「交わる」とは、現実には、その人の言葉と振《ふ》る舞《ま》いに触《ふ》れる、ということといえよう。

現実の社会を離《はな》れて仏法はない。「人間」を離れて仏法はない。「法」がいくら正しいといっても、その正しさをただ声高《こわだか》に叫《さけ》ぶだけでは、人々の理解《りかい》は容易《ようい》に得《え》られない。かえって仏法の道から遠《とお》ざけてしまう場合さえあろう。それでは「広宣流布《こうせんるふ》」をご遺命《ゆいめい》された日蓮大聖人のお心に反《はん》する。

人はまず、その人の日常《にちじょう》の振る舞いに目を向《む》ける。「生活」がどうか。「教養《きょうよう》」や「誠実《せいじつ》さ」の面《めん》ではどうか。その目はまことに厳《きび》しい。「金銭《きんせん》」にだらしなかったり、「良識《りょうしき》」に欠《か》けたり、行動が「尊《そん》大《だい》」であっては、「法」がいかに正しくとも、社会に信用《しんよう》されるはずがない。

大切なのは、「信頼《しんらい》」と「納得《なっとく》」である。最高の法を持《たも》ったからこそ、最高の人格の輝《かがや》きを発揮《はっき》できる。それが仏法である。私どもは、自分自身の「人間性の輝き」を磨《みが》きながら仏法理解《りかい》の輪《わ》を広げてきた。つまり、社会の人々の「蘭室の友」となるべく努力《どりょく》してきたのである。

――一九九一・二・八

*

第一に「近隣《きんりん》を大切に」ということである。人間はだれしも、一人で生きているのではない。たがいに共同体《きょうどうたい》のなかの存在《そんざい》である。配慮《はいりょ》しあわなければならない。それが当然《とうぜん》のルールである。自分の権利《けんり》や都合《つごう》のみを主張《しゅちょう》するのでは、社会人として失格《しっかく》である。

いわんや御書には**「仏法というのは道理《どうり》をもととするものである」**（一一六九ページ）と仰《おお》せである。仏法を持《たも》った私どもは、もっとも道理をわきまえた、最高に良識豊《りょうしきゆた》かな人でなければならない。

自分の家の近隣はもちろん、大勢《おおぜい》の人が集《つど》う会館《かいかん》の地域《ちいき》の方々《かたがた》には、とくにこまやかな配慮と礼儀《れいぎ》が、絶対《ぜったい》に必要《ひつよう》である。出会《であ》ったときの、さわやかなあいさつ。ご迷惑《めいわく》をかけたり不安《ふあん》をあたえたりしない細心《さいしん》の心配《こころくば》り。それらを、ていねいに積《つ》み重《かさ》ねてこそ、仏法への共感《きょうかん》の思いも広げていくことができる。また真実《しんじつ》の意味で、会館が〝地域の幸《さち》の城《しろ》〟になることができる。

どこまでも人間同士《どうし》の信頼感《しんらいかん》が根本《こんぽん》である。独善《どくぜん》的《てき》であってはならない。「信仰《しんこう》している人たちは、さすがである」と、人々が安心《あんしん》し、賞讃《しょうさん》しゆくところに、事実のうえで、地域の広布《こうふ》の流《なが》れもできあがっていくことを忘《わす》れないでいただきたい。

――一九八九・六・三

平和・文化・教育

悪逆《あくぎゃく》の王《おう》・殷《いん》の紂王《ちゅうおう》を倒《たお》し、民衆《みんしゅう》を安《やす》らかに治《おさ》めたのは周《しゅう》の文王《ぶんおう》・武王《ぶおう》の父子《ふし》である。殷と周との戦《たたか》いの様子《ようす》は、いくつかの御抄《ごしょう》で述《の》べられており、その一つのなかで日蓮大聖人は、こう仰《おお》せである。

「周の文王は、老《お》いた者を大切に養《やしな》って戦いに勝ち、その子孫《しそん》は三十七代・八百年の間《あいだ》、末裔《まつえい》には悪《あく》政《せい》の時代もあったが、根本《こんぽん》である文王の功《こう》によって長く栄《さか》えることができた」（一二五〇㌻）と。

老いた者を養う――。このことについて、司馬遷《しばせん》の『史記《しき》』には、仁徳《じんとく》を厚《あつ》くして老人《ろうじん》を敬《うやま》い、幼少《ようしょう》の者を慈《いつく》しみ、賢者《けんじゃ》には礼《れい》を尽《つ》くしてへりくだり、食事《しょくじ》の時間《じかん》も惜《お》しんで、立派《りっぱ》な人物《じんぶつ》に会《あ》おうと努《つと》めた。このため、多くの人材《じんざい》が周の国に集《あつ》まった、とある。つまり「人道《じんどう》」――人として歩《あゆ》むべき道をはっきりさせ、その「道」にもとづく徳政《とくせい》をしいて、国をつくったのである。

一方《いっぽう》、殷の紂王は「道」を無視《むし》し、自分の私欲《しよく》と感情《かんじょう》を根本とした。そうした独裁《どくさい》のために人心《じんしん》は離《はな》れ、周との戦いにも敗《やぶ》れた。その事実を、大聖人は「周は老人を大切にして戦《いくさ》に勝った」と端的《たんてき》に表《ひょう》現《げん》されたと拝《はい》される。

老人を大切にすることは、功労者《こうろうしゃ》を忘《わす》れないことである。「恩《おん》」に感謝《かんしゃ》することである。また、知恵《ちえ》ある人を敬い、体験《たいけん》をもつ人を尊《とうと》ぶことである。さらに慈愛《じあい》を社会に広げることにも通《つう》じよう。
野獣《やじゅう》の世界でなく、「文化」と「人間性」の世界。そのうるわしい「和合《わごう》」「和楽《わらく》」の結束《けっそく》が、周の勝利の因《いん》であった。そしてその「功」によって、八百年もの間、国が栄えたのである。

——一九九一・四・一〇

*

「国土《こくど》は法によって栄《さか》え、法は受持《じゅじ》する人によって貴《とうと》い」（二六㌻）

妙法《みょうほう》は、社会と国土を繁栄《はんえい》させゆく無量《むりょう》の福運《ふくうん》の源泉《げんせん》である。そして、この大法《だいほう》の偉大《いだい》さを証明《しょうめい》していくのは、妙法を受持《じゅじ》し実践《じっせん》する「人」にほかならない。ゆえに、郷土《きょうど》の発展《はってん》には、そこに住《す》む一人一人の向上《こうじょう》、活躍《かつやく》こそ根本《こんぽん》である。

——一九八八・二・一八

*

「智者《ちしゃ》とは、世間《せけん》の法から外《はず》れて、仏法を行《ぎょう》じることはない」（一四六六㌻）と仰《おお》せである。

また、「随方毘尼《ずいほうびに》」の戒《かい》についてふれられ、**「甚《はなは》だしく欠陥《けっかん》のないことなら、少々《しょうしょう》仏教に違《たが》うことがあっても、その国、その地域《ちいき》の文化、風俗《ふうぞく》にそむかないのがよい」**（一二〇二㌻）と、明快《めいかい》に教《おし》えられている。

仏法は、あくまでも道理《どうり》である。社会から離《はな》れて、また現実から離れて、仏法はない。ゆえに、良識豊《りょうしきゆた》かに、そして、常識《じょうしき》を大事《だいじ》にしていかねばならない。社会を尊重《そんちょう》し、社会と調和《ちょうわ》していく。人間を敬《うやま》い、人々の中に入っていく。これがSGIの行き方である。

——一九九七・四・一九

*

妙音菩薩《みょうおんぼさつ》については、法華経妙音菩薩品第二十四に明《あ》かされているが、遠《とお》い昔《むかし》に仏《ほとけ》に十万種《しゅ》の伎楽《ぎがく》を供養《くよう》し、八万四千の宝の器《うつわ》をたてまつった功徳《くどく》によって、妙音菩薩として生《う》まれたとされる。

そして、釈尊《しゃくそん》の説法《せっぽう》の座《ざ》に向《む》かったとき「経《ふ》る所の諸国《しょこく》……百千の天楽《てんがく》は、鼓《く》せざるに自《おのずか》ら鳴《な》る」（法華経六一〇ページ）――妙音菩薩が通《とお》る国々は、種々《しゅじゅ》、妙《たえ》なる天《てん》の音楽《おんがく》が自然《しぜん》に奏《かな》でられた――と説《と》かれている。

そして、妙音菩薩は、諸《もろもろ》の衆生《しゅじょう》に応《おう》じて、三十四身《しん》といって梵王《ぼんのう》、比丘《びく》から地獄界《じごくかい》の姿《すがた》まで、あたかも劇《げき》を演《えん》ずる名優《めいゆう》のように、さまざまな姿を現《げん》じながら、自在《じざい》に衆生を救《すく》っていくとされている。

これについては日蓮大聖人は「御義口伝《おんぎくでん》」のなかで**「衆生の苦しみ、悩《なや》みに応じて、それを解決《かいけつ》していくのは慈悲《じひ》であり、これをなしていく生命活動が菩薩である」**（七七四ページ）と仰《おお》せになり、妙音菩薩が三十四身を現じ、衆生を救うのは、すべて慈悲のあらわれであるとお示《しめ》しになっている。

諸の衆生に応じて、種々の相《そう》を現じて教化《きょうけ》していく妙音菩薩の姿を、私どもの活動に敷衍《ふえん》して述《の》べれば、「平和」「文化」「教育《きょういく》」という、現在の立体的《りったいてき》で多次元《たじげん》にわたる諸活動は、これらの原理《げんり》にのっとって展開《てんかい》されているということができる。まさに、今日の学会の諸活動は、法華経の法理《ほうり》にのっとっての法戦《ほうせん》なのである。

――一九八八・一一・三〇

＊

御書には、妙楽《みょうらく》の言葉として**「社会規範《きはん》としての『礼儀《れいぎ》』や、秩序《ちつじょ》を教《おし》える『音楽《おんがく》』が先《さき》に広まって、そのあとに真《しん》の道である仏法の道が開《ひら》かれる」**（一八七ページ）とある。

この意味からも、世界に対し、仏法を基調《きちょう》として文化、友好交流《ゆうこうこうりゅう》をどう進めていくかが大事《だいじ》となる。いかに世界平和の実現に寄与《きよ》し、文化・教育《きょういく》をはじめとする社会の発展《はってん》に貢献《こうけん》できるか、そして、国を越《こ》えて、いかに強く信義《しんぎ》と友情《ゆうじょう》の絆《きずな》を結《むす》んでいけるかである。

――一九九〇・五・二三

＊

「平左衛門殿《へいのさえもんどの》や相模守殿《さがみのこうどの》（北条時宗《ほうじょうときむね》）が、もし日蓮のいうことを用《もち》いられてさえいたならば、先年《せんねん》の

蒙古《もうこ》からの使者《ししゃ》の首を、よもや、ふびんにも斬《き》らせることはなかったであろう。今になって後悔《こうかい》しているであろう」（一〇九五㌻）

すなわち建治《けんじ》元年（一二七五年）九月、幕府《ばくふ》は理《り》不尽《ふじん》にも蒙古からの使者五人を竜《たつ》の口《くち》で斬首《ざんしゅ》した。この使者は皆三十代で、元人《げんじん》（モンゴル人）、漢人《かんじん》（中国人《ちゅうごくじん》）、高麗人《こうらいじん》、トルコ人たちであった。処刑《しょけい》に際《さい》して彼らが残《のこ》した、痛《いた》ましい辞世《じせい》の詩《し》が今日にも伝《つた》わっている。

大聖人はこの処刑についてかねてより**「罪《つみ》のない蒙古の使者が首をはねられたことこそ哀《あわ》れである」**（一四七二㌻）と述《の》べられていた。

また、外交上《がいこうじょう》も、罪もない使者たちの命《いのち》を奪《うば》うというこの暴挙《ぼうきょ》が、ふたたびの「蒙古襲来《しゅうらい》」に拍車《はくしゃ》をかけてしまったことはいうまでもない。

大聖人は、もし幕府が、ご自身の諫言《かんげん》を素直《すなお》に用いていたら、そんな愚《おろ》かな、また残酷《ざんこく》なことはしないですんだのだが、と仰《おお》せなのである。

権力《けんりょく》は時として暴走《ぼうそう》する。強大《きょうだい》であればあるほど傲慢《ごうまん》となり、人間らしいあたたかみや、物事《ものごと》を冷静《れいせい》に判断《はんだん》する力《ちから》を失《うしな》い、自分の考《かんが》えを有無《うむ》をいわさず押《お》しとおしてしまいがちである。その果《は》てに、やがては民衆《みんしゅう》をとりかえしのつかない不幸へとおとしいれ、みずからも破滅《はめつ》への道をたどっていくのが、歴《れき》史《し》の通例《つうれい》である。

そうした権力の魔性《ましょう》に挑戦《ちょうせん》し、蛮性《ばんせい》を「人間性」へ、また、戦争《せんそう》への傾斜《けいしゃ》を「平和」「文化」の方向《ほうこう》へと回転《かいてん》せしめていく——それが、仏法の「人間主《しゅ》義《ぎ》」「平和・文化主義」の光なのである。

——一九九〇・一〇・一四

＊

日蓮大聖人は、中国《ちゅうごく》や朝鮮半島《ちょうせんはんとう》について、**「（仏教はインドから中国や高麗《こうらい》〈朝鮮半島〉に伝《つた》えられ、さらに日本に伝わってきたのだから）仏教においては日本は中国・高麗二国の弟子《でし》の立場《たちば》といえる」**（一二七二㌻）と明確《めいかく》に書いておられる。

日本は、仏教も、文化も、中国から、そして朝鮮半島から学《まな》んできた。この大恩《だいおん》を、絶対《ぜったい》に、永遠《えいえん》に忘《わす》れてはならない。それが、まことの人間の道であり、また仏法者の生き方である。しかし、かつての日本は恩を忘れ、中国や朝鮮半島を見くだし、傲慢《ごうまん》に振《ふ》る舞《ま》って、結局《けつきょく》、自滅《じめつ》の坂《さか》を落《お》ちていった。

信仰《しんこう》とは、最《もっと》も強く、最も深《ふか》く、信義《しんぎ》を貫《つらぬ》くことである。創価学会は、この人間主義《しゅぎ》のままに、アジアに、世界に、友情《ゆうじょう》を結《むす》んできた。中国から、私どもが、大きな信頼《しんらい》を寄《よ》せていただいていること、それ自体《じたい》が、創価学会が大聖人の正道《せいどう》を歩《あゆ》んでいる証左《しょうさ》であると、私は申し上げたい。

――一九九六・一一・一七

*

「戦争《せんそう》」をはじめとするさまざまな人類《じんるい》の脅威《きょうい》は、何から引《ひ》き起《お》こされるのか。その因《いん》はどこにあるのか。御書には次のように仰《おお》せである。

「瞋《いか》りが激《はげ》しくなれば、その国土《こくど》に戦争が起き、貪《むさぼ》りが盛《さか》んになると飢饉《ききん》が起き、愚《おろ》かが多い時は、伝染病《でんせんびょう》が起きる。このように三災《さんさい》が起こってくると、人々の煩悩《ぼんのう》はますます盛んになり、諸々《もろもろ》の邪《じゃ》悪《あく》な思想《しそう》や宗教《しゅうきょう》がはびこることになるのである」（七一八ページ）と。ここでは、戦争・飢饉・疫病《えきびょう》という社会の混乱《こんらん》は、根本的《こんぽんてき》には人間生命の濁《にご》り――貪《とん》・瞋《じん》・癡《ち》の三毒《さんどく》から起こることを指摘《してき》されている。この意味から言えば、日本も世界も、将来《しょうらい》どのような災《わざわ》いに遭《あ》わないともかぎらない。

私は第三代会長に就任《しゅうにん》してから、「地震《じしん》の起きないこと」「お米《こめ》の収穫《しゅうかく》が良《よ》いこと」の二つを、真剣《しんけん》に祈《いの》り続《つづ》けた。尊《とうと》い仏子《ぶっし》である学会員を守《まも》るための懸命《けんめい》な祈りであった。今もその思いは変《か》わらない。

政治や経済《けいざい》のみの次元《じげん》では、永続的《えいぞくてき》な平和を築《きず》くことはできない。生命の病《やまい》ともいうべき三毒の濁りを取《と》り除《のぞ》いていく。つまり生命それ自体《じたい》を浄化《じょうか》し、変《へん》革《かく》していくことこそ、確《たし》かなる恒久《こうきゅう》平和への道なのである――。これが仏法の法理《ほうり》であり、私どもの実《じっ》践《せん》である。ここに、人類・社会の病を根本的に治癒《ちゆ》しゆく確実《かくじつ》な〝処方箋《しょほうせん》〟があると確信《かくしん》してやまない。

――一九八九・一〇・一五

＊

日蓮大聖人は**「今の世《よ》は、世が乱《みだ》れて、民衆《みんしゅう》の力《ちから》が弱まっている」**（一五九五㌻）と嘆《なげ》かれている。今の日本も同じであろう。否《いな》、もっと弱くなっているかもしれない。「だからこそ、『民衆の力』を強めよ！『民衆の活力《かつりょく》』を高めよ！『民衆』を生かせ！『民衆』を立たせよ！」――これが大聖人のご命令《めいれい》であると私は信ずる。ここにしか、社会の勝利の道はない。広宣流布《こうせんるふ》はない。

――一九九八・一・八

＊

日蓮大聖人は、「守護国家論《しゅごこっかろん》」で、涅槃経《ねはんきょう》の**「この大涅槃の微妙《びみょう》なる経典《きょうてん》が流布《るふ》される所の地は、すなわち金剛《こんごう》である、その中に住《す》む諸人《しょにん》もまた金剛のようである、と知《し》るべきである」**（七二㌻）との文《もん》を引《ひ》かれている。最高の妙法《みょうほう》が流布する地と、そこに住む人は、ともに「金剛」のごとくであり、ダイヤモンドのごとくなのである。大聖人は、この文を、**「災難対治抄《さいなんたいじしょう》」**（七九㌻）でも引かれ、正法《しょうほう》を信ずる人の住む所は、何ものにも壊《こわ》されることのない仏国土《ぶっこくど》であることを明《あ》かされ、国土《こくど》の災難《さいなん》を止める、「立正安国《りっしょうあんこく》」の依文《えもん》の一つとされている。正法の広宣流布《こうせんるふ》こそ、地域《ちいき》・社会の真《しん》の繁栄《はんえい》をもたらし、崩《くず》れざる平和を実現することを確信《かくしん》していただきたい。

――一九九三・三・七

＊

「大悪法《だいあくほう》を尊《とうと》ぶゆえに理不尽《りふじん》な政治が現《あらわ》れた」（三五一㌻）

指導者《しどうしゃ》が「悪法」「悪師《あくし》」につくことが、社会全《ぜん》体《たい》に、どれほど深刻《しんこく》な混迷《こんめい》をもたらすか。また、それが、どれほど民《たみ》の苦しみと不幸の原因《げんいん》となるか。ここに、正法《しょうほう》をたもった私どもが断《だん》じて勝利していかねばならない所以《ゆえん》がある。

――一九八八・七・一九

＊

日蓮大聖人が「立正安国《りっしょうあんこく》」（一七ページ）と仰《おお》せのごとく、世界の平和は、正法《しょうほう》を根本《こんぽん》としなければならないのは当然《とうぜん》である。そのうえで、平和・文化運動《うんどう》を、どう進めていくか、これが大事《だいじ》になってくる。

「平和」は仏法の根本思想《しそう》でもある。そして平和は人類共通《じんるいきょうつう》の願《ねが》いである。また、「文化」は、人間精《せい》神《しん》の豊《ゆた》かな営《いとな》みから生《う》みだされたものである。それぞれの時代、それぞれの社会や人々の生活の基盤《きばん》をなすものといってよい。

その意味で、仏法を基調《きちょう》として、平和・文化運動を推進《すいしん》していくことは、正法の精神にのっとったものであり、仏法者としての大きな責務《せきむ》だと思っている。

——一九九〇・一一・一六

＊

昭和《しょうわ》五年（一九三〇年）、牧口常三郎《つねさぶろう》先生は『創《そう》価教育学体系《かきょういくがくたいけい》』の第一巻《かん》を出版《しゅっぱん》された。当時《とうじ》は、世界大恐慌《だいきょうこう》の嵐《あらし》が吹《ふ》き荒《あ》れ、経済《けいざい》の不況《ふきょう》は深刻《しんこく》。時の総理《そうり》大臣《だいじん》・浜口雄幸《はまぐちおさち》が狙撃《そげき》されるなど、騒然《そうぜん》たる時《じ》世《せい》であった。今の世相《せそう》と似《に》ている。軍国主義《ぐんこくしゅぎ》の暴走《ぼうそう》も始《はじ》まっていた。

「立正安国論《りっしょうあんこくろん》」には、仁王経《にんのうきょう》の文《もん》を引《ひ》かれ、**「国土《こくど》や社会が乱《みだ》れるときは、まずその前に思想《しそう》が乱れる。思想が乱れて万民《ばんみん》を悩《なや》ますがゆえに、万民が乱れるのである」**（一九ページ）と。その混迷《こんめい》のなかで、牧口先生の慧眼《けいがん》、鋭《するど》い洞察力《どうさつりょく》は、すべて「人間」に光を当《あ》てておられた。仏法の哲学《てつがく》を根底《こんてい》に「人間」をつくり、「人間」を育《そだ》てることを、すべての機軸《きじく》とされ、根本《こんぽん》とされた。

政治も経済も宗教《しゅうきょう》も、〝人間をつくる〟ことを忘《わす》れれば必《かなら》ず行き詰《づ》まる。「人間」に焦点《しょうてん》を当てるしかない。「人間」をつくる以外にない。人間をつくる根幹《こんかん》が「教育」である。

——一九九五・四・一一

＊

古代《こだい》以来《いらい》、韓《かん》・朝鮮半島《ちょうせんはんとう》からさまざまな文化が、日本に伝《つた》えられてきた。仏教もそうである。この一点をもってしても、日本は言い尽《つ》くせぬ恩恵《おんけい》を受けている。にもかかわらず、日本は、その大恩《だいおん》を踏《ふ》みにじり、隣国《りんごく》の人々を苦しめてきた。中国《ちゅうごく》に対しても同様《どうよう》である。あまりにも非道《ひどう》な、人間の道を外《はず》れた日本であった。

日蓮大聖人は、**「一闡提人《いっせんだいにん》（正法《しょうほう》を信ずる心がなく、成仏《じょうぶつ》できない衆生《しゅじょう》）といって謗法《ほうぼう》の者だけは、地獄《じごく》の獄卒《ごくそつ》に留《とど》められた。彼ら一闡提人が子孫《しそん》を産《う》み広げて、今の世《よ》の日本国の一切《いっさい》衆生となったのである」**（九五九ページ）と仰《おお》せであるが、大聖人を迫害《はくがい》した日本人の罪業《ざいごう》の深《ふか》さを、よくよく考《かんが》えなければならない。また、隣国に対する日本人の侵略《しんりゃく》は、永久《えいきゅう》に消《き》えない悪業《あくごう》の歴史《れきし》を刻《きざ》んだ。

小人物《しょうじんぶつ》は、地位《ちい》が上《あ》がったり、大金《たいきん》を持《も》つと、それだけで自分が偉《えら》くなったように錯覚《さっかく》し、傲慢《ごうまん》になる。平気《へいき》で相手《あいて》を見くだすようになる。恩《おん》も忘《わす》れ、恩人をも踏みにじって、自分の卑《いや》しい野望《やぼう》の犠牲《ぎせい》にしようとする。かつての日本がそうであった。今の日顕宗《にっけんしゅう》も同じである。こうした過《あやま》ちを二度と繰《く》り返《かえ》してはならない――これが、私の心底《しんそこ》からの願《ねが》いである。日本の宿命転換《しゅくめいてんかん》をなさねばならない。これからも、私どもの立場《たちば》で、文化交流《こうりゅう》、教育《きょういく》交流を通《つう》じ、日本と韓国《かんこく》、そして中国との間《あいだ》に、万代《ばんだい》にわたる「平和」と「友好《ゆうこう》」の道をつくってまいりたい。

――一九九二・九・二五

＊

「秦《しん》の世《よ》は、ほどもなく滅《ほろ》んだ。これは始皇帝《しこうてい》の非道《ひどう》の行《おこな》いによるものである」（三二九ページ）

民衆《みんしゅう》の心に背《そむ》いた横暴《おうぼう》な独裁《どくさい》は、自滅《じめつ》する――。これが歴史《れきし》の鉄則《てっそく》である。近年《きんねん》の世界的な〝民主《みんしゅ》化《か》〟の潮流《ちょうりゅう》も、民衆を苦しめてきた〝独裁〟への反《はん》発《ぱつ》であり、その崩壊《ほうかい》の姿《すがた》にほかならない。

――一九九〇・一〇・一〇

輝きの人間世紀へ
——御書とその心——

二〇〇三年 二 月十六日 発　行
二〇一八年十一月三十日 第二十三刷

著　者　池田大作
発行者　松岡　資
発行所　聖教新聞社
〒一六〇-八〇七〇　東京都新宿区信濃町一八
電話〇三—三三五三—六一一一（大代表）
印刷所　NISSHA株式会社
製本所　大口製本印刷株式会社

＊

定価はカバーに表示してあります

ISBN978-4-412-01217-2